군사학에 대해 체계적으로 정리한

재미있는 전쟁사

이재평 외

Global
www.gbbook.com

머리말

증보판을 내면서......전쟁의 본질과 전장(戰場) 의 승리

역사란 거울을 통해서 지난날을 들여다보고 현대에 맞추어 미래를 예측하고 대비하는 것이다.

전쟁사 역시 역사 한축의 수레바퀴로써 전쟁사를 통하여 교훈을 도출하고 전쟁의 본질과 양상을 고찰하여 장차 전에서의 승리를 보장하며 싸우지 않는 전쟁 싸우면 이기는 전쟁을 위하여 바둑에서 복기(復棋)와 같이 중요한 학문연구이다.

이를 증명하듯 전쟁을 연구하는 학자들의 통계에 의하면, 인류의 역사에서 전쟁과 평화의 기간이 13:1로, 13년간 전쟁을 하고 겨우 1년 정도의 평화의 기간이었다고 평가하지만 최근 발생하고 있는 테러와 국지(局地) 전쟁을 포함한다면 인류는 세계 도처에서 거의 매일 전쟁을 하고 있다고 볼 수 있다.

그럼에도 불구하고 재미있는 전쟁사라고 부제(副題)한 이유에 충실하기 위하여 개정판에서는 전쟁을 다양한 각도에서 바라보려고 노력하여 새롭게 선을 보인다.(쉬어가기!) 아울러 전쟁연표를 부록에 실어서 전쟁사를 한 눈에 바라볼 수 있도록 하였다.

무경7서의 사마법에서 말하는 "천하수안 망전필위(天下雖安 望戰必爲/나라가 비록 평안하더라도 전쟁을 잊으면 반드시 위태로워진다.)" 의 교훈을 다시 생각하며 항재전장의 마음 자세로 전쟁을 다시금 생각해보는 기회가 되었으면 한다.

또한 전쟁은 군인만이 책임을 지거나 알아야 하는 전유물이 아니라 모든 사람에게 보편적인 삶의 현장에서 알아야 하고 한반도의 안전보장과 평화를 생각하며 지켜 나아가야 할 대한민국 국민으로서 주인의식으로 호흡해야 할 공동운명체적 생명체와 같다는 생각으로 저변이 확대되는데 이 책이 기여할 것이라 확신한다.

새로운 책이 첫 선을 보이기까지 함께 연구한 공동연구진 모두에게 감사하며 책을 출판하신 글로벌 출판사 사장님과 관계자 여러분께도 감사드린다.

건강하고 평안하시길 기원한다.

공편자 일동

차 례

제1부
전쟁론과 전쟁의 역사

제2부

근대와
현대의 전쟁

차 례

Contents

제1부
전쟁론과 전쟁의 역사

Chapter 01

전쟁의 이해

Section 01

전쟁이란 무엇인가?

1. 전쟁의 개념

일반적인 개념이란 "일정한 존재를 지시하는 의미 체" 또는 "관찰된 사실에 대한 추상적 표현"으로 이해되고 있다. 이러한 개념은 사실의 여러 면모를 간략하게 대신하고, 여러 사상(事像)을 한데 묶어 생각을 단순화시키는 기능을 하기 때문에 유익하다. 그런데 추상성의 정도가 크고 어떤 현상에 대한 이해가 각자의 경험, 생각, 나이, 환경 등에 따라 다르게 나타나기 때문에 개념을 정립하는 것이 쉬운 일이 아니다.

마찬가지로 전쟁의 개념을 규정하는 일이 전쟁연구 및 이해의 출발점임에는 이론의 여지가 없지만 이 작업이 그리 용이하지 않으리라는 점 또한 부인할 수 없다. 일반인이나 학자가 생각하는 전쟁과 군인이나 국가의 지도자가 생각하는 전쟁의 개념이 같을 수 없을 것이며, 학자들 간에도 전쟁에 대한 견해가 다를 수 있다.

이처럼 어떤 개념에 대한 공통적 이해가 쉽지 않기 때문에 보편적 의미를 내포하는 개념을 보다 명확히 밝히는 작업이 수반되어야 한다. 이를 위해 존재와 일치하는가의 여부를 보아야 하고, 형식적으로도 모순이 없는가를 따져 보아야하며, 그 개념이 다른 유사한 상황에서 어떤 의미를 갖고 어떻게 쓰여 지고 있는가도 알아야 한다. 따라서 개념을 분명하게 하기 위해 정의를 내리고 다른 것과 구분 또는 비교하기도 한다.

본 장에서는 전쟁의 본질 자체를 부정적 · 긍정적으로 보는 견해로부터 전쟁에 대한 일반적인 인식 및 사전적 의미와 주요 군사이론가 및 학자들의 견해에 이르기까지의 주요 내용을 종합하여 전쟁의 개념과 정의를 파악하기로 한다.

1) 긍정적 개념과 부정적 개념

전쟁에 대한 상반된 견해로써 부정적 시각과 긍정적 시각을 중심으로 전쟁의 개념과 의미를 알아보기로 한다.

전쟁을 부정적 시각에서 보면, 전쟁은 근절되어야 할 전염병이고, 두 번 다시 되풀이되어서는 안될 과오로써 전쟁은 징벌되어야 할 범죄행위이자 더 이상 쓸모없는 시대착오적 산물로 보는 견해다. 따라서 전쟁을 죄악시 내지는 수용할 수 없는 대상물로 인식되고 있다.

- 병기는 상서롭지 못하며 만물이 싫어한다.(老子)
- 전쟁은 언제나 악인보다 선량한 사람만을 학살한다.(소포클레스)
- 전쟁은 인류를 괴롭히는 최대의 질병이다.(M. 루터)
- 전쟁이란 가장 비천하고 죄과가 많은 무리들이 전력과 명예를 서로 빼앗는 상태를 말한다.(톨스토이)
- 모든 인류의 죄악의 총합이 전쟁이다.(J. 그라이트)
- 전쟁은 모든 악의 어머니다.(H. F. 스테커)
- 전쟁은 지옥의 귀신이다. 전쟁이 시작되면 지옥의 문이 열린다.
- 인류는 전쟁의 종지부를 찍지 않으면 안 된다. 그렇지 않으면 전쟁이 인류에게 종지부를 찍을 것이다.(J. F. 케네디)
- 부정한 평화일지라도 옳은 전쟁보다 낫다.(독일 속담)
- 인간의 본성으로 영원한 평화는 달성될 수 없으나 인류는 최대한 이에 접근해야 한다.(칸트)

반대로 전쟁에 대해 대체로 수용적인 태도를 취하여, 전쟁을 하나의 흥미 있는 모험이나, 유용한 도구 또는 합법적이고 적절한 절차나 사람들이 준비해야 할 하나의 생존조건으로 생각하는 사람들로 이들은 열망, 만족 또는 관심 어느 쪽이든 간에 전쟁을 당연한 것으로 생각하고 있다.

- 전쟁은 우주만물이 변화 · 생성하는 진면목이며, 만물의 아버지다.(헤라클레이토스)
- 존재하는 것 전부가 합리적이며, 전쟁은 절대적 이성의 역사적, 이론적 발전이다. (헤겔)
- 강자의 주장이 최선인 것은 확실하다.(니체)
- 폭력은 인간 본성의 구체적 표현에 지나지 않는다. 따라서 전쟁은 항상 불가피한 것이다.(T. 홉스)
- 전쟁의 준비는 평화를 지키는 가장 효과적인 수단의 하나다.(G. 워싱턴)
- 평화를 원하거든 전쟁을 준비하라.(베게티우스)
- 평화를 원하거든 전쟁을 먼저 알고 이해하라.(G. 부뚤)
- 평화를 원하거든 전쟁을 이해하라. 전쟁의 목적은 적에게 자기의지를 강요함으로써 보다 나은 평화를 유지하는 데 있다.(B. H. 리델 하트)

전쟁을 긍정적으로 보거나 부정적으로 보는 시각은 개인적인 사상이나 직관에 의해 연역적으로 전쟁의 본질을 규명하고자 한 철학자나 사상가들로서 관념적인 면이 강하다.

2) 일상적 의미로서의 전쟁

우리의 일상생활에서 자주 표현되고 사용되는 전쟁(실제 무력 전쟁이 아닌)의 "예"를 통해 부지불식(不知不識)간에 잘못 이해되고 있는 전쟁의 본질과 참 의미를 되새겨보고 아울러 전쟁이라는 용어 사용에 신중을 기할 수 있는 계기로 삼고자 한다.

가. 사활이 걸린 경쟁의 개념으로서의 전쟁

우선 경제전, 외교전, 축구전쟁, 입시전쟁 등과 같이 위기 상황 및 치열한 경쟁관계를 비유하는 의미로서 사용되는 경우이다. 즉 전쟁에서 승리하지 못하면 개인의 생명은 물론 국가의 운명도 끝장나는 것처럼 상대방과의 경쟁에서 반드시 이겨야 되는 그야말로 사활이 걸린 문제로 인식하기 때문에 전쟁으로 생각하게 된다.

나. 경제전쟁

① 자동차시장 최대 격전지 경차(經車)시장을 놓고 '자동차 명가(名家)'의 자존심을 지키려는 차량판매 경제 전쟁

② 세계 최대 유통업체나 전자, 의류, 화장품 업계에서 「공룡의 출현」, 「대공습」, 「태풍」, 「혁명」, 「기습 공습」 등의 용어를 총동원하면서 「시장전쟁」을 하는 경우를 말한다.

다. 축구전쟁

① 1966년 영국에서 열린 제8회 월드컵에서 잉글랜드가 연장까지 가는 대접전 끝에 4:2로 독일을 이기자 영국인들은 "제1 · 2차 세계대전에서도 승리했고 월드컵도 이겼다." 라고 열광하는 경우와(Two world war. One world cup)

② 1998년 프랑스월드컵 16강전에서 격돌한 아르헨티나와 잉글랜드의 축구경기는 외신들이 전하듯 이번 월드컵의 명승부였다. 오웬의 드리블슛은 마치 콩커러 잠수함(1982년:포클랜드 전쟁 당시 영국군이 사용한 잠수함)이 쏜 어뢰 같았고, 아르헨티나의 프리킥은 엑조세 미사일처럼 잉글랜드 골문을 파고들었다. 말 그대로 '축구전쟁'이었다.

③ 실제로 축구 때문에 전쟁이 일어난 경우도 있다. 1969년 엘살바도르와 온두라스 간의 이른바 '축구전쟁'이 대표적인 예이다.

1969년 온두라스 수도 데구시 가루파에서 실시된 70년 멕시코 월드컵대회 중남미지역 예선전에서 엘살바도르는 온두라스에 3:2로 승리했다. 시합에서 패한 온두라스팀 선수 2명은, 자기 나라 축구팬에게 구타당해 사망했고 8명이 부상당했다. 몇 주 뒤 엘살바도르 공군이 국경에 연한 온두라스 측의 4개 소도시를 폭격했다. 계속해서 약 3,000여 명의 보병이 국경을 침범했다. 다음 날 온두라스군도 반격으로 나와 약 4,000여 명의 병력이 투입되었다. 두 나라 간에 전쟁이 벌어진 것이다. 즉 국내 사정으로 양국이 전 군사력을 동원하지 않은 가운데 결국은 외세의 개입과 동시에 엘살바도르군의 철수로 전쟁은 100시간 내에 끝나고 말았다. 그러나 이 전쟁으로 양국은 전사자 6,000명, 부상자 12,000명의 큰 손실을 보게 되었다. 반드시 축구가 원인이 된 것은 아니라고 할지라도 민족 간 적대감이 축구로 인해 극대화했음을 알 수 있다.

라. 입시 · 취업전쟁

젊은이들이 대학 입시에서부터 취업 · 승진에 이르기까지 마치 전쟁을 방불케 하는 치열한 레이스에 참가하고 있다. 즉, 경쟁에서 밀려나면 끝장이라는 강박관념 속에서 생활하고 있는 것이다.

마. 선거전

××당에 있어 ×× ×× 보선에서의 패배는 '다된 밥에 코빠뜨린 격'이다. '수원성'전투에서 당초 예상대로 승리했더라면 전체 전적 4대 3으로 여권의 완승을 주장하기에 부족함이 없었다. 그런데 이길 곳에서 패함으로써 전체적인 재 · 보선 승패가 완전히 달라져 버린 것이다.

이와 같이 일상생활에서 전쟁이라는 말이 자주 거론되는 것은 인간의 삶 그 자체를 전쟁에서와 같이 성공 즉 승리, 실패 즉 패배로 인식하기 때문이다. 우리 곁에는 수많은 전쟁 속에서 살고 있다고 해도 과언이 아니다 라는 사고방식을 반영하는 것이라 할 수 있다.

바. 출 · 퇴근전쟁

극심한 교통 혼잡으로 많은 사람들이 매일 매일 출 · 퇴근전쟁을 치르고 있다.

사. 쓰레기와의 전쟁

수해지역이 쓰레기 몸살을 앓고 있다. 쓰레기더미 속에서 악취를 맡으며 지내는 이재민의 고통이 이만 저만이 아니다. 악취도 악취지만 각종 질병이 발생할 우려가 크다.

정부가 대책을 세우고 있으나, 지자체(地自體)마다 공공근로자와 자원봉사자를 총동원하는 등 특단의 대책으로 당장 '쓰레기와의 전쟁' 에 나서야 한다.

아. 우리가 무찔러야 할 대상과의 싸움 또는 투쟁 개념으로서의 전쟁

① 오늘 우리 사회는 범죄와 '전쟁'을 하고 있다. 우리 사회의 범죄가 그 양상이나 빈도에서 그만큼 심각한 지경에 이르렀다는 반증이다.

그러나 우리가 「전쟁」의 대상으로 삼을 것이 어디 범죄뿐인가? 과격한 행동과 폭력, 불법과 무질서, 과소비와 퇴폐풍조도 우리가 물리쳐야 할 적이다.

② 관세청이 '외환사범과의 전쟁'을 선언하고 나섰다.

③ 교육부가 '불법과외와의 전쟁'을 선포하여 왔으나 실패하였다.

④ 밀수와의 전쟁 : 마약 거래의 량과 방법을 말하거나 밀수품 암거래, 숨겨온 방법들을 말하며 '밀수와의 전쟁'을 선언했다! 합동 밀수 「밀수 근절 관계기관 합동대책회의」에서 철저한 밀수 단속을 지시한 데 이어 해상 밀수의 주범이란 의혹을 받아온 지역, 선박에 대해서도 근절을 위해 각종 조치를 명령했다.

전쟁이라는 용어를 사용할 때 신중을 기하지 않고 자극적 언어 구사를 속성으로 하는 선정적 시각에서 전쟁을 그저 일상생활에서 흔히 일어나는 돌발 사건이나 스릴만점의 오락게임 정도로 취급하는 것은 삼가 해야 한다.

그것은 전쟁을 일상적인 일이나 재미있는 놀이쯤으로 인식할 경우 전쟁의 발생 빈도는 당연히 증가될 것이기 때문이다.

또한 전쟁의 본질을 제대로 알지 못하고 전쟁을 단순한 것으로 생각하거나 이와 유사한 개념으로 이해하지 않도록 각별히 유의해야 할 것이다.

2. 전쟁관(觀)과 의미

1) 전쟁 부인(否認) 사상

로마의 세네카(Seneca)를 필두로 하여 파스칼(Pascal), 칸트(Kant), 톨스토이(Tolstoi)와 같은 서구의 철학자들과 동양의 노자(老子)와 같은 사람은 전쟁을 "용서할 수 없는 도덕적 악"으로 규정하고 개인에 대한 살인은 처벌됨에도 불구하고, 민족이나 국가를 위한 살인은 명예롭게 여겨지는 현실을 비판하고, 전승자는 인류를 멸망시키는 원흉이라고 개탄하고 있다. 공자(孔子) 또한 "진실한 장군은 전쟁을 혐오한다."고 했다.

2) 긍정 사상

그리스의 철학자 헤라클레이토스(Heracleitos)는 전쟁을 "우주 만물이 변화, 생성하는 진면목"이라 하고, "전쟁은 만물의 아버지"라고 하여 전쟁을 인류 발전의 필수적 요소로 예찬하였다.

로마의 유명한 웅변가요 정치가이면서 철학자인 시세로(Ciceo)는 전쟁을 "힘에 의한 투쟁"이라고 정의하였다. 한편 헤겔(Hegel)은 전쟁을 "절대적 이성의 역사적 내지는 논리적 발전"이라 하여 "존재하는 것 전부가 합리적이다"고 하였고, 니체(Nietzsche)는 "강자의 주장이 최선인 것은 확실하다"고하여 강자존(强者存)의 철학을 강조하고 있다.

3) 사전적 의미로의 전쟁

① 「새 우리말 큰 사전, 2005」:전쟁은 "국가와 국가사이의 무력에 의한 투쟁"이다.

② 「우리 말 큰 사전, 2014」:전쟁은 "국가 또는 교전단체사이에 무력을 써서 행하는 싸움이다."

③ 「대영백과사전 The NEw Encyclopædia Britannica,1987」:일반적 개념의 War (전쟁)은 "오랜 기간 동안 상당한 규모로 지속되는 적대행위(hostilities)가 수반된 정치적 집단간의 투쟁(conflict)을 의미한다. 사회학자들(sociologists)은 전쟁을 사회적으로 용인된 일정한 형식에 따라 수행되는 투쟁 즉 관습 또는 법에 의해 인정된 형식을 갖춘 하나의 제도로 파악한다. 군사저술가들(military writers)은 통상 일정기간 동안 결과를 확실할

수 없을 정도로 대등한 힘을 가진 집단 간의 적대행위를 전쟁으로 규정하고 있다. 따라서 강대국과 원시 부족국과의 무력충돌은 평정, 파병, 또는 원정이라 칭하고, 약소국과의 무력 분쟁은 간섭 또는 보복으로 본다. 그리고 국내 집단과의 무력 충돌은 반란 또는 폭동으로 규정한다. 이러한 사건들이 만약 그 저항이 충분히 강력하고 오래 지속될 경우 '전쟁'이라 명명할 정도의 규모로 발전할 수 있다."

④ 「독일어 큰 사전 Das grobe Worterbuch der deutschen Sprache, 1977」:Krieg(전쟁)은 "무력을 수반해서 일어나는 국가 혹은 민족 간의 갈등"또는 "장기간에 걸쳐 계속되는 대규모의 군사작전"이다.

⑤ 「영어사전 New Webster's Dictionary, 1981」:War(전쟁)은 "국가 간 또는 같은 국가 내에서의 파벌간의 무력충돌이며, 적대상태 또는 군사적 분쟁"이다.

⑥ 「일본 신선국어사전 (新選國語辭典, 1991」せんそう):전쟁은 "국가와 국가 간에 병력을 가지고 하는 싸움", 또는 "사람들이 모두 사활을 걸 정도로 몰두하는 사회적인 문제"이다.

⑦ 「용병술어 연구, 김광석, 1993」:전쟁은 "주권을 가진 국가 간의 조직적인 무력투쟁 상태로서 선전포고와 더불어 개시되고 강화조약으로 무력투쟁이 종결될 때까지의 상태" 또한 "전쟁이란 정치집단간의 무력투쟁으로서, 정치, 경제, 사상 그리고 무력 등 이용할 수 있는 실력의 전부 또는 일부를 가지고 자기집단의 의지를 적에게 강요하기 위하여 비상행동을 취하는 현상. 다시 말하면 전쟁은 적대행위의 존재라고 하는 실질요소, 전쟁수행이라는 국가의사요소 및 국가 주권의 행사라는 권리요소를 그 정의의 기반으로 하고 있다."전쟁의 유형으로 국지전쟁, 결전전쟁, 냉전, 대리전쟁, 소모전, 예방전쟁, 전체전쟁, 제한전쟁, 지구전, 총력전, 혁명전쟁 등을 들고 있다.

⑧ 「미군 야전교범 100-1, The Army, 1981」:전쟁은 "형식적 의미로는, 국제적이든, 국가적이든 혹은 국가 이하 규모의 것이든 간에 화합될 수 없는 정치적 견해나 목적의 극단적 표현"이며, "좁은 의미로는, 적대 군사력 간에 발생하는 충돌"이고, "넓은 의미로는, 자국의 목적을 달성하기 위해서나, 또는 일개 내지 다수의 적국이 주장하거나 의도하는 바를 저지하기 위해서, 정치 · 경제 · 심리 · 기술 및 외교 수단을 선택적으로 혼합 사용하는 것까지를 포함한다."

그러나 1994년도 발행 교범에는 "전쟁의 본질은 정치적 목적을 달성하기 위하여 적대 군사력 간에 발생하는 극단적 충돌이다. 전쟁은 공포, 피로, 불확실성과 함께 극한의 기후와 지형에서 행해지는 인간의 가장 힘든 활동임이 분명하다. 전쟁은 인간의 가장 벅차고 힘든 활동임이 틀림없다. 그것은 종종 군인들이 직면하는 공포와 피로 그리고 불확실성과 함께 극한의 기후와 지형에서 행해진다." 로 되어 있다.

한편 「미국 야전교범100-5, Operation, 1993」:전쟁은 "국가 또는 주(州)와 같은 정치적 집단 간의 개전 및 선전포고된 교전상태" 로 정의하고 있으며, 전쟁 유형은 제한전쟁과 전면전쟁으로 구분하고 있다. 즉 제한전(Limited War)은 1989년 12월의 Operation Just Cause(파나마 침공작전)동안 실시된 것처럼 전면전(General War)에는 못 미치는 무력 전쟁이며, 제1차 세계대전, 제2차 세계대전과 같은 전면전이라는 것이다. 그리고 여기에는 전쟁과 전쟁 이외의 작전활동을 명확히 구분하여 설명하고 있다. 전쟁 이외의 작전활동은 평화증진을 위한 재난구호, 대 마약, 민간지원, 평화구축, 국가지원과 전쟁 억제 및 분쟁 해결을 목표로 하는 타격 및 습격, 평화정착, 내부 분란지원, 대 테러, 평화유지, 비전투원 후송 작전 등을 포함한다.

위에서 살펴 본 바와 같이 사전류에서는 대체로 전쟁을 무력투쟁 · 무력충돌 및 군사적 분쟁으로 정의하고 있다. 다시 말하면 군대나 무력이 조직적으로 동원되어 상호 충돌하는 현상을 전쟁으로 인식하고 있는 것이다. 그러나 전쟁의 주체가 국가와 국가 간인가 또는 계급을 포함한 여러 집단이나 세력 간 인가에 대하여는 상당한 차이를 나타내고 있다. 우선 전쟁은 국가 간의 무력투쟁 또는 군사적 분쟁으로 보는 시각이 있는가 하면, 국가와 국가뿐만 아니라 국가 내에서의 집단이나 파벌간의 무력투쟁도 전쟁으로 생각하고 있는 것이다. 그런가 하면 중국한어사전에서와 같이 "전쟁(戰爭)은 민족, 국가, 계급, 집단 간의 무장투쟁" 이라고 정의함으로써 전쟁의 주체를 보다 광범위하게 설정한 것도 있다.

전쟁의 수단 면에서도 약간의 차이를 발견할 수 있다. 군대나 무장력이 동원되는 군사적 충돌만을 전쟁으로 규정하는가 하면 미군 야전교범 100-1에서 "전쟁은 좁은 의미로는, 적대 군사력 간에 발생하는 충돌이며, 넓은 의미로는, 자국의 목적을 달성하기 위해서나, 또는 일개 내지 다수의 적국이 주장하거나 의도하는 바를 저지하기 위해서, 정치 · 경제 · 심리 · 기술 및 외교 수단을 선택적으로 혼합 사용하는 것까지를 포함한다."라고 설명하고 있는 것에서 알 수 있듯이 군사적 수단에 비군사적 수단까지도 포함시키고 있다.

즉 전쟁이란 형식상으로는 적대적인 정치집단간의 극단적 표현이라 할 수 있으며, 좁은 의미로는 피 · 아 간의 무력충돌을 말하고, 넓은 의미로는 군사적 수단뿐만 아니라 비군사적 수단까지를 사용하여 자국의 목적을 달성하거나 혹은 적국의 주장과 의도를 저지하는 것을 말한다. 따라서 목적 달성을 위한 수단이라는 측면에서 본다면 전쟁은 군사전(무력전) 뿐만 아니라 정치전, 경제전, 심리전, 기술전, 외교전 등도 그 범주에 속한다고 할 수 있다. 그리고 군사전쟁은 전면전쟁, 제한전쟁, 비정규전, 혁명전쟁 등으로 구분하고 있다.

3. 협의(狹義)의 전쟁과 광의(廣義)의 전쟁

이상의 여러 견해들을 종합해 볼 때 전쟁의 개념과 의미는 크게 두 가지로 압축되는데 그 하나는 전쟁을 좁은 관점에서 보는 것이고, 다른 하나는 보다 넓은 의미로 전쟁을 해석하는 것이다.

1) 협의의 전쟁

협의의 전쟁이란, 주권을 가진 국가 간의 조직적인 무력투쟁 상태로서 선전포고와 더불어 전쟁이 개시되고, 휴전 내지 강화조약으로 종결짓는 표준형을 말한다. 오스굿도 그의 제한전쟁론에서 전쟁에 관하여 다음과 같은 견해를 표명하고 있다. "전쟁이란 주권국가들 사이에 있어서 서로 상대방에게 자국의 의사를 관철하기 위하여 행해지는 조직적 무력충돌로서 가장 간단하게 정의될 수 있다"라고 하였다.

이 협의의 전쟁개념에서 찾아볼 수 있는 특징은 다음과 같다.

첫째로, 전쟁의 주체가 국가라는 점이다. 따라서 국내의 반란단체에 의해서 행하여지는 무력투쟁은 하나의 반란으로서 전쟁 외의 사건으로 취급되는 것이다. 6.25전쟁을 한국전쟁 또는 6 · 25 한국전쟁이라는 표현 대신 6 · 25사변 · 6 · 25동란 · 경인공난(庚寅共亂) · 김일성의 난 등으로 표기하고 있는 경우가 여기에 해당한다.

둘째로, 전쟁의 상태는 주로 무력 또는 군사력이 사용된다는 것이다. 이와 같은 무력은 조직적인 무력으로 정규군에 의한 정규전의 상태를 주로 의미하는 것이다. 따라서 무력이 동원되지 않는 전쟁상태는 전쟁으로 인정되지 못한다는 점을 암시하고 있다.

셋째로, 전쟁의 개시는 선전포고에 의해서, 전쟁의 종료는 휴전이나 강화에 의해서 이루어진다는 것이다.

전쟁은 전쟁 당사국 중 어느 일방이 최후통첩이나 선전포고가 있을 때부터 전쟁상태에 돌입한 것으로 보고, 그렇지 않는 경우에는 전쟁돌입을 인정하지 않는다는 것이다. 그 예로써, 중국은 제1차대전 시 독일에 대하여 사실상 선전포고만을 하였고 군사력에 의한 충돌은 없었다. 물론 적국이나 화물이나 적 국민에 대한 조치는 취하였지만 전쟁이 종료된 후 전쟁 당사국으로 인정됨으로써 국제법의 적용을 받아 독일과 강화조약을 맺었던 것이다.

2) 넓은 의미의 전쟁

광의의 전쟁은 전쟁을 동일적인 실체뿐만 아니라 이질적인 실체간의 폭력적 접촉까지를 망라한 투쟁 범위를 광범위하게 적용하여 보는가 하면, 다른 한편에서는 전쟁의 범위를 인간행위, 특히 국가 및 정치집단에 국한하되 군사력뿐만 아니라 정치 · 경제 · 사상 등 비군사적 수단까지도 포함한 이용 가능한 실력의 전부 또는 일부를 가지고 자국의 의지를 적국에게 강요하기 위하여 비상행동을 취하는 현상으로 보기도 한다.

전자의 관점에서 보면 별들의 충돌, 사자와 호랑이간의 싸움, 두 원시족 간의 투쟁 및 두 현대국가간의 적대행위 등을 모두 전쟁이라 할 수 있다. 라이트에 의하면 이러한 전쟁 개념은 법률가, 외교관 및 군인들이 그들의 직업 목적상 구체화하였었고, 사회학자와 심리학자들은 과학적 논의를 위해 구체화시켰다는 것이다. 후자의 견해는 주로 제2차 세계대전 이후에 정립된 것으로 그 이전까지의 지배적 전쟁개념인 협의의 전쟁에 대칭되는 개념이라 할 수 있다. 이러한 경향은 제2차 세계대전 후 냉전 상태에서 속출된 사실상의 각종 전쟁을 협의의 개념 즉 주권을 가진 국가 간의 조직적인 무력투쟁 상태로서 선전포고와 더불어 전쟁이 개시되고, 휴전 내지 강화조약으로 종결짓는 표준형으로는 설명할 수 없기 때문이라고 본다. 따라서 전쟁의 의미를 국가와 국가 간의 물론 정치 집단 간의 조직적인 정치 · 경제 · 사상 · 그리고 무력 등 이용할 수 있는 실력의 전부 또는 일부를 가지고 자국의 의지를 적국에게 강요하기 위하여 비상행동을 취하는 현상으로까지 확대한 것이다.

첫째, 전쟁의 주체면에서 보면, 협의의 개념에서 전쟁의 주체는 국가이거나 적어도 교전단체로 인정받은 것이었으나, 광의의 개념에서의 전쟁의 주체는 정치집단으로 변화되었다. 예컨대 2차 대전 후 일어났던 국내분쟁으로서 중국에서의 국 · 공 내전이나 6.25전쟁(한국전쟁)과 같은 사실상의 전쟁은 국가가 주체가 안된다하여 전쟁이 아니라고 할 수는 없는 것이다.

둘째, 전쟁의 상태면에서, 광의의 개념은 2차 대전 후 빈번히 일어났던 독립투쟁, 반식민지 운동, 공산 혁명전쟁 등의 비정규전에 의한 전쟁성격을 감안하여 정규군에 의한 정규전과 비정규전을 모두 전쟁상태로 포함시키게 되었다. 또한 1차 세계대전 이전까지는 비교적 무력에 의한 전쟁이었으나, 그 이후부터는 전쟁규모도 커졌거니와 전쟁비용도 확대되고 총력전화 되어 전쟁의 수단으로 무력은 물론 정치 · 경제 · 사상(심리)까지 모두 포함하게 되었다.

셋째, 전쟁의 개시와 종결에 있어서, 협의의 개념에서는 선전포고에 의해서 전쟁이 개시되고 강화로 종결되는 것으로 파악되었으나, 광의의 개념에서는 선전포고가 무의미하게 되었다. 예컨대, 2차 대전 시 일본에 의한 진주만 기습이라든지 독일에 의한 폴란드 기습공격은 물론이거니와, 그 외의 각종 혁명전쟁은 선전포고가 없이 진행되어 사실상 전쟁으로 되었기 때문이다. 따라서 선전포고가 없다고 하여 전쟁이 아니라는 주장은 오늘날의 전쟁개념에서는 수용될 수가 없게 되었다.

결국 전쟁의 개념이 확대되면 될수록 어디서부터 어디까지가 전쟁인, 또는 평화인지 알 수 없게 되어 전쟁과 평화의 구분이 애매하게 되었다. 실제로 평시에도 평화증진이나 전쟁억제 및 분쟁해결을 목표로 군사력이 동원되어 전쟁수준이 아닌 작전활동을 하고 있는 경우도 허다하다. 이런 의미에서 '전쟁'과 '군사작전' 및 '전쟁 이외의 군사작전'에 관한 내용과 그 예를 알아보는 것이 필요하다고 생각한다.

4. 전쟁과 전쟁이외의 군사작전

1) 개요

전쟁과 전쟁이외의 군사작전을 동일 개념으로 혼동하기 쉽다. 전쟁이나 전쟁이외의 군사작전이건 군사력이 동원, 투입된다는 점에서는 차이가 없다. 군의 기본 과제도 전투력을 효과적으로 사용하여 전투를 수행하고, 전쟁에서 승리하는 데 있음은 두말할 필요가 없다. 그러나 군의 장비와 인력이 전투를 수반하지 않을 수도 있는 환경에서 작전을 수행하고 있음을 보게 된다. 분쟁 지역에서 당사자 간의 전쟁이 종결된 후 평화를 유지하기 위한 방안의 일환으로 평화유지군(peace keeping force)이 편성 파견된다든지, 자연 재해로 인한 인명의 손실과 재산을 보호하기 위하여 군이 구조 활동을 벌이는 것 등이 그 대표적 사례들이다.

전시는 물론 평화 시에도 국내외를 막론하고 군사작전이 수행될 수 있음을 보여 주고 있다. 전쟁 이외의 군사작전에는 평화증진을 위한 재난구호, 대(對) 마약, 민간지원, 평화구축, 국가지원과 전쟁 억제 및 분쟁 해결을 목표로 하는 타격 및 습격, 평화정착, 내부분란 지원, 대(對) 테러, 평화유지, 비전투원 후송작전, 무력시위 등이 포함된다.[1] 따라서 전쟁과 전쟁이외의 군사작전을 같은 의미로 이해해서는 안될것이다.(다 같이 군사작전임에는 틀림없으나 전쟁과 전쟁 이외의 기타 작전활동과는 그 개념이 다르다)

이러한 구분은90년대에 정치 · 군사 분야에서 초강대국으로 등장한 미국이 국가 목표를 달성하기 위해서 장차 예상되는 세 가지의 환경, 즉 평시, 분쟁 시 그리고 전쟁 상황을 가상함으로써 이에 적절히 대처할 것을 구상한 데에서 연유된다.

또한 '전쟁 이외의 군사작전'은 1960년대 초 미국이 베트남전(월남전쟁)에서의 반란군 소탕을 위해 게릴라전을 수행하는 과정에서 사용되었던 '저강도 분쟁'이라는 용어의 대체 개념으로 사용되고 있다.

환경의 상태	목 표	군 사 작 전			예
전 쟁	전투승리	전쟁			대규모 전투작전 공격 방어
분 쟁	전쟁억제 그리고 분쟁 해결	전쟁 이외의 군사 작전	전투	비전투	타격 및 습격 평화정착 분란 지원 대(對) 테러 평화유지 비전투원 후송
평 시	평화 증진	전쟁 이외의 군사 작전			대(對) 마약 재난 구호 민간 지원 평화 구축 국가 지원 무력시위

· 평시, 분쟁, 전쟁의 상태는 한 전구 내에서 동시에 존재할 수 있다.
· 전쟁 이외의 군사작전에서 전투가 요구될 수 있는 것과 같이, 전시에도 비 전투작전이 발생할 수 있다.

표 1-1 군사작전의 범위

1) 미 공군 기본교리(AFDDI, 97년 9월)에는 17가지의 전쟁 이외의 군사작전을 설명하고 있음. 그 중 5가지(제재의 시행, 강요, 배타구역 시행, 선박의 보호, 공격 및 습격)는 전투를 포함하고, 6가지(테러진압, 마약퇴치작전, 항해 자유보장, 비전투원 탈출작전, 평화작전, 회복작전)는 전투를 포함하지 않으며, 나머지 6가지(군비통제 지원, 국내 지원작전, 해외 인도주의 지원, 국가지원, 무력시위, 반란의 지원)는 상황에 따라 전투에 포함할 수도 있고, 그렇지 않을 수도 있음.

전쟁 이외의 군사작전은 동일 전역에서 전쟁보다 먼저 또는 이후에 발생되거나, 전쟁과 동시에 발생될 수도 있다. 전쟁 이외의 군사작전은 전략 목표 달성을 보완하기 위해 전시 작전들과 함께 실시될 수 있으며, 작전사령관의 전진배치(forward-presence) 작전 또는 주재국 대사의 외교정책을 지원하거나, 국내에서 실시될 수 있다. 전쟁 이외의 군사작전은 지역 안정(regional stability)을 증진시키거나, 민주주의의 최종상태를 유지 및 달성하고, 자국의 영향력 및 외국으로의 접근을 유지하며, 곤궁에 처한 지역에 인도적인 지원을 제공함으로써, 자국의 이익을 보호하고 자국민의 권리를 보장하기 위해서 계획된다.

2) 타격 및 습격(공습)

군은 정치 및 군사적 주도권(inittiative)을 장악하고 유지할 수 있는 상황을 창출하기 위해 공격(attacks) 및 습격(raids)을 실시한다. 미국의 경우 통상 지형을 획득하거나 유지하기 위해서 보다 다른 특별한 목표들을 달성하기 위해 공격 및 습격을 감행한다. 습격은 보통 첩보를 획득하고, 잠정적으로 목표를 탈취하거나 표적을 파괴하기 위해 적 지역을 신속히 돌파하는 소규모 작전이다. 습격에 이어서 바로 신속하고 사전 계획된 철수(withdrawl)를 실시한다. 이와 같이 공격 및 습격작전은 물론 전쟁 시에도 발생한다. 따라서 전쟁 이외의 작전활동의 일환으로 실시되는 공격이나 습격과 전쟁 시 감행하는 공격이나 공습을 정확히 구분하기가 용이하지 않다.

3) 소요진압작전(내부분란 및 대 내부분란 지원)

소요진압작전은 국가비상사태 또는 불순세력에 의한 치안의 혼란, 민심동요 등으로 행정 및 사법기관이 그 기능을 상실하여 공공질서를 유지할 필요가 있을 때 관계법령이 정하는 바에 의하여 군이 지원하는 작전이다. 이 때 군은 정부행정당국에 대한 지원활동을 수행하게 되며, 반드시 법이 정한 범위 내에서 작전을 수행하여야 하며 소요진압작전에 대한 군 개입은 신중히 결정하되 무기 사용을 최대한 제한하고 심리전 수단을 최대로 활용하여야 한다.

4) 국지도발 대비 작전(대 테러작전)

대 테러전은 개인, 단체 또는 국가가 그들이 추구하는 목적 달성을 위하여 폭력 행위 및 수단을 사용하는데 대한 대응책으로 실시되는 제반 작전활동을 말한다. 대 테러작전은 인질극, 유괴, 납치, 폭파, 암살, 방화 독가스 살포 등의 테러행위에 대하여 인질구출작전, 대 폭발물작전, 대 독가스작전, 요인경호작전 등의 형태로 구분되어 실시된다.

9 · 11 테러(September 11 attacks) [2)]

2001년 9월 11일에 미국에서 벌어진 항공기 납치 동시다발 자살 테러로 뉴욕의 110층짜리 세계무역센터(WTC) 쌍둥이 빌딩이 무너지고, 버지니아 주 알링턴 군의 미국 국방부 펜타곤이 공격을 받은 대참사이자 21세기에 처음 발생한 테러이다.(전쟁 이외의 군사작전' 즉 '대 테러작전'이 아니라 실제 전쟁)

위치	미국 뉴욕 주 뉴욕 (첫 번째 · 두 번째) 미국 버지니아 주 알링턴 군 (세 번째) 미국 펜실베이니아 주 (네 번째)
발생일	2001년 9월 11일 (화)오전 8:46 – 오전 10:30 (UTC−4)
종류	비행기 탈취, 대량 학살, 자폭 테러
사망자	2977명 (테러범 19명 제외)
부상자	6291명 이상
용의자	알카에다 (오사마 빈 라덴 지도)

4대의 민간 항공기를 납치한 이슬람 테러단체에 의해 동시 다발적으로 이루어졌는데, 04시 1분 42명의 승객을 태운 아메리칸 항공 소속 AA11편이 보스턴을 출발해 로스앤젤레스를 향해 날아올랐다. 이어 04시 26분 36명을 태운 유나이티드 항공의 UA93편이 뉴저지주에서 샌프란시스코로, 05시 28명을 태운 유나이티드 항공의 UA175편이 보스턴에서 로스앤젤레스로, 06시 24명을 태운 아메리칸 항공의 AA77편이 워싱턴에서 로스앤젤레스로 각각 향했다.

06시 3분 AA11편이 항로를 바꾸어 세계무역센터 북쪽 건물(제1세계 무역 센터)과 충돌한 직후인 06시 5분 UA175편이 남쪽 건물(제2세계 무역 센터)과 충돌하였다. 09시 37분 AA77편이 워싱턴의 국방부 건물과 충돌하고, 이어 약 9시 59분 경 세계무역센터 남쪽 건물이 붕괴된 뒤, 10시 3분 UA93편이 피츠버그 동남쪽에 추락하였다. 10시 28분 경 세계무역센터 북쪽 건물이 완전히 붕괴되고, 이 여파로 인해 5시 20분 47층짜리 세계무역센터 부속건물인 제7 세계 무역 센터 빌딩이 힘없이 주저앉았다. 제7세계 무역 센터의 붕괴 원인은 제1 · 2세계 무역 센터의 붕괴로 철골들의 잔해들이 튕겨 나와 제7세계 무역 센터 건물을 타격한 것으로 보인다.

세계 최강대국 미국은 순식간에 아수라장으로 바뀌었고, 세계 경제의 중심부이자 미국 경제의 상징인 뉴욕은 하루아침에 공포의 도가니로 변하고 말았다.

2) 위키백과, 우리 모두의 백과사전.

(사건피해 : 4대의 항공기에 탑승한 승객 266명 전원 사망, 워싱턴 국방부 청사 사망 또는 실종 125명, 세계무역센터 사망 또는 실종 2,500~3,000명 등 정확하지는 않지만 인명 피해만 2800~3500명/경제적인 피해는 세계무역센터 건물 가치 11억 달러(1조 4300억 원), 테러 응징을 위한 긴급지출안 400억 달러(약 52조 원), 재난극복 연방 원조액 111억 달러(약 12조 원) 외에 각종 경제활동이나 재산상 피해를 더하면 화폐가치로 환산하기 어려울 정도이다.

5) 평화유지 작전

평화유지 작전(peace keeping operations)은 잠재적 분쟁지역에서 평화를 유지하기 위한 외교적 노력을 지원한다. 평화유지 작전은 두 교전국간의 분쟁을 진정시키며, 그런 만큼 이 작전은 분쟁 당사국의 동의가 필요하다. 일국은 단독으로 평화유지활동 및 작전에 참여하거나 유엔의 요청 시 지역적인 국가들 간의 조직 또는 기타 비 제휴 국가들과 함께 평화유지작전에 참여한다. 군 요원들은 공정한 감시자로서, 국제평화 유지군의 일원으로서 기능을 하거나 감독과 지원역할을 담당하게 된다.

최초의 평화유지작전은 유엔이 1948년에 유엔 팔레스타인지역 정전감시기구(UNTSO)를 설치 파견하면서 비롯되었으며, 우리나라도 안보능력을 고려한 범위 내에서 평화유지작전에 적극적으로 참여하고 있다. 1993년 소말리아에 건설공병대대를 최초로 파견한 이후 우리 군의 평화유지작전은 서부사하라에서의 의료지원, 인도 · 파키스탄의 캐시미르 분쟁지역 및 그루지아 민족분규 해결을 위한 정전감시단에 군 옵서버를 파견하는 등 계속되고 있다.

평화유지는 종종 평화유지군이 직접 당사자가 되지 않은 상황에서 극도의 긴장과 폭력을 다루어야만 하는 애매모호한 상황에서도 수행이 된다. 이들 활동들은 평화유지군에게 권한을 위임한 외교협상 이후에 수행되어진다. 평화유지군에 위임된 권한은 평화유지작전의 범위를 기술해 준다. 이에 따라서 일반적으로 각 참가국이 파견할 부대의 규모와 형태가 결정되며, 위임한 권한은 주둔국이 부대의 주둔이나 임무를 부여하려고 하는 조건이나 상황을 명백히 지정해 주고 평화유지군이 수행할 역할들에 관해서 분명하게 기술해 준다. 폭력이 자주 발생하는 지역에서는 평화유지군의 물리적 주둔(Physical presence)에 의해서 폭력행위를 저지할 수 있다. 평화유지군은 관측소 운용, 순찰 및 공중 정찰과 같은 수단들을 통해서 첩보를 수집한다.

6) 비전투원 후송 작전

비전투원 후송작전(noncombatant evacuation operation)은 위협을 받고 있는 민간인 비전투원을 타국가나 주둔국으로부터 다른 지역으로 이동시키는 것이다. 이 작전은 위험지역에 있는 자국인을 포함하며 또한 선정된 주둔국의 민간인 또는 제3국 민간인을 포함할 수 있다. 비전투원 후송작전은 평화적으로 질서정연한 방법으로 실시되거나, 강압적인 방법이 필요할 경우도 있다. 군(육군)은 분쟁 또는 전쟁 환경에서 작전 사령관의 통제 하에서 비전투원 후송작전을 실시하게 된다.

7) 대 마약작전

대 마약작전은 주로 법 집행기관들의 대 마약 노력을 지원하고 원산지에서 수송 및 분배 중에 불법마약의 유통을 차단하기 위해서 협조하는 활동이다.

예를 들면, 콜롬비아가 미국의 요구와 협조 하에 1989년 8월부터 1994년까지 5년간 메디진의 마약조직에 대해 '선전포고'를 하고 이들을 소탕하기 위해 펼친 군사작전이 있다. 당시 콜롬비아의 메디진 지방을 거점으로 한 마약조직은 조직원 30만 명, 무장세력 5천 명, 수송기 60여 대, 무장헬기 등 작은 나라의 군대에 버금가는 힘을 보유하고 있었다.

이들 조직은 각료의 암살, 경찰서, 정보기관 건물의 파괴를 위시하여 항공기 폭파 및 격추 사건까지 각종 범죄활동을 자행하고 있었다. 이들을 소탕하기 위해 콜롬비아 정부는 군대를 투입하였으나, 1990년 4월에는 전 국토에서 121건의 총격전이 발생하는 등 내전 상황이나 다름없을 정도로 사태가 악화되었다.

따라서 콜롬비아 정부는 미국의 지원을 요청하게 되었고, 미국에서는 경찰과 군대 수송을 위해 헬기 16대와 조종사를 지원했으며, 1991년에서 1992년에는 무장 헬기 4대와 특수부대까지 파견하였다. 1993년 12월 마약조직의 최고 간부인 에스코발이 경찰과의 총격전에서 사살되면서 조직이 붕괴되기 시작하여 5년간의 대 마약작전이 일단락되었으나, 6천8백여 명에 달하는 많은 사상자가 발생한 것으로 발표되었다.

8) 재난구호작전(인도적 지원 및 재해구조)

어느 국가에서나 군은 국가적 재해 · 재난 발생 시 국민의 생명과 재산을 보호하기 위하여 적극적으로 구조 · 지원활동에 참여하고 있다. 특히 기상이변 현상과 함께 점차 다양해지는 재해 · 재난에 대비하여 군은 즉각적인 재난구조개념의 발전 등 능동적 구조 · 지원활동 수행을 위한 다각적인 준비태세를 갖추어 나가고 있다.

재난구호작전(humanitarian assistance operations)은 전반적인 인도적 지원의 상황 내에 속한다. 이러한 작전활동은 생명과 재산의 손실을 방지하기 위하여 우발상황에서 수행되어 지며, 지휘관에 의해서 즉각적이고 자동적인 대응의 형태로 이루어지거나, 국내나 외국정부 또는 국제기관들의 요구에 대응하여 실시될 수도 있다. 군은 원거리 지역에 보급품을 수송하기 위해 군수지원을 제공할 수 있고, 피해자들을 구출하거나, 후송시키고, 긴급통신망(emergency communications)을 개설하고, 직접의료 지원활동을 실시하고, 중요한 시설들에 대한 긴급보수를 제공한다. 또한 민간인 구조를 위해 인력을 제공하거나 공공안전을 유지함으로써 민간기관을 지원한다.

인도적 지원활동(humanitarian assistance operations)은 국방성 소속의 인원, 장비, 보급품을 사용하여 인간의 복지를 증진시키고, 고통과 괴로움을 감소시키며 자연적 또는 인위적 재해 후에 생명의 손실과 재산의 파괴를 방지하기 위해 실시하는 활동이다. 어떤 환경 하에서, 인도적 지원은 시골지역에 의료, 치과, 수의 치료를 제공하고 기초적인 지상수송체계의 건설과 우물 및 기초위생시설의 건설, 공공시설물의 기초건설 및 보수를 포함할 수 있다.

9) 무력시위

무력시위(show of force)는 자국의 이익 또는 국가적 목표에 유쾌한 상황을 해소하기 위해 위기 조성 또는 분쟁지역에서 자국의 의지를 과시하기 위해 수행되는 임무이다. 무력시위는 국가의 공약에 신뢰성을 제공하고, 지역적 영향력을 증대시키고, 결의를 과시한다. 이 작전들은 자국의 이익 및 국제법을 존중할 수 있도록 타 정부 또는 정치 군사조직에 영향을 미칠 수 있다. 이러한 작전들은 연합훈련 연습(sombined training exercises), 예행연습, 군사력의 전진배치(forward deployment) 또는 그 지역에 군사력의 투입 및 증강의 형태를 취한다.

예를 들면 '서해교전사태'를 들 수 있다 1999년 6월 15일에 발생한 남 · 북한 해군의 서해교전도 처음에는 이 무력시위로 시작되었다. 즉 북한 해군함정은 6월 7일 꽃게잡이 어선 보호라는 명분으로 북방한계선 (NLL)을 침범함으로써 서해상에서는 교전이 있기 전까지 9일 동안 남 · 북해군간 첨예한 무력시위 상황이 조성되었던 것이다. 이러한 군사적 대치 상황에서 한국 해군은 무력사용 대신 '충돌식 밀어내기' 작전을 구사하여 주도권을 장악했고, 급기야 북한 해군이 무력선제 공격을 가해왔을 때 이에 대응하여 즉각적인 공격작전을 실시하게 되었다. 물론 이 교전에서 북한 해군은 막대한 손실을 입고 퇴각하게 되었고, 그 결과 한국 해군이 서해상에서 발생한 무력시위 상황을 유리한 국면으로 전환하는데 성공하였음은 주지하는 바이다. 다행히 더 이상 무력충돌이 확대되지 않았기 때문에 전면전이나 국지전과 같은 전쟁 상황으로 전환되지는 않았으나 분쟁 당사국 간의 무력시위가 전쟁단계로 확산될 수 있음을 간과해서는 안될 것이다.

전쟁이란 "국가 간 또는 국가와 이에 준 하는 집단(교전단체)간 군사력을 비롯한 각종 수단을 행사하여 자기의 의지를 상대방에게 강요하려는 전면적이고 조직적인 무력충돌 현상으로서, 통상 선전포고와 더불어 개시되고 강화조약으로 종결된다."라고 정의할 수 있다. 이를 좀 더 간략히 표현한다면, 전쟁이란 "국가 간이나 국가 내에서도 정부와 반 정부집단(교전단체)간의 무력투쟁상태"라 정의할 수 있다. 무력투쟁이란 의미 자체가 우발적 또는 일시적 단순무력충돌 현상이 아니라, 어떤 목적을 달성하기 위하여 무력을 포함한 자신의 모든 역량을 조직적이고 지속적으로 발휘하는 행위를 뜻하기 때문이다.

Section 02

전쟁은 왜 하는가?

1. 전쟁의 목적 및 수단

1) 개요

인간의 모든 행위는 목적과 수단의 합리적 조직에 의해 효율화 할 수 있다. 그런데 수단보다는 목적이 앞서고, 목적은 수단을 조절하고 통제하면서 발전하는 것이 일반적인 경향이다. 목적이 없거나 불분명하면 수단을 체계적으로 운용하지 못하고 결과에 대한 예측도 불가능하다. 따라서 목적은 행동을 규제하는 지표 내지 방향의 길잡이가 되는 것이다. 전쟁의 목표, 수단에 대하여 비교적 분명하게 설명한 군사이론가는 클라우제비츠이다.

클라우제비츠는『전쟁론에서, "그러므로 전쟁은 우리의 의지를 구현하기 위해 적을 강요하는 폭력행동이다. 폭력, 즉 물리적 폭력(왜냐하면 국가와 법 개념의 범주를 벗어나면 정신적 폭력은 존재하지 않기 때문이다)은 전쟁의 수단이고, 적에게 우리의 의지를 강요하는 것은 전쟁의 목적이다. 이 목적을 확실하게 달성하기 위해 우리는 적을 무장해제의 상태로 만들어야 하면, 이것은 이론상 고유의 목표이다. 이 목적은 전쟁의 목적을 대신하고 전쟁 자체를 속하지 않는 전쟁의 목적은 배제한다." 라고 되어 있다. 클라우제비츠는 전쟁이란 "적을 굴복시켜서 자기의 의지를 실현하기 위해 사용하는 폭력행위" 로 정의하면서, 전쟁의 목적은 "적에게 자기의 의지를 강요하는 것"이고, 이 목적을 실현하기 위해 "적의 저항을 무력화하는 것" 이 곧 전쟁의 본래의 목표이며, 이 목표에 도달하기 위해 사용되는 수단이 "폭력행위" 라는 것이다. 여기에서 목적과 목표를 굳이 구분할 필요는 없다고 생각한다. "목표는 눈에 보여도 목적은 눈에 보이지 않는 관념의 차이이며, 목적은 자기만 알고 있으면 되지만 이것을 외부로 표현하여 상대방에게 인식시키기 위해서는 유형적인 목표를 가지고 말해주거나 목적을 달성하기 위한 수단으로 병용해야 한다. 따라서 목적과 목표가 일치하는 경우가 많다" 는 하인리히 뷰로(Heinrich Bülow)의 목적과 목표의 관계에 대한 언급에 전적으로 동감하기 때문이다.

클라우제비츠는 이러한 개념규정에서 한 걸음 더 나아가 "전쟁이란 다른 수단을 가지고 하는 정치의 연장" 이라고 하여, 정치적 동기가 전쟁의 원인이며, 목적이라고 보았다. 이와 같이 정치요인이 전쟁을 결정하는 이상, 군사는 마땅히 정치에 종속되어야 한다고 주장하였다. 즉, 클라우제비츠는 전쟁을 일종의 폭력행위로 보고, 적으로 하여금 우리의 의지대로 이행하도록 강요하는 그런 폭력행위를 지칭하였다. 그런데 폭력 즉 물리적 폭력은 전쟁의 수단이고, 적에게 우리의 의지에 따르도록 강요하는 것이 그 목적임을 분명히 하고 있다.

그리고 전쟁은 다른 수단에 의한 정치의 계속에 불과하다고 단언함으로써 전쟁의 목적은 군사적 승리이외에 국가정책의 수행이라는 정치적 목적과 직접 관련되어 있음을 강조하고 있다.

2) 정치적 의도

클라우제비츠와 같이 전쟁의 목적을 정치적 의도나 의지로 보는 견해는 다음과 같다.

① 전쟁은 왕들의 거래다.(J. 드라이든)

② 속물들은 전쟁이 '정치의 계속이다'는 것을 이해하지 못한다. 따라서 '적이 공격했다', '적이 우리 영토에 침입했다' 등에만 구애되어서 전쟁이 무엇을 기초로, 어떠한 계급에 의해, 어떠한 목적으로 행해지고 있는가를 검토하지 않는다.(레닌).

③ 전쟁은 곧 정치이고, 전쟁 자체는 바로 정치적 성격을 가진 행동이다. 정권은 총구로부터 탄생한다.(마오쩌뚱)

④ 전쟁이란 자신의 세계관에 근거하여 정치를 진전시키기 위해 무력을 포함한 일체의 적대행위를 발동하는 것을 말한다.(홍꼬다께시)

⑤ 정치란 전쟁 못지않게 사람들을 흥분시키는 것이며 똑같이 위험하기도 한 것이다. 전쟁에서는 단 한 번 죽으면 되지만 정치에서는 여러 번 희생되어야 하는 것이 다를 뿐이다.(처칠)

⑥ 전쟁은 "형식적 의미로는, 국제적이든, 국가적이든 혹은 국가 이하 규모의 것이든 간에 화합될 수 없는 정치적 견해나 목적의 극단적 표현"이다.(미군 야교 100-1, The Army, 1981)

3) 전쟁의 목적 – 의지와 신념

"자기의지를 실현하기 위해 사용되는 폭력행위" 라고 할 때 여기서 말하는 "자기의지의 실현" 이란 결국 "정치적 목적 달성" 을 의미한다고 볼 수 있기 때문이다.

① 전쟁은 적으로 하여금 우리 의지대로 이행하도록 강요하는 폭력행위이다.(클라우제비츠)
② 전쟁의 목적은 적에게 자기의지를 강요함으로써 보다 나은 평화를 유지하는데 있다. 전쟁은 국가의 정상생활을 영위하기 위하여 최단시간 내에 최소한의 대가를 치르고 끝내지 않으면 안 된다. 전쟁은 자기의 생명과 재산의 희생을 최소화하고 최단 시간 내에 적의 저항의지를 말살하는데 있다. 이렇게 볼 때 적의 야전군을 섬멸하는 것만이 우리의 유일한 목표는 아니다. 목적은 오직 적을 굴복시키는 데 있는 것이다. 따라서 목적을 달성하기 위해서는 적을 격멸시키지 않고 정치, 외교, 경제적 봉쇄, 인구중심지에 대한 폭격 등을 가하여 가장 적절하고 경제적인 수단을 사용하여 적을 굴복시키면 되는 것이다.(리델 하트)
③ 전쟁은 서로가 자기네의 의사를 관철시키려고 애쓰는 주권국가 사이의 조직화된 무력투쟁이다(오스굿)
④ 전쟁은 주로 무력행사를 통하여 자기가 원하는 평화의 조건을 상대방에게 강요하려는 국가 간의 전면적 투쟁이다.(스타크)
⑤ 전쟁은 자기 세계관에 의해 자기의지 구현을 위한 일체의 적대행위다.(홍꼬다께시)
⑥ 전쟁은 상호 대립하는 2개 이상의 국가 또는 이에 준 하는 집단 간에 있어서 군사력을 비롯한 각종 수단을 행사하여 자기의 의지를 상대방에게 강요하려는 행위 또는 그러한 상태를 말한다.(일본 국방관계 용어집, 1972)

이러한 주장은 주로 군사이론가들의 전쟁관으로써 이들은 전쟁목적을 "자기 의지의 실현" 에 두고 있다. 이들의 전쟁개념은 전쟁목표와 전쟁 수단적인 측면에서 약간의 견해 차이가 인정되지만, 전체적으로는 전쟁의 목적을 적의 저항력을 분쇄해 자기의지를 실현시키는 데 두고 있다는 점에서 별다른 이의가 없는 것 같다.

역사상 모든 전쟁은 일정한 사회적 조건이 갖추어 졌을 때 발생했으며 사회적 조건의 변화에 따라 전쟁의 성격도 각각 달라졌다는 것이다. 여기서 말하는 사회적 조건이란 전쟁목적이라는 주관적인 것과 전쟁수단이라는 객관적인 것을 말한다. 이 전쟁목적과 전쟁수단이라는 두 가지 조건은 전쟁의 성격을 규명하는 데 훌륭한 준거를 제공해 줄 수 있다는 점에서 그 의의가 있다고 하겠다. 아무리 상대방을 굴복시켜야 하겠다는 의지가 강하다 하더라도 그 목적을 실현시킬 수단과 도구인 힘이 없으면 역시 전쟁은 발생되지 않는다. 따라서 전쟁이란 국가를 포함한 제 집단 간에 발생하는 힘과 의지의 싸움이라 할 수 있다. 이것이 바로 전쟁의 목적(의지)과 수단(힘)간의 관계라 할 수 있다.

정당한 전쟁의 조건

첫째, 정당한 명분이다. 전쟁을 하는 이유가 타당해야 한다. 예를 들면, 무고한 인명의 보호라든지 인권의 보호라든지 무엇인가 현실적이고 확실한 위험에 직면한 경우에 전쟁이 허용된다. 혹은 침해된 주권의 회복과 같은 대의 명분이 있어야 전쟁 개입이 정당성을 갖게 된다.
둘째, 합법적 권위의 확립이다. 국가의 통치권을 위임받고 있는 합법적인 당사자에 의해 전쟁의 선포가 이루어져야 하고, 정규군에 의해 전쟁이 수행되어야 한다. 자칭 '해방군' 혹은 '시민군'이라고 하는 비합법적 집단이 전쟁을 선포하고 무력을 사용하는 것은 정당화되지 않는다. 그러나 이러한 집단이 전쟁에서 승리하게 될 경우 합법적 권위를 획득한다는 점에서 정당성 적용에 의문이 제기되지 않을 수 없다.
셋째, 비례적 정의의 확보이다. 살상과 파괴, 굶주림과 죽음 등을 수반하는 무력사용의 결과가 악보다는 선이, 불의보다는 정의가 더 많이 발생해야 한다.
넷째, 정당한 의도이다. 전쟁개입의 대의명분 뒤에 숨겨진 의도가 무엇인지 분명해야 하고 또 정당해야 한다. 전쟁종식과 평화유지가 진정한 의도인지 상대국의 종족 말살이 목적인지 명확히 해야 한다.
마지막으로 최후의 수단이다. 전쟁에 호소하는 길 외에 별다른 대안이 없어야한다. 정치적, 외교적 노력 등 문제 해결의 방안을 모색했으나 전혀 다른 대안이 없을 경우에 한하여 최후의 수단으로 전쟁에 호소하는 것이 정당화된다.

4) 평화와 정의 실현 – 정당한 전쟁과 부당한 전쟁

역사적으로 보면, 고대로부터 중세에 이르기까지 평화에 대한 공통적인 시각은 평화를 전쟁과 대조시키면서 평화란 전쟁이 없는 상태로 간주하여 왔다. 근대에 들어 루소나 칸트 같은 철학자들은 "평화로운 인간이 이성적, 도덕적으로 성숙하게 되어 모든 긴장이나 충돌이 없어지게 된 경우에 있어서만 평화가 가능하다"는 이상주의적 평화론은 주장하였다.

그러나 현대에 들어 전쟁이 끊임없는 인류의 현상이 지속되면서 오늘날의 평화론은 전쟁 방지의 평화론, 즉 긴장이나 대립이 전쟁으로 진행되는 것을 방지하는 방법을 연구하여 그것을 실현시키는 것을 과제로 하고 있다. '평화를 원한다면 전쟁에 대비하라' 또는 '이해하라'든지 '평화를 위해 전쟁을 한다' 또는 '전쟁의 휴식기가 평화의 시기'라는 주장들이 이에 해당한다. 즉 이러한 설명은 단순히 전쟁을 염두에 두고 생각한 것으로, 전쟁은 항상 존재한다는 사실을 가정하고 난 후에 성립되는 것이다. 특히 공산주의자들의 평화의 개념이 여기에 해당한다.

공산주의자들은 평화를 두 가지로 구분하고 있다. 하나는 노예의 평화이고, 다른 하나는 항구적인 평화인 데 전자는 제국주의자들의 착취계급에 의한 외부적 평화이고 후자는 제국주의의 섬멸종식과 세계혁명의 완수 이후에 오는 평화이다. 따라서 영구적인 평화를 달성하기 위해서는 자기민족을 해방하기 위한 민족해방전쟁과 자기 계급을 해방하기 위한 혁명전쟁과 같은 전쟁을 인정한다. 즉 이 두가지 전쟁은 정의의 전쟁으로서 정당한 전쟁이므로 평화를 위해서는 불가피하다는 것이다. 결국 우리는 평화를 전쟁이나 무력분쟁의 위협이 없는 순수한 평화상태를 말하고 있지만, 공산주의자들이 규정하는 평화는 전쟁을 포함한 정치적 의도가 담겨져 있다고 볼 수 있다.

아무튼 '평화란 전쟁이 없이 평온한 상황'을 의미하는 것으로 인식하는 것이 공통된 시각이다. 다시 말하면 전쟁이나 무력분쟁이 없는, 보다 적극적인 의미에서 전쟁발발의 위험이 제거된 상황을 의미한다고 볼 수 있다. 극단적 평화주의자의 입장에서 보면 전쟁은 어떤 경우에도 정당화될 수 없다. 그러나 어떤 교전국도 자국의 정당성을 주장하며, 국제사회에서 어느 입장이 정당한 것인지 판정할 수 있는 객관적 기준이 존재하지 않기 때문에, 모든 전쟁은 다 정당하다는 무차별 전쟁관도 있다. 이 두 입장을 다 수용한 제3의 주장이 전쟁론(戰爭論, bellum justum)이다. 즉 전쟁은 정당화 될 수 있는 전쟁도 있고 정당화 될 수 없는 전쟁도 있다는 입장이 그것이다.

평화(平和. Peace)

전쟁이나 갈등 없이 세상이 평온한 상태 국가적으로는 국가가 안보를 누리고 안전하게 살 수 있는 상태이고, 국제적인 평화는 국가 간의 갈등. 분쟁. 전쟁이 없는 상태.

- 소극적 개념 : 전쟁이 없는 상태.
- 적극적 개념 : 자유. 평등. 정의의 원리에 따라 삶의 질이 보장되는 것.

전쟁이 없고, 불간섭, 갈등, 대립, 폭력의 존재 근원이 제거된 상태(정치, 경제, 사회, 문화 등 모든 영역에서 구조적이고 제도적인 폭력이 제거된 상태

5) 전쟁에서의 승리 – 궁극적 목표

미군 (야전교범 100-5)의 '목표의 원칙'에 보면 "전쟁에서 군의 궁극적인 목적은 적 부대와 적의 전투의지를 분쇄하는 것" 으로 되어 있다. 따라 "군은 적절하고 엄격한 무력사용을 통해, 승리를 보장하는데 필요한 전투력을 운용해야 하며, 군은 항상 승리를 위해 전투를 수행해야 한다. 전투시의 군은 자신의 의지를 적에게 강요해야 하고, 어떠한 임무이든 간에 목표는 승리이며, 완전한 승리만이 용납된다." 는 것이다. 한국전쟁 시 미국의 전쟁수행방식에 회의를 품어왔던 맥아더(D. MacArthur)장군 역시 "전쟁이 일단 발발하면, 그것을 신속하게 종결짓기 위한 효과적인 모든 수단을 취하지 않으면 안된다. 전쟁의 궁극적인 목표는 승리에 있다." 라고 하면서 결코 우유부단해서는 안된다는 점을 강조하였다.

전쟁은 '활이나 칼', '총과 검', '기관총과 대포', '전차와 항공기', 심지어는 '원자탄과 중성자탄'이 공식적으로 맞부딪치는 살벌한 무기 각축장이다. 또 전쟁은 어느 한 무장병력만의 일방적인 게임이 아니고 정반대의 목적을 가진 상대방이 서로 맞부딪쳐 마침내 생사승패를 가름하게 되는 영역이다. 두 개의 칼날이 마주쳤을 때 강한 칼이 살고 약한 칼이 부러지듯이 강한 부대, 강한 군대가 이기고 살아남게 되는 것이 전쟁의 원리이다. "우리는 피를 흘리지 않고 승리를 거두었다는 장군에 말을 거의 들어 본 적이 없다. 유혈이 낭자한 전투가 가공할 광경이라 한다면 바로 그 이유 때문에 전쟁을 그대로 통찰해야 한다."는 클라우제비츠의 지적은 전쟁의 속성은 물론 그 목적과 수단을 그대로 묘사하고 있다. 단순한 무기가 사용되던 고대전쟁에서도 많은 생명의 손실을 강요했지만, 가공할 파괴력과 살상효과를 지닌 과학무기가 사용되는 현대전쟁에 있어서는 더 말할 나위가 없다.

승리란 군사적 승리 뿐 아니라 정치적 승리도 포함한다. 그러나 군사적 승리가 정치적 승리로 연결되는 것은 아니다. 전쟁의 결과 승자에게는 많은 부(富)와 국가적 위신이나 명예가 보장되지만 패자에게는 오로지 전쟁에 대한 모든 책임 추궁과 승자의 의지 앞에 치욕적인 굴종만 남는다. 패자에게는 변명이나 재도전의 기회가 주어지지 않는 것이 전쟁의 속성이었다. 그러나 걸프전이나 한국전쟁에서와 같이 오늘날은 전쟁의 결과나 승패의 개념에 대한 불명확성이 대두되기도 한다. 즉 승자와 패자의 구분이 뚜렷하지 않다는 것이다. 현대전쟁에서는 승리의 개념도 흐려지고 있다.

승리란 적의 완전한 격멸과 적 지역의 완전한 점령만이 아니며, 한국전에서처럼 그 전쟁 이전의 상태로의 회복과 같이 미국의 개입을 촉구시켰던 정치적 목표의 달성만으로도 가능하다는 것이다. 물론 이런 경우는 고도의 정치적 기술과 지혜가 요구된다. 전쟁에서는 승자나 패자 공히 폭력의 대가를 감수하지 않으면 안 된다는 것이다. 따라서 전쟁은 가능한 피해야 하며, 만약 전쟁을 하게 되면 속전속결로 끝내야 하는 이유가 여기에 있는 것이다. 그래서 손자병법의 '부전(不戰)의 논리'나, 부득이하여 전쟁을 할 경우 속전속결(速戰速決)의 원칙아래 되도록 빨리 전쟁전의 상황으로 돌아가야 된다는 주장은 동서고금을 통하여 불변의 진리가 되고 있다. 그러나 전쟁의 목적을 구체적으로 명시한 예도 있다. 죠미니(Jomini;1779~1869)[3]는 「전쟁술의 원칙개요」에서 한 정부가 전쟁을 치르는 목적을 다음과 같이 열거하고 있다.

첫째, 특정한 권리의 회복 및 수호를 위해서,
둘째, 상업, 제조업 및 농업과 같은 중대한 국가이익을 보호 유지하기 위하여,
셋째, 정부의 안전이나 세력균형 때문에 필요한 인접국가들의 존립을 지지하기 위해서.
넷째, 공세동맹 및 수세동맹의 의무를 완수하기 위해서,
다섯째, 정치적 혹은 종교적 신조를 확산, 타파 또는 옹호하기 위해서,
여섯째, 식민지 쟁취로 국가의 영향력과 세력을 확장하기 위해서,
일곱째, 위협 당하고 있는 국가의 독립을 보존하기 위해서,
여덟째, 명예가 짓밟혔을 때 이를 보복하기 위해서,
아홉째, 정복에 대한 열광 등이다.

6) 전쟁의 수단 – 전쟁의 폭력성

일반적으로 전장환경은 승리를 쟁취하기 위하여 상호 파괴와 살상이 지배하게 된다. 전장에서는 적을 죽이지 않으면 자신과 전우들이 살아남을 수 없을 정도로 끊임없이 생명을 위협받는다. 유사(有史)이래 인류가 헤아릴 수 없을 정도(대략 250,000회)의 많은 전쟁으로 인하여 현존 인구보다 많은 생명을 잃은 것만 보아도 전쟁이 얼마나 위험한가를 짐작할 수 있다. 단순한 무기가 사용되던 고대전쟁에서도 많은 생명의 손실이 발생했지만, 기관총과 같은 연발화기와 고폭탄의 출현은 전장에서의 인간의 생명을 값싼 소모품으로 만들었다. 또 곡사화

3) 죠미니(Jomini 1779-1869) : 스위스의 군사이론가. 프레드리히 대왕과 나폴레옹의 전쟁을 분석하여 군사학의 기본개념과 전쟁의 제 원칙을 도출함. 한때 나폴레옹의 개인참모로 근무한 것이 있으나, 나폴레옹의 참모장과의 알력으로 러시아군으로 이적하여 상급대장으로 근무하면서 러시아 육사의 창립에 공헌함.

기의 출현은 보이지 않는 적까지도 살상시킬 수 있는 능력을 부여했으며, 전함, 항공기 등의 발달은 전장의 영역을 모든 차원으로 확대시켰다. 인류가 수행한 가장 규모의 크고 끔찍했던 제1 · 2차 세계대전에서는 비전투원까지도 대량으로 살상하는 결과를 초래하였다. 1939년 9월 1일 독일의 폴란드 침공으로 시작된 제2차 세계대전은 6년간, 소련군 2천만이 죽었고, 유대인은 6백만이 학살당했으며, 폴란드인 5백80만, 독일인 5백만, 일본인 2백70만 명이 죽었다. 모두 5천만 명의 아까운 생명이 희생된 것이다. 이는 인류가 역사상 경험하지 못한 파괴와 살육의 참상이었다. 제2차 세계대전이 끝난 후에도 크고 작은 전쟁으로 1992년까지 희생(사망)된 인명은 2천3백만 명에 이르는 것으로 알려지고 있다. 특히 1991년과 1992년의 1년 동안에 무려 11건의 새로운 전쟁을 포함하여 29건의 대규모 전쟁[4]이 있었으며, 이로 인한 사망자가 6백만 명에 이른다. 이는 1년간 발생한 전쟁 횟수로는 최고이고, 사망자 또한 70년대 이후 17년 만에 최고를 기록하고 있다.

6.25전쟁 역시 많은 생명의 위협을 감수해야만 했다. 1950년 6월 25일 새벽 북한군의 남침으로 시작된 전쟁으로 사망자만 해도 130만 명에 달하고, 부상자까지 합치면 350만 명에 이른다. 이 밖에도 30여만 명의 고아와 미망인이 생기고 강제납북을 당하는 등의 심각한 위해가 가해졌다. 국토가 황폐화된 것은 물론 도시와 산업시설은 잿더미가 되었으며, 재산 피해액만도 4천1백억 원이 됐다.

무엇보다도 제2차 세계대전 말기 일본에 투하되었던 원자폭탄이 전쟁에 다시 사용된다면 그 피해는 상상을 초월할 것이다. 당시 히로시마에 투하된 원자탄은 야포 4천만 문이 동시에 포탄을 퍼붓는 화력의 양과 같으며, B-29 2천대의 폭격을 당하는 것과 맞먹는 것으로서 "수억의 고열을 지닌 직경 600미터의 불꽃"과 함께, "아무리 정밀한 스톱워치로도 잴 수 없는 짧은 시간에 폭발"하였다. 이 폭탄으로 군인 2만 명, 시민 7만 8천 명이 사망하고 15만 명이 부상하였으며, 건물 4만8천동이 완파되고 2만2천동이 반파되었다. 후유증 또한 심각하여, 등록된 원자병 환자(급성 · 반점, 구토, 설사, 탈모, 월경정지, 만성 ⇨ 연구중)와 가공할 성세포 돌연변이로 불구자 및 기형아가 출생하는 등 그 피해자가 1970년 기준으로 32만 6천여 명에 달한다. 오늘날은 중성자탄을 비롯한 대량살상무기 등 무기체계의 발전으로 살상효과가 크게 증대하게 됨에 따라 전장에서의 생명의 위협은 갈수록 증가하고 있는 실정이다. 오늘날 우리 인류는 시간당 1천만 톤[5]의 폭탄 세례의 위협에 살고 있는 것이다.

4) 두 개 이상의 정부가 개입하고, 연간 사망자수가 1천명 이상의 전쟁으로 규정.

5) 1MT은 야포 1억문에 해당되며 인구1억명이 사망할 수 있는 파괴력을 지니고 있으며 현재 미국은 3천MT, 러시아는 5천MT을 보유하고 있음.

2. 전쟁의 원인

1) 개요

모든 인류가 한결같이 평화를 갈망해 왔으나 오늘도 지구상 어느 곳에서는 전쟁이 일어나고 있거나 전쟁의 그림자가 드리워지고 있다. 반세기 가량 대립해왔던 동서 냉전구조의 와해에도 불구하고 이라크의 쿠웨이트 침공과 이에 따른 이라크와 미국과의 "전쟁상태"의 지속, 그리고 유고내전을 포함한 민족 간의 전쟁 등은 그 어떤 이유에서라도 지구상에 전쟁이 얼마든지 일어날 수 있다는 것을 단적으로 말해 준다. 특히 현대사회는 과학과 기술의 비약적인 발전으로 전쟁의 가열성이 그만큼 증대되어 위험성이 커지기 마련이다. 아울러 현대사회에서는 새로운 도구의 출현상황이 전쟁심리를 더욱 자극하고 있다. 미국의 철학자인 마르쿠제(H. Marcuse)가 말한 바와 같이 새로운 필요가 항상 부족감을 일으켜 인간으로 하여금 더욱 끊임없이 긴장시키고 투쟁욕을 촉발시키게 된다.

이와 같이 전쟁은 우리가 좋아하거나 증오하거나 간에 그것은 국가와 민족의 생존권과 독립과 번영을 좌우한다. 또한 전쟁은 도발자의 의지에 의해 언제든지 일어날 수 있으며, 더욱이 국가 간의 분쟁을 해결하는 최후 수단이 되어 왔고 앞으로도 인간의 천성이 변하지 않는 한 그 양상을 달리하면서 계속 존재할 것으로 인식되고 있다.

2) 왜 전쟁을 하는가?

번 호	구 분	내 용	원시시대	문명시대
①	식 량	식량의 획득	낮음	낮음
②	성(性)	성의 만족	높음	높음
③	영 토	거주지의 확보	낮음	높음
④	활 동	활동성(to be active)	높음	높음
⑤	자기보존	육체와 생명의 보호	높음	높음
⑥	지 배	타자의 지배	낮음	높음
⑦	독 립	통제로부터의 해방	낮음	높음
⑧	사 회	소속사회의 보존	높음	높음

원시시대와 문명시대의 전쟁동기 비교

인류는 전쟁과 함께 시작하여 전쟁으로 인해 역사가 흐르고 있다고 해도 과언이 아닐 수 있다 이를 증명하듯 원시시대부터 전쟁은 존재하여왔고 인류의 역사를 전쟁사(史) 적으로 전쟁학자들의 분석에 의하면 전쟁과 비 전쟁 기간 비율로 13년 동안 전쟁을 하고 겨우 1년 동안만 평화를 유지한 셈이다.

화석에서 확인된 약 5만년전 아프리카 유원인인 화석을 통한 분석결과 장거리에서 동물을 공격할 수 있는 무기사용 흔적 발견된 것으로 보아 원시시대부터 인간은 전쟁을 하였으며, 전쟁의 원인에 대한 연구에서 전쟁은 식량의 확보는 동기로서의 역할 높지 않고 지배의 의미로 영토 확장과 독립이 역사시대에 전쟁원인으로 크게 작용하였으며, 기타 성, 활동, 자기보존, 사회성은 전쟁동기로서 원시, 문명 시대 공통적 의의를 가지고 있다.

가. 문명 전 시대 원시인의 전쟁동기

(1) 식량의 확보
- 원시 유목민들은 목초와 가축의 먹이가 부족하면 이웃 마을 습격
- 식량 약탈을 위한 전쟁은 드물긴 했으나 종종 발생

(2) 성(性)의 만족
- 이족결혼(exogamous)을 하는 종족간 여자 얻기 위한 싸움 보편적
- 강간, 간음 등 타성원에 의한 성규범의 침범은 결투와 전쟁의 주요 원인

(3) 영토(거주지의 확보)
- 경작 농업시대 이후에는 전쟁을 중요원인
- 영토는 생계와 가정의 터전을 제공, 영토획득과 보존은 식량 및 성(sex)과 밀접한 관계

(4) 활동성
- 모험 또는 오락을 위한 전쟁이 원시인간에게 공통적으로 가능
- 대결 쌍방간에 단결이나 경제적 이익에 대한 큰 위험 없이 공격적 본능 만족

(5) 자기보존(육체와 생명의 보호)
- 자기보존은 본능적 행위
- 자기 친척이나 성원의 죽음에 대한 복수전, 자기 집단의 관습이나 존엄성을 지키기 위한 전쟁은 자기보존과 밀접한 관계

(6) 타자의 지배

- 농업, 목축사회로 발달하면서 자기 지위강화, 내적불만 해소를 위한 전쟁 가능성
- 지도자의 특권적 지위 쟁취를 위해 폭력이나 전쟁에 의존

(7) 독립(통제로부터의 해방)

- 노예, 계급, 제국 및 소수민족 따위는 문명현상이나, 원시인 중에서도 고도로 발달된 종족에 국한하여 독립을 위한 전쟁

(8) 소속사회의 보존

- 집단에 대한 충성심이 성원의 전쟁심 유발
- 자기 집단의 관습, 전통, 풍속 및 종교에 따라 지시가 있으면 싸움

나. 문명시대 전쟁동기[6)]

☞ 문명시대의 전쟁 동기는 동물, 원시시대에 열거한 각 요소의 상대적 중요성 변화

시기	시대	기술	원인
1450~1648	화약발명-종교전쟁 종료	화약무기의 등장	종교
1648~1789	종교전쟁 종료-프랑스 혁명	직업군인제도	왕위 계승
1789~1914	프랑스 혁명-1차 대전	공업무기	민족주의
1914~	1차 대전 이후(2차 대전)	항공기 등장(핵 등장)	전체주의 전쟁

(1) 식량

9세기부터 화약을 발명하여 11세기에 화약무기 형태가 제조된 후 중국 화기는 1356년에 나타나 종교적인 원인으로 전쟁에서 다량의 사상자를 내면서 식량문제가 전쟁의 직접동기가 된 예는 감소(이면적 동기)한다.

(2) 성(性)

- 여자를 얻기 위한 전쟁은 문명사회의 보편화된 사실로
- 이집트인, 그리스인, 아랍인 및 중유럽인의 통상적인 전쟁 원인("예" 트로이 전쟁, 제1차 십자군 원정 등) 이었지만 성의 요소는 복합적인 요소로 이해해야 한다.

(3) 영토

- 문명사회의 아주 빈번한 전쟁 원인
- 정치적 조직이 뚜렷할수록 영토방위에 대한 신념이 강함

6) 근거: 퀸시 라이트, 전쟁의 연구

(4) 활동(모험)

- 모험성은 문명시대 초기에 중요한 역할을 함
- 그리스의 호메로스, 영국의 아더완, 드레이크, 로리 등이 모험전쟁의 대가

(5) 자기보존

- 문명사회의 내면적 전쟁요인
- 전쟁의 정당화, 합법화에 기여 : 자신의 육체와 생명보존

(6) 지 배

- 문명시대 전쟁의 주요요인
  ※지배수단으로 군대가 조직됨
- 문명인에 있어 전쟁은 정치의 도구로 인정(클라우제비츠「전쟁론」)
  ※문명사회에서는 정치권력을 유지하기 위한 도구로 미신, 종교, 법률, 경제조직, 대중교육, 선전, 예술, 문학, 과학 등을 이용

(7). 독 립

- 타민족의 지배시 독립운동은 필연("예" 노예, 소수 민족, 소수종교, 식민지 등)
- 독립의 움직임을 촉진시키는 매개체는 문자의 보급, 커뮤니케이션의 용이성
- 지배에 대한 독립의지는 문명인의 특징

(8) 사 회

- 국가중심의 사회체제를 유지, 발전시키기 위한 목적은 문명인의 전쟁의 중요 동기.
- 자기가 속한 국가나 집단을 보존하는 문제가 전쟁의 궁극적이고도 가장 큰 동기.
- 보존 대상: 국가 이념과 체제, 국가의 부, 영토, 고유의 전통, 문화 등등

3) 분야별 원인 분석(전쟁 원인의 제 학설)

가. 인류학적 원인 분석

리버스(Rivers)나 스미스(Smith) 등 많은 인류학자들은 전쟁은 문명의 모든 발전 단계에서 발견되고 있으며, 전쟁은 문명화된 이웃에서 배웠거나 문명화된 인간이 유지한 것이며, 문명과 전쟁의 상관관계가 인간을 더욱 호전적으로 타락시켰다고 말하고 있다. 인류학적 견지에서 본 전쟁 동기 요인들을 보면 다음과 같다.

원시 유목인들은 목초와 가축의 먹이(식량)가 부족하면 이웃마을을 습격했다. 그러나 문

명화된 인간들은 식량 때문에 직접 싸우는 일은 드물었고 지배동기와 혼합된 경제적 요인은 문명시대에는 간접적인 자극 이상의 직접적인 전쟁 유인요소로서는 그렇게 크게 작용하지 못하였다. 원시시대에는 이족(異族)결혼을 하는 종족간에 여자(성)을 얻기 위한 싸움이 보편적으로 있었다. 문명시대에도 여자를 얻기 위한 전쟁은 널리 알려진 사실이며, 국제법의 아버지라 불리는 그로티우스는 이런 전쟁원인의 합법성을 논하기도 했다. 트로이(Troy)전쟁[7]은 빼앗긴 여인 헬렌(Hellen)에 대한 복수전에서 비롯된 것으로 되어 있다. 아틸라(Attila;406~453)[8]는 호노리아(Honoria)와의 정사를 못 잊어 그녀를 구하기 위해 골(Gaul)[9]을 침범했다고 하며, 로마 재향군인의 게르만 여인 습격이 아르미니우스(Arminius;B. C. 18~A. D. 19)[10] 지휘 하에 일어났던 반락의 주요 원인이 되어 바루스(Varus)군단의 대학살을 가져왔다고 한다. 원시인들은 자신들의 필수품을 제공해 주는 정해진 영토 안에서 살고 있었으나 영토 확장이나 거주지의 확보를 위해 이웃을 침범하는 경우는 거의 없었다.

문명사회로 발전해 갈수록 이른바 정치적 조직이 더욱 발전해 갔을 것이고 이는 결국 영토방위에 대한 관심을 고조시켰을 것이다. 바커(Earnest Barker)는 정복에 의한 영토획득은 자연스럽고 관례적이고, 전통적이었다고 하며, '크기'가 중요했고 영토의 크기는 '위대함'을 나타내고, 위대함은 권력을 돋보이게 하고, 권력은 공포를 자극하거나 적어도 타인에 대한 주의를 환기시킨다고 했다.

모든 인간은 동물처럼 공격을 받으며 자신을 방어한다.(자기보존) 그러나 개인의 자기방어가 반드시 전쟁의 근원이 되었다기보다는 대부분의 원시인들은 전쟁에 개입되지 않는 한은 통상 싸우기보다는 도주를 택했기 때문에 원시인에게도 폭력은 있었으나, 현대적 의미에서 전쟁은 없었으며, 한 집단이 타 집단에게 욕구를 강요하는 경우에는 온건하게 이루어졌다.

7) B. C. 1200년경 스파르타의 메넬라오스 왕의 아름다운 아내 헬렌을 트로이의 프리아모스 왕의 아들 파리스가 유혹함으로써 전쟁이 일어났다는 설과 다르다넬스 관문을 통과하여 흑해에서 교역을 시도하던 그리스인들이 그 곳을 지키며 일종의 통과세를 요구하는 트로이 인들과 충돌이 벌어짐으로써 전쟁이 발생되었다는 설이 있음. 결국 그리스인들이 전쟁에서 패배하였지만 트로이목마의 계책에 의해 트로이를 정복함.

8) 434년 훈(Hun)족의 왕위에 오른 이후 전쟁을 통해 동로마 황제를 굴복시켜 발칸 제국을 점령함으로써 흑해로부터 라인강에 이르는 대 영토를 차지하고 중앙 유럽을 지배함.

9) 고대에 프랑스, 베네룩스 3국, 독일의 일부를 연하는 지역을 일컬음.

10) 게르만의 체르스키족의 족장으로 처음에는 로마군에 근무하였으나 로마군 격멸의 계책을 세워 바루스가 거느리는 로마의 3국단을 토이토부르크의 숲에서 3일동안 격멸시켰고, 이후 로마군의 침입을 저지하여 마침내 북게르만 지방을 로마에서 해방시킴.

문명시대의 전쟁동기에 있어서는 원시시대에서 열거한 각 요소의 상대적 중요성이 크게 달라지고 있다. '식량'은 전쟁의 동기로서의 별로 큰 역할을 하지 않았고, 반대로 원시시대에 전쟁의의가 적었던 '지배'와 '영토' 및 '독립(해방)'이 문명시대에 전쟁원인으로 크게 작용하고 있다. 기타 '성', '모험', '자기 보존' 및 '사회성'은 전쟁의 동기로서 두 시대의 공통적인 의의를 가진다.

나. 철학적 원인 분석

전쟁에 관한 관념적인 견해로서, 전쟁의 필요성은 "사회정의를 유지하고 인류의 부패타락을 방지하기 위해서는 전쟁이 필요하다."는 주장이다. 이를 대표하는 철학자는 헤라클레이토스로서, 그는 "전쟁은 만물의 아버지며 만물의 왕"이라고 찬미함으로써 전쟁의 불가피성을 피력하였다. 물론 전쟁을 '최대의 악'이며 '인류의 채찍'이라고까지 부정한 칸트의 '절대정신', '전쟁을 도덕상 허용할 수 없는 악'이라고 단정하면서 "병(兵)은 불상(不詳)의 그릇으로서 군자의 그릇이 아니며…, 살인하는 자는 천하에 뜻을 얻을 수 없다."라고 한 노자(奴子)와 같이 "전쟁을 죄악시하는 주장도 있다."

다. 정치학적 원인 분석

클라우제비츠나 이를 전적으로 신봉하는 공산주의자들의 접근 시각으로 전쟁은 클라우제비츠가 말한 대로 "다른 수단에 의한 정치" 또는 "정치의 연장"이기 때문에 전쟁은 정치적 동기에 의해서 시작되는 정치적 행위에 불과한 것이다. 이들은 전쟁을 정치적 동기에서 비롯된 하나의 행위 및 현상으로 파악하고 있기 때문에 전쟁의 원인을 정치에서 찾으려고 하는 것이다.

인간은 정치적 동물이라는 말에서 알 수 있듯이 인간이 존재하는 한 정치가 존재하고, 전쟁도 계속될 것이라는 가설로, '정권은 총구로부터 탄생한다.'라는 마오쩌뚱처럼 '전쟁은 곧 정치이고, 전쟁 자체는 바로 정치적 성격을 가진 행동이다.', 고 전쟁을 정치의 연속으로 인식하는 경우도 있다.

라. 경제학적 원인 분석

맑스는 전쟁을 "가진 자와 가지지 못한 자 간의 투쟁"이므로 전쟁의 원인은 저본주의 경제체제에서 비롯되었다는 것이고 레닌은 정치라는 것은 경제의 집중적인 표현이므로 전쟁은 기본적으로 경제적 요인에 기인하는 것으로 이해하였다. 또한 홉슨(J. A. Hobson), 슘

페터(J. Schumpeter) 등 상당수의 학자들이 동조하고 있으나 전통적인 경제학설은 맑스(K. Marx)에서 비롯되고 있다.

맑스는 모든 정치현상이 경제적 생산구조에 의하여 결정된다는 사상에서 출발하여 과잉생산, 잉여가치, 사적 소유권에 전쟁 원인의 근거를 두고 있다. 즉 자본주의 국가는 노동계급이 생산한 상품을 소비하기 위해 비자본주의 지역을 그들의 상품시장 및 자본의 투자대상으로 이용함으로써 국가 간에 극심한 갈등을 자초하고 마침내 강대국 간의 전쟁을 유발하게 된다는 것이다.

또한 맑스주의를 대표하는 레닌도 저개발 지역이 감소하면 할수록 자본주의 강대국들은 식민지 쟁탈이 치열해지고, 누가 어디를 먼저 점유하느냐에 대한 이해의 대립이 긴장을 조성하여 결국에는 전쟁으로 발전된다고 하였다.

오늘날 '경제전쟁', '무역전쟁', '유통전쟁', 심지어는 '정부와 재벌 간의 전쟁' 등과 같은 표현에서 알 수 있듯이 치열한 경쟁 그 자체를 전쟁으로 인식하고 있다. 즉 살육이 판을 치는 무력전만이 전쟁이 아니라 경제적 위기도 전쟁이라는 것이다. 그것은 다같이 우리의 생존을 위협하고 있다.

마. 생물학적 원인 분석

동물이나 인류에게 있어서 생존과 관련된 보편적 현상으로서의 전쟁의 원인을 설명하고자 하는 이론으로 대표적인 학자는 다윈(Charles Darwin)과 르토르너(Charles Letourneau)가 있고, 프로이드(Sigmund Freud)의 후기이론과 로렌즈(Lorenz)의 주장이다.

다윈은 「종의 기원」과 「인간의 혈통」에서 "생존경쟁은 동종의 개체 간 및 변종 간에 가장 극심하게 행해지고 있으며, 전쟁은 생존경쟁의 사회적 현상" 이라고 주장하였다. 르토르너 역시「인류의 제 종족 간 전쟁」이란 저서에서 "전쟁이란 동물에 있어서나, 인류에 있어서 동종에 속하는 집단 간의 생사를 건 야만적인 투쟁"이라고 하였다. 또한 프로이드의 후기이론에 의하면 인간은 생물학적으로 자기 파괴의 본능을 갖고 있다는 것이다. 이러한 주장은 아직도 증명되지 않은 가설에 불과하며, 또 인간이 죽음의 본능을 가지고 있다고 하더라도 이 자멸하지 않는 이유가 삶의 본능 때문인지 정치, 경제, 문화와 같은 환경적 요인 때문인지는 확실치 않지만 다윈의 진화이론에 근거를 두고 있는 생물학적 관점은 전쟁을 사회진화의 과정에서 적자생존의 원리에 따라 발생하는 것으로 파악하고 있는 것이다.

전쟁을 생존경쟁의 한 형태로 보고 있기 때문에 인류가 생존을 위하여 투쟁하는 한 전쟁은 불가피한 것이며, 필연적 현상이라는 것이 이들의 주장이다.

바. 심리학적 원인 분석

전쟁의 원인을 인간의 투쟁본능에서 찾는 학자들로 인간사회에서 일어나는 모든 전쟁은 투쟁 본능의 충동에서 기인한다는 점에서 인류학적이나 생물학적 관점과 유사하다는 이론은 인간의 심리적 과정만을 가지고 설명하고 있는 것이 그 특징이다. 프로이드가 주장하는 바와 같이 인간의 본성은 충족될 수 없는 욕망으로 구성되어 있기 때문에 이것이 분쟁 및 전쟁의 중요한 동기로 작용한다는 것이다. 즉 전쟁의 근본 원인은 인간이 갖고 있는 고유한 공격성과 투쟁본능, 그리고 지도자의 영웅심에 있다는 것이다. 이러한 주장에는 전쟁을 국가사회의 성격과 집단행동 때문에 발생하는 것으로 보는 사회심리학적 이론도 포함된다.

사. 사회학적 원인 분석

대규모 분쟁이나 전쟁은 생물학적, 심리학적 상황보다도 사회구조나 사회적 조건에서 더 많이 발생된다는 점에 착안하여 전쟁이 원시적이거나 생물학적으로 결정되는 것이 아니라 인간의 문명발전 뒤에 나타난 현상으로 보는 학설로 사람은 공격 충동의 직접적인 영향 때문에 대규모 싸움을 하지 않는다는 것을 주장하여 심리적 호전성과 문화적 전쟁관련성을 분리하고 있다.

아. 기후변화

기후 변화는 인류의 기본 생존에 가장 필요한 물과 식량의 부족 현상을 초래한다.

이것은 아프리카 수단의 다르푸르 지역처럼 지역 간 분쟁과 국가 간 전쟁의 원인이 되므로 안보문제와 직결된다. 또 지구온난화로 평균기온이 2도 상승하면 20~30% 생물종이 멸종하게 되고 대규모 자연재해 발생빈도가 잦아진다.

"사례"로 방글라데시에서는 홍수로 많은 이재민이 발생해 이재민들은 인도로 이주와, 아랄해가 계속 줄어들어 2~3개로 갈라지고 북극해 부근 얼음도 1m 이하로 점점 얇아지고 있으며 북극에 얼음이 사라질 위협에 처해 있다고 한다.이처럼 기후변화는 과학, 기술, 경제 문제뿐만 아니라 영토와 안보 문제까지 직결되므로 세계 모든 나라가 대비하고 있다.

Section 03

전쟁의 원칙

1. 전쟁승리의 원칙

1) 개요

전쟁원칙이란 전쟁수행을 지배하는 기본적인 원리로서 보편성과 타당성을 전제로 하고 있다. 따라서 전쟁원칙은 엄밀히 말하면 전쟁승리의 원칙이라 할 수 있다.

그러나 전쟁에서는 예기치 못한 일들이 자주 발생하는 관계로 일정한 전쟁 승리의 원리를 도출, 적용하는 것은 불가능하다고 생각할 수도 있다. 그 대표적인 인물이 삭스(Marshall Maurice de Saxe;1960~1750)[11]이다. 삭스 원수에 의하면 "전쟁은 암흑으로 덮인 과학이다. 그 속에서는 아무도 자신 있는 발자국을 옮겨 놓지 못한다. 모든 과학은 원칙이 있지만 전쟁의 경우에만은 원칙이 없다"는 것이다. 물론 이러한 주장에 반론을 제기하고 전쟁 역시 인간 활동의 한 형태인 이상 여기에는 어떤 수긍할 만한 것이 반드시 있을 것이라는 생각으로 전쟁승리의 원리를 나름대로 밝힌 군인들도 있다. 조미니에 의하면 "어느 시대에나 전쟁에는 승패를 좌우하는 근본원칙이 반드시 있었다. 이 원칙은 불변이며 무기, 시간, 장소 외에는 아무런 관계가 없는 것이다"라고 했다.

손자의 병법도 2천수백년의 세월이 지났지만 전쟁이론가 뿐만 아니라 정치가나 사업가들에게도 널리 읽혀지고 인용 되고 있다.

전쟁원칙의 유무에 대한 상반된 주장이 나오게 된 근본적 원인은 전쟁의 불확실성에서 비롯된 것이라 할 수 있다. 클라우제비츠는 "전쟁에는 예상 밖의 일이 많이 발생한다." 그것은 정보가 불확실하고 우연히 크게 작용하기 때문이다.

11) 프랑스 장군으로서 1740년대의 최고의 장군이었으나, 군사적 천재인 프리드리히 대왕의 빛에 가려서 큰 명성은 얻지 못함.

가. 군사이론가 및 국가별 전쟁의 원칙

전쟁의 원칙은 손자병법에서 볼 수 있듯이 전쟁의 역사가 기술되면서부터 존재하고는 있었으나 나폴레옹시대에 와서야 어느 정도 체계를 갖추고 적용되었다. 나폴레옹은 상대국들이 원칙대로 싸우지 않는다고 불평했지만 나름대로 다섯 가지의 작전 원칙을 구사하고 있었다. 그것은

첫째, 단일작전선 원칙으로 나폴레옹은 항상 주력을 결정적 지점이라고 생각되는 1개 방향에 집중했다. 만일 여러 개의 작전선을 유지하는 경우 적의 주력으로부터 각개격파 당할 우려가 있다는 것이다. 이것은 목표의 원칙과 집중의 원칙에 해당한다.

둘째, 적의 주력을 공격목표로 삼았다. 목표의 원칙인 것이다.

셋째, 작전선 선정방법은 주력으로 적의 전략적 측면, 즉 적의 병참선을 차단할 수 있도록 하였다.

넷째, 우회의 원칙이다. 세 번째 원칙의 연속이라 할 수 있는 것으로서 정면 공격을 회피하고 적의 병참선을 차단할 수 있는 한 측면으로 주력을 기동시킨다는 것이다. 이는 기동의 원칙에 해당한다.

끝으로 자기 병참선 유지 아래 작전하는 원칙인데 이것은 아생연후살타(我生然後 殺他)와 같이 먼저 자신이 산후에 적을 격파해야함을 의미한다.

나폴레옹은 이러한 작전 원칙 외에도 15개의 많은 원칙(통칙)을 정해 놓고 그때그때 상황에 맞는 것들을 적시적절하게 적용하였다. 예를 들면, "전투는 총으로 하는 것이 아니라 병사들의 다리(脚)로 한다" 고 하면서 실제로 행군속도를 종전 분당 70보에서 120보로 배가시켰다. 또 "2인의 양(良)장 보다 1인의 우(愚)장이 낫다." 즉 지휘의 통일을 강조한 것이다.

조미니 또한 이 시대의 인물로 그는 "자유롭고 신속한 이동으로 소수의 적군에 대하여 병력을 집중해야 하고 가장 결정적인 방향으로 강타해야 한다." 고 하였다. 즉 집중과 기동을 중요시 한 것이다.

나. 군사이론가 및 국가별 전쟁 원칙 비교

원칙 \ 학자명	손자 (BC551-479)	클라우제비츠 (1780-1831)	나폴레옹 (1769-1815)	조미니 (1779-1869)	풀러 (1912)	리델하트 (1929)	몽고메리 (1945)
공격 · 기동	○	○	○	○	○		○
집 중	○	○	○	○	○		○
병력절약						○	
기동	○	○	○	○	○	○	
목표	○	○	○	○	○	○	
간명성							○
경계			○	○	○		
기습	○	○	○	○	○	○	○
협동 (지휘통일)	○			○			○
행정							○
제공권							○
사기				○			○
강한 적은 피하라						○	
전과확대						○	
융 통 성						○	
예비대 보유				○			
실패를 증원하지 말 것						○	
여론		○					
추격		○		○			

순위 \ 국명	한, 육군	미, 육군	미, 공군	러시아 (북한)	일본	중국	영국	이스라엘	프랑스
목표	○	○	○		○	○	○	○	
공세	○	○	○	○		○	○	○	○
집중	○	○	○	○	○	○	○	○	○
기동	○	○		○	○	○			○
기습	○	○	○	○	○	○	○	○	
경계	○	○	○		○	○	○	○	
정보	○								
통일	○	○	○	○	○	○	○		
간명	○	○			○				
사기	○			○		○	○	○	
절약	○	○	○	○			○		
창의	○								
융통성			○			○	○		
준비, 행정						○	○	○	
주도권				○	○	○			
군사력소진								○	
예비				○				○	
섬멸				○					

주요 국가의 전쟁원칙 비교

미 육군이 최초로 전쟁의 원칙을 육군훈련규정(army training regulation)으로 발간한 것은 1921년의 일이다. 미국의 경우 한 국가 내에서도 군별로 전쟁의 원칙을 별도로 선정, 적용하고 있다.

이 원칙들은 당시 영국의 전략가인 풀러 소장이 제1차 세계대전을 통하여 채득한 것으로서 영국 육군의 야전운용지침의 역할을 한 내용들로 구성되어 있었다.

다. 한국군 전쟁원칙

① 목표(Objective)의 원칙

"모든 군사작전은 명확하고 결정적이며 달성 가능한 목표에 지향하라."

전쟁에 있어서의 궁극적인 목적은 적 부대와 그의 전투의지를 분쇄함에 있다.

전쟁의 모든 수준에서 목표들 간의 상호연계는 매우 중요하며, 모든 활동들은 궁극적인 전략목표 달성에 기여하여야 한다. 중간목표는 이 목표를 달성함으로써 가장 직접적이며 신속하게 또한 경제적으로 작전목표에 기여할 수 있어야 한다.

목표는 임무, 적 상황, 지형 및 기상, 가용부대, 가용시간, 민간요소(METT/임무-Mission, 적-Enemy, 지형-Terrain, 시간-Time, 민간-Civilans)의 분석체계를 이용하여 적 부대, 결정적이며 유리한 지형, 병참선의 합류점 또는 임무완수에 결정적으로 중요한 지역과 같은 유형적 목표를 선정하여야 한다.

이것들은 예하 부대 계획수립을 위한 기초가 되고 목표달성에 도움이 되지 않는 행동은 피해야 한다." 미 야전교범 100-5.

"전쟁의 궁극적인 목적은 적의 전의를 파쇄 하여 전승을 획득하는데 있다.

전쟁에서는 목적에 대해 결정적인 의미를 가지고 달성 가능한 목표를 확립하여 그 실현을 추구하여야 한다." 일(日) 군사교범 1-00-01-60-0 1993.

"모든 군사작전은 명확하고 결정적이며 달성 가능한 목표에 지향되어야 한다."

① 목표란 부대의 가용 전투력을 운용하여 확보 또는 달성해야 할 대상으로서 부대는 목표달성에 모든 노력을 경주하여야 한다.

② 전쟁에서의 궁극적인 군사목표는 적의 군대를 격멸하고 전투의지를 파괴하는 것이며, 각급 제대의 군사작전 목표는 이러한 궁극적인 군사목표 달성에 기여할 수 있도록 상호 연계되어야 한다.

③ 예하 부대에 임무부여 시 에는 목표를 명확히 설정해 주어야 한다. 목표가 명확해야만 예하 부대는 전 역량을 목표에 집중할 수 있고 상급 지휘관 의도 달성에 기여하게 된다.

④ 지휘관은 임무에 기초를 두고 최소의 희생으로 최대의 효과를 달성할 수 있도록 적의 중심을 마비시키거나 파괴할 수 있는 결정적인 목표를 선정해야 한다. 목표 선정 시 에는 임무, 적, 작전지역, 가용부대 및 가용시간 등을 고려하여 능력 범위 내에서 달성 가능한 목표를 선정하여야 하며, 개념적이고 추상적인 목표보다는 명확하고 구체적인 목표를 선정하여야 한다.

⑤ 상급부대에서 부여된 목표가 단일작전으로 달성 불가능할 때에는 단계화하고 중간목표를 선정하는 등 달성 가능한 목표로 만들어 가는 노력이 필요하다"

전쟁의 원칙 중 가장 중요한 첫째의 것은 전쟁의 목표이며, 다음은 부차적인 것이다. 즉 군사력의 사용으로 얻으려 하는 것은 무엇인가에 해당한다.

미국의 경우 제2차 세계대전 때는 명확한 목표가 있었다. 바로 국가의 생존권 확보였다.

그러나 그 이후에는 전쟁에서 추구하려는 목표가 불투명하고 모호해졌다. 핵시대의 개막과 냉전시대의 출현으로 모든 것을 외면적으로는 순식간에 변화시켰기 때문이다.

제2차 세계대전에서는 완전한 승리, 적국의 무조건 항복, 적국의 점령, 전범의 재판과 집행이라는 명확한 목표가 있었지만, 한국전과 월남전에서의 목표는 애매하고 분명치 않았다.

6.25전쟁 시 맥아더 장군과 그를 지지하는 보수파들은 그들이 주장하는 북한지역의 점령이라는 목표를 설정한 반면, 트루만(Truman) 행정부의 결정은 한국에서 북한의 침략을 격퇴하는 것 이상의 행위는 하지 못하도록 하였기 때문에 양측간의 의견충돌이 불가피했다.

그리고 월남전의 경우 가장 난감한 통계는 더글라스 카나르드 준장(후일 미육군의 전사감)이 감지한 바로서 “전쟁에 참여한 육군 장성의 약 70%가 전쟁의 목표에 대해 불확실했다”는 것이다.

이러한 목표의 결핍은 군사적 의미에서 불행한 것이지만 정치적 의미로는 더욱 치명적인 것이었다. 클라우제비츠가 150년 전에 역설했듯이, 전쟁의 가치를 결정하는 것은 전쟁의 목적이고, 전쟁의 규모나 지속기간에 있어서 전쟁수행을 위해 바쳐지는 희생의 정도를 결정하는 것은 그 가치인 것이다. 제2차 세계대전 동안에는 전쟁의 목적은 국가의 존립(생존권)이라는 매우 귀중한 가치가 있었기 때문에 미 국민은 전쟁을 위해 국가의 모든 것을 총동원했고, 기꺼이 100만 명 이상의 사상자를 감수했던 것이다.

6.25전쟁과 월남전에서는 그 목표가 불명확했고, 그 결과 6.25전쟁에서 157,530명의 사상자, 월남전에서 211,324명의 사상자는 모두 과도한 것으로 여겨졌으며, 여론은 반전(反戰)으로 돌아섰던 것이다.

이러한 등식은 국가 간의 수준에서도 타당하다. 독 · 일 주축국의 격퇴라는 전쟁목적의 가치가 매우 컸기에 그것은 이후에 숙명적인 적대국이 될 소련과 서구진영을 공통의 대위로 결합시켰고, 독 · 일이 완전히 패배할 때까지 지속되었다.

제2차 세계대전에서 보였던 강력한 연합 대신 6.25전쟁과 월남전의 모호한 목표로 인하여 전쟁 당사국인 한국과 미국이 대부분의 짐을 떠맡고, 연합국들은 단지 명목적인 참전으로 전쟁에 국제적인 성격을 부여하기만 했다.

목표가 명확하고 달성 가능한 것이었기에 6.25전쟁이나 월남전 에서처럼 전쟁이 교착상태에 빠지거나 협상에 의해 해결되는 것이 아니라 걸프전은 제2차 세계대전과 마찬가지로 전장에서의 무력에 의해 목적을 달성할 수 있었던 것이다.

② 공세(The Offensive)의 원칙

"주도권을 탈취하고, 유지 및 활용하라."

공세행동은 공동의 목표에 도달할 수 있는 가장 효과적이고 결정적인 방법이다. 공격작전은 군부대가 행동의 자유를 유지하고 결정적 성과를 획득하면서 주도권을 탈취 및 확보하는 수단이며, 이는 전쟁의 모든 수준에 있어서 기본이 되는 사항이다.

지휘관은 단지 임시방편으로만 방어를 선택해야 하고 주도권을 탈취하기 위하여 모든 기회를 추구해야 한다. 그러므로 공세적인 정신은 모든 방어 작전의 실시에 있어서도 본질적인 사항이다.

공세적 행동을 통해 주도권을 확보하는 측은 적으로 하여금 능동적이기 보다는 피동적으로 행동하도록 강요할 수 있다.

미 야전교범 100-5, 1993. 6.

"적극적인 공세행동으로 전장 주도권을 확보하여 아군의 의지대로 전투를 이끌어 간다."

① 공세는 아군의 의지를 적에게 강요하는 능동적이고 적극적인 작전 행동을 의미하며, 그 목적은 전장의 주도권을 장악하여 유리하게 이끌고 승리를 달성하는데 있다.

② 현대전에서는 전장의 유동성 증가로 인하여 전선이 비선형화 되므로 공격이나 방어 작전만으로 작전을 수행하는 경우는 드물다. 따라서 방어작전 간에도 기회 포착 시에는 적극적인 공세행동을 통해 적의 전투 의지를 파괴하여야 한다.

③ 병력이 열세하면 방어하고 우세하면 공격한다는 사고는 잘못된 것이다. 아무리 강력한 군대도 약점은 있을 수 있다. 따라서 적의 약점에 대해 적극적인 공세행동으로 국지적 우세를 달성하고 이를 확대하여 전장의 주도권을 장악하여야 한다. 공세적 행동을 통하여 주도권을 확보하면 적은 피동적으로 행동하게 되며, 그 결과 전투를 아군의 의 지대로 이끌어 나갈 수 있다."

전장에서 주도권 장악 여부는 승패와 직결된다.

③ 집중과 병력절약(ass and Economy of Force)의 원칙

"결정적인 시기와 장소에 압도적인 전투력의 효과를 집중하라."

단기간 내에 적 부대에 대해 결정적인 전투력의 효과를 달성해야 할 경우, 전투력의 모든 소요를 통합하는 것이야 말로 집중을 달성하는 것이다. 부대를 집중하는 것보다는 전투력의 효과를 집중함으로써 수적으로 열세인 부대가 적 화력에 아군부대의 노출을 방지하면 결정적인 성과를 달성할 수 있다.

"가능한 한 가장 효과적인 방법으로 가용한 모든 전투력을 이용하라(절약). 그리고 보조 노력에 대해서는 최소한의 필수적인 전투력만을 할당하라. 절약은 분별 있는 부대운용 및 분배이다. 제한된 공격, 방어, 지연, 기만, 후퇴작전과 같은 과업에 가용 전투력의 할당은 전장에서의 결정적인 시간과 장소에 집중을 달성할 수 있도록 고려되어야 한다. 미 야전교범 100-5.

"유형, 무형의 각종 전투력을 통합하여 적보다 우세한 전투력을 긴요한 시간과 장소에 집중 발휘하는 것은 전승을 획득하기 위해 매우 중요하다.

전반적으로 열세라 하더라도 전황의 추이를 정확하게 파악하여 수단과 방법을 가리지 않고 결승점에서 우세를 차지해야 한다.

일군사교범1-00-01-60-0

"결정적인 시기와 장소에 압도적인 전투력을 집중하여 결정적 승리를 보장한다."

① 집중이란 결정적 성과를 달성하기 위하여 결정적인 시간과 장소에 전투력을 집중하여 상대적인 우세를 달성하는 것을 말한다.

② 전투의 승패는 결정적인 시간과 장소에서 상대적인 전투력의 우열에 따라 결정된다. 따라서 전력이 대등하거나 비록 열세한 경우 라도 적의 결정적인 약점에 아 전투력을 적시적으로 집중 운용함으로써 국지적 우세달성과 함께 전투를 승리로 이끌 수 있다.

③ 현대전에서는 감시수단의 발전과 화력의 증대로 물리적인 집중은 오히려 대량 피해를 유발할 수 있다. 따라서 결정적인 시간과 장소에 전투력의 효과를 집중시키는 것이 보다 중요하다.

④ 집중은 피 · 아 간의 상대적인 개념으로서 아군의 집중을 위한 작전활동 뿐만 아니라 적의 분산을 강요하는 적전활동이 필요하며, 신속한 기동과 타 지역에서의 병력절약이 병행해서 이루어 져야한다."

집중과 병력절약의 원칙은 상호의존적인데, 주목적을 위해선 군사력 집중을, 부차적인 목적들을 위해선 군사력의 병력절약의 원칙을 사용한다.

미국이 제2차 세계대전 이후 처음으로 걸프전에서 강력한 군사력을 발휘할 수 있었던 것은 군사력의 집중과 병력절약의 원칙을 적용할 수 있었기 때문이다.

반세기 동안 미국은 유럽에 군사력을 집중시켰고, 세계의 다른 지역에선 병력절약 적 군사력을 사용했다.

일본의 진주만 공습으로 미국이 제2차 세계대전에 개입하게 됐을 때도 미국은 독일을 격퇴시키기 위해 유럽에 군사력을 집중 배치했으며, 일본에 대해선 병력절약 적 군사력을 사용했다.

6.25전쟁에서도 마찬가지 양상이 일어났다. 1950년 6월 북한의 침략도 교란을 목적으로 소련에 의해 조종된 것이고, 소련의 주공격은 유럽에 있을 것이라고 믿었기에, 미국은 한국보다 오히려 유럽에 더 많은 군사력을 파견해서 NATO군을 보강했던 것이다.(한국 : 239,000명, 유럽260,800명)

미국은 월남에서도 군대를 집중해 놓고도 이미 너무 늦어버릴 때까지 전쟁에 제대로 주의를 기울이지 않았다.

④ 기동(Maneuver)의 원칙

"전투력의 융통성 있는 운용을 통해 적을 불리한 위치에 놓이게 하라."
효과적인 기동은 적의 균형을 와해시키면서 아군 부대를 방호한다. 기동은 전과를 확대시키고, 행동의 자유를 유지하며, 취약점을 감소시키기 위해 실시된다. 작전적 수준에서 기동은 전투의 조건을 설정하고, 전투를 회피하거나, 또는 전술적 행동을 이용하기 위해 행동함으로써 지휘관이 전투시기와 장소를 결정하는 수단이 된다. 기동은 작전유형을 예측하기 어렵게 하는 동적인 전쟁(Daymic Warfare)이다." 미 야전교범 100-5.

"기동은 소망하는 시간과 장소에 소요되는 전투력을 집중 또는 분산시킴으로써 유리한 태세를 확립하는데 매우 중요한 역할을 담당한다.
기동은 기동력, 지형 및 기상 극복, 화력지원과 적절한 병참지원 등에 의해 발휘된다."

"신속한 기동을 통해 적을 불리한 위치에 놓이게 한다."
① 기동은 아군에게 유리한 상황을 조성하기 위하여 적에 비해 상대적 으로 유리한 위치로 병력, 화력, 물자 등을 이동시키는 것이다.
② 기동은 식별된 적 중심에 전투력을 집중하기 위하여 기동하거나, 적 중심을 노출시키기 위하여 실시하며, 기동을 통하여 주도권을 유지 하고, 성공을 확대하며, 행동의 자유를 보장하고 취약성을 감소시킨다.
③ 기동은 단순히 결정적인 시간과 장소에 전투력을 집중시켜 국지적 우세를 달성하는 것뿐만 아니라, 기동 그 자체가 곧 적을 마비시키는 수단이 된다. 기동은 속도가 생명이며, 사격과 기동을 적절히 조화시키고 기습과 집중을 통하여 기동의 효과가 증대된다. 기동의 원칙을 성공적으로 적용하기 위해서는 사고의 기동성과 창의성, 계획의 유연성, 작전국면 전환의 신속성이 요구된다."

군사력 집중 능력은 기동력에 따라 결정된다. 왜냐하면 전략적 수준에서 볼때, 기동의 원칙은 전장의 주요 지역에 군사력을 이동시키는 것과 밀접한 관련이 있기 때문이다.

기동의 원칙은 미국과 같은 국가에서는 특히 그 중요성이 부각되고 있는 이유는 전략적 관점에서 미국은 군사력의 사용 및 수행을 위해 대양을 횡단해야 하는 하나의 거대한 섬이기 때문이다. 해양 및 공중수송이 필수적인 것이다.

제2차 세계대전 당시 미국의 동원능력 발휘를 위해서는, 첫 번째 임무가 제해권을 장악하는 일이었으며, 그 후 미군의 작전수행을 위해 해상수송이 이뤄져야 했다. 제2차 세계대전 이후 미 상선들의 움직임이 거의 쇠퇴했음에도 걸프전 전력증강은 6개월 만에 완성되었다.

제2차 세계대전 때는 거의 무시될 수 있었던 '공수전략'이었다. 걸프전에서 미 공수사령부는 15,800회의 비행작전으로 50만의 병력과 약 50만 톤의 물자를 걸프전역에 수송했고, 동원된 비행기들은 공군 수송기뿐만 아니라 항공 경비대와 공군의 예비부대 그리고 전쟁에 처음 동원된 민간예비 항공수송단에 의한 55대의 민간수송기도 포함된다.

그러나 제2차 세계대전과 마찬가지로 병참의 대부분은 해양수송으로 이뤄졌다. 즉 "그것은 제2차 세계대전 이후 가장 신속하고 대규모적인 해양군사 수송 작전이었으며 미국의 해안에서 사우디아라비아의 해안까지 매 50마일마다 배와 배로 연결되는 250척에, 8,000마일에 이르는 마치 구름다리와 같은 장관이었다."라고 슈워르츠코프(Norman Schwarzkopf) 장군이 말했다.

⑤ 경계와 기습(Security and Surprise)의 원칙

"결코 적이 예기치 않은 이점(시간, 장소, 수단, 방법)을 확보하도록 허용하지 말라.
경계는 적의 행동과 영향력, 또는 기습에 대한 아군의 취약점을 감소시킴으로써 행동의 자유를 증대시킨다. 전쟁이란 원래 위험을 내포하고 있기 때문에 지휘관이 경계의 원칙을 적용함에 있어 지나치게 신중을 기한다거나 예상되는 모험을 회피하려 말고, 적이 예상치 않는 시간, 장소 및 방법으로 적을 강타하라.
기습을 통해서 전투력의 균형을 결정적으로 전환시킬 수 있으며, 부대는 투자한 노력 이상의 성과를 획득할 수 있으므로 기습은 적이 모르도록 하는 것이 중요한 것이 아니라 적이 알았다 하더라도 효과적으로 대처하기에는 너무 늦도록 하는 것이 보다 중요하다.
기습에 기여하는 요소들은 속도, 기만, 예상치 못한 전투력의 사용과 통신 및 작전보안을 포함한 효과적인 정보 및 방안 그리고 전술과 작전방법의 변화 등이 포함된다."

미 야전교범 100-5.

"기습은 적의 의표를 찔러 그 균형을 와해시켜 전승을 거두는데 있어 매우 중요하다."
적이 예상할 수 없는 시간, 장소, 방법으로 타격을 가하여 적에게 대응할 여유를 주지 않는 것이 기동의 성공 요건이다.
기습은 적절한 정보활동, 기도비닉, 기만, 전략전술 창조, 속도와 민첩성, 지형 및 지상극복 등에 의해 달성된다."

▶경계

"항시 경계태세를 유지하여 적의 기습을 방지하고 전투력을 보존한다."
① 경계는 적의 기습이나 첩보수집 활동을 거부함으로써 전투력을 보존하고 행동의 자유를 확보하기 위하여 취하는 제반 활동이다.
② 전장에서 경계를 소홀히 하면 적의 예기치 않은 공격행위로부터 심대한 손실을 입게 되고 또한 기도 노출로 아군의 작전이 실패하기 쉽다. 따라서 부대는 항시 적의 위협에 상응하는 태세를 유지하여야 한다.
③ 경계를 제공하는 수단에는 전장감시, 조기경보, 경계부대 및 병력 운용, 정찰 및 역정찰, 장애물운용 등이 있으며, 은폐와 엄폐, 소산, 전자전, 기만작전, 작전보안 등도 적의 정보활동을 제한 또는 위축 시킴으로써 경계에 기여하게 된다. 지휘관은 이러한 제반 경계수단을 적극 활용하여 지상, 공중, 해상 등 입체적인 경계가 상시 유지 되도록 하여야 한다."

▶기습

"적이 예상하지 못한 시간, 장소, 수단, 방법으로 타격한다."

① 기습이란 적이 예상하지 못한 시간, 장소, 수단, 방법으로 타격하는 것을 뜻하며, 비록 알았다 하더라도 적이 계획한 시간 내에 효과적 으로 대응하지 못하도록 더욱 빠르게 적을 타격함으로써 기습의 효과를 달성할 수 있다.

② 기습은 적이 준비한 결전지역 및 시간에 차질을 유발시킴으로써 적의 조직적인 전투수행을 거부하고, 주도권 장악을 용이하게 할 뿐만 아니라, 적을 심리적으로 마비시키고 공황을 유발시켜 결정적인 승리의 기회를 제공한다. 또한 기습은 전투력의 균형을 결정적으로 아군에게 유리하게 전환시킬 수 있는 계기를 부여하며, 최소의 희생으로 최대의 효과를 달성하게 한다.

③ 기습달성 방법으로는 예기치 못한 시간과 장소를 이용, 불리한 지형 및 기상의 극복, 예기치 못한 전투력 사용, 신무기 사용, 전술과 작전방법의 전환의 변화, 작전속도의 변화 등이 있으며 기만 및 작전보안으로 보완된다.

④ 기습의 원칙을 성공적으로 적용하기 위해서는 창의성, 대담성, 민첩성이 요구된다."

기습은 전술적 수준에서는 물론 전략적 수준에서도 유용하게 적용되고 있다. 예를 들면, 미국이 치른 과거의 4개의 전쟁 중 3개의 전쟁(일본의 진주만 공습, 북한의 전격남침, 이라크의 쿠웨이트 침공)은 기습공격으로 시작되었다. 그러나 이러한 기습 공격들은 잘 알려진 반면, 이들 침략군에 대한 미국의 단호한 대응은 잘 알려져 있지 않다. (클라우제비츠 "잘못된 방법으로 적을 기습하면 전혀 이득을 얻지 못한다. 오히려 날카로운 역습을 받게 된다.")

일본의 진주만 공격과 북한의 남침, 이라크의 쿠웨이트 공격의 최종결과이다. 클라우제비츠가 얘기한 대로 의지를 끝까지 관철할 수 있는 지휘관만이 적을 기습할 수 있기 때문이다.

"보안"은 기습의 원칙과 상호 보완적이다. 그리고 종래의 견해로는 언론매체는 미국의 안보에 주된 위협 요소이다. 군의 교범에 따르면 언론의 자유가 보장된 미국 같은 개방 사회에서 전략적 기습 목표를 달성하는 문제는 복합적인 성격을 띤다.

제2차 세계대전 직전의 미국의 평화주의, 고립주의, 징병주의, 반전데모에 관한 이야기들, 그리고 특별히 참전하지 않겠다는 루즈벨트 대통령의 1940년의 약속들은 확실히 일본과 독일에게 미국이 싸울 의지가 없다고 확신케 하는 데 기여했다. 그리고 트루먼 대통령이 국방예산을 대폭 삭감한 정책이나 미국의 아시아 정책에 대한 정당간의, 정치적인 갈등

등은 북한의 남침의욕을 고취시켰던 것처럼, 걸프전에서 모든 진행단계에서 사담은 그때그때 부시를 얕잡아보았다.

걸프지역에서는 제2차 세계대전 이후 어느 때보다 보안 대책이 엄했고,(기자들은 전선출입이 별로 제한되지 않았던 월남전 동안의 "좋았던 시대"를 회고/ 제2차 세계대전이나 월남전, 6.25전쟁에서 언론에 의한 보안누설이 거의 없었음)전장 접근은 매우 제한되었다. 이러한 엄격한 보안대책은 적을 기만하고 보다 용이한 작전과 전술적 기습을 실행하는데 보탬이 되었다. 그것은 적지 않은 희생(비용)의 대가였다.

미군 전략교범(1981년) 보안이론의 장에서 "보안대책의 실행은 전략적 수준에서 반드시 미 국민과 군 사이의 관계를 손상시키지 않아야 된다는 필요성과 균형을 맞춰야 한다."라고 주장하며, (개정판 삭제) 걸프전 동안 해군은 전투비행작전의 23%를 수행했지만 그 사실이 거의 알려지지 않았다고 주장 한 사례와 보안을 위한 각종 제한조치에도 불구하고 걸프전은 제2차 세계대전 이후 가장 잘 공표된 전쟁이다. 라고 평가 한 (1991년 초 갤럽 여론조사는 85%의 시민이 군에 대해 높은 신뢰) 사례에서 보안의 중요성을 대변한다.

⑥ 간명성(간단 · 명료 Simplicity)의 원칙

"완전한 이해를 보장하기 위해 명확하고 간단한 계획과 명령을 준비하라." 전쟁에 관한 한 모든 것은 매우 단순하지만, 이 단순한 것이 어려운 것이다. 단순한 계획과 간결한 명령은 오해와 혼란을 최소화시킨다. 기타 조건이 동일한 경우에는 가장 간결한 계획이 바람직하다. 간명성은 특히 장병들과 지휘자들이 지쳤을 때 효과적이다."

"전투는 착각과 혼란을 동반하는 것이 통상적이다. 그러므로 전투에서는 모든 점에 있어서 간명을 기본으로 해야 한다. 명확한 목표 확립은 간명의 기본이다."

일 군사교범1-00-01-60-0

"계획과 명령은 간명하게 수립 및 작성하여 착오와 혼란을 방지하여야 한다."

① 간명이란 군사작전 계획이나 명령을 간단명료하게 수립 및 시행하는 것을 말한다.

② 지휘관은 유동적인 전장 상황 하 에서 다양한 부대와 작전요소를 운용하여 전투를 수행하게 된다. 따라서 부대 운용개념, 작전계획 및 명령 등을 복잡하게 수립하면 작전 실시간에 오해와 혼란이 초래되고, 융통성을 제한하며, 계획과 수행간의 마찰 등으로 인하여 오히려 작전을 실패하는 원인이 될 수 있다.

③ 따라서 지휘관은 계획이나 명령 작성 시 지휘관의 의도와 작전개념 및 예하 부대의 임무를 간단명료하게 하고, 제 작전요소를 유기적으로 통합하는데 필수적인 협조사항만을 구체화하여 이해가 용이하도록 작성하여야 한다. 특히, 지휘관 및 전투원들이 신체적 피로 등으로 악조건(야간, 악천후, 전투피로)하에 있을 때만 간명한 계획과 명령이 더 한층 요구된다.

④ 계획과 명령을 간명하게 작성하기 위해서는 교리를 숙지하고 예규를 준비하며, 평소 훈련을 통하여 상 · 하간에 공통의 전술 관(觀)을 구축함으로써, 상급 지휘관과 통신이 두절되는 상황에서도 예하지휘관 의도대로 작전을 수행할 수 있는 능력을 갖추어야 한다."

클라우제비츠는, "전쟁은 전혀 경험해 보지 않은 사람은 모든 것이 간단해 보인다. 필요한 지식은 별게 아닌 것으로 보이고, 전략적 선택 사항들도 매우 명백해 보여서 오히려 고등수학의 가장 쉬운 문제가 더 인상적이고 과학적인 권위를 갖춘 것처럼 여겨진다. '전쟁에 관한 모든 것은 가장 단순하다. 그러나 가장 단순한 것이 처리하기는 더 어렵다."

제2차 세계대전 이후 최초로 정치적인 목적과 군사적인 목적들이 명확하고 분명했으며, 그 목적의 성취의 진전을 지도상에서 가름해 볼 수도 있었던 것이었고, 걸프전은 군사력 행사에 어떠한 제한이나 성역 없이 전략적 공세 속에 수행되었다.

⑦ 지휘의 통일성(Unity of Command)의 원칙

"모든 목표에 대해 지휘의 통일과 노력의 통일을 추구하라."

전쟁의 모든 수준에서, 공동목표를 향해 전투력을 집중하는 방법으로 군사력을 운용하기 위해서는 지휘의 통일과 노력의 통일이 요구된다.

지휘통일은 한명의 책임 있는 지휘관이 모든 부대를 통제하는 것을 의미하며, 여기에는 통합된 목표의 추구 시 모든 부대들을 지휘하기 위해 필요한 권한을 가진 한명의 지휘관이 요구된다.

반면에 노력의 통일에는 공통적으로 인식된 목표에 대해 모든 부대들이 비록 동일 지휘구조 내에 반드시 속하지 않더라도, 부대들 간의 협조와 협동이 요구된다. 목적의 통일을 달성하기 위한 수단은 각각의 연속되는 제대의 개념이 다른 제대의 개념과 서로 결합되어서 하나가 되는 합동개념이다. 연합작전과 정부기관의 협조된 작전에 있어서 지휘의 통일은 어려울 것이지만, 노력의 통일은 반드시 이루어져야 한다. 노력의 통일 즉 작전을 통한 협조와 공동의 이익은 지휘의 통일에 필수적인 보완사항이다."

"통일은 모든 노력을 종합하여 공동목표를 지향하는데 있어 매우 중요하다. 통일은 지휘권을 단일지휘관에게 부여할 경우에 가장 확실하게 이루어진다. 또, 관계부대간의 긴밀한 조정과 적극적인 통일을 조성한다." 일 군사교범 1-00-01-60-0

"모든 군사작전은 지휘의 통일과 노력의 통일을 기해야 한다."
① 통일의 원칙은 군사력을 운용함에 있어 모든 전투력이 공동의 목적을 추구함으로써 노력이 분산되지 않도록 하는 것을 의미하며, 이러한 방법에는 지휘의 통일과 노력의 통일이 있다.
② 지휘의 통일이란 단일 지휘관에 의한 일사불란한 지휘체제하에서 부대의 모든 노력이 통합되어 공동목표로 지향되도록 하는 것이다. 지휘의 통일이 달성된 부대는 확고한 조직력을 가지며, 그 결과 가용 작전요소간의 상승작용에 의해 전투력이 최대로 발휘된다. 그러나 획일적 통제는 작전의 융통성과 예하부대의 창의성을 제한하기 때문에 과도한 통제는 지양되어야 한다.
③ 노력의 통일이란 상이한 지휘계통하의 부대들 간에 협의로 공동목표를 향해 노력이 지향되도록 하는 것을 의미한다. 통합전투를 수행하려기 위해서는 노력의 통일이 이루어져야 한다. 이를 위해서 계획은 집권화 하되 실시는 분권화함으로써 전투력발휘를 극대화시킬 수 있다."

누가 군대를 지휘할 것인가? 이것이 지휘통일 원칙에 의해 제기된 질문이다. 걸프전의 경우 제2차 세계대전과 마찬가지로 참전국이 다수였고, 관련국들이 정치적으로 민감했기 때문에 교과서적인 해결책, 즉 "책임 있는 1인의 지휘관하의 통일된 행동을 보장하는 것"이 마련된다는 것은 쉬운 일이 아니었다. 제2차 세계대전 당시는 워싱턴에 연합 참모부를 편성해서 문제를 해결했는데 여기서 미 · 영의 지휘관들이 연합전략을 형성하고 전쟁을 전략적으로 지휘했다.

베트남전 당시의 명령과 통제는 불행한 사례였다. 제2차 세계대전 당시의 아이젠아워 장군과 달리 웨스트모랜드(Westmoreland)장군은 전장 지역의 지휘관이 아니었다. 그 역할은 전장에서 6,000마일 떨어진 호놀룰루의 태평양 사령부의 총사령관(Grant Sharp)에 의해 수행되었던 것이다.(1986년 골드워터-니콜스(Goldwater-Nichols)의 국방부 개편법령은 이 모든 것을 변화시켰다.)

제2차 세계대전 당시의 성공적인 지휘체계를 참조해서 그 법안은 합참의장과 전장의 총사령관의 역할을 강화시켰던 것이다. 걸프전이 시작되었을 때 거기에는 명확한 명령체계가 있을 수 있었다. 즉 군 통수권자인 대통령으로부터 국방장관, 합참의장을 거쳐 중부사령관이자 전장지역의 사령관인 슈워르츠코프 장군에게 명령이 하달되었다.

걸프전에서는 제2차 세계대전과 마찬가지로 국가 통수권이라는 말을 사용하지는 않았다. 이 말은 월남전 당시 전쟁에 관한 중대한 결정을 내리는 사람에게 붙였던 완곡한 표현이었던 것이다.

전쟁의 제 원칙을 성공적으로 적용함으로써 승리의 전쟁이 제2차 세계대전과 걸프전이고, 이와는 반대로 6.25전쟁과 월남전은 전쟁의 원칙을 잘못 적용됨으로써 실패한 전쟁이 되었다는 것으로 결론지을 수 있다.

⑧ 정보(Intelligence)의 원칙

"적을 알고 적을 찾아야 한다."

① 정보는 적 부대 또는 작전지역에 관한 모든 가용한 첩보를 수집, 평가, 분석, 통합 및 해석한 자료로서, 모든 작전을 계획하고 실시함에 있어 전제가 되는 요소이다.

② 전쟁은 적과의 싸움이며 먼저 보고 먼저 타격하여야 승리한다. 따라서 정보의 중요성은 아무리 강조해도 지나치지 않으며, 과학기술의 발달로 정보화 시대에 접어들면서 장차전 에서는 정보의 중요성이 크게 증대될 것으로 전망된다.

③ 정보는 건전한 판단과 결심을 가능하게 한다. 따라서 정보의 획득과 운용은 지휘관이 주도하여야 하며, 전 부대원은 정보의 수집자이자 사용자가 되어야 한다. 그리고 군사정보는 신뢰성, 명확성, 간결성, 적시성이 구비되어야 하며, 모든 부대의 통합된 정보체계를 유지하고, 필요한 정보가 간단없이 지휘관 및 참모에게 제공되도록 하여야 한다.

④ 전장에서 지휘관은 첩보와 정보의 홍수에 직면하게 된다. '각급 제대별로 필요한 정보를 어떻게 선별하여 적시성 있게 제공할 것인가? 가 매우 중요하며, 이를 위해서는 전술, 지휘, 통솔, 통신, 컴퓨터, 정보(C4I)체계를 통해 제대별로 필요한 정보만 유통되도록 조정 · 통제하여야 한다.

⑤ 정보는 적시성 못지않게 신뢰성이 요구된다. 따라서 중요감시지역에서는 인간, 영상 및 신호정보 등 수집자산을 중첩 운용하며, 수집된 첩보는 신속한 분석을 통해 신뢰성 있는 정보로 생산하여 실시간에 전파하여야 한다."

정보는 모든 작전에 있어서 필수적인 요소이며 작전을 계획하고 실시함에 있어서 결정적으로 기여한다. 정보의 획득과 운용은 지휘관의 책임이며, 적시 적절한 정보는 건전한 판단과 결심을 가능하게 한다. 적의 기도를 분쇄하고 승리하기 위해서는 지휘관은 계속적으로 필요한 모든 정보를 획득하는데 노력하여야 한다. 또한 정보의 원칙은 실질적으로 타 원칙의 적용을 가능하게 한다. 정보의 중요성을 가장 잘 표현한 말 가운데 하나가 바로 '적과 나를 알면 백번 싸워도 위태롭지 않다- 지피지기(知彼知己)며 백전불태(白戰不殆)'라고 하는 손자병법의 한 구절이다. 자신의 강약점은 물론 적의 능력을 정확히 알 수 있다면 비록 승리는 하지 못한다 하도라도 절대로 위태롭지 않다는 말이다.

그 예로 제2차 세계대전시 미국이 일본의 암호를 해독하여 미드웨이해전에서 승리한 것이며, 6일 전쟁 시 이스라엘 공군기들이 이집트 공군기지를 공습하는 과정에서 위장된 모형 비행기는 건드리지 않은 채 은폐해 놓은 진짜 비행기만을 공격한 것 등이다.

걸프전에서 이라크의 스커드 미사일로부터 미군들을 보호할 수 있었던 것도 국방성 정보국(DIA)에 의해 미 육군 패트리어트 방공포대에 제공된 정보자료 때문이었다. 다국적군은 적의 전략목표를 남지하기 위해서 다양한 방법으로 정보를 수집할 수 있었던 반면 이라크군은 상대적으로 정보 획득 수단이 제한되어 있어서 다국적군의 기습적인 공습이나 기동작전을 전혀 예측하지 못하였던 것이다.

⑨ 사기(Morale)의 원칙

"왕성한 사기를 통해 필승의 신념과 전투의지를 고양한다."

① 사기는 전투력의 무형적 요소이며 부대 임무수행에 관한 각 개인이나 집단의 정신적, 심리적 상태로서 의욕, 동기유발, 자신감 등의 결합에 의해 형성된다.

② 전쟁은 피 · 아 의지의 충돌이며 사기는 이러한 전투의지를 고양시키는 토대가 된다.

③ 전장에서 높은 사기를 위해서는 전장심리의 이해가 필요하다. 전장에서는 모든 부대원이 항시 생명의 위협을 받기 때문에 사소한 자극에도 쉽게 당황하고 심하면 정신적으로 무력화되며, 그 결과 전장 공황이 발생하는 것이다. 따라서 전장 공포심을 제거하고 자신감을 갖도록 하는 것이 무엇보다 중요하다.

④ 지휘관은 평시부터 강인한 교육훈련과 효과적인 지휘통솔을 위하여 부대원들의 사기를 양양 시키고, 전투경험이 없는 부대나 작전에 실패한 후 재투입하는 부대에게는 비교적 달성이 용이한 임무를 부여하여 승리 하게 함으로써 자신감을 심어주어야 한다."

사기는 군복무에 대한 군인의 정신적 자세이며, 전투력의 효과를 극대화시켜 전승에 기여한 필수적인 요소이다.

그래서 일반적으로 전투력을 말할 때 유형전력인 물질력과 무형전력인 정신력을 통 털어 지칭한다. 전투력의 제 요소를 분석함에 있어 클라우제비츠는 "전쟁이론에서 정신적 제요소를 제외할 수 없다. 전략론에서 단순히 물질적 제 요소만을 그 대상으로 해선 안되고 그 물질적 요소에 생명을 불어넣는 정신적인 제 요소를 그 대상으로 포함시켜야 하며, 이 양자를 구별하여 생각할 수도 없다.

"만일 정신력의 효과를 도외시하는 이론이 있다면 그 이론은 반드시 파탄을 면치 못할 것이다." 라고 하였다. 그리고는 "물질력이 칼집이라면 정신력은 칼의 시퍼런 날이다"라고 하였다.

나폴레옹 역시 "모든 지휘관은 모든 수단을 다하여 병사들이 끝까지 싸우도록 사기를 고무시켜야 한다."고 강조하면서, "정신력과 물질력의 효력비율은 3대1이다."라고 정신력을 물질력 보다 우위에 두었다.

사기는 지휘관을 핵심으로 전부대원이 합심하여 동일 목표로 지향하려고 확고한 사명감으로 생사를 초월하여 부여된 임무를 수행하려는 전투의지로 나타난다. 그러므로 사기가 저하된 군대는 전쟁에서 승리할 수 없으므로 지휘관은 왕성한 사기를 유지할 수 있도록 노력하여야 하며, 아울러 적의 사기를 저하시키는 방법도 연구하여야 한다. 사기를 진작시키는 요소로는 지휘관의 자세와 행동은 물론 전투에 대한 장병 각자의 확고한 목적의식, 복지도모, 효율적인 상전(賞典))제도, 기타 군 외적 요인 등 여러 가지를 꼽을 수 있다.

이러한 사기의 원칙의 예를 들어보면, 1794년 3월, 나폴레옹은 이탈리아 원정에 즈음하여 니스의 프랑스군 사령부에서 온갖 고난은 프랑스 정부의 재정난에 기인된 것임을 설명한 다음 "그러나 앞으로 사정이 다르다. 나는 제군들과 함께 지구상에서 가장 부유한 롬바르디 평원으로 진격하려 한다. 넓은 벌판의 풍요한 결실, 찬란한 여러 도시에 산처럼 쌓여 있는 금은보화, 그 모든 것을 제군들이 마음대로 가져도 좋다. 병사 제군! 이 굶주림과 추위를 잠깐만 참고 나와 함께 진격하자! 용기를 내라!"라고 외쳤다. 이 연설로 나폴레옹은 침체된 병사들의 사기를 고무시키고 일시에 전의를 불타오르게 한 후 다음 명령을 기대하도록 만들었다.

무기체계가 아무리 바뀌고 또 발전되어도 역시 전쟁을 수행하는 주체는 군인(인간)이며, 육체적으로 피곤하고 정신적으로 괴로움 속에 빠져있는 군인들이 모여 있는 전투장을 지배하는 것은 공포이며, 따라서 공포를 여하히 극복하느냐 하는 것이 전쟁 승패와 직결된다.

지휘관은 장병에 대해서 특별한 도전과 책임을 지며, 장병을 위험 속에서 성공적으로 지휘하고, 장병들의 힘을 움직여야만 한다. 지휘자는 장병들이 직면하게 될 육체적, 정신적, 윤리적 문제들을 고려하고, 적절한 훈련 및 지휘통솔을 통해서 그들에게 전투의지(will to fight)를 고취시켜야 한다.

지휘관은 장병들이 왜 싸워야 하는가를 명백히 이해할 수 있도록 책임져야만 한다. 왜 싸우지 않으면 안 되는가를 장병들이 이해할 때, 장병들은 지휘관을 따르고, 모든 역경에도 불구하고 임무를 달성하기 위해서 자신들의 생명을 바칠 것이다.

더욱이 장차전은 대량 살상무기의 발달로 사상(死傷)의 기회가 증대되고 입체전 등 전쟁 방식이 복잡해짐에 따라 불확실성이 두드러지게 나타난다. 또한 군대가 대규모화되고 전쟁양식이 총력전화 함에 따라 개인의 책임범위가 넓어지고 전격전 등 속도전과 전장의 광역화는 전투원의 피로와 고통 등 생리적 불균형이 더욱 가속화될 것으로 예상된다. 이와 같은 급속한 전쟁양식의 변화와 생리적 불균형으로 인한 공포감 증대는 강인한 전투의지와 더욱 강력한 정신력을 필요로 할 것이다.

정신력만 지나치게 강조하다 보면 다른 요소를 소홀히 할 우려가 있다.

전쟁에서는 항상 강한 군대가 승리하기 마련이다. 따라서 물질적 요소와 정신적 요소가 결합될 때 확실한 승리가 보장되는 것이지, 정신적 측면만 강조하는 것은 불합리하다. 즉, 지도자의 자질 면이나, 정신력 면만을 강조하여 "전쟁은 기계가 하는 것이 아니라 인간이 하는 것이다"라는 사고나 "우수한 무기를 지닌 군대가 항상 승리하기 마련이다"하는 식의 논리는 오해의 소지가 있다.

전쟁에서 승리는 결코 수(數) 또는 양(量)적 요소만으로 얻어지는 것도 아니며 그렇다고 질(質)적 요소에 의해서 판가름 나는 것도 아니다. 예를 들면 걸프전과 같이 무기가 우수한 군대가 승리한 경우도 있고, 반대로 월남전이나 중동전과 같이 무기가 우수했음에도 패한 경우도 있는 것이다. 즉, 강한 군대란 상대방보다 우수한 무기를 장비했거나, 지휘자의 지휘능력이 탁월하거나, 기강이 잘 잡혀 있고 사기가 충천한 군대를 뜻한다. 그리고 군대뿐만 아니라 애국심에 불타는 국민들의 열정과 이를 효율적으로 결집시킬 수 있는 정치지도자들에 의하여 뒷받침될 때 확실한 승리를 보장할 수 있다.

전쟁은 질과 양이 조화를 이루어 양질의 힘을 발휘할 때야 만이 가능한 것이다. 또한 전쟁에서 승리는 행운으로 얻는 것이 아니고 창의력과 지혜에 의한 노력으로 이루어 내는 것이다.

⑩ 창의의 원칙(Originality)

"항시 장차전 양상을 상정하고 창의적인 대응전법을 모색한다."

① 창의는 상황에 따라 새롭고 적절한 전투수행 기법을 찾아내는 사고력으로서 전장주도권 장악과 직결된다.

② 전투는 다양한 기상, 지형, 피 · 아 상관관계에서 수행되므로 동일한 양상으로 반복되지 않는다. 따라서 항상 새로운 전투양상을 예측하여 창의적인 방책을 강구하여야 한다.

③ 전투를 효과적으로 수행하는 방법은 다양하다. 따라서 풍부한 상상력과 예측능력 그리고 창의력을 바탕으로 제 전쟁원칙을 융통성 있게 적용하여 적을 기만하고, 기습을 달성하며, 결정적인 시간과 장소에 전투력을 집중시키고, 적의 중심을 파괴하여 최소의 희생으로 최대의 성과를 달성하여야 한다.

④ 전쟁원칙과 전술교리는 과거의 전쟁을 통해 전장에서 적용되는 지적인 원리들을 체계화해 놓은 것으로서 전투 간 사고의 기준을 제시해 주기는 하나, 창의적 사고가 없다면 이를 효과적으로 활용할 수 없다.

⑤ 용병의 진수는 기정(寄正)과 허실(虛實)의 적절한 운용에 있다. 전투시 지휘관은 통상적이고 모방된 기법을 지양하고 적이 생각하지 못하는 독창적인 전술을 구사하여 전장의 주도권을 장악해 나가야 한다. 전장에서 예하부대 지휘관이 창의성을 발휘하도록 하기 위해서는 필수적인 통제를 제외하고는 권한을 위임하여야 한다."

전쟁에서의 창의란 새로운 상황에 대한 대처방안과 전투수행방법을 스스로 찾아내는 사고력으로서 구체적인 명령이나 지시 없이도 임무수행에 필요한 대안을 창출해 낼 수 있는 능력을 말한다. 전장 상황이 매우 위험하고, 육체적 고통은 물론 불확실성과 우연성이 빈번하게 발생함으로써 군사 활동의 진행을 매우 어렵게 하고 있다는 점을 감안하면 작전 실시간 상황 변화에 적절하게 대처할 수 있는 창의력이 무엇보다도 중요함을 알 수 있다.

실제로 전투가 벌어지고 있는 지역의 지형, 기상 등 자연조건으로부터 적의 상태, 즉 위치, 규모, 무기 및 장비, 의도는 말할 것도 없고 아군의 상황에 이르기까지 완전무결한 정보에 의거하여 확실한 상황판단을 내릴 수 있는 전투상황은 거의 기대할 수 없기 때문이다.

전장에서는 확실한 정보판단을 내릴 수 있는 첩보도 얻기 어려우며, 변화하는 상황도 신속하게 파악하기 곤란한 것이다. 따라서 전쟁에 임하는 당사자들은 전장에 발을 들여 놓는 순간부터 모든 사물이 어둠 속에 잠기어 있는 상황에 직면하여 당혹감을 면할 수 없게 된다.

이러한 현상은 주전장을 직접 바라 볼 수 있었던 나폴레옹 이전의 전쟁이나 전장이 확대된 현대전쟁에서나 전쟁형식의 변화가 있을 뿐 본질적인 성격에는 변함이 없다. 오늘날 아무리 발달된 정보체계하의 전쟁에서도 전장 환경의 불확실성은 완전히 제거되지 않고 있다.

따라서 전쟁에서 승리하기 위해서는 예상하거나 예상하지 못한 각종 상황변화에 따라 작전수행과 각종 수단의 적용을 적절히 할 수 있는 사고력과 풍부한 상상력을 구사할 수 있고, 적을 기만하여 조종하며 항상 새로운 전술로 적과 대처할 수 있는 창의성이 있어야 한다.

클라우제비츠의『전쟁론』에서도 상당 부분 언급하고 있는 내용으로, 나폴레옹은 그가 위기에 직면하여 그토록 신속히 상황을 판단하고 적절히 대처하는 것에 대하여 남들이 그의 천재성을 찬양했을 때, "나는 결코 천재가 아니니다. 내가 그와 같이 신속한 대처를 할 수 있었던 것은, 여러 가지 상황에 따른 계획을 사전에 구상해 두었다가 필요에 따라서 적용한 데 불과하다"라고 말하였다.

나폴레옹은 소년 시절 플루타크 영웅전을 읽으면서 거기에 나오는 영웅들의 판단과 결심을 자신의 입장에서 비교해 보곤 했었다. 즉 나폴레옹은 발생 가능한 여러 상황을 미리 가정하고 각종 상황변화에 따라 작전수행과 각종 수단의 적용을 적절히 할 수 있는 사고력과 풍부한 상상력을 구사하는 등 창의력 향상에 노력해 왔었기 때문에 적이 어떠한 행동으로 나오더라도 당황하지 않고 신속하게 대처할 수 있었던 것이다.

이순신 장군 역시 창의성 향상과 적용을 많이 한 군인으로 알려져 있다.『난중일기』에서 거북선과 같은 신무기개발과 지형의 이점을 최대로 활용하는 등의 적과 싸워 능히 이길 수 있는 전략을 구사할 수 있었다. 이순신 장군의 연전연승의 비결도 바로 이 창의성에서 나왔다고 보아진다. 장군의 창의력은 바로 전쟁에 대한 지속적인 관심과 의지의 표현이 되고 이는 곧 전략구상으로 이어지기 때문이다.

전시뿐만 아니라 평시에도 창의성은 필요하다. 또 이 창의성은 전쟁 뿐 아니라 기업경영을 포함한 우리의 일상생활에서도 필요하다.

오늘날과 같은 무한경쟁시대에서 생존하기 위해서는 창의의 중요성이 무엇보다도 강조되고 있다.

그래서 우리 주변에서는 '아이디어의 경쟁시대', '창의적인 사람만이 살아남을 수 있다',

'성공하기를 원한다면 창의적인 사람이 되라'는 등의 말이나 표어를 쉽게 접할 수 있다. 이는 우리가 그 어느 때 보다도 창의성이 강조되고 있는 시대에 살고 있음을 의미한다.

역사학자 토인비도 "창의력 있는 사람들에게 공정한 기회를 주는 것은, 그 사회의 흥망성쇠와 직결되는 문제"라고 하여 인간의 창의력을 매우 중시하였다.

지휘관이 전투력을 결정적인 시간과 장소에 집중하기 위해서는 융통성을 발휘할 수 있는 창의력을 구비하여야 한다. 전쟁의 준비와 실시에 있어서 통상적이고 모방된 전술을 지양하고, 지휘관은 물론 전 장병들이 창의력을 발휘하여야 전투력의 극대화가 이루어 질 수 있다. 그렇다면 어떠한 방법으로 창의력을 길러 낼 수 있는가? 이것은 일상근무에서 실행되고 있는 집무 그 자체가 창의력을 길러내는 실습과정으로 생각하고 자신의 임무 수행에 도움이 되는 아이디어를 창출해내는 일, 효율적인 일 처리를 구상하는 일, 해야할 일을 빠뜨리지 않고 개개의 과업마다 그 성격에 알맞은 자료를 수집, 정리, 평가하여 완전한 계획을 세우는 습관을 길러야 한다.

라. 전쟁원칙의 상호관계 및 적용 한계

각국에서는 전쟁원칙을 잘 적용하여 승리한 전쟁은 물론, 역으로 이를 적용치 않음으로써 패배한 역사적 사례를 통한 교훈을 도출하는데 주안점을 두고 있다. 나아가 전쟁 원칙이 단순한 상식임을 전제로 이것이 전쟁 수행을 위한 원칙에 그치지 않고 기타 경쟁적 여러 인간 활동의 원칙으로도 적용될 수 있다는 보편적인 진술을 강조하기도 한다.

그런데 전쟁원칙의 가치 및 유용성에 대하여는 의견이 엇갈리고 있는 것도 사실이다. 나폴레옹은 "청사에 불후의 무훈(武勳)을 세운 명장들을 이끌어준 제 법칙이 있다"는 점을 분명히 밝혔고, 조미니 또한 어느 시대에나 전쟁 승패를 좌우하는 근본원칙의 존재를 역설하였고, 따라서 많은 군사이론가들이 전쟁원칙의 필요성을 제기하고 그 요소들을 도출하기 위해 노력을 경주하고 있는 것이다.

반면에 삭스는 전쟁의 경우에는 원칙이 없다고 전쟁 원칙의 존재를 부정했고, 미국 남북전쟁 당시 그랜트 장군은 "만일 인간들이 제 법칙에 맹목적으로 복종하면서 전쟁을 수행한다면 그들은 실패할 것이다"라고 함으로써 전쟁원칙의 무조건적 수용을 경계한 바 있다. 그리고 하케이(Harkei)도『전쟁과 평화』란 저서에서 전쟁의 원칙을 분석한 결론 부분에, 전쟁원칙이 진정으로 전쟁의 이해에 도움을 못 주고 있다고 시인하였다.

그러나 손자병법의 대중성이나 실제 주요원칙을 전쟁에 대입하여 그 중요성을 입증한 섬머스의 연구를 통해 알 수 있듯이 전쟁의 원칙은 그 효용가치가 충분히 있다고 여겨진다. 일찍이 나폴레옹도 전쟁 중 손자병법을 마상(馬上)에서 탐독했고, 독일 황제 빌헬름 2세는 제1차 세계대전에서 패배한 다음, "만약 20년 전에 손자를 터득했더라면"하고 후회하였다는 말이 이를 입증하고 있다.

이러한 전쟁원칙들은 여러 원칙 간 상호 보완적이고 또한 서로 연관되어 있음을 알 수 있다. 아울러 이 원칙들은 절대적인 것도 아니라는 점을 밝혀 둔다. 또한 이들 원칙들이 각종 환경에서 똑같은 강도와 중요성을 갖는 것은 아니다. 특별한 경우 각 원칙들은 서로 보완관계를 갖기도 하며 또 서로 상충되기도 한다. 또 지형의 특징, 상대적 전투력, 기후 및 기상, 임무와 같은 작전에 영향을 주는 요소에 따라 서로 조합을 이루어 적용되기도 한다.

Chapter 02

전쟁의 역사

Section 01

고대 및 중세 유럽의 전쟁

1. 전쟁 개관

역사의 시대적 구분이 명확하지 못한 것과 같이 전쟁사의 시대구분 역시 명확히 할 수는 없다. 다만 전쟁의 성격은 물론 전쟁양상을 근본적으로 변화시킨 것이 나폴레옹 전쟁이었다는 점에 대해서는 이견이 없다. 아울러 전쟁의 변천과정을 통하여 알 수 있듯이 페르시아 전쟁을 전후한 고대에도 전쟁의 역사가 존재해 왔음을 부인할 수 없다.

전쟁사의 연구 중점이 근대 및 현대의 전쟁에 있고, 따라서 나폴레옹 전쟁을 포함한 근대 이전의 전쟁을 소홀히 취급하는 경향이 있다. 그러나 고대 및 중세전쟁에서도 전사 연구의 가치가 있는 전역 내지는 전투가 있다는 사실에 주목할 필요가 있다. 이런 의미에서 고대 및 중세전쟁의 특징적 내용들을 개괄적으로 서술하고, 그 대표적인 전투를 소개하기로 한다.

고대 도시국가의 군대는 도시민으로 형성되어 있었으며, 이들은 국가에 대한 애국심에서 전쟁을 수행하였다. 그 예는 기원전 3~4세기경 페르시아(persia) 대군이 그리스(Greece) 반도에 침공해 왔을 때 그에 대항해서 싸웠던 아테네(Athene)군이나 스파르타(Sparta)군이 모두 시민군이었고, 로마(Rome)에서도 기원전 150년경까지는 시민군이었다. 로마가 점차 대제국으로 발전되면서 건국에 중추적인 역할을 한 계층은 귀족이 되었고, 이들은 군인이로서의 고된 직업을 피하려 하였기 때문에 노예나 용병(傭兵)이 군의 주력을 형성하게 되었던 것이다. 이러한 용병제도에서의 병사들은 보통 근로자와 같이 봉급을 받았지만 전쟁에서 승리하면 전리품이나 토지를 별도로 받는 것이 통상이기 때문에 가난한 젊은 이들에게는 매력적인 것이었다.

그런데 중세에서는 개인장비를 갖추는 데 엄청난 비용이 소요되었기 때문에 하류계급의 가난한 젊은이들은 군인이 될 엄두도 못내는 실정이었다. 어떻든 이러한 용병은 개인의 경제적 욕구에 의해서 국왕이 요구하는 대로 움직여지고 있었기 때문에 전장에 임하는 정신자세가 고차원적인 애국심으로 무장된 것은 아니었다. 따라서 전투에 임하는 데서 소극적임은 당연한 일이었다. 이러한 양상은 18세기말 프랑스혁명으로 주권의 소재에 대한 인식이 새로워졌기 때문에 국가에 대한 자위책임을 전국민이 담당하게 되었고, 군의 성격은 국민군으로 바뀌어졌던 것이다.

나폴레옹 이전에 주로 사용되었던 전투장비들은 화약병기가 출현한 14세기 이전과 이후로 나누어볼 수 있으며, 화약병기 출현 이전의 무기는 궁시(弓矢), 투창(投槍), 도검(刀劍), 창(槍), 투석기(投石器;石) · 방패(防牌), 전차(戰車), 투화기(投火器) 등을 들 수 있다.고대 이집트(Egypt)나 앗시리아(Assyria)에서는 기원전 1,000년경부터 말 두세 필이 이끄는 목제 전차가 사용되었으며, 이때부터 병종은 보병 · 기병 · 전차병으로 구분되었다.

철제무기로는 이집트의 중보병(重步兵)이 장비한 1.8m(6피트(feet))의 창이 대표적인 것이었으며, 이들 병사들은 목재(木製) 방패로 온몸을 보호하고 있었다. 병사의 주무기인 창은 계속 발달되어 기원전 5세기경에 그리스에서는 3.7m(12피트)의 창을 사용하였으며 알렉산더 대왕(the Alexander Great;B. C. 356~323)때의 마케도니아(Macedonia)군의 주무기는 6.4m(21피트)의 사리사(Sarissa)라고 하는 장창(長槍)이었다.

기원전 2세기경 로마군이 장비하였던 무기로는 글라디우스(Gladius ; 로마검)라고 하는 검이었는데, 이것은 50㎝(20인치)의 길이에 양쪽에 날이 있어 절단(切斷)과 돌자(突刺)용으로 사용되었고, 적의 팔이나 다리를 재빠르게 자를 수 있었으며, 역사가들은 이 글라디우스라는 검으로 100만 명은 살해했을 것이라고 한다. 이때의 또 다른 주요무기인 필룸(Pilrum)이라는 투창(投槍)은 0.9m~1.7m(3~5.5피트)의 길이로서 근거리에서 던지면 갑주(甲冑)도 관통했다.

서기 55년경, 개량된 장비 가운데 특기할 만한 것은 말의 등자(鐙子)와 안장(鞍裝)의 발명을 들 수 있으며, 이때부터 기마병이 보병보다 우위의 전투를 발휘할 수 있었고, 이는 14세기 영국의 장궁(longbow)과 화약병기의 출현 때까지 계속되었다. 그 당시의 포는 마케도니아의 필립(Pilip)왕에 의해서, 그리고 후에 알렉산더 대왕에 의하여 개량되었다. 알렉산더 대왕은 처음으로 고대의 내포라고 말할 수 있는 무기(平射兵器 및 曲射兵器)를 만들어 오늘날의 야포와 함께 병사들과 같이 이동할 수 있도록 이들을 마차위에 거치(据置)하였다. 이 당시까지 이들 무기는 주로 성을 공격할 때 성곽 파괴를 목적으로 사용되어 왔다. 이것을 보유한 후에 알렉산더 대왕은 협로공격전 · 축성공격전 · 도하작전, 그리고 많은 돌격전투에 항상 이들 병기를 사용했다.

평사병기라고 볼 수 있는 카타풀트(Catapult)의 경우 130킬로그램의 창 또는 대침(大針)을 800미터까지 발사했다고 하며, 곡사병기인 발리스타(Ballista)는 90킬로그램의 돌을 500미터 이상 발사할 수 있었다. 카타풀트는 오늘날의 평사포에 상당하는 것이며, 발리스타는 곡사포 또는 박격포와 유사한 것이다.

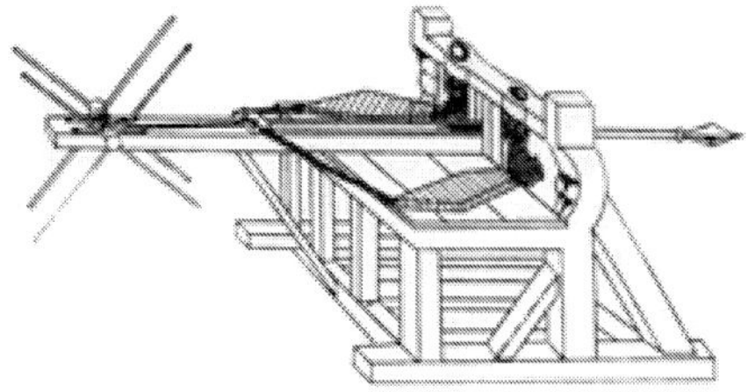

그림 2-1 평사. 평사병기의 일종 "카나풀트"(Catapult)

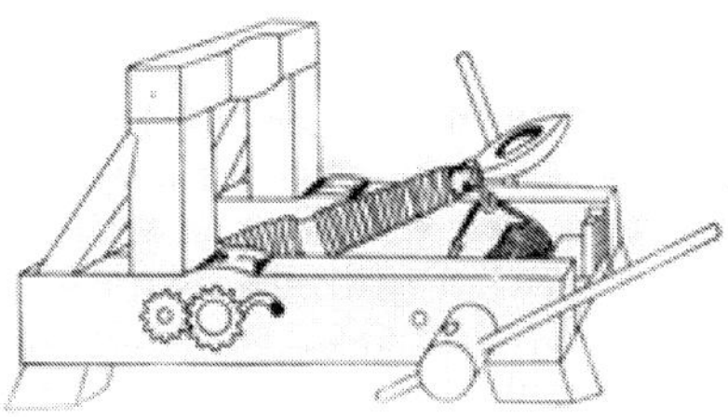

그림 2-2 곡사병기의 일종 "발리스타"(Ballista)

화약병기의 출현은 서기 900년대 초기에 중국 송(宋)나라에서 흑색화약이 사용되기 시작했는데, 이것은 초석(NaNo), 유황(S) 목탄(C)의 혼합물로서 그 전에 있던 어떤 화약보다도 우수한 것이었고, 이 흑색화약이 전래되면서부터 화약의 폭발력에 의해서 발사되는 병기가 등장하게 되었던 것이다. 그러나 명확한 근거가 있는 최초의 화약병기는 영국과 프랑스의 백년전쟁 기간중 크레시(Crecy) 전투(1346)에서 사용되었던 총을 예로 들 수가 있다. 그 후 중국에서 화포가 등장하였고, 우리나라에서는 고려 말기(1377)에 최무선(崔茂宣)이 화통도감(火桶都監)을 설치하여 대포를 만들기 시작했다.

서양에서의 소총은 계속해서 개량 발전되었고, 대포는 40필의 말이 끌고 다니는 야전포의 모체가 되었는데, 구스타브 아돌프(Gustavus Adolphus)와 프리드리히(Friedrich Ⅱ) 대왕은 이러한 포를 개량하여 2~4필의 말이 끌고 다닐 수 있도록 이륜마차에 장치하는 데 성공함으로써 기동성을 증가시켰다. 이러한 화기의 대포는 나폴레옹 전쟁에 이르러 더욱 더 효과적으로, 또한 대규모로 사용되기 시작하였으며, 특히 이 당시의 대포는 현대 야전포의 모체가 되었던 것이다. 편제와 전술면에서는 기원전 2000년경 이집트에서는 정면 100명과 종심 100명으로 1만 명이 한 집단을 이루는 방진(方陣 : Phalanx)전술이 사용되었으며, 기원전 5~6세기경에 그리스 방진(Greece Phalanx)이 사용되었는데, 이는 모두 밀집횡대대형의 전술로서 창을 전면적으로 적의 가슴을 겨누고 돌진하는 전술이었다. 그러나 고대의 대표적인 2대 전술이라면 마케도니아 방진(Macedonian Phalanx)과 로마 군단(Rome Legion) 전술이라고 할 수 있다. 마케도니아 방진은 기원전 3세기경 알렉산더 대왕에 의해서 개발 사용된 전술이며, 전술의 기본 단위는 정면과 종심이 각각 16명인 대대(Syntagma)였다. 방진의 측방과 후방은 경보병 (劍 휴대)과 기병이 적의 기습을 경계했다. 방진 병력은 21피트의 장창을 휴대한 중보병 4,096명과 기병 · 경보병 · 투석병 등을 합하면 5천하면 5천~6천 명이 되었으며, 방진 4개로 구성된 부대를 대방진이라고 했다. 이 대방진은 황제가 직접 지휘하거나 대장이 지휘하였다. 각 단위 부대에는 지휘관과 부지휘관이 있었으며, 정예병을 전방과 후방에 위치시키고 숙련되지 않은 병사는 중앙에 위치시켰다. 그리고 배후에는 경장(輕裝)한 부정규 보병이 배치되었다.

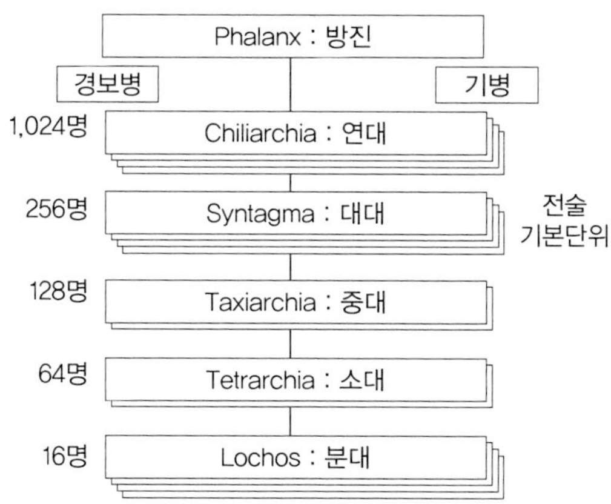

표 2-1 마케도니아 방진의 편제

방진의 주무기는 6.4m(21피트)의 장창이었다. 제1열부터 제5열까지 그들의 장창을 그림에서 보는 바와 같이 수평으로 잡고 전진했고, 나머지 11열은 그들의 창을 어깨 위에 똑바로 세우거나 비스듬히 기대었다.

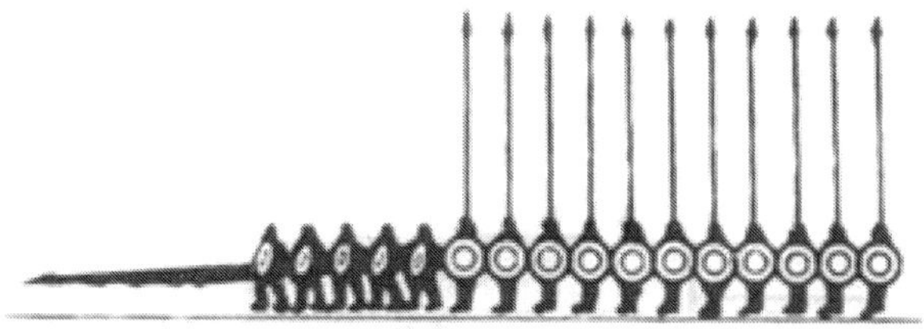

그림 2-3 마케도니아 방진의 전술 (분대장은 선두에 위치)

적과의 접전은 주로 평지에서 시행되었는데, 전투의 핵심적 역할을 한 것은 중보병이며, 방진의 전술전 운용 시 개인 간의 간격은 91㎝(3피트)를 유지하였고, 장창은 앞으로 4.6m(15피트), 뒤로 1.8m(6피트) 되도록 잡았으며, 장창을 수평으로 들고 돌진함으로써 충격효과를 최대한 발휘할 수 있도록 하였다.

이 대형은 측면과 배후가 적의 공격으로부터 취약하였고, 평원에서만 기동할 수 있었기 때문에 알렉산더 대왕은 이러한 결점을 보완하기 위하여 기병과 경보병을 편성 운용하였으며, 특히 기병을 최대한 활용하였다.

로마군단은 보병 · 기병으로 된 소집단이며, 마케도니아 방진전술로부터 발전시킨 로마 특유의 전술이었다.

로마군대에서는 전술의 기본 단위가 되는 것은 중대(Man-iple)로서, 정면이 12명, 종심이 10명이었으며, 개인간의 거리는 1.4m(4.5피트), 간격은 1.5m(5피트)였다. 병종은 경보병 · 중보병 · 기병으로 나눌 수 있는데, 중보병은 나이에 따라 하스타티(Hastati), 프린시페스(Principes), 트리아리(Triarii)로 구분하여 중대 편성을 했고, 별도로 전열을 형성했다.

군단은 10개의 대대(Cohort)로서 병력은 4,500명이며, 전투대형은 기상조건(태양 · 먼지 · 바람)을 고려하여 배치했고, 나팔신호와 함께 전투를 개시하였다.

특히 로마인은 청년시절부터 전문적인 군사훈련을 받아 애국심과 전통에 대한 자부심을 가지고 전투에 임하였다.

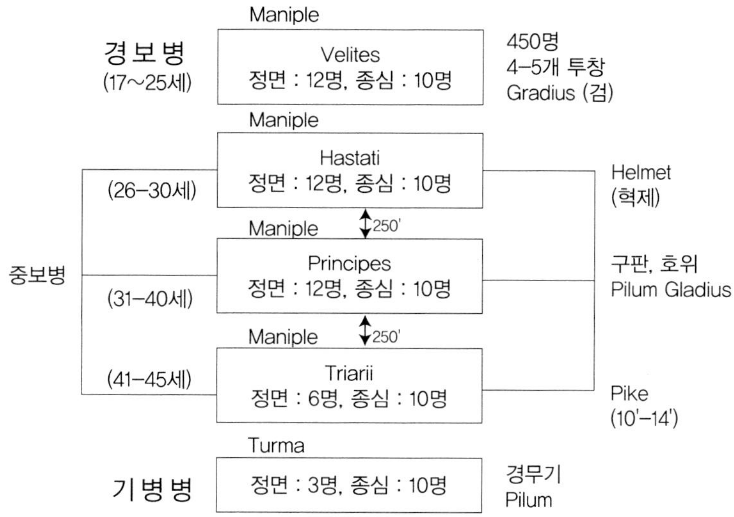

표 2–2 대대(Cohort)의 대형 편성

12~13세기경 유럽에서는 창(Pike)을 휴대한 스위스 용병이 중요한 역할을 했으며, 그 뒤 구스타브 아돌프는 1600년대의 스웨덴 왕으로서 편제, 훈련, 전술 및 전법에 개혁을 단행함으로써 현대전의 아버지라고 불린다.

스웨덴군의 편제는 3개의 단위대로 1개의 제대를 편성하였고, 이중 1개 단위대를 예비로 운용함으로써 오늘날 예비대 운용의 효시가 되었으며, 참모제도로서는 참모장과 행정 · 정보 · 작전 · 보급참모를 둠으로써 편제 발전에 크게 기여했다.

화약병기의 출현과 더불어 전술이 발전됨으로써 밀집횡대대형의 전투종심은 2,3명으로 감소되었고, 신속성과 대담성에 중점을 두었다.

◈ 십자군 전쟁 = 중세시대 유럽의 기독교도들이 성지예루살렘을 이슬람교도로부터 탈환하기 위해 여덟 차례에 걸쳐 감행한 원정 전쟁. 이슬람 세력인 셀주크 튀르크족이 예루살렘을 정복하고 기독교 순례자를 박해하자 1095년 교황 우르바누스 2세는 성지탈환을 위한 전쟁을 선포했다. 1291년까지 계속된 전쟁은 1차 원정 외에는 모두 기독교들의 실패로 끝났다. 전쟁 이후 교황과 봉건영주의 세력이 약화되고 왕권은 강화됐다. 또 동방 무역이 활발해지고 상공업이 더욱 발달하는 계기가 됐다.

2. 고대 전쟁

1) 여전사(女戰士)의 등장

역사적 배경

- 기원전 2000년경/전투용 마차 및 활동 등장
- 기원전 1947년경/바리론 왕 함무라비 메소포타미아 토일
- 기원전 1450~1200년/히타이트 제국 시대
- 기원전 1304~1237년/람세스 2세 이집트 대제국 건설

전쟁은 사람들이 농업을 발견하고 집단으로 거주하기 시작한 신석기 시대부터 시작되었다고 하는 것이 통설이다. 더 거슬러 올라가 구석기시대에도 사람들끼리 싸움이 없었던 것은 아니겠으나, 조직화된 군대로 전략과 전술의 기술을 이용하는 방식으로 싸우게 된 것은 신석기부터였다. 신석기시대 집단 주거지의 출현은 농업의 발견 못지않게 전쟁에 의해 영향받았다. 전략과 전술은 구석기시대의 습관화된 사냥 방식을 인간집단에 적용하면서 등장한 것이다. 즉 창 · 활 · 단점 · 손도끼 · 돌팔매 등을 이용하고 지휘관 통제 하에 병사들이 대형을 갖추어 움직이게 된 것이다.

군사사학자(軍事史學者)들은 전쟁사를 연구할 때 기본적으로 문서상의 기록에 의존하며, 대부분은 역사학의 아버지 헤로도토스(Herodoto)가 최초의 기록을 남긴 페르시아 전쟁으로부터 출발점을 잡는다.

페르시아 전쟁 이전에도 전쟁이 있었다는 사실에 대하여는 고고학적 발굴물들을 통해 충분히 알 수 있다. 다만 기록이 없어 구체적으로 어떻게 싸웠는가를 잘 알 수 없다. 선사시대의 전쟁과 전략전술을 정확히 아는 일은 불가능하다. 사람들은 역사적 사실과 거리가 먼 신화 또는 전설을 통해 선사시대 이야기를 들어왔는데, 그 가운데는 전쟁사를 이해하는데 약간도움이 될 만한 것들도 있다.

그리스 신화와 전설 가운데는 아마조노마키(Amazonomachy) 관한 이야기가 자주 등장한다. "이 그리스 어는 여전사들로 구성된 아마존(Amazons; 그리스어 "가슴이 없는") 족에서 유래한 말" 로서, 그리스 남자들로 구성된 전사들과 침략한 아마존 족 간에 벌어진 전투를 의미한다. 대부분의 이야기는 싸움 잘하는 아마존 족의 침략을 남자전사들이 나서

서 격퇴시킴으로써 그리스를 지켰다는 내용을 주제로 삼고 있다. 성 대결적인 전투에서 남자들이 승리하고 남자의 자존심을 지켰으며, 그 후 그리스 역사는 남자들이 주역을 담당하여 문화의 꽃을 피우게 되었다는 것이다. 아마존 족에 관한 전설을 남자의 무용(武勇)을 대단히 자랑스럽게 여기는 그리스 문화에서 정반대의 세계를 상상하는 가운데 지어낸 이야기들이지, 그것이 실제로 있었다고 믿는 사람들은 매우 드물다. 그것은 상상의 세계를 다루는 문학이나 그림에서나 다루는 주제였을 뿐, 결코 사실은 아니라는 것이다.

그러나 1950년대에 우크라이나 남부지방에서는 사르마티아 족 전사들의 무덤이 발견되었고, 기원전 4세기로 추정되는 그 무덤들의 약 20%가 여전사들 것이라는 사실이 밝혀졌다. 젊은 여자 두개골과, 그들이 사용한 것으로 추정되는 활과 화살 · 화살통 · 단검 · 갑옷 등이 나오고, 두개골이 크게 상처받은 형태나 뼛속에 박혀 있는 청동제 화살촉 등이 발견된 것은 사르마트 족 가운데 여자전사들이 존재했음을 입증하는 것이다. 그리고 그곳은 아마존 전설에서 여전사들이 활동한 지역 중 하나로 이미 알려진 곳이었다. 헤로도토스에 의하면 사르마트 족은 그리스의 젊은 청년들과 아마존 족의 일시적 결합에 의해 생긴 후손들이었다. 여하튼 그 발굴은 아마존 족에 대한 전설이 어느 정도 사실에 기초한 것이라는 주장을 뒷받침했다.

그 후 사람들은 아마존 전설을 완전히 가공된 이야기로만 보기보다는, 적어도 여전사들이 전투장에서 활개를 치던 한 시절이 있었고, 거기에서부터 크게 과장된 각종 이야기들이 전래되고 있다고 믿는 편이다. 전설을 통해 알려지고 있는 아마존 족의 생활과 전투 방식을 살펴보면 그리스 문학에서 아마존에 대한 최초 언급은 기원전 8세기 호메로스의 서사시(일리아드)에 나타난다. 그러나 아마존 전설은 청동기시대였던 기원전 16~12세기까지 거슬러 올라간다.

기원전 5세기에 헤로도토스는 전설을 모아 아마존 족의 생활방식을 설명했다. 그 후 다른 역사가들도 이를 점차 발전시키고 전투에 관한 전설을 기록으로 남기기 시작했다. 그들에 의하면 아마존 족은 기존세계에서 멀리 떨어진 미개지에서 살았다. 그곳은 그리스로부터 당시에는 먼 세계였던 북아프리카와 러시아 남부지역이었다. 그러나 문명세계가 점차 확장되면서 아마존 세계는 축소되고 사라지게 되었다.

아마존 족은 지방에 따라 희한한 무기와 무장을 갖추었다. 어떤 이들은 큰 뱀가죽으로 무장하고 활 · 도끼 · 투창 등 무기를 능수능란하게 사용했다. 아마존 족은 모두 십안에서반

활동하는 그리스 여자들과 같은 역할을 경멸했다. 그들은 사냥과 전쟁을 일삼았으며, 점령지에서 젊은 남자들만 골라 섹스를 즐기고, 철저히 여아들만 양육하고 남아들은 처치해 버렸다.

아마존 족의 전술은 그리스 남자전사들의 보병 위주 밀집대형과는 달리 주로 말을 타고 활을 사용하며 습격하는 식으로 전투를 벌였다. 그리스 인들은 활을 비겁한 사람들이나 사용하는 무기로 간주했지만, 그들은 아마존 족 활공격에 혼비백산하곤 했다. 그리스 인들이 볼 때 아마존 족은 완전히 야만족이었고 그들과는 전혀 다른 별종이었다. 그리스 여자들과는 정반대로 그들은 전쟁을 좋아했고, 전쟁을 할 때도 그리스 남자들과는 반대의 방법을 사용했다.

아마존 족의 최초 고향은 리비아였다. 이 지역에서 그들은 과일과 사냥감이 많아서 농경 대신 유목생활로 만족해하고 전쟁을 좋아하게 되었다. 전사들의 여왕 미리나(Myrina)는 제국 건설의 야심을 품었다. 그녀는 3만 명의 기병과 3천 명의 보병으로 구성된 군대를 이끌고 원정에 나섰다. 기병들은 질주하는 말을 타고 그 위에서 마음대로 방향을 바꾸어 활을 쏠 수 있을 만큼 기량을 갖추고 있었다.

미리나는 나일 강 서쪽에 문명이 고도로 발달된 아틀란티스를 침입했다. 그곳은 플라톤과 그리스 철학자들이 이상향으로 생각한 전설의 땅이었다. 여전사들은 남자전사들을 모두 살육하고 여자들과 어린이들을 포로로 획득하면서 쉽게 점령했다. 미리나는 그곳에 새로운 도시를 세우고 정복자로 군림했다. 그러나 인접지역의 다른 종족들로부터 수차례 공격을 받고 미리나는 추종자들과 함께 동쪽으로 탈출했다. 북아프리카에서 가장 강국이었던 이집트 국경에 이르렀을 때 이집트 왕은 아마존 족이 이집트를 지나 아라비아 지방으로 달아나도록 허용했다.

그 뒤 여전사들은 시리아를 거쳐 소아시아 지방으로 가서 그곳에 여러 도시를 세우고 정착했다. 그들은 그곳에서부터 서쪽 에게 해로 진출하려는 시도를 벌이면서 그리스와 잦은 충돌을 벌였고, 일부는 동북쪽 흑해를 건너 우크라이나 지역까지 진출했다. 아마존 이야기는 여자가 주로 아이를 기르고 음식을 만드는, 즉 가사를 돌보는 역이 아니고, 거꾸로 집 밖에서 사냥과 전쟁의 역을 맡고 용감하게 싸웠지만, 결국 남자전사들로만 구성된 그리스 군대의 영웅적인 행동으로 패퇴하고 말았다는 식으로 결론을 내린다. 즉, 아마조노마키에서 그리스 인은 승리하고, 그 승리로 그리스의 미래가 밝게 펼쳐졌다는 것이다.

그러나 아마존 족의 용맹은 역사시대에도 높이 평가되어 알려지고 그 정신을 이으려는 노력이 펼쳐졌다. 로마의 네로 황제(54~68 AD)는 아마존 방패를 든 여경호원을 두었고, 코모두스 황제(180~192AD) 왕비는 아마존 복장을 했으며, 매년 12월을 아마존의 달로 정하고 검투사 시합을 벌였다.

신대륙 발견 시대에 아마존은 정복의 상징이 되었다. 콜럼버스와 코르테스를 위시한 탐험가들은 아마존에 대한 소문을 찾아나서기도 했다. 전설과 소문에 따라 미국캘리포니아는 여왕 '칼리파(Califa)' 의 이름을 딴것이며, 남미의 아마존 강은 얼룩덜룩한 옷을 입고 잽싸게 움직였던 그곳의 여자궁수들을 발견하고 붙여진 이름이라고 전래되고 있다. 아마존 전설은 문지기록이 없던 선사시대에 사람들은 모계중심 사회를 구성하고 여존남비의 사상이 지배적이었을 가능성이 높았고, 나아가 전투장에서도 여자들이 두드러진 활약을 했을 것으로 추정하고 있다.

2) 트로이 전쟁(목마의 계략)

역사적 배경

- 기원전 1286년/ 우리나라 부여 건국
- 기원전 1115~1102년/ 아시리아 티글라크필레세 1세 , 히타이트 제국 정복
- 기원전 1000년경/ 중국 주왕조 시작
- 기원전 961~922년/ 이스라엘 솔로몬 통치시대

오랫동안 많은 역사가들은 트로이 전쟁에 대해 그것은 기원전 850~800년경 호메로스가 서사시 〈일라이드〉와 〈오디세이〉[12]에서당시 내려오던 전설과 그의 상상력을 동원하여 정리한 문학작품 속의 한 사건으로 간주해 왔다.

그러나 근래에 고고학자들은 오늘날 터키 서쪽 다르다넬스 해안에서 9층으로 쌓인 트로이 유적지를 발견하고, 그 가운데 여섯 번째 층이 그리스 군에게 기원전 약 1200년경에 파괴된 도시의 유적이라는 사실을 밝혀냈다.

12) 일리아스(그리스어:라틴어 : 일리아드)는 현존하는 고대 그리스문학의 가장 오래된 서사시이다. 트로이의 별칭인 일리온에서 이름을 땄다. 오디세이아(Odysseia)와 더불어 고대 그리스와 후대 서양의 문학예술과 문화의 근간을 이루고 있다고 말할 수 있다. 전통적으로 호메로스(기원전 8세기)가 작자라고 전해지고 있다. 서사시의 주제는 그리스의 전설적인 전쟁인 트로이아 전쟁을 배경으로 원한과 복수에서 파생되는 인간의 비극을 다뤘다. 화제 전개에 따라 시는 24편으로 나누어지며, 그리스의 대표적 시운중의 하나 고대 그리스의 서사시오서 저자는 일반적으로 일리아스의 저자인 호매로스로 전해지고 있다. 시의 주제는 트로이 전쟁 영웅 오디세우스의 10년간에 걸친 귀향 모험담, 때문에 서양 문학사에서 모험담의 원형으로 주목됨. 일리아드와 마찬가지로 시는 총 24편으로 나누어짐.

에게 해와 흑해를 잇는 다르다넬스 해안의 관문을 점령하고 있는 트로이 성은 여러 차례 이민족의 침략을 받는 가운데 파괴되고 재건축되는 과정을 거듭했다. 유적지에서 마지막으로 형성된 층은 로마 인들이 점령하여 세운 도시 일리온으로 밝혀졌다.

트로이 성을 공격하기 전 그리스는 수많은 도시국가로 분열되어 있었다. 트론이 전쟁의 원인에 대해 호메로스는 신과 영웅들의 경쟁 및 불화로 돌리고 있다. 즉, 스파르타의 메넬라오스 왕의 아름다운 아내 헬레네를 트로이의 프리아모스 왕의 아들 파리스가 유혹함으로써 전쟁이 일어나게 되었다고 말하고 있다.

그러나 전쟁이 일어났다면 그 실제 원인은 신들이 작용했다기보다는 다르다넬스 관문을 통과하여 흑해에서 교역을 시도하던 그리스 인들이 그곳을 여하튼 그리스 인들은 2년간 전쟁 준비를 마치고 대함대로 군대를 트로이 해안에 상륙시켰다. 약 25,000명으로 추산되는 그리스 군은 상륙하자마자 진지를 보호하는 데 힘을 기울였다.

트로이는 주위를 잘 통제할 수 있는 요새로서 성내에는 왕궁이 있고. 약 3천 명 가량으로 추산되는 수비대가 있었다. 사방에 탑이 있어 접근하는 적을 한눈에 바라볼 수 있고, 높이 6m, 두께 4.5m의 성벽으로 보호되었다. 이 정도의 성벽만으로도 트로이 군은 공성작전이 서투른 그리스군의 공격을 막아내는 데 충분했다.

그리스 군은 각 부족별로 조직을 가졌는데. 그것은 각 부족의 병력과 지휘관의 덕망에 따라 우열의 차가 심했다. 개개 병사들은 대부분 창으로 무장하고 지휘관은 전차(전투용 마차)를 보유했다. 전쟁은 결정적인 승패 없이 9년이나 지속되었다.

그 무렵 그리스 군은 두 유명한 지휘관, 즉 아킬레우스와 아가멤논 간의 불화로 말미암아 단합을 이루지 못하고 있었다. 지휘관들 중에서도 가장 용감한 지휘관이었던 아킬레우스가 가만있는 동안 그리스 군은 승리할 수 없었다.

그러나 아킬레우스가 아가멤논에 대한 감정을 풀고 싸움터에 나섰을 때 그리스군은 아킬레우스의 갑옷만 보고도 사기충천했다. 아킬레우스는 트로이의 지휘관 헥토르와 싸워 그를 쓰러뜨렸다.

그러나 트로이는 바로 함락되지 않고 새로운 동맹자들의 지원을 받아 저항을 계속했다. 이때 동맹자 가운데는 아마존 여왕 펜테실레이아도 끼어 있었다. 여하튼 트로이가 버티는 한 그리스 군은 구태의연한 방법만으로는 트로이를 정복할 수 없음을 깨닫고, 마지막으로 오디세우스의 충고를 받아들여 특별한 방법으로서 목마의 계략을 사용하기로 했다.

그들은 공성을 포기하고 퇴각하는 것처럼 가장, 일부가 인접한 섬 뒤에 숨어서 거대한 목마를 제작했다. 그들은 그것을 불화의 여신 엘리스에게 선물로 제공할 것이라고 선전했으나, 사실은 그 속에 무장한 병사들을 숨겨놓았다. 목마는 20~50명의 병사를 채울 만큼 거대했다.

그리스 함대 대부분이 떠날 채비를 하는 가운데 몇 사람이 목마를 끌고 오자 트로이 군 내에서는 그 목마를 어떻게 처리할까와 문제를 놓고 논쟁이 벌어졌다. 호기심의 대상이 된 목마에 대해 어떤 사람들은 그것을 전리품으로 빨리 성 안으로 갖고 갈 것을 제의했고, 또 다른 사람들은 그것을 두려워하며 경계했다. 라오콘이라는 신관이 나타나더니, 그리스군은 간계에 능하니 목마 속에 있는 것을 조사해야 한다고 주장했다. 그 순간 시논이란 이름의 그리스 군 포로가 끼어들었다. 그는 오디세우스가 자기를 미워해 떨어뜨려 남게 된 자라고 신분을 밝히면서 살려달라고 애원했다.

그리고 목마에 대해 말하기를, 그것은 여신의 비위를 맞추고 그리스 군의 무사귀환을 기원하는 것으로서, 거대하게 만든 것은 성내로 운반되는 것을 방지하기 위해서라는 것이다. 왜냐하면 트로이 성내로 들어가면 트로이 군이 틀림없이 승리할 것이기 때문이라는 것이다. 결국 트로이 군은 목마를 성내로 끌어들이기로 결정하고 일정한 의식을 밟았다. 온종일 잔치가 계속되고 노래와 환호 속에 의식이 치러졌다. 이윽고 밤이 되자 목마 속의 그리스 병사들은 간첩 시논의 도움을 받아 밖으로 나오고, 대기하던 우군에게 성문을 열어줌으로써 그리스 군은 성내로 일제히 쳐들어갔다. 그들은 성내에 불을 지르고, 잔치 끝에 쓰러진 트로이 군을 모두 죽이고 트로이를 완전히 정복했다.

당시 성을 공격하는 기술상 획기적 변화, 즉 공성장비를 개발하고 목마와 같은 거대한 충차를 제작하여 그것을 이용, 트로이 성문을 부수고 점령했을 가능성을 말하는 자도 있다. 그러나 일찍이 그리스인들이 글한 공성장비를 사용했다는 역사적 근거는 호메로스가 살았던 시대에도 전혀 찾지 못하고 있다. 호메로스 자신이 살았던 철기시대의 전쟁술에 대하여도 확실하지 않은 상태에서 그보다 훨씬 전이었던 청동기시대의 트로이 전쟁에 대하여는 깜깜한 부분이 너무 많고, 그래서 트로이 전쟁은 다만 전설로 남아 있는 것이다.

▶▷쉬어가기 - 여리고성전투

1. 배경

성경에 기록된 인류 최초의 전쟁은 BC 2115년경 북방 왕 4개국이 동맹하여 사해 남단에 위치한 소돔과 고모라 등 5개 도시국가를 공격함으로서 발생한 싯딤 골짜기 전투와, 포로가 된 롯을 구하기 위해 아브람이 벌린 단 전투이고 가장 유명한 전쟁이 여리고성 전쟁이다.

여리고 는 고대 이스라엘 땅 요단평야 한가운대 평원에 위치한 가장 오래된 성 으로 젖과 꿀이 흐르는 가나안 122개의 성 가운데(省:남쪽 네게브:36개, 서쪽산기슭 :42개, 중앙산지:38개, 서해광야:6개) 하나이며 지리적, 전략적요충지로써 도시면적 약 6에이크(200x120m/성한바퀴 거리600m), 전체 9에이크(넓이20.000m2/6,600평) 로 상부도시에 1,200명 정도 상주하는 지금의 텔 에스 술탄(TELL ES SULTAN/요단강 서8Km,예루살렘동북30Km소도시)지역이다.

성은 견고하여 외벽과 내벽은 두겹으로 되어있고, 외벽높이5m 기존성벽위에 수직으로 두께2m, 높이 7m, 진흙. 벽돌벽으로 구성하여 안쪽 내벽은 외벽과 거리를 두어 지상 14m 뚝 위에 다시 솟아오른 내부 진흙벽의 구조로 난공불락의 요새로 중국 "만리장성"에 비유하기도 한다.(메소포타미아 전역을 제패한 앗수르 가 공성망치(바퀴6개, 길이4.5m, 전방에5.4m의 작고 둥근탑이 설치된 성채로서 탑 내부에 밧줄달린 적추를 45각도에서 도끼질하듯 내리쳐 공격하는 장비)를 갖춘 전례가 있지만 많은 성들을 원시적 공성장비를 갖추어 공격하기는 사실상 불가하였다.

2. 여리고 전쟁

구약성경에 130여개의 전쟁중 특이한 전쟁의(BC1400년 경) 하나로(❶구름기둥. 불기둥으로 하는 전쟁/성경 출애굽기13:21) ❷요단강을 건너는 홍해를 가르는 전쟁/성경 출애굽기 14:21) ❸아말렉과 모세의 팔을 들어 싸우는 전쟁/성경 출애굽기17:21) ❹여리고성 전쟁) 창과 칼을 사용하여 살생하는 전쟁을 원치 않으시는 하나님의 초자연적 싸움이다.

이스라엘 군사 601,730명(성경민수기26:1~65/ 2차 인구조사), 무장인원 20만(최정예선발 4만. 후속군 16만)과 준무장군 40만(20세~58세)명이 2열종대로 3-5Km 를 질서정연하게 규칙적인 방법으로 쿵! 쿵!쿵! 발소리에 맞춘 대형으로 돌고 또 도는 돌아! 돌아 행진을(선두가 여리고성에 도착 시까지 후미는 아직 출발도 못한 상태로 긴 대열)하며 밤낮 쉬지 않고 침묵으로 6일 동안 돌다가(13바퀴(6+마지막 날 7바퀴) 수면부족과 공포로 전쟁 공황상태에서 침묵가운데 나팔로 충격을 주는 전략의 전쟁이다.(❶"너희는 외치지 말며 너희 음성을 들리게 하지 말며, 너희 입에서 아무 말도 내지 말라! 그리하다가 내가 너희에게 명하여 외치라! 하는 날에 외치라/성경 여호수아 6:10 ❷침묵을 유지하되 제사장들은 양각나팔(쇼파/Shafar : 양뿔로 만든나팔. 천연 관악기로 유대인들이 오래전부터 악기로 사용하며 적군의 위협, 전쟁 선포, 행군, 왕의 등극, 하나님의 임재선포, 금식선포, 절기시, 사람들을 모을때 사용)

군사들이 성을 완전히 둘러싸고 겹겹 사방에서 천지가 진동하듯 쿵쿵 거리며 돌고 돌아(행군) 공포여리고성 백성들의 정신이 몽롱하고 불안해하며 또 제사장의 양각 나팔소리와 큰 소리로 외쳐라! 라는 말씀에 따라 "여호와께서 우리에게 성을 주셨다"라고 외치니 성벽이 무너졌다. 이는 손자병법 3편 모공편에서 "공성은 많은 준비가 필요하고 또한 많은 피해를 감수해야 하기 때문에 가급적이면 피해가라! 전법과도 유사하며 공포. 공황. 동화 현상으로 공명진동(共鳴振動/물리학적 용어:어떤 물체가 외부에서 물체의 진동수와 비슷한 진동수를 가진 힘을 주기적으로 받을 때 진폭이 급격하게 커지는 현상)을 이용한 전쟁으로 무너진 성벽을 관찰한 결과 외과 수술하듯 정교하게 무너졌으며 만약 성벽이 안쪽으로 무너졌다면 별도의 사다리가 필요하고 5m수직 성벽을 물리적 정복하려는 전투라기보다 불면증과 스트레스로 인해 육체적 심리적으로 무너졌다며 이에 대하여 전쟁학자들은 음성 진동설, 지진설(烏飛梨落), 구경꾼 하중설(성곽에 온 백성이 올라와 구경하다가 무너졌다)을 주장하기도 한다.

✲ **공포(恐怖)** : 어떤 위험을 예견하거나 직면할 때 자신의 능력으로 감당할 수 없음을 느끼고 위축되는 두려운 감정상태

✲ **공황(恐惶)** : 극단적인 공포에 의해 야기되는 집단적인 도피행동

- 원인/행동 : 유언비어, 지각능력저하, 자기기준 하락, 동화(질이 다른 것이 감화나 영향을 받아 동일시되는 현상), 불면. 스트레스,
- 미 심리학자(DJ인파트 트립/1956) 의 수면실험에 의하면 3일 잠못자면–착시.환각으로 범죄 고백, 5일미면 성격파탄현상 8일이면 상황판단능력 완전 상실한다.
- 미. 유타대 연구에 의하면 19시간 잠 못자면 알콜농도 0.08% 증가
- 해리현상 : 스트레스 과도시 자율신경이 파괴되므로 인간에게 잠시 동안 기억력을 상실케하여 몸을 보호하는 하나님의 특별한 장치

✲ **현대 과학적 해석**

- 1900년 초.중기 독일 여성고고학자 케슬린 캐년(Kathleen Kenyen), 영국 고고학팀. 팔레스타인 정부 고고학자(가스탕1929–1936)들이 여리고성 탐사 발굴 후 BC1400년경 여호수아 성벽 무너진 증거와 유물 발견
- 1999년 브라이언트우드(Bryant Wood) 탐사결과 : 여리고성은 외벽과 내벽 두겹으로 외벽높이 5m, 기초 성벽위에 수직으로 두께7m의 진흙. 벽돌으로 구성, 안쪽 내벽은 외벽과 거리를 두어 지상 14m 둑위에 다시 솟아오른 내부 진흙벽 구조로 난공불락의 요새다
- 타락 부패로 무너져야할 성으로 여호수아가 약탈을 금지하고 모두 타 없애라 명하여 흔적이 없지만 기생 라합의 집만 보존된 것은 정탐꾼을 보냈을 때 타락한 가운데 도와준 선한사람으로 구원할 백성 구별한 증거다라며, 독일 발굴팀도 북방의 외벽에는 집들이 그 벽에 붙여져 지어진 가운데도 오직 한부분만 무너져 내리지 않았는데 이집이 나합의 집으로 추정.

❶ 여호수아 침공 당시의 성벽이 발굴팀에 의해 모습을 드러냈다. 흙더미 속의 여리고성의 모습은 말 그대로 난공불락의 요새였음을 말해주고 있다.

❷ 여리고 성 발굴 과정에서 출토된 각종 유물들. 곡식이 담긴 항아리들이 성서의 무오성을 대변하고 있다.

❸ 여리고 성을 고고학적으로 복원한 모형.

※ ❷, ❸ 출처 youny.yu.ac.kr/creatsci/biblarchaeol/11Jerico.html

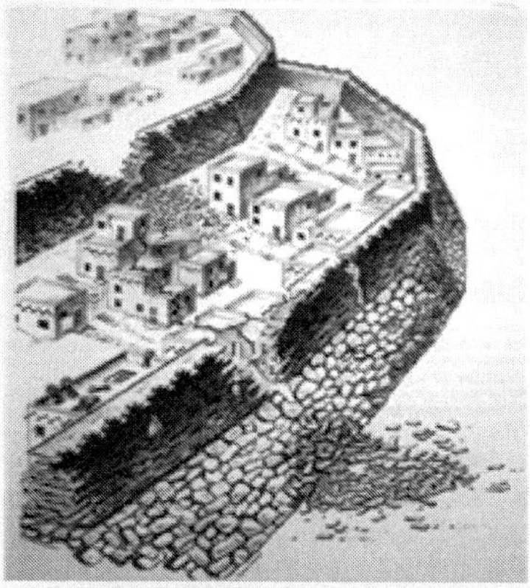

3) 그리스 전쟁

역사적 배경

- 기원전 722~481년/ 중국, 춘추시대
- 기원전 525년/ 페르시아, 이집트 정복

가. 마라톤 전투(marathon, Battie of BC 490.9) 페르시아 전쟁 때 최초 약익포위전술 대형등장

① 전투개요

페르시아 전쟁 때 아티카 북동부에 있는 마라톤 평원에서 벌인 결전(BC 490. 9).

아테네군은 오후 한나절 만에 제1차 페르시아 침략을 물리 쳤다. 페르시아가 침략하자 아테네인들은 급히 군대를 소집해 장군 10명이 각각 1일씩 돌아가면서 지휘를 하도록 했다. 그러나 페르시아 군을 먼저 공격하자는 쪽과 적의 공격을 기다리자는 의견이 팽팽히 맞섰고 마침내 문관(文官)인 칼리마코스가 공격을 결정함으로써 문제가 타결되었다. 그 뒤 장군 4명이 아테네 출신 장군 밀티아데스에게 지휘권을 넘겨주어 그가 실질적인 총사령관이 되었다. 그리스군은 넓은 평야에서 페르시아 기병대와 싸워 이기리라고는 기대하지 않았다.

그러나 어느 날 새벽 그리스군은 명령했다. 이 전투에서 그는 아테네군 1만 명과 플라타이아이인(人) 1,000명을 거느리고 페르시아군 1만 5,000명과 싸워 이겼다. 그는 그리스 전열 측면을 강화한 뒤 페르시아 주력부대를 중앙으로 유인해 포위했다. 거의 완전 포위되었던 페르시아군 가운데 약 6,400명이 죽고 나머지는 간신히 바다로 도망친 반면, 그리스군은 칼리마코스를 비롯한 192만 명이 전사했다. 이 전투에서 페르시아 무기보다 그리스의 긴 창, 칼, 갑옷, 투구가 더 우수하다는 것이 드러났다. 전설에는 아테네인 전령이 마라톤에서 아테네까지 약 40㎞를 달려와 그리스의 대승을 알리고 피로에 지쳐 죽었다고 한다. 이 이야기는 근대 마라톤 경주의 기원이 되었다, 그러나 헤로도토스는 전투가 벌어지기 전에 아테네가 스파르타에 도움을 요청하기 위해서 잘 훈련된 주자(走者) 페이디피데스(피디페데 TM, 필리피데스라고도 함)를 보냈던 것뿐이라고 했다. 그는 약 2일 동안 240㎞정도를 달렸다고 한다.

② 경과

페르시아왕 키로스는 대제국을 건설하는 과정에서 소아시아지역에 살고 있는 그리스 계 이오니아 인들을 정복하고, 그들을 페르시아인 총독으로 하여금 직접 다스리도록 했다. 종래 리디아가 이오니아 인들에게 자치권을 주었던 시절과는 아주 딴판이 되자 이오니아 인들은 페르시아지배에 크게 반발하여 반란을 일으켰다. 이 때 본국 그리스에서는 에레토리아 인들과 아테네인들이 소규모의 지원부대를 파견했다. 페르시아는 이 반란을 진압하고 지배권을 다시 확립하게 되지만, 그러기까지는 여러 해가 걸렸다.

그 뒤 다리우스 1세는 반란을 영구히 막기 위해 에게 해상의 주요 도서와 그리스 본토를 정복하기 위한 대원정에 나섰다. 페르시아 전쟁은 이렇게 하여 벌어졌다.

페르시아는 세 차례에 걸쳐 그리스를 침략했다. 1차 원정(492 BC)에서 다리우스는 그리스 북부 트라키아와 마케도니아를 공략하고, 이어서 아테네를 정복하기 위한 육해군 대부대 작전을 준비했다. 그러나 작전 초기에 300척의 대함대가 태풍으로 침몰하는 바람에 1차 원정은 실패로 돌아갔다.

기원전 490년 페르시아는 2차 원정을 실시했다. 이번에는 에게 해를 직접 건너 에레토리아와 아테네를 직접 정벌할 계획이었다. 원정군 규모는 보병 2만5천 명과 기병 1천 명이고, 600척의 군함을 이용했다. 당시 페르시아 인들은 세계 최초의 대해군을 조직하여 에게 해를 장악하고 있었다. 해전에서는 군함의 수적 우세와 빠른 속도를 이용하여 적군 함대에 돌진, 적 선박들을 격침시키거나 못 쓰게 만들 수 있었다.

에게 해를 무난히 건넌 원정군은 먼저 일주일 만에 에레토리아를 점령하고, 다음 목표인 아테네를 공격하는 데 있어 주병력을 먼저 아테네 동북부 마라톤 해안에 상륙시켰다.

상륙 소식에 놀란 아테네인들은 일단 모든 정치적 논쟁을 중단하고 대책을 강구했다. 그들은 급히 스파르타에 사람을 보내 도움을 요청했다 스파르타는 지원을 약속했으나, 종교행사가 끝나는 11일 후에야 병력을 파견하겠다고 답변했다. 아테네인들은 성벽 뒤에서 기다릴 것인지 아니면 해안지역으로 병력을 내보낼 것인지에 대해 격론을 벌였다.

이때 아테네 명장 밀티아데스(Miltiades)장군은 마라톤 평원에서 페르시아 군을 격퇴하자고 아테네 시민들을 설득하는 데 성공했다. 그는 스파르타의 지원이 이루어질 때까지 수비를 취하는 것도 생각해볼 수 있으나, 적에게 주도권을 빼앗긴 상태에서는 승리할 수 없다고 믿었다.

밀티아데스는 1만 명의 시민병을 거느리고 진출하여 해안에서 야영하는 페르시아 군을 굽어볼 수 있는 언덕에 진지를 편성했다. 한편 페르시아 군은 1만5천 명을 해안에 집결하고 나머지 1만 명은 아테네 공격을 위해 항해토록 했다.

밀티아데스는 시간을 끌면 아테네로 돌아가 방어할 시간을 놓치게 되므로 마라톤 평원에서 서둘러 공격하지 않으면 안되었다. 비록 병력이 열세하지만 유리한 위치를 확보하고 적을 유인하여 공격한다면 충분히 승산이 있다고 생각했다. 그리고 적을 난처하게 만들 특별한 전술대형을 창안했다. 이른바 양익포위 전술대형이었다.

※ 양익포위(兩翼包圍) : 적 후방에 있는 목표나 적측방을 공격하기 위해 적진지의 양 측방을 기동하는 포위기동의 형태로서 적부대는 통상조공이나 간접사격 혹은 항공 사격에 의해 진지에 고착됨

전쟁사에서 매우 보편적인 대형이 된 이 대형은 마라톤에서 최초로 등장한 것이다.

밀티아데스는 양측면을 하천으로 보호할 수 있는 곳을 전투장으로 선정하고 그곳에서 적을 유인했다. 그는 병력이 열세하기 때문에 종심을 줄이고 그 대신 전면을 페르시아 군과 일치하도록 길게 늘였다. 그리고 중앙을 얇게 하고 양측면에는 병력을 두껍게 배치했다. 반면에 페르시아군은 평소와 같이 8열 종심의 균일한 방진을 갖추었다.

양군간 거리가 1.6*km*에 이르렀을 때 밀티아데스는 전진속도를 증가시켰다. 단, 중앙은 서서히 전진토록 했다. 페르시아 군은 빠른 속도로 진군해오는 그리스 군의 모습을 보고 그저 좋아했다. 기병도 없고 궁병도 없는 그들이 자멸의 길로 빠져들고 있다고 생각했기 때문이다.

그러나 그리스 군은 페르시아 궁병들의 사정거리(약 162m) 내에 들어가자마자 보다 신속한 속도로 공격하면서 활 공격을 받는 시간을 최소화했다. 그러면서 양측면에서 우세한 병력들은 페르시아 군 대열을 부수기시작하고, 뒤편 중심부를 향해 완전히 포위한 다음 전열이 흩어진 페르시아 군을 크게 격파했다. 이런 상황은 단지 15분에 전개된 일로서 페르시아 군 보병은 미처 준비할 새도 없이 정신없이 당했다. 그리스 군의 속도에 놀라고, 양측면 공격에 다시 놀랐으며, 기병과 궁병들도 손도 쓰지 못하고 도망가기에 바빴다.

이 전투에서 아테네 군은 192명의 손실을 입었으나, 페르시아 군에게 6천4백 명이나 되는 큰 손실을 입히고 대승을 거두었다. 그리스의 중보병 밀집대형은 밀티아데스의 과감한 전술 적용으로 동서양간에 벌어진 최초의 전투를 승리로 장식했다.

이 승리를 알리기 위해 전령은 전속력을 다해 뛰었고, 그는 아테네 시민들에게 "우리는 승리했다" 는 최후의 말을 남기고 숨을 거두었다. 이때 그 전령이 달린 거리가 42.195㎞였다. 오늘날 마라톤 경기는 바로 마라톤 전투에 기원을 두고 있는 것이다. 영국의 전략가이며 사학자였던 풀러(J.F.C, Fuller)는 마라톤 전투의 승리는 곧 유럽이라는 아기가 탄생하면서낸 소리였다고 말했다. 마라톤 전투 이후 세계사는 유럽을 비롯한 서양이 지배하게 되었다는 것을 의미하는 말이다.

마라톤에서 패배로 곧 전쟁이 중단된 것은 아니었다. 패배를 설욕하기위해 다리우스의 후계자 크세르크세스(Xerxes)는 보다 대규모의 침공준비를 갖추고 3차 원정(480 BC)을 실시했고, 그 결과 처음에는 곳곳에서 승리했다. 그러나 페르시아 함대가 살라미스 해전에서 크게 격파당한 이후 전세는 역전되었고, 결국 페르시아는 정복전쟁을 포기하게 되었다.

이 전쟁의 승리에 대해 그리스 인들은 중장 보병의 승리, 창의 활에 대한 승리, 애국심의 승리, 전략전술의 승리 등으로 설명해왔다. 여기서 우리는 그러한 요인들을 충분히 인정하면서도 한편 그리스의 승리는 페르시아의 실수가 만들어준 것이라고도 말할 수 있을 것이다. 페르시아 군은 우수했으나 과신과 부주의로 결정적인 때에 과오를 저지르곤 했다. 예를 들면 마라톤애서 페르시아 군이 포위된 것은 과신과 방심 때문이었고, 살라미스에서도 페르시아 함대가 부주의로 좁은 해협에 들어선 것은 큰 실수였다. 원정전쟁에서 과오는 그 영향이 매우 커서 몇 차례 거듭되면 패망을 초래하게 되어 있다. 그러나 페르시아 군이 보병 · 기병 · 궁병 등으로 편성되고 대규모의 해군을 보유한 사실을 마치 패배 요인인 것처럼 생각해서는 안될 것이다.

③ 군사적 의의

마라톤에서 사용된 양익포위전술은 이미 동방(오리엔트)지방에서 흔하게 자주 사용되던 전술이며 또한 이 전투에서 그리스군과 맞선 페르시아군은 그저 견제를 목적으로 한 상대적으로 질이 떨어지는 군대이기 때문이다. 하지만 마라톤이 끼친 전술적 영향력을 그리스에만 한정시킨다면 말이 달라진다.

그리스의 전술이란 매우 간단하다. 이미 잘 알려져 있지만 그리스는 폴리스의 시민들이 중장보병으로 팔랑크스라 불리는 밀집대형을 이뤄 오직 전면에서의 공격 밖에 못하는 전술을 수백년 동안 써왔다.

이 팔랑크스는 정면에서는 무적이지만 측후방이 공격에 취약하고 특히 원거리공격에는 별다른 대응방법이 없다는 아주 치명적인 약점이 있다. 게다가 그리스인들끼리의 전쟁이란 전쟁이라기보다도 대결이라 부르는 것이 더 어울렸다. 만약 폴리스들끼리 싸움이 붙었다면 밀집대형으로(팔랑크스)가 활동하기 편한 평지를 찾아 약속한 날짜에 서로를 향해 밀집대형으로 돌격시키는 것이었다.

문제는 이런 전술은 같은 폴리스들끼리는 통했을지 모르되 훨씬 전술적 유연성이 높은 페르시아군을 상대하기에는 매우 부적합한 방법이라는 것이다. 하지만 다행히도 그리스의 지휘관들은 이런 사실을 잘 알고 있었고 이 약점을 극복하여 페르시아를 물리칠 수 있었는데, 그 시초가 된 전투가 바로 마라톤이었다.

먼저 전투에서 사용된 양익포위전술은 도양전투사상(오리엔트)에서 본다면 별거 아닌 상식적인 방법이지만 그리스인들에게는 아주 새롭고 신선한 방법이었다. 양익포위란 병력을 최소 셋으로 나눠 유기적으로 활용해야 사용할 수 있는 방법인데 기존의 병력이 하나로 뭉쳐 활동하는 팔랑크스로는 이것이 불가능했지만 멀티아데스는 중장보병들을 하나의 거대한 밀집대형으로 운용하지 않고 중앙을 제외하고 양익을 소규모의 부대들로 나누어 운용하였다.

양익포위는 말이 쉽지 상당히 어려운 전술이다. 물론 철저히 훈련된 군대에는 별로 어렵지는 않겠지만 오직 전진 밖에 못하는 팔랑크스의 중장보병들에게는 어렵다 못해 불가능하게 보이는 전술이다. 양익포위란 중앙에 붙어있는 쪽의 병력은 되도록 그 자리에서 중앙과 떨어지지 않도록 그 자리에 그대로 있고 바깥쪽의 병력은 적을 치기 위해 크게 돌면서 움직여야 한다. 게다가 기동 중 전열에 틈이 벌어지지 않도록 만들어야 했으므로 철저한 훈련이 필요했다.

마라톤에서 그리스 군이 그저 병력을 셋으로만 나눠 운용했다면 중앙은 몰라도 양익은 아마 기동 중 전열이 무너지고 이곳저곳에 틈이 생겨 자멸했을지도 모르는 일이다. 그렇다면 양익은 그저 또 하나의 거대한 팔랑크스가 아닌 여러 개의 소규모부대로 나눠 각기 정해진 루트를 따라 기동했다는 추측이 자연스럽게 성립된다. 사실상 이 방법을 빼고는 양익포위전술을 행하기가 극히 어렵다.

실제로 밀집대형 내부에도 여러 개의 오와 열을 따라 부대가 존재했고 부대장들도 있었다. 이것들은 그저 오열을 맞추기 위한 편성이었지만 마라톤에서는 필연적으로 이들을 한

꺼번에 기존의 팔랑크스같이 운용하지 않고 따로따로 운용했을 것이다. 이것은 전술적인 유연성을 크게 강화시켰고 기존의 밀집대형으로는 불가능한 양익포위전술을 성공적으로 해낼 수 있는 밑거름이 되었다.

④ 마라톤 경기

마라톤은 그리스의 아테네에서 북동쪽 약 30㎞떨어져 위치한 지역 이름으로서, 이 곳에서 기원전 490년에 페르시아군과 아테네군 사이에 전투가 있었다. 이 전투에서 아테네의 승전 소식을 아테네에 뛰어가 전한 전령 페이디피데스을 기리는 뜻에서 1896년에 올림픽에 채택된 육상 경기 종목으로 알려져 있다. 그러나 헤로도토스 (역사 6, 106-107)해 따르면 기원전 490년 아테네가 페르시아군이 마라톤에 상륙한다는 소식을 듣고 전령 페이디피데스를 스파르타에 도움을 청하기 위해 파견하였으며 페이디피데스는 약 200㎞의 거리를 이틀에 걸쳐 돌주하였다고 한다. 스파르타는 아테네의 위급한 상황을 듣고 원군을 파병하는데 동의 하였으나 스파르타의 전통에 따라 만월에 출전하는 것이 금지되어 있기 때문에 아테네는 스파르타의 도움없이 몇몇 동맹도시의 도움으로 마라톤 평야에서 페르시아군을 물리쳤다고 한다. 여기서 해로도토스는 페이디피데스가 마라톤 승전 소식을 아테네에 전했다는 사실을 언급하고 있지 않기 때문에 오늘날 마치 전설처럼 퍼져 있는 마라톤의 유래에 관한 이야기는 후대에 지어낸 것으로 여겨진다. 물론 마라톤 전투와 관련된 일화로 페이디피데스가 스파르타로 질주하던 중 팬(판)신이 나타나 아테네의 건투를 약속했다고 하며, 이를 기리기기 위해 아테네에서는 횃불 들고 달리기를 해마다 열었다고 한다.

※ 도시국가 성립과 아테네/스파르타

그리스는 BC1000년 전까지 부족단위 부락을 형성하다가 생산기술의 발달로 개별생산(私有制)가 일어나 빈부의 격차가 생기어 귀족, 고용원, 소작인, 노예계급이 탄생했으며 BD8세기경부터 생긴 올림픽대회(델파이/Del Phi 신전에서 4년마다 1000여개 도시국가/Polis 가 혈연, 언어, 종교, 문화를 같이 한 동족 올림피아/Olympia 의 제우스/Zeus 신 체전을 치룸) 는 귀족주의 정점으로 귀족들이 모인 씨족사회 공동체 도시국가(Polis) 가 탄생.

- 아테네 [Athens] - 그리스의 고도(古都)이자 수도로서 대귀족 9명의 장관이 아레이오스 파고스(Areios pagos) 가 통치하다 솔론의 개혁으로 500인회를 조직하여 전 시민이 출석하는 민회구성
- 스파르타 [Sparta] - 기원전 9~8세기경에, 그리스의 펠로폰네소스 반도 중부, 유로타스 강 서쪽 연안에 도리아 인이 세운 그리스의 고대 도시 국가로 귀족 정치를 실행하여 본토인을 노예화하고 자국민에게 생산을 금지하고 국가 관리 하에 엄격한 군국주의 식 교육을 실시

나. 살라미스 해전(Salamis, Battle of/BC 480년 그리스함대가 페르시아 함대를 대파한 세계 4대 해전 중 하나)

역사적 배경

- 기원전 472년/ 로마 평민회 설치
- 기원전 484년/ 헤로도토스 태어남(~425년)

살라미 전술

살라미(salami)란 이탈리아의 소시지다. 이소시지는 향이 너무 강해 조금씩 얇게 썰어서 먹는다. 이처럼 단번에 목표를 관철시키는 것이 아니라 야금야금 목표를 성취해 나가는 것을 살라미 전술이라고 한다. 하나의 카드를 여러 개로 쪼개 각각에 대한 보상을 받아냄으로써 이익을 극대화시크는 협상 방법이 대표적인 살라미 전술

페르시아 전쟁 때, 살라미스 섬과 아테네의 항구도시 피레에프스 사이에 있는 살라미스 해협에서 그리스 함대가 병력이 훨씬 우세한 페르시아 해군을 무찌른 전투(BC 480)[13)]

① 전투개요

기원전 480년 봄 페르시아 군이 헬레스폰트 해협을 건너 침공해 들어왔다. 스파르타의 레오니다스(Leonidas)가 지휘하는 7000-8000명의 중갑보병과 경장비병으로 구성된 육군은 테르모필레에서 방어진지를 구축하였고, 아테네의 해군은 스파르타의 유라비아데스(Euribiades)를 함대 사령관으로 하는 해군은 총 330여척(이 중 아테네 함대가 180척, 스파르타 함대가 10척으로 구성되어 바다에서 페르시아 함대를 맞았다. 크세르크세스는 폭풍으로 페르시아 함대의 도착이 늦어진데다가 대병력을 이끌고 왔기 때문에 그리스군이 항복할 것으로 기대하여 4일 동안 군사작전을 벌이지 않고 대기하였다. 그러다가 5일 째 날 되는 날 공격을 감행하여 레오니다스를 비롯한 스파르타군을 전멸시켰다. 테르모필레 전투에서 페르시아군도 2만 명이 사망하였다.

13) BC 480년까지 크세르크세스 왕이 이끄는 페리시아군은 그리스의 대부분 지역을 유린했고, 약 800척의 갤리선으로 이루어진 페르시아 해군은 370여 척의 소형 갤리선으로 이루어진 그리스 함대를 사로니코스 만에 가두어놓고 있었다. 이때 그리스의 사령관 테미스토클레스가 페르시아 함대를 유인해 살라미스 섬 근처에 있는 좁은 해협으로 끌어들였다. 좁은 공간에 빽빽이 들어 있었기 때문에 페르시아 전함들은 움직이기가 어려웠다. 이 때 그리스의 소형 갤리선들은 맹공을 퍼부어 많은 페르시아 전함들을 들이받거나 침몰시키는 한편, 병사들이 배 위로 올라가 육탄전을 벌였다. 그리스군은 약 40척의 배밖에 잃지 않은 반면 300여 척의 페르시아 배를 침몰시켰다. 간신히 빠져나간 페르시아 전함들은 사방으로 뿔뿔이 흩어졌으며, 크세르크세스는 계획했던 상륙작전을 1년 동안 미룰 수밖에 있었다. 그동안 그리스 도시국가들은 그에게 대항해 단결할 시긴 여유를 기질 수 있었다. 살라미스 해전은 역사에 기록된 최초의 대규모 해전이었다.

한편 페르시아 함대는 마그네시아 반동의 동해안을 돌아 남하하는 도중에 폭풍우를 만나 함선 400척을 상실한 뒤 이틀 뒤에 아프에테에 도착하였다. 그리스 측의 함대사령관인 유라비아데스는 페르시아 함대를 기습 공격하였지만, 별 성과를 거두지 못했다. 3일째인 8월 30일 페르시아 함대와 그리스 함대 간에 아르테미지움(Artemisium)해전이 벌어졌지만, 서로 우열을 가리지 못했다. 그러나 전투 도중 테르모필레 패전 소식이 그리스 함대에 전해지자, 그리스 함대는 유보에아 해협 중 가장 폭이 좁은 에우포리스가 페르시아 수중으로 넘어가 퇴로가 차단될 것을 우려하여 살라미스로 퇴각하였다.

※ 세계 4대 해전

- 살라미스 해전 : BC 480년 그리스가 막강 페르시아군을 살라미스 해협으로 유인 섬멸
- 칼레해전 : 1588년 영국 하워드 제독 스페인 무적함대 칼레항구에서 불질러 궤멸
- 한산대첩 : 1592년 7월 8일 이순신장군 학익진 전술로 한산도에서 왜적 섬멸
- 트라팔가르 해전 : 1805년 영국 넬슨제독이 프랑스와 연합함대 격파

② 경과

다리우스가 죽고 페르시아 왕위에 오른 아들 크세르크세스(Xerxes)는 부왕의 유언을 받들어 제3차 그리스 원정을 준비했다. 기원전 480년 봄 크세르크세스는 약 16만 명의 병력과 1,200척의 함선을 끌고 그리스 북부로 진격했다. 그의 군대는 4년에 걸쳐 노예들을 동원, 헬레스폰토스(오늘날의 다르다넬스) 해협에 선박을 연결시켜 만든 다리를 건넜다.

한편, 마라톤전투 중 밀티아데스 휘하에서 전쟁수업을 받은 테미스토클레스(Themistocles) 아테네에서 명망이 높은 지도자로 부상했다. 그는 페르시아의 재침 가능성을 경고하고, 아테네가 육군만으로는 그들의 침략을 막을 수 없으니 에게 해를 지킬 강력한 해군력을 건설해야 한다는 주장을 폈다. 본래 해전은 함선을 건조하고, 또한 선원을 양선하는 데에 비용이 많이 들어 아테네인들은 해전준비에 소홀한 경향을 보여왔다.

테미스토클레스의 호소에 힘입어 아테네는 3단 노함선(trireme)을 건조했다. 170명까지 노를 저을 수 있는 이 배는 1인당 하나의 노를 맡도록 했으며, 전체적으로는 3단으로 배열되어 있었다. 그리스 도시국가들은 모두 총 380척의 함대를 확보했다. 1,200척의 페르시아 함선과는 비교가 안되는 숫자지만, 그리스 3단 노함선이 질적으로는 우수했다.

당시 해전은 육지가 보이는 곳이나 해안으로부터 매우 가까운 곳에서 전개되었다. 그리스 3단 노함선은 페르시아 것에 비해 기동성과 충격력에서 훨씬 뛰어났다. 그리스 함선은 단단한 뱃머리를 높이 세우고 최고속력으로 돌진, 적선에 부딪침으로써 적선을 침몰시킬 수 있었다. 페르시아 육군이 에게 해 북쪽 해안을 따라 마케도니아와 테살리아지방을 통과해 오자, 그리스 인들은 테르모필레(Thermopylae)좁은 산길에서 맞서 싸우기로 했다. 그곳은 테살리에서 아티카로 향하는 관문으로서, 아테네 북쪽 130㎞지점이며, 동쪽으로는 에보이아 해협이 있다.

스파르타 왕 레오니다스(Leonidas)는 7,000명의 보병을 이끌고 좁은 산길을 지켰다. 요해지 테르모필레에 도착한 페르시아 육군은 우선 정찰행동에 4일을 보냈다. 5일째부터는 쌍방에 치열한 공방전이 벌어졌는데, 창과 방패만으로 방어전을 치르는 스파르타 군은 적의 화살이 소나기처럼 쉽없이 쏟아지는데도 한 걸음도 물러서지 않았다. 그러나 7일째, 어느 그리스 인 배신자의 안내로 페르시아의 한 부대가 샛길로 빠져나가 레오니다스 군의 배후를 들이쳤다. 레오니다스는 이때 병력을 분산 배치한 관계로 겨우 1,000명의 병력밖에 없었다. 이들은 페르시아의 기습군을 맞아 결사 항전하여 최후의 일인까지 목숨을 잃고 말았다. 또한 다른 장소의 수비대도 전사하거나 포로의 신세가 되었다. 전쟁사가의 견해에 의하면, 아르테미시온 해전에서 큰 피해를 입은 그리스해군이 그런 대로 적군을 현혹시키면서 에보이아섬과 본토 사이의 좁은 해협을 통해 무사히 퇴각할 수 있도록 시간을 벌어준 것이 바로 레오니다스라는 것이다.

스파르타 전사들의 장렬한 옥채는 전체 그리스 인들에게 크나큰 감명을 주었다. 그러하여 훗날 이 싸움터에 시인 시모니데스치 다음과 같은 시를 새긴 비석이 세워졌다.

> 나그네여, 가서 라케다이몬(스파르타)사람들에게 전해주오, 우리들은 명(命)을 받들어 여기에 잠들었다고...

이 후 페르시아 군은 여세를 몰라 파도처럼 중부 그리스를 휩쓸고, 아테네까지 진출했다. 육전에서의 잇따른 패배소식을 들으며 그리스 함대는 해안을 따라 아테네와 살라미스 섬을 향해 멀리 우회했다. 이제 함대 외에는 그리스를 구할 방법이 없음을 알게 된 테미스토클레스는 본격적으로 페르시아 함대를 유인하여 해전을 벌일 계획을 세웠다. 그는 전투장소를 살라미스(Salamis)섬과 아티카사이의 해협으로 결정했다. 그곳 해협은 폭이 2~3㎞

로 좁아서 페르시아의 밀집함대를 끌어들여 싸운다면, 우수한 해군을 거느린 그리스에 충분히 승산이 있다고 보았다. 본래 살라미스 섬은 바다의 신인 포세이돈이 아들을 낳은 곳으로서, 그곳을 점령한 자가 바다를 장악한다는 전설이 전해오는 섬이었다.

크세르크세스는 이미 육지를 거의 점령한 상태에서 해전의 필요성을 별로 느끼지 않았으나, 테미스토클레스가 그를 가만두지를 않았다. 테미스토클레스는 크세르크세스에게 위장간첩을 보내 "그리스 군은 공포에 빠져 서둘러 달아날 생각만하고 있다" 는 거짓 정보를 제공토록 했다.

함정에 빠져든 크세르크세스는 9월 29일 날이 밝자 공격을 개시했다. 구름떼처럼 몰려오는 페르시아 함대를 본 그리스군 내에서 동요가 일기 시작했으나, 테미스토클레스는 부하들에게 필승의 복안을 발표하고 침착하게 전투대형을 유지하고 끝까지 버티도록 했다. 전술적 이점은 그리스 쪽에 있었다. 페르시아 함대가 좁은 해협 때문에 대형을 유지하지 못한 채 무질서하게 공격하는 데 비해. 그리스 군은 준비된 장소에서 기다리고 있다가 반격을 취하는 것이 가능했으며. 또한 빠른 속도와 단단한 충각을 이용할 수도 있었지 때문이다. 해협이 페르시아 함대로 확 메워질 때까지 기다리다가 테미스토클레스는 일순간에 공격명령을 내림으로써 곧 격전이 벌어졌다. 그리스 3단 노함선은 적선의 노를 부러뜨리고 적선 좌우 측면을 들이받고 하는 등의 기술적 이점을 유감없이 발휘했다. 약 7시간의 격전을 치른 결과 페르시아는 200척의 함선을 격침당하고. 또 그만한 숫자를 그리스 군에 포획당했다. 이에 비해 그리스함대는 불과 40척을 잃었을 뿐이었다. 크세르크세스는 원정 후 시일이 너무 오래 지난데다가 해상에서 대패를 당해 보급마저 끊길 위험에 처하게 되자 서둘러 회군하고 말았다. 그리스 해군은 여세를 몰아 이듬해 여름 소아시아지역으로 출동하여 페르시아의 나머지 함대를 모조리 쳐부쉈다.

살라미스해전 후 그리스는 두 번 다시 페르시아의 침공을 받지 않았으며, 이로써 막강한 해군력을 가진 아테네는 오랫동안 지중해의 강자로 군림할 수 있었다.

③ **전쟁교훈**

- 살라미스 협수로는 협소하기 때문에 대규모 함대의 기동성을 제한한다. 그리스 측이 이 점을 잘 활용
- 첩보전을 효과적으로 이용했다. (테미스토클레스는 페르시아에 첩자로 시킨노스라

는 자를 파견했는데, 이 자는 테미스토클레스의 아들을 가르쳤던 자였다. 이 첩자의 일서를 보고 크레스크세스는 공격명력을 내림

- 반페르시아노선을 표방하여 민중의 지지를 획득
- 기동성이 떨어지는 좁은 해역에서 효과적인 충각전술을 적절히 활용
- 테미스토클레스라는 유능한 지휘관을 선출하고 따를 줄 아는 아테네 시민 의식(마라톤 전투 이후 종전 분위기가 팽배하던 당시에 테미스토클레슨, 대규모 전투가 시작될 것으로 예견하고 함대를 건조하였다. 아테네 시민들도 정치 지도자들 간에 이견이 발생했고, 당시의 육군 중심이던 분위기와는 달리 해군을 중시하던 테미스토클레스를 지도자로 선출.

4) 마케도니아(알렉산드르 대왕)전투

가. 알렉산드로스 대왕 동방원정

※ 역사적 배경

- 기원전 382년/ 테모스테네스 태어남(~322년)
- 기원전 331년/ 페르시아 제국 멸망

■ 이수스(ISSUS) 전투

이수스 전투는 기원전 333년 남부 아나톨리아의 이수스 평원에서 벌어진 전투로 마케도니아으 알렉산드로스 대왕이 페르시아 제국으로 침입해 약 4:1의 숫적 열세에도 불구하고 아케메네스 왕조의 다리우스 3세를 물리친 전투

■ 가우 가멜라 전투

가우가멜라 전투는 기원전 331년 마케도니아의 알렉산드로스 대왕이 페르시아 제국 아케메네스 왕조의 다리우스 3세를 물리친 전투이다.

(1) 이수스 전투(Battle of issus)

① 전투전 상황

기원전 334년 알렉산드로스 대왕은 다르다넬스 해협을 건너 소아시아로 침입해 들어가서 페르시아 속주 총독들의 군대를 물리치고 1년간 거의 모든 소아시아 지역을 손에 넣었

다. 페르시아 제국의 황제 다리우스 3세는 페르시아 내부에서부터 군대를 끌어모아 반격을 준비하였고 이 소식을 들은 알렉산드로스는 파르미니온을 먼저 보내 이수스를 지키게 하였다. 이수스는 일대를 차지하면 다리우스는 함대와 보급을 동시에 얻고 소아시아의 알렉산드로스의 배후를 위협하게 되기 때문이다. 다리우스는 파르미니온이 '요나의 길목'을 지키고 있는 것을 알고 대군을 이끌고 시리아에서 우회하여 북쪽에서 이수스 평원으로 진격했고 이수스를 먼저 저항없이 차지했다. 그는 남겨진 알렉산드로스의 부상병의 손을 모두 자르고는 남쪽으로 내려왔는데 이때 자신이 마케도니아군의 보급로를 차단한 것을 알게 되었다. 알렉산드로스는 흩어져 있는 군사를 모아 남쪽에서 파르미니온과 합세했다.

② 전투상황

다리우스의 군대는 좁은 해안가에 진을 쳤고 중앙의 강가에 말뚝을 박아 적을 저지하려고 했다. 다리우스는 그 자신이 중앙의 배후에 최정예 보병과 함께 위치하고 그 앞에 그리스 중장보병들과 페르시아 보병을 배치, 기병은 우익을 맡아 타격대로 배치했다. 왼편 산기슭에는 경보병 한 부대를 배치하여 알렉산드로스의 배후를 치려고 하였다. 한편 알렉산드로스는 그의 최정예 컴페니온 기병대를 직접 지휘하여 오른쪽 날 개를 맡고 테살리아 연합군 기병을 좌익에 배치하고 중앙은 파르미니온이 이끄는 팔랑크스를 배치했다. 기병을 좌우익에 나누었지만 주력인 기병을 우익에 집중했다. 전투는 페르시아의 기병이 강을 건너 마케도니아의 왼쪽을 치는 것으로 시작되었다. 알렉산드로스의 왼쪽 날개는, 2년 후 가우가멜라 전투에서 전형적으로 보여주었던 것처럼, 전투에서 난제를 맡았는데 그것은 숫적으로 우세한 페르시아군을 맞아 최대한 버티면서 오른쪽에서 알렉산드로스의 정예 기병이 페르시아를 격파할 시간을 벌어주는 것이었다. 중앙의 마케도니아 중장보병은 강을 건너 페르시아의 전열에 가까스로 타격을 가하는데 성공했고 알렉산드로스는 컴페니온 기병대를 이끌고 직접 다리우스의 본진으로 돌파해 들어갔다. 페르시아의 전열은 급속히 무너지고 다리우스는 급히 후방으로 도망쳤고 알렉산드로스는 좌익이 무너지는 것을 보고 뒤로 돌아 페르시아의 그리스 용병의 뒤에서 공격했다. 다리우스가 도망가는 것을 본 페르시아 군대는 앞다투어 어 도망치기 바빴고 완전히 무너져 버렸다. 마케도니아군은 패주하는 페르시아군을 해질 때까지 뒤쫓아 살육하였다. 이때 페르시아군의 시체로 강은 붉게 물들었고 댐을 이룰 정도였다고 한다.

③ 전투결과

날 짜	기원전 333년 11월
장 소	남부 아나톨리아의 이수스
결 과	마케도니아 승리
교전국	
마케도니아	페르시아 제국
지휘관	
알렉산드로스 대왕	다리우스 3세
병력	
13,000 경장 보병 22,000 중장 보병 5,850 기병	103,000 (현대 학자들의 추정치)
피해상황	
7,000	30,000

- 이수스 전투는 페르시아의 다리우스하고 알렉산드로스 3세(알렉산더 대왕)이 벌인 전투로서 당연히 알렉산드로스의 승리로 끝난 전투이다.
- 알렉산드로스는 이수스 전투에서 사선대형을 썼는데 이는 그가 가장 많이 사용했던 전술이다.

사선대형으로 아군의 가장 강력한 부대로 적을 공략하고 일정의 별동대를 남겨두어 그들로 하여금 약해진 적의 대형으로 쳐들어가게 만든다. 이때 가장 중요한 것이 기병인데, 그 동안의 전투에서는 기병대가 그리 큰 효과를 발휘하지 못하였다.

이수스 전투 때 알렉산드로스와 다리우스의 군사는 무려 4배나 차이가 났는데, 이 당시의 알렉산드로스는 다리우스의 쪽수로 미는 사선대형을 맞닥뜨리게 된다.

그러자 알렉산드로스는 역 사선대형을 펼쳐 다리우스의 군대를 압도한다.

이때 알렉산더의 기병대의 위치는 산에 있어서 빠른 속도로 내려와 단숨에 다리우스의 후방군단을 돌파하고 지휘부를 와해하는데 성공한다. 지휘부가 무너진 다리우스의 군대는 오합지졸, 모조리 살육당한다.

(2) 가우 가멜라 전투(Battle of Gaugamela 일명:아르벨라 전투)

① 전투 전 상황

페르시아를 침공한 알렉산드로스 대왕은 기원전 333년 이수스 전투에서 페르시아 군을 이기고 2년 동안 이집트와 지중해 연안을 정복하였다. 시리아에서 부터 페르시아의 본토로 진격한 알렉산드로스는 별다른 저항없이 유프라테스강과 티그리스강을 건너 진격해 들어갔고 페르시아는 이에 맞서 대군을 모아 마케도니아군의 진로를 막고 포진했다. 전투가 벌어진 곳은 오늘날 이라크의 모술 근처의 가우가멜라 평원으로 다리우스 3세는 상대적으로 병력이 열세인 마케도니아 군을 맞아 자신의 대군을 이끌며 효과적으로 진을 펼칠 수 있도록 넓고 평탄한 평지를 전투장소로 정해 미리 기다리고 있었다. 플루타크에 의하면 가우가멜라는 "낙타의 집" 이라는 뜻이라고 한다.

고대의 페르시아 병력에 대한 기술은 기병 40,000~200,000, 보병 800,000~1,000,000으로 총병력이 100만을 상회하지만 이는 당시의 인구 통계나 자료로 비추어 타당하지 않다. 현대의 연구자들의 연구에 따르면 페르시아군의 경우 전차 200대, 경보병 62,000명, 그리스 중장보병 2,000명, 기병 12,000, 전투 코끼리 15마리 등으로 총 90,000~100,000정도의 병력이었을 것으로 추산한다. 이에 맞서 마케도니아 측은 경보병 9,000명, 중장보병 31,000명, 기병 1,000로 숫적으로 훨씬 열세였으나 장비와 훈련 정도는 페르시아를 압도했을 것으로 본다.

양쪽 군대가 평원에 맞서 진을 펼치고 안선 전투 전날 밤, 페르시아군은 진지에서 밤새 무장한 채로 서있었으나 알렉산드로스군은 충분한 휴식을 취하고 식량도 충분히 지급되었다.

② 전투상황

㉠ 진영배치

다리우스는 동방과 동맹 스키타이 부족들에게서 우수한 기병을 모으고 전차 200대와 인도의 코끼리 15마리도 포진시켰는데 코끼리는 전투에서 별다른 전과를 올리지 못했다. 그는 전차의 원활한 기동을 위하여 평원의 잡목과 풀들을 모두 베어버리고 다리우스 자신은 최정예 보병대와 전통적으로 페르시아 군주들과 함께 좌우로 기병과 그리스 용병의 호위를 받으며 중앙에 포진했다. 진영 중앙에는 보병대와 페르시아 임모탈, 고수를 배치했고 전체 부대의 좌익과 우익에는 각각 기병을 포진하고 전차를 기병대의 선두로 좌우에 배치했다. 마케도니아 군은 중앙에 팔랑크스, 중장보병을 중심으로 두고 좌우익에 기병을 배치했는데 오른쪽에는 알렉산드로스 자신이 직접 최정예 컴패니온 기병대와 파이오니아, 마케도니아 경기병을 지휘하고 왼쪽날개에는 파르메니온이 테살리아와 그리스 용병, 트라키아 기병대를 지휘했다. 중앙의 팔랑크스는 이중으로 배치하였는데 이는 숫적으로 우세한 적에 대항하여 좌우익의 균열이 생길 경우를 대비한 것이었다.

③ 전개

알렉산드로스는 이 전투에서 이전까지는 볼 수 없었던, 놀라운 창의적인 전술을 구사하였다. 그의 계획은 페르시아 기병대를 최대한 좌우 날개 쪽으로 끌어들여서 적진의 틈을 만들고 그 생긴 틈으로 결정적인 일격을 가하여 다리우스의 본진으로 침투해 들어간다는 것이다. 이것은 완벽한 타이밍과 기동을 요하는 전술이었고 무엇보다 알렉산드로스 자신이 제일 먼저 움직여야 하는 작전이었다. 마케도니아군은 적의 기병을 최대한 끌어들이기 위해 45도로 비스듬히 배열했고 다리우스는 이수스 전투에서 비슷한 상황을 보았기 때문에 처음에는 망설였으나 결국 치고 내려왔다. 다리우스는 전차를 돌격시켰다. 마케도니아군은 전차에 대한 대비를 충분히 한 상태여서 맹렬하게 돌진하는 전차에 맞서 제1열이 비스듬히 물러나 틈을 열고 제2열이 전차를 에워싸는 전술을 구사했다. 결국 전차는 쥐덫처럼 마케도니아 창병에 의해 포위되었고 마케도니아군은 손쉽게 기수를 찔러죽일 수 있었다. 특히 마케도니아의 밀집보병의 긴창 사리사의 위력 앞에 전차는 무력했다.

페르시아군은 점점 더 마케도니아의 우측 날개 쪽으로 밀고 내려왔고 알렉산드로스는 천천히 제2선으로 밀렸다. 그는 컴페니언 기병대를 진군하게하지 않고 페르시아군을 공격할 결정적인 타이밍을 노렸다. 그는 부대의 전열을 커다란 쐐기모양으로 편성했고 뒷편에서 팔랑크스 병사들이 바리케이트를 쳐서 알렉산드로스가 전선을 떠날 수 있게 했다. 알렉산드로스는 자신의 기병의 대부분물 이끌고 다리무스의 본진 앞으로 밀고 들어갔다. 다리우스는 기병대로 알렉산드로스의 앞을 막게 했지만 알렉산드로스는 다리우스가 눈치채지 못하게 페르시아 경보병사이로 들어가 천천히 다리우스의 본진으로 밀고 들어갔다. 마침내 페르시아의 좌익과 다리우스의 본진사이에 빈틈이 생기자 알렉산드로스는 컴패니언 기병대를 이끌고 빈틈으로 진격했고 보병들이 뒤를 따랐고 갑자기 전선을 돌파당한 페르시아군은 어쩔 줄을 몰랐으며 마케도니아 진영 깊숙히 들어왔던 페르시아의 좌익 기병대는 군사를 급히 뒤로 돌리려고 하였다. 알렉산드로스는 다리우스를 보호하던 근위대와 그리스 용병을 치고 들어갔고 다리우스는 목숨이 위험해지자 말머리를 돌려 도망갔고 페르시아 군이 그를 뒤따라 도망쳤다.

④ 결과

날 짜	기원전 331년 10월 1일
장 소	모술의 가우가멜라 평원
결 과	마케도니아 승리
교전국	
마케도니아	페르시아 제국
지휘관	
알렉산드로스 대왕	다리우스 3세
병력	
9,000 경장보병 31,000 중장보병 7,000 기병	90,000~100,000 (현대 학자들의 추정치)
피해상황	
4,000	괴멸수준

• 아르벨라전투라고도 하며 이수스 전투에서 패한 다리우스 3세는 3만 달란트의 금과 페르시아 제국의 절반, 그리고 왕녀를 바치겠다는 조건으로 화평을 청하였으나 알렉산드로스대왕은 이를 거절하였다. 양쪽 병력은 페르시아군(軍) 약 20만명에 대하여 헬라스 동맹군은 약 4만 7000명이었다.

• BC 333년 이수스전투에서 그리스의 용병으로 구성된 보병을 잃은 다리우스 3세는 코끼리 · 전차(戰車) · 기병을 중심으로 하여 2중으로 횡진(橫陣)을 폈으나, 헬라스 동맹군은 그 좌익(左翼)을 강습하여 다리우스 3세를 패주하게 함으로써 알렉산드로스대왕에게 결정적인 승리를 안겨 주었다.

• 이 전투 결과, BC 331년 페르시아왕국은 멸망하고 알렉산드로스대왕은 전(全)페르시아 지배권을 장악하게 되었다. 동맹군측은 예비군을 교묘하게 용병하여 전쟁사에서 예비군을 쓴 최초의 기록을 남겨 놓았다.

나. 히다페스 강 전투

역사적 배경

- 기원전 342년/ 에피쿠로스 태어남(~270년)
- 기원전 322년/ 인도 마우리아 왕조 시작

(1) 알렉산드로스 대왕 페르시아 정복

알렉산드로스는 아버지 필리포스 왕(아버지 헤라클라스, 어머니 올림피아 아킬레우스, 스승 아리스도텔레스)으로부터 최고의 군대를 유산으로 물려받고 그의 밑에서 군사지휘에 관한 많은 것을 배웠다. 그는 필리포스의 단순한 계승자 차원을 넘어서 전략 전술에서 페르시아 · 그리스 · 마케도니아 세계의 어떤 선구자보다 앞서는 개념과 실천력을 겸비한 인물이었다. 그는 아버지 필리포스와 어머니 올림피아스를 각기 신 가문의 후손으로 생각했으며, 따라서 자신을 신의 아들로 여겼다. 즉, 필리포스의 선조는 그리스 신화에 나오는 해라클레스이고 올림피아의 선조는 아킬레우스라는 것이다. 또한 그는 어머니로부터 "너는 제우스의 아들이다"라는 말을 수없이 들어왔다. 사연인즉, 올림피아스는 결혼 전날에 벼락을 맞는 꿈을 꾸었는데, 그때 제우스의 아이를 갖게 되었다는 것이다. 알렉산드로스는 헬레스폰투스(다르다넬스 해협)를 건너 처음 아시아 땅에 들어섰을 때 자신의 창을 땅에 힘차게 꽂으며 "신들로부터 나는 아시아를 받아들이노라. 창으로 얻은 승리와 함께"라고 소리쳤다. 아시아 원정은 아버지의 계획을 물려받은 일 이상으로, 그는 신으로부터 받은 사명으로 생각했다. 페르시아의 침공에 대해 복수하고, 소아시아 지방그리스 인들을 해방시키며, 나아가 아시아를 지배해야 한다는 것이다.

왕으로 취임한 2년 후인 기원전 334년 알렉산드로스는 세계 최고의 군대인 보병 32,000명과 기병 5,100명을 거느리고 아시아원정에 나섰다. 1차적 목표인 페르시아 점령을 위한 그의 전략계획은 페르시아가 바다를 장악하고 있는 한 자유로워질 수 없기 때문에, 먼저 소아시아지방을 정복하고, 이어서 그곳으로부터 이집트에 이르는 지중해 연안의 페르시아 해군기지를 장악해 페르시아 해군력을 무력화시키겠다는 것이었다. 이는 해전을 실시하지 않고도 해군을 무력화시킬 수 있는 최상의 전략이었다. 알렉산드로스는 단지 180척의 군함밖에 없는 데 비해 페르시아 함대는 400척을 보유하고 있었다. 알렉산드로스가 1차 목표를 달성하는 데는 4년이 소요되었다. 헬레스폰투스를 건너 소아시아에 진입했을 때 페르시아 왕조는 즉위한지 얼마 안되는 다리우스 3세 치하에서 혼란을 겪고 있어 알렉산드로스는 쉽게 교두보를 건설할 수 있었다. 그는 친히 고대 트로이 유적을 방문하고 그의 시조인 아킬레우스의 무덤을 찾아가 예의를 갖췄다.

기원전 334년 그라니코스 싸움, 기원전 333년 이수스 싸움, 기원전 332년 티로스 싸움에서 알렉산드로스 군대는 비록 숫자는 많지만 여러 면에서 뒤떨어져 있던 페르시아 군대를 모두 물리치고 승리했다. 페르시아 군의 가장 큰 약점은 기병과 보병 간 협조체제가 전혀 이루어지지 않은 것이었다. 반면 마케도니아 군은 필리포스가 개발한, 보병과 기병의 협동을 기초로 하는 '망치와 모루' 전법에 숙달되어 있었다. 마케도니아군은 먼저 보병 지원을 받지 못하는 페르시아 기병을 공격하고, 그 다음에는 기병의 지원을 받지 못하는 보병을 공격함으로써 적을 조직적으로 격파했다. 교두보를 확보하고 페르시아 군 해군을 무력화시킨 다음 알렉산드로는 그의 대전략 목표인 페르시아 군 격멸과 대제국 건설을 위해 그의 군대를 계속 진군시켰다. 그는 다리우스의 평화제의를 거절하고 기원전 331년 가우가멜라 싸움(아르벨라 싸움이라고도 부름)에서 대승을 거둠으로써 사실상 페르시아군대를 거의 궤멸시켰다.

(2) 히다페스강 전투(BC 326년 인도 코끼리부대 전투 승리)

페르시아를 정복한 후 알렉산드로스는 통일 그리스 및 페르시아의 왕이 아니라 아시아의 왕이 되고자 했다. 그는 페르시아 동북부지방 박트리아 공주인 록사네와 결혼하고, 기원전 327년에는 카이바르 고개를 넘어 인도를 정복하기 위해 나섰다. 이미 중단할 줄 모르는 정복자가 되어버린 그는 마치 지구 끝까지 정복하려는 듯 커다란 야욕에 빠져있었다. 펀자브지방에 들어선 그는 인더스 강 지류인 히다스패스 강에서 그의 진군을 막는 인도의 포로스 왕과 일전을 치르는 상황에 처했다. 키가 210㎝가 넘는 거인 포로스는 보병 30,000명, 기병 4,000명, 전투용 마차 300대, 코끼리 200마리를 보유하고 있었다. 인도에서 알렉산드로스의 총병력은 75,000명 정도였으나, 기원전 326을 히다스페스 강에서 그가 지휘할 수 있는 병력은 보병 15,000명과 기병 5,000명에 불과했다. 포로스 군을 공격하기 위해서는 먼저 히다스페스 강을 건너야 하는데, 강은 깊고 물살도 빨랐다. 더구나 코끼리들은 상당히 위협적인 존재였다. 알렉산드로스의 말들이 그들을 보고 놀라 뗏목 위에서 뛰쳐나갈 가능성이 높기 때문에 직접 강을 건너기란 매우 어려운 일이었다.

그래서 알렉산드로스는 적을 속이는 계략을 쓰기로 했다. 먼저 기병대로 하여금 매일 강변을 오르내리며 곧 도하작전을 취할 태세를 보였다. 그때마다 포로스는 코끼리를 움직여 대비하더니 며칠 뒤에는 더 이상 속지 않겠다는 듯이 자신의 진영에 그대로 머물렀다. 또한 알렉산드로스는 역정보 작전을 펴 강물이 얕아질 때까지 도하작전을 연기한다는 유언비어를 퍼뜨렸다. 그밖에 자신과 같은 옷을 입힌 병사를 포로스가 볼수 있는 곳에 고정시켜 포로스가 딴 곳에 관심을 갖지 못하도록 했다. 그러다가 그는 폭풍우 치는 날 밤을 이용해 주력을 이끌고 북쪽 17마일 지점으로 이동, 그 동안 준비한 장비를 이용해 드디어 도하했다. 이튿날 아침 도하 소식을 들은 포로스가 병력을 보내 수비하도록 지시했을 때는 이미 때늦은 상태였다. 포로스는 원 위치에서의 도하를 막기 위해 일부 부대만 남겨놓고 주력으로 하여금 알렉산드로스 군을 향하도록 했다.

포로스 군은 알렉산드로스 군을 수적으로는 능가했으나 기습을 당한상황에서 서둘러야 했으며, 알렉산드로스는 그러한 인도군의 약점을 최대한 활용했다. 그는 우선 우익의 우세한 기병을 이끌고 포로스의 기병과 전투용 마차를 격파했다. 그러는 동안 부하 장수 코에노스로 하여금 좌익 기병을 이끌고 인도군 배후를 공격하도록 했다. 또한 척후병으로 하여금 코끼리를 모는 병사들을 쏘아 떨어뜨리게 했다. 알렉산드로스의 기병은 인도의 기병을 코끼리 부대가 위치한 곳까지 몰아붙였으며, 그러자 공간이 좁은 상태에서 코끼리들이 이리저리 선회하면서 인도군 보병들을 짓밟는 사태가 빚어졌다. 그 후 인도군은 마케도니아 군의 기병과 보병들이 사용하는 장창에 맥없이 무너지고 너도나도 도망치기에 급급했다. 포로스도 부상당한 채 붙잡혔다. 그는 알렉산드로스 앞에 끌려와서 "어떤 대우를 원하는가?" 라는 질문에 '왕으로' 대우해 달라고 대답했다. 그 대답에 감명받은 알렉산드로스는 그를 왕으로 복귀시키고 곧 친구로 만들었다. 그리스에서 인도까지 약 18,000㎞를 진군한 알렉산드로스는 갠지스 강 계곡에 진입하기 전에 대원정을 마쳤다. 끝도 없고 낯설기만 한 두려운 땅으로 들어가는 데 대해 병사들이 모두 지쳐 있었고 너무나 고향을 그리워했기 때문에 더 이상의 진군을 중단하고 귀환 길에 나섰다. 귀환하는 도중 기원전 323년 그는 바빌론에서 병사했다

▶▷쉬어가기 - 알렉산더 대왕

영국의 과학 전문지가 인류 역사를 바꾼 세계의 천재 10명을 선정하여 소개한 내용을 보면,

필립포스 2세와 올림피아스의 아들로서, 그리스 · 페르시아 · 인도에 이르는 대제국을 건설했던, 말 그대로 인류의 역사에 한 획을 그었던 인물이다.

그는 당시의 대학자였던 아리스토텔레스를 마케도니아 수도인 펠라의 궁정에 초빙되어 3년 동안 윤리학, 철학, 문학, 정치학, 자연과학, 의학 등을 배운 뒤에 학자들과 각지의 탐험(探險) · 측량과 함께 페르시아를 원정하여 함대의 근거지인 시리아, 페니이카를 정복한 다음 이집트와 인도의 인더강에 이르는 유럽, 아시아 대륙까지 점령하여 자기가 정복한 땅에 '알렉산드리'라는 이름 붙였는데 33세의 일기로 죽기까지 그가 이름 지은 도시가 70개에 달하는 전략, 전술가였다.

그는, 어머니 의 영향을 받아 "오늘이 인생의 마지막이다" 라는 생각으로 살라! 는 말처럼 인생을 굵고 짧게(BC356.7월말~ BC323.6월10일) 살았으며, 죽어서 내 팔을 관 밖으로 내어 만들라는 유언에 따라 공수래공수거(空手來空手去/인생은 빈손으로 태어났다 빈손으로 죽는다) 의 본을 보이기도 했다.

5) 로마의 전쟁

가. 칸나이 전투(Cannae, Battle of/ BC 216년 포위섬멸의 대명사)

역사적 배경

- 기원전 230년/ 인도, 안드라 왕조 시작
- 기원전 206년/ 중국, 진왕조 멸망
- 칸나에 전투(이탈리아) : 기원전 216년 8월 2일

칸나에 전투는 제2차 포에니 전쟁 중인 기원전 216년에 이탈리아 중부 칸나에 평원에서 로마 공화정 군과 카르타고군 사이에 벌어진 전투이다. 이 전투에서 한니발이 지휘하는 카르타군은 완벽한 포위 작전으로 로마군을 전멸시켜 현대에도 포위섬멸전의 교본으로 남음.

- ■ 카르타고측 지휘관 : 한니발 Hannibal)
- ■ 로마 공화정측 지휘관 : 타렌티우스 바로 (Tarentius Varro)

(1) 전투개요

제2차 포에니 전쟁중 이탈리아 동남부의 풀리아에 있던 고대 부락 칸나이 부근에서 로마군과 카르타고군 사이에 벌어진 전투(BC 216).

이 전투에서 로마군은 아프리카 · 갈리아 · 스페인(히스파니아) 동맹군의 지원을 받는 한니발 부대에 참패를 당했다. BC 216년 로마 콘술(집정관) 루키우스 아이밀리우스 파울루스와 가이우스 테렌티우스 바로는 한니발과 결정적인 전투를 벌일 작정으로 약 8만명의 병력을 이끌고 칸나이로 진군했다. 카르타고군은 약 4만 명의 보병과 1만 명의 기병대를 거느리고 있었다. 로마군은 서남방을 바라보고 오른쪽으로 아우피두스 강을 따라 후방으로 바다에서 3마일정도 떨어진 곳에 포진했다. 그들은 약 6,000명가량의 기병대를 양날개에 배치하고 보병을 이례적으로 깊숙한(따라서 좁다란) 대형으로 중앙에 밀집시켜 적군의 중앙을 힘으로 밀어붙여 파괴할 생각이었다. 여기 맞서서 한니발은 신축성 있는 대형에 의지했다. 그는 갈리아와 스페인 보병을 놓고 아프리카 부대를 둘로 나누어 그 양옆에 배치하는 한편 기병대를 양날개에 포진시켰다. 그러나 적군과 교전을 벌이기 전에 전열을 초승달 모양으로 바꿔 중앙이 전진해가는 대 따라 양옆의 아프리카 부대는 사다리꼴 대형을 이루었다. 한니발이 예상했듯이 그의 기병대는 양날개의 전투에서 승리를 거두고 그 일부가 적군의 배후로 밀고 들어갔다. 한편 로마군 보병은 한니발의 중앙군을 점점 밀어붙였다. 마치 승패가 한니발의 부대가 버티느냐 못 버티느냐 달려있는 듯했다. 한니발의 부대는 뒤로 물러나기는 했으나 흩어지지 않았다. 밀고 들어오는 로마군을 옆에서 지나보내던 아프리카 부대가 안쪽으로 방향을 틀어 그들을 공격했으며 카르타고 기병대가 배후를 쳤다. 빽빽하게 밀리는 바람에 무기를 제대로 쓸 수 없게 된 로마군은 포위된 채 도육을 당했다. 겨우 1만 4,000명의 로마 병사들이 달아났을 뿐 1만 명 이상이 생포되고 나머지는 살해당했다. 카르타고군은 약 6,000명의 병력을 잃었다. 칸나에 전투는 전쟁사가들이 이중 포위 전략의 승리를 보여주는 고전적인 사례로 꼽고 있다.

(2) 경과

전쟁사에서 기원전 216년의 칸나에(Cannae)전투만큼 군인들을 매료시킨 전투는 없다. 어느 시대를 막론하고 군사이론가들과 전략수립가들 가운데는 칸나에 전투의 마술을 터득하려 노력하고, 그것의 다른 전투장 적용을 시도한 자들이 수없이 많다. 기원전 216년 로마는 아에밀리우스 파울루스(Aemilius Paulus)와 테렌티우스 바로(Terentius Varro)두 통령이 선출됨으로써 파비우스 전략은 더 이상 지속되지 못했다. 공격적이고 자존심이 강한 로마 인들이 그러한 소극적인 방법에 만족할 리 없었다. 두 통령이 격일로 지휘권을 교대하는 제도 하에서 성미 급한 바로는 자기가 지휘하는 날을 이용해 한니발을 공격함으로써 다시 전투가 벌어지게 되었다. 한니발에서는 여간 다행스런 일이 아니었다. 오래 끌면서 부하들이 탈주하지 않을까 우려하던 참이었기 때문이다.

8월 하순 한니발은 칸나이에 보급 창고를 노획하고 아우피두스 강(지금은 오판토 강)을 사이에 두고 로마군과 대치하고 있다가 어느 날 로마군 제1진영이 위치한 곳으로부터 약 9km 떨어진 강 남쪽 제방으로 진영을 옮겼다. 그리고는 바로가 지휘하는 날 새벽, 강 북쪽에 위치한 로마군 제2진영을 공격했다. 이때 비로소 로마 군 주력을 도하시킴으로써 결국 양군은 강 북쪽으로 가서 전투를 치르게 되었다. 이는 한니발이 그의 기병이 잘 싸울 수 있는 전투장을 이미 선정해놓고 그곳으로 적을 유인하는 교묘한 술책을 사용해 이루어진 것이다. 결국 강을 측면에 두고 로마군(보병 65,000명과 기병 7,000명)과 한니발 군(보병 35,000명과 기병 10,000)은 전투대형을 갖추고 대치했다. 바로는 한니발 군에 대한 포위는 어렵다고 판단하고 중신을 강화해 적 중앙을 공격하기로 결심했다. 그리하여 각 중대 대형을 10×12에서 12×10 형태로 바꾸고 도한 3개 전열에 대해 각 전열간의 거리를 좁혀 보다 조밀한 밀집대형을 취했다. 이런 새로운 시도에 신병들은 잘 적응하지 못했을 뿐만 아니라, 로마군은 무엇보다도 그들 군대의 특성인 기동성을 상실하고 말았다. 보조적인 기병은 우측방에 2,400명, 좌측방에 4,800명을 배치했다.

한니발은 로마군의 배치를 보더니 곧 약점을 활용하는 구상을 펼쳤다. 그는 우선 강 제방의 약한 로마 기병에 대해 정예부대인 에스파냐 및 갈리아 출신 8,000명의 기병을 배치해 결정적인 순간에 신속히 그들을 제압하고 바로 군의 후방을 공격할 계획을 세웠다. 그동안 나머지 기병 2,000명은 우측방을 견제하도록 했다. 기병 운용 못지않게 중요한 것은 어떻게 보병을 잘 배치하는가였다. 한니발은 마라톤 전투와 같은 '약 중앙 강 양익' 대형에 의한 양익포위를 구상했다. 로마 군이 중앙으로 빽빽이 집결한 것을 최대로 활용하는 작전이었다. 그리하여 중앙에 그다지 정예병이 못되는 에스파냐 및 갈리아 출신 보병을 배치하고 양익에 최정예 아프리카 보병들을 배치했다. 좌익 기병부대 지휘는 유능한 장군이었던 아우 하스드루발에게 맡기고 한니발 본인과 아우 마고는 비교적 취약한 중앙보병을 지휘했다. 주력부대는 아니지만 중앙보병의 전진 및 후퇴 기종은 상황을 정확하게 읽으며 기술적으로 진행해야 할 중요한 작전이기 때문에 한니발 자신이 맡은 것이다. 전투 직전에 바로는 또 다른 과격한 조치를 취하고 제1전열 내 여러 틈새에 제2전열을 투입하더니 전투가 개시되자 제2전열까지 투입했다. 그리하여 로마 군은 기동성과 신축성을 잃고 오히려 그리스 장전 형태로 바뀌었다. 바로의 머릿속은 중앙에서 최대의 충격력을 발휘하겠다는 일념 외에 다른 생각이 전혀 없었다. 그러나 이러한 어리석은 조치는 로마군의 대혼란을 자초했으며, 점점 한니발이 파놓은 함정에 빠져든 꼴이었는데, 이 사실을 바로는 모르고 있었던 것이다. 한마디로 모든 상황은 한니발 계획대로 진행되었다. 하지만 사실상 그것은 우매한 바로가 그렇게 되도록 도와준 것이라고 할 수 있다. 중앙군만 움직여서 로마 군을 유인하고 난 다음 결정적인 순간에 한니발은 양익 보병을 전진시켜 포위하도록 명령하고, 동시에 하스드루발에게도 기병 공격을 명했다. 그리고 로마 군에 대한 삼면 포위를 이루면서 중앙 보병에게도 공격하도록 했다. 로마군 집단은 너무도 밀집돼 있어 무기도 제대로 사용할 수 없는 상황에서 완전 포위를 당하자 삽시간에 대형이 무너지고 아비규환의 집단으로 변했다. 병사들은 공포에 질려 각각 자기 목숨만 건지려 애쓰고, 통령 · 호민관 · 원로원 의원 출신 장군들과 서로 도망가려 안간힘을 썼다. 전투 후 전투장에서 모은 로마귀족들 소유의 금팔찌만 해도 한 가마니에 이르렀다.

(3) 전투결과

날 짜	기원전 216년 8월 2일
장 소	칸나에, 이탈리아
경 과	카르타고군의 완벽한 승리
교전국	
로마 공화정	카르타고
지휘관	
타렌티우스 바로	한니발
병력	
86,400~87,000명	40,000 중무장보병 6,000 경무장 보병 8,000 기병
피해상황	
사망 : 6,000 부상 : 10,000	사망 : 70,000~50,000 포로 : 약 11,000

칸나에에서의 승리에도 불구하고 한니발은 본국 정부로부터 충분한 지원을 받지 못하고 결국 기원전 202년 본국으로 소환되었다. 이듬해 군사력을 재건한 로마 군이 아프리카를 침략하고 한니발은 자마 전투에서 스키피오에게 크게 패하고 말았다. 한니발이 아무리 군사적 천재라 하더라도 국가의 정치적으로 몰락하고 있을 때 홀로 그 군대의 운명을 돌려놓을 수는 없는 일이었다. 그러나 로마 정부는 한니발이 유배지에서 죽을때까지 결코 안심하지 못했다고 한다. 로마의 손길이 뻗쳐오자 그는 스스로 목숨을 끊었다.

나. 파르살루스 전투(Battle of Pharsalus) / BC 48폼페이 최후의 날 “왔노라, 보았노라, 이겼노라!”)

역사적 배경

- 기원전 146년/ 카르타고 멸망
- 기원전 139년/ 중국의 장건, 비단길 개척(~136년)
- 기원전 106년/ 키케로 태어남(~43년)

■ 파르살루스 전투는 기원전 48년 8월 9일 그리스 테살리아 지방의 파르살로스 평원에서 벌어진 카이사르파와 폼페이우스 파 간의 전투이다. 로마 공화정 말기 카이사르의 내전의 일부로 카이사르는 이 전투에서 완벽하게 승리함으로써 내전의 주도권을 잡았고 폼페이우스 파는 결국 괴멸하게 되었다.

(1) 전투개요

① 전투전의 상황

기원전 48년 7월 6일 카이사르는 3개월에 걸친 디라키움 공방전에서 패하고 그리스 중부의 테살리아로 급히 퇴각했다. 폼페이우스는 함정이 있을 것을 우려해 바로 카이사르 군을 추격하지 않았기 때문에 카이사르군은 대규모 괴멸을 피할 수 있었다.

폼페이우스는 디라키움의 승리와 압도적인 병력의 숫자에 도취되었고 그를 따르는 원로원파는 벌써부터 내전의 승리이후의 논공행상에 여념이 없었다. 카이사르는 디라키움의 패배로 병력에 열세였지만 대부분의 병사들이 갈리아 전쟁에서부터 카이사르를 따르던 역전의 용사들이었고 디라키움의 패배에도 총사령관 카이사르에 대한 믿음을 버리지 않고 있어서 사기가 높았다.

카이사르는 테살리아로 퇴각하여 디라키움에서 움직이지 않던 폼페이우스를 끌어 낼 수 있었고 양군은 파르살루스에서 진영을 폈다.

② 전투의 경과

전투 진형의 포진 전투전의 양군의 병력상황은 다음과 같다.

폼페이우스 진영	카이사르 진영
중무장보병 : 47,000 (110개 대대병력) 기병 : 7,000	중무장보병 : 22,000 (80개 대대병력) 기병 : 1,000

카이사르군은 순자가 폼페이우스 군에 비해 월등히 적었으나 질적으로는 우수했다. 폼페이우스는 기병 7,000을 모두 좌익 맨 끝에 배치했고 그 지휘를 카이사르의 부하였던 티투스 라비에누스에게 맡겼고 중앙에는 맨 오른쪽부터 히스파니아 용병, 시리아 군단, 자신의 옛 부하를 차례로 배치했다. 폼페이우스 자신은 기병 우측에 포진했다. 적우수한 기병의 숫자를 이용해서 적의 배후로 침입해 들어가는 전통적 "포위섬멸전" 진영을 짠 것이다. 이에 대해 카이사르는 자신의 맨 오른쪽 끝에 기병을 모두 배치하고 주력을 그 왼쪽에 배치했고 특별히 훈련된 고참병력 2,000명을 따로 편성해 오른쪽 자신의 진영 바로 앞에 배치했다. 이는 우수한 적 기병의 기동력을 줄이고 포위하기 위해 카이사르가 특별히 고안한 부대로 특별히 우수한 병사들로 구성하고 며칠 동안의 연습으로 그 전력을 강화했다.

(2) 전투경과

포에니 전쟁이 끝난 후 불세출의 영웅 카이사르(Gaius Julius Caesar)가 출현한 것은 바로 내란 중이었다.

카이사르는 정치가이자 웅변가로서 명성을 날렸지만 로마를 지배하게 된 것은 사실상 위대한 장군으로 갈리아 지방에서 총독 겸 군사령관으로 병력 4개 로마군단을 거느리고 9년에 걸친 정복전쟁을 지휘하는 동안 용병술을 터득했다. 갈리아는 그를 장군으로 만든 훈련장이었다.

갈리아를 정복하고 나아가 북해까지 이르는 라인 강 서쪽 대부분의 땅을 로마제국에 흡수시킴으로써 카이사르의 명성은 절정에 이르게 되었다.

카이사르 지휘관의 로마군은 훈련이 잘된 훌륭한 군대였다. 그들은 우수한 보병이면서 동시에 교량설치 · 도로공사 · 함선건조 · 요새구축 · 요새공격에 정통했다. 그런데 국가의 성격이 변하고 영토가 확대됨에 따라 로마 군은 이미 민병대에서 상비 작업 군으로 변했다. 기원전 105년 통령 마리우스(Gaius Marius)는 과감히 군개혁을 추진하고, 군인이 될 수 있는 엄격한 자격요건을 풀었다. 즉, 토지를 소유하지 않은 가난한 서민에게도 군 지원을 도 군 지원을 가능하게 하여 병력 충원의 길을 넓히고, 그 대신 국가가 전적으로 재정을 부담하는 정규군 제도를 도입했던 것이다.

로마 정규군은 신체 건장하고 실력 있는 병사들을 모집하여 발전을 이룬 듯하지만, 정신적으로는 과거만 못했다. 무엇보다도 애국심이 결여되어, 전투장에서 그들은 명예보다는 급료와 보상을 생각하며 싸우고, 국가보다는 자신의 군 입대를 승인한 통령 또는 지방총독에게 충성을 맹세함으로써 쉽게 정치적 도구가 되고 사병화(私兵化) 할 우려가 있었다.

마리우스 시대에 로마 군단조직은 종래와 크게 다른 개념으로 개편되었다. 먼저 최소 전술단위가 중대에서 대대로 바뀌고, 10개 대대가 모여 로마 군단을 이루었다. 경보병이 사라지고 600명의 중보병으로만 구성된 각 대대는 연령 또는 장비 구별 없이 편성되었다. 그리고 기병은 주로정복지역에서 모집한 연합군에 의존했다.

로마 정치는 카이사르 · 폼페이우스 · 크라수스에 의한 3두체제가 먼저 크라수스의 전사로 무너지고 남은 두 사람 간의 세력다툼과 내전으로 이어졌다. 기원전 49년 카이사르는 자신을 타도하려는 폼페이우스와 원로원의 음모를 읽자, 군대를 이끌고 원로원의 승인 없이는 절대로 건널 수 없는 그의 지휘영역 경계선인 루비콘 강을 건너 순식간에 로마에 입성했다. 이때 그는 "주사위는 던져졌다"라는 유명한 말을 남겼다.

이후 약 20여 년 동안 로마는 로마 군단끼리 서로 치고받는 내전상태에 돌입했다. 5년 동안 카이사르는 전 지역을 평정하지만 부하의 칼에 암살되고, 그 후 권력가들의 싸움은 카이사르의 후계자인 옥타비아누스가 최종적인 승리자가 되어 기원전 27년 로마 제정의 초대 황제로 즉위할 때까지 계속되었다.

카이사르와 폼페이우스 간의 싸움에서 가장 결정적인 전투는 기원전 48년 파르살루스 전투였다. 당시 폼페이우스 군은 스페인과 그리스에 나뉘어 있었고, 폼페이우스 자신은 그리스에 위치했다. 한편 카이사르 군은 중앙인 이탈리아에서 대단히 유리한 위치를 차지하고 있었다. 그러나 폼페이우스 군은 수적으로 우세할 뿐만 아니라 함대를 보유, 바다를 지배하고 있었다. 카이사르는 먼저 그리스에 위치한, 상대적으로 약한 폼페이우스 군을 공격하여 한쪽을 해결할 수는 있으나, 그러는 동안 적 주력이 배후를 공격할 가능성을 두려워했다. 그리하여 그는 "먼저 지휘자가 없는 군대"와 싸우고 다음에 군대가 없는 지휘자와 싸우기로 결심했다.

에스파냐에서 폼페이우스 군은 폼페이우스가 나타나기만을 기다리며 카이사르와의 전투를 피했다. 한편 카이사르는 적을 포위했으나 로마 인끼리 피흘리는 것을 피해 항복을 강요했고, 결국은 전투 없이 항복을 받아냈다. 그리고 관대하게 대우하여 그들 일부를 자기 편에 합류시켰다. 이후 카이사르 군은 마케도니아 해안에 상륙해 폼페이우스와의 일전을 시도했다. 폼페이우스의 전략은 가능한 한 전투를 피하고 카이사르 군이 보급문제를 겪을 때까지 기다리는 것이었으나, 병참선을 노출시킨 채 그리스본토 깊숙이 들어오는 카이사르 군의 유인에 말려들어 파르살루스에서 대전투를 치르게 되었다. 카이사르 군의 병력은 보병 22,000명과 기병 1,000명이고, 폼페이우스 군은 보병 40,000명과 기병 7,000명이었다. 이와 같이 폼페이우스는 압도적으로 우세한 병력을 보유했음에도 불구하고 수세적이었다. 그의 군대의 가장 큰 약점은 전투경험이 없는 신병들이 많고 그 자신이 너무 조심스럽고 우유부단하다는 점이었다.

카이사르는 폼페이우스 군을 평지로 끌어내는 데 성공했다. 그 후 양군이 전투대형을 취할 때 폼페이우스의 평범한 배치를 보고 카이사르는 우측의 기병이 적에 비해 7:1로 열세한 점을 역이용하기 위한 전략을 수립했다. 그것은 그 약점을 보강하기 위하여 6개 보병대대를 후방에 따로 배치해 놓았다가 결정적인 순간에 투입한다는 것이다.

전투 개시와 함께 폼페이우스 기병은 예상대로 공격해왔으며. 카이사르 기병은 천천히 유인하면서 뒤로 후퇴했다. 그러다가 적시에 창으로 무장한 6개 대대를 돌진시켜 적 기병에 맞서게 했다. 이 용감한 돌격부대는 삽시간에 적 기병을 분산시켰으며, 나아가 적 보병 측후방으로 우회를 시도했다. 이와 때를 맞추어 카이사르는 보병 주력부대를 제3전열까지 가세토록 하여 적 주력부대를 향해 돌진시켰다. 이 돌격에 폼페이우스 군은 완전히 와해되어버렸다. 폼페이우스는 간신히 도망쳐나올 수 있었고, 그 후 이집트로 건너갔지만 그곳에서 동료에게 암살되었다.

파르살루스 후에도 내전은 4년이나 지속되었으나, 이 전투에서의 승리로 카이사르의 권력장악은 거의 확실하게 되었다. 이후 카이사르는 쉽게 이집트를 정복한 데 이어 소아시아. 튀니지, 에스파냐 등 지역에서의 반란을 평정했다. "veni, vidi. vici(왔노라, 보았노라, 이겼노라!)"는 비로소 아시아에서 반란군을 진압한 후 친구에게 보낸 편지의 전문이다.

카이사르는 결단력이 있고 신속한 상황판단 능력과 지칠 줄 모르는 추진력을 겸비했으며. 병력이 열세할 때도 시기를 잘 활용할 줄 알고 그리하여 언제나 전쟁을 주도하며 승리를 엮어냈다. 또한 아무리 어려운 역경에서도 부하들을 따르게 한 그의 특출한 리더십 면에서는 전쟁사에서 그를 능가할 자가 없다.

(3) 전투결과

날 짜	기원전 48년 8월 9일
장 소	파르살루스 (현재의 그리스)
결 과	카이사르의 완벽한 승리
교전국	
카이사르 민중파	그나이우스 폼페이우스 마그누스
병력	
22,000(군단병) 5,000~10,000(보조병) 1,000(기병)	60,000(군단병) 4,200(보조병) 7,000(기병)
피해상황	
200	전사:6,000 전사:24,000

카이사르군의 전사자는 200명 뿐 이었으나 폼페이우스 쪽은 6,000명이 전사하고 뒤에 남아있던 24,000명이 포로가 되었다. 그러나 라비에누스, 메텔루스 스키피오를 비롯한 폼페이우스의 대부분의 장군들은 도망치는데 성공했고 키케로와 카토는 디라키움에 남아있었다.

폼페이우스는 카이사로 추격을 받으며 그리스를 횡단하여 도망쳤고 에게 해를 거쳐 알렉산드리아로 피신했고 거기서 배신당해 죽고 말았다. 이로서 카이시르은 로마의 유일한 권력자가 되는데 성공했다.

6) 프러시아 (프레드리히 대왕)전쟁과 프랑스(나폴레옹)전쟁

가. 7년 전쟁

역사적 배경

- 1762년/ 루소, 〈사회계약론〉 저술 발표
- 1765년/ 와트, 증기기관 제작

(1) 7년 전쟁

① 전쟁개요

7년 전쟁(영어:Seven Years'War, 독일어:Siebenjahrigel Krieg, 1750년~1763년)은 몇 년전 오스트리아 왕위계승에서 프로이센에게 패배해 독일 동부의 비옥한 슐레지엔을 빼앗긴 오스트리아가 그곳을 되찾기 위해 프로이센과 벌인 전쟁을 말한다. 이 전쟁에는 유럽의 거의 모든 열강이 참여하게 되어 유럽뿐 아니라 그들의 식민지가 있던 아프리카와 인도에까지 퍼진 대규모 전쟁이었다. 주로 오스트리아 · 프랑스 · 작센 · 스웨덴 · 러시아가 동맹을 맺어 프로이센 · 하노버 · 영국의 연합에 맞섰다. 유럽에서 벌어진 전쟁은 포메라니안 전쟁으로도 불리여 영국과 프랑스는 아메리카 대륙에서 벌어진 프렌치 · 인디언 전쟁이라 불렸다. 유럽에서는 영국의 지원을 받은 프로이센이 최종적으로 승리를 거두어 실레지아의 영유권을 확보했으며 식민지 전쟁에서는 영국이 주요 승리를 거두어 북아프리카의 뉴프랑스 (현재의 퀘벡 주와 온타리오 주)를 차지하여 북아메리카에서 프랑스 세력을 몰아냈고, 인도에서도 프랑스 세력을 몰아내어 대영제국의 기초를 닦았다.

② 전쟁 진행

㉠ 전쟁과정

사실 7년 전쟁은 1755년 9월 북 아메리카의 영국과 프랑스와의 대립으로 인한 식민지 전쟁(말하자면 프렌치 · 인디언 전쟁)에서부터 시작되었다. 동시에 영국은 외교정책을 전환해 지금까지 동맹관계를 맺어왔던 오스트리아 손을 끊고 강대국으로 발전하던 프로이센과 손을 잡았다. 이에 대항해 1756년 5월 1일 놀라운 일이 벌어졌다. 지금까지 유럽의 대립구조의 근간을 이루고 있던 프랑스와 오스트리아 사이에서 방어동맹이 결성되었던 것이다. 이 대전환은 유럽 외교사상 혁명적인 사건이었다. 프랑스 · 오스트리아 동맹은 프로이센에게는 크나큰 위협이 되었다. 이 상황에서 프리드리히 대왕은 10월말 기선을 제압하기 위해 예방전쟁을 개시하고 작센에 침공했으나, 그러자 러시아가 방어동맹에 참가하고, 다음해 독일제후와 스웨덴도 적으로 돌리는 사태가 벌어졌다. 그리고 5월 프랑스가 방어동맹에서 공격동맹으로 탈바꿈 후 거액의 원조금과 병력을 오스트리아에 제공하고 여기에 러시아도 가담했다. 이로써 프로이센은 3대 강국에게 포위당한 상황에 빠졌다. 3국의 포위에 내선작전이란 전략태세를 세운 프리드리히 대왕에겐 작센은 중요한 지원근거지였고 살아남기 위한 필요조건 중 하나였다. 왜냐하면 작센은 슐레지엔과 마찬가지로 네덜란드의 $\frac{2}{3}$에 해당하는 인구밀도를 가지고 있었고, 군대를 유지할 수 있는 대농업 생산을 기대할 수 있었다.

연도	날짜	이름	연도	날짜	이름
1756년	5월 20일	미노르카 섬 전투	1756년	10월 1일	로보지츠 전투
1757년	4월 21일	라이헨베르크 전투	1757년	5월 6일	프라하 전투
1757년	6월 18일	콜린 전투	1757년	6월 23일	플라세 전투
1757년	7월 26일	하슈텐베크 전투	1757년	8월 3일 ~ 8월 8일	윌리엄 헨리 요새 전투
1757년	8월 30일	그로스-야거스도르프 전투	1757년	9월 7일	모이 전투
1757년	11월 5일	로스바흐 전투	1757년	11월 22일	브레슬라우 전투
1757년	12월 5일	로이텐 전투	1758년	4월 29일	쿠달로르 전투
1758년	6월 30일	돔슈타르 전투	1758년	7월 7일 ~ 7월 8일	카리용 전투
1758년	8월 3일	나가파티남 전투	1758년	8월 25일	조른도르프 전투
1758년	10월 14일	호흐키르크 전투	1759년	4월 13일	베르겐 전투
1758년	7월 23일	케이 전투	1759년	8월 1일	민덴 전투
1759년	8월 12일	쿠네스도르프 전투	1759년	8월 19일	라고스 전투
1759년	9월 10일	퐁디셰리 전투	1759년	9월 13일	에이브러햄 평원 전투
1759년	9월 25일	호이어스베르다 전투	1759년	11월 20일	퀴베론 만 전투
1759년	11월 21일	막센 전투	1759년	12월 4일	마이센 전투
1760년	6월 23일	란트슈트 전투	1760년	8월 1일	바르부르크 전투
1760년	8월 15일	리그니츠 전투	1760년	11월 3일	토르가우 전투
1761년	7월 15일 ~ 7월 16일	필링하우젠 전투	1762년	7월 21일	부케르스도르프 전투
1762년	7월 23일	2차 루터베르크 전투	1762년	9월 24일	마닐라 전투
1762년	10월 29일	프라이베르크 전투			

주요전투

③ 프리드리히 대왕 로이텐 싸움(1755~1763)

"기동과 결단의 순간들"

전쟁이 계속되는 동안에도 사람들은 일반적으로 평화를 정상적인 것으로 전쟁을 예외로 간주한다. 그러나 1750년대 프로이센 인들은 달랐다. 절대군주 프리드리히 대왕치하에서 그들은 오히려 전쟁을 통해 안전을 얻을 수 있다는 신념을 가졌다. 인접 국가들에 대한 두려움 때문에 대왕의 팽창야욕은 큰 지지를 받았다. 그리하여 프로이센 군대는 늘 전쟁준비를 갖추고 있었다.

슐레지엔의 합병에 따르는 영토 확장과 1740년의 200만에서 1752년의 400만으로 늘어난 인구증가는 프리드리히 대왕으로 하여금 보다 전쟁정책 위주로 나라를 끌도록 했다. 그는 정쟁이 불가피하다고 판단되면 충분한 군사력과 기동성을 전략의 요체로 하여 선제권을 장악하고 적 영토에 대한 과감한 공격을 하는 데 주저하지 않았다.

직접 총사령관직을 맡은 그는 연중 약 절반을 야전부대를 방문하는 데 보냈으며, 훈련 및 군기를 강차하고 군대의 질을 대폭 개선시켰다. 그는 연대장이었던 그의 아우에게 직무태만을 이유로 부대 내에서 근신하도록 하는 벌을 내릴 만큼 엄격했다. 행군 · 보급 · 장비 · 전술 등 모든 분야에 대해 대왕은 철저히 감독했다. 병력도 계속 증강시킨 결과 그가 즉위했을 때 8만 명이던 것이 1756년에는 15만 명으로 증가했다.

7년 전쟁은 불안한 평화시대에 외교혁명이라고 부를 만큼 동맹관계에 극적인 변화가 발생하면서 야기되었다. 각국은 동맹관계를 크게 바꾸었다. 영국 대 프랑스 그리고 오스트리아 대 프로이센의 숙적관계는 변함이 없으나. 오스트리아 계승전쟁 때 생긴 불신으로 말미암아 각국은 서로 동반자들을 과감하게 바꾸기 시작한 것이다. 전에 프리드리허 편을 든 프랑스는 전통적으로 적대시해온 함스부르크 가의 오스트리아와 손을 잡았다. 한편 영국의 권익을 방어하기를 꺼리는 오스트리아에 대해 불만을 품은 영국은 프로이센과 동맹을 맺었다. 또한 프리드리히를 증오한 러시아는 영국과 격별하고 프랑스 · 오스트리아 동맹에 가입했다. 이러한 파트너 바꾸기로 가장 어려운 처지에 빠진 나라는 프로이센이었다. 대륙 내에 동맹국을 두지 못한 프로이센은 오스트리아 · 프랑스 · 러시아 동맹세력에 둘러싸이게 되었다. 3국의 인구를 다 합하면 프로이센의 15배나 되었다. 동맹국 영국은 해상과 식민지에서 전쟁에 종사하느라 프로이센에 대해 직접적인 군사원조를 할 만한 여유가 없었다. 프리드리히 대왕은 위협을 극복하고 살아남을 수 있는 길은 선제공격밖에 없다고 생각했다. 적들이 규합하여 공격해 올 때까지 기다린다는 것은 멸망을 자초하는 일이었다. 그는 내선작전의 이점을 활용하여 신속하게 군대를 이동시켜 하나의 적을 격파하고 그 다음에 다른 적을 향해 공격했다.

1756년 프리드리히는 마리아 테레지아가 프로이센에 대한 전쟁 결행을 위한 음모를 꾸미고 있다는 여러 가지 증거를 입수했다. 그러자 곧 전에 슐레지엔을 침략할 때처럼 선전포고 없이 이번에는 작센 지방을 침략하고 7년 전쟁을 개시했다. 오스트리아가 볼 때는 침략전쟁이었으며, 프리드리히 입장에서는 물론 예방전쟁이었다. 그는 작센 지방을 쉽게 점령할 수 있었다. 작센 군대가 싸움을 피했기 때문이다. 그러나 점령하는 데는 성공했으나 결코 승리한 것은 아니었다. 오스트리아의 지연전에 말려들고 있었던 것이다. 프리드리히는 적이 전혀 예상치 못한 방법으로 나오는 데 대해 어찌할 바를 몰랐다. 1751년 프라하에서 그는 오스트리아군을 무찔렀으나 그해 후반에는 훨씬 증강된 적을 만나 패하고 말았으며 러시아군과의 전투에서 또다시 패했다.

이때 프로이센의 운명은 암담해 보였으나, 프리드리히에게 다행스러운 것은 첫째, 그의 군대가 여전히 질적으로 우수하고, 둘째, 적 지휘관들이 무능하다는 점이었다. 러시아 장군들은 겁이 많았고, 프랑스와 오스트리아 장군들은 대체로 너무 무능했다. 뿐만 아니라 프랑스는 대륙과 해상에서 양면전쟁을 수행해야 했으므로, 프로이센에 대해 전력을 투입하지 못했다. 한편 영국은 해상에서 눈부신 승리를 거두고 지중해와 대서양에서 프랑스 함대를 대파했다. 1757년 11월 프리드리히는 작센 지방의 로스바흐(Rossbach)에서 프랑스 · 오스트리아 동맹군에게 대승을 거둔 후 12월에는 슐레지엔 지방의 로이텐(Leuthen)에서 오스트리아 대군을 격파하는 쾌거를 이뤘다. 로이텐에서 프리드리히 군대는 결코 유리한 상황에 있었던 것은 아니었다. 오스트리아군은 84개 보병대대와 144개 기병대대, 총병력 7만 명과 210문의 대포를 보유하고 있었다. 이에 비해 프리드리히는 48개 보병대대. 128개 기병연대, 167문의 대포로 3만6천 명의 병력을 거느리고 있었으니, 정상적인 전투로는 이길 수 없었다. 그는 전에도 늘 그랬듯이 승리는 숫자로 결정되는 것이 아니라, 어느 쪽이 더 용기 있는가에 따라 결정된다는 사실을 부하들에게 강조하면서 자신의 전략을 믿고 용감하게 싸워줄 것을 당부했다.

프리드리히가 확신한 비장의 전략이란 이미 기원전 4세기에 그리스 테베의 장군 에파미논다스가 사용한 바 있는 사선진(斜線陳)전법이었다. 한쪽 날개는 접어두고 그 대신 다른 쪽 날개를 최대로 이용하여 공격하는 것이다. 물론 이러한 포진은 적에게 노출시키지 않고 있다가 결정적인 순간에 실천에 옮길 계획이었다. 12월 4일 오스트리아군은 북쪽의 니페른 늪지에서 로이텐을 거쳐 남쪽의 자그슈츠까지 뻗어 있는 약 9㎞ 전선에 걸쳐 있었다. 전선은 길지만 결코 느슨한 방어태세는 아니었다. 12월 5일 프리드리히는 서쪽에서부터 곧장 오스트리아 군 진영에 대하여 수직으로 진격하는 모습을 보였다. 그 계획은 좌익으로 오스트리아군 우익을 공격하는 척하다가, 주력을 보로나 고지 후방을 이용해 적의긴 전선을 따라 은밀히 행군하여 적 좌익을 집중 공격하는 것이었다.

프리드리히가 선봉부대를 내보내 오스트리아 군 우익을 공격하자, 그곳의 적 지휘관은 다급한 나머지 오스트리아 군 좌익에 도움을 요청했다. 프리드리히는 자기 계획대로 움직이는 적의 모습을 보고 쾌재를 올리지 않을 수 없었다. 프리드리히는 이제 주계획을 실행에 옮기기 시작했다. 4열종대를 2열종대로 바꾸고 지형과 안개를 이용하여 신속히 남쪽으로 행군했다. 그의 군대는 마치 사열을 받는 것처럼 정확한 작전행동을 통해 사선진 대형을 취했다. 오스트리아 지휘관들은 정면공격을 예상하고 있다가 느닷없이 남쪽에 나타난 프로이센 군 모습을 보고 몹시 흔들렸다. 총사령관 카를은 우익으로 보낸 병력을 되부르는 한편, 로이텐과 자그슈츠 사이의 평야로 대대들을 잇달아 투입했다. 오스트리아군은 결국 우왕좌왕하고 혼란스러운 상태에서 전투에 임하게 되었다.

프로이센군이 로이텐을 함락시키는 동안 북쪽의 오스트리아군은 그런 대로 잘싸웠다. 그러나 주도권을 빼앗긴 상태에서 잘싸우던 북군도 중앙 및 남쪽의 참패 소식을 듣고 나서부터는 그날 저물녘 모두 도주하고 말았다. 프리드리히는 사흘 동안 부근의 패잔병들을 철저히 소탕하고 약 2주 후에는 브로츨라프를 함락시킴으로써 슐레지엔 지방을 완전히 장악했다.

나폴레옹은 이 로이텐의 싸움을 가리켜

> "기동, 작전행동, 결단의 걸작품"이라고 평가하고, "이 전투만으로도 프리드리히는 불멸의 상징이다."

라고 말했다.

④ 전투결과

이 전쟁은 1763년 파리조약을 체결하면서 끝났다.

7년 전쟁 전투결과	
날 짜	1754년, 1756년~1763년
장 소	유럽, 북아메리카, 아프리카, 인도
결 과	프로이센 왕국과 그레이트브리튼 왕국의 승리
교전국	
프로이센 왕국 그레이트브리튼 왕국 헤세-카젤 브룬스비크 포르투갈 제국	오스트리아 제국 프랑스 제국 러시아 제국 작센 스웨덴 에스파냐

(2) 프랑스(나폴레옹)의 전쟁

역사적 배경

- 1796년/제너, 종두법 발견
- 1798년/맬서스, 〈인구론〉 저술 발표

■ 프랑스 혁명

프랑스 혁명(1789년 7월 14일 - 1794년 7월 27일)은 프랑스에서 일어난 시민 혁명이다. 프랑스 혁명은 엄밀히 말해 1830년 7월 혁명과 1848년 2월 혁명을 함께 일컫는 말이지만, 대개는 1789년의 혁명만을 가리킨다. 절대 왕정이 지배하던 프랑스의 구제도인 앙시앵 레짐(Ancien Regime)은 인구의 대다수를 차지하고 있던 평민들의 불만을 가중시켜 마침내 1789년에 봉기하게 되었다. 프랑스 혁명은 앙시앵 레짐을 무너뜨렸지만 혁명 후 수립된 프랑스 공화정이 나폴레옹 보나파르트(Napoleon Bonaparte)에게 쿠데타로 무너진 후 75년 동안 공화정, 제국, 군주제로 국가체제가 바뀌며 극도로 혼란한 정치적 상황이 지속되었고, 이어진 두 차례의 혁명은 대중적 인기를 얻지 못하였다.

프랑스 혁명은 크게 보면 유럽 대륙의 역사에서 정치적인 힘이 소수의 왕족과 귀족에서 시민에게 옮겨지는 역사적 과정의 전환점이라고 할 수 있다.

■ 절대주의시대 봉건적 신분제도, 농노제도 불합리한 과거의 제도에 의해 착취당한 시민이 1789년 "인권선언"을 통하여 자유로운 시민사회가 성립되고 귀족과 왕권은 붕괴되어 봉건적 폐습이 종말됨.

① 혁명전쟁(17912년 프랑스 입법호의가 오스트리아 · 프로이센에 대하여 선전포고한 전쟁)

프랑스 혁명이 일어나자 오스트리아 · 프로이센 혁명을 부인하고 자국에 혁명운동이 파급될까 두려워 프랑스 국민에 대하여 외부로부터 압력을 가하였으므로, 1792년 4월 20일 프랑스 입법회의가 선전포고하였다. 전쟁은 처음에 프랑스에 불리하였으나 농민을 주제로 한 의용군의 활약으로, 그해 9월 발미전투에서 승리를 거두고 11월에는 벨기에 · 라인강 좌안으로 진출하였다. 그러나 1793년 1월 루이 16세의 처형을 계기로 영국 · 에스파냐 · 네덜란드 · 이탈리아 등이 대프랑스 동맹에 가담함으로써, 프랑스는 완전히 고립되었다. 그러나 산악파의 지도하에 전시체제를 수립하고, 1793년 가을부터 다음해 봄에 걸쳐 각지에서 적을 격파하여 한때 동맹 측에 탈취된 땅을 거의 회복하였다. 최후로 오스트리아와 북이탈리아에서 전투 중에 혁명이 막을 내리고, 다음의 나폴레옹시대로 이어졌다.

② 나폴레옹 전쟁(1797 - 1815년 프랑스 혁명당시 나폴레옹 1세의 지휘 하에 유럽제국과 싸운 전쟁)

㉠ 전쟁 개괄

처음에는 프랑스혁명을 방위하는 전쟁의 성격을 띠었으나 차차 침략적인 것으로 변하여 나폴레옹은 유럽제국(諸國)과 60회나 되는 싸움을 벌였는데, 이것은 제2차 백년전쟁이라고도 할 수 있다. 여기에서는 혁명 그 자체에서 나온 조국과 국민의 영광이라는 형태로 변질된 내셔널리즘의 왜곡된 변질성을 찾아볼 수 있으나, 프랑스 국내에서는 나폴레옹이 혁명의 정치원리를 뒤엎고 군사독재(軍事獨裁)를 강화한 중산주의적(重商主義的)경쟁이 기본적인 성격을 띠고 있었으며, 침략받은 유럽 제국은 영국을 중심으로 대프랑스동맹을 결성하여 나폴레옹에 대한 항전을 계속하였다. 한편 프랑스혁명에서 탄생한 내셔널리즘은 나폴레옹전쟁을 계기로 유럽 각지에 확대되어 도리어 반(反)나폴레옹적인 각국의 매국주의 운동에 이어져 발전되었다.

그리하여 세계지배를 꿈꾸던 나폴레옹의 웅대한 시대착오적 야망은 전쟁의 실패로 무너졌으나, 그의 전쟁은 뜻밖에도 중대한 결과를 초래하였다. 그것은 19세기 역사의 주류를 형성하는 자유주의 · 국민주의의 전파 · 정복자의 구(舊)제도 폐지와 민주적 제도 · 입헌정치의 수립 · 혁명의 영향을 받은 프랑스 군인들에 의한 자유 · 평등 사상의 이식 등이 바로 그것이다. 따라서 결과적으로 자유주의의 확대는 민족의 독립과 통일을 요구하는 국민주의 운동으로 발전하였다.

※ 나폴레옹의 주요전투

■ 이집트 원정

1798년 5월 19일, 이집트를 향해 남프랑스에서 배로 떠난 나폴레옹의 군사행동. 원정의 동기는 이집트를 제압함으로써 인도에 진출한 영국을 견제하기 위한 의도로 원정군은 33척의 함대와 200여 척의 수송선단으로 이루어져 있었고, 3만여 명의 육군과 167명의 학자, 기술자를 태우고 지중해를 동쪽으로 진출하였다. 6월 10일 몰타 섬에 상륙하설 이 섬을 점령한 뒤, 7월 초 알렉산드리아에 상륙하여 카이로를 향해 진군했다. 현지의 맘루크기병의 격렬한 저항을 받았으나 화포의 위력으로 제압하고 7월 21일 나일강변의 도시 카이로에 입성했다. 입성하자 곧바로 군사정권을 수립했다. 나폴레옹은 현지인에게 유화정책(宥和政策)을 약속하고 이슬람교를 공인하였으며 투르크의 압제를 배제하는 한편 인민의 해방과 근대화를 추진하였다.

하지만, 입성한 지 얼마 안되어 아부키르 만(灣)에서 영국의 넬슨함대에 프랑스해군이 격멸되었기 때문에 본국과의 연락이 끊어져 고립되게 되었다. 이듬해인 99년 2월 나폴레옹은 시리아원정의 장도에 올랐다. 목표는 남하를 계획하는 투르크의 요충지를 격파하는 것이었다. 나폴레옹 군대는 물 부족과 페스트로 고통을 겪으면서, 하이파로 진군하여 아크레를 공격했으나 성공하지 못하고 이집트로 되돌아왔다. 기세등등한 투르크군은 7월 아부키르 만에 상륙했으나 프랑스군에 의하여 격퇴되었다. 99년 8월 말, 나폴레옹은 단독으로 이집트를 떠나서 본국으로 귀환했다.

■ 아부키르 전투(Battle of Aboukir)

1798년 8월 1일, 영국해군이 프랑스함대를 격멸한 해전, 아부키르 만은 이집트의 알렉산드리아에서 20km 떨어져 있다. 1798년 프랑스 혁명군 장군 나폴레옹 보나파르트는 영국의 무역항로를 방해하고 인도 지배를 위협할 목적으로 이집트 침략계획을 세웠다. 나폴레옹이 이끄는 대규모 프랑스 함대가 지중해에 있는 프랑스의 한 항구에서 출항하리라는 정보를 들은 영국정부는 영국함대 총사령관인 세인트빈센트 백작에게 명령을 내려 호레이쇼 넬슨 해군소장으로 하여금 툴롱 해역으로 정찰을 나가 프랑스 해군의 움직임을 감시하도록 했다. 넬슨이 탄 배는 폭풍에 돛대가 부러졌고, 그의 프리깃함들은 뿔뿔이 흩어진 채 지브롤터에 있는 영국군 기지로 돌아왔다.

그러나 세인트 빈센트 백작이 보낸 배들이 6월 7일 넬슨과 합류함으로써 넬슨 함대의 전력은 14척으로 보강되었다. 프랑스 함대는 영국의 전함을 교묘히 피하여 먼저 몰타로 항진했고 6월초에 영국에게서 이 섬을 빼앗았다. 몰타에서 1주일을 보낸 나폴레옹은 함대를 이끌고 주요목표인 이집트로 향했다. 그러는 사이 넬슨은 툴롱이 텅 빈 것을 발견하고 프랑스의 목적지를 정확하게 알아차렸다. 정찰용 프리깃함이 부족하여 프랑스 함대를 놓쳤으나, 프랑스 함대보다 먼저 이집트에 도착했다. 알렉산드리아 항이 비어 있는 것을 보고 서둘러 시칠리아 섬으로 돌아가 물자를 공급받은 넬슨은 프랑스 함대를 찾아낼 결심으로 다시 이집트로 갔다. 8월 1일 넬슨은 아부키르 만에 정박하고 있던 프랑수아 폴 브뤼에스 데겔리에르 제독이 지휘하는 13척의 전함과 4척의 호위함으로 이루어진 프랑스 본대를 찾아냈다. 해가 지기까지 몇 시간밖에 남지 않았고 브뤼에스의 배들은 아부키르 섬의 해안 포대가 측면을 방어하고 있는 모래 만에 안전하게 정박해 강력한 방어태세를 갖추고 있었으나, 넬슨은 기습공격을 명령했다. 영국전함 몇 척은 프랑스 전함의 앞쪽을 돌아 안으로 파고들어 그들의 뒤쪽을 공격했다. 치열한 싸움이 계속되는 가운데, 넬슨은 머리에 부상을 입었다. 전투는 오후 10시경 고비에 이르렀다.

그때 정박해 있던 함대 가운데 가장 크고 120개의 포를 갖춘 브뤼에스의 기함(旗艦)이 제독을 비롯한 대부분의 병사들과 함께 파괴되었다. 밤새도록 전투를 계속해 마침내 2척의 전함을 제외한 프랑스 해군의 모든 전함이 파괴되거나 나포되었다. 영국군은 약 900명의 사상자를 냈고 프랑스군은 그 10배에 이르는 사상자를 냈다. 나일 강 전투는 여러 가지로 중요한 영향을 미쳤다. 이 전투 때문에 나폴레옹군은 이집트에서 고립당해 결국 붕괴되었다. 또한 영국은 적절한 때에 프랑스에게서 몰타를 되찾게 되어 위신을 세웠고 지중해 통제권을 확보했다.

■ 마렝고 전투(Battle of Marengo)

제2차 동맹전쟁 때 나폴레옹이 프랑스에 대항한 유럽 국가들에게 가까스로 이긴 전투(1800. 6. 14). 이탈리아 북부 알렉산드리아에서 남동쪽으로 5㎞ 정도 떨어져 있는 마렝고 평원에서 나폴레옹이 이끄는 프랑스군 약 2만 8,000명과 미하엘 프리드리히 폰 멜라스 장군이 이끄는 오스트리아군 3만 1,000명이 싸웠다.

이 전투로 프랑스는 민초 강까지 으르는 롬바르디아를 점령했고 나폴레옹은 파리에서 군사적 · 국민적 위신을 높일 수 있었다.

■ **트리팔가해전(Battle of Trafelgar)**

1805년 10월 21일 이베리아반도 남서부 트라팔가 곶의 난바다에서 넬슨의 영국함대가 빌뇌브 제독이 지휘하는 프랑스 · 에스파냐 연합함대를 격파한 해전. 에스파냐의 항구 카디스에 정박 중인 빌뇌브의 함대가 나폴리로 출격중이라는 사실을 알아차린 넬슨은 카디스 근처의 트라팔가곶 난바다에서 대기하고 있었다. 전함 33척으로 편성된 빌뇌브의 함대는 영국함대를 확인하자 북쪽으로 침로를 바꾸었다.

이에 대하여 넬슨은 27척의 영국함대를 자신이 직접 인솔하는 15척과 부사령관 콜링우드가 지휘하는 12척의 2대로 나누고, 기함 빅토리 호에 〈영국은 각자가 의무를 다할 것을 기대한다〉라는 신호기를 내걸고 서쪽에서 접근하여 적함대를 공격 하였다.

그 결과 영국함대는 침몰함 0척, 전사자 약 1600명인 데 비하여 적함 격침 5척, 포획 17척, 전사자 약 8000명이라는 대승리를 거두었으나, 넬슨은 전사하였다. 이 해전으로 나폴레옹은 영국 상륙을 단념하였다.
(※넬슨 : 47세때 빅토리아호에서 사망. 세인트폴 성당 안치. 프랑스 저격수에 의해 왼쪽눈 실명)

■ **아우스터리츠 전투(Battle of Austerlitz) – Battle of Three Emperors라고도 함.**

제3차 유럽 동맹전쟁의 첫 번째 전투(1805. 12. 2) 나폴레옹이 가장 큰 승리를 거둔 전투의 하나로서 6만 8,000명의 나폴레옹이 명목상 쿠투조프 장군의 지휘 하에 있는 9만여 명의 러시아-오스트리아 동맹군을 물리쳤다.

■ **예나 전투(Battle of Jena) – 일명 예나-아우어슈테트 전투.**

나폴레옹 전쟁 당시 작센 지방의 예나와 아우어슈테트에서 벌어진 전투(1806. 10. 14). 12만 2000명의 프랑스 군대와 11만 4,000명의 프로이센 · 작센 군대가 맞붙은 이 전투에서 나폴레옹은 프리드리히 2세 시대의 프로이센 구식군대를 격파했고, 그 결과 1807년 7월 틸지트 조약에 따라 프로이센의 영토는 절반으로 줄어들었다.

■ **아일라우 전투(Battle of Eylau)**

나폴레옹 전쟁 중 러시아의 제3차 대(對) 프랑스 동맹 때 벌어진 전투(1807. 2. 7-8). 쾨니히스베르크(지금의 러시아 칼리닌그라드)에서 남쪽으로 37km 떨어진 도시 아일라우(지금의 러시아 바그라티오노프스크) 근처에서 벌어졌으며 나폴레옹이 처음으로 고전한 전투이다. 러시아군이 기습적인 겨울 공세를 벌인 직후 레온티 레온티예비치 베니히센이 이끄는 7만 6,000명의 러시아-프로이센 동맹군은 나폴레옹 군 7만 4,000명과 맞섰다. 첫번째 전투는 2월 7일 갑자기 벌어져 양쪽이 각각 사상자 4,000명 정도를 냈을 뿐 성과없이 끝났다. 2월 8일 아침 나폴레옹은 병사 4만 1,000명만 거느린 채 증원 군이 도착할 때까지 지연작전을 쓰면서 러시아군 6만 3,000명과 싸웠다. 나폴레옹은 기병대의 공격으로 러시아군의 진격을 막으려 했으나 눈보라로 앞이 안 보여 제1차 공격은 엄청난 손실을 입고 실패했다.

■ **반도 전쟁(半島戰爭 Peninsular War)**

나폴레옹 전쟁 가운데 이베리아 반도에서 벌어졌던 전쟁(1808-14). 프랑스군과 이에 맞선 영국 · 스페인 · 포르투갈 동맹군이 싸움을 벌였다. 결과적으로 이 전쟁은 나폴레옹의 몰락을 크게 부채질하게 되었지만 1813년까지 스페인과 포르투갈에서 벌인 전투들은 많은 희생을 치렀음에도 중부 · 동부 유럽에서 프랑스의 세력 확대를 막는데 직접적인 영향을 미치지는 못했다. 영국은 1793-1814년 대륙에서 벌어진 전쟁에 별다른 성과를 거두지 못했기 때문에 반도전쟁에 참가했고, 아서 웰즐리 영국군 사령관은 이 전쟁의 승리로 행운을 잡았으며 나중에 웰링턴 공작이 되었다.

■ **바그람 전투(Battle of Wagram)**

나폴레옹이 오스트리아와 싸워 승리를 거둔 전투(1809. 7. 5-6). 오스트리아는 프랑스의 독일 점령에 맞서 일으켰던 1809년 전쟁을 종결짓는 쇤브룬 조약(1809. 10)에 서명하기에 이르렀다. 프랑스 군대와 여러 민족으로 구성된 15만 4,000명의 병력을 갖춘 나폴레옹 군대와 카를 대공이 이끄는 15만 8,000명의 오스트리아 군대가 빈의 북동쪽에 있는 마흐펠트 평원에서 전투를 벌였다. 카를은 바그람 마을을 중심으로 23km에 걸쳐 병력을 배치하고 프랑스군의 공격을 기다렸다. 나폴레옹은 카를 대공의 형, 요한 대공이 이끄는 3만 명의 증원 군이 도착하기 전에 공격하기로 결정했다. 7월 5일 저녁 도나우 강을 무사히 건넌 나폴레옹군은 드문드문 늘어선 오스트리아 진영을 서둘러 공격했지만 패퇴했다. 7월 5일 아침 카를은 프랑스군의 도나우 강 접근을 차단하고 남쪽 진영을 포위하기 위해 남쪽을 공격해왔다. 나폴레옹은 루스바흐 브루크를 따라 늘어선 오스트리아 전선 북쪽을 주요 공격목표로 삼았으며 프랑스군의 남쪽 진영을 강화시킴으로써 오스트리아군의 공격을 물리쳤다. 이 전투에서는 어떤 전투보다도 치열한 포격전이 벌어져 많은 사상자가 생겼는데 오스트리아는 4만 명 이상, 프랑스는 약 3만 4,000명이 죽거나 다쳤다. 4일 뒤 카를은 휴전을 요청했다.(1809년 7월 바그란 전투 결과 오스트리아와 프랑스가 1809년 10월 14일 쉰브룬/Treaty of Schonbrumm에서 조약체결)

■ 모스크바 원정

1812년 시작된 나폴레옹 1세의 러시아 원정. 나폴레옹은 1806년 2월 베를린 칙령으로 대륙봉쇄를 선언하고, 다음해 틸지트조약에 의해 러시아에게도 협력할 것을 요구했지만, 곡물 수출국인 러시아가 불응하자 12년 54만의 대군을 이끌고 러시아에 대한 공격을 시작하였다. 병력의 반은 폴란드, 오스트리아, 독일, 이탈리아, 에스파냐 등의 동맹국 군대였다. 러시아는 스웨덴 · 영국 · 에스파냐 등과 동맹을 맺고 바르클라이 데 톨리 장군 휘하의 제1서부군, 바그라치온 장군의 제2군 그리고 토프만프 장군의 제3군 등 약 23만을 이끌고 방위에 나섰다. 그해 6월 24일 네만 강을 건너 나폴레옹군은 빌나 · 스몰렌스크를 거쳐 계속 진격해 총사령관 쿠월 14일 모스크바에 입성하였다. 그러나 나폴레옹의 평화교섭 제의는 알렉산드르 1세에 의해 무시되고, 또 모스크바가 원인불명의 대화재로 초토화되어 식량이 부족할 뿐 아니라 겨울도 다가와 나폴레옹은 10월 19일 모스크바 철수를 단행하지 않을 수 없었다. 퇴각은 러시아군의 추격과 농민의 게릴라 공격으로 비참했으며, 마네 강을 건너 도망쳐 온 군사는 겨우 2만 5000명에 지나지 않았다. 포로 10만을 포함하여 55만 명을 이 원정으로 잃었다고 한다. 모스크바원정은 2년 후 나폴레옹 몰락의 원인이 되었다.

■ 보로디노 전투(Battle of Borodino)

나폴레옹 전쟁 때 모스크바 서쪽 110km 지점의 모스크바 강 근처에서 벌어진 프랑스와 러시아의 치열한 전투(1812, 9, 7). 이 전투에서 프랑스군은 대포 600문 이상의 장비를 갖춘 12만 러시아군을 상대로 13만 병력과 대포 500문 이상을 갖추고 승리함으로써 모스크바에 입성했다.

■ 라이프치히 전투(Battle of Leipzig) – 일명 Battle of the Nations.

독일과 폴란드에 남아있던 프랑스 병력을 완전히 격파함으로써 나폴레옹에게 결정적인 패배를 안긴 전투(1813. 10. 16-19). 약 18만 5,000명에 달하는 나폴레옹 휘하의 프랑스 및 기타 군인들과 약 32만 명의 동맹군이 작센 지방 라이프치히에서 교전했다. 나폴레옹은 1812년 러시아에서 퇴각한 후, 1813년 독일에서 새로이 공격을 개시했다. 그러나 그의 군대는 베를린 점령에 실패하고 엘베 강 서쪽으로 철수해야 했다. 동맹군이 라이프치히를 통과하는 나폴레옹의 병참선을 위협하자 그는 그 도시에 병력을 집결시켜야 했다. 10월 16일에 남쪽에서 슈바르첸베르크가 이끄는 7만 8,000여 명의 부대의 공격과 북쪽에서 블뤼허가 이끄는 5만 4,000여 명의 부대의 공격을 성공적으로 저지할 수는 있었으나 어느 쪽도 결정적으로 패배시키지 못했다. 17일 전투가 잠시 멈추었을 때 베니히센과 베르나도트의 부대가 도착해서 그를 포위한 군대 수는 증가했다. 18일 30만 명 이상의 동맹군이 공격을 위해 라이프치히 주변에 모였다. 9시간 동안 격전을 벌인 끝에 프랑스군은 도시 외곽지역으로 몰렸고 19일 오전 2시 나폴레옹은 엘스터 강을 가로지르는 유일한 다리를 건너 서쪽으로 후퇴하기 시작했다. 오후 1시 모두가 무사히 건넜으나 동맹군의 공격 위협도 없고 아직 퇴각하는 프랑스 군대로 붐비고 있던 때에, 놀란 하사 1명이 다리를 폭파시켰다. 이 폭파로 인해 3만 명의 후위군(後衛軍)과 부상군인들이 라이프치히에 갇혔고 이튿날 모두 포로가 되었다. 프랑스군은 3만 8,000명의 사상자를 냈으며 동맹군측은 총 5만 5,000명의 사상자를 냈다. 나폴레옹 전쟁(1800-15)중 가장 격렬했던 전투에 속하는 이 전투로 라인 강 동부의 프랑스 제국은 붕괴되었다.

■ 워털루 전투(Battle of Waterloo)

나폴레옹이 최후의 패배를 겪은 전투(1815. 6. 18). 이로써 프랑스와 유럽 국가들 간의 23년에 걸친 오랜 전쟁이 끝났다. 이 전투는 나폴레옹이 복귀한 백일천하 때 워털루(브뤼셀에서 15km 남쪽에 있음) 남쪽 5km 지점에서 나폴레옹의 7만 2,000명 병력과 웰링턴 공작의 동맹군 6만 8,000명(영국 · 네덜란드 · 벨기에 · 독일 군대) 및 게프하르트 레베레히트 폰 블뤼허의 주력 부대인 약 4만 5,000명의 프로이센군 사이에 벌어졌다. 나폴레옹 군 원수인 미셸 네와 에마뉘엘 드 그루시는 리니에서 프로이센군물 물리치고, 6월 16일 워털루 남쪽에서 벌어진 전투에서 웰링턴을 카트르브라에 묶어둔 후 적이 분산되어 있을 때 공격해 섬멸하는 데 실패했다. 나폴레옹의 총병력 10만 5,000명 중 약 1/3에 해당 3만 3,000명을 거느린 그루시는 뒤늦게 블뤼허를 추격했다.

6월 18일 그루시는 와브르에서 블뤼허 후위군 1만 7,000명의 저지를 받았으며 그동안 블뤼허의 주력부대는 위기를 벗어나 웰링턴 군대와 다시 합류해 13km 남서쪽에 있는 워털루에서 전투의 대세를 바꾸어놓았다 나폴레옹은 워털루에서 아침에 웰링턴 군대를 공격하기로 했던 것을 땅이 마르는 정오로 연기하는 중대한 과오를 저질렀는데, 바로 이 때문에 블뤼허 군대는 워털루에 도착해 웰링턴 군대를 지원할 시간을 벌 수 있었다. 오후 6시에 이미 4차례에 걸쳐 프랑스군은 동맹군 중심부를 약화시켜 돌파구를 마련하려 했으나 모두 실패했다. 그 이유는 프랑스군 보병과 기병 사이에 전혀 손발이 맞지 않았기 때문이었다. 그동안 또 다른 전투가 벌어졌는데 여기서도 프랑스 군대는 블뤼허 군대의 카를 폰 뷜로 군단소속인 3만 명의 프로이센군을 맞아 열세를 면하지 못했다. 프로이센군은 워털루에 당도해 나폴레옹군의 동쪽에서 압력을 가해왔다. 프로이센 병력이 후미로 진군하는 것을 막기 위해 나폴레옹은 로보 백작 조르주 무통이 이끄는 부대를 이동시키고 웰링턴 군대를 상대하던 주력 부대에서 편 개의 근위대대를 이동시켜야 했다. 마침내 오후 6시 네가 보병 · 기병 및 포병 합동공격을 개시해 동맹군 전선 중앙의 한 농가인 라에생트를 함락했다. 프랑스 포병들은 동맹군 중심부에 포격을 시작했다. 결전의 순간이 다가왔다. 웰링턴 군대가 막대한 손실을 입었기 때문에 프랑스군의 공격이 더욱 거세질 수도 있었으나 나폴레옹은 프로이센군의 측면공격을 막는 데 여념이 없었기 때문에 프랑스군의 공격이 더욱 거세질 수도 있었으나 나폴레옹은 프로이센군의 측면공격을 막는데 여념이 없었기 때문에 네이의 보병 증원 요청을 받아들이지 않았다. 오후 7시가 지나 측면을 안전하게 하고 나서야 나폴레옹은 근위대 몇 대대를 네이에게 보냈다. 그러나 이미 웰링턴은 폰 차이텐이 지휘하는 프로이센군의 지원을 받아 방어태세를 재정비한 뒤였다. 네이는 근위대 일부 병력과 다른 몇 개 부대를 지휘해 연합군에 대한 최후 공격에 나섰다. 빽빽이 늘어섰던 근위대 보병은 동맹군 보병의 화력에 밀려 뿔뿔이 흩어졌다. 동맹군의 총진군이 시작되었고 동쪽에서는 프로이센군이 공격을 개시한지 15분 만인 오후 8시에 근위대가 퇴각했다. 프랑스군은 공포에 휩싸여 이리저리 후퇴하기 시작했으며, 프로이센군은 프랑스군을 추격했다. 나폴레옹 군대 중 2만 5,000명이 사상당하고, 9,000명이 포로가 되었다. 웰링턴 군대는 1만 5,000명, 블뤼허 병력은 약 8,000명이 사상당했다. 4일 후 나폴레옹은 2번째로 퇴임했다.

▶▷쉬어가기 - 나폴레옹

이름 : Nappoleon Bonaparte

생년월일 : 1769

제사일 : 1821

재능 : 제갈공명에 버금가는 유럽의 뛰어난 전술가

업적 : 자유, 평등, 박애의 프랑스 혁명정신을 전 유럽에 전파

출간책 : 나폴레옹 법전

성격 : 권력사랑, 싸우면 이긴다.

혁명전쟁 출전 연설문

“장병여러분! 여러분은 헐벗고 굶주린 상태에 있습니다. 정부는 여러분에게 많은 빚을 졌습니다만 아무것도 줄 수 없는 형편입니다. 이런 난관 가운데 여러분이 지금까지 보여준 용기와 인내는 참으로 감탄할 만합니다. 그러나 여러분들에게는 아무런 조그만 영광도 얻은 것이 없습니다. 본인은 지구상에서 가장 비옥한 평야로 여러분을 안내하겠습니다. 풍요로운 지방과 부유한 도시 모두를 여러분은 마음대로 차지할 수 있습니다. 그곳에서 명예와 영광과 재산을 발견할 것입니다. 장병 여러분! 여러분에게 용기와 인내가 부족합니까?”

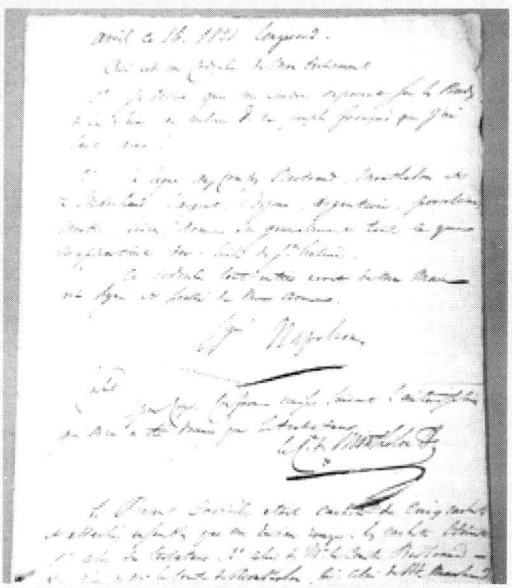

1821년 4월 16일((사망 19일 전) 작성한 유언장에 ‘죽음이 가까워 오는 것을 느낀다. 내가 죽으면 유해를 사랑하는 프랑스 시민들이 보는 앞에 센 강에 뿌려달라’는 말을 남겼다.

나폴레옹 일대기

1769년 코르시카 섬 아자치오 출생

1784년 파리사관학교 입학

1785년 포병 소위 입관

1791년 대위로 혁명군 가담

1793년 툴롱 폭등 진압, 준장 승진

1794년 로베스피에르의 몰락 이후 투옥

1795년 육군 복직 왕당파 반란 진압

1796년 이탈리아 원정군 총사령관에 임명

1796년 조세핀과 결혼

1798년 이집트 원정

1799년 쿠데타 성공, 제1통령이됨

1800년 종신통령이 됨

1804년 황제로 즉위

1805년 울름과 아우스터리츠 전투에서 승리

1806년 예나와 아우엘슈타트 전투에서 승리

1806년 대륙봉쇄령

1807년 프랑스 · 프러시아 · 러시아 · 탈지트 조약 체결

1808년 스페인 원정

1811년 조세핀과 이혼, 마리 루이즈와 결혼

1812년 러시아 원정 패퇴

1815년 엘바섬 탈출, 100일 천하 황제로 복귀

1815년 워털루 전투에서 패배

1821년 유배지 세인트 헤레나에서 사망

땅꼬마 나폴레옹 ??

나폴레옹을 땅 꼬마라고 부르는데...

나폴레옹 키는 170cm 정도(5피트 6인치 정도로 영, 미식 피트환산에 따라 차이)이지만 빈약한 체격과 영. 미식 피트 환산 차에 따른 외교적 심리전 과 180cm가 넘는 근위병 사이에 나타난 상대적 모습이 땅꼬마 나폴레옹으로 알려진 것 같다.

전장에서 그는 병사들과 똑같이 차디찬 주먹밥을 머고, 25kg의 배낭을 메고 하루 26km를 행군하는 카리스마를 넘치는 리더십을 보이기도 하였다고 한다.

세계 대전

1. 세계 대전 개관

1) 제1차 세계 대전 연표 (1914년 7월 28일~1918년 11월 11일)

1914년

(1) 06월 28일 : 오스트리아-헝가리의 왕위계승자 F. 페르디난트 부부, 사라예보에서 암살당함.

(2) 07월 28일 : 오스트리아-헝가리, 세르비아에 선전 포고.

(3) 07월 30일 : 러시아, 총동원령 발표, 독일, 러시아에 총동원령 취소를 요청하였으나 거부당함.

(4) 08월 01일 : 독일, 대(對) 러시아 선전 포고.

(5) 08월 02일 : 룩셈부르크가 독일 제국에 점령됨. 독일제국은 벨기에에 영토 통과를 요구하나 거부당함. 그 대신 오스만제국 사이에 비밀 동맹 조약 조인.

(6) 08월 03일 : 독일, 프랑스에 선전포고, 독일, 슐리펜계획에 따라 벨기에로 진격

(7) 08월 04일 : 독일, 중립국가인 벨기에에 선전포고 후, 점령(루벵 시 학살 사건). 영국이 이에 대한 대응으로 독일에 선전포고. 미국, 중립선언, 아프리카의 라이베리아, 독일에 선전 포고.

(8) 08월 05일 : 오스트리아-헝가리, 러시아에 선전 포고. 독일, 벨기에의 리에주 요새를 공격, 몬테네그로, 오스트리아-헝가리에 선전 포고.

(9) 08월 06일 : 세르비아, 독일에 선전 포고.

(10) 08월 08일 : 몬테네그로, 독일에 선전 포고.

(11) 08월 10일 : 오스트리아-헝가리, 프랑스에 선전 포고.

(12) 08월 12일 : 영국, 오스트리아-헝가리에 선전 포고.

(13) 08월 15일 : 일본, 독일군함의 동아시아 철수와 자오저우만의 독일조차지 인도를 요구하는 최후통첩 보냄.

(14) 08월 23일 : 독일, 프랑스 파리 점령. 일본, 독일에 선전 포고.

(15) 08월 25일 : 일본, 오스트리아-헝가리에 선전 포고.

(16) 08월 26일 : 독일, 타넨베르크 전투에서 러시아군 섬멸(~8월 30일).

(17) 08월 28일 : 오스트리아-헝가리, 벨기에에 선전 포고.

(18) 09월 03일 : 프랑스 정부, 파리에서 보르도로 이동.

(19) 09월 05일 : 프랑스, 영국, 러시아간의 동맹 성립, 런던선언 발표.

(20) 09월 06일 : 프랑스의 마른강에서 프랑스의 반격, 마른강 전투 시작.

(21) 09월 11일 : 독일의 프랑스 진공군, 엔강까지 후퇴, 서부전선 교착.

(22) 09월 19일 : 영국, 독일령 남서아프리카에 상륙.

(23) 10월 09일 : 앤트워프 포위에 벨기에가 독일에 점령당함.

(24) 10월 14일 : 일본, 독일령 남양 제도 점령.

(25) 10월 29일 : 오트만 제국, 러시아의 오데사와 세바스토폴 포격.

(26) 11월 02일 : 러시아, 오스만제국에 선전 포고, 세르비아, 오스만제국에 선전 포고.

(27) 11월 05일 : 프랑스와 영국, 오스만제국에 선전 포고.

(28) 11월 22일 : 영국, 페르시아 만 연안의 바스라 공략.

(29) 12월 08일 : 영국과 독일해군, 아르헨티나의 포클랜드 제도 부근에서 교전, 독일 대패.

(30) 12월 25일 : 영국과 독일, 벨기에 땅에서 크리스마스 정전을 맺다.

1915년

(31) 03월 18일 : 영국과 프랑스, 다스다넬스 해협 포격.

(32) 04월 22일 : 이페르(벨기에) 전투(~5.25)에서 독일군이 근대 이후 최초로 독가스 사용.

(33) 04월 24일 : 오스만 제국이 미국을 연합군의 협력자로 인식하고 미국인에 대한 강제 추방과 사형을 집행함.

(34) 04월 25일 : 갈리폴리 전투 시작. 영국-프랑스 패배.

(35) 04월 26일 : 런던 밀약, 연합국 측이 이탈리아에 참전의 대가로 남티롤 등의 제공을 약속.

(36) 05월 03일 : 이탈리아, 삼국동맹 조약 파기.

(37) 05월 07일 : 영국 상선 루시타니아 호, 독일 잠수함에 첫 번째로 격침, 128명의 미국인 승객 사망.

(38) 05월 23일 : 이탈리아, 오스트리아-헝가리에 선전포고.

(39) 06월 03일 : 산마리노, 오스트리아-헝가리에 선전포고.

(40) 08월 17일 : 영국 상선 아라빅 호, 독일 잠수함에 두 번째로 격침되어 2명의 미국인 승객 사망.

(41) 08월 28일 : 이탈리아, 오스만제국에 선전 포고.

(42) 09월 18일 : 독일 정부, 미국 정부의 항의로 잠수함 작전의 자제 결정(아라빅 서약).

(43) 10월 11일 : 불가리아, 동맹국 측에 가담.

(44) 10월 19일 : 러시아 제국, 불가리아에 선전 포고.

(45) 10월 24일 : 영국의 이집트 주재 고등 판무관 맥마흔, 아랍왕국의 독립을 약속한 맥마흔 서한을 메카의 칼리프 후세인에게 전달(후세인-맥마흔 협정).

1916년

(46) 01월 05일 : 영국, 의무 징병법 제정.

(47) 03월 09일 : 독일, 포르투갈에 선전 포고. 포르투갈, 전쟁 반대 선언.

(48) 03월 15일 : 오스트리아-헝가리, 포르투갈에 선전 포고. 포르투갈, 전쟁 불참 선언 (후에 포르투갈은 영국의 요청으로 연합국에 가담).

(49) 03월 24일 : 프랑스 선발 사섹스 호, 영불해협에서 세 번째로 독일 잠수함에 격침. 미국인 승객 부상당하여 미국 · 독일 관계 악화.

(50) 05월 04일 : 독일, 잠수함작전 자제 재약속으로 미국과의 관계 수복 기도.

(51) 05월 16일 : 사이크스-피코 협정 최종 체결.

(52) 05월 31일 : 유틀란트 해전발발(~6월 1일). 영국 해군 14척 11만 톤, 독일 해군 11척 6만톤을 유실하였으나 영국은 계속 제해권을 가짐.

(53) 06월 24일 : 솜 전투 시작(~11월 18일). 독일군은 30만 명이 전사했으며 영국-프랑스 연합군은 60만 명이 전사하였다.

(54) 07월 03일 : 제4차 러 · 일 협약 성립.

(55) 08월 27일 : 루마니아 오스트리아-헝가리에 선전 포고.

(56) 08월 28일 : 이탈리아, 독일에 선전 포고.

(57) 08월 30일 : 오스만 제국, 루마니아 왕국에 선전 포고(단독으로 루마니아와 전쟁을 벌이기도 했다).

(58) 09월 01일 : 불가리아 왕국, 루마니아 왕국에 선전 포고.

(59) 09월 15일 : 빌헬름 2세, 루마니아 왕국에 대한 선전포고를 총리에게 요구.

(60) 09월 18일 : 영국군, 솜전투에서 역사상 최초로 전차 투입.

(61) 10월 16일 : 프랑스, 불가리아에 선전 포고.

(62) 11월 21일 : 오스트리아-헝가리의 황제인 프란츠 요제프 1세가 질병으로 세상을 떠나 카롤리 1세가 즉위한다.

(63) 12월 12일 : 독일 총리 T.T.F.A. 베트만 홀베크, 동맹국 측에 강화 제안 발표.

1917년

(64) 01월 16일 : 독일, 멕시코에 멕시코가 동맹국을 도와줄 경우, 후에 "미국에게 빼긴 영토의 재탈환을 도와주겠다."는 내용의 치머만 전보 전달.

(65) 01월 22일 : 미국의 우드로 윌슨 대통령, 승리 없는 평화 제안

(66) 02월 03일 : 미국, 독일과의 국교 단절.

(67) 02월 26일 : 미국 상선 라코니아 호, 네 번째로 독일 잠수함에 침몰됨.

(68) 03월 14일 : 시암과 중국, 독일과의 국교 단절.

(69) 04월 06일 : 미국, 독일에 선전 포고.

(70) 04월 07일 : 쿠바와 파나마, 독일에 선전 포고.

(71) 04월 11일 : 브라질, 독일과의 국교 단절.

(72) 04월 13일 : 볼리비아, 독일과의 국교 단절.

(73) 04월 16일 : 블라디미르 레닌, 망명지 취리히로부터 귀국.

(74) 04월 17일 : 레닌, 4월 태제 발표.

(75) 04월 23일 : 오스만 제국, 미국과의 국교 단절.

(76) 04월 26일 : 영국 총리 D. 로이드 조지, 영국 해군에게 상선호송 실시 명령.

(77) 06월 27일 : 그리스, 전 동맹국에 선전 포고.

(78) 07월 19일 : 독일 국회, 평화결의안 가결함.

(79) 07월 22일 : 시암, 독일과 오스트리아-헝가리 선전 포고.

(80) 08월 14일 : 중화민국, 독일과 오스트리아-헝가리 선전 포고.

(81) 09월 21일 : 코스타리카, 독일과의 국교 단절.

(82) 10월 06일 : 페루, 독일과의 국교 단절

(83) 10월 07일 : 우루과이와 아르헨티나, 독일과의 국교 단절.

(84) 10월 26일 : 브라질, 독일에 선전 포고.

(85) 11월 07일 : 러시아의 러시아 혁명(10월 혁명, 11월 혁명)발발.

(86) 11월 08일 : 러시아의 레닌, 평화에 관한 포고 발표.

(87) 11월 16일 : G.클레망소, 프랑스 총리에 취임. 친독파에 대한 탄압 시작.

(88) 11월 26일 : 소비에트 정권, 모든 러시아군에게 정전 명령.

(89) 12월 06일 : 미국, 오스트리아-헝가리에 선전 포고.

(90) 12월 08일 : 에콰도르, 독일과의 국교단절.

(91) 12월 10일 : 파마나, 오스트리아-헝가리에 선전 포고.

(92) 12월 22일 : 러시아와 동맹국 측, 브레스트리토프스크에서 강화교섭 시작.

1918년

(93) 01월 08일 : 미국의 우드로 윌슨, 평화 14개조 발표.

(94) 01월 28일 : 핀란드, 러시아로부터의 독립 요구.

(95) 02월 10일 : 브레스트리토프스크에서의 강화교섭 중단, 소비에트 대표 L.트로츠키가 전쟁 종결 선언 후 철수.

(96) 02월 18일 : 독일, 러시아에 공격 재개.

(97) 02월 23일 : 소비에트 정부, 독일의 새로운 강화 조건 수락 결정.

(98) 03월 03일 : 소비에트 정부, 독일 측과 브레스트리토프스크에서 강화조약을 맺음. (그러나 이 조약은 러시아의 보수파나 멘셰비키들에 "러시아가 독일에게 항복하였다." 라는 비난을 받았다. 이때부터 1920년까지 러시아에 내전이 시작되었다.)

(99) 03월 21일 : 독일군, 미하르작에 의해 영국군에 대공세 시작, 제 2차 솜 전투 시작.(~4월 5일)

(100) 04월 23일 : 과테말라, 독일에 선전포고.

(101) 05월 07일 : 루마니아 왕국, 연합국 중 유일하게 동맹국에 항복(굴욕적인 부쿠레슈티 강화 조약까지 맺음).

(102) 05월 08일 : 니카라과, 독일과 오스트리아-헝가리에 선전 포고.

(103) 05월 23일 : 코스타리카 독일에 선전 포고.

(104) 07월 12일 : 아이티, 독일에 선전 포고.

(105) 07월 19일 : 온두라스, 독일에 선전 포고.

(106) 09월 30일 : 불가리아 왕국, 연합국에 항복.

(107) 10월 30일 : 오스만 제국, 연합국에 항복.

(108) 11월 03일 : 오스트리아-헝가리, 연합국에 항복, 독일제국, 혁명이 일어남.

(109) 11월 09일 : 독일 제국 카이저 빌헬름 2세가 퇴위함과 동시에 네덜란드로 망명함.

(110) 11월 11일 : 독일 제국 항복, 휴전 협정과 동시에 전쟁 종료.

2) 제2차 세계대전 연표

1939년

(111) 09월 1일 : 독일, 폴란드 침공. 제2차 세계대전 발발.

(112) 09월 3일 : 영국-프랑스, 독일에 선전 포고.

(113) 09월 17일 : 소련군, 폴란드 침입.

(114) 09월 27일 : 독일, 바르샤바 점령, 항전에 참여한 폴란드인을 체포함.

(115) 09월 28일 : 독일-소련 경계 설정, 우호 조약으로 폴란드 분할, 소련, 핀란드에 영토 통과를 요구하였으나 거절당함.

(116) 11월 30일 : 소련, 핀란드 침입(겨울전쟁), 영국과 스웨덴이 핀란드를 지원함.

1940년

(117) 03월 12일 : 겨울전쟁 종료

(118) 04월 09일 : 독일, 덴마크를 점령하고, 노르웨이 침략(배저 작전)

(119) 05월 10일 : 영국, 윈스턴 처칠 거국내각 수립.

(120) 05월 11일 : 독일, 프랑스 전역공격 개시, 베네룩스 공격 개시, 룩셈부르크 항복.

(121) 05월 15일 : 네덜란드, 독일에 항복.

(122) 05월 28일 : 벨기에, 독일에 항복.

(123) 06월 04일 : 영국-프랑스군, 되케르크 철수 작정 성공.

(124) 06월 10일 : 노르웨이, 독일에 항복. 이탈리아, 프랑스에 선전 포고.

(125) 06월 14일 : 독일군, 파리 입성.

(126) 06월 22일 : 프랑스, 독일에 항복.

(127) 07월 19일 : 미국 해군대확장법 제정.

(128) 08월 01일 : 히틀러, 영국 침략 준비 명령(바다사자 작전), 영국 항공전 개시.

(129) 08월 06일 : 소련, 에스토니아, 라트비아, 리투아니아 합병.

(130) 09월 27일 : 독일, 이탈리아, 일본, 추축국에 조인.

(131) 12월 18일 : 히틀러, 바바로사 작전 준비 명령.

1941년

(132) 01월 06일 : 프랭클린 루스벨트 미국 대통령, "4개의 자유" 연설

(133) 03월 11일 : 미국, 랜드리스 제정.

(134) 04월 06일 : 독일, 유고슬라비아 침공

(135) 04월 17일 : 유고슬라비아, 독일에 항복.

(136) 04월 17일 : 독일, 이탈리아가 실패했던 그리스에 침공.

(137) 04월 23일 : 그리스, 독일에 항복. 크레타 섬까지 빼앗김.

(138) 05월 06일 : 스탈린, 인민위원회의 의장에 취입.

(139) 05월 10일 : 독일 부총통 루돌프 헤스, 영국과 화평을 추진하기 위해 영국으로 비행기를 직접 몰고 날아가지만, 영국으로부터 전쟁 포고 취급을 당하고 체포됨.

(14) 06월 22일 : 독일, 소련 공습.

(141) 08월 12일 : 미국과 영국 정상회담, 대서양 헌장 발표.

(142) 09월 24일 : 소련 등 15개국, 지지표명.

(143) 10월 : 독일, 모스크바 공략 실패.

(144) 11월 : 독일, 이집트와 중동 국가들을 침공.

- 이집트는 점령당하였으며 이란, 사우디아라비아는 나치 독일에 선전 포고하였다. 터키는 중립을 취하여 국민을 보호할 수 있었음. 이라크 왕국은 추축국에 가담.
- 그 도중에 이탈리아에 점령당하였던 에티오피아 제국이 추축국에 선전 포고하였다.

(145) 12월 07일 : 소련, 독일에 반격, 일본, 진주만 공습.

(146) 12월 09일 : 중화민국, 전 추축국에 선전 포고.

(147) 12월 11일 : 독일과 이탈리아, 미국에 전쟁 선포.

1942년

(148) 01월 01일 : 연합국 26개국 워싱턴에서 공동 선언 조인.

(149) 01월 20일 : 독일, 반제회의에서 유대인을 학살하기로 결정.

(150) 06월 30일 : 에르빈 롬멜 지휘 하에 독일-이탈리아군이 엘 알라메인에 도착.

(151) 08월 16일 : 미 · 영 · 소 군부, 모스크바 회담. 소련, 제2전선 요구. 미-영군, 북아프리카 상륙작전(토오치 작전)결정.

(152) 09월 13일 : 독일군, 스탈린그라드 시내 돌입.

(153) 11월 08일 : 미-영군, 북아프리카 상륙.

1943년

(154) 01월 25일 : 미국과 영국, 카사블랑카 회담에서 무조건항복원칙 발표.

(155) 01월 31일 : 스탈린그라드에서 소련군 승리.

(156) 05월 13일 : 북아프리카의 독일-이탈리아군 항복.

(157) 06월 10일 : 코민테른 해산.

(158) 07월 10일 : 미국과 영국 연합군, 시칠리아 섬 상륙.

(159) 07월 25일 : 비토리오 에마누엘레 3세가 무솔리니를 직접 체포하고, 바돌리오 내각이 성립된다.

(160) 08월 24일 : 미 · 영 수뇌, 퀘백 회담, 제2전선 결정.

(161) 09월 03일 : 이탈리아, 연합국에 항복.

(162) 09월 08일 : 독일, 로마 점령.

(163) 09월 15일 : 무솔리니 구출, 파시스트 공화정부 수립.

(164) 10월 13일 : 국왕과 바돌리오 정부, 남쪽으로 도피. 독일에 선전포고.

(165) 10월 19일 : 모스크바에서 미 · 영 · 소 3국 외상 회의.

(166) 11월 26일 : 미국, 영국, 중국 카이로 회담. 한국 독립 결의.

(167) 11월 28일 : 미국, 영국, 소련, 테헤란 회담. 소련의 대일 참전 토의.

(168) 12월 01일 : 카이로 선언 발표.

1944년

(169) 01월 20일 : 소련, 레닌그라드 해방.

(170) 05월 13일 : 독일군, 크림반도에서 후퇴.

(171) 06월 04일 : 이탈리아 전선의 미국 및 영국군, 로마 해방.

(172) 06월 06일 : 역사상 최대의 노르망디 상륙작전 돌입.

(173) 07월 20일 : 독일, 히틀러 암살 미수 사건 발생.

(174) 07월 22일 : 연합국 45개국, 브레턴우즈 협정을 맺고, IMF와 IBRD설치.

(175) 08월 01일 : 폴란드의 바르샤바 봉기 발발.

(176) 08월 24일 : 루마니아 국왕이 연합국으로 전환할 것을 결심함.

(177) 08월 25일 : 연합국, 파리해방, 루마니아, 독일에 선전 포고.

(178) 08월 26일 : 불가리아, 동맹국에 빠져나와 중립 선언.

(179) 09월 02일 : 핀란드, 독일과 국교 단절 (사실 만네르헤임 장군은 히틀러의 간섭을 싫어하였다고 한다).

(180) 09월 09일 : 샤를르 드골, 임시정부 수립. 불가리아, 조국전선정부 수립.

(181) 09월 10일 : 불가리아, 연합국으로 전환, 독일에 선전 포고.

(182) 09월 19일 : 핀란드, 영국 및 소련과 휴전 협정 조인.

(183) 10월 09일 : 영국과 소련 군부, 모스크바 회담. 발칸 분할에 대해 의견일치.

(184) 10월 11일 : 헝가리의 국가원수인 미클로시 호르티가 나치독일에 의해 감금당함.

(185) 12월 10일 : 소련군과 티토의 군대가 베오그라드를 해방.

(186) 12월 31일 : 헝가리, 나치 독일에 선전 포고.

1945년

(187) 01월 17일 : 소련군, 바르샤바 해방.

(188) 02월 11일 : 미 · 영 · 소 군부, 알타 회담.

(189) 04월 12일 : 프랭클린 루즈벨트가 죽자 해리 S.트루먼이 대를 이음.

(190) 04월 13일 : 소련군, 빈 해방.

(191) 04월 22일 : 소련군, 베를린 돌입.

(192) 04월 28일 : 무솔리니 총살됨.

(193) 04월 30일 : 히틀러 자살. 칼 되니츠가 아돌프 히틀러의 유언에 따라 총통직을 계승함.

(194) 05월 07일 : 독일군, 서방연합군에 항복.

(195) 05월 08일 : 독일군, 소련군에 항복.

(196) 06월 26일 : 국제연합헌장 조인.

(197) 07월 17일 : 포츠담 회담.

(198) 07월 27일 : 영국에서 애틀리 내각이 성립.

(199) 08월 06일 : 미국, 일본 히로시마에 원자폭탄 투하.

(200) 08월 08일 : 소련, 일본에 선전 포고.

(201) 08월 09일 : 미국, 일본 나가사키에 원자폭탄 투하.

(202) 08월 15일 : 일본 천황, 무조건항복 발표. 한국 등 독립.

2. 연관성 요약

(1) 독일과 프랑스, 영국의 식민지 쟁탈전 : 독일은 제국주의 열강 가운데 후발주자로 영국과 프랑스의 견제를 받았다. 결과적으로 식민지 획득에 따른 경쟁이 발생.

(2) 관계악화 : 영국과 독일은 3C 정책과 3B 정책으로 대표되는 경쟁관계를 갖게 되었고, 러시아와는 범게르만주의와 범슬라브주의로 갈등을 빚음.

(3) 전쟁위기고조 : 독일의 군비확충과 식민지 확장에 비스마르크가 퇴임하여 독일의 외교를 조율할 수 있는 능력이 결여되면서 영국과 프랑스는 독일과의 전쟁이 필요하다는 인식을 갖게 됨.

(4) 독일의 동맹국 오스트리아 황태자부부의 암살 : 위기의 순간이 많았으나 오스트리아 황태자 부부의 세르비아청년에 의한 죽음은 전쟁의 도화선이 됨.

(5) 오스트리아, 세르비아에 선전포고 : 오스트리아는 세르비아가 암살의 배후에 있다고 주장하며, 무리한 요구를 세르비아에 했으나 세르비아가 거부하므로 전쟁이 개시.

(6) 동맹국 독일의 오스트리아 지지 : 독일은 동맹국인 오스트리아를 지지해야 했다. 전쟁의 필요성을 느끼지는 않았으나 독일은 오스트리아를 지지.

(7) 독일의 경쟁국 프랑스, 영국의 세르비아 지지 : 독일, 오스트리아의 세르비아에 대한 전쟁은 프랑스, 영국에 대한 도전이었음으로 양국은 세르비아를 지지

(8) 제1차 세계대전 발발 : 독일, 오스트리아와 프랑스, 영국, 이탈리아는 전선포고를 실시하여 제1차 세계대전에 돌입.

(9) 독일, 프랑스지역에서의 대공세 실시 : 슐리펜-계획에 의한 독일의 대공세는 성공적으로 진행

(10) 독일 파리근교까지 진출 : 전쟁의 초기에는 독일은 양면전쟁을 두려워하지 않고 서부전선에서 프랑스를 격파하기 위해서 진격.

(11) 파리점령실패 : 프랑스의 효과적인 방어와 독일의 전략적인 실수로 독일군은 파리점령을 실패.

(12) 전쟁교착상태돌입 : 독일군은 서부전선에서 전진도 후퇴도 없는 교착상태에 빠짐.

(13) 러시아 대 독일 선전포고 : 서부전선에서 프랑스를 격파하고 러시아와 동부전선을 구축한다는 계획은 차질을 빚어 독일은 서부전선과 동부전선을 모두 감당해야 하는 어려움에 처함.

(14) 독일 양면전돌입 : 독일군은 서부전선의 교착과 동부전선에서의 승리에도 불구하고 결정적인 승리를 얻지 못해 전선은 양분됨.

(15) 서부전선에서 참호전돌입 : 서부전선에서는 무모한 돌격을 감행하는 참호전양상을 띄어 전쟁은 결정적인 승리 없이 지속

(16) 독일의 대잠수함작전실시 : 독일은 열세인 해군력을 만회하고자 잠수함을 이용한 작전을 실시하였으나, 미국의 여객선을 침몰시켜 미국이 참전.

(17) 미국의 전쟁가담 : 미국의 참전은 교착상태였던 전선에 활력을 넣어 연합국에 유리한 상황으로 전개.

(18) 독일 전세악화 : 독일은 물량공세를 앞세운 대대적인 반격과 독일국내의 반전의식의 대두로 전쟁수행에 어려움을 겪음.

(19) 러시아혁명 : 러시아의 혁명의 발생은 동부전선에서 평화를 가져옴

(20) 독일과 소련의 휴전조인 : 독일은 소련과 휴전을 맺어 독일은 서부전선에만 집중할 수 있게 됨.

(21) 서부전선의 연합국 총공세 : 러시아와의 평화협정 이후 연합국은 총공세를 실시하여 독일군을 압박.

(22) 독일의 전세악화 : 전세가 악화되자 사회적인 동요가 일어났고, 러시아 혁명의 영향으로 혁명의 분위기가 고조.

(23) 키일 군항의 수병반란 : 영국해군과의 결전을 지시받은 수행병들이 출동을 거부하며 반란을 일으킴.

(24) 혁명이 독일전국으로 확대 : 수병반란이 전국으로 확대가 되어 전쟁수행이 불가해짐.

(25) 독일황제퇴위 : 내각은 붕괴되고 권고에 의해 빌헤름 2세는 퇴위함.

(26) 독일 연합국에 무조건 항복 : 독일 연합국에 무조건 항복

(27) 베르사이유 조약 체결 : 독일과 연합국간의 불평등조약인 베르사이유 조약 체결

(28) 독일의 전쟁배상 압력증대 : 조약에 의해 독일은 전쟁배상금과 군비확충에 제약을 받음. 일방적인 전쟁배상금으로 독일의 인플레이션 증대

(29) 미국의 경제호황지속 : 전승국의 대표인 미국의 전후 경제호황지속

(30) 유럽경제의 활성화 : 미국의 유럽지원으로 경제가 활성화되기 시작함. 독일의 전쟁배상금에 대한 지불이 감소됨.

(31) 경제대공황의 발생 : 미국으로부터 경제 대공황 시작

(32) 전 세계의 경제체제 마비 : 세계적인 공황으로 발전

(33) 독일에 대한 전쟁배상압력 가중 : 독일의 경제가 황폐화 됨.

(34) 독일의 바이마르공화국의 위기증가 : 경제위기로 정부의 기능이 약화되기 시작함.

(35) 이탈리아의 파시즘대두 : 경제공황으로 파시즘이 대두되고 무솔리니 등장.

(36) 독일에서 나치즘등장 : 나치당이 독일에 등장

(37) 아돌프 히틀러의 등장 : 나치당원인 아돌프 히틀러가 당권을 장각

(38) 나치당 당세확장 : 나치당이 선거에서 지속적인 승리를 구가

(39) 독일 수상으로 아돌프 히틀러 당선 : 히틀러가 수상으로 당선됨.

(40) 힌덴부르크 대통령 사망 : 대통령의 사망으로 히틀러가 대통령 겸 수상이 됨.

(41) 히틀러 총통에 취임 : 히틀러 투표를 통하여 독일제국 총통으로 취임. 일당독재와 경찰 국가로 발전함.

(42) 독일의 재무장 선언 : 독일의 베르사이유 조약에서 탈퇴하고 재무장을 선언함.

(43) 독일의 유럽 재패 야욕 증대 : 독일이 제1차 세계대전의 악몽에서 벗어나 새로운 강대국으로 부상하여 주변 국가들에게 압력을 시작.

(44) 영국과 프랑스의 히틀러의 야욕을 묵인 : 전쟁의 방지를 위하여 서방의 국가들이 독일의 인접국가 침략을 묵인함.

(45) 체코 합병 : 독일이 체코를 침공하여 합병함.

(46) 히틀러, 폴란드의 단치히(Danzig)요구 : 자신감을 얻은 독일은 제1차 세계대전 이전에 프로이센영토인 단치히를 요구함.

(47) 폴란드 거부 : 폴란드가 독일의 요구를 거부하자 히틀러는 폴란드 침공을 결심.

(48) 독일군 폴란드 침공 : 독일군 기갑사단을 중심으로 폴란드 침공. 제2차 세계대전 시작

(49) 프랑스, 영국의 대독일 선전포고 : 프랑스, 영국이 폴란드와의 협정을 이유로 독일에 선전포고.

(50) 제2차 세계대전 발발 : 영국군, 폴란드의 항전을 기대하며 유럽 대륙으로 상륙

(51) 독일, 폴란드 점령 : 독일군 1개월 만에 폴란드 완전 점령. 소련군, 독일과 협정으로 폴란드 양분.

(52) 독일, 스칸디나비아반도 침공 : 프랑스, 영국이 방관하는 사이에 노르웨이, 덴마크 점령.

(53) 프랑스침공시작 : 독일군, 프랑스의 아르덴느 숲을 지나 대대적인 공세 시작, 프랑스 패주

(54) 독일군의 동맹국 이탈리아의 참전 : 이탈리아 프랑스에 선전포고를 시작으로 프랑스 작전에 돌입

(55) 파리함락과 프랑스항복 : 프랑스, 독일에 항복.

(56) 영국의 대륙철수 : 덩케르크에서 영국군 본토로 철수시작.

(57) 독일의 영국 침공 작전 실시 : 영국이 평화협상을 거부하자, 영국침공을 목적으로 항공전 시작.

(58) 독일군 발칸반도 제압 : 독일군 소련침공 직전에 위기에 몰린 이탈리아를 구하고자 발칸지역을 침공. 그리스 점령.

(59) 롬멜의 활약 : 롬멜이 이집트 엘 알라메인까지 진격하는 등 독일군이 영군을 압박.

(60) 독일 소련침공 실시 : 독일군 불가침조약을 깨면서 소련침공 시작.

(61) 독일군 모스크바 근교까지 진출 : 독일군, 겨울 모스크바 부근까지 진격

(62) 모스크바 점령 실패 : 동계작전을 수립하지 못하여 독일군 최초로 후퇴시작.

(63) 독일군 스탈린그라드로 진격 : 독일군 유전지대를 점령하고자 스탈린그라드로 진격시작.

(64) 스탈린그라드전투에서 독일군 패배 : 독일군 최초로 전투에서 패배. 독일군 약 30만명이 스탈린그라드에서 사망 혹은 포로가 됨.

(65) 소련군의 대반격시작 : 스탈린그라드 전투 이후 소련군의 반격이 시작됨.

(66) 독일군 소련 전선에서 후퇴 시작 : 독일군 히틀러의 후퇴절대불가 명령으로 효과적인 작전수행이 어려움. 그러나 후퇴가 시작됨.

(67) 독일군 쿠르스크전투에서 패배 : 독일군 지상최대의 전차전이었던 쿠르스크 전투에서 패배함.

(68) 독일군 전쟁의 주도권 완전상실 : 전투의 패배 이후에 주도권을 완전상실하고 후퇴지속.

(69) 미국의 참전으로 대륙침공 작전준비 : 제2차 세계대전에 미국이 참전하여 전쟁의 양상이 바뀜.

(70) 독일군 동부전선에서 계속 후퇴 : 독일군 지속적인 피해를 입으면서 후퇴를 계속함.

(71) 독일, 아프리카군단 항복 : 아프리카 주둔 독일군, 연합국에 항복.

(72) 연합군, 이탈리아 침공으로 시실리 점령 : 연합군 유럽대륙에 첫 발을 디딤.

(73) 이탈리아 무솔리니 내각 붕괴 : 시실리 점령으로 이탈리아의 무솔리니 내각 붕괴. 무솔리니 탈출.

(74) 이탈리아 추축군에서 탈퇴 : 이탈리아군, 전의 상실로 독일군이 이탈리아 작전권 인수

(75) 이탈리아 연합군에 항복 : 이탈리아, 연합국에 항복. 독일군 이탈리아군 무장해제 시작.

(76) 연합군 노르망디 상륙작전 실시 : 연합군의 대륙 침공 시작.

(77) 연합군 교두보 확보 : 독일군의 반격이 실패함. 상륙작전이 성공함.

(78) 연합군의 대 공세 시작 : 연합군의 공세가 실시됨.

(79) 독일군 서부전선에서 후퇴시작 : 독일군 지속적인 저항 속에 후퇴시작.

(80) 연합군 파리점령 : 연합군에 의해 파리해방.

(81) 소련군 폴란드까지 진출 : 소련군 자국의 영토를 모두 수복.

(82) 추축국 헝가리, 루마니아 항복 : 독일의 동맹국인 헝가리, 루마니아가 소련에 항복하고 독일에 선전포고함.

(83) 독일 최후의 반격 작전으로 아르덴느 대반격 작전 실시 : 독일군 서부전선에서 반격작전수행

(84) 작전의 실패 : 동계 대공세 실패, 더 이상의 반격작전은 없었음.

(85) 연합군 라인강까지 진출 : 연합군 라인강까지 진출하여 독일 본토 공격 시작.

(86) 독일 지그프리트 라인 및 라인강 방어선 포기 : 독일군의 마지막 방어선을 모두 포기하고 전투는 독일본토에서 실시됨.

(87) 소련군 발칸반도 완전 해방 : 소련군, 발칸반도지역을 모두 점령하고 공산화를 위한 준비 시작함.

(88) 연합국 독일 본토공격 : 연합군, 동서양쪽에서 독일본토를 맹공격.

(89) 소련군과 연합군 엘베강에서 만남 : 소련군과 미군이 독일의 엘베강에서 극적인 만남.

(90) 독일군 최후까지 저항 : 독일군 베를린 공방전 시작.

(91) 히틀러, 되니츠 제독을 총통후계자로 지명 : 히틀러 독일 전지역의 초토화 작전을 명령하고 제국의 후임자로 해군소속 되니츠제독을 임명.

(92) 히틀러 자살 : 에바 브라운과 함께 자살함.

(93) 되니츠제독, 연합군에게 평화 협상 제안 : 독일, 최후의 협상을 제안함.

(94) 연합군 거부 : 무조건 항복 외에는 어떠한 조건부 항복을 거부함. 무조건 항복을 지시.

(95) 1945년 5월 7일 : 독일군 서방연합군에 항복.

(96) 1945년 8월15일 : 일본천황 무조건 항복.

3. 제1차 세계 대전[14)]

제1차 1914년부터 1918년까지 4년 4개월간 지속된 전쟁으로 최초의 세계적 규모의 전쟁이다.
1914년 7월 28일, 오스트리아-헝가리의 세르비아에 대한 선전 포고로 시작되어(근본적 원인은 사라예보 사건/1914년 6월 28일 세르비아계 청년 가브릴로 프린치프가 보스니아 사라예보에서 오스트리아 · 헝가리 제국 황태자 페르디난트 부부를 총으로 암살한 게 직접 계기가 됐다.) 8월 1일에는 독일 제국의 대러시아 선전 포고로 공식적으로 시작하여 1918년 11월 11일 독일의 항복으로 끝난 전쟁이다.
이 전쟁은 영국, 프랑스, 러시아 제국 등의 주요 연합국과, 독일 제국, 오스트리아-헝가리의 주요 동맹국이 양 진영의 중심이 되어 싸웠으며 약 900만 명이 전사하였다.

14) 위키백과, 우리모두백과사전, 인터넷 참조

1) 전쟁발발의 원인(배경)

가. 경제적 배경

1871년부터 본격화된 국가들 사이의 산업 · 상업 반목 관계에 중점을 두고 있다. 1914년 독일은 유럽의 여러 나라와 러시아에 대해 적대적인 관계이었고, 당시의 독일은 영국의 경제를 따라 잡아 세계의 경제를 주도하였으며 해운업도 다른 나라들을 앞서기 시작했다.

프랑스는 독일과 함께 경제를 이끌어나가려 한 가운데, 라이벌로 양국은 모로코에서의 광산자원과 무역 기회를 두고 대립하기도 했었지만, 프랑스의 풍부한 철광산지인 로렌이 망하자 독일의 산업만이 크게 성장하게 된 것이다.

오스트리아는 이스탄불과 오트만제국에 영토 야욕을 가지고 있었고, 독일은 경제적 영향력을 확대할 계획이어서 이 지역을 탐내왔던 러시아와 충돌이 불가피 했다. 베를린 · 바그다드 철도 부설도 문제가 되었는데, 이 철도의 부설은 보스포루스(Bosporus) 에서 티그리스 강의 바그다드까지 이루는 노선으로, 이것은 다시 바그다드에서 페르시아 만으로 이어지고 있어 인도에까지 가는 단축노선을 가능케 하였다.

독일은 영국과 프랑스의 은행가들과 공동자본투자에 의해 실시하려 하였으나 양국 간 각각의 이해관계에는 맞지 않아 거절하였고, 독일은 375마일 철도선을 강행하여 국제적 반목을 일으키게 된 것이다.

나. 정치적 배경

제1차 세계 대전의 정치적 원인으로 가장 뚜렷이 드러나는 것은 바로 민족주의였다. 민족주의는 프랑스혁명에서부터 자리 잡았으나 점점 여러 위험한 형태로 나타났다. 그것은 대세르비아주의, 프랑스의 복수 범게르만주의였다.

오스트리아가 1908년 보스니아 헤르체고비나를 병합하자 대 세르비아 계획은 합스부르크가에 대항하는 쪽으로 방향을 바꿈으로 인해 오스트리아 내의 슬라브족들을 선동하여 세르비아로 뭉치려는 움직임이 일었다. 결국 이중 왕국에 반대하는 음모들이 일어나 1914년 6월 28일 사라예보 사건을 가져온 된 것이다. 범 슬라브주의는 열렬한 민족주의자들의 감상적인 희망이며 러시아 정부의 공식적인 정책이었다.

이중에서 러시아는 가장 강력한 슬라브 국가로 발칸의 여러 민족들의 희망이 되었고 프랑스의 보복운동은 1970년 프랑스 · 프로이센 전쟁 이후 그 전쟁의 패배를 보복하려는 데서 비롯되었다. 이것은 프랑스인 절대 다수의 의견은 아니었으며 사회주의자와 자유주의자의 강한 반발을 사기도 했다. 범 독일운동은 1895년 창설된 범독일동맹의 이념에서 유래하였고 중앙유럽의 모든 게르만족들을 포괄하는 독일의 팽창을 모토로 한 독일제국을 주장하였다. 이러한 이념은 고조된 독일 민족주의의 한 형태로서 독일의 팽창을 추구한 운동이었다.

비스마르크는 달랐다. 프랑스와 전쟁에서 승리한 비스마르크는 보복을 두려워하여 프랑스를 고립시키는 정책으로 일관하면서 해외 진출을 최대한 억제하는 조건으로 다른 열강들, 특히 영국과 관계를 원활히 하여 프랑스를 고립시켜 독일의 발전을 도모하려 했던 것이다. 영국이 독일과 대립관계가 된 것은 비스마르크 은퇴 후 독일이 그와 상반되는 지속적인 해외 팽창을 추구했기 때문이었다. 3제 동맹(1873년, 독일, 오스트리아, 러시아)을 결성하였다.

그러나 러시아가 터키 영토문제로 독일 · 오스트리아와의 불편한 관계를 가지면서 3제 동맹이 무산되었고, 비스마르크는 1882년 이탈리아를 다시 가입시킴으로써 3국 동맹(the Triple Allance)을 결성하였다.

비스마르크의 프랑스 고립 정책은 비스마르크 은퇴 후 변화를 맞는다. 영국과는 1차 및 2차 지중해 협약을 통해 이탈리아와 영국, 독일의 이익을 도모했지만, 서로 이익을 놓고 타협하기 힘든 대립구도의 열강들을 억지로 화해시키고자 노력한 것이 비스마르크의 외교였다. 비스마르크의 은퇴, 러시아의 범슬라브주의와 전통적인 남진정책이 오스트리아와 일전이 불가피했다는 사실, 빌헬름 2세 등자 이후 발칸 반도에서 러시아가 원하는 것을 독일로부터 보장받을 수 없다는 것이 확인되자 러시아와 프랑스는 가까워졌다. (“예” 프랑스의 군사 재정 지원)

영국은 파쇼다 사건과 모로코 분쟁 이후 독일을 견제할 필요성을 느끼기 시작했다. 또 독일의 대양함대 건설을 놓고 건함 경쟁에 들어가면서 위기감은 올라갔다. 결국 영국은 기존의 고립정책을 버리고, 프랑스와 손을 잡기로 하는 외교적 변화의 결과는 3국 협상(the Triple Entente)의 결성이었다.

결국 1907년경 유럽의 강대국들은 3국 동맹과 3국 협상이 두 진영으로 나뉘어 있었고, 상호 동맹에 소속된 국가 간에 전쟁이나 분쟁이 발발하면 다른 모든 강대국들이 자동으로 말려들게 되어 있는 구조가 되어버린 상황에서는 조그만 불씨 하나로도 큰 전쟁이 터질 수 있는 불안한 상태에서 사라예보 사전이 도화선이 된 것이다.

막상 전쟁이 시작되었을 때 이탈리아는 3국 동맹을 탈퇴하고 중립을 유지했다가 1915년 삼국협상에 가담하여 독일과 오스트리아를 상대로 선전포고하였다.

다. 직접적 원인

① 사라예보 사건

1914년 6월 28일 일요일 오전 11시가 다 된 시각, 세르비아 왕국 출신의 청년 가브릴로 프린치프(1894년~1918년)가 사라예보에 친선 방문했던 오스트리아 · 헝가리 제국의 황태자인 프란츠 페르디난트 대공(독일어:Archduke Franz Ferdinand)과 그의 아내인 소피아를 암살하게 되었다. 이 사건을 사라예보 사건이라고 부른다. 1914년 6월 28일, 하늘이 구름 한 점 없이 가장 맑게 갠 날, 오스트리아 · 헝가리 제국의 황태자인 프란츠 페르디난트 대공과 그의 부인 조피가 젊은 보스니아라는 민족주의 조직에 속한 18세의 청년이자 대학생이었던 가브릴로 프린치프에게 암살당한 사건이다. 프린치프는 세르비아계 보스니아인으로 전 남슬라브인들의 통일, 구체적으로는 보스니아가 오스트리아 · 헝가리로부터 독립하여 독립국인 세르비아와 합칠 것을 원하였다.

오스트리아 · 헝가리 제국은 세르비아 정부가 암살배후라고 믿고 세르비아에 선전포고., 세르비아가 러시아 제국의 지원을 받으며 남슬라브 운동을 은근히 부추기는 것을 탐탁치 않게 생각하던 오스트리아 · 헝가리 제국은 이 사건을 구실로 세르비아와 전쟁을 결심했다. 세르비아와 전쟁을 하기 위해서는 동맹국 독일의 협조를 요청했고, 여기서 외교사(史) 최대 실수로 평가되는 "백지수표" 를 빌헬름 2세가 약속한다.

오스트리아를 무조건 지원하겠다는 것이다. 이것은 지난 1878년에 체결된 독일 · 오스트리아 동맹에 따른 것이긴 하였으나, 원래 이 동맹은 독일 주도를 오스트리아가 따르는 구조였으나, 1908년 오스트리아의 보스니아 합병 때부터 오스트리아가 주도하고 독일이 따라가는 것으로 전도되어 있었다.(비스마르크는 이것이 전쟁을 불러일으킨다고 경고). 그러나 오스트리아는 독일이 건네준 백지수표를 믿고 7월 23일 세르비아에 다음과 같은 내용의 최후통첩을 보낸다. 답변 시한은 48시간이었다.

㉠ 모든 반 오스트리아 단체를 해산할 것.
㉡ 암살에 관련된 모든 자를 처벌할 것.
㉢ 반 오스트리아 단체에 관련된 모든 관리를 파면할 것.
㉣ 여기에 관련된 당사자를 조사하는데 오스트리아관리가 세르비아로 들어가 도울 것을 허용할 것.

이 조항들을 내민 오스트리아의 속셈을 세르비아가 최후통첩을 거부하는 것이었다. 각 조항들이 세르비아의 주권과 자존심을 짓밟는 항목들이었고, 그 목적은 전쟁이었던 것이었다. 이런 오스트리아의 속셈을 세르비아도 모르는 바는 아니었지만, 전쟁은 피하고 싶었던 세르비아는 1,2,3항까지는 굴욕을 참고 받아들일 수 있었으나, 4번은 도저히 받아들일 수 없는 요구 조건이었고, 결국 세르비아는 이 최후통첩을 거부한다.

결국 오스트리아는 7월 28일, 세르비아에 전쟁을 선포하였고, 러시아가 7월 29일 총동원령을 내렸다. 독일의 빌헬름 2세는 러시아와 프랑스에 동시에 최후통첩을 발했다. 러시아에 대한 최후통첩은 "총동원령을 해제하라. 불복하면, 전쟁상태로 간주한다. 12시간 내 답변하라"였는데, 러시아는 아무 말도 하지 않았다. 프랑스에는 "만일 독일이 러시아와 전쟁상태로 들어가면 프랑스는 어떤 행동을 취할 것인가. 18시간 내 답변하라."라고 말했다. 프랑스는 프랑스의 국가이익에 따라 행동한다고 답변했다. 8월 1일, 독일이 러시아에 선전포고를 했고, 이후 각국은 서로 선전포고를 했다. 그러나 전쟁은 7월 28일부터 시작된 것이었다.

② 전쟁의 시작과 전개

제1차 세계대전은 발칸반도에서 시작되었다. 20세기 초에 제1차 발칸전쟁(1912-1913)과 제2차 발칸전쟁(1913)이 일어났지만, 유럽의 주요 열강은 이 두 전쟁에 참가하지 않았다. 그러나 세 번째 위기는 벗어나지 못했다. 프란츠 페르디난트의 암살은 오스트리아 · 헝가리 제국에 세르비아를 침략할 구실을 제공했다. 먼저 독일의 지지를 확보한 오스트리아 · 헝가리 제국은 7월 23일에 세르비아에 굴욕적인 요구 조항을 제시했다. 세르비아는 대부분을 수용하고 나머지 문제는 국재회담으로 해결하고자 제안했으나, 오스트리아 · 헝가리 제국은 이 제안을 거부하고 7월 28일에 선전포고했다. 러시아는 세르비아 편을 선언하고 프랑스의 지지를 얻은 후 1914년 7월 30일에 총동원령 내렸다. 독일은 러시아의 동원령에 대응해 8월 1일에 러시아에 선전포고하고 이를 뒤에 프랑스에도 선전포고했다. 독일군이 프랑스로 가려고 중립국 벨기에로 진격하자 영국은 8월 4일에 독일에 선전 포고했다. 이로써 전쟁은 시작되었고 서유럽에서 중동지역까지 확대되었다. 전투는 서부전선과 동부전선을 따라 펼쳐졌다.

2) 전쟁개관

가. 제1차 세계대전

1914년 7월 28일부터 1918년 11월 11일까지 4년 3개월 간 32개국이 참전한 최초의 세계대전

나. 주요전투현황

서부전선	동부전선	발칸/이탈리아전선
• 마른전역(1914. 9) • 갈리포해전(1915. 2) • 괴를리츠 돌파작전(1915. 5) • 베르됭전투(1916. 2. 21) • 솜므전투(1918. 3. 21) • 유틀란트 전투(1916. 5) • 카레포 전투(1917. 10) • 뮤즈 아르곤 전투(1918) • 노용–몽띠디르전투(1918. 6. 9)	• 사라예보사건(1914. 6. 28) • 탄넨베르크전투(1914. 8. 20)	• 다다넬스전역(1915. 3. 18) • 마케도니아전투(1915. 1. 3) • 메소포타미아전투(1915. 12. 7)

3) 주요전투(대표적 사례)

가) 대전의 서곡(序曲) 슐리펜 계획과 마른 전투

(1) 슐리펜 계획

■ 배경

1870년, 비스마르크 독일 수상에 의해 세워진 독일제국은 보불전쟁에서 프랑스를 이겨 유럽 최고의 강대국이 되었지만 뒤늦게 통일된 탓에 해외 식민지가 없었던 독일은 주변국가인 오스트리아-헝가리제국, 루마니아 그리고 오스만 터키와 손을 잡고 전쟁을

일으킬 계획을 세운다. 제1차 세계대전은 한마디로 식민지가 없던 신흥세력인 동맹국(독일, 오스트리아, 터키, 루마니아)과 이미 모든 식민지들을 장악한 연합군(영국, 프랑스, 러시아 등) 사이에 일어난 어쩔 수 없는 식민지 쟁탈전(1차세계대전원인)

■ 슐리펜계획은

1908년까지 15년간 독일의 참모총장을 지낸 슐리펜이 세운 계획이다.

이는 프랑스, 러시아와의 전쟁이 발발하면 6주간의 단기전으로 끝나리라 생각하고 독일군의 8분의 7을 프랑스군 분쇄에 사용하고 독일군의 8분의 1만을 프랑스를 항복시키는 동안 러시아군을 묶어두는데 사용하면 충분하다고 생각하고 만든 계획이었다.(러시아는 면적이 넓고 인구가 많은데다가 철도가 부족하여 대 공격을 시작하려면 적어도 6주는 걸릴 것이라고 생각한 것이다. 슐리펜은 독일군의 병력으로 보아 프랑스를 공격할 독일군이 광범위한 전선 전체를 독같이 강화할 수 없을 것이라고 보았기 때문에 가능한 한 우익을 강화하여 그 힘으로 프랑스군을 포위 섬멸하려고 생각한 것이었다. 그리고 프랑스를 공격할 루트로서 비교적 방비가 허술한 벨기에를 통하는 것이 최선의 방법이라고 생각하였다)

■ 세부계획

전력동원에 시간이 걸릴 것으로 예측되는 러시아군을 소수의 견제 병력으로 견제하고 그사이 서부에서 프랑스를 격파하는 것이다. 베네룩스3국지역 방향으로 주공부대를 배치하고 알자스 로렌 지방에 일부 조공 부대를 배치하여 알자스 로렌 지방의 조공부대는 적주력을 유인하면서 점진적으로 적을 끌어들이고 주공부대는 베네룩스3국 지역에서 적을 격파하고 프랑스주력 부대를 포위 섬멸하는 작전이었다. 슐리펜 사후 소몰트케에 의해 수행된 이 작전은 초기부터 예측이 빗나간다. 예상외로 빠른 시간에 러시아군이 동원되면서 본래의 계획보다 동부에 더많은 독일군 부대가 배치된다. 초기 동부전선전투에서 힌댄브르크 장군이 이끄는 독일군은 기병을 이용한 위장전술과 러시아 지휘관의 심리를 이용해 러시아군 2개군을 격파한다. 그러나 동부로 추가 병력이 이동하고 알자스 로렌 지역의 군대가 강화되면서 베네룩스3국을 지향한 독일군 주력부대의 힘이 약화되고 결국은 슐리펜계획은 실패로 돌아가고 기나긴 참호전속에서 독일은 패망한다.

- 우익을 강화하라!!! (전쟁이 불가피하다면 오른쪽 부대를 더욱 강하게 유지해라!)

- 1913년 슐리펜 유언 -

그러나 후임자인 육군참모총장 H. J. L. 몰트케(프로이센 · 프랑스전쟁에서 큰 공을 세웠던 H. K. B. 몰트케의 조카로 小몰트케라 부름)는 슐리펜의 계획과는 달리 좌익 쪽으로 많은 병력을 빼돌려 남쪽은 강화되었으나 북쪽은 그만큼 약화되었다 (연합국 러시아의 기동성을 바탕으로 한 외선작전)

• 1914년 9월 6 · 12일의 마른전투에서

독일군의 파죽지세와도 같은 진격이 저지된 까닭은 가장 우익쪽에 있던 제 1 군과 제 2 군 사이에 50㎞나 되는 간격이 벌어져 위험하다고 판단되었기 때문이었다.(서부전선에 대한 외선작전의 실패/이 때 룩셈부르크에 설치되어 있던 독일육군참모본부에서 몰트케의 대리자로서 전선에 파견되어 있던 R. 헨츄중령이 자신의 판단으로 제 1 군과 제 2 군의 철수를 건의)

1. 중립국인 벨기에 국경에 거의 모든 독일군을 배치하라.
2. 프랑스는 자신들의 후방을 공격할 것인 줄 알고, 벨기에를 침략 할 것이다.
3. 벨기에와 프랑스가 싸우고 있는 사이 벨기에 국경을 넘어서 프랑스를 공격한다.
4. 재빨리 진격해 파리를 점령한다.
5. 이제 프로이센 동쪽 국경을 방어해 러시아의 침입에 대비한다.
6. 만약 프랑스가 벨기에를 안 공격하면 로렌 지방을 공격할 것이다.

(2) 제1차 마른 전투

■ 1차 마른전투(1914년 9월 6일 ~ 9월 10일)

파리 시 근처 마른 강 유역에서 프랑스군이 독일군을 저지한 전투로 이 전투로 프랑스는 수도를 잃을 큰 위기에서 벗어났다. 이 전투 후 전쟁의 조기 종결에 대한 독일의 희망은 무산되었고 참호전으로 이어지는 시작점이 되었다.

■ 경과

벨기에를 돌파한 독일군은 슐리펜 계획에 따라 프랑스 국내에 돌입하여 남으로 남으로 긴 진격을 계속했다. 조셉 조프르가 이끄는 프랑스군은 계획적으로 후퇴를 계속했고 프랑스군 서쪽에 있던 영국군 4개 군단도 함께 퇴각을 계속했다. 그러나 후퇴하는 동안에도 영국-프랑스 연합군의 후미는 추격하는 독일군에 포화를 퍼부어 상당한 손해를 주고 있었다. 독일군 우익은 파리를 향하여 하루 40킬로미터의 강행군을 계속하고 있었으나 보급이 이를 따르지 못하고 병사들도 휴식을 취하지 못해 마른(marne)강변에 도착했을 무렵에는 완전히 지쳐 버리고 말았다. 독일군의 최우익은 알렉산더 폰 클루크가 지휘하는 제1군으로서 그 동쪽에는 카를 폰 뷜로우가 이끄는 2군이 있었다. 그런데 클루크가 이끄는 제1군은 8월3일 갑자기 파리 돌입을 중지하고 눈앞에 있는 프랑스 5군을 포위하기 위해 돌연 노아용과 콩피엔 방향으로 진로를 바꾸었다. 이리하여 독일 제1군은 2군과 함께 파리의 동족을 흐르는 마른강을 건넜다.

그런데 9월 7일 프랑스군 사령관 조프르는 이때까지 철수를 중지하고 돌연 공세를 취하기 시작하였다. 프랑스군의 지휘를 받고 있던 영국군도 이에 합세하였다. 이에 영국군과 프랑스군이 계속 후퇴하리라 믿고 있던 독일군은 당황하기 시작하였다. 영불군의 총반격을 받은 독일군 1군과 2군은 병력 부족으로 연락이 끊겨 그 간격이 50킬로까지 벌어지고 말았다. 참모총장 헬무트 폰 몰트케의 명령으로 2개 사단 병력이 전선에서 빠져 타넨베르크 전투를 지원하기 위해 동쪽으로 이동을 시작한 후였기 때문이다(결과적으로 이 2개 사단은 양쪽 어느 전투에도 참여하지 못했다)

룩셈부르크에 있던 독일군의 참모본부에서 정보참모 헨츄 중령이 참모총장의 대리로 마른 전선에 파견되어왔다. 그는 1군과 2군 사이에 50킬로나 간격이 생긴 것을 무척 위험하게 보았다. 그는 1군과 2군 사이의 50킬로 공간에 적군이 들이 닥친다면 1군과 2군과 연락이 끊겨 무척 위험한 상황으로 발전할 것을 우려하였다.

9월 8일 뷜로우의 제2군 사령부에 대해 이 상황을 설명하고 만일 1군과 2군 사이에 적군이 돌입한다면 곧 철수할 것을 권고했다. 그리고 이튿날 헨추는 제1군 사령부를 찾아가 적의 대부대가 이 공간에 돌입한다면 2군은 퇴각할 것이며 아마 지금쯤은 퇴각 중일 것이라고 말했다. 이에 1군 사령관 클루크는 승전 직전에 있던 울크 강변 전투를 중지시키고 오후 2시 후퇴를 명령했다.(사실 2 군은 정오에 퇴각) 그것은 적의 보병 부대가 대규모로 그 공간을 향해 돌입해온다는 정찰기로부터의 보고를 받았기 때문이었다. 그러나 이 정찰기가 발견한 것은 전진하는 줄도 모르고 이 공간에 들어온 영국군 군단으로서 그들은 별로 이 공간에 진입해야겠다는 목표가 있는 것은 아니었다. 하지만 제2군 사령관 뷜로우는 이것이 적군의 의식적인 행동이라 판단했던 것이다.

1군과 2군의 퇴각은 연이어 3, 4, 5군의 퇴각을 불가피하게 했고, 이리하여 9월 11일 서부전선의 독일군 7개군 중 우익의 5개군은 앤강까지 철수하고 말았다.

(3) 2차 마른전투 (Battle of the Marne)

제1차 세계대전 때 독일군이 마지막으로 펼친 대공세(1918. 7. 15~18). 아미앵-몽디디에 전선에 대한 결정적 공격을 계획한 독일의 에리히 루덴도르프 장군은 그 전선에서 프랑스 군대를 빼돌리는 우회작전을 폈다.

그는 랭스를 포위함으로써 프랑스의 전력 분산을 노렸다. 그러나 프랑스의 페르디낭 포슈 장군은 랭스 동부에서 탄력적인 방어망을 구축하고 있었고 독일군은 예상 밖의 저항과 역습에 부딪쳤다.

독일군은 여러 지점에서 마른 강을 건넜지만 겨우 몇 마일밖에 진출하지 못했고, 이탈리아 군대는 독일군이 에페르네로 가는 길을 봉쇄했다. 미국 제3사단은 샤토티에리에서 격렬한 공격을 가해 강둑에 있던 독일군을 쫓아냈다. 독일군은 남서부에서 집중화력의 지원을 받으면서 겨우 10㎞ 진격했으나, 결국 함정에 빠졌음을 깨닫게 되었다.

7월 18일 독일군 공격이 멈추고 연합군의 역습이 시작되었다. 프랑스와 미국 부대는 45㎞의 긴 전선에서 기습공격으로 독일군을 밀어붙였다. 3일 뒤 프랑스군과 미국군은 마른 강을 건넜고 독일군은 엔벨 방어선으로 퇴각했다

(4) 전훈/전쟁결과

1차 마른 전투 (제1차 세계 대전의 일부)	
날 짜 1914년 9월 6일	
장 소 프랑스 마른 강	
결 과 프랑스군의 승리	
교전국	
프랑스	독일
지휘관	
조셉 조프르	헬무트 폰 몰트케 알렉산더 폰 클루게 카를 폰 뷜로우
병력	
1,071,000명	1,485,000명
피해상황	
263,000명	250,000명

■ 마른 전투의 의의와 독일이 패배한 이유

- 1차 마른전투(1914년 9월 6일~9월 10일)는 파리 시 근처 마른 강 유역에서 프랑스군이 독일군을 저지한 전투로 이 전투로 프랑스는 수도를 잃을 큰 위기에서 벗어났다. 이 전투 후 전쟁의 조기 종결에 대한 독일의 희망은 무산되었고 참호전으로 이어지는 시작점이 되었다.

- 독일군이 마른 전투에서 패배한 이유는 독일군의 우익병력이 충분하지 못했던 점과 슐리펜 계획에 수정을 가한 몰트케의 개악, 바로 이것이 '마른강의 기적'을 가져온 근본 원인이었다.

- 이 전투에서 프랑스군도 결정적인 승리를 거둔 것은 아니었다. 앤강까지 후퇴한 독일군은 그 후 5년간 프랑스 땅에서 물러가지 않아. 5년에 걸쳐 참호전이 계속되었다.

- 서부전선의 참호전에서는 격전이 벌어진 적은 없었으나 적어도 하루 5천명이상의 병력이 소모되어 단기 결전의 꿈은 사라지고 이 지구전은 독일의 작전 계획이 처음부터 좌절된 것을 증명하는 것으로서 독일에게 전쟁의 결과에 대한 불안을 안겨주게 된다.

■ 패전을 불러온 오판을 한 헨취 중령은 권총으로 자살했다.

참모총장 몰트케와 1,2군 사령관은 해임되었다.

제1차 세계대전에서 독일 제1군 사령관 클루크는 개전 초 상황을 낙관했다.
1914년 9월8일 저녁, 클루크는 예하 지휘관들에게 선언했다.
"내일은 적을 포위 공격해서 끝장을 낼 걸세!"
1914년의 전쟁이 1870년의 보불전쟁과 같은 국지전으로 끝날 절호의 기회가 다가온 것이다. 그러나 이 결정적인 순간에 벌어진 독일군 총참모부 수뇌부의 혼란은 모든 역사를 뒤집어 놓았다. 6주 만의 승리 계획은 4년여에 걸쳐 3000만 명의 사상자를 낸 인류 최초의 세계대전으로 변질되며 유럽의 모든 질서를 뒤흔들어 놓았다.

나) 타넨베르크 전투 (Battle of Tannenberg/폴란드 스텡바르크:1914.8.26-30))

독일과 러시아가 벌인 전투(제1차 세계대전 초기전투/독일승리)

■ 경과

독일의 렌넨캄프 장군이 이끄는 러시아 제1군과 삼소노프가 이끄는 러시아 제2군이

1914년 8월에 독일의 동프로이센을 침공했다. 렌넨캄프는 8월 20일에 굼비넨에서 승리했지만, 삼소노프와 연락을 적절히 취하지 못했다. 독일군 사령관 파울 폰 힌덴부르크와 에리히 루덴도르프는 막스 호프만 중령이 만든 작전계획을 이용하여 사적지인 타넨베르크 바로 남쪽의 우즈도보 근처에 고립되어 있는 삼소노프를 공격하는 데 모든 병력을 투입했다(8. 26). 삼소노프는 그 후 며칠만에 병력의 약 절반을 잃고 후퇴했으며, 9월 중순경에는 러시아군이 동프로이센에서 완전히 격퇴 당했다. 독일은 10만 명의 포로를 사로잡았고, 삼소노프는 총으로 자살했다.

■ 전쟁결과

날 짜	1914년 8월 17일 ~ 9월 2일
장 소	독일 동프로이센 타넨베르크(현 폴란드 스텡바르크)
결 과	독일의 대승
교전국	
러시아 제국	독일 제국
지휘관	
알렉산드르 삼소노프 파벨 렌넨캄프	파울 폰 힌덴부르크 에리히 루덴도르프
병력	
150,000	210,000
피해상황	
사상자 : 30,000 포로: 95,000	20,000

■ 영향

동부전선 상황이 심각하다고 판단한 몰트케 참모총장의 지시로 서부전선에서 투입되었던 일부 병력을 급히 동부전선으로 이동시켰으나 부대가 독일 내 기차선로위에서 달리고 있을 때 전투는 독일군의 대승리로 끝났다. 문제는, 이들이 차출됨으로 인해 서부전선 독일군에 큰 구멍이 생겼고, 이 구멍을 포착한 프랑스군이 반격을 감행하여 파리를 위협하던 독일군을 저지하는 데 성공하였다.

• 러시아군의 삼소노프는 포위 섬멸이 확실해지자 권총으로 자살했다.

• 질린스키와 렌넨캄프는 직위 해제되었을 뿐만 아니라 러시아 군적에서 군적 자체를 박탈당했다.

(다) 갈리폴리 해전(다르다넬스 원/정 Gallipoli Compaign)

제1차 세계대전 중 독일과 동맹국 터키를 통과하여 러시아와 연합군이 겔리볼루반도에서 터키와 벌인 상륙전투 1915년 2월 19일과 25일, 그리고 3월 25일에 영국과 프랑스함대가 다르다넬스해협의 터키연안 방비시설을 포격했으나, 마지막 날에 기뢰(機雷)와 포대(砲臺)의 반격으로 전함 3척이 격침되고 3척이 크게 부서졌다.

연합국함대는 처음에 카덴 중장(中將)에 의해서 지휘되었으나, 도중에 로베크 소장으로 교체되었고 다시 4월 25일에는 영국, 프랑스군 7만 8000여 명으로 편성되어 해밀턴 장군의 지휘 아래 헬레스곶〔岬〕과 안차크 해안을 비롯한 각지에 상륙했으나, 독일의 산더스 장군이 지휘하는 터키군도 크게 분발하여 격전이 계속되었다.

연합군은 작전에 실패했음을 인정하고, 11월 23일 철수하기로 결의했다. 그리하여 12월 18~19일과 다음해 1월 8~9일에 걸쳐 연합군은 철수에 성공했다. 이 작전으로 연합군은 25만 2000명의 전, 사상자를 내었고, 터키 쪽도 사상자가 25만 1000명이나 되었다. 이 작전 실패 뒤 전략과 정략(政略)에 관한 논란이 일어났으며, 해군장관 처칠(후일의 수상)이 사임했다.

(라) 괴를리츠 돌파작전(Gorlitz Breakthrough: 1915. 5. 2-5. 5)

러시아 남서부전선에서 독일 및 오스트리아군이 수행하였던 작전 1915년에 독일군 사령부는 러시아로 하여금 전쟁을 포기하게 하려고 러시아에 괴멸적 타격을 가하기로 결정했는데, 괴를리츠 돌파작전은 이 공격계획의 시작이었다. 마켄젠 장군의 독일 제11군(10개 보병사단과 1개 기병사단)과 페르디난트장군의 오스트리아 · 헝가리 제4군(6개 보병사단과 1개 기병사단)은 마켄젠 지휘하에 라드코 드미트리예프장군이 이끄는 러시아 제3군(18개 이상의 보병사단과 약 6개 기병사단)을 포위 · 격멸하여 프셰미실과 리보프 지구의 이바노프장군이 이끄는 러시아 남서부전선을 돌파하라는 특수임무를 받았다.

35㎞의 돌파작전 지구에서 독일 및 오스트리아군(軍)은 경포(輕砲) 457문, 중포(重砲) 159문, 박격포 96문을 갖춘 10개 보병사단과 1개 기병사단(12만 6000명)으로 경포 141문과 중포 4문을 갖춘 5개 이상의 러시아 사단(6만 명)에 맞섰다.

러시아는 현격한 인원부족이었고 탄약도 부족했다. 5월 2일부터 5일까지 러시아 방어선은 돌파되어 5월 8일에 독일 · 오스트리아군이 40㎞나 전진했다. 러시아군 본부와 남서부전선사령부는 반격 편성을 할 수 없었고, 증강병력은 단편적으로 투입되는 정도였다. 막대한 손실을 입은 채 러시아군은 5월 15일 노베미아스토 · 산도미에시 · 프셰미실 · 스트리 선(線)으로 후퇴했다. 뒤이어 작전은 〈핀서즈(pincers;펜치)〉전략의 일환으로 전개되었는데, 이는 북쪽은 동프러시아로부터, 남쪽은 카르파티아로부터 죄어오면서 러시아군을 갈리시아와 폴란드에서 격멸한다는 전략이었다.

독일과 오스트리아군은 6월 3일 프셰미실을 점령하고, 이어서 6월 22일 리보프를 점령하여, 러시아군을 갈라시아에서 떠나게 했다.

(마) 베르덩 전투(1916.2-12월)

제1차 세계대전전투 서부전선에서는 1914년 9월의 마른의 싸움 뒤 전선이 교착상태가 된 채 1년 반을 경과하였다. 프랑스가 소모의 한계에 이르렀다고 본 독일측은 여기서 결전을 도발하고자, 공격목표를 파리 진격상의 큰 장벽인 베르덩의 요새로 정했다.

전투 초에는 독일 우세의 국면도 있었으나 최종적으로는 프랑스측 요새방위를 무너뜨리지는 못했다. 6월 24일부터 시작된 솜 전투에서의 영국 · 프랑스의 공격, 동부전선(갈리치)에서 러시아군의 대공세도 독일군의 전력에 큰 손상을 주었다. 베르덩 공략의 실패가 대국적으로는 대전의 귀추를 결정했다

(바) 솜 전투 Battle of the Somme:1916. 7. 1-11. 13)

- 제1차 솜 전투)

  제1차 세계대전 때 많은 피해를 입고 실패로 끝난 연합군의 공세 영국군과 프랑스군이 솜강 북쪽 34㎞ 전방을 정면공격하기 시작했을 때 독일군은 안정된 참호 속에서 전략적인 주둔을 하고 있었다. 영국군과 프랑스군은 보병의 '고지 점령'에 앞서 대규모 포격과 공중폭격을 가했지만 사실상 난공불락인 독일군의 거점에 막혀 빠른 속도로 진격할 수 없었다. 공격 첫날 영국군은 6만 명의 부상자와 2만 명의 전사자를 내는 피해를 입었다. 7월 중순의 영국 기병대 공격도 독일군의 기관총에 의해 무산되었다. 9월이 되자 영국군은 신무기인 탱크를 투입했으나 탱크는 위협적이지만 믿을 만한 무기는 아니었다.

  이 싸움에서는 탱크보다 전투기와 정찰기가 효과적이었고 대공포(對空包)가 처음으로

사용되었다. 10월에는 폭우가 내려 전쟁터가 사람이 걸어 다닐 수 없는 진흙바다로 변했기 때문에 연합군은 11월 중순까지 8㎞밖에 전진하지 못했다.

인명피해 숫자는 독일군 65만 명, 프랑스군 19만 5,000명, 영국군이 42만 명으로 추산된다. 그러나 연합군은 이 공격을 통해 베르덩에 가해지는 독일군의 압력에서 벗어나고 독일군 주력 부대를 서부전선에 묶어놓는 데에는 성공했다.

■ 제2차솜 전투 (Battle of the Somme / 생캉탱 전투:1918. 3. 21-4. 5)

제1차 세계대전 후반의 독일군의 공세 서부전선에서 연합군을 격파하는 데 어느 정도 성공 독일군 사령관 에리히 루텐도르프 장군은 러시아가 무너지면서 동부전선에서 자유로워진 군대를 이용해, 전력이 약해진 연합군을 보강할 미군이 도착하기 전인 1918년 봄에 서부전선에서 승리를 거두는 것이 매우 중요하다고 생각했다. 첫번째 공격목표는 솜 강 북쪽, 아라스와 라페르 사이 접경지대에 주둔하고 있던 다소 전력이 약해진 영국군이었다. 독일군은 영국군 참호에 미리 포격과 가스 공격을 가한 뒤 아침에 짙은 안개 속에서 대규모 공격을 개시해 영국군을 완전히 혼란에 빠뜨렸다. 영국군은 제1선과 제2선이 곧 무너졌고 3월 22일에는 뿔뿔이 흩어진 제5군도 퇴각했으며 남쪽에서 프랑스군과 접촉할 기회마저 잃었다.

독일군은 프랑스군과 영국군을 영원히 차단시키려고 빠르게 전진했다. 그러나 3월 28일 영국 제3군이 전열을 정비하고, 연합군도 빠르게 재조직됨에 따라 독일군의 전진은 아미앵 동쪽에서 차단되었다. 독일군은 이 공세를 통해 전쟁 초기인 1914년말 영토를 얻은 이래 서부전선에서 가장 넓은 영토를 얻었다. 독일군은 약 64㎞를 진격했다.

(사) 유틀란트 전투(Battle of Jutland /Battle of the Skagerrak:1916. 5.31-6. 1)

영국 함대와 독일 함대 사이에 벌어진 유일한 전투 덴마크 유틀란트 해안에서 약 97㎞ 떨어진 북해의 스카게라크 해상에서 벌어졌다. 영국 해군정보부는 존 러슈워스 젤리코 제독과 데이비드 비티 제독에게 독일의 라인하르트 셰어 제독이 독일의 대양함대(大洋艦隊)를 이끌고 출항했다는 경보를 내렸다. 순양전함(巡洋戰艦)의 정찰대를 지휘하던 비티 제독은 프란츠 폴 히퍼제독이 이끄는 독일군을 탐지하고 이를 독일군 본함대(本艦隊)가 있는 곳까지 추격했다. 오후 4시경 양측은 포격전을 시작했다. 영국군은 막대한 손실을 입고 독일군의 추격을 받으면서 본함대로 돌아왔다. 6시 가 지나 양측의 본 함대가 마주쳐 전투를 재개했다. 해질녘 영국군이 승세를 잡기 시작하자, 셰어 제독은 젤리코 제독이 그랬던 것처럼 뱃머리를 돌렸다. 그러나 독일 함대가 본국을 향해 뱃머리를 다시 돌리자 영국 함대와 정면충돌하게 되었다. 킬군항을 출항한 셰르 · 히퍼가 이끄는 대함대는 같은 해 5월 31일, 비티 · 젤리코 제독이 이끄는 영국 함대와 맞부딪쳐 250여 척의 군함이 격렬한 해전을 벌였다.

이 해전은 6월 5일까지 계속되었고, 영국측은 순양전함 3척, 장갑순양함 3척, 구축함 8척을 잃었고, 독일측도 전함 1척, 순양전함 1척, 경순양함 4척, 구축함 5척을 잃었다. 한편, 독일은 이 해전으로 타격을 입어 대 함대를 조직해서 출격할 힘을 상실하고 다시 잠수함전이 중심이 되었다.

양국은 모두 승리를 주장했는데, 독일은 더 많은 선박을 파괴하고 인명 손실을 영국에 입혔고, 영국은 북해에 대한 제해권을 계속 확보했기 때문이다.

(아) 카포레토 전투 (Battle of Caporetto:1917.10.24)

제1차 세계대전 때 이탈리아 군대가 겪은 참패 전투에서 이탈리아군은 2년 6개월 동안이나 이탈리아와 오스트리아 군대가 교착상태에 빠져 있던 트리에스테 북서쪽 이 손초전선에서 오스트리아-독일군의 공격에 밀려 후퇴했다. 오스트리아와 독일군의 공격이 성공적으로 끝난 뒤, 60만 명 이상 되는 이탈리아 병사들은 전쟁에 지치고 사기가 떨어져 탈주하거나 항복했다. 전군(全軍)이 붕괴의 위험에 직면한 가운데, 11월 7일 이탈리아군은 이 손초전선에서 약 110㎞ 떨어진 베네치아 근처의 피아브 강에 방어선을 구축했다.

이 패배에 자극받아 이탈리아의 동맹국인 프랑스와 영국이 증원군을 보내고 마침내 연합국의 전력을 통합하기 위해 최고 전쟁협의회를 만들었다. 이탈리아 내부에서는 군통수권의 변화와 새 내각의 출범을 가져왔으며, 새 내각은 후방을 재편성했다.

(자) 뮤즈-아르곤 전투 (battles of the Meuse-Argonne:1918. 9.26-11.11)

제1차 세계대전 때 서부전선 마지막 전투 1918년 7월 독일군이 마른 강에서 물러난 뒤 페르디낭 포슈 장군과 연합군 최고사령부는 전열이 흐트러진 독일군에 대해 집중적이고 동시다발적인 일련의 공세를 취하기로 계획했다.

그 가운데 하나가 메지에르와 스당을 잇는 철도 중간지점으로 향해 있는 뮤즈 강 유역에서의 합동작전으로, 미국군은 뮤즈 강 서쪽을 향해 진군했고 프랑스군은 아르곤 숲 서쪽으로 진입했다. 미국군은 존 퍼싱 장군의 전투 시작을 알리는 기습공격으로 뮤즈 강 유역을 따라 8㎞를 전진했으나 울창한 아르곤 숲지대에 접어들어서는 겨우 3㎞를 나갔을 뿐이었다. 그 뒤 미국군은 보급로를 유지하는 데 따른 어려움과 독일군의 기관총 진지 및 대포가 숨어 있는 험난한 지형을 만나면서 공격력이 약화되었고, 독일군 방어선으로 더 깊숙이 들어가 공격하면 할수록 사상자는 늘어갔다. 전투 개시 11일째가 되자 독일군은 측면에서 포위당하고 있다는 사실을 깨닫고 붙잡히지 않기 위해 후퇴하는 한편, 프랑스군은 엔 강 저지대를 가로질러 전진을 계속했다.

10월 31일까지 미국군은 16㎞, 프랑스군은 32㎞를 진격했으며 독일군은 모두 아르곤 숲에서 쫓겨났다. 10월중에도 뮤즈-아르곤 지역에서는 치열한 전투가 계속되었다. 100만 명이 넘는 미국군이 전투에 참가했으며 11월 10일 연합군은 세당에 도착해 철로를 끊었다.

4) 세계 제1차 대전 (종합)

① 유럽 국가 대부분과 러시아, 미국, 중동 및 그 밖의 지역에 있는 나라들이 대거 참여한 국제적인 전쟁(1914~18)

② 제1차 세계대전중의 유럽과 지중해동맹국(주도국은 독일 · 오스트리아-헝가리 · 터키)과 연합국(주도국은 프랑스 · 영국 · 러시아 · 이탈리아 · 일본이며 1917년도부터 미국도 가담)이 맞서 싸운 이 전쟁은 동맹국의 패배로 끝났고, 4개의 거대한 제국(독일 · 러시아 · 오스트리아-헝가리 · 터키)의 몰락을 가져왔다. 그 결과 러시아에서는 볼셰비키 혁명이 일어났고, 유럽의 불안정은 제2차 세계대전의 불씨가 되었다.

③ 파리 강화회의 : 1919년에 제1차 세계대전의 승전국들이 연합국과 동맹국 간의 평화조약을 협의하기 위해 개최한 국제회의이다. 회의는 1919년 1월 18일 개최되어 1920년 1월 21일까지 간격을 두고 지속되었다.

④ 베르사유 조약 : 베르사유 조약은 1919년 6월, 독일과 연합국 사이에 맺어진 제1차 세계 대전의 강화조약이다. 베르사유 조약은 7장으로 이루어져 있다. 이 조약은 베르사유 궁전에서 맺어졌다.

※ 주요 내용

- 독일 제국은 전 대륙의 모든 식민지를 포기하며, 국제 연맹이 결정한다.
- 독일 제국은 공군과 잠수함을 금지하며 전차는 36대를 남기고 나머지는 연합군이 차지한다. 육군과 해군은 10만 명으로 단축하며 군함은 36척으로 한정한다.
- 독일 제국은 전쟁을 불러일으켰기 때문에 배상금 1,320억 마르크를 10년 이내에 지불해야 한다.
- 새로운 전차의 개발 및 배치를 금지한다.
- 군대는 육해군을 합쳐 10만 명으로 제한하며, 항공 전력은 금지한다, (독일 공군은 1935년에 정식으로 창설되었다.)

⑤ 국제 연맹 탄생 : 국제 연맹은 제1차 세계 대전이 끝난 후인 1920년에 미국 대통령 우드르 윌슨의 제안으로 만들어진 국제기구이다. 그러나 미국은 상원의 비준 거부로 참여하지 않았으며, 독일과 러시아도 처음에는 가입을 거부당하는 등 출발부터 문제가 있었다. 국제연맹 상임이사국은 영국, 프랑스, 일본, 이탈리아의 4개국이었다. 국제 연맹은 1930년대 이후 계속되는 국제 분쟁에 무기력한 모습을 보였고, 제2차 세계 대전을 막는데 아무런 역할도 하지 못했다. 결국 1946년 후계자 격인 국제연합이 창설되면서 국제 연맹은 업무, 위임통치령 자산 등을 모두 국제연합에 인계하고 해체하였다.

■ 전쟁특징

- 병참지원 문제의 중요성

국가의 산업이 발달하면 전쟁물자 생산을 위해 풍부한 자원이 획득되어야 하며, 또한 고도의 무기와 장비가 생산된다 하더라도 이것을 최전방의 전투원에게 공급하지 못한다면 전쟁 수행은 불가능해지는 것이다. 전쟁의 승패 요인은 고정적 요인과 변수적 요인으로 구분할 수 있는데, 이전의 전쟁은 지휘관 및 부대 구성원의 자질과 훈련 정도, 그리고 지형적 요인 등 고정적 요인이 지배적 요인으로 작용되었다. 이번 전쟁에서도 고정적인 요인을 무시하지는 못하지만, 변수적인 요인 즉 무기 및 장비의 우수성 여하가 더욱 중요시되었다.

이러한 관점에서 제1차 세계대전은 전투원이 무기에 종속되는 경향이 증대해감을 보여주었다. 현대적 산업은 장비와 무기를 고도로 발전시켜놓았으므로, 아무리 용감하고 전투에 능숙한 병사일지라도 적절한 무장을 하지 못했을 경우에는 전투에 임하여 활동 불능의 상태에 빠지고 말았다.

대전 기간 중 발전된 무기는 화염방사기 · 독가스 등 상당히 많지만, 지상전투에서 가장 두드러진 것은 전차이다. 당시의 전차는 속도가 느리고 항속력이 짧아 전략적인 운용이 불가능했으며, 고장이 잦기는 했으나, 1918년 이것이 집단적으로 운용되었을 때는 눈부신 전과를 올렸던 것이다.

• 항공기 발전

기간 중의 항공기는 현대식 항공기와는 비교도 할 수 없는 조잡하고 성능이 불량한 것이었지만, 대전 말기에는 지상부대에 대한 화력지원 수단으로 없어서는 안될 중요한 무기로 변모했으며, 제공권 보유 여부가 전쟁의 승패에 많은 영향을 미치게 되었다. 독가스는 처음 사용되었을 때는 일시적으로 결정적 효과를 발휘하기는 했으나, 연합군과 동맹군이 대규모로 사용하기 시작했고 곧이어 방어수단이 개발됨으로써 큰 효과는 거둘 수 없게 되었다.

• 공격전술과 방어전술

기간 중 공격전술에서는 많은 사상자를 내지 않고 단시간 안에 어떻게 적의 방어진지를 돌파할 것인가 하는 기본적인 문제를 해결하는 연구에서 벗어나지 못했다. 이에 따라 창안된 것이 후티어 전술인데, 독일군은 이 전술로서 서부전선에서 연합군 진지를 세 차례나 돌파할 수 있었다. 그러나 종국에는 기동력 및 수송력, 그리고 화력의 부족으로 결정적 승리는 획득하지 못하였다. 구로 장군이 창안한 종심방어 전술은 구태의연한 진지방어 개념에서 융통성 있게 종심을 증가함으로써 현대의 방어전술에 많은 공헌을 남긴 것으로 괄목할 만한 것이었다.

■ 휴전협정

독일은 벨기에와 프랑스, 알자스로렌 지방 및 라인 강 서쪽 연안 지역에서 철수할 것과, 네덜란드와 스위스 사이에 있는 라인 강 우안을 중립화할 것을 요구받았다. 동아프리카의 독일군은 전쟁 이전의 위치로 후퇴해야 했다. 브레스트리토프스 조약과 부쿠레슈티 조약은 무효화해야 했다. 한편 연합국은 독일에 대한 봉쇄를 계속할 작정이었다. 독일측 대표단은 붕괴 직전의 독일에서 볼셰비즘의 위협이 심각하다고 호소하여, 이런 조항을 어느 정도 완화하는 데 상공했다. 연학국은 봉쇄를 늦출 수도 있다고 암시했고, 인도해야 할 전쟁 물자를 줄여주었으며, 동유럽의 독일군은 당분간 현지에 주둔해도 좋다고 허락했다. 후방에서 역명의 위협이 심각한데다 설상가상으로 서부 전선에 포진해 잇는 연합군의 공격이 임박하지 않았다면, 독일은 보다 많은 양보를 받아내기 위해 좀더 버텼을지도 모른다. 연합군은 11월 14일에 마지막 공세를 펼칠 계획이었다. 만약 이 계획이 실행되었다면, 휴전협상에 새로운 돌파구가 마련되었을지 여부는 결코 알 수 없는 일이다. 마지막 공세 전인 11월 11일에 휴전협정이 조인되어 제1차 세계대전이 드디어 막을 내렸기 때문이다.

제1차 세계대전 동안 참전국들이 낸 사상자수는, 그 이전의 전쟁에서 나온 사상자수와 비교할 때 엄청나게 많은 것이었다. 연합국은 500만 명의 전사자를 포함하여 2,200만 명이 넘는 사상자를 냈고, 동맹국은 330만 명의 전사자를 포함하여 1,500만 명의 사상자를 냈다. 전쟁 때문에 죽은 민간인 사망자수는 군인 전사자보다 더 많아서 약 1,300만 명으로 추산된다. 민간인은 굶주림이나 헐벗음, 질병, 또는 대량 학살 등으로 목숨을 잃었다.

● 1차 세계대전 중 미군 모병 포스터

"난 네가 미 육군에 지원하길 바란다."라고 엉클샘은 말한다.

● 1차 대전 중 주요국가 참전병력과 인명피해

	참전병력	전사	부상
영연방	9,500,000	947,000	2,122,000
프랑스	8,410,000	1,375,000	2,225,000
러시아	12,000,000	1,700,000	4,950,000
이탈리아	5,615,000	460,000	947,000
미국	4,355,000	116,000	206,000
독일	13,400,000	1,808,000	4,247,000
오스트리아 · 헝가리	7,800,000	1,200,000	3,620,000
터키	2,850,000	325,000	400,000

● 제1차 대전의 결과(총평)

① 총력전 : 전 국민이 동원된 실질적인 총력전

② 후티어 전술 및 구로의 종심 방어 등 신 전술 등장
※ 후티어 전술은 제2차 세계대전시 전격전의 모체가 되었음

③ 러시아 공산혁명 유발, 미국 세계무대 주도국 등장

● 독일의 패인

① 최초 단기결전에 실패 장기지구전에 돌입
※ 동 · 서부 양면전쟁 수행 불가피

② 연합군의 우세한 해군력이 독일해안 봉쇄
※ 독일의 경제적 위기 초래

③ 미국의 연합국 측 가담 (치명적 결과 초래)

④ 국내사정의 불안과 급증한 염전사상

4. 제2차 세계 대전[15](1939년9월1일)

제2차 세계 대전(第二次 世界大戰)은 제1차 세계대전이 해결하지 못한 채 남겨둔 분쟁이 20년 동안의 불안한 잠복기를 거쳐 다시 폭발한 제2차 세계대전은 여러 면에서 제1차 세계대전의 연장이었다. 인류 역사상 가장 큰 인명과 재산피해를 남긴 가장 참혹했던 전쟁으로 1939년 9월 1일 새벽 4시 45분 독일군이 폴란드의 서쪽 국경을 침공하고, 소련군이 1939년 9월 18일 폴란드의 동쪽 국경을 침공함으로서 발발하였다고 보지만, 때로는 1937년 7월 7일 일본의 중국 침략, 1939년 3월 독일군의 프라하 진주 등을 개전일로 보기도 한다. 1945년 8월 6일과 8월 9일, 미국의 원자 폭탄 투하 이후 8월 15일 일본이 무조건 항복하면서 끝이 났다. 이결과(나가사키 히로시마 핵 투하로 일본항복)로 한국이 독립하였다.

전사자는 약 2500만 명, 민간인 희생자도 2500만 명에 달했다. 전쟁 기간 중 일본은 1944년 여자정신대 근무령을 통해 조선인, 중국인을 비롯한 여러 나라의 여성들을 종군위안부로 동원하였으며, 독일은 '인종 청소'라는 이유로 수백만 명 이상의 유대인과 집시들을 학살하였다. 또한 미국은 히로시마 현과 나가사키 현에 원자폭탄 공격을 감행하여 두 번의 공격으로 약 34만 명을 살상하였으며, 영국과 미국의 공군은 드레스덴공습을 감행하여 20여만 명을 살상하는 등, 전쟁의 피해는 극히 심하였다.

전쟁은 크게 유럽 전선과 태평양 전선으로 구분할 수 있다. 유럽 전선만을 얘기할 경우 히틀러 전쟁으로 부르기도 한다.

1) 제1차 세계 대전 후 유럽의 정세

베르사이유 조약과 기타 강화조약의 성립으로 전후 유럽의 국제질서는 일시적인 안정과 협조체제를 이루어나갔으나 미국의 고립주의 정책 복귀와 영 · 프 간의 불화, 그리고 연합국의 독일에 대한 불공평한 전후 처리로 인한 독일 국민들의 원망 등은 베르사이유 체제에 불안요인으로 작용하고 있었다. 또한 1929년에 시작된 세계 경제공황은 전후 안정 기조로 접어들기 시작한 유럽 경제를 극도로 혼란시켰고, 특히 독일 경제는 파탄 상태에 직면하여 실업자의 수가 무려 650만 명을 헤아리게 되었다. 독일 국민들의 전승국에 대한 분노와 현 정부에 대한 불만이 다시 폭발되고, 베르사이유 체제의 타파, 비스마르크 시대의 대 독일제국 건설을 재현시킬 수 있는 강력하고도 유능한 정부를 갈망하게 되었다. 이러한 정세는 베르사

15) 위키백과, 우리모두백과사전, 인터넷 참조

이유 조약의 폐기와 식민지 요구, 그리고 대 독일제국 건설 등의 강령을 발표하여, 내외 제정(諸政)의 일대 개혁을 절규하고 나선 히틀러(Hitler)로 하여금 정권을 장악할 수 있는 계기를 마련해주었다. 1930년 9월의 총선거에서는 히틀러가 영도하는 나치스당은 종래의 12석에서 일약 107석을 차지하였고, 다시 1932년 7월의 총선거에서 607석 가운데 230석을 차지해 제1당이 되었으며, 다음해 1월에는 나치스 정권이 수립 하였다.

이탈리아에서는 무솔리니(Mussolini)가 조직한 파시스트당의 일당독재정부가 성립되어 이탈리아 · 독일은 제1차 세계대전의 승전국과 패전국이라는 적대국의 관계이면서도 정치적 경제적 사회적 심리적으로 공통점을 갖게 되었다.

소련은 제2차 세계대전 동안 제정 러시아가 붕괴되고, 볼셰비키에 의한 공산당 독재체제가 성립되어 오랫동안 국제사회에서 거의 고립상태에 놓이게 되었다.

따라서 전후 유럽은 영 · 프를 중심으로 한 민주주의 국가와 극좌파의 공산주의 국가, 그리고 극우파인 파시즘이 공준하게 되어 언젠가는 이념적 충돌을 일으킬 문제를 안고 있었다.

2) 젝트의 비밀 재군비

파리 강화회의(베르사이유 조약)에서 연합국은 독일의 많은 부분의 영토와 전 식민지의 발탁을 강요한 결과 알사스 로렌은 프랑스에 반환되었고, 오이펜(Eupen), 멜레디(Maledy) 등은 벨기에에 양도되었으며, 석탄자원이 풍부한 자르(saar) 지역은 15년간 국제연맹의 관리 아래에 두었다가 국민투표에 의하여 그 귀속을 결정하기로 하였다. 그리고 동프로이센을 폴란드 회랑(廻廊)으로써 분리하고, 단치히(Danzij)를 떼어내었으며, 포젠(Posen) 지방과 실레지아의 일부를 폴란드에게 주었다. 슐레스비히(Schleswig)의 일부는 국민투표에 의해 덴마크로 되돌아갔다. 중국과 태평양상에 있는 독일 식민지의 이권은 일본이 차지하였고, 태평양 지역의 나머지 독일 식민지와 동아프리카와 서아프리카의 독일 식민지는 영국이 인수받았으며, 프랑스가 카메룬(Kameroom)을 할양받아 프랑스령 적도(赤道) 아프리카에 편입시켰다.

연합국은 역사상 전례가 없는 막대한 금액의 전쟁배상금을 지불하도록 규정하였다. 또한 이 회의에서는 전승국들의 군비제한 문제는 불문에 부치고, 우선 제1단계로서 독일에 대해서만 철저한 군비제한을 하기로 하여 독일은 육군의 총병력을 보병 7개 사단, 기병 3개 사단을 포함한 10만 명(장교 4천, 사병 9만 6천)으로 할 것과, 참모제도의 폐지, 징병제의 폐지와 지원병제의 실시, 그리고 복무연한은 장교는 25년, 사병은 12년으로 할 것, 대포와 군용 항공기는 보유하지 말 것 등이 결정되고, 해군은 전함 6척, 구축함 12척, 수뢰정 12척과 병력은 준사관이상 1,500명을 포함한 1만 5천명만이 인정되었다. 이 같은 일방적이고 엄격한 군비제한 조항에도 불구하고 제1차 세계 대전 후 거의 와해되어버린 독일군을 재건하고, 1935년 3월 16일에는 히틀러로 하여금 정식으로 군비제한의 폐기를 선언케 할 정도의 군비확장 토대를 마련하여 미래 독일군의 핵심과 기구를 완전하게 만든 주역이 바로 한스 폰 젝트(Hans von Seeckt) 장군이다.

패전 후 독일 국방군(Reichswehr)의 참모총장이 된 젝트는 베르사이유 조약의 엄격한 제약 아래에서 독일 국방군을 우수한 군대로 육성하고, 유지하기 위한 어려운 과업에 착수하여 국가가 필요로 할 때 즉시 대규모로 확장할 수 있도록 독일군의 핵심과 기구를 완성하였으며, 한편으로는 전통적인 군국주의 사상을 그대로 존속시키는 데 최대의 심혈을 기울였다. 우선 젝트는 병력 수의 제한을 군대의 질적 향상으로 극복하기 위해 엘리트 집단으로 구성된 정예군 양성에 착안하였다. 따라서 장교나 사병들의 선발에는 출신 성분과 학력이 대단히 중요시되어, 대학 졸업장이 없이는 장교로 지원할 수 없었을 뿐만 아니라, 훈련기간도 4년 6개월의 과정을 마친 후에야 임관이 가능했으며, 가능한 한 귀족 및 구 군대 가문의 자제를 장교로 임관시키려 하였다. 또한 유사시 모든 사병은 하사관의 역할을, 하사관은 초급 장교로의 역할을 수행할 수 있도록 새로운 훈련방침과 각종 교육과정이 계획되었다.

정예군 양성을 위해서는 이를 유지시키고 지원해줄 만한 행정적 기술적인 지원과 여러 제도발전을 위하여 연합국에 의하여 폐지된 참모본부제도의 부활과 그의 효율적인 운영에 대한 필요성이 요구되어 젝트는 참모본부의 모든 기능을 정부 각 부처에 이관시키고 수천의 사복차림의 참모본부 장교와 조수들을 민간인 자격으로 부흥 · 내무 · 문화 · 교통 각 성에 배치하여, 그들의 임무를 계속 수행케 하였다. 뿐만 아니라 새로운 참모 본부 요원의 양성을 위해 2년간 별도의 교육을 받게 하고, 그 가운데 가장 유능한 장교들을 다시 국방성으로 전입시켜, 참모본부 요원의 훈련을 쌓게 하였다. 이와 같은 제도는 연합국 군사관리위원들의 철저한 염탐에도 불구하고, 1935년 히틀러의 재군비선언이 있을 때까지 성공적으로 계속 되었던 것이다.

다음 젝트가 중요시한 것은 동원체제와 예비군 제도의 유지 확대로, 장기적인 동원계획을 위하여 연금국(年金局)으로 하여금 인력자원에 관한 모든 자료를 수집하게 하였고, 경찰과 노동군은 예비군 역할을 담당하게 하였다. 일명 흑색국방군(黑色國防軍)으로 알려진 노동군은 1923년 프랑스의 루르 지역 점령 때 동부 국경 수비와 보조 군으로 육성되었는데, 공식적으로 이들은 단기 계약에 의하여 고용된 민간인 노동자에 불과하였으나, 군복을 입고 군으로부터 급여 · 훈련 · 명령을 받고 병사(兵舍)에서 사병과 같은 내무생활을 하였던 것이다. 경찰 역시 독일군의 전투력을 보강할 수 있도록 조직되었고, 장교 출신자에 의하여 훈련을 받았으며, 모든 군사훈련에도 참가하였다. 젝트는 또한 비밀계획 아래 고도의 전기연마(戰技練磨)에도 심혈을 기울였다. 많은 항공기 조종사들은 민간 항공사에서 비행훈련을 받았으며, 민간항공성의 장관에는 젝트가 지명한 경험 있는 장교가 임명되었다. 베를린공과대학에는 많은 장교들이 파견되어 과학기술의 적용 가능성을 연구하였고, 다수의 참모장교들과 군사 전문가들은 외국에서 현대 장비를 다룰 수 있는 훈련을 받았다. 해군 사관과 병사 역시 타국에서 훈련을 받았고, 해군의 각 조직은 은밀히 비군사적인 각 성에 파견되어 해상의 지위를 회복하는 날을 준비하기 위해서 모든 가능한 수단을 취하였다. 그리고 미 · 영의 부흥공채(復興公債)로 세울 공장의 대부분을 필요시에 전쟁용으로 전환할 수 있도록 설계하는 전반적인 계획이 처음부터 실시되었으며, 군수자재를 생산하는 기구를 설치하기 위한 연구도 계속되었다. 실제로 선반(旋盤) 같은 것은 일반 기업용으로 요하는 것보다 훨씬 많았고, 전쟁을 위해 설립된 국립병기창도 폐기되지 않고 존재하였다.

젝트가 독일군에게 남긴 가장 큰 유산은 군사사상이라 할 수 있다. 젝트는 제1차 세계대전의 개인적인 체험에서 얻어진 교훈을 철저히 연구하여 새로운 교리로 발전시켰다. 당시 강조된 대원칙은 "전쟁에서의 승리는 질적으로 우수하고 고도의 기동성을 갖춘 정예군이 공격을 취할 때 얻어질 수 있으며, 적의 섬멸보다는 마비가 효과적이다"는 것이었다. 그리고 이러한 목적달성에 적합하도록 부대를 편성하게 하여, 1924년 초에는 차량화 부대와 항공기의 협동작전 가능성을 검토하는 기동훈련을 수행하였다. 여기에서 강조된 '고도의 기동성'이나 '공격', '마비' 등과 같은 용어들은 후일 전 세계를 놀라게 하였던 전격전(Blitzkrieg)의 기본원리가 되었다.

3) 전쟁 발발 과정

1933년 1월에 수상이 된 히틀러는 3월에는 수권법(授權法)을 통과시켜 국내적으로 독재 기반을 확고히 하는 데 성공하였으나, 대외적으로는 고립을 면치 못하였고, 군사적으로도 베르사이유 조약의 틀에서 벗어나지 못한 상태에 있었다. 따라서 히틀러는 외교적 자유와 타국과 대등하거나, 우월한 군사력 보유가 이룩된 후에라야 장기적이고 강력한 외교정책의 수행이 가능하리라 판단하고, "다른 나라와 군비의 평등을 포함한 모든 평등권이 제네바에서 부인되었다" 는 구실 아래 1933년 10월 14일 "군축회의와 국제연맹으로부터 탈퇴한다." 고 선언하였다.

1935년 1월에는 자르 지역에 대한 인민투표에서 90퍼센트 찬성으로 독일로 복귀가 결정되자 히틀러의 위신은 크게 올랐으며, 같은 해 3월 16일에는 돌연 '재군비선언(再軍備宣言)'을 하기에 이르렀다. 그러나 영 · 프 · 이의 군축회원국과 국제연맹에서는 독일의 조약 위반에 대하여 효과적인 제재와 강력한 조치를 취하지 못하였다. 그리하여 독일 재군비선언은 이제 하나의 기정사실로 공인되어 독일은 외교적 자유와 젝트가 이룩한 독일 국방군을 기반으로 급속한 팽창을 보게 되어 안일에 빠져 있던 연합국의 군대를 능가하기에 이르렀다. 1935년 6월에는 런던에서 영독해군협정[16]이 조인되어 독일은 영국의 승인아래 공공연히 프랑스와 대등한 해군력을 보유할 수 있게 되므로 영 · 프 사이는 불신 관계가 조성되었고, 1935년10월 '이탈리아의 이디오피아 침입'으로 영 · 프 · 이의 관계는 더욱 악화되었다. 이러한 연합국의 불화는 히틀러로 하여금 더욱 강경한 외교정책을 수행할 용기와 계기를 마련해준 결과가 되어, 1936년 3월 7일에는 "독일은 로카르노(Locarno) 조약[17]을 폐기한다."고 선언함과 동시에 '라인란트(Rhineland)진주' 를 단행하였다.

영국은 현실주의적 태도를 받아들였고, 프랑스는 군대를 출병시켜 독일군을 철퇴시키는 강력한 조치를 취하지 못했을 뿐만 아니라, 서부 방벽(West wall)의 구축마저 허용하는 태도를 취하였다. 이탈리아 또한 표면상으로는 독일의 행동을 부인하면서도 내심으로는 오히려 이에 협조하는 태도였으며, 1935년 7월부터 시작된 스페인 내란에는 독일과 공동 보조로 프랑코(Franco)군에 대해 적극적이고 공공연한 원조를 제공하였다. 영 · 프 · 이

16) 이 협정에서 ① 독일 해군은 영국의 조약상 보유량의 35%로 할 것. ② 이 비율은 타국의 전함에 의하여 영향을 받지 아니한다. 그러나 만일 타국의 이례적인 개발로 인하여 해군의 일반적 균형이 깨질 때는 다시 협의한다. ③ 잠수함에 관하여서는 독일은 전 해군력의 35%를 초과하지 않을 것을 조건으로, 영국과 균등량을 보유할 권리가 있다는 내용 등이 합의되었다.

17) 로카르노 조약은 1953년 10월 5일 스위스의 로카르노에서 라인 관계국들이 회의를 열어 유럽의 안전보장과 특히 라인 보장 문제를 해결한 것으로 정식 조인은 런던에서 하였다.

의 상반된 태도와 군비확충으로 어느 정도 자신을 갖게 된 히틀러는 이른바 '한 민족(ein Volk), 한 국가(ein Reich), 한 통치자(ein Fuhrer)의 이론' 에 입각하여 1938년 3월에 '오스트리아를 합병' 하였으며, 9월에는 체코의 독일인 주거지인 주데텐(Sudetenland) 의 할양을 요구하며, 뮌헨 협정(영 · 프 · 독 수뇌 참석)에서 이를 인정받았다. 1939년 3월에는 "체코의 잔여 부분인 보헤미아(Bohemia)와 모라비아(Moravia)를 독일의 보호령으로 한다." 는 선언과 동시에, 체코를 완전히 해체하였다. 히틀러의 체코 점령은 영국 언론과 하원, 그리고 이제까지 대독일 유화정책으로 일관해왔던 체임버린(Chamberlain) 수상으로부터 맹렬한 비난을 받게 되었다.

독일 민족의 주거지를 독일 영토로 편입시켜온 히틀러의 다음 목표가 폴란드일 것이 명백해지자, 영 · 프는 히틀러의 무한한 야망을 인식하고 뒤늦게 강경책을 취하여, 폴란드와 상호 원조조약을 체결함으로써 독일의 더 이상의 팽창을 억제코자 하였으며, 독일의 폴란드 침공을 막기 위해서는 폴란드를 지원하기에 가장 편리한 위치에 있는 소련과 손을 잡는 것이 절대 필요하다는 판단 아래 대 소련 교섭을 전개하였으나 실패하였다. 반면 독소간에는 1939년 8월 21일(23일, 調印) 돌연히 독소 불가침조약이 발표되어 전 세계에 큰 충격을 안겨주었다. 독소 불가침조약의 체결로 폴란드 문제 해결에서 소련의 중립을 얻어내는 데 성공한 히틀러는 '단치히 자유시의 독일 귀속과 동프러시아에 이르는 회랑지대의 할양'을 폴란드에 요구하였으나 거부되자 독일은 1939년 9월 1일 폴란드에 대한 공격을 개시하였으며, 영 · 프도 1939년 9월 3일 독일에 대해 선전포고를 하므로 제2차 세계대전이 발발하였다.

가. 제2차 세계대전 이전의 정세

(1) 베르사이유 조약

① 1919년 6월 28일 파리의 베르사이유 궁전에서 베르사이유 강화조약을 체결하여 독일에게 제1차 대전 책임을 전가

② 알사쓰 · 로렌지방을 프랑스에 양도

③ 짜르(saar) 탄광지대를 15년간 프랑스에 양도 후에 주민의 투표로 귀속권 결정

④ 폴란드 회랑 설정 및 동프러시아(Prussia)분리

⑤ 단찌히(Danzig)시의 자유도시화(폴란드 가 장악)

⑥ 멤멜(Memmel), 리투아니아(Lithuania)에 양도

⑦ 오이펜 말메디(Eupen Malmedy), 벨기에에 양도

※ 독일 영토의 1/6 상실, 독일식민지 영국 81%, 프랑스 17%, 벨기에 에게 2% 할당.

(2) 강요된 평화

① 베르사이유 조약은 독일에게 강요된 평화를 요구한 격이 되어 다시 전쟁의 가능성 시사

② 포쉬 장군은 회의석상에서 "이런 평화가 어디 있느냐. 이것은 단순히 20년간의 휴전 조약이 체결된 것뿐이다." 라고 했으며 실제로 베르사유조약 체결(1919년에 조인) 이후 20년 후에 제2차 세계대전(1939년)이 발발.

(3) 영국의 독일 지원과 미국의 동조

① 제1차 세계대전 종식 후 영국은 독일과 친선 관계 유지

② 전통적으로 영국은 구주내의 세력균형을 갈망하여 어느 나라든 압도적인 강국출현을 원치 않는다는 노선견지, 프랑스가 전후 구주대륙에서 강대해질 것을 두려워하여 독일을 보호하는 정책을 표방.

③ 또한 미국도 영국의 정책에 동조하여 독일을 지원, 독일의 부흥은 자연스러운 결과가 되었음.

(4) 로카르노(Locarno)조약과 마지노선 구축

① 독일의 비밀재군비가 연합국의 감시로 인해 많은 제약을 받자 독일은 연합국의 감시 소홀을 유도하기 위해 외교공세를 펴 1925년 10월 스위스의 로카르노에서 5개국 상호보장 조약을 체결(영 · 프 · 독 · 이태리 · 벨기에)

② 프랑스는 이 조약에 의해 독일의 도발에 대한 공포로부터 안도감을 갖게 되지만 1927년 이후 독일과의 국경지대에 "마지노"선을 구축.

(5) 연합국 감시단 철수

① 독일은 로카르노 조약 다음해인 1926년에 국제연맹에 가입, 평화무드를 조성함에 따라 독일의 재군비를 감시하던 연합국의 군사관리위원이 1927년 1월 철수

② 로카르노 조약 이후 구주의 평화는 절정에 달 한 것처럼 보이나 이때 독일은 급속도로 부흥을 이룩하여 제2차 세계대전을 준비

③ 독일은 1933년 10월 군축회의와 국제연맹에서 탈퇴하고 1936년 3월 16일 재군비 선언을 공식화.

(6) 제2차 세계대전 (1939~1945)과 세계정세 (독일, 폴란드 침공 → 독일, 일본, 무조건 항복)

- 1922년 무솔리니 이탈리아 수상 취임
  스탈린 소련서기장 취임
- 1927년 중국난징에 국민정부수립
  린던버그 대서양 횡단비행성공
- 1929년 세계 대공황
- 1931년 일본의 만주침략
- 1934년 독일재군비 (히틀러등장)
- 1935년 독일 재군비선언, 반유대법공포
- 1936년 에수파냐 내한발발
- 1939년 독, 소 불가침조약체결
- 1940년 영국 처질내각수립
- 1940년 한국임시정부 중국에 광복군 총사령부설립
  (레이드 등장) 프랑스 독일에 항복
  독, 이, 일 3국 군사동맹
- 1941년 독일 소련침공
  루즈벨트 처칠 대서양 현장발표
  베트남 독립투쟁선언(월맹)
  소련, 인민회의의장에 스탈린 취임
  일본 진주만 기승
  미국, 무기대여법제정

나. 전격전의 등장(Biltzkrieg)

전격전은 제2차 세계대전 개전 초에 독일이 수행한 일련의 신속한 공격작전에서 유래되었다.(기원은 동양 병학서 가운데 육도(六韜)의 내용에서나, 알렉산더 대왕의 마케도니아 군대조직에서도 찾아볼 수 있다)

전격전의 교리를 체계적으로 창안해낸 사람은 영국의 전략사상가인 풀러(J. F. C. Fuller) 장군이다. 풀러 장군은 1937년《야전교리 제3에 관한 강의록-기계화 부대 간의 작전》(Lec-tures on Field Service Regulations Ⅲ-Operations between Mechanized Forces)이라는 저서에서 전격전의 교리를 제안 (영국 육군은 1932년에 이미 풀러를 퇴역시킨 후인지라, 초판에 500부 정도 출판된 데 비하여 독일 군대에서는 수만 부가 배포되었다.) 한 결과 영국은 덩케르크(Dumkirk)에서 영국 원정군 40만명 가운데 18만명과 전차 704대 가운데 680대를 잃었다.

독일은 제1차 세계대전 말기 사용한 후티어 전술과 포병화력제압 후 보병기동 전술적으로 돌파에 성공하였음에도 불구하고 전략적으로 실패한 이유를 면밀히 검토한 결과, 공격부대의 기동력 · 수송력 · 화력의 부족에 기인하였다는 결론을 얻었다. 그리하여 이러한 결점을 보강하는 방법으로써, 기동력의 부족은 공격부대를 기계화함으로써 보완하였고, 대규모의 차량화 부대나 보급지원부대를 편성하여 수송력 문제를 해결하였으며, 화력은 전차의 포, 자주포, 항공기의 폭격으로 보강하였던 것이다. 이와 같이 후티어 전술의 기조인 '기습'에다 '화력'과 '기동력(수송력 포함)'을 보강한 독일군의 새로운 전술이 이른바 전격전의 기본 원리로 대략 3단계로 나눌 수 있다.

제1단계로 자주포, 경전차, 차량화 보병부대 및 공병, 병참지원부대를 하나의 팀으로 하는 경기동부대를 적의 방어가 약한 전선의 좁은 정면에 기습적으로 집중 공격함으로써 돌파구를 형성하고, 다음 단계로 기갑부대가 이 돌파구를 통하여 깊숙이 침투하여 적을 차단 고립시키고 적으로 하여금 방어진지를 재편성할 시간적 여유를 주지 않으며, 마지막으로 차량화 보병이 기갑부대를 접속 전진하여 고립 차단된 적을 소탕하는 것이다.

이때 공군은 항공기습으로 적 공군을 지상에서 격파하고 지상부대의 진격에 대한 장해를 배제하며, 도시 · 지휘소 · 집결지 · 교통통신 및 보급시설을 폭격하여 지휘조직을 마비시키고, 동시에 심리적 충격을 가하며, 특히 포병 지원 하에 신속히 전진하는 기갑부대를 따라 가지 못할 때 급강하 폭격기가 화력 지원을 대신하게 된다.

이러한 전술 개념에 따라 독일군은 기갑사단(Panzer)을 편성하고, 이들은 급강하 폭격기와 협동작전으로 적 방어지역 깊숙이 침투함으로써 적의 전의를 완전히 분쇄하려 하였다.

(1) 전격전(Blitzkrieg)

※ 전격전(電擊戰 Blitzkrieg) : (독)구례리안(Guder:am)장군이 영국의 기계화된 이론을 발전시켜 적의 저항을 급속히 분쇄하기 위하여 기습적인 작전계획과 기동으로 공격을 실시하여 적을 격화하는 경이적인 급습작전

- 정의 : 예상하지 않았던 새로운 무기, 장비 혹은 새로운 기동수단과 새로운 전술을 사용하여 기습을 달성함으로써 압도적인 승리를 가져오는 작전
- 전격전의 핵심개념
  ① 핵심 : 적에게 심리적인 충격을 주어 마비
  ② 요결 : 기습(Surprise), 속도(Speed), 화력우위(Superiorty)
- 출현배경
  ① 1차 세계대전시 사용했던 돌파전술의 미비점 분석보강
  ② 풀러의 마비이론 제시(핵심은 기동과 속도)
  ③ 리델하트의 기갑부대에 의한 적 종심타격이론
  ④ 구데리 안에 의한 전격전의 요체인 3개의 판져 사단 탄생 주도
- 전격전의 수행과정
  ① 5열 침투 : 적 후방 침투
  ② 항공기 공격 : 적 후방의 지휘소, 보급소 등 마비
  ③ 전술적 돌파 : 적 주진지 돌파
  ④ 전과확대 : 포병과 급강하 폭격기 지원, 돌파구 확장 및 적주력 포위
  ⑤ 잔적소탕 : 후속부대에 의한 적 주진지상의 잔적 소탕

- 전격전 적용한 대표적 전쟁

  ① 폴란드 전역 : 전격전을 실험 적용
  ② 프랑스 전역 : 전격전을 실제 적용
  ③ 발칸 전역 : 전격전을 응용 적용

- 지역방어

  ①. 지형, 시간요소, 경계대책을 사전 고려 진지 구축
  ② 사주방어, 종심방어, 융통성 확보, 상호지원과 소산, 방어수단의 통합 및 협조 등의 대책을 강구
  ③ 물질전 수단(병력, 저지, 물자)정신력, 조직력 등 가용수단 구비
  ④ 확보, 지연, 차장의 방법으로 부여된 방어지역에서 작전수행
  ⑤ 적을 방해(경계제대), 저지(전방방해 제대), 격퇴 격멸을 시키면서 작전을 수행.

  ※ 종심타격 : 적후방의 주요전투력(지휘, 통신시설, 병참선, 예비대 등)을 타격하여 전방의 전투에 지원이 불가능하도록 공격하는 전투행위

  ※ 공지 협동작전 : 공군과 육군, 항공 및 지상군이 상호지원하면서 실시하는 작전

(2) 현대적 의미에서 방어작전

가용한 수단과 방법을 사용하여 부여된 방어지역에서 적의 공격을 방해, 저지격퇴 및 격멸하는 전투의 한 형태

① 방해 : 공자가 결정적인 행동 즉 협조된 공격을 하기 전에 그 같은 행위나 의도를 좌절시키는 것
② 저지 : 방어에 있어서 가장 중요한 작전 단계
③ 격퇴.격멸 : 방어의 최후의 단계 방어전투의 궁극적인 목표를 달성해 주는 중요한 단계

다. 전쟁개관

(1) 주요전투 현황

독 · 불 침공	독 · 소 침공	대영작전	지중해/발칸 북아프리카 작전	연합군 반격
① 네덜란드/벨기에 침공(1940. 5. 10) ② 영 · 불 연합군 됭케르크 철수작전(1940. 5. 28) ③ 독일군 파리입성(1940.6.14) ④ 프랑스 항복(1940.6.22)	⑤ 바바로사계획에 의해 소련 침공(1941. 6. 22) ⑥ 소련,스탈린그라드 역습(1942. 11. 19) ⑦ 독일, 스탈린그라드에서 공세 종말점(1943. 2. 2)	⑧ 독일군 진영 공군작전(1940. 8. 10) ⑨ V-2로케트 영국에 투하(1944. 9. 8)	⑩ 희랍과 유고슬라비아 침공(1941. 4. 6) ⑪ 크레타섬 침공(1941. 5. 20) ⑫ 북아프리카 토부룩 점령(1941. 6. 21) ⑬ 엘알라메인전투(1942. 10. 23)	⑭ 토오취 작전으로 북아프리카 상륙(1942. 11. 8) ⑮ 시칠리아 공격(1943. 5. 20) ⑯ 이탈리아 항복(1943. 9. 8) ⑰ 연합군, 남부 파리 상륙 파리 해방(1944. 8. 25) ⑱ 미군 라인강 레마겐 철교 점령(1945. 3. 7) ⑲ 베를린 점령(1945. 5. 2) ⑳ 독일항복(1945. 5. 7)

(2) 주요 전투 소개 / 분석[18)]

▣ 독불 침공 작전

① 배경

- 독일은 경제봉쇄를 타개할 입장에서 독 · 소 불가침 조약으로 양면전쟁을 피할 수 있고 전격전을 실험할 필요가 있어 폴란드를 선정, 선제공격(1939. 9. 1), 연합군 반응 모색기도
- 영국과 프랑스는 대독선전포고(1939)했으나 소극적 견제공격으로 대응
- 프랑스는 방어 제일주의 사상 만연되어 독일의 폴란드의 선제공격에 무관심하고 독일국경지대 마지노선[19)] 구축으로 끄떡없다는 환상에 젖어 있었음.

---

18) 2차대전당시 독일군 전차, 기계화, 항공부대를 총동원하여 폴란드 전역에 침공한 후 붙여진 "전격전"이었다(위키백과, 우리모두백과)
19) 마지노선 : 1927년「동북국경 축성안」을 당시 육군상인 폴빵르베이였는데 워낙 방대한 예산이라 1929년에야 통과되었는데 그 당시 육군상이 마지노(Maginot)였기 때문에 이름을 붙인 것이다. 1933년 완성된 마지노요새는 강철과 콘크리드의 구조물로 지하에 엘리베이터, 에스컬레이터, 탄약운리프동시설까지 설치하여 50개 사단을 배치, 난공불락의 요새였고 프랑스를 지켜주는 수호신.

- 1939. 10. 6일 폴란드 전역 점령한 독일은 영국 · 프랑스에 평화제의 했으나 거절당함.
- 러시아는 발틱 3국 영향권을 행사하자 핀란드가 도전, 핀란드와 전쟁에서 승리, 그러나 국제연맹에서 최초로 제명당함.
- 1940. 4 독일이 노르웨이 장악
- 영국은 노르웨이 작전 실패 책임을 물어 체임벌린 내각에서 처칠 전시 내각으로 교체
- 이탈리아는 독일과 동맹관계이지만 무쏠리니는 중립도 아니고 참전도 아닌 애매한 입장에서 전쟁추이만 관망

② 양군의 전투력

- 독일군 : 총 159개 사단 중 123개 사단 투입, 항공기 3,500대
- 연합군 : 프랑스, 영국, 벨기에 및 네덜란드군 약 134개 사단

③ 작전 계획

- 연합군 작전계획 - 요새에 의한 방어전략
  - 마지노선에서 독일군 공격을 지연시키는 동안 병력을 동원 하여 전투에 임함.
  - 마지노선 : 스위스국경에서 몽메디까지 구축

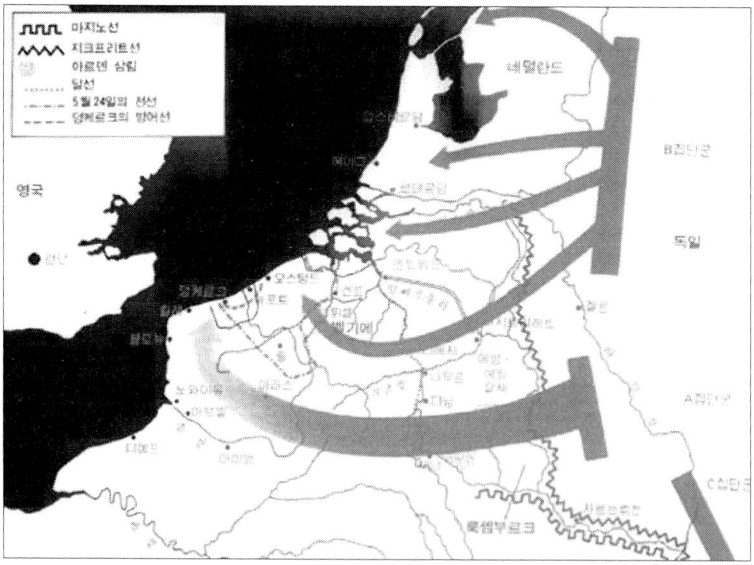

※ 마지노선

당시의 프랑스 육군장관인 A. 마지노(1877~ 1932)의 이름을 따서 붙인 명칭으로, 총연장은 약 750km로서, 북서부 벨기에 국경에서 남동부 스위스의 국경까지 이르고, 중심부는 독일과 프랑스의 국경을 따라 이어진 영구 요새선이었다. 1927년에 착수하여 10년 뒤인 1936년에 완성하였는데, 총공사비는 160억 프랑이나 들었다.

이 마지노 요새선은 당시의 축성기술(築城技術)의 정수(精粹)를 모았고, 지형의 요해(要害)를 이용하였으며, 완전한 지하설비와 대전차(對戰車) 방어시설을 갖추어 난공불락(難功不落)의 요새였다. 그러나 1940년 5월 독일 기갑병단의 기습과 전격작전으로 그처럼 공을 들이고 기대했던 마지노선은 충분한 가치를 발휘하지도 못하고 벨기에 방면의 일각이 돌파당하여 함락되고 말았다.

● 벨기에와 프랑스 국경지대 띄엄띄엄 구축

● 아르덴느 삼림배후지역에는 요새가 전혀 구축안됨

※ 드골 : 마지노선에 대해 강력히 통박하면서 방어보다는 공격사상의 기계화 부대창설 제의 (공격위주 대비)

● "E계획(Plan E)"

- 독일군이 마지노선 정면공격을 회피할 것으로 판단, 연합군은 독일군 공격이전에 벨기에와 네덜란드에 방어준비
- 그러나 벨기에와 네덜란드가 중립을 고집하자 결국 프랑스만 방어하는데 국한시킴
- 만약 벨기에가 침공 당하게 되면 지원군을 에스코(Escaut) 강까지 파견할 계획(이것이 E 계획)

● "D"및 Breda 계획

- "D"계획 : 앤트워프로부터 디일(Dyle) 강을 따라 "나무르" 근방에서 연결되는 디일선(Dyle line)에서 방어
- Breda 계획 : "D" 계획을 수정하여 프랑스 군 제7군이 "브레다"까지 진출하여 독일군 측면 강타

※ 연합군계획 : 불완전한 계획

● 독일군의 최초작전 계획(황색계획)

- 최초 마지노선과 아르덴느 삼림지대를 피해 리에즈 북방으로 공격하는 슐리펜 계획의 재현인 대기동전 계획 (황색계획)

※ 만슈타인은 아래의 이유를 들어 황색계획을 반대

- 리에즈북방은 연합군이 예측, 기습달성곤란
- 강력한 영국군과 조우
- 계획이 성공하더라도 연합군은 후퇴할 뿐 섬멸은 불가능

● 만쉬타인 주장

- 기동이 불가능하다는 아르덴느 삼림지대를 통한 공격 시 기습달성 가능
- 돌파성공 후 연합군 분리가능
- 분리된 (영 · 프) 연합군 배후 기동을 통한 병참선차단 및 주력 섬멸가능

※ 히틀러가 만쉬타인 주장승인

- 독일군의 공격계획(만쉬타인 계획)

● 1단계 작전

- B집단군 : 화란, 벨기에 공격
- A집단군 : 주공 아르덴느 삼림을 돌파, 해안까지 진격, 솜므강 이북의 연합군 차단, 포위하고 B집단군과 협격하여 섬멸
- C집단군 : 마지노선 정면 견제

● 2단계 작전

- B집단군은 솜므강 하류에서 남서쪽으로 진격
- A집단군은 파리동부돌파, 프랑스군을 마지노선 배후로 밀어붙여 C집단군과 협격
- 섬멸

④ **작전 경과**

● 제1단계 플랑드르 전투(1940. 5. 10)

- 낙하산부대 로테르담, 헤이그 낙하
- 1940. 5. 10일 04:00 벨기에 비행장 공습

- 5월 10일 B집단군 브레다, 로테르담진격

  5.13일 앤트워프 함락, 프랑스군 브레다로 철수
- 영 · 불군은 5월 12일 반격 개시했으나 독일군은 이미 디일 선 도달
- 주공 A집단군은 5월 13일 뮤즈 강 도달, 5월 15일 세당 강 도하 완료, 롬멜은 5월 13일에 디낭 부근에서 이미 도하 완료, 5월 20일 아라 지역의 영군 군 분쇄, 구데리안은 솜므 강에 도하, 교두보 확보
- 프랑스 제2군과 9군사이 약 50마일 간격 형성, 연합군 D계획 무산, 뒹케르크로 철수
- 뒹케르크 철수작전(1940. 5. 21~ 6. 4)
- 5월 28일 벨기에 항복, 영 · 불군은 뒹케르크로 철수
- 이 때 독일군은 뒹케르크 전방 10마일 지점에서 히틀러의 정지명령(5월 24일)으로 공격중단[20]
- 연합군은 5월 28일부터 6월 4일까지 장비는 그대로 두고 330,000명 뒹케르크에서 철수 이때 장비를 거의 두고 철수하여 영국본토는 무방비 상태
- 6월 4일 독일군 뒹케르크 입성

※ A집단군 11일 만에 약 240마일 이상 진격

● 제2단계 프랑스 전투(6. 5~6. 25)

- 절반의 병력을 상실한 프랑스군은 마지노선 좌단에서 영국해협에 이르는 광대한 지역에서 독일군과 대치.
- A집단군(주공) 6. 9일 파리 동방 랭스부근 진격, 6. 12일에 돌파
- 이탈리아가 대 프랑스 선전포고(6월 10일) 프랑스 남부 국경지대 공격, 프랑스는 사면초가위기
- 6. 14일 파리함락, 프랑스 정부 북아프리카로 피난, 베땡(Petain)의 주도하에 휴전 모색
- A집단군은 마지노 요새안 프랑스군 500,000명 포위, 견제 부대인 C집단군은 전면 공격하여 프랑스군 붕괴
- 비시정권의 베땡 수상이 6월 22일 휴전, 6월 25일 프랑스 항복[21]

---

20) 히틀러 중지명령 이유 : 군사적인 측면에서 뒹케르크 지역이 늪지로 기계화부대 운용이 곤란하고 공군력으로 충분히 가능하다는 괴링원수의 장담과 영국군을 완전히 궤멸한다면 정지적인 문제가 내두되어 프랑스 석권에 지장을 초래하기 때문인 것으로 추정됨.

21) 항복장소 꽁빼에뉴(compiegne) : 제1차대전 종식 당시 프랑스의 포쉬장군이 독일군의 항복을 받았던 곳. 이번에는 독일이 프랑스 항복을 받음.

⑤ **전훈**

- 독일군의 승인
  - 아르덴느 삼림지대 통한 기습작전 성공
  - 완벽한 전격전 수행, 전투력의 집중 운용
  - 공정부대 및 5열의 활동
  - 공중 우세권 장악
- 프랑스군의 패인
  - 마지노선에 대한 과신으로 수동전 전쟁준비와 방어 제일주의 사상
  - 주공 판단 실패, 전차를 단순히 보병지원용으로 분산운용
  - 대전차 방어 미약, 연합군간 협조 미비

  ※ 기습원칙 : 아르덴느 삼림지역으로 돌파

라. 독 · 소 침공 작전

제2차 세계대전 당시 1942년 여름부터 이듬해 2월까지 러시아연방 스탈린그라드(지금의 볼고그라드)에서 벌어진 전투.

- 언제 1942년 여름부터 1943년 2월
- 어디서 러시아연방 스탈린그라드
- 누가 독일군과 소련군
- 무엇을 독일군의 패배로 전국 전환의 결정적 계기가 된 전투
- 왜 독일군이 산업의 중심지이자 주요 석유공급로인 스탈린그라드 공격

① **배경**

- 히틀러의 소련 침공 이유
  - 경제적인 측면 : 히틀러 저서 "나의 투쟁"에서 「소련의 자원을 독일 민족 번영의 토대로 삼기위해 소련을 정복해야 한다.」는 이유
  - 사상적 : 나치즘(Nazism)과 볼셰비즘(Bolshevism)의 대립

• 군사적인 측면 :
㉠ 소련의 급속한 군사력 팽창에 대한 위협제거 필요
㉡ 영국은 본토방어에 급급한 상황
㉢ 프랑스는 이미 붕괴되어 당분간 서부전선 위협은 적은 것으로 판단, 신속히 동부전선의 소련을 함락시키면 양면전쟁을 피할 수 있다고 판단

※ 8 ~ 10주 이내 단기 종결 가능 판단, 소련 침공 결심

② 독일의 바바롯사 계획 / 신전술

● 바바롯사 계획

• 1940. 12. 18 지령 21호, 소련 침공 계획

• 제1단계 작전 : 2중 침투(二重浸透)에 의한 포위(包圍)작전으로 러시아군을 국경지대에서 포착 섬멸

• 제2단계 작전 : 급속한 진격으로 소련본토에서 소련 공군이 독일본토에 대한 폭격작전을 수행 할 수 없는 거리까지 점령

※ 독일군의 최종목표는 볼가강 → 카짠 → 아창겔까지 확보하여 필요시 공군을 이용우랄 공업지대를 파괴

● 기동계획

㉠ 독일의 신전술

· 쐐기와 함정전법(양익 포위 전술)

• 조공부대인 보병이 견제 공격 • 조공부대 양 측방에 주공 위치
• 양익 주공선두에 보병위치 돌파구 형성 • 형성된 돌파구로 기갑부대 침투, 적 후방 유린 및 포위망 형성
• 차량화 보병부대가 기갑부대 후속, 기갑부대 측방엄호, 포위망 내환 형성
• 기갑 보병부대에 차량화 부대 협조, 포위망 안의 적 소탕 • 기갑부대 재편성, 병참 보급

• 고슴도치진지(Igel, Hedghodg)편성 : 신장된 전선에 방어선을 편성해야하는 불리점 극복 및 동토(凍土)로 엄체호 구축이 불가능한 것을 극복, 도시나 난방시설의 촌락을 중심으로 전면 방어태세 구축, 침투해오는 소련군 역습 실시

③ 소련의 계획

●독일의 맹방인 일본과 불가침 조약(1941. 4. 3)체결, 시베리아 병력 서부 전선 전환, 독일 작전에 전념

●작전개념 : 소련의 광대한 영토를 이용하여 동원과 전쟁 준비를 위해 "공간을 양보하는 대신 시간을 얻는다." 는 전략개념(焦土化 : Scorched Earth)

●소련의 종심방어 전술22

• 1941~42 독일군의 Keil und kessel 전법에 대비한 소련군의 방어전술

• 40~76km 걸친 종심깊은 방어지대를 구축(주진지대, 제2진지대, 후방진지대)하여 독일의 종심깊은 돌파구 형성 작전에 대비한 방어방법

● 키예프(kiev) 포위전(包圍戰)

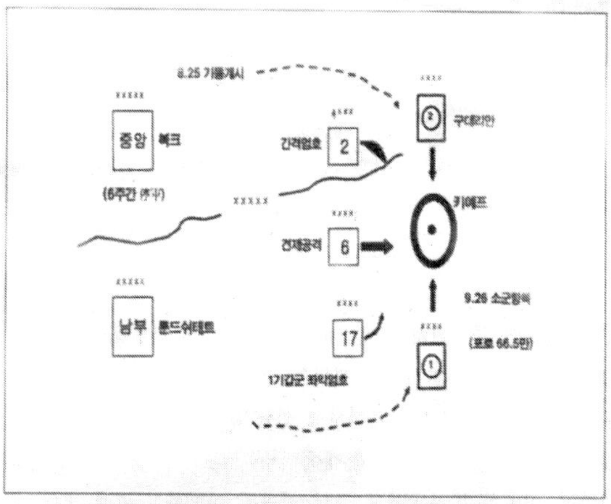

· 주공 방향에 대한 이견(異見)

● 군 수뇌부 : 모스크바(볼가 강에서의 조직적 저항 종식가능)

- 히틀러 : 우크라이나(자원확보, 소련군의 항공기지제거)
  - 우크라이나 지방의 키예프에 대한 공격 명령하달(1941. 8. 21)
- 8월 25일, 구데리안 부대 기동개시
- 9월 16일 루브니(Lubny)에서 제1기갑 군과 제2기갑 군 합류(合流) 포위망 형성
- 9월 19일 키예프 함락
- 9월 26일 소련군 항복
- 작전 결과 : 포로 665,000명, 전차 890대, 포 3,700문획득

※ 독일군은 전술적 성공, 전략적 실패(모스크바방어 강화, 대부분 공업시설 철수)

- 모스크바 대공세(1941. 10. 2 ~ 12. 5)
  - 히틀러는 기에프 포위전의 승리로 우크라이나 방면의 위협이 제거되자 모스크바 대공세 실시
  - 복크의 중앙 집단군 10. 2 모스크바 공격개시, "브리야스크" "비아즈마" 포위전 실시하여 66.3만명 포로 획득

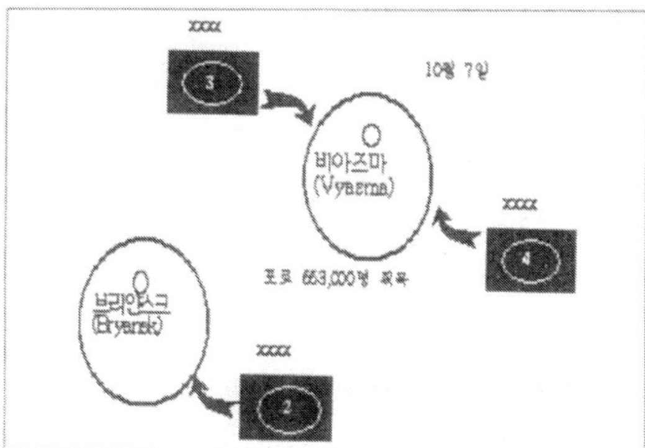

  - 동장군, 병참선 신장, 소련군 저항 등을 고려, 철수하여 내년 봄 재공격 건의
  - 그러나 히틀러는 혹한이 오기 전에 모스크바 점령을 목적으로 최종공세 명령

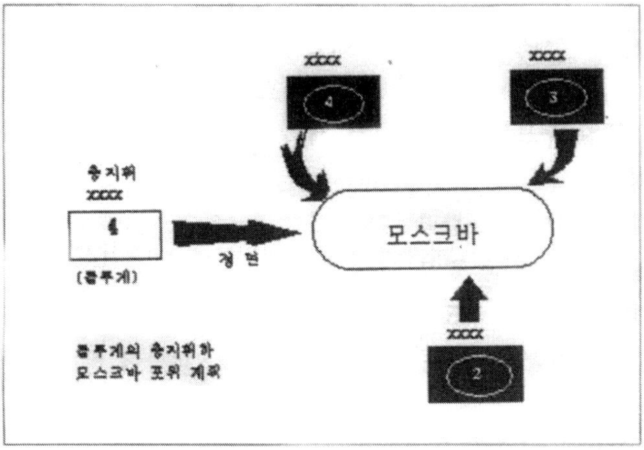

• 독일은 11. 15일 최종 공격 개시, 모스크바 15마일 거리인 "나라" 강까지 진출

• 동장군에 의해 "나라" 강에서 정지, 소련군의 총반격(주코프 100개 사단)

• 독일군 붕괴 및 1942. 2월 최초 출발선까지 후퇴(독일군 157만 명 피해)

● 모스크바 대공세 전훈

• 독일군 패인

• 소련 능력 과소평가

• 국경선에서 소련 주력 분쇄 실패

• 군 수뇌부와 히틀러 간 주공 방향 이견

• 지형과 기후 정보 미 입수

● 소련군의 모스크바 방어 성공 요인

• 일 · 소 불가침 조약체결(시베리아군 전용)

• 강력한 저항 및 건의

• 풍부한 인력과 군수생산 능력

• 우수한 전쟁 지도력

● 스탈린그라드(Stalingrad) 격전[22)]

- 독일 6군이 볼가강변 도달했고 독일 제4기갑군은 스탈린그라드 25마일 전방까지 육박
- 9월말부터 치열한 시가전이 시작되었고 독일군은 부족병력을 루마니아, 헝가리, 이탈리아 등 동맹국에서 차출, 보충
- 소련군은 볼가 강을 허용하지 않게 필사방어
- 히틀러와 스탈린의 오기와 필사방어로 맞서 양측방의 타전선 병력을 전용하여 이곳 스탈린그라드에 집중
- 이에 소련군 주코프(zhukov) 장군은 부대를 소규모로 분산 조직하여 독일군의 약점을 이용 근접전을 시도하는 전략 구사
- 독일군을 볼가 강에서 반드시 저지
- 대반격을 위해 강력한 예비대를 돈 강 만곡부에 연하는 스탈린그라드 양측방에 집결

● 소련군의 반격(스탈린 그라드에서의 칸나에 전투)

- 11. 19일 서남, "돈" 전선군은 북방에서 공격
- "스탈린" 전선군은 남방에서 공격
- 11. 23일 「돈」과 「스탈린」전선 군 카라치 합류
- 독일 제6군 28만명을 양익 포위(소련군의 Keil und kessel)

※ 독일 제6군은 최악의 혹한 · 기아에 시달림

● 독일군의 저항

- 히틀러는 포위된 제6군에게 최후항전을 명령하고 만슈타인으로 하여금 「돈」집단군 편성, 포위망 속의 제6군 구출토록 지시
- 만슈타인 건의 : 포위된 제6군이 볼가 강을 포기하고 서쪽으로 돌파하여 「돈」집단군과 연결 건의 → 히틀러는 볼가 강에 대한 집착으로 불허
- 구출작전 : 12. 12일 공격개시 포위망 35일 전방 진입

---

22) 스탈린 그라드 명칭 : 1918년 볼세비키 혁명 와중에 스탈린(Stalin)이 완강하게 당시의 「트라리츠」시를 지킨 것을 기념하기 위해 망명하였으나 현재 이름은 개명되어 볼고그라드(Volgograd)임.
근접전 : 통상 소화기 살상거리 내에서 이루어지는 전투

- 소련군의 대규모 공격으로 "돈" 집단군이 서쪽으로 후퇴, 포위된 제6군(파울루스 장군)은 1. 31일 소련군에 투항
- 1만 명이 포로가 되어 시베리아로 끌려갔고 독일로 돌아온 인원은 6,000명에 불과

● "스탈린그라드"

- 공지합동 및 1보전 협동 공의 약점 이용, 근접전투 수행 ("추이코프":피아 거리는 수류탄 투척거리 보다 가깝게)
- 적절한 건물지역 방어편성, 독일군 흡수 소멸 (1층 : 대전차포, 2층 : 기관총, 3층 : 이상/지하 : 보병 잠복)
- 볼가 강 배수진, 적절한 보급로 이용 전투지속력 강화
- 독일군 시가지 정면공격으로 대규모 피해 가중
- 독일군 축차적 건물지역 소탕 → 소련군 소규모 역습 실시에 독일군 피해가중
- 소련군은 병력 절약 대규모 부대 집중, 결정적인 시기에 반격

4) 주요전투(대표적 사례)

가. 주요전투 현황

① 진주만 기습공격(1941. 12. 7) ② 필리핀 공격(1941. 12. 22) ③ 화란 령 인도지나 공격(1942. 1. 10) ④ 싱가포르 항복(1942. 2 15) ⑤ 바탄반도에서 미군항복(1942. 4. 9) ⑥ 미드웨이 해전(1942. 6. 4)	⑦ 미군 필리핀 상륙(1945. 1. 6) ⑧ 미군, 유황도 상륙(1945. 2 19) ⑨ 최초의 원자탄 히로시마 투하(1945. 8. 6) ⑩ 소련대일선전포고/관동군 공격(1945. 8. 8) ⑪ 일본국의 무조건 항복(1945. 8. 15)

나. 태평양전쟁

태평양 전쟁(太平洋戰爭)은 1973년 7월 7일 일본이 중국을 비롯한 아시아 각국에 침략을 개시하고, 1941년 진주만 공격으로 미국이 참전하여 1945년 8월 14일 일본이 연합군에 항복하기까지 태평양과 아시아의 영역에서 벌어진 전쟁을 말한다. (당시 한국민 1,800여 명 강제징집으로 참여/이후 일본 우토로 거주)

(1) 배경

① 노구교 사건

㉠ 1937년 7월 7일 야간, 북경에서 약 25마일 떨어진 노구교 부근에서 야간 기동훈련 중인 일본군과 주둔중인 중국 군 간에 총격전 발생

㉡ 이 사건은 중일 전쟁으로 이어져 6년 이상 계속 되었고 이것이 실질적인 대전의 시발이 되었음

(2) 중일 전쟁

중일전쟁(中日戰爭)은 1937년 일본의 중국 침략으로 시작되어 제2차 세계대전이 끝날 때까지 계속된 중국과 일본 사이의 전쟁이다. 중국에서는 중국 항일전쟁(中國抗日戰爭), 일본에서는 일중전쟁(日中戰爭), 서양에서는 2차 중일전쟁(Second Sino-Japanese War)이라고 부른다.

① 일본은 근대화된 장비와 훈련으로 무장된 30만의 정규군과 일본장교에 의해 지휘되는 만주인 및 몽고인 부대 15만 명과 예비군 약 200만을 보유

② 중국군은 200만 규모의 병력을 보유하고 있으나 무장을 갖춘 병력은 겨우 10만 명에 불과하며, 해군과 공군력은 전무한 상태로 외부로부터 지원받고 있는 상태임.

③ 일본군은 주공을 만주국으로, 조공을 상해로 하여 공격을 시도

④ 일본군은 1938년 말까지 중국의 중요한 요충지를 장악하고 경제적 봉쇄, 미국의 지원을 받는 장개석 군(軍)은 게릴라 활동 전재

(3) 대동아공영권

① 일본은 대 중국 전쟁이 장기화되고 한계점에 도달하자 이를 타개하고자 만주 침략 시부터 꿈꾸어 오던 "대동아공영권"이란 주장을 내세워 남방침략을 계획

(4) ABCD 경제봉쇄망

① 일본의 침략행위를 규탄하기 위해 1941년 미국 · 영국 · 중국 · 네덜란드는 함께 ABCD 경제 봉쇄망을 구성

② 일본은 자원조달을 위해 미국과 협상했으나 실패하고 1941년 새로 수상에 취임한 일본 도조는 전쟁을 통해 남방자원지대를 확보하고 나아가 일본의 세력권 확장을 시도

(5) 일본 개전 결의, 진주만 기습(1941. 12. 7)

진주만 공격(일본어 : 眞珠湾攻擊, 영어 : attack on Pearl Harbor)은 1941년 12월 7일 아침, 일본 해군 비행기들이 미국 하와이의 오아후 섬 진주만에 있는 미국 해군 육군 기지에 가한 기습 공격이다. 1941년 12월 7일 아침, 일본 제국 해군이 진주만에 대한 공격을 가했다. 하와이 오아후에 위치한 진주만에 대한 기습 공격은 미국 태평양 함대와 이를 지키는 공군과 해병대를 대상으로 감행 되었다. 이 공격으로 12척의 미 해군 함선이 피해를 입거나 침몰했고, 188대의 비행기가 격추당하거나 손상을 입었으며 2,403명의 군인 사상자와 68명의 민간인 사망자가 나왔다. 야마모토 이소로쿠 사령관은 제2차 세계대전 태평양 전쟁의 시작으로 폭격을 계획하였고, 나구모 주이치 부사령관이 지휘를 맡았다. 일본군은 이 작전에서 64명의 희생자를 내었다. 태평양 함대의 항공모함 3척 및 유류 보관소와 병기창은 항구에 있지 않았기 때문에 피해를 입지 않았다. 미국은 이와 같은 자원을 이용해서 6개월에서 1년 사이에 원상 복구를 할 수 있었다. 미국 국민들은 진주만 공격을 배신행위로 보고, 일본 제국에 대항하기 위해 일치단결하여 복구에 전력을 기울였으며, 이는 훗날 일본 제국의 패망으로 이어졌다. 진주만 공격은 진주만 폭격, 진주만 전투 등으로 불리기도 하지만 진주만 공격 또는 단순히 진주만이라고 불린다.

다. 일본의 전쟁 계획

(1) 일본 및 주변 상황

① 유럽정세24

㉠ 유럽에서는 프랑스와 네덜란드가 독일군에 항복했고 영국은 아프리카에서 전쟁, 소련은 독일군과 전투에서 고전 중

㉡ 미국은 유럽의 전쟁에 이미 개입하고 있기 때문에 태평양전쟁에 개입하기 위해서는 장기간이 소요될 것으로 판단.

② **일본과 미국의 전투력**

㉠ 중일 전쟁 기간인 4년 6개월 동안 전쟁에 익숙해진 일본군은 1941년 12월 7일 240만의 정규군과 300만의 예비군, 7,500대의 항공기와 230척의 주력 함선을 보유하고, 지리적으로 전쟁에 유리한 나라들을 점령

㉡ 미국은 훈련미필자 100만 명을 포함 150만 명 보유, 항공기 1157대, 전투함 347척, 수송선 1000만 톤 보유, 그러나 유럽전쟁에 투입되고 있어 태평양 전쟁준비태세 미비한 상태

(2) 일본의 전쟁계획

① 신속하게 극동에서 미 · 영 · 불의 근거지를 제거하고 중국 장개석 군을 굴복시키며, 독일과 이탈리아와 제휴하여 영국을 격파하며 미국은 전쟁의지를 말살

② 일본의 목표는 연합군의 패망이 아닌 대동아공영권의 확보에 국한된 제한적 마모전(制限的 磨耗戰)

③ 일본의 대본영(大本營)에서 작성한 전쟁 기본계획

● 제1단계 : 전략적 공세
  • 미태평양 함대의 무력화 : 극동에 고립된 연합군제거
  • 남방자원지대 점령
  • 극동에서 연합군 격파
  • 남방자원지대 방어에 필요한 외곽방어선 점령

● 제2단계 : 주변방어선 강화(북부뉴기니 · 자바 · 말라야 · 버어마선)

● 제3단계 : 주 방어선내 침투하는 연합국 격멸, 지구전 협상으로 연결

(3) 진주만 기습(1941. 12. 8)

① **하와이의 군사적 역할**

㉠ 하와이의 진주만에는 미 태평양 함대의 기지가 있으며 극동으로 즉각 투입이 가능한 유일한 곳

㉡ 일본이 남방자원지대 확보를 위해서는 반드시 태평양함대를 무력화 시켜야함.

② 하와이의 미군방어태세

- 규모
  - 지상군 : 쇼오트 장군 지휘 하에 있는 54,000명
  - 해군 : 킴벨 제독 지휘 하에 있는 태평양 함대(전함 3척, 항모 2척, 중순양함 2척, 경군양함 28척, 구축함 54척, 잠수함 22척)
  - 항공기 : 육. 해. 공군 547대 보유 엔터프라이즈호(웨이크), 렉싱턴 호(미드웨이), 사라토가 호(샌디에고) 등 항모 3척은 각각의 장소에서 항공기 수송 작전 및 정비 중이었음.
- 지휘체계 : 육군과 해군은 각각의 지휘계통에 의해 지휘되었고, 필요시 협조하게 되어 있음
- 조기경보체계 : 해군은 700마일 해역에 대한 대공초계, 육군은 해안 20마일 이내에 대한 대공 경계를 책임지고 있었으나, 북방항로에 대한 경계가 소홀하였고 또한 육 · 해군의 책임한계가 없었으며, 육군의 대공경보 레이더(9대)는 장비고장과 운용요원 부족으로 계속적인 작동 불가능

③ 일본의 공격계획(야마모도 일본연합함대 사령관안 : Z계획)

- 제1항공함대의 모함 6척이 기간이 된 기동함대로 공습
- 10일전 출발, 북방접근로이용, 오하후(Oahu)도 북방 200여마일 부근에서 약 400대의 함재기로 진주만에 정박 중인 미 태평양함대 기습공격
- 잠수정의 공격병행

④ 작전경과

㉠ 일본은 진주만과 비슷한 큐슈의 가고시마에서 예행연습 반복

㉡ 일본연합함대사령관인 야마모도는 자신의 함대를 이끌고 말라야 해역에서 기동훈련을 실시하여 세계의 이목을 집중시킴

㉢ 11. 25, 일본의 제1항공함대 진주만 공격을 위해 히또가뿌를 출발

㉣ 미군에게 발각되지 않기 위해 약 5,600km에 달하는 북방항로를 이용하여, 개전일인 12.7. 06:00시에 하와이 북방 320km 해상에 접근하여 공격의 제1제 파인 183대의 뇌격기를 발진시킴(이동 간 무전사용 통제)

ⓜ 07:35 ~ 08:25. 제1제파 183대 공격 정박 중인 미 함선과 비행장, 해군 공창 폭격

ⓑ 08:50 ~ 09:45, 제2제파 171대(급강하 폭격기 / 수평 폭격기)공격

ⓢ 13:30, 모든 공격을 완료한 일본기 항공모함에 탑재하여 귀항

⑤ 작전결과

● 전투손실

• 일본군 : 항공기 29대

• 미군 : 함선 18척(전함 7척), 항공기(350여대), 사상자 3,581명

※ 항공모함 손실 회피, 연료탱크(중유 405만 배럴)와 수리시설 피해 없음

● 해전양상 변화 : 전함중심에서 항공모함 중심으로 변화

⑥ 전훈

● 일본군의 성공요인

• 시간, 방향, 수단면의 완전한 기능달성 - 일요일, 북쪽접근, 항공모함 이용한 공중공격

• 기도비닉달성 / 사전정보 획득 - 이동 간 무선사용금지, 진주만 항만시설, 함선 등 사전 파악

● 일본군의 과오

• 태평양 제해권 장악에 성공하였으나 전략적으로 미군으로 하여금 일본타도의 기폭제 역할제공(진주만을 상기하라)

● 미군의 실패요인

• 통합지휘체계 미비(육 · 해군)

• 사전 제공된 전쟁제보 무시

날 짜	1941년 12월 7일
장 소	하와이 진주만
결 과	일본의 전술상 승리
교전국	
미국	일본
지휘관	
허스밴드 킴멜(미국 해군) 월터 쇼트(미국 육군)	야마모토 이소로쿠(일본 해군) 나구모 주이치(일본 해군)
병력	
전함 8척 순양함 6척 구축함 29척 잠수함 9척 전투기 390대	항공모함 6척 전함 2척 순양함 3척 구축함 9척 전투기 441대 소형 잠수함 5척
피해상황	
총 사망자 2,403명 전함 3척 침몰, 3척 손상 순양함 3척 침몰 구축함 3척 침몰 전투기 188대 파괴, 155대 손상	전투기 29대 파괴, 전투기 조종사 55명 사망 소형 잠수함 5척 침몰 잠수함 승무원 9명 사망, 포로 1명

라. 라인란트 작전과 루르 포위전

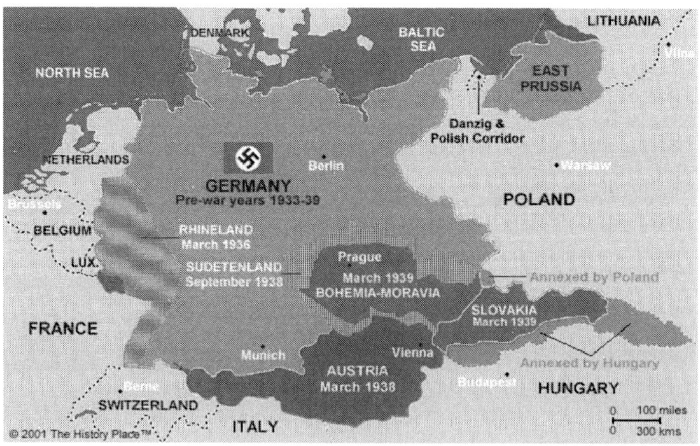

독일 라인 강 주변의 지명, 좁은 뜻으로는 라인 강 중류의 왼쪽에 펼쳐진 옛 프로이센 령의 라인 주를 가리키나, 넓은 뜻으로는 라인 강을 중심으로 하여 양쪽으로 넓게 펼쳐진 지역 일대를 가리키는 말이다. 라인 강을 끼고 독일과 프랑스 · 룩셈부르크 · 벨기에 · 네덜란드 사이에 있는 현재의 경계선 동쪽인 독일에 있다. 1920년대의 라인란트는(카를스루에 시에서 남쪽으로 스위스 국경지대까지의 끈 모양 지역)는 위기와 반목의 분쟁이 끊임없이 발생하는 위험성 높은 지역이었다.

1923년 10월에 반란을 자주 일으켰던 분리주의자들이 라인칸트 공화국을 선포하였지만, 2주일도 채 못 되어 무산되고 말았다. 독일 공포증에 시달리고 있던 프랑스는 독일에게 유화 정책을 쓰는 미국과 영국에 저항하였는데, 1930년 6월 30일에 마지막 점령군이 비로소 이 지역에서 철수하였다. 나치 독일은 1935년 5월 2일에 프랑스와 소련이 체결한 5년간의 상호 원조 조약이 종전의 국제 협약을 위반하는 것이라고 선포하였다. 프랑스 상원이 이 조약의 승인에 대하여 논란을 일으키던 중, 1936년 3월 7일에 히틀러는 베르사유 조약과 로카르노 조약 중 라인란트에 해당되는 조약을 이행하지 않고, 독일군이 비무장 지대로 들어갔다고 발표하였다.

히틀러가 군인들에게 프랑스인이 쳐들어오면 후퇴하라고 지시한 것을 몰랐던 프랑스군 참모장은 부분 동원령이 떨어지지 않는 한 군사 작전을 펴지 않겠다고 버텼다. 프랑스 내각은 동원령을 내리지 않기로 하였다. 지지 부진한 국제 협상은 독일의 라인란트 재무장을 해제하는데 실패하고 만 것이다.

(1) 전쟁개요

아르단느 돌출부를 완전히 제거한 연합군은 서부방벽을 돌파하고 독일 본토로 진출하기 위하여 재편성을 실시하는 한편, 로어몽(Roermond) 삼각지대와 콜마르(col-mar) 돌출부를 제거하여 전선을 정비하였다. 그리고 연합군은 라인 강으로 접근하여 이를 도하한 후, 북방으로부터 루르 지역을 포위하려는 일련의 계획을 수립하였다. 이 당시 서부전선의 독일군은 아르단느 반격에 서의 많은 피해와 제6기갑군의 동부전선 이동, 그리고 연합군 공군의 폭격 등으로 기동이 사실상 마비되었다.

1936년 2월 8일, 라인 강 서쪽의 독일군을 격파하는 데 성공하였다. 이때 연합군은 전쟁기간 중 최대의 행운을 잡았으며, 레마겐(Remagen)에 있는 철교를 고스란히 빼앗고, 라인 강 동쪽에 교두보를 확보하는 데 성공한 것이다. 이에 격분한 히틀러는 룬드쉬데트를 다시 해임하고 이탈리아 전선에서 용명(勇名)을 떨친 커셀링 원수를 새로이 사령관에 임명하였다. 이와 같이 연합군은 예상치 못했던 레마겐 교두보를 확보하는 데 성공하였으나, 다만 이 교두보로부터 공격하는 것처럼 위협함으로써 루르 방면의 독일군을 유인하면서 예정대로 라인 강 하류에서 도하키로 하였다.

3월 24일, 제21집단군은 에메리히(Emmerich)와 베젤(Wesel)간 32킬로미터, 전선에서 라인 강을 도하하였고, 제12집단군은 그들의 교두보로부터 진격을 개시했다. 그런데 제12집단군의 진격이 예상외로 신속하게 되자 연합군은 계획을 변경하여 루르지방을 약익포위하기로 하였고, 4월 1일에는 루르 지방의 독일 B집단군을 완전히 포위하는 데 성공하였다. 이로부터 4월 14일까지 포위된 독일군을 소탕하여 약 30만 명의 포로를 얻고, 이리하여 독일군의 주력은 완전히 섬멸되었던 것이다.

한편으로 연합군은 루르 포위전을 계속하면서 주력 부대는 이로 인하여 형성된 틈을 통하여 라이프치히(Leipzig) · 드레스덴(Dresden) 방면으로 진격을 하였다. 이에 이르러 독일군의 조직적인 저항은 거의 없어지고, 연합군은 4월 18일 엘베 강선에 도달했던 것이며, 여기서 연합군은 일단 정군하여 소련의 도착을 기다리기로 하고, 제6집단군에 의한 다뉴브(Danube) 강 계곡에 대한 작전만 수행하였다.

(2) 독일의 항복

제6집단군의 좌익에서 작전하고 있던 패튼의 미국 제3군은 남동진하여 체코와 북부 오스트리아로 진출하였다. 4월 20일, 제6집단군은 뉘른베르크(Nürnberg)를 점령하고, 22일에는 다뉴브 강을 도하하였으며, 4월 30일 나치 발생지의 뮤니히를, 그리고 5월 4일에는 최후의 저항거점인 베어흐테스가덴(Berchtesgaden)을 점령하였다. 패튼 군도 5월 4일까지 린츠(Linz)를 점령하고, 일부는 체코의 필젠(Pilsen)으로 육박하였다.

한편 동부전선의 소련군도 4월 16일부터 베를린으로 향한 총공세를 개시했고, 주코프 군과 코네프 군은 4월 25일 베를린을 포위하는 데 성공하였다. 이로부터 베를린 시가전은 5월 2일까지 계속되었으며, 4월 30일 히틀러가 베를린에서 자살하였고 데니츠(Dgnitz) 제독이 총통으로 되었다.

마침내 5월 7일 랑스(Reims)에 있는 아이젠하워 장군의 사령부에서 데니츠가 파견한 요들(Josl)장군에 의하여 무조건 항복이 서명되었으며, 이로써 5년 8개월에 걸친 유럽에서의 대전이 막을 내렸던 것이다.

5) 전쟁결과 및 영향

가. 전쟁결과

(1) 핵무기 시대 등장

제2차 세계대전은 세계경제공황 뒤에 파시즘 체제를 세운 독일, 이탈리아, 일본을 중심으로 한 추축국과 미국, 영국, 프랑스 등의 연합국 사이에 일어난 전쟁이다. 제2차 세계대전은 독일이 폴란드를 침공한 1939년 9월 1일에 시작되었다. 이 전쟁은 1939년부터 1945년까지 계속되었으며, 인류 역사에서 가장 많은 인명과 재산 피해를 냈다. 제2차 세계대전으로 서유럽은 세계 권력의 중심에서 밀려났고, 소련과 미국이 주요 열강으로 떠올랐다. 전쟁 중에 발전한 새로운 기술이 전후 세계를 변화시켰고, 원자폭탄의 발명은 핵시대를 열었다.

(2) 상상을 초월한 전장피해

제2차 세계대전은 문자 그대로 세계를 전장(戰場)으로 하고 세계의 거의 모든 나라를 끌어들인 전쟁이었다. 참가국은 연합국측이 49개국, 동맹국측이 8개국이며, 중립국은 스위스 등 6개국에 불과하였다. 동원병력 1억 1000만 명 전사자 2,700만 명. 민간인 희생자 2,500만 명으로, 그 중에서 독 · 소양국의 희생이 가장 많아 소련의 전사자 1,360만 명, 민간인을 포함하여 사망자 2,000만 명, 전인구의 약 1/10. 독일의 전사자 500만 명, 민간인을 포함하여 사망자 550만 명, 전인구의 약 1/10이라고 알려졌다. 일본의 전사자는 185만 명, 민간인을 포함하여 사망자 250만 명, 전인구의 약 1/40이라고 한다. 이 개수(槪數)에서도 제1차 세계대전과 비교할 때 제2차 세계대전에서는, 동원 병력수는 약 2배, 전사자는 약 5배, 민간인 희생자는 약 50배이다.

제2차 세계대전에서는 민간인의 희생자가 현저히 많다. 이것은 나치스의 인종론적 절멸(絶滅)정책에 유래한다. 민간인 희생자 가운데 약 500만 명은 유대인인데 이것은 나치스 지배하의 유대 총수의 약 70%라고 한다.

또 하나의 이유는 현대의 전쟁이 민간인을 제외하지 않은 제노사이드(genocide:대량살륙)전쟁으로 된 데에서 찾을 수 있겠다. 전비(戰費), 파괴된 재산을 오늘날의 물가에 맞추어 재평가한다면 너무나 방대하여서 계산을 할 수가 없을 정도일 것이다.

(3) 특징

최초부터 전쟁 책임의 소재가 명료하였다는 데 있다. 독일 · 이탈리아 · 일본은 국내에서는 파시즘화를 추진하면서 대외침략으로 나아갔기 때문이다. 이리하여 연합국은 첫째로는 전쟁범죄인을 단죄하고(뉘른베르크 국제군사재판 · 극동 국제군사재판), 둘째로는 일본 · 독일을 점령하고 정치적 · 경제적 · 사회적인 민주화를 꾀하고자 하였다.

나. 군사적 평가

이 전쟁에서 연합군은 막대한 전쟁물자와 병력의 우세 등 전쟁자원의 절대적 우세를 유지했던 반면에, 동맹국측은 절대적인 자원 부족과 전쟁의 장기전화 함에 따라 고전을 면치 못해 초전의 승리에도 불구하고 결국 패전을 면치 못하였다.

특히 미국의 막강한 산업 능력과 지리적 이점으로 인한 연합국에 대한 계속적인 물자지원은 단기 결전을 지향한 동맹국의 전략을 무력화시켰으며, 설상가상격으로 독일 동 · 서부 전선에서의 양면전 실시로 연합군의 소모전에 휘말려 들어갔다.

지휘체제면에서도 연합군은 전쟁의 규모가 확대됨에 따라 연합참모본부와 합동참보본부를 통한 균형있는 통합지휘체제를 발휘하였으나 동맹군측은 그렇지못하였다. 미국은 개전과 동시에 육 · 해군의 참모조직을 통합하는 통합참모조직을 구성하여 통합전력을 최대로 발휘할 수 있는 체제를 갖추었던 것과는 달리, 일본은 대본영이 조직되었으나 육군과 해군의 독자적인 작전 계획이 수립되었을 뿐 통합작전에 대한 준비가 거의 없었다. 독일군 또한 히틀러의 독단과 지나친 간섭으로 인한 통합지휘체제의 미비와 전략의 통일이 이루어지지 않았다.

결과적으로 인적 · 물적 자원이 풍부하고 우수한 전략개념 아래에서 균형되고 통합된 지휘체계를 효과적으로 발휘한 연합군이 전쟁의 승리자가 될 수밖에 없었다.

이 밖에도 목표 · 집중 · 기동 · 정보 · 경계 등 전쟁의 여러 원칙의 적용면에서 연합국과 동맹국 측의 대비를 통하여도 교훈적인 요소를 찾을 수 있다. 제2차 세계대전은 사용된 무기면에서도 종류가 매우 다양하였고, 효과면에서도 괄목할 만한 것이었다. 제1차 세계대전에서 선만 보였던 전차와 항공기가 본격적으로 전쟁의 주요 무기로 등장하여 전투의 승패를 좌우하였으며, 세열탄 · 바주카포 · 무반동총 · 대전차포 · 레이다 · V-무기 등 새로운 무기가 이 기간 동안 출현하였다.

특히 재래식 TNT의 위력과는 비교가 되지 않을 정도의 원자무기의 출현은 인류전멸의 위험을 예고해주는 한편, 전면전쟁이 아닌 제한전쟁의 시대로 돌입하는 결정적 계기가 되었다. 제2차 세계대전으로 약소국가들의 자주의식이 고취되고 식민체제의 붕괴가 이루어졌으나, 미국과 소련이 전후 자국의 영향권 확장을 위한 블록을 형성함으로써 인류는 완전한 평화 대신 이른바 동서냉전의 시대를 맞이하게 되었다.

6) 세계 질서의 개편

가. 2차 대전 후 세계

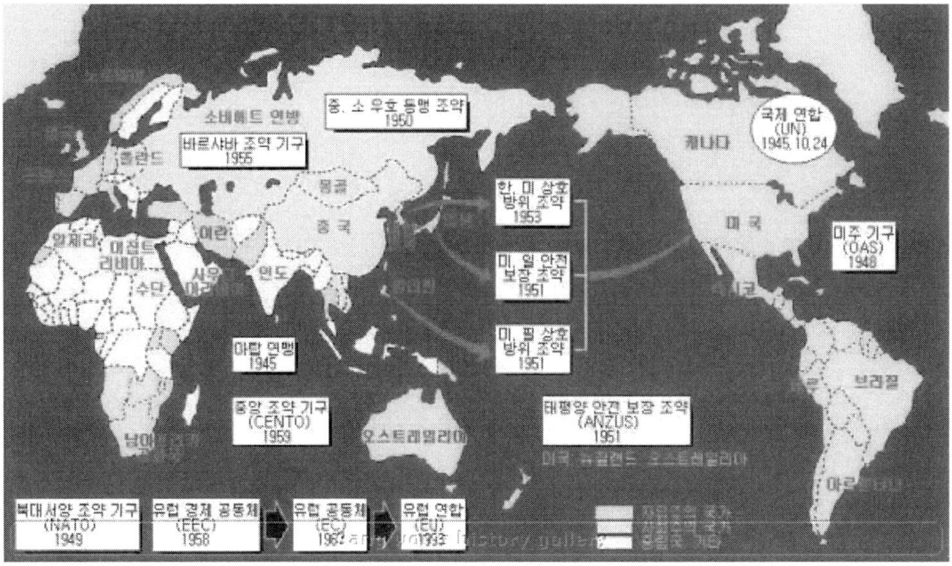

나. 양극화체제와 평화조약

(1) 포르담 협정(Postdam Agreement)

1945년 미국 · 영국 · 소련 3개국 수뇌 사이에 열린 포츠담회담에서 조인된 독일의 전후처리 방침에 관한 협정.

- 일시 1945년 7월 26일
- 목적 독일의 전후처리 방침
- 해당국가 미국 · 영국 · 소련

이 회담에는 미국의 트루먼, 영국의 처칠(뒤에 애틀리와 교체), 소련의 스탈린이 참석하여 일본에 대한 포츠담선언과 독일에 대한 포츠담협정이 조인되었다.

이 협정은 연합국의 독일점령 목적을 독일의 무장해제, 비(非)군사화, 비나치화, 민주화에 있음을 명시하고 그 가운데서도 독일산업의 비군사화에 중점을 두었다.

협정은 첫째, 당분간 독일에는 중앙정부를 두지 않고 독일을 단일 단위로서 다루며, 분할을 궁극의 방침으로 하지 않는다. 둘째, 독일문제의 처리에 관한 외무장관이사회를 설치한다. 셋째, 독일로부터의 배상금 징수 등을 정하였다.

또한 오데르 강(江) · 나이세 강을 독일의 동부국경으로 정하는 데 대하여 강화회담에서 미국 · 영국 · 소련 3개국은 이를 지지한다는 것 등을 약정하였다.

(2) 모스크바 3상 회의와 신탁통치

- 모스크바 3상 회의 : 1945년 12월 구소련의 수도 모스크바에서 미국 · 영국 · 소련의 3국 외상회의

포츠담회담(1945. 5)에서 제2차 세계대전 종전 후 제반 문제 처리를 위해 설립하기로 결정되었다. 한국에서는 '모스크바 3상 회의'(모스크바 3국 외무장관회의)라는 이름으로 널리 알려졌고, 한국을 신탁통치(信託統治)한다고 전해져 반탁과 찬탁운동으로 커다란 파문을 일으켰다.

그러나 한국 신탁통치를 결정한 것이 아니었고, 다만 이에 대하여 다음에 협의한다고 협정문 1항에서 언급하였다.

3국의 외상이사회는 1945년 12월 16일에서 25일까지 회의를 열고, 27일 회의결과를 발표하였다.

이를 '모스크바 협정(Moskva Agreement)' 이라고 하며 그 내용은 다음과 같다.

① 한국에 미 · 소공동위원회를 설치하고 일정기간의 신탁통치에 관하여 협의한다.
② 대일정책(對日政策)의 최고결의기관으로 11개국으로 된 극동위원회를 설치한다.
③ 중국의 내정에 간섭하지 아니하고 통일을 촉진한다.
④ 헝가리 · 이탈리아 · 루마니아 · 불가리아 · 핀란드 등 구추축국(舊樞軸國)과의 강화조약을 준비한다.
⑤ 루마니아 정부에 자유주의적 정당의 대표를 참가시키고, 조속히 자유선거를 실시한다.
⑥ 불가리아 정부에 민주적 인사를 참가시킨다.
⑦ 원자력의 국제관리를 위한 원자력관리위원회를 국제연합 안에 설치한다.

• 신탁통치(Trusteeship/信託統治) ; 국제연합 감독 하에 시정국(신탁통치를 행하는 국가)이 일정지역(신탁통치 지역)에 대하여 실시하는 특수통치 제도.

■ 국제연맹이 당시 독일 및 터키에서 분리된 지역에 대하여 '위임통치(委任統治)'를 실시했다. 국제연합은 이를 계승 · 수정하여 신탁통치제도를 설치하였다. 신탁통치 지역은 종래의 위임통치지역, 제2차 세계대전의 결과 패전국에서 분리된 지역. 영유국(領有國)이 자발적으로 신탁통치제도 아래에 두는 지역의 세 가지가 있다.

■ 통치하는 시정국은 이 제도의 기본목적에 따라 평화 증진 · 주민 보호 · 인권 존중 · 자치 또는 독립에의 원조를 도모해야 한다. 통치는 신탁통치이사회 및 총회에 의한 보고의 심사, 주민의 청원, 정기적 시찰 등을 통하여 감독된다. 전략지역에 대해서는 안전보장이사회가 감독한다.

■ 국제연합 성립 뒤 신탁통치 하에 있게 된 지역은 11개 지역(아프리카 7, 대양주 4)이었으나 차례로 독립하였고 미국의 신탁통치하에 있던 대양주 4개지역, 즉 마셜 제도 북마리아나 연방 · 미크로네시아연방 · 벨라우(일명 팔라부) 제도 등도 미국과 협정으로 독립함으로써 현재 남아 있는 신탁통치지역은 없다. 한국은 모스크바 삼상회의의 결의로 8 · 15 광복 직후 5년 동안의 신탁통치가 결정되었지만 한국인의 반탁운동으로 이루어지지 않았다.

(3) 미소 공동위원회

: 1945년 12월 모스크바 3상 회의 합의에 따라 설치된 한국문제 해결을 위한 미 · 소 양국 대표자 회의.

■ 미국측 대표로는 소장 A. V. 아놀드, 소련측 대표로는 중장 T. E. 스티코프이었다. 그러나 미소공동위원회는 벽두부터 난관에 부닥뜨리게 되었는데 가장 큰 논란은 민주주의라는 용어와 민주주의 제정당(諸政黨)에 관한 해석을 둘러싸고 일어났다. 이때 모스크바삼상회의에서는 5년 동안의 신탁통치가 과도기 정치로서 요구되었으나 남한의 우익정당과 사회단체는 신탁통치를 반대하였다.

■ 소련측 대표는 모스크바삼상회의 결의를 반대하는 정당과 사회단체는 임시정부 구성에 참여시킬 수 없다고 주장하였고, 반면에 미국측 대표는 의사표시의 자유원칙에 입각하여 모스크바상상회의 신탁통치안을 반대한다고 해서 임시정부수립에서 제외될 수 없다는 입장을 취하였다. 이와 같은 의견대립으로 1946년 5월 1일 공동성명 제7호까지 발표하였으나 아무런 결실 없이 5월 6일부터 휴회에 들어간다.

■ 1947년 5월 21일 제2차 미소공동위원회가 열렸으나, 7월 신탁통치 반대투쟁 단체를 둘러싼 논란과 미국측의 소극인 태도를 보여 결국 결렬되었다.

구분	참전국
연합국 (49)	아르헨티나 · 오스트레일리아 · 벨기에 · 불가리아 · 브라질 · 캐나다 · 칠레 · 중화민국 · 콜롬비아 · 코스타리카 · 쿠바 · 체코슬로바키아 · 덴마크 · 프랑스 · 도미니카 · 에콰도르 · 이집트 · 에티오피아 · 이란 · 그리스 · 과테말라 · 아이티 · 온두라스 · 인도 · 이라크 · 레바논 · 라이베리아 · 룩셈부르크 · 멕시코 · 네덜란드 · 뉴질랜드 · 니카라과 · 노르웨이 · 파나마 · 파라과이 · 페루 · 필리핀 · 폴란드 · 엘살바도르 · 사우디아라비아 · 시리아 · 터키 · 남아프리카공화국 · 소련 · 영국 · 미국 · 우루과이 · 베네수엘라 · 유고슬라비아
동맹국 (8)	불가리아 · 핀란드 · 독일 · 헝가리 · 이탈리아 · 일본 · 루마니아 · 타이
중립국 (6)	아프가니스탄 · 아일랜드 · 포르투갈 · 에스파냐 · 스웨덴 · 스위스

※ 제2차 세계대전 총평

■ 승패요인

• 연합군의 승리

① 전쟁자원의 절대적인 우세

② 영국군의 선전(투철한 책임감), 소련군의 막대한 인력

③ 연합군의 통합 지휘체제(연합참모부, 합동참모본부)

④ 전략개념 우월성(독일군 전쟁자원 고갈, 완전 무력화)

• 독일군의 패인

① 가용자원 부족과 동서 양면전쟁

② 통합 지휘체제 미흡, 전략 미일치,

③ 히틀러의 독단과 지나친 간섭

• 일본군의 패인

① 목표의 원칙위배(애매한 전략 목적 : 미드웨이 작전 등)

② 단기결전 실패(미국의 압도적 물량과 전력에 붕괴)

③ 융통성이 없는 작전지휘(하달된 작전방침/계획 반드시 시행)

④ 통합 지휘체제 불비(육군과 해군의 독자 작전수행)

■ 제2차 대전의 성격 및 의의

• 성격

① 민주주의 이데올로기와 전체주의 대립

② 세계적이며, 무제한의 전쟁, 생산력의 전쟁

③ 입체전/총력전(모든 지역/공간, 전 국민이 전쟁수행)

④ 과학기술의 전쟁(적합한 전법, 무기체계 연관)

• 의의

① 미 · 소 양극체제 성립

② 식민지 체제의 붕괴

③ 핵무기 등장(전면전쟁 → 제한전쟁 시대 돌입)

④ 국제연합 성립(인류에게 강력한 평화사상 대두)

구 분	동원병력	군인사망	군인부상	민간사망	재정손실
미 국	1천 5백만	29.2만	57.1		3.5백억
영 국	6.2	39.7	47.5	6.5	1.5
불란서	6	21.0	40	10.8	1.0
소 련	2천만	750	1401.2	150.0	2.0
중 국	10	50.0	170	100.0	추정불가
독 일	1천 2백만	285	725	50.0	3.0
이태리	4.5	77.5	12	10.0	0.5
일 본	7.4	150.6	50	30.0	1.0
기 타	20	150.0	추정불가	170	3.5
총 계	1억	1천 5백만		340만	1조 6천억

※ 연합군 49개국 참전으로 세계 경제의 침체화/유럽초토화

* 2차 대전 피해

※ 1차 대전과 비교 : 사망자수 3배, 경제손실 5배

▶▷쉬어가기 - 세계 제2차 대전(숨은 이야기)

▣ 승리의 사인 V (THE 'V FOR VICTORY' SIGN)

원래 이 사인은 런던에 있던 벨기에 난민 빅토르 데 라벨에이에(Victor De Laveleye)의 아이디어였다. 런던의 단파방송에서 그는 벨기에인들에게 궁극적인 승리의 확신에 대한 사인으로써 모든 공공장소에 분필로 'V'자를 쓰도록 촉구했다. 이 단파방송은 BBC의 모든 외국어 방송에 연결되었고 후에 영국총리 처칠이 두 개의 손가락으로 V자를 그림으로써 연합국에 전파

▣ 첫 번째 사격(THE FIRST SHOT)

2차대전 유럽에서의 첫 번째 사격의 주인공은 포술 훈련중이던 독일 전함 슐레비히 홀슈타인(함장 : 구스타프 클라이캄프)이었다.

▣ 첫 번째 연합군의 사격(FIRST ALLIED SHOT)

극동에서 첫 번째 연합군의 사격은 호주 멜버른 항의 필립만의 입구를 경비하던 포인트 네핀(Point Nepean)의 6인치 포상에서 발사되다

▣ 히틀러의 아버지 알로이스 쉬켈그루버 : ALOIS SCHCKELGRUBER (1837 – 1903)

오스트리아의 스트로네스(Strones)에서 요한 게오르그 히틀러(Johann Georg Hiedler)의 서자로 태어났으며 집안 소작농의 딸인 안나 마리 쉬켈그루버와 1842년 5월 결혼

▣ 첫 번째 희생자(FIRST CASUALTIES)

영국이 독일에 선전포고한지 1시간 15분뒤 600 비행대의 브리스톨 블렌하임 전폭기의 조종사 존 노엘 이삭 소위(John Noel Isaac)는 오후 12:50분 런던 금방 헨던의 해딩 스트리트로 추락사(영국군)

▣ 전쟁중 영국인들의 삶(불굴, 근검)

1939년 7월 휘발유는 한달에 200마일(miles)씩 배급되었다.

유명 상포는 사라졌으며, 오직 'Pool(이게 뭔지?)'휘발유만 갤런당 4실링 2펜스에 거래

1940년 신차의 생산이 금지/1942년 개인용 휘발유 사용이 금지

1939년 남성의 평균임금은 3파운드 9실링(여성1파운드12실링/신병하루2실링)

위스키 한병은 13실링 6펜스/금 1온스는 8파운드였다.(16 달러)

목재를 아끼기 위해 정부는 모든 여성들에게 힐없는 신발을 신을 것을 요구했고

군복을 만들 섬유를 아끼기 위해 가벼운 옷차림을 할 것을 권장

전쟁수행에 필수적이지 않은 모든 공장들은 폐쇄

Section 03

아시아 전쟁

1. 중국(중국, 청, 몽고)전쟁

1) 손자병법과 적벽대전

역사적 배경

- 기원전 540년/ 엘레아 학파 파르메니데스 태어남(~470년)
- 기원전 438년/ 아테네, 파르테논 신전 완공
- 192년/ 로마, 군인황제시대 시작(~284년)
- 236년/ 페르시아, 사산왕조 시작

가. 손자병법

춘추시대 제(齊)나라 태생의 손무(孫武)의(통상 유명한 사람에 대한 존칭은 성에다 '자'를 붙여서 부르는 것이 관례로 중국인들은 손무의 저서를 〈손자병법〉이라 부름)생애에 대해 정확히 알 수는 없으나 공자와 같은 시대 사람으로 추정하고 있다. 오(嗚)나라 제후 합려와 그의 아들, 부차 밑에서 유명한 장수로 활약하였으며, 제나라 사람이었던 손무가 오나라로 국적을 옮기게 된 데는 제나라 정치가 극도로 어지럽고 정변이 자주발생하자 오나라에 망명을 간 것이다.

당시 오나라는 서쪽의 초(楚)나라와 원수지간의 관계에 있어 두 나라 사이에는 전쟁이 그칠 날이 없었다. 초나라가 오나라를 침공하고 실패하면 이듬해는 반대로 오나라가 초나라에 쳐들어갔으며, 이러한 공방은 오랫동안 되풀이되던 중 기원전 514년 오나라에서는 정변으로 왕요가 암살되고 새로운 왕으로 합려가 즉위했다.

합려는 크게 약화된 군사력을 강화시킬 적임자를 찾던 중 마침 손무가 저술한 〈손자병법〉을 입수하여 탐독하고 깊은 감명을 받았다. 합려는 손무를 초빙하여 실력을 테스트하고 기용했다. 이때 손무가 궁녀들을 대상으로 하여 병법의 효험을 시범 보인 일화는 유명하다.(손무는 180명의 궁녀들을 두 부대로 나누어 집합시키고 그 가운데서 왕의 총애를 받는 두 사람을 지휘자로 임명하여 지휘하여, 명령에 따라 전후좌우로 방향전환 동작을 취하는 시험이었다. 사전에 동작요령을 충분히 알려주고 복종하지 않을 때는 도끼로 처형한다는 규칙을 충분히 설명했으나 궁녀들은 폭소를 터뜨리며 명령을 들으려 하지 않았다. 손무는 다시 설명하고 명령을 내렸지만 궁녀들은 움직이지 않았다. 그러자 손무는 "명령이 불명확할 때는 장수가 책임을 지지만 반복하여 명확히 설명했는데도 명령이 지켜지지 않는 것은 지휘자의 책임이다."라고 말하고, 형수를 시켜 두 지휘자의 목을 친 다음 다른 두 사람을 새 지휘자로 임명하고 명령을 내렸더니 궁녀들은 소리 하나내지 않고 일사불란하게 움직였다는 이야기)

손무는 전군에 대한 지휘권을 위임받은 후 엄격한 훈련을 통해 오나라군대를 4년 만에 막강한 군대로 만들어 기원전 512년 오나라는 숙적 초나라와의 전쟁을 재개했다. 손무는 단계적 교란작전을 통해 초나라 국력을 피폐시키고 6년 후 정예병 3만 명을 직접 이끌고 기습침공, 적의 수도 700㎢까지 진출했다. 그러나 집결된 20만 명의 적 병력을 보자, 그 대병력을 분산 격파하기 위하여 다시 200㎞ 후퇴하여 적을 유인하는 계략을 사용했다. 손무(군)를 무작정 추격하던 초나라 군대는 결국 함정에 빠지고 여러 지역에서 역습을 받아 큰 타격을 입힌 후 승세를 몰아 적 수도를 점령하는 데 성공했다.

그 결과 약소국 오나라는 일약 강국으로 등장하고, 초나라로부터의 위협을 제거했을 뿐만 아니라, 다른 인접국인 제 · 진 · 월나라 등에 대해 위협을 가하기에 이르렀다.

기원전 492년 합려는 월나라를 공략하던 중에 전사하고 그의 아들 부차가 즉위했다. 손무는 계속하여 부차를 보자하고 월나라를 굴복시키는데 큰 기여를 하였고, 나이가 든 후 관직에서 은퇴하여 여생을 군사학 연구와 저술에 전념하다가 세상을 떠났다.

▶▷쉬어가기 - 손자(孫子)병법(兵法)

1. 중심사상

부전승(不戰勝)

목표 : 싸움을 하지 않고도 이기는 것

전제조건 : 평시에 완벽한 전쟁준비를 하는 것

2. 시계(始計)/제1편 : 최초의 근본계책 (전쟁을 결심 또는 시작하기 전에 갖추어야 할 기본 대책)

孫子曰 : 兵子. 國之大事. 死生之道不可不察也

"손자 왈 병자는 국지대사 라 사생지지 요 존망지도 니 불가불찰야 니라"

(손자를 말하기를 전쟁은 국가의 중대한일이다. 국민의 생사와 국가와 존망이
기로에 서게 되는 것이니 신중히 고려/살피지 않으면 안된다.)

故經之以五事. 校之以計. 而索欺情. 一日道. 二日天. 三日地. 四日將. 五日法

"고로 경지이오사하고 교아지계하며 이색기정 하니 일왈 도 요 이왈 천 이요
삼왈 지 요 사왈 장 이요 오왈 법 이라. 그러므로 다섯가지 요건/전력의 기본으로써
첫째는 도, 둘째 천, 셋째 지, 넷째 장, 다섯째는 법이니라."

- **5사(五事) ; 먼저 검토해야할 5가지 요소**

① 도(道) : 백성으로 하여금 군주와 뜻을 같이하도록 한다(事君以忠/충성으로 임금을 섬긴다. 생사고락을 같이 하는 상하관계)

– 백성으로 하여금 위와 더불어 한 뜻이 되어 함께 죽을 수도 있고 살 수 있게 하여 생사를 같이하는 일체감을 백성은 위험을 두려워하지 않게 된다.(上下同欲者勝)

② 천(天) : 기후, 기상조건(天/하늘을 바꿀 수는 없으나 하늘을 이용할 수는 있다. 천후와 추위, 더위, 시기의 적절한 선택)

– 다양한 천후 속에 죽음의 곳인가 살 수 있는 곳인가 에서의 대책

③ 지(地) : 지형의 멀고 가까움. 험하고 평탄함. 협소함. 지형의 융기와 함몰. 경사도(원근/遠近, 험이/險易, 광협/廣狹. 막다름. 터인 곳)

④ 장(將) : 장수의 지모. 신망. 인애. 용기. 엄정/위엄(리더십)

– 지모를 먼저 설명함은 지/智가 부족한 장수가 용/勇이 넘치면 어렵다는 점을 숙고

⑤ 법(法) : 군대의 편성과 조직. 지휘체계. 명령계통 및 규율. 군수지원체제(편성/군제, 조직, 관도/규율, 주용/병참)

- 7계(七計)

故校之以計.而索欺情. 日 "主孰有道, 將孰有能 天地孰得, 法令孰行 兵衆孰强, 士卒孰練 賞罰孰明, 吾以此知勝負矣	고로 교이지계 하여 이색기정 이니라 왈 : 주숙유도 하며 장숙유능 하며 천지숙득 하며 법령숙행 하며 병중숙강 하며 사졸숙련 하며 상벌숙명 이니 오이차 로 지승부의 니라

"그러므로 일곱가지 기준(7계)에 의거하여 (피아:彼我) 양편을 비교하여 그 실정을 파악해야 한다.

① 주숙유도(主孰有道) : 어느 편의 임금(統治者)이 더 잘하는가 (백성의 신망도)

② 장숙유능(將孰有能) : 장수는 어느 장수가 더 유능한가 (지략, 용병술, 통솔력 등)

③ 천지숙득(天地孰得) : 어느 편의 천시와 지리가 유리한가 (천시/天時=기후. 기상 등 자연환경과 국제정치환경 지리(地理)=지형 및 지리적 조건)

④ 법령숙행(法令孰行) : 어느 편이 법령을 잘 시행하고 있는가 (법령/法令=국가의 기강. 국가조직 준사조직. 지휘계통. 군기군법 등

⑤ 병중숙강(兵衆孰强) : 군대는 어느 편이 잘 훈련되어 있는가 (장병의 훈련정도. 단결. 사기. 전투의지 등 내면적 요소)

⑥ 사졸숙련(士卒孰練) : 장병은 어느 편이 잘 훈련되어 있는가 (장병의 훈련정도. 단결. 사기. 전투의지 등 내면적 요소)

⑦ 상벌숙명(賞罰孰明) : 상벌은 어느 편이 더 분명하게 행하여지고 있는가

*** 오이차(吾以此)로 지승부의(知勝負矣)니라**

"나는 이상의 조건(7가지)을 비교하여 검토하므로써 어느 편이 이기고 지는지를 미리 알 수 있다"(상대적 비교)

3. 궤도(詭道)

兵者, 詭道也 병자 는 궤도야 니라

"병(兵)은 속이는(詭) 방법(道)이다" 손자는 전쟁이 백성의 생사와 국가와 존망이 달린 중대한 일 이므로 전쟁은 필연적으로 이겨야 한기 때문에 이기기 위하여 속임수가 승인될 수밖에 없다고 말하며 만약 그렇지 못한다면("송양" 학자가 말하는)인(仁)이 되고 말 것이다. 하며 5사7계로 능력을 판단한 후 이길 승산이(유리한 조건) 있다면 궤도로써 실행해야 한다며 5사7계+14가지 궤도를 결합했다.

故能以示之不能, 用而示之不用 近而示之遠.遠而示之近 利而誘之.亂而取之 實而備之.强而避之 怒而撓之.卑而驕之 佚而勞之.親而離之 功基無備.出其不意	고로 능 하여도 이시지불능 이요 용하여도 이시지불 용하고 근하여도 이시지 원하고 원하여도 이시지근하니 이 케하여 이유지하고 난케하여 이취지하고 실하면 이비지하고 비하여 이교지케하고 일 하면 이노지 케하고 진 하면 이리지하니라 공기무비 하고 출기불의 하며

① 고능이시지불능(故能而示之不能) : 능력이 있으면서도 능력이 없는 것처럼 위장하고

② 용이시지불용(用而示之不用) : 사용하면서도 사용하지 않는 것처럼 보이고(용병을 할 적정이 있으면서도 그렇지않음을 보이고 방법을 쓰면서도 쓰지 않는 것처럼 보이고 필요하면서도 필요하지 않을 것처럼 위장하고 / 용병은폐위장 = 싸울 의사가 없는 것처럼)

③④ 근이시지원(近而示之遠) 원이시지근(遠而示之近) : 가까운 곳을 노리면서도 먼곳을 노리는 것처럼 – 공격방향, 공격시기에서 가까우면서 먼 것처럼 곧 공격할 것을 공격의사가 없는 것처럼 속임 성동격서(聲東擊西)

⑤ 이이유지(利而誘之) : 적에게 이익을 줄 것같이 하여 꾀어내어서 끌어내고

⑥ 난이취지(亂而取之) : 적을 혼란케하여 이를 취함 (쳐 빼앗는다. 격파한다)

⑦ 실이비지(實而備之) : 적의 군비가 충실하면 서두르지 않고 대비한다.

⑧ 강이피지(强而避之) : 적이 강하면 정면충돌은 피하고

⑨ 노이요지(怒而撓之) : 적을 노하게 하여 흔들어놓고(성나게 하여 냉정을 잃고 판단을 그르게함)

⑩ 비이교지(卑而驕之) : 저자세로 나아가 적을 교만하게 만듦

⑪ 일이노지(佚而勞之) : 적이 편하게 쉬고자하면 이를 방해하여 피로케 만듦

⑫ 친이리지(親而離之) : 적이 서로 친하며 이것을 이간/분열 시켜 단결력을 와해시켜야 한다.

⑬ 공기무비(攻其無備) : 적이 무방비 한곳을 택하여 공격

⑭ 출기불의(出基不意) : 적이 뜻하지 않은 곳을 노려 공격

차병가 지승. 불가선 전야(此兵家之勝. 不可先 傳也) "차는 병가지승이니 불가 선전야라." – 이것이 병법가의 승리를 거두는 비결이니 사전에 미리 알려져서는 안된다. "기습. 보안 / 奇襲. 保安"

나. 적벽 대전

중국의 삼국시대인 208년 후베 이성(湖北省), 자위현(嘉魚縣) 북쪽 양쯔강(揚子江)남안에 있는 적벽에서 화공작전으로 조조대군을 격파한 전투.

중국 역사에서는 221년 후한(後漢)이 멸망하고 265년 서진(西晉)이 수립되어 천하를 통일했는데, 그 중간에 해당하는 44년은 위(魏) · 촉(蜀) · 오(嗚) 나라 3국이 천하를 나누어 다스린 이른바 삼국시대였다. 삼국은 세력균형을 유지하기보다는 서로 천하를 장악하기 위한 살벌한 싸움을 벌임으로써 또 하나의 전국시대를 겪었다.

군웅할거 시절에 조조 · 유비 · 손권 등이 각축전을 벌였는데 중원의 패자가 된 조조는 중국 북부를 완전히 통일하고 아제 천하를 통일하기 위해 대군을 이끌고 남부로 진격했다.

이에 유비는 그가 삼고지례(三顧之禮)를 다하여 맞아들인 제갈공명으로부터 큰 도움을 받으며 손권과 손을 잡고 조조의 군대에 대항하게 되었다.

그리하여 유비 · 손권 연합군이 양자강의 한 줄기인 장강을 거슬러 서쪽으로 올라가는 중에 적벽에서 조조의 군대와 충돌하게 되었다.

중국에서는 본래 남선북마(南船北馬)라는 말이 있듯이 남방인들은 배를 잘 타고 북방인들은 말을 잘 탔으므로, 조조의 군대는 특히 수전(水戰)에 약했다.

더구나 이들은 풍토에 익숙치 않아 지쳐 있었고, 배멀미 환자들이 많이 나와 배들을 서로 서로 쇠고리로 연결해 요동을 적게 하고 휴식을 취하며 대기하고 있었다.

그러한 적의 약점을 간파한 연합군은 화공(火攻)작전을 쓰기로 했다. 화공을 하려면 일정한 조건을 갖추어야 하는데, 조조의 군대는 밀집부대를 이루고 있고 바람이 동남풍이었기 때문에 그야말로 안성맞춤이었다. 연합군은 속도가 빠른 몇 척의 배를 골라 장작과 마른 풀을 잔뜩 싣고 기름을 부은 다음 겉을 포장으로 덮고 흰 깃발을 올렸다. 그리고 마치 항복하겠다는 듯이 서서히 접근했다.

이러한 모습을 보고 조조와 그의 장수들은 전혀 방심한 채 환호하기만 했다.

약 1㎞ 가까이 이르렀을 때 인솔자의 신호로 배에 불을 붙여 재빨리 돌진시키자, 조조군은 불타오르는 불배의 습격을 박고 그의 모든 배들이 삽시에 불길 속으로 묻혀버렸을 뿐만 아니라 강가의 진영까지 불바다가 되고 말았다.

무수한 인마가 불에 타고 물에 빠지고, 그와 때를 맞추어 연합군은 일제히 공격하여 조조군을 격멸했다. 조조는 간신히 패잔병을 이끌고 육로로 북쪽으로 폐주했다.

이렇게 하여 연합군은 조조의 남방 제패의 야심을 분쇄했으며, 이 싸움을 계기로 조조의 세역은 위축되고 유비와 손권의 세력이 확장되었다.

결국 3자는 천하를 삼분하여 조조의 위나라, 유비의 촉나라, 손권의 오나라가 문자 그대로 솥발처럼 정립(鼎立)하는 삼국시대를 열었으며, 다시 그들끼리 크고 작은 싸움을 벌이다가 280년 위나라의 사마염에 의해 진(晋)나라로 통일을 이루었다.

2) 칭기스칸의 세계정복

역사적 배경
- 1265년/ 영국, 의회 시작
- 1292년/ 단테, (신곡)저술
- 1302년/ 프랑스, 삼부회 성립

가. 칭기스칸

칭기스칸(Chingis Khan)은 성길사한(成吉思汗), 테무진(Temujin), 태조(太祖) 등으로 불려진다.(성길사한은 한자식 이름이고, 태조는 묘호, 테무진은 아명) 칭기스칸이란 칭호는 1189 몽골부족 연합의 맹주로 추대되면서부터 사용되었다. 이름의 연원에 대해서는 세 가지 설이 있다.

첫째는 고대 터키의 "텡기스(바다)"라는 방언에서 유래했다는 설. 둘째는 1206 즉위하였을 때 5색의 새가 "칭기스. 칭기스"하고 울었다는 데서 유래되었다는 설. 셋째는 샤머니즘에서 '광명의 신'을 의미하는 'Haiir Chingis Tengri'의 이름이라고 하는 설이다.(세번째 설이 보편화)

칭기스칸은 몽골 부족의 명문 집안에서 1162에 태어났으나 아버지 예수게이가 독살 당한 후 여장부인 어머니 밑에서 자랐다. 칭기스칸의 아버지를 독살한 타타르 부족은 칭기스칸이 자람에 따라 위협을 가했고, 신변의 위협을 느낀 칭기스칸은 당시 가장 강했던 케레이트 부족에 들어가 복수심을 키워 가며 무인으로 성장했다.

1203 아버지를 죽인 타타르, 자신을 키워준 케레이트 족을 평정하면서 몽골 초원을 통일하였으며, 1206 드디어 오논 강변 평원에서 열린 집회에서 몽골 제국의 칸의 자리에 올랐다.

나. 세계정복

칸의 자리에 올라, 제일 먼저 단행한 일은 부족 공동체를 해체하고 군사 행정 조직의 일환인 십호(十戶), 백호(百戶), 천호제(天戶制)라고 하는 유목 집단 95개를 편성하고, 몰골 유목 군단의 최정예 부대로 만들었다.

1204년 내외 몽골을 통일하고 몽골 지역을 완전히 장악한 뒤, 1211년 칭기즈칸은 중국 정복에 착수했다. 사막과 초원을 지나 만리장성을 넘고, 황하 이북을 수중에 넣고, 1215년에는 금나라 수도 북경을 함락시켰다. 중국을 정복하면서 칭기즈칸은 중국 기술자로부터 공성술을 배웠다. 중국에 이어서 그는 중앙아시아 · 페르시아 · 카프카스(코카사스) · 러시아 · 크림반도 · 볼가 강 유역의 동유럽까지 진출, 몽골을 통일한 지역 약 20년 만에 유라시아에 걸친 대제국을 건설했다.

13세기 사람들은 몽골 군대가 지나갈 때마다 그들이 어마어마하게 큰 무리로 적을 제압한다고 믿었다. 폭풍과도 같은 힘과 속력으로 공격해오기 때문에 그렇게 생각한 것이다. 그러나 몽골군대는 보통 그들의 적보다 수적으로 열세였다. 칭기스칸의 거느린 가장 큰 규모는 페르시아를 정복할 때의 24만 명이었고, 중국 · 러시아 · 유럽을 정복할 때는 각각 15만 명을 넘지 않았다.

몽골군의 승리는 양보다 질에 의한 것으로 전적으로 잘 조직 · 훈련되고 철저히 기강이 잡힌 군대 덕분이었다. 그들은 약간의 보조부대를 제외하고는 기병으로만 구성되었다. 각 부대의 단위는 10, 100, 1,000, 10,000인으로 구성된 10진법 편제를 따르고 있고, 각 단위 부대는 부대장의 절대적 권위 아래 매우 엄격한 군기를 지켰다. 몽골 군은 군인이 되기 전부터 말을 잘 탔다.

3~4세 때부터 말타는 훈련과 활과 다른 무기를 다루는 훈련을 받았다. 또한 잔혹한 고비사막에서 지내는 유목생활 자체가 군인으로 필요한 극기훈련이었다. 그들은 강인한 신체를 지니고 특별히 의학적 처리 없이 잘 견더내는 생활을 했다.

기병대는 중기병을 포함하고 있으나 주력은 경기병으로 구성되었다. 보통 투구 외에는 갑옷을 입지 않았고, 갑옷을 입더라도 가죽으로 된 가벼운 것을 입었다. 주 무기는 활로서 두

종류의 활을 휴대했다. 작고 가벼운 것과 크고 무거운 것으로 거리에 따라 골라 사용했다. 그밖에 신월도와 미늘창 및 올가미도 가지고 다녔다. 복장 가운데 주목할 만한 특징은 몸에 꼭 맞은 비단 셔츠를 입은 것이었다. 칭기즈 칸은 화살이 실크를 거의 뚫을 수 없을 뿐만 아니라 옷이 상처 부위 안으로 딸려 들어간다는 사실을 간파했다. 그래서 실크를 잡아당김으로써 부상병한테서 화살머리를 쉽게 끄집어냈다.

기마병 못지않게 훌륭한 것은 말이었다. 몽골 말은 유럽 말과 달리 까다롭지 않고, 계절에 따라 어떤 때는 음식물 없이도 오랫동안 견디고, 악조건 아래서도 장거리 여행을 할 수 있었다. 마초를 따로 준비하지 않고 기마병은 자신에게 필요한 식량과 장비를 갖고 다니므로 몽골군은 유럽의 기병이 따라갈 수 없는 기동성을 가졌다. 다뉴브 강 유역을 정복할 때는 3일에 280㎞ 이상을 진격하는 기록을 세웠다.

기동성을 확보하기 위하여 몽골 기병은 하나 이상의 예비 말을 끌고 다녔다. 이 예비 말들은 대열 뒤를 무리지어 따르다가 행군 중 또는 전투 중 필요에 따라 신속히 교체되었다.

공격 시 몽골군은 밀집대형을 벗어나 적 측면이나 후방으로 접근할 때 연기나 먼지구름으로 이동을 숨기면서 언덕이나 계곡 뒤에서 대형을 확산시켰다.

그리고 사방에서 공격하여 처음부터 적에게 혼란과 무질서를 초래하여 패주토록 했다. 서유럽 기사들과 달리 몽골 기병대는 책략과 계략으로 승리했다. 가장 잘 쓰는 방법은 기동성을 이용한 유인전이었다.

선두부대를 내보내 접전하도록 하고 그러다가 퇴각하는데, 이러한 퇴각은 며칠 계속되는 경우도 있다. 그러다 보면 적은 몽골 주력이 매복하고 있는 지역으로 빠져들곤 했다.

또한 적 몽골군을 철저히 몰살시키고 생존자들을 공포에 질리도록 했다. 그리고 이러한 소식이 인접한 곳에 전파되도록 함으로써 적의 사기를 떨어뜨리는 방법으로 승리했다.

몽골군이 전투를 벌인 곳은 인구가 감소되고 황폐지가 늘어나는 현상이 뚜렷이 나타났다. 군인과 민간인 구별 없이 무자비하게 살상했기 때문이다.

몽골 제국은 당시 알려진 세계의 절반 이상을 지배했다. 30여 국 이상을 복속시키는 가운데 수천의 도시가 파괴되고 1,850만 명이 학살되었다. 1271년 칭기즈칸의 손자 쿠빌라이는 수도를 북경으로 옮기고 원나라를 세웠다.

1219 - 1223까지 중앙아시아 평정 이후 남 러시아를 정복하여 세계 최대의 제국을 건설했다. 정복한 땅은 아들들에게 분할해 주어 후에 한국(汗國)을 이룩하게 하였고, 몽골 본토는 막내아들에게 주기로 했다.

그러나 1225 이슬람 정벌원정에 참전하기를 거절한 서하를 응징하기 위해 현재의 중국의 간쑤성 칭수이현(縣)의 류판 산에 있다가 1227년 8월 18일 불세출의 대정복자는 지병으로 생을 마감했다.

3) 아편전쟁(鴉片戰爭)

※ 청나라와 영국 간 아편문제를 둘러싼 2번의 전쟁

■ 청국의 쇠퇴

- 견륭제 시기의 해외 원정으로 재정 궁핍
- 만주의 팔기 군이 무력화 되면서 국력쇠퇴
- 관료의 부정부패
- 인구의 증가로 인한 경작지 부족과 식량난
- 물가폭등 ⋯▸ 18세기말 백련교도의 난 ⋯▸ 신사층 중심의 향용에 의해 진압
- 전통 중화사상만 강조
- 전례문제로 쇄국정책시행 ⋯▸ 서양 열강들의 통상압력에 시달림

가. 1차 아편전쟁(1840~1842)

아편 문제를 둘러싼 청국(淸國)과 영국간의 전쟁을 말한다. 청국은 쇄국정책을 시행하여 외국 무역은 광저우항[廣州港]에 한하며, 또한 공행(公行)이라 불리는 상인단체(길드)를 통해서만 허가하였다.

18세기 후반 이후 외국 여러 나라 중에서 영국이 광저우 무역의 중심이었다. 중국으로부터의 수출은 비단 · 차 · 도자기 등이었고, 영국은 약간의 모직물 · 향료 정도이며 그 밖에는 대량의 은(銀)으로서 비단과 차를 구입하는 수밖에 없었다. 더욱이 18세기 말 영국 정부가 차의 수입세를 인하하고부터 일반 국민 사이에 차를 마시는 풍습이 보급되어 중국차(홍차)의 수입이 격증하였다.

그리하여 1832년까지 중국무역의 독점권을 갖고 있던 영국 동인도회사는 인도산(産)의 목화와 아편을 중국으로 수출함으로써 차의 구매자금을 조달하려고 했다. 특히, 그들이 전매제도 아래에서 중국인의 기호에 맞도록 정제하여 모험적인 민간상인에게 팔아넘김으로써 중국에 밀수된 아편의 양은 해마다 격증하였다.

청은 일방적으로 돈을 벌고 영국은 자꾸 은이 빠져 나가자 당시 인도에서 재배되던 아편을 중국으로 보내는 대신 인도에 은을 가져오게 하고 다시 영국은 이렇게 인도에 유입된 은을 면직물과 바꿔 결국에 은이 돌고 도는 형태의 삼각 무역을 실시하게 됨. 이렇게 되자 중국은 아편 중독자들이 늘어나 국민 보건에 매우 해로워져갔고 은 또한 인도로 자꾸 유출되자 임칙서가 아편을 몰수하고 소각하는 등 아편 무역을 안하겠다고 하자 영국의 무역관이 영국 본토에 군대 지원 요청이 들어가 전쟁이 일어나게 됐다.

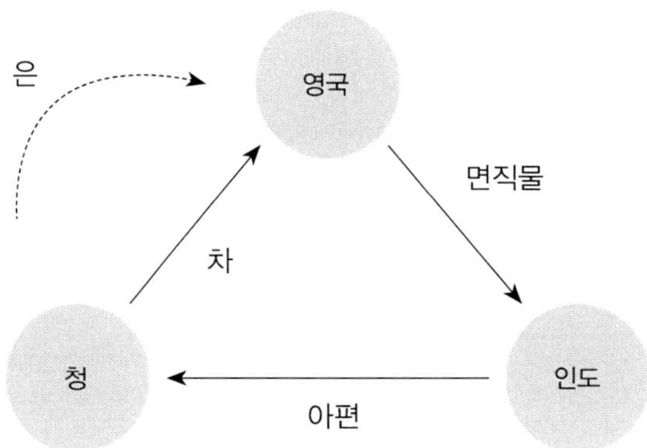

※ 19세기 영국과 중국 · 인도의 삼각무역

1차 아편전쟁 결과(청나라의 실패) : 영국과 난징조약(1842)을 체결.

- 서양과 맺은 최초 불평등조약
- 5개 항구의 개항
- 공행무역제 폐지 요구
- 홍콩 할양
- 치외법권(영사재판권)인정
- 최혜국 대우
- 조계(외국인 자유활동지역) 설정

남경조약

1. 홍콩을 영국에 넘겨준다
2. 광동, 하문, 복주, 영파, 상해 등 5개 항구를 개항한다.
3. 개항장에 영사를 주재시킨다.
4. 중국은 전쟁 배상금 1200만 달러, 몰수된 아편 배상금 600만 달러 등을 3년 에 영국에 지불한다.
5. 공행의 독점 무역을 폐지한다.
   - 문서 교환은 동등한 형식을 사용한다. 등으로 되어 있다.
   - 그 뒤 관세에 관한 내용, 영사 재판권, 최혜국 대우, 5개항에서의 군사 정박권 등을 추가시키게 된다.

나. 2차 아편전쟁(1856-1860)

중국의 근대화 운동

근대화 운동	주도세력	주장	결과	성격
태평천국운동	농민(홍수전)	멸만흥한 (남녀평등, 토지의 균분)	봉건세력인 한인 중국번, 이홍장에 의해 진압	반봉건, 반외세
양무운동	한인관료 (중국번, 이홍장)	중체서용	청 · 일 전쟁의 패배로 실패	근대문물 수용
변법자강운동	지식인(캉유웨이)	볍법자강 (입헌군주제 수립)	서태후 등 보수파의 반대로 실패	체제 개혁 운동
의화단 운동	농민, 의화단	부청 멸양	연합군에 의해 진압	외세 배척 운동
신해혁명	쑨원 등 혁명파	청조 타도	청조멸망	공화정 수립

■ 태평천국운동 1851~1864 아편전쟁의 패배로 인한 청의 위신 추락과 막대한 배상금 등으로 인한 경제적 어려움이 배경이 되어 청을 타도하고 이상사회의 건설을 추구하는 운동이 일어났다. 1851년 홍수전(洪秀全)이 농민들을 이끌고 봉기하여 세력을 확장 1853년 태평천국은 남경(南京)에 도읍을 정하고 발생한 운동.

애로호사건과 프랑스 선교사 피신사건을 구실로 또 한번 영국과 프랑스 연합군이 쳐들어옴. ···› 텐진 점령 ···› 텐진조약(1858)체결 ···› 청의 조약 파기 요구

- 10개 항구 추가개항
- 크리스트교 선교활동 자유 등 ···▸ 영, 프 연합군 베이징 공격 ···▸ 러시아 중재 ···▸ 베이징 조약(1860)체결
- 영국에게 주룽반도의 일부 할양
- 러시아에 연해주 할양

4) 청 · 일 전쟁

- 청일 전쟁(淸日戰爭, Sino-Japanese War)은 청나라와 일본이 조선의 지배권을 놓고 1894년 7월부터 1895년까지 벌인 전쟁이다. 중국에서는 갑오년에 일어났다고 해서 갑오 전쟁(甲吾戰爭), 일본에서는 일청 전쟁(日淸戰爭)이라고 부른다.

가. 전쟁결과

- 1894~1895년 사이에 청(淸)나라와 일본이 조선의 지배권을 놓고 다툰 전쟁으로 이로 인하여 일본의 중국에 대한 본격적인 분할이 시작되었으며, 동아시아에 제국주의 시대의 막이 열렸다. 일본은 1876년 조선과의 강화도조약(江華島條約)을 체결하여 조선이 자주국임을 인정하고 다음해 부산에 거류지(居留地)를 설정, 곡물의 매점과 무고나세(無關稅) 특권으로 공산품을 수출하여 조선에 진출하였다. 82년 최초의 반일운동인 임오군란(壬吾軍亂)이 일어나자 일본은 제물포조약을 체결하여 일본공사와 주둔병의 허용을 내용으로 하는 주병권(駐兵權)을 장악하고, 84년에는 김옥균(金玉均) · 박영효(朴泳孝) 등 개화파를 후원, 갑신정변을 일으켰으나 실패하여 오히려 청의 종주권이 강화되었다.

- 당시 일본은 1880년대 후반 값싼 노동력을 발판으로 급속히 발전한 일본자본주의는 1890년에 시작된 경제공항을 통해 그 모순을 드러냈다. 즉 값비싼 노동력의 국내시장 발전제약과 섬유공업 · 군수공업 등에 대한 수년간의 투자확장이 공황의 원인이었다. 1889년의 흉작으로 인한 쌀 생산의 감소도 공황을 더욱 촉진시켰다. 결국 1890년도의 일본경제는 심한 수입초과를 나타냈으며 일본은 무역불균형을 타개하기 위해 해외시장 침략을 꾀하게 되었다. 1890~1894년 일본 의회에서 나타난 일본지배층 내부의 대

립 격화와 농민 · 노동자들의 경제상태 악화 및 불만의 증대는 지배층의 침략 기도를 부추겼다.

- 한편 제국주의 열강 사이의 영토분할을 주도하고 있던 영국은 당시 제정 러시아를 동아시아에서 가장 위험한 적수로 보고, 동아시아에서 러시아에 반대하는 동맹세력을 찾고 있었다. 영국은 일본을 장래의 동맹국으로 보고 청일전쟁단계 개시 2주일 전인 1894년 7월 16일 일본과의 불평등조약 개정에 동의했는데, 이는 일본의 침략전쟁 개시를 승인한 것을 의미했다. 미국도 러시아를 위협시하고 일본으로 하여금 러시아를 견제하게 했다.

  반면 러시아는 일본의 조선침략 기도에 대해서는 경계하면서도, 일본에 적극적으로 대항하려는 정책은 취하지 않고 장차의 침략기회만 노리고 있는 단계였다.

- 청의 식민지적 지배와 일본 상업자본의 진출, 조선왕조의 압제 등에 시달려온 농민들과 동락 교도들이 봉기(蜂起)하여, 1894년 5월에 전주(全州)를 점령하자 조선왕조는 청나라에 원병을 요청하였다. 이에 따라 6월 8~9일 청군 2,400여 명이 아산만(牙山灣)에 상륙하여 12일부터 군사행동을 시작했다.

  그런데 텐진 조약에 의하여 조선에서 청 · 일 양국의 세력균형을 요구하던 일본 정부는 6월 초에 출병을 결정하였다. 그들은 일본공사관과 거류민 보호라는 구실 아래 해군과 육군의 대부대를 파병했고, 이어 인천-서울 간의 정치적 · 군사적 요충을 장악했다.

- 일본군의 침입에 당황한 조선정부는 갑오농민전쟁이 이미 진정되었음을 이유로 청 · 일 양군의 동시철병을 요구했다.

- 일본의 오오토리[大鳥] 공사는 본국의 훈령에 따라 갑오농민전쟁이 아직 끝나지 않았다는 것과 조선의 내정개혁(內政改革)을 구실로 철수를 거부했다. 일본의 내정개혁 요구는 겉으로는 '일본의 자위(自衛)를 위해 조선내정의 개혁을 촉구하여 변란의 근원을 단절할 수밖에 없다'는 것을 내세우고 있었으나, 실제로는 러시아에 대처할 전략적 시설을 한반도 안에서 확보하고 불평등조약 체제를 더욱 강화하여 본원적 축적을 강행하려는 것이었고, 나아가 조선을 보호국 화(保護國化)하려는 의도에서 나온 것이었다. 조선정부는 일본이 철수한 후 비로소 내정개혁을 실시할 수 있다고 하여 일본의 요구를 거절했다. 이에 일본은 7월 23일 무력으로 경복궁을 점령하고 쿠데타를 통해 흥선대원군을 앞세운 친일정권을 수립했고, 7월 25일 선전포고도 없이 청군을 공격하여 청일전

쟁을 도발했다. 이 당시 일본은 청국이 북양함대의 군사력이 증강이 미진한 사이, 자력으로 건조한 순양함, 철갑함 다수를 포함하여 1894년 당시까지에 55척 6만 톤의 대해군을 건설하였다. 특히 북양 함대에는 1문도 없었던 최신의 속사포 155문을 갖추었다. 그 결과 1884년의 시점에 일본해 군은 북양함대에 비해 주력함의 평균시속이 1해리 빠르고 평균선령도 2년이 적었으며 , 포의발사속도도 4-6배 우월하게 되었다.

• 7월 25일 풍도(豊島) 앞바다의 해전과 29일 성환(成歡) 육전에서 청국군을 격파하였고 7월 30일 아산을 점령하였다. 8월 1일의 개전 후 9월 15일에는 평양을 지키고 있던 청군 1만명을 패퇴시켰으며, 육전과 황해 해전에서 우세를 확보한 일본은 랴오둥[遼東]반도의 탈취 계략을 세우고, 10월에 청국 영토에 진격하여 뤼순[旅順]학살사건을 일으킨 후 봉천(奉天) 남부를 제압, 이어서 웨이하이웨이[威海衛] 군항에서 북양(北洋)함대를 격멸함과 동시에 타이완[臺灣]점령을 위하여 펑후섬[澎湖島]작전을 벌였다. 즉, 8월초에 일본군은 아산 · 공주(公州) · 성환(成歡) 등지에 포진하고 있던 청군에 공격을 가하여 승리하고, 계속 북상하여 9월에는 평양에서 청군과 대결하여 승리를 거두었다. 청군은 9월 16일 밤 평양을 포기하고 압록강을 건너 후퇴했다. 평양전투의 승리를 전기로 하여 일본은 조선의 내정에 적극적으로 간섭했고, 갑오정권(甲吾政權)의 개혁적 성격도 희석되기 시작했다. 일본군은 군수물자만 자국에서 가지고 왔을 뿐, 8월 27일 체결된 '대조선대일본양국맹약'(對朝鮮對日本兩國盟約 : 朝日盟約)에 의해 식량 · 부식물 · 군수물자 수송의 노동력을 대부분 현지에서 조달했으므로 전쟁터가 된 조선의 민중은 큰 피해를 입었고 조선의 자주권은 유린되었다. 이에 농민군은 그해 10월 다시 전면적 봉기를 준비하기 시작했고, 11월에는 공주공격을 개시했다. 일본군은 급히 남하하여 조선정부군과 함께 농민군토벌에 나섰다. 결국 농민군은 12월 우금치전투에서 우수한 근대식 무기와 장비로 훈련된 일본군에게 패배했다. 한편 9월 17일 황해해전(黃海海戰)에서 청나라 북양함대(北洋艦隊)의 주력을 격파한 일본군은 10월 24일 압록강을 건너 중국 본토로 진격하고 11월 6일 진저우 성[錦州城]을 점령했다. 부패한 청군 지도부의 무책임한 대처는 군대의 사기를 저하시켜, 11월 22일 뤼순[旅順]이 점령되었다. 일본군은 뤼순 시내에서 시민과 포로 약 6만명을 학살하고 시가지를 불사르는 만행을 저질렀다.

• 일본군에게 연전연패한 청국은 95년 3월 강화 전권대사 이홍장(李鴻章)을 파견하여 30일에 휴전, 4월 17일 시모노세키[下關]에서 강화조약에 조인하였다. 하지만 조약이 체결되는 과정에서도 일본의 야욕은 드러났다. 즉, 전쟁에 참패한 청나라정부는 강화를 시도하고 대표단을 일본에 파견했다. 청나라 대표단이 파견되기 직전, 일본에서는 조선의 독립승인(청의 종주권 파기), 랴오둥[遼東] · 타이완[臺灣] · 평후[澎湖]의 할양, 배상금 지불, 서구열강과 맺은 것과 같은 통상조약(불평등조약)을 일본과 체결할 것 등을 골자로 하는 강화초안을 작성했다. 그러나 1895년 1월 30일 청나라 대표단이 도착하자, 일본은 시간을 지연시켜 점령지를 확대함으로써 유리한 강화조건을 확보하려는 속셈에서 대표단의 권한부족을 트집잡아 귀국시켰다. 그동안 일본 해군은 1월 20~23일 위해위(威海衛)를 봉쇄한 다음, 2월 12일 육군의 상륙작전으로 이를 함락시켰다. 사태의 급진전에 놀란 청나라 정부는 이홍장(李鴻章)을 강화전권대사로는 새로운 대표단을 시모노세키[下關]파견하고, 일본 측이 제시하는 강화초안을 수용하여 4월 17일 조약에 조인했다.

나. 결과

일본은

① 조선에서의 청국의 종주권 파기,

② 랴오둥반도와 타이완 · 평후 섬의 할양, 쑤저우[蘇州] 등 4개 도시의 개항

③ 배상금 2억냥(3억엔) 지불,

④ 열국과 동일 특권을 인정하는 통상조약의 체결

등을 얻었으나 러시아 · 프랑스의 3국 간섭 앞에 무릎을 꿇고 랴오둥반도는 반환되었다. 타이완 민중은 일본에의 할양을 거부하며 저항하였는데, 일본은 고전 끝에 11월에 이를 진압하였다.

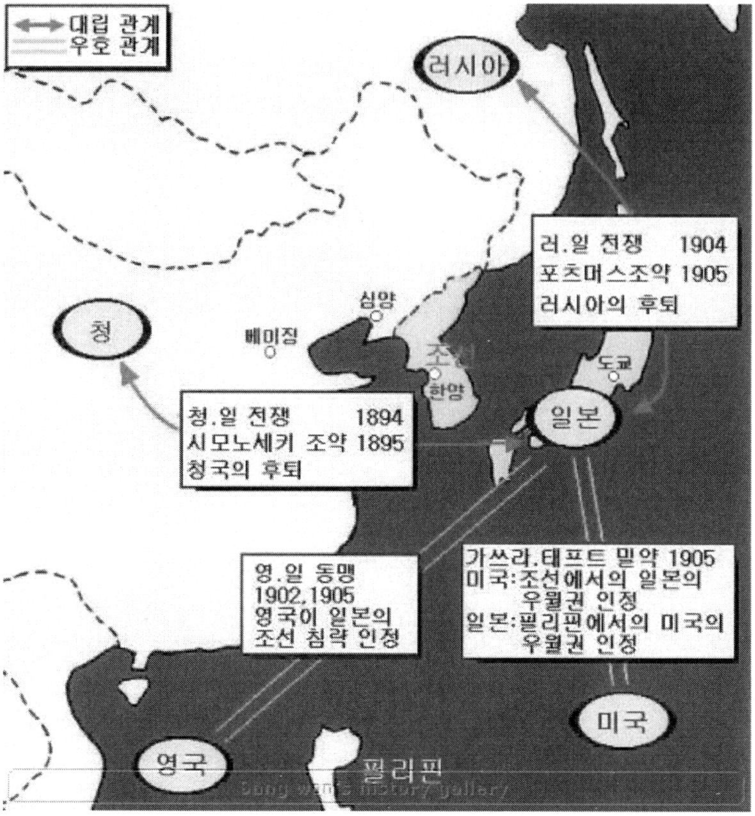

일–청, 러 전쟁 상황도

5) 일본의 만주침략과 중일전쟁

※ 중일전쟁 연표와 역사적 배경

- 1927년/ 중국, 난징에 국민정부 수립/린드버그, 대서양 횡단비행 성공
- 1904년 5월 러일전쟁
- 1931년 만주침략
- 1937년 7월 7일 노구교(루커우차오)사건 중일전쟁 발발
  - 8월 일본군 항저우 만 상륙
  - 9월 일본군 타이위안 점령
  - 10월 일본군 지난 점령
  - 11월 난징학살

- 1938년 5월 일본군 쑤저우 점령
  - 10월 일본군 광동성, 샤먼만 상륙 점령
- 1939년 2월 일본군 하이난 섬 점령
- 1941년 6월 6일 일본군 충칭 대공습
  - 9월 일본군 후베이 성 공격
- 1944년 4월 일본군 대륙 관통작전 구사
  - 8월 일본군 후난 성 진출
  - 11월 일본군 베트남 북부 난닝 성 점령
- 1945년 2월 중국군 대반격
  - 8월 일본군 항복

가. 만주침략

러일전쟁에서 승리한 이후 일본은 아시아와 태평양에서 무한한 팽창 야욕을 보였다. 1차 대전 중 연합국 측에 가담함으로써 쉽게 중국산동반도에 대한 독일의 이권과 함께 캐롤라인 제도 및 마샬 제도를 차지하였다. 러시아 혁명 뒤 1918년에는 군대를 동부 시베리아에 보냄으로써 그곳에 한 발 늦게 병력을 파견한 미국과 경쟁을 벌이기도 했다.

미국이 함대를 태평양에 진출시키면서 영국 · 일본 · 미국 3대 열강은 본격적으로 해군력 경쟁을 벌이기 시작했다. 일본은 1922년 워싱턴 군축회담에서 영 · 미 · 일의 주력함 톤수의 비율을 5:5:3으로 정하는 데 동의했지만, 나중에 얼마든지 만회할 수 있다고 생각했으며, 일단 해상보다는 중국대륙에 대한 팽창정책을 우선적으로 추진했다.

대공황 이후 서구 열강들의 해외진출에 대한 관심은 비교적 떨어졌다. 바로 이 틈을 이용해 일본 군국주의자들은 아시아 대륙에 대해 본격적으로 침략하기 시작했다. 1931년 일본은 만주를 점령했다. 6년 후 일본은 노구교 사건을 기화로 북경을 점령하고, 상하이와 수도 남경을 침략하면서 이른바 동아시아 전쟁을 개시했다.

장개석 휘하의 엉성하기 짝이 없는 중국군은 곳곳에서 일본군에게 패퇴하고, 국민당 정부는 겨우 명맥만을 유지한 채 양자강 상류의 중경으로 퇴각했다. 일본군은 해안지역과 주요도시를 장악하고 선량한 민간인학살을 일삼았다.

중국군은 인도지나와 버마(미얀마) 그리고 소련을 통해 들어오는 막대한 양의 보급품에 의존했으나, 총300개의 사단 중 약 10%만이 장개석에게 절대 충성을 바쳤다. 장비는 제조국과 모델이 너무 다양한데다가 부품이 맞지 않는 경우가 허다했다.

병사들은 급료와 급식을 제대로 지급받지 못했고 질병 환자가 많이 발생했다. 국민당 정부의 무능 · 부패와 일본군의 만행이 겹치는 가운데 공산당은 점차 영역을 확대해갔다. 중국과의 전쟁이 장기전으로 흐르자, 일본은 만주 · 소련 국경지역에서 일련의 사건을 일으켜 소련군을 시험해보기도 했다.

그러나 결코 쉬운 상대가 아님을 파악하고는 다른 돌파구를 찾던 중 1940년 프랑스가 독일군에 함락되자, 동남아시아 방향으로 눈을 돌렸다. 유럽 인들이 2차 대전에 빠져 있는 틈을 이용해 그들의 식민지를 공략하고자 한 것이다. 다만 필리핀에 있는 미국 군사력과의 충돌이 예상되나 기술적으로 잘 피하거나 협상으로써 충분히 해결 가능하리라고 생각했다.

1940년 일본은 프랑스 령 인도차이나 북부를 점령하고 9월에는 독일 · 이탈리아와 군사 · 경제협력 동맹을 맺었다.

그리고 이듬해 4월에는 소련과 불가침조약을 체결, 일본 동북부의 안전을 보장받는 대신에 동남아시아와 태평양 지역에서의 전쟁에 전념할 준비를 완전히 갖추기에 이르렀다. 그동안 조용한 반응을 보여온 미국은 1941년 7월 일본이 인도지나 남부까지 점령하자, 드디어 일본의 팽창을 반대 · 저지하는 단호한 조치를 취했다. 루스벨트 대통령은 일본에 대한 전면적인 수출 금지령을 내렸다. 그러자 태평양에 막대한 이해관계를 갖고 있는 영국과 네덜란드도 미국과 똑같은 조치를 단행했다.

석유수입을 미국에 80% 의존하고 있는 일본으로서는 막대한 손해가 예상되지만, 미국과의 일전은 불가피하다고 판단했다. 수출금지를 해제하는 조건으로 1931년 이후 일본이 획득한 땅을 모두 환원시키라는 미국의 요구를 들어준다는 것은 전쟁에서 패배하는 것보다 더 굴욕적이라고 생각했다.

일본 군부는 동남아시아를 정복한 다음 그 주위로 방어선을 설정하고, 그곳을 침범하려는 어떠한 적도 막아낸다는 개념의 구체적 전쟁계획을 세웠다. 그들은 자원의 한계로 말미암아 미국에 대해 전면적인 승리를 거둘 수 없다는 것을 잘 알고 있었다.

그럼에도 불구하고 많은 희생이 따르는 전쟁에 쉽게 지치는 미국인들의 무른 성향을 계산하고, 초기에 승리를 거둔 후 적절한 단계에서 협상으로 전쟁을 종결시킬 수 있으리라는 기대를 하면서 태평양전쟁이라는 엄청난 불장난에 뛰어든 것이다.

나. 중일전쟁

1931년 9월 18일에 일어난 만주사변(滿州事變)도 일본이 중국의 동북지방을 군사적으로 제패하고 이 지역을 '만주국'이라 하여 그들의 식민지로 만들고 1937년 7월 7일 베이징[北京]교외의 루거우차오[蘆溝橋]에서 일본군이 일으킨 군사행동으로 말미암아 확대된 이 전쟁은, 분명히 만주사변의 연장임에도 불구하고, 이때에도 '루거우차오사건' 또는 '지나사변(支那事變)'이라하여 선전포고를 하지 않았다.

이것은 청일전쟁 이후 중국을 국가로 인정하지 않는 듯한 멸시감을 일본 국내에 조장시키고, 중국에 대한 군사행동을 마치 '아시아 혁신'의 사업인양 거짓을 꾸민 일본정부의 정책 발로였다. 루거우차오사건 이후 베이징 · 텐진[天津]을 점령한 일본은 전화(戰火)를 상하이[上海]로 확대시키고, 1937년 12월 국민정부의 수도 난징[南京]을 점령하여 시민 수십만을 살육하였다. 그 뒤 우한[武漢]을 공략하고 광둥[廣東]에서 산시[山西] 이르는 남북 10개 성(省)과 주요 도시의 대부분을 점거하였다.

한편, 중국 측은 국민당과 공산당의 제2차 국공합작(國共合作)으로 항일(抗日) 민족통일 전선을 형성하여 항전하였다. 중국군의 유격전에 따라 일본군은 광범한 전선에서 '점(도시)과 선(도로)'을 유지하는 데 불과하게 되었다.

그런 중에도 일본군은 삼광작전(三光作戰:)등 잔학행위로 전쟁 전기간(全期間)에 걸쳐 중국인 1200만 명을 죽였으며, 중국 민족 그 자체를 적으로 한 전쟁이라는 느낌을 주었다. 일본은 수백만의 대군과 온갖 근대 병기를 동원하는 한편, 왕자오밍[汪兆銘] 등의 괴뢰정권을 수립하여 전쟁을 수행하였으나, 중국 민중의 항전 의지를 꺾지는 못하였으며 전쟁은 장기화하였다.

일본은 이러한 국면 타개를 위해 '태평양전쟁'으로 확대함으로써 돌파구를 찾으려 하였으나, 오히려 전황을 악화시켰다. 이리하여 중 · 일 전쟁은 태평양전쟁의 일부가 되었으나, 일본군의 사기는 저하되고 군기도 문란해졌으며, 105만에 이르는 대병력은 이미 제2전선(第二戰線)이 되어버린 중국 전선에 못박혀 있음으로써 제구실을 못한 채로, 1945년 8월 15일 포츠담선언 수락과 더불어 국민정부에 항복하였다.

※ 남경대학살

중일전쟁에서 항복한 중국인 병사는 물론 민간인까지 모주 죽여버렸다. 특히 남경에서의 학살 피해자의 총수는 거의 30만에서 40만에 이른다하며 악명 높은 살육행위였다

6) 중국내전

※ 역사적 배경

• 1949년/북대서양조약 조인, NATO 창설/서독 · 동독 성립/유럽회의(COE)결성

가. 전쟁결과

19세기 말 중국 왕정은 무능하고 부패한데다가 제국주의적인 서양 열강들의 중국대륙 진출에 적절히 대처하지 못함으로써 몰락의 길을 걷고 말았다. 중국은 의화단사건 이후 거듭된 혁명의 진통을 거친 다음에 그들 역사상 최초의 공화정인 중화민국의 탄생을 보게 되었다. 이 공화국은 초대 지도자 손문(孫文 쑨원)이 일찍 사망하고 난 다음 1927년에 국민당의 장개석이 정권을 장악했다.

그러나 곧 국민당과 모택동의 공산당 사이가 결렬되면서 그때부터 중국은 양대 세력 간에 20년이 넘도록 내전을 겪게 되었다.

장개석 군대가 주요도시를 장악한 반면에 모택동 군대는 농촌과 산악지대로 밀려났다. 초기에 10:1 열세했으나, 모택동은 게릴라전을 개발하여 농촌주민들의 지원을 받아가며 점차 세력을 키워나갔다. 게릴라들은 소규모 단위로 기동력을 최대로 발휘하면서 적 파견대들을 집중적으로 습격하고 도망가는(hit and run) 방법으로 전투를 벌였다. 그런 식으로 하여 모택동은 그 자신이 말했듯이 오히려 10 : 1의 전술적 우세를 유지하여 승리를 거두고 그런 작은 승리들을 누적시킴으로써 궁극적으로는 전략적 우세를 달성할 수 있게 되었다.

1931년 일본의 만주침략 이후 중국은 안으로 내전을 치르고 밖으로는 대일항전을 치러야 했다. 일본이 만주점령에 시간을 보내는 동안 장개석은 공산세력을 완전히 제거하는 데 몰두했다. 위기에 처한 모택동은 1934~35년에 약 10,000㎞의 대장정을 떠나게 되었고 그리하여 본거지를 남부의 정강산(井崗山) 북부의 연안으로 이동시켰다. 국부군(국민당 정

부군)의 공격을 피하면서 경험한 이 장정기간 중에 사실상 공산 게릴라들은 훌륭한 실전 훈련을 쌓게 되었고, 또한 농촌 지역을 장악할 수 있음을 확신하게 되었다.

1937년 일본이 만주에서부터 중국을 침략하자, 중국내전은 소강국면에 들어가고 양대 세력은 일단 연합전선을 폈다. 2차 대전 중 장개석은 연합국, 특히 미국으로부터 대량의 군사원조를 받아냈다. 국부군과 공산군은 각각 나누어 점거한 지역에서 대일항전을 벌였는데, 종합적으로 말할 때 공산군이 훨씬 더 괄목할 만한 전과를 올렸다. 공산 게릴라들은 적후방에서 교란작전을 벌이며 일본군을 꽤 괴롭혔으나, 국부군은 특별한 활약을 보이지 못했다. 연합국 지도자들은 장개석에게 크게 실망했다. 바로 이런 점 때문에 2차 대전 종전 이후 중국이 다시 내전 분위기에 휩싸이게 되었을 때 공산당은 득의양양하고 중국국민들로부터 큰 지지를 받을 수 있었다.

일본과의 전쟁이 끝난 다음에 국민당과 공산당은 몇 차례 협상을 가졌다. 그러나 워낙 깊은 불신의 골은 평화적인 타결책을 찾지 못하고, 결국 1946년부터 본격적인 내전 상황으로 치닫게 했다. 이때 양쪽의 병력을 비교해보면 370만:120만 명으로 국민당 편이 우세했다. 그러나 질적으로는 공산군이 훨씬 유리했다. 공산군은 기강이 잘 잡혀 있고 용맹히 싸우는 데 반하여 장개석 군대는 전투의지가 부족한데다가 약탈을 일삼아 주민들로부터 지지를 받지 못했다. 게다가 장개석 정부는 부패할 대로 부패했고 군 지휘관들 가운데도 부패한 자들이 많았다. 장개석은 미국으로부터 지원받은 무기와 제공권의 이점을 최대로 살리고자 했다. 그러나 장군들과 그의 군대는 장개석이 촉구하는 신속한 승리를 위한 구체적인 계획을 수립하지 못했다.

한편, 모택동은 그 동안 일본군과의 싸움을 통하여 성공적으로 개발시켜온 전술을 적절히 사용했다. 비록 북부의 농촌 주민들로부터 대폭적 지지를 받고 있었지만. 그는 일단 대충돌을 피하는 대신 주로 국부군의 보급선을 습격하는 방법으로 지구전을 펼치고, 후에 결정적인 순간을 포착하여 결전을 벌이는 계획을 세웠다. 1948년 중국경제는 파탄지경에 빠졌다. 약 20년간 계속된 전쟁으로 시달릴 대로 시달린 국민들은 간절히 평화를 갈망했고, 강력한 정부를 원했다. 중부와 서부지역의 흉년으로 민심은 흉흉하고 곳곳의 만연된 부정부패에도 불구하고 정부는 속수무책이었다. 고위직 관료들과 장군들은 무능하기 짝이 없었다. 대외무역 적자가 손쓸 수 없이 증가했지만 정부는 어떠한 경제계획도 수립하지 못하는 상태에 있었다. 이러한 총체적 위기상황을 공산주의자들은 최대로 이용했다.

그들은 북경과 봉천 간 철도를 습격하여 국민당 정부 입장을 더욱 궁지에 빠뜨렸다. 1948년 10월 공산군은 봉천을 함락시키는데 성공했으며, 이를 기점으로 하여 북부지역의 국민군 기지들을 하나하나 공략하기 시작했다. 이어서 공산군은 11월 말에는 서주(徐州)의 강력한 요새를 점령함으로써 국부군의 저항을 사실상 종식시켰다.

이듬해 남경이 함락되기에 앞서 장개석은 군사회의를 소집했지만, 휘하 장군들은 거의 참석하지 못했다. 절망 상태에 이른 국부군 잔여병력은 상해와 그 일대의 해안에서대만과 해남으로 철수했다. 1949년 10월 1일 북경에서 공산당은 중국인민공화국 수립을 선언하고 강력한 공산정권을 탄생시켰다.

나. 중국 모택동 16자 전법(유격전 기본원칙)

적진아퇴(敵進我退) : 적이 공격하면 아군 은 후퇴하고
적주아요(敵駐我擾) : 적이 야영을 하면 적을 흐트린다.
적피아타(敵疲我打) : 적이 피로하면 공격한다.
적퇴아추(敵退我追) : 적이 후퇴하면 추격한다.
담담타타(談談打打) : 불리하면 타협/협상 하고 우리하면 타격/공격한다.

2. 일본의 전쟁

1) 러 · 일전쟁(Russo-Japanese War)

▶ 역사적 배경

- 1905년/ 조선, 을사보호조약 체결/ 아인슈타인, 「특수상대성 이론」 발표/ 인도, 스와데시 · 스와라지 운동/ 러시아, '피의 일요일' 사건 발생
- 1904~1905년 만주와 한국의 지배권을 두고 러시아와 일본이 벌인 제국주의 전쟁, 청일전쟁 결과 시모노세키조약이 체결됨으로써 일본이 요동반도(遼東半島) 영유를 확정하였다.
- 러일전쟁(露日戰爭)은 1904년부터 1905년까지 있었던 러시아 제국과 일본 제국 사이의 전쟁으로, 만주와 한반도에서 일어났다.
- 일본이 승리하였고, 러시아는 패전 직후 2월 혁명을 겪게 된다. 그리고 일본에는 전재에 반대하는 평화주의를 주장하는 이들을 배척하는 등, 군국주의의 광풍이 더 심하게 몰아치게 된다.

가. 배경

청일전쟁의 승리로 조선을 독점하려던 일본의 계획은 러시아가 주도한 삼국간섭에 의해 일시적으로 저지되었다. 일본은 정치적 열세를 만회하기 위해 을미사변을 일으켜 민비를 학살했으나, 반일 의병투쟁을 야기함으로써 더욱 수세에 몰렸다. 또한 1896년 2월 친러파에 의해 아관파천이 단행되고, 친러 정권이 수립되었다.

경제적으로는 일본이 여전히 한국을 독점적으로 지배하고 있었다. 청일전쟁 후 조선의 대외무역에서 일본은 수입의 60~70%, 수출의 60%를 차지함으로써 우세를 차지하고 있었으며, 이권(利權)면에서도 열강에 분할되는 이권을 최혜국대우 조항에 의해 획득하거나 위협함으로써 확보해 갔다.

러-일 전쟁

한편으로는 조선에 대한 경제적 지위를 확실하게 굳히면서 이를 군사적으로 보호하기 위해 대(對) 러시아 전쟁을 상정한 군비확장에 주력했다. 일본은 청국으로부터 받은 전쟁배상금 3억6,000만 엔 중 2억 2,000만 엔을 군비확장에 사용하고, 1896~1903년 예산세출의 평균 5할을 군비로 충당했다. 그러나 일본은 독자적인 힘으로 러시아와 싸워 승리할 자신이 없었기 때문에, 아시아에 대한 영국 · 미국의 이권을 지키는 헌병 역할을 스스로 떠맡고 나섰다. 이로써 영국과 미국으로부터 외교적 · 군사적 지원을 받았을 뿐 아니라, 러일전쟁의 막대한 전비 17억 엔 중에서 8억 엔을 영국과 미국에서의 외채모집으로 보충했다.

또한 러시아도 삼국간섭 후 1896년 러청은행을 설립하고, 북만주를 횡단하여 치타와 블라디보스토크를 단거리로 잇는 동청철도(東淸鐵道)의 부설권을 획득했다. 또 1898년 뤼순[旅順] · 다롄[大連]을 조차하고 여기에 대규모 해군 근거지를 계획했으며, 조선에 대해서도 1897년 재정고분 알렉세예프와 군사고문을 파견하고, 1898년에는 한러은행 등을 설립했다. 그러나 한국 내에서 일어난 이권반대운동과 영 · 일 양국의 방해로, 알렉세예프는 취임하지 못하고 곧 본국으로 돌아갔으며 한러은행도 폐쇄되었다.

이에 러시아는 조선으로부터 일보 후퇴하여 만주에 침략의 발판을 굳혔다. 1900년 의화단사건을 계기로 제국주의 열강과 공동 출병한 러시아군은 만주를 점령, 조선을 일본과의 완충지대로 삼으려 했다. 일본은 1902년 1월 영국과 동맹을 체결하여 대응했으며, 러시아도 양보의 태도를 보여 4월 만주철병을 내용으로 하는 만주환부조약(滿州還付條約)을 체결했다. 이 조약에 의해 1902년 10월 제1차 철병을 단행했으나, 이후 러시아의 적극적인 대 만주정책으로 선회하여 1903년 4월로 예정된 제2차 철병을 거부하는 대신에 오히려 만주에 군대를 증파했다.

이후 러시아는 봉황성 · 안동성 일대를 그 지배하에 두고 뤼순을 요새화했으며, 같은 해 7월 동청철도를 완성 했다. 또 8월 아무르 지역과 관동지역을 동아시아 총독구로 하는 이른바 동아시아 총독부의 설립을 발표하고 1903년 4월 압록강 하류 용암포를 점령하고 군사기지를 설치하여 조차를 요구했다. 이에 일본은 만한교환(滿韓交換)의 원칙으로 수차례 교섭을 시도했으나, 더 이상 협상가능성이 없다고 판단하고 전쟁을 결의했다. 일본은 1904년 2월 4일 대(對) 러 교섭 단절과 아울러 개전을 결정했다. 2월 8일 뤼순 항을 기습공격하여 전함 2척과 순양함 1척을 파괴하고, 9일 인천항에 정박 중인 러시아 함대를 격침시킨 다음 10일 선전포고를 했다.

나. 경과

1904년 2월 4일 일본은 대(對)러시아 개전(開戰), 국교단절을 결정하고, 8일에는 육군 선발대가 한국의 인천에 상륙하여 서울로 향하고, 한편 뤼순의 러시아 함대를 공격함으로써 전쟁이 시작되어 10일 러 · 일 양국으로부터 선전 포고되었다. 서전에서 일본군은 한국을 제압하고, 한국에 한일의정서(韓日議定書)를 강요해 유리한 전략체제를 확립하였다. 4월 하순 한국에 상륙, 북상한 일본 제1군은 5월 초 압록강 연안에서 러시아군과 충돌하여 격파했고, 같은 달 랴오둥반도[遼東半島]에 상륙한 제2군은 난산[南山] · 다롄[大連]을 점령하고 뤼순을 고립시켰다. 다시 6월에는 만주군 일본총사령부를 설치하고 15개 사단을 동원하였다. 8월 랴오양[遼陽]부근에서 양국군이 첫번째 대규모적인 접전을 벌였고, 10월의 사허후이전투[沙河會戰鬪], 1905년 1월의 헤이거우타이전[黑溝臺戰] 등의 전투에서 일본군은 고전 끝에 모두 승리하였다.

뤼순(당시 러시아 태평양함대 군함)의 러시아 함대는 블라디보스토크로 탈출을 피하였으나, 8월 황해에서 일본 해군의 총공격을 받고 항구 안에 봉쇄당하였다. 뤼순 공략을 맡은 노기 마레스케[木]의 제3군은 여러 차례에 걸친 203고지 공격으로 많은 손실을 보았지만 1905년 1월 드디어 공략에 성공하였다. 유럽으로부터 지원군을 얻은 크로파트킹 지휘하의 러시아군 32만과 오야마 이와오[大山]가 이끄는 일본군 25만은 3월에 펑텐[奉天 : 현]에서 회전(會戰), 러시아군이 패퇴하였으나 일본군도 사상자가 7만에 이르는 큰 손실을 보았다. 러시아는 육전(陸戰)에서 패배를 해전에서 만회하려고 로제스트벤스키 지휘하의 발틱 함대를 회항시켜 5월 27, 28일 대한해협에서 대해전을 전개하였으나, 도고 헤이하치로[東鄕平八]가 이끄는 일본 연합함대에 격파되어 전멸하였다.

다. 결과

일본군은 희생을 줄이기 위해 땅을 파고들어가는 식으로 공격하고, 주로 야간에 활동했다. 다이너마이트를 이용한 수차례의 공격으로 하여 일본군은 52,000명의 사상자를 내 끝에야 1905년 1월 1일 여순항을 점령했다. 러시아군은 24,000명의 포로를 내고 546문의 대포를 잃었다.

만주 벌판에서 진행된 요양 · 사하 · 봉천 등 전투장에서도 대병력이 참호전을 실시하는 가운데 양쪽에 엄청난 사상자가 발생했다. 봉천에서만 러시아 군 100,000명과 일본군

70,000명의 사상자가 나왔다. 병사들은 땅에 바짝 엎드려서 전진해야 하고, 막대한 화력이 쏟아 부어지는 가운데 장시간 전투하다 보니 많은 희생자가 나올 수밖에 없었다. 실로 블로흐가 예상한 전투양상이 아시아 전투장에서도 정확하게 나타난 것이다.

로제스트벤스키 제독 휘하의 러시아 발틱 함대는 지구를 반 바퀴 도는 동안 각종사건과 우유부단함 때문에 지체할 대로 지체하다가 극동에 도달했을 때는 여순항이 이미 함락된 뒤였다. 1905년 5월 27일 쓰시마 해협에서 기다리고 있던 도고 함대는 그곳에 발틱 함대가 나타나자 빠른 속도로 공격해서 적을 뿔뿔이 흐트러뜨리고 군함 하나하나를 철저히 격침시켰다. 쓰시마 해전은 트라팔가르 이후 해상에서의 최대 승리였다. 러시아는 미국 대통령 시어도어 루스벨트 대통령의 중재안을 받아들여 1905년 9월 포츠머스에서 강화조약을 체결하므로 일본은 한반도에서의 우월권과 요동반도 그리고 사할린 남부지방을 획득하고 극동에서 확실한 패권국가로 등장했다.

라. 조선(한국)에 미친 영향

러 · 일전쟁의 결과는 포츠머스 강화회담과 을사조약으로 이어져 조선은 주권을 일본에 거의 빼앗기고 망국의 운명을 맞게 되었다. 조선은 러 · 일 간의 급박한 사태를 감안, 1904년 1월 23일 '국외중립(局外中立)'을 선언하였으나, 일본은 이를 무시한 채 군대를 한양(서울)에 투입하고 2월 9일에는 인천 앞바다에서 러시아 함정 2척을 격파하였다. 또한, 2월 23일에는 조선정부를 강압하여 공수동맹(攻守同盟)을 전제로 한 '한일의정서'를 체결하였다. 일본은 이 의정서에 따라 광대한 토지를 군용지로 점령하고 통신망을 접수하였으며, 경부선 · 경의선의 부설권, 연해의 어업권, 전국의 개간권까지 획득하였다. 조정에서는 전쟁이 일본의 승세로 기울자 같은 해 5월 18일자로 러시아와 체결하였던 일체의 조약 · 협정의 폐기를 선언하였다. 이에 일본은 8월 22일 '외국인용빙협정(外國人傭聘協定)'을 체결하여 조선의 외교권을 거의 박탈하는 '고문정치(顧問政治)'를 성립시켰다. 전승국이 된 일본은 1905년 7월과 8월 미국과 영국으로부터 각각 조선에 대한 독점적 지배권을 확인받았다. 이어 9월의 포츠머스조약에 따라 러시아로부터 조선의 독점적 지배를 확인받음으로써 한국의 일본 식민지화는 사실로 굳어졌다.

2) 진주만 기습

▶ **역사적 배경**

- 1941년/ 미국, 무기대여법 제정/ 한국 임정, 대일본 선전포고/ 독일군, 대소 공격 개시
- 진주만 공격(일본어:眞珠灣攻擊, 영어:attack on Pearl Harbor)은 1941년 12월 7일 아침, 일본 해군 비행기들이 미국 하와이의 오아후 섬 진주만에 있는 미국 해군 육군 기지에 가한 기습 공격이다.

가. 전쟁개요

1941년 12월 7일 아침, 일본제국 해군이 진주만에 대한 공격을 가했다. 하와이 오아후에 위치한 진주만에 대한 기습 공격은 미국 태평양 함대와 이를 지키는 공군과 해병대를 대상으로 감행되었다. 이 공격으로 12척의 미 해군 함선이 피해를 입거나 침몰했고, 188대의 비행기가 격추당하거나 손상을 입었으며 2,403명의 군인 사상자와 68명의 민간인 사망자가 나왔다. 야마모토 이소로쿠 사령관은 제2차 세계대전 태평양 전쟁의 시작으로 폭격을 계획하였고, 나구모 주이치 부사령관이 지휘를 맡았다.

일본군은 이 작전에서 64명의 희생자를 내었다. 태평양 함대의 항공모함 3척 및 유류 보관소와 병기창은 항구에 있지 않았기 때문에 피해를 입지 않았다. 미국은 이와 같은 자원을 이용해서 6개월에서 1년 사이에 원상 복구를 할 수 있었다. 미국 국민들은 진주만 공격을 배신행위로 보고, 일본 제국에 대항하기 위해 일치단결하여 복구에 전력을 기울였으며, 이는 훗날 일본 제국의 패망으로 이어졌다. 진주만 공격은 진주만 폭격, 진주만 전투 등으로 불리기도 하지만 진주만 공격 또는 단순히 진주만이라고 불리 운다.

나. 전쟁의 진행

① 일본의 준비

일본은 만주를 점령한 1937년부터 중국과 전쟁을 준비하고 있었다. 1941년에는 일본제국과 미국과의 오래된 긴장이 더 고조되었다. 미국과 영국은 일본에 무기제조에 필요한 고철수출을 금지, 석유수출 금지, 미국 내 일본재산 동결, 일본 선박의 파나마 운하 통과거부로 중국 내에서의 군사적 행동을 위축시키고자 했다. 1941년 11월 26일의 헐 통지문을 마지막으로 외교적 노력은 절정에 다다랐고, 도조 히데키 수상은 자신의 각료들에게 이것이 최후통첩이

라고 설명했다. 특히 원유 봉쇄는 유전이 없어서 대부분 미국과 인디아에서 수입하던 일본에게 치명적인 위협이었다. 일본의 지도자들은 세 가지의 선택을 할 수 있었다.

- 미국과 영국의 요구에 응하여 중국에서 철수하는 것.
- 유류 부족이 군사력 약화를 가져올 때까지 기다리는 것.
- 충돌을 확대하여 동남아시아의 자원 획득을 시도하는 것.

일본의 지도자들은 이 세 가지 중에 마지막을 선택하였다.

진주만 공격의 목표는 미국의 태평양에서의 해군력을 무력화시켜 전면전이나 동시다발적인 준비된 공격을 잠시나마 막는 것이었다.

② 경과

독일의 전격전 군대가 프랑스를 함락시키고 서유럽 일대를 석권하던 틈을 이용해, 일본은 1941년 7월 인도차이나 반도를 점령했다. 미국을 비롯한 연합국들이 대 일본 경제제재 조치를 취하자, 일본은 그에 맞서 전쟁을 일으켰던 것이다. 1941년 후반기 일본은 아시아에서 서양세력들을 내쫓기 좋은 여건 하에 있었다. 독일에 점령된 네덜란드는 무력하고 영국은 아시아에 주의를 돌릴 여력이 없었다. 영국해군의 활동지역은 너무 넓었고, 더욱이 미 해군도 상당수의 배를 태평양에서 대서양으로 옮긴 상태에 있었다. 기계화전의 원동력인 연료부족을 늘 걱정해온 일본정부는 이 기회를 이용해 1차적으로 무방비 상태에 놓인 동남아시아 자원지대를 확보하고자 했다.

1931~41년 중 일본해군은 함대 수를 두 배로 늘리고 낡은 배를 현대화했다. 그리하여 전함 10척, 항공모함 10척, 순양함 38척, 구축함 112척 그리고 잠수함 65척을 보유하게 되었다. 함정들은 서양 열강들과 비교해 손색이 없고 항공모함은 전투기와 폭격기 70여 대를 실을 수 있었다. 육군은 51개 사단을 보유했다. 정규군 총병력 약 75만 명이었다. 독자적인 공군력은 없었으나, 육군과 해군은 각각 1,500대와 3,300대의 항공기를 보유하고 있었다. 일본군은 중국에서 귀중한 전투경험을 쌓아왔으며 전투장에서 목숨을 초개처럼 버리는 그들의 군국주의적인 희생정신은 가장 큰 강점이었다. 침공을 지연할 경우에 전쟁비축물자가 점차 고갈될 것이라고 주장하면서 조기 개선을 주장한 육군상 도조 히데키가 10월

16일 수상에 부임했다. 드디어 일본정부는 전쟁개시를 결의하고 12월 2일 전군에 공격명령을 하달했다.

일본의 계획은 전략적 목표들을 신속히 강타해 그것들을 확보한 다음에는 평화협상을 추진해 전쟁을 끝낸다는 것이었다. 1941년 12월 7일(일본시간 12월 8일) 일본은 선전포고 없이 진주만과 필리핀 · 말레이 반도를 동시에 공격했다. 진주만을 공격한 목적은 결코 그곳을 점령하기 위한 것은 아니었으며, 다만 미태평양함대를 무력화시킴으로써 제한된 시간 내에 동남아시아 일대를 쉽게 장악하기 위해서였다. 진주만의 미태평양함대는 전혀 예상치 못하고 있다가 완벽한 기습공격을 당했다. 총 450대의 항공기를 실은 6척의 일본 항공모함은 감쪽같이 하와이 가까이에 접근해 진주만을 공습, 한나절도 못되어 태평양함대를 박살냈다. 정박해 있던 7척의 미국전함 가운데 5척이 격침되고, 200여 대의 항공기가 지상에서 파괴되었다. 맥아더 장군이 있었던 필리핀에서도 공습을 받고 해군기지가 크게 파괴되어 절반가량의 항공기 손실을 입었다. 그런가 하면 싱가포르에서 영국군도 공습을 받고 삽시간에 공군력이 초토화되고, 반도 근해에서 두 전함이 격침되었다.

그밖에 괌, 웨이크도, 홍콩 등에서 연합군 기지들이 잇따라 파괴되었다. 단숨에 연합군 해군력을 격파한 일본은 그들이 바라는 대로 말레이 · 필리핀 · 네덜란드 령 동인도 제도에 상륙작전을 실시하고 그곳들을 점령하기 시작했다. 이듬해 2월 15일 싱가포르에서 영국군 수비대는 항복하고, 4월 9일 필리핀의 바타안 반도에서 저항했던 미군 수비대도 항복하고, 4월 9일 필리핀의 바타안 반도에서 저항했던 미군 수비대도 항복했으며, 3월 8일 인도네시아도 완전히 점령되었다.

세계 곳곳에 분산되어 있는 미국과 영국 해군력을 전부 격멸한 것은 아니지만, 태평양에서 일본군은 침공 후 약 5개월 동안 최강으로 군림했다. 그들은 적 전함 5척, 항공모함 1척, 순양함 2척, 구축함 7척을 격침시켰고, 그들 군함은 연합군으로부터 단 한 척의 격침은 커녕 손상조차 입지 않음으로써 해전에서 완전한 승리를 거두었다. 육전에서도 약 25만명의 연합군 포로(영미군보다 그들 지휘를 받은 아시아인이 훨씬 많음)를 획득했다. 일본은 1억이 넘는 인구를 갖는 점령지를 지배했다. 이와 같이 엄청난 결과를 얻는데 지불된 대가는 15,000명의 희생에 불과했다.

다. 결과

날 짜	941년 12월 7일
장 소	하와이 진주만
결 과	일본의 전술상 승리
교전국	
미국	일본
지휘관	
허스밴드 킴멜 (미국 해군) 월터 쇼트(미국 육군)	아마모토 이소로쿠(일본 해군) 나구모 주이치(일본 해군)
병력	
전함 8척 순양함 6척 구축함 29척 잠수함 9척 전투기 ~390대	항공모함 6척 전함 2척 순양함 3척 구축함 9척 전투기 441대 소형 잠수함 5척
피해 상황	
총 사망자 2,403명 전함 3척 침몰, 3척손상 순양함 3척 침몰 구축함 3척 침몰 전투기 188대 파괴, 155대 손상	전투기 29대 파괴, 전투기 조종사 55명 사망 소형 잠수함 5척 침몰 잠수함 승무원 9명 사망, 포로 1명

진주만에 정박 중이던 배는 일본 폭격기의 완벽한 목표가 되었고 일요일 아침이었기 때문에 (일본은 최대의 기습효과를 위해 이때를 선택했음) 병사들도 제대로 배치되어 있지 않았다. 마찬가지로 비행기도 비행장에 정렬해 있었고 몇 대만이 비행 중이었다. 일본 전격기는 특히 미국 전함에 치명타를 입혔다. 애리조나 호 · 캘리포니아 호 · 웨스트버지니아 호는 침몰당하고 오클라마 호는 전복되었다. 45분 뒤 제2진 비행단이 진주만을 휩쓸고 메릴랜드 호 · 네바다 호 · 테네시 호 · 펜실베니아 호에 큰 타격을 입혔다. 그밖에도 함선 18척이 침몰되거나 큰 손상을 입었고 180여 대가 넘는 비행기가 파괴되었다. 군인 사상자는 사망자 2,300명을 포함해 3,400명에 달했다. 일본 측은 단지 비행기 29~60대와 소형 잠수함 5대를 잃었을 뿐이었다. 그러나 태평양 함대 소속 항공모함 3대는 공격 당시 진주만에

없었기 때문에 공격을 피할 수 있었다. 8척의 전함 가운데 애리조나 호와 오클라마 호를 제외한 6척은 수리되어 복귀했다. 일본은 섬에 있던 중요한 석유 저장시설을 파괴하지는 못했다. 미국의 프랭클린 루스벨트 대통령이 말했듯이 '불명예스러운 날로 기억될 그날'은 미국인들을 단합시키고 이전의 중립 지지 여론을 바꾸어 놓았다. 12월 8일 미국의회는 단 1사람(미국의 제1차 세계 대전 참전에도 반대했던 몬테나의 지넷 랭킨 공화당 의원)을 제외한 전원의 찬성으로 일본에 대한 전쟁을 선포했다.

3) 히로시마 원폭투하와 일본패망

▶ 역사적 배경

• 1945년 국제연합헌장 발효/일본 항복/얄타 회담/포츠담 선언

태평양전쟁 초기에 일본은 그들이 원하던 섬들을 점령하는 데 성공했으나, 연합군 해공군력을 완전히 분쇄한 것은 아니었다. 진주만에서 미태평양함대가 불구가 된 것은 일시적이었다. 특히 항공모함 피해는 전혀 없었으므로 곧 작전능력을 회복할 수 있었다. 일본이 진주만을 기습했을 때 미 항공모함들은 다행히도 그곳에 없었다.

일본보다 열 배의 공업력을 가진 나라로서 미국은 진주만 피해를 신속히 복구하고. 나아가 1943년부터는 본격적인 반격을 위해 전투력 증강에 박차를 가했다.

한편 일본은 항모에서 발진한 미 폭격기로부터 도쿄가 공습받는 사건을 당하자, 태평양함대의 잔존 세력을 완전히 격멸하기 위한 2중의 계획을 세웠다. 첫째, 산호해로 미 항공모함 함대를 물어들여 공격한다는 것이며, 둘째, 미드웨이 섬을 장악한다는 것이었다.

942년 5월 사상 최초의 항공모함 전투가 전개된 산호해 전투에서 미 항공모함은 일본의 계획을 좌절시켰으나 6월의 미드웨이 해전에서는 태평양전쟁의 일대 전환점을 이룬 결정적 승리를 거두었다. 미드웨이에서 미 해군은 적 작전계획을 암호해독으로 미리 알고 유리한 상태에서 싸운 결과 그곳에서 일본군 항공모함 4척 모두를 격침시키는 대전과를 올린 반면, 그들은 항공모함을 1척 잃었을 뿐이었다. 역으로 미 항공모함 4척이 기습을 당해 모두 파괴되었다고 하면 미국은 상당기간 작전능력을 상실하고 말았을 것이다. 주 항공모함들을 상실해 대단히 불리한 처지에 빠지게 된 일본에 대해 미국은 드디어 공세를 취하

기 시작했다. 1942년 8월 미국은 솔로몬 군도 남쪽 요충인 과달카날을 공격해 이듬해 1월에는 그곳을 탈환했다. 이 무렵 태평양에서 미국과 일본의 육해공군 전력은 거의 균형을 이루었다.

그러나 1년 뒤 일본은 미국의 1/3 규모로 열세에 떨어졌다. 태평양 이곳저곳의 소모전에서 일본은 다수의 군함과 항공기를 상실하고 결여로 일본은 점령지역 외곽 수비대에 대한 지원을 하는 것이 어렵게 되고 일본 내의 비축물자도 점차 고갈되어감으로써 위기가 가중되었다.

미군은 3군 합동작전을 최대로 활용해 탈환작전을 개시했다. 하나의 섬을 탈환하고 그 다음에 차례로 인접한 섬을 공격하는 방법을 사용했다. 항공모함에서 발진한 항공기가 적 기지를 사전에 파괴하고 그 다음에 공수부대를 투입하고 해병과 보병에 의한 상륙작전을 펼쳤다. 또한 항공모함은 모든 장비와 보급품을 싣고 '움직이는 기지' 역할을 하면서 진격 준비를 갖추었다.

육군을 대표한 맥아더 장군은 뉴기니아 북쪽 해안에서부터 필리핀에 이르는 진격로 상에서 지휘했다. 그에게 필리핀 탈환은 명예회복을 위한 절대적인 목표였다. 한편 해군 제독 니미츠는 하와이에서 태평양 중앙의 길버트 군도와 마셜 군도 그리고 마리아나 군도로 진격했다.

미국 항공모함은 전쟁초기의 일본 항공모함처럼 위력을 떨쳤으며, 항공모함을 상실한 일본은 거의 공격을 펴지 못했다. 일본은 미국군함을 공격하는데 잠수함을 이용했으나 큰 효과를 거두지 못했다. 반면에 미국은 잠수함으로 적 화물선과 유조선을 집중공격했다.

1944년 6월 니미츠의 함대가 마리아나 군도의 사이판과 괌 섬을 공격, 점령했을 때 일본은 패배를 인정하고 정부 내에서는 강화협상을 시도해야 한다는 의견이 나오기 시작했고, 태평양 전쟁을 일으킨 도조 내각이 실각한 다음 새로 구성된 고이소(小磯)내각은 강화협상 추진과 필리핀 방어 공고화의 임무를 맡게 되었다.

일본이 필리핀 방어를 강화하기 위해 모든 해군력을 집결시킴에 따라 1944년 10월 레이테 만에서는 대규모의 해전이 벌어졌다. 공격력을 상실해버린 일본군은 이곳에서 처음으로 가미카제(神風)공격을 실시했지만(조종사가 폭탄을 탑재한 비행기를 몰고와서 미 항공모함이나 전함을 들이받는 자살공격) 무모한 방법으로 일시적으로 적에게 공포를 안겨줄 수 있을지는 몰라도 결코 승리를 우한 수단은 될 수는 없었다.

1941년 1월 맥아더의 육군은 루손 섬에 상륙채 5월경에는 거의 모든 필리핀 지역을 탈환했다. 한편 미국은 4월 오키나와에서 태평양전쟁 중 최후가 된 상륙작전을 실시했다. 상륙부대는 해병 1개 군단과 미육군 제24군단이었는데, 제24군단은 나중에 전쟁이 끝난 다음에 한반도와 가깝다는 이유로 38선 이남을 점령하게 된 부대였다.

오키나와에서 일본은 가미카제 특공작전을 펼치며 최후의 발악을 했다. 일본 군부는 가미카제의 성공에 대해 과장보도를 하면서 맹목적인 죽음을 강요했다. 가미카제 공격으로 미군은 36척의 함선이 격침되고 368척이 훼손되었다. 그러나 오키나와 전투는 미군과 일본군 전사자 각각 13,000명과 110,000명을 발생시키고 약 80일 만에 미군의 승리로 끝이 났다.

오키나와에서부터 미 공군이 공중폭격에 가세함으로써 일본본토에 대한 폭격공세는 절정에 이르렀고, 드디어 8월 6일 미국은 역사상 최초로 원자폭탄을 히로시마에 투하했다. 3일 후에는 나가사키에 두 번째 원폭이 투하되었다. 드디어 8월 10일 일본천황은 연합군측에 무조건 항복 의사를 전달하고 5일 후에 항복을 선언함으로써 태평양전쟁은 개전 5년만에 막을 내렸다.

제2부
근대와 현대의 전쟁

Chapter
03

한민족 전쟁

Section 01

고대사회소개

1. 고대국가의 발전

군장국가 ···› 연맹국가 ···› 중앙집권적 고대 국가 ···› 각 부족의 강력한 부족중심으로 크게 왕권 강화 ···› 독립적 존재 왕이 등장 ···› 중앙 집권 강화 (왕의 권력 미약 각 부족장의 독자적 세력이 해체됨 각 부족장 세력은 독자성 유지)

가. 고대사회의 특징

- 왕권의 강화 ; 지방의 족장 세력이 왕권에 복속됨. 왕 밑의 귀족으로 편입 (하지만 여전히 귀족들의 합의제가 있어 왕권 견제 : 제가회의, 정사암회의, 화백회의)
- 중앙집권체제의 정비 ; 정지체도의 정비, 신분제도의 정비, 율령의 반포,
- 영토 확장을 위한 활발한 정복 활동
- 불교 수용 ; 중앙 집권화를 사상적으로 뒷받침

나. 건국설화

1) 고구려

주몽은 북부여에서 천제의 아들을 자청하는 해모수와 하백의 딸 유화부인 사이에서 태어났다. 주몽은 말을 잘 다루었으며 활을 잘 쏘아 사냥에 능하였다. 그러나 어머니 유화부인과 주몽 모자는 부여왕과 왕자들로부터 냉대와 시기를 받았다. 이에 주몽은 어머니 유화부인의 권고로 남쪽으로 망명, 물고기와 자라떼의 도움을 얻어 엄호수를 건너 압록강의

지류인 동가강 유역의 졸본(환인)지방에 오는 도중에 만났던 세 사람 재사(再思), 무골(武骨), 묵거(黙居)의 도움을 얻어 도읍을 정하고 나라를 세우고 국호를 고구려라 하였다. 이 대에 주몽의 나이 22세였다. 사방에서 소문을 듣고 찾아 와서 따르는 자가 많았다.

2) 백제

주몽은 비류와 온조라는 두 아들이 있었다. 그런데 부여에서 주몽이 낳은 아들(유리)와 와서 태자가 되매 비류와 온조는 태자에게 용납되지 못할까 염려하여 드디어 오간, 마려 등 열명의 신하를 데리고 남쪽 지방으로 떠나니 백성들 중에서 따르는 자가 많았다. 이리하여 형제는 북한산에 올라 지세를 살펴보고 비류는 미추홀(彌鄒忽)에 가서 살게 되었고, 온조는 한강 남쪽의 위례성에 도읍을 정하고 나라 이름을 십제(十濟)라 하였다. 그러나 비류가 미추홀은 땅이 물기가 많고 물이 짜서 편케 살수가 없다하여 위례로 돌아와서 그곳의 백성들이 태평한 것을 보고 그만 부끄럽고 한스러워 병이 되어 죽으니 그의 신하와 백성들은 모두 위례로 귀속하였다. 그 후에 처음 위례로 올 때의 백성들이 즐겁게 따랐다하여 국호를 백제로 고쳤다. 온조는 그 출신지가 부여라 하여 성을 부여씨로 불렀다.

3) 신라

진한 땅에 일찍이 여섯 개의 마을이 있었다. 어느 날, 6개 마을 중 하나인 고허촌의 촌장이 나정이라는 우물 옆의 숲을 바라보니 말이 무릎을 꿇고 있었다. 긴 울음소리와 함께 하늘로 올라가 버리고, 다만 있는 것은 푸르스름한 빛이 도는 큰 알뿐이었다. 그 알을 쪼개었더니 생김새가 단정하고 아름다운 사내아이가 나왔다. 고허촌장은 이 아이를 데려다 정성을 다해 길렀다. 여섯 마을 사람들은 그 아이의 출생이 이상했던 까닭에 높이 받들어 그 아이가 열세 살이 되자 그를 임금으로 세웠다. 임금은 자신이 나온 알이 박처럼 생겼다 하여 성을 박씨, 세상을 빛으로 다스린다하여 이름을 혁거세라 했고, 나라 이름은 서나벌(徐那伐)이라 했다.

4) 가야 연맹

하늘에서 내려온 상자를 열어보니 황금색 알이 6개 있었는데, 12일이 지나 다시 열어보니 모두 사내아이로 변해 있었다. 또 10여일이 지나자 키가 아홉자나 되어 있었다. 그중 가장 먼저 알에서 나온 아이가 김수로였고, 구야국(금관가야)의 왕이 되었고, 나머지 다섯 사람도 가야의 임금이 되었다.

2. 조선 군사제도 : 5군영과 속오군

1) 중앙군 ; 5위 ··· 5군영

조선 초기의 군제는 5위(伍衛 : 의흥위, 용양위, 호분위, 충좌위, 충무위)제였고, 이는 임진왜란 때까지 군사제도의 골간이 되었다. 임진왜란이 일어나자 이러한 초기의 5위제는 별로 힘을 발휘하지 못하였고, 이에 따라 군제의 개편이 시급하게 요청되었다. 우선 정병(精兵)을 양성하기 위해 급료를 지불하는 용병제도를 창설하였다.

이것은 훈련도감의 설치를 통해 시작되었고, 이때부터의 5위제는 훈련도감에 의해 그 기능이 대체되어갔다. 임진왜란이 끝나고 인조 때부터 총융성, 수어청, 어영청 등이 차례로 설치되고, 숙종때에는 금위영이 창설되었다. 이러한 군영들이 만들어 짐에 따라 군액은 늘어났고, 그 비용은 모두 양인들이 부담해야 했다.

그런데 이러한 군영은 명목상으로는 국방을 튼튼히 하기 위해 설치되었으나 때로는 정치권력의 획득수단으로 이용되기도 했고, 특정 정치세력의 유지 확대를 위한 근거지로서 악용되기도 했다.

* 의무병제, 농병일치제 ⇒ 용병제, 상비군(직업군인)제

2) 지방군의 개편 : 속오군(束伍軍)의 편성

방위체제의 변화 : 진관(鎭管)체재(自戰自守) ··· 16세기 제승방략(制勝方略)체제 (유사시 필요한 방어처에 동원하는 총력전 체제) ··· 왜란 중 진관체제로 복구하고 속오군 체제를 취함.

* 속오군의 조직과 운영
• 조직 : 양반으로부터 노비에 이르기까지 5명을 1 로 편성
• 운영 : 평시에는 생업에 종사하고, 농한기에 훈련, 유사시에만 소집되어 전투 참가.

주요전쟁 (명장의 전투)

1. 살수대첩(고구려와 수나라전쟁)

▶ 역사적 배경

- 610년/로마, 헤라클리우스 즉위
- 622년/마호메트, 메카에서 메디나로 탈출

살수대첩은 제2차 고구려 · 수 전쟁을 고구려의 승리로 이끈 전투이다. 제2차 고구려 · 수 전쟁은 고구려가 전략 요충지인 요서지방을 선제공격을 계기로 시작되었다. 수 양제는 612년 1월 113만 3800명의 대군을 거느리고 고구려를 침공하기 시작했다. 육군은 요동성을, 수군은 대동강으로 진격하여 평양성을 공격하였으나 실패했다.

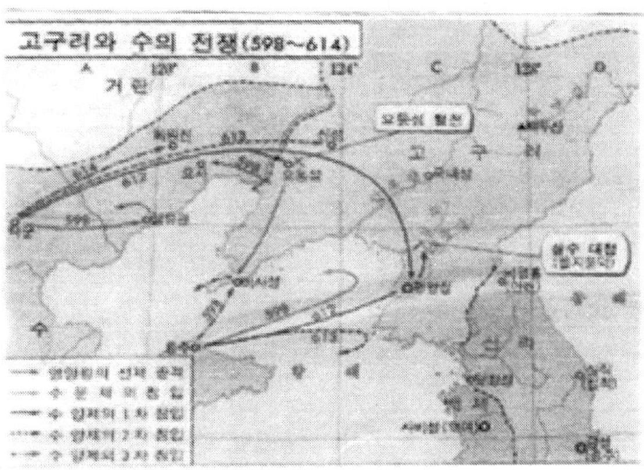

역사에서 고조선은 대동강 유역에서부터 한반도뿐만 아니라 북으로 오늘날 중국 땅 상당히 깊숙한 곳까지 세력을 뻗쳐나감으로써 자연히 중국과 국경을 이룬 요하(遼河) 주위 지역에서 전투가 자주 발생했다.

고조선 이후 삼국시대 고구려는 한민족의 대를 이어 강국으로 등장하고, 북방지역의 유목민인 선비족을 몰아내면서 국경지역을 안정시켰다.

서기 5,6세기에 광개토왕 · 장수왕 · 문자왕 등 걸출한 군주들은 당시 중국이 분열되어 있는 틈을 이용해 줄기차게 영토 확장정책을 추진한 끝에, 요동반도를 포함한 만주 대륙전역을 확실히 장악, 최대판도를 확보하기에 이르렀다.

581년 중국 천하를 통일한 수나라는 한나라 이래 최대 제국을 건설하고 동방의 강대국 고구려 땅을 넘보게 되었다. 고구려는 급속히 팽창하는 수나라의 위세에 일대 위협을 느끼고 방비를 강화했으나, 영양왕 때 수 문제는 침공구실을 찾느라고 고구려에 "군신(君臣)의 예(禮)로 조공을 바치라"고 정식 통보했다. 고구려는 오만한 수나라의 요구에 대해 칼로 응답하기로 결의하고 전쟁을 불사했다.

598년 수 문제는 약 30만 명의 원정군을 편성하여 요하지역을 쳐들어왔으나, 이 침공은 홍수 · 폭풍 · 전염병 등의 재해로 말미암아 대다수의 병력을 잃고 곧 좌절되었다. 아버지 문제와 형을 살해하고 스스로 황제에 즉위한 수양제는 대운하와 대장성을 쌓고 대제국 황제로서의 위엄을 떨치더니, 드디어 612년에는 아버지 때 이루지 못한 정복의 꿈을 실현시키기 위해 고구려 침공을 재개했다. 아버지가 30만으로 실패했기 때문에 그는 전국 각지에서 무려 113만 명을 끌어 모아 대원정권을 편성했다.(대병력이 동원에 대하여 사가들이 의문을 제기하기도 하지만, 양제가 엄청난 병력과 막대한 군비를 들여 고구려를 침공한 것만은 사실이다.)

고구려의 전쟁준비 도한 거국적이었다. 고구려는 기본적으로 군사조직과 행정조직을 일치시켜 성인남자들이 평시에는 농사를 짓다가 전시에 동원되는 민병제에 의존했다. 성주가 행정과 군대를 통괄하는 고구려에는 약 200여개의 성이 있었고, 그 절반은 만주와 연해주에 있었다.

성주는 견고하게 축성한 성을 관리하다가 일단 유사시에는 주민과 군인들이 식량과 생필품을 모두 가지고 성내에 들어가 수성(守城)하고, 적을 지치게 한 다음 반격, 격퇴하는 작전을 사용했다. 이를 이른바 청야입보(淸野入保:들을 깨끗이 비우고 성에 들어가 싸운다는 뜻) 전술이라고 부르는데, 이 전술은 제정로마가 도시성곽의 종심방어를 취하고 적을 끌어들인 다음 전투를 벌였던 것과 같은 개념이었다. 다만 고구려 시대성(城)은 주로 산성이고 군사거점 목적이었던 데 비해 로마는 도시방어 목적의 견고한 성을 건설했다는 데에 차이가 있었다.

수나라의 침공계획은 요하를 건너 요동반도를 통해 진격하는 육군과 산둥반도에서 황해를 건너는 수군(水軍)이 양방향에서 공격하여 결국 평양성을 함락하고 전쟁을 빨리 끝낸다는 것이었다. 주력부대인 육군이 광활한 요동반도를 경유, 압록강을 넘어 한반도로 진출해야 하는데, 과연 그들이 바라는 대로 신속히 전쟁을 끝낼 수 있을지 여부는 고구려의 방어태세에 달려 있었다.

고구려가 국경방어에만 집중했다면 수나라 계획이 성공 할 수도 있었지만 고구려는 청야입보에 의한 거점 방어 형태를 유지하는 한편, 적을 한반도 내로 충분히 끌어들이기 전까지는 조기 결절을 피하다가 적이 완전히 지쳤을 때 대반격을 실시하는 전략으로 맞섰다. 수 양제는 부교까지 설치하여 요하를 건넌 후, 그 지역의 요충인 요동성을 공략, 쉽게 점령할 것으로 생각하고 통치대책까지 준비했다. 고구려군의 결사적인 저항에 성을 함락시키지 못하고 두 달 동안이나 시간만 끌었다. 또한 황해를 건너 대동강에 나타난 수나라 수군도 본래 육군과 합류하여 공격하기로 되어 있었으나, 육군 진출이 늦어지는 바람에 단독 공격하다가 참패당했다.

수 양제는 요동성이 함락되지 않자, 약 30만 명의 별동대를 따로 편성하여 우중문과 우문술 두 장수에게 신속히 한반도로 진격하도록 하여 요하에서 압록강에 이르기까지 고구려군 거점을 피하며 전투 없이 진격했으나, 지치고 사기가 극도로 떨어져 처음에는 귀찮아서 휴대식량을 내버리는 병사가 결국은 현지조달이 어려워 굶주려야 하는 문제가 발생했다.

적이 압록강을 건너오기 직전에 고구려의 명장 을지문덕은 항복을 가장하여 적정을 탐지하였지만, 을지문덕을 보내고 난 후에야 우중문과 우문술을 고구려의 항복을 의심하게 되었고, 두 사람은 사사건건 의견을 달리하며 지휘통일을 이루지 못했다.

을지문덕은 추격해오는 우문술의 군대를 더욱 지치게 하기 위해 접전할 때마다 의도적으로 패주, 살수(청천강) 이남으로 깊숙이 유인했다. 용맹할 뿐만 아니라 지략이 뛰어나고 문장에 재능이 있었던 을지문덕은 우중문에게 다음과 같은 시 한수를 지어 보냈다.

그대의 신기한 책략은 천문을 꿰뚫고
기묘한 계산은 지리를 통달했소
싸움에 이긴 공이 이미 높으니
만족함을 알고 이제 그만두기 바라오

그리고 을지문덕은 적진에 다시 사자를 보내 거짓으로 항복 의사와 함께 "만약 철수하면 국왕을 모시고 황제를 알현하겠다."고 제의했다. 우문술은 을지문덕의 제의를 진실로 받아들이지는 않았지만 군은 습격을 시작했다. 특히 적 병력이 살수에서 약 절반쯤 도하했을 때 고구려군은 후위부대를 엄습하여 엄청난 피해를 입혔다.

수나라 군대는 일시에 무너지고 일부 도주병들은 이틀 도안에 압록강까지 약 180㎞를 내달렸다. 30만 명의 별동대 가운데 요동성으로 살아온 자는 2,700명에 불과했다.

2. 안시성 싸움

▶ 역사적 배경
- 632년/마호메트 죽음
- 644년/오스만, 카리프가 됨
- 645년(보장왕 4)에 당나라 태종이 지휘하는 군대가 대규모로 고구려를 침공하여 3개월가량 안시성을 포위, 공격했으나 끈질긴 항전으로 이를 물리치고 고구려가 승리한 싸움.
- 안시성
  - 당시 인구 약 10만에 이르던 고구려의 영지
  - 위치 : 지금의 랴오닝성 하이청[海城]남동쪽에 있는 양청쯔[英城子]

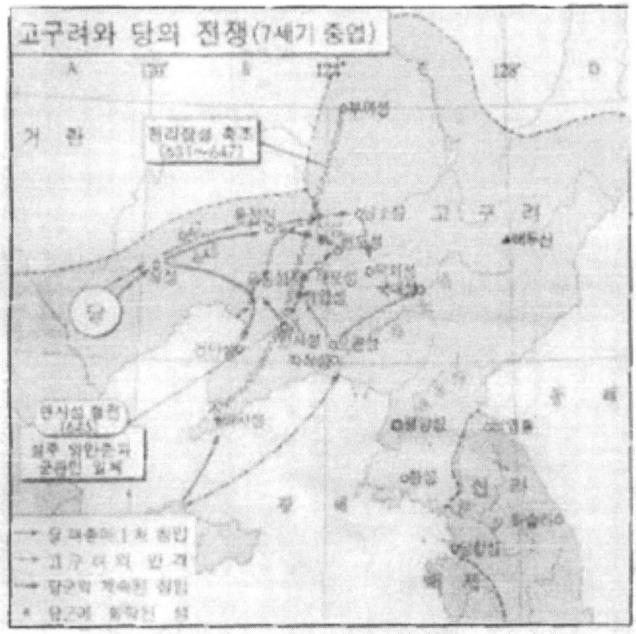

"고구려가 여러 차례 신라를 침범하므로 짐이 사신을 보내 타일렀으나 듣지를 않는다. 이제 군을 출동하여 고구려를 정벌하고자 하는데, 그대의 의향은 어떠한가?"

"신이 알고 있는 바로는 고구려의 정권을 쥐고 있는 연개소문이 병법에 통달했다고 자부하고 있으며, 중국이 멀리 고구려를 정벌하지 못하리라고 생각하여 폐하의 명령을 따르지 않는 것입니다. 폐하께서 신에게 3만 명의 병력만 주시면 연개소문을 사로잡아 바치겠습니다."

"3만의 적은 병력으로 머나먼 고구려를 무슨 전법으로 정벌할 계획인가?"

"신은 정공법(正攻法)을 쓰겠습니다."

이글은 동양병법의 고전인 무경칠서(武經七書) 가운데 한 권인 〈이위공문대(李衛公問對)〉의 첫머리에 나오는 기록이다. 〈이위공문대〉는 당나라 태종 이세민과 당대의 전략가였던 위국공 이정(李靖) 병법에 관해 문답한 명문명답의 내용을 책으로 펴낸 것이다. 첫머리에서 알 수 있듯 태종은 신라의 요청을 받고 고구려를 침공하기 전에 병학에 정통한 이정과 함께 해박한 군사지식을 서로 나누고자 했다. 태종은 당나라를 73국한 고조 이연의 둘째아들로서 수나라가 기울고 있는 틈을 노려 아버지와 함께 당나라를 세우고, 각처에 할거한 군벌들을 타도하여 용맹을 떨쳤다. 그는 병략과 무예에 능할 뿐만 아니라 황제재위 23년 동안 훌륭한 정치를 베풀었으나 645년 고구려 정벌에 나섰다가 안시성 싸움에서 실패하고 철군했다.

태종이 병법에 정통한 이정과 함께 숙의하여 고구려를 침공했건만 실패한 까닭은 태종과 이정이 고구려군 수준을 매우 낮게 보고 불과 3만 명 수준으로 평범한 작전을 실시하여 정복할 수 있을 것으로 낙관하였고, 30년 전 엄청난 병력으로 수나라가 실패한 바 있는 침공을 낙관한 이유는 다음과 같다.

첫째, 당 태종은 수 양제의 혼란한 군대와는 비교가 되지 않는 잘 통제된 군대를 갖고 있다는 것이다.

둘째, 연개소문이 백성의 원망을 받고 있어 고구려군의 사기가 극도로 떨어져 있다는 것이다.

당나라의 판단이 전혀 일리가 있지만 고구려인들이 중국의 침공을 환영이라도 할 것처럼 본 것은 큰 판단착오였다. 본래 고구려는 당나라와 우호관계를 원하면서도 방비태세를 소홀히 하지 않았다. 당 태종이 투르크 족을 정복할 때, 영류왕은 요동 일대에 천리장정을 쌓기 시작하던 중 연개소문이 정변을 일으켜 영류왕을 시해하고 보장왕을 새로운 왕으로 추대하고 자신은 최고의 관직인 막리지가 되어 군권과 정권을 합께 장악했다. 고구려에 대한 복수의 기회를 노리던 태종은 연개소문의 정변과 신라의 구원요청을 적절한 구실로 삼아 드디어 645년 봄 원정길에 나섰다.

태종은 수 양제와 마찬가지로 평양성 점령을 최종목표로, 육군은 요동반도를 통과하고 수군은 바다를 건너는 수륙 양면작전 전개를 계획했다. 그러나 양제가 범한 과오를 분석하고 대병력보다는 소수의 정예부대 위주로 육군 6만, 수군 4만 등 총 10만 명의 원정군을 편성했다. 이 정도도 이정이 장담한 3만 명을 훨씬 초과한 규모였지만, 태종은 후방의 안정을 고려하여 원정군 규모를 축소하고, 그 대신 자신의 용병술, 정예부대의 능력, 그리고 특별히 준비한 공성장비 등에 자신을 걸었다.

645년 4월 1일 당나라 육군은 요하를 건너 현도성 · 신성 · 건안성 · 개모성 등을 차례로 함락하고 수군도 바다를 건너 비사성(오늘날 여순)을 습격했다. 그리고 요동성을 포차와 충차(밀어붙이는 충격으로 성을 무너뜨리는 장비)로 밤낮을 쉬지 않고 12일간 공격, 수만 명이 성을 기어오르기를 반복한 끝에 함락시켰다. 이어서 백암성도 굴복시켰으나, 이 같은 파죽의 공격은 안시성에서 좌절되고 말았다.

6월 안시성을 공략할 무렵 고구려는 고연수 · 고혜진 두 장수가 후방에서부터 15만의 구원부대를 이끌고 왔지만 야지에서 격파되고 말았다. 태종은 항복한 고연수를 안시성 아래로 보내 항복을 권유했다. 그러나 성내 고구려군은 성주를 중심으로 굳게 단합하고 결사적 저항을 벌였다.

국경선 지역에서 너무 많은 시간을 소비한 태종은 안시성을 남겨둔 채 그 남쪽에 있는 건안성을 공격할까도 생각했다. 병법에 이른바 "공격하지 않아야 할 성이 있다" 는 말에 해당되는 곳이 바로 안시성이라고 느꼈기 때문이다.

그러나 안시성을 뒤에 두고 건안성을 공격하다가 보급로에 위협을 받을까 두려워 공격하지 못했다. 또한 항복한 고연수와 고혜진이 천리장성을 그쯤 두고 차라리 오골성을 점령하면 일석이조를 거두리라고 제의한 바 있었는데, 그 제의도 같은 이유로 택하지 않았다.

당 태종은 안시성 동남쪽에 높은 토산(土山:성을 넘어가기 위한 방법으로 성 높이 이상 쌓은 산)을 쌓기 시작하고, 공성장비 공격을 연일 6~7회씩 퍼부었다. 고구려군은 적의 토산 건설에 대해 성벽을 더 높이 쌓고 파괴된 성벽을 보수하면서 적의 성내 진입을 막는 한편, 야간에는 특공대를 편성하여 적을 기습했다.

당나라군은 60여 일 만에 연인원 50만 명을 동원하여 토산을 완성했으나 최종공격을 준비하는 순간에 토산 일부가 무너지며 성벽을 덮친 사고가 발생하자 이 기회를 이용한 고구려군은 도리어 토산을 점령하여 수비진지로 만들어버리고 말았다.

이런 상황에서 안시성과 건안성을 남겨둔 채 최종목표인 평양성 공격을 한다는 것은 엄청난 모험이었다. 더구나 요동지방에서는 이미 찬바람이 부는데도 동계작전 준비가 전혀 되지 않은 상태였으니, 결국 당 태종은 실패를 인정하고 9월 중순 철군명령을 내리게 되었다.

토산과 성주 양만춘

- 토산 : 당나라 안시성 공격 책임자 이세적은 휘하 상수 도종(道宗)은 군사를 동원하여 안시성 남쪽에 토산(土山)을 쌓아 올려 점점 성높이와 같게 하였으나 성 안에서도 이에 대응해 성을 높여 막음. 도종은 연인원 50만을 동원하여 60일에 걸쳐 안시성보다 훨씬 높은 토산을 쌓는 데 성공.
  당나라 부복애(傅伏愛)를 대장으로 하는 부대에게 토산의 정상에 올라 수비하게 했으나 갑자기 토산이 무너지며 성에서 고구려군이 쏟아져 나와 토산을 탈취하여 당군은 토산의 탈환전을 3일 동안 계속하였으나 실패.
- 양만춘 : 정사에는 이름이 전하지 않고, 송준길(宋俊吉)의 《동춘당선생별집(同春堂先生別集)》과 박지원(朴趾源)의 《열하일기(熱河日期)》 등 야사에만 나온다. 지모와 용기가 뛰어났다고 한다. 642년(영류왕 25) 연개소문(淵蓋蘇文)이 정변을 일으켰을 때, 연개소문에게 복종하지 않고 끝까지 싸워 성주의 지위를 유지하였다.

3. 임진왜란

▶ 역사적 배경

- 1596년/데카르트 태어남(~1650년)
- 1598년/프랑스, 낭트칙령 발표
- 1600년/영국, 동인도 회사 설립
- 임진왜란 : 1592년 (선조 25)부터 1598년까지 2차에 걸친 왜군의 침략으로 일어나 전쟁.
  (7년간 전쟁결과 인구 $\frac{1}{3}$, 경지면적 1/6 감소)

1) 전개

가. 국내 · 외 사정

① 국내의 사정

- 오랜 평화와 성리학의 발전
- 이민족에 대한 지나친 우월감
- 국방 정책 소홀 - 이이의 십만양병설 무시
- 양반계급 - 세력 싸움으로 국론 분열

② 국외의 사정

- 조세제도 문란으로 민심 혼란

도요토미 히데요시가 등장하여 100여년 간 계속되어 온 내란을 수습하고 통일 국가를 수립하였다. 그는 자신에 대한 불평 세력의 관심을 밖으로 쏠리게 하고, 아울러 자신의 침략적 야심을 펴기 위하여 우리나라와 명에 대한 침략을 준비하였다.

나. 원인

1590년 일본 열도의 정권을 잡고 오랜 전국 시대를 끝낸 도요토미 히데요시는 간파쿠(白)가 되어 그의 야망을 동아시아 정복으로 확장하려 했다. 오랜 전국 시대를 끝냈지만 산재해 있던 일본 내의 불평 세력의 관심을 외부로 향하려는 의도로 1951년 명나라를 정복하려고 하니 조선은 길을 빌려 달라는 주장을 사신 현소(玄蘇) 등을 보내와서 '명나라를 치려고 하는데 조선에서 길을 인도해 달라.'고 하였다. (조선왕조실록에서 일본은 항상 명나라가 자신들의 조공(朝貢)을 허락하지 않은 것에 대해 앙심을 품고 저지른 일이였다고 한다. 조선은 대의(大義)로 매우 준엄하게 거절하자 도요토미 히데요시는 온 나라의 군사를 총동원하여 대대적으로 조선을 향해 침입해왔다.)

다. 조선의 군사력

① 조선초기의 국방체계

조선의 기본적인 병역 원칙은 양인개병(良人皆兵)과 병농일치(兵農一致)제로 노비를 제외한 16세 이상 60세 이하에 이르는 양인의 정남(正男 :장정)은 누구에게나 병역의무가 부과되었다. 이 경우 정남은 정병(正兵:현역 군인)으로서 실역을 마치거나, 보인(保人: 보충역)으로서 실역 복무에 소요되는 경비를 부담 하는 두 가지 중의 한 가지로 구분되었다.

이와 같은 원칙을 전제로 하여 군은 크게 중앙군인 경군(京軍)과 지방군인 향군(鄕軍)으로 구분 편성되었다.

중앙군은 태조 3년(1394)부터 세조 초년까지 약 60년간에 걸쳐서 여러 차례의 개혁을 거쳐 5위 체제(의흥위(義興衛), 용양위(龍양衛), 호분위(虎賁衛), 충좌위(忠佐衛), 충무위(忠武衛))의 편제가 확립되었다.

5위 체제를 근간으로 하는 중앙군은 의무병인 정병을 비롯하여 시험으로 선발된 정예부대와 왕족, 공신 및 고급관료들의 자제들로 편성된 특수병들로 구성되었으며 이들은 모두 복무연한에 따라 품계와 녹봉을 받았다.

지방군인 향군은 육군과 수군의 두 가지 병종으로 구분되어 국방상 요지인 영(營), 진(鎭)에 주둔하면서 변방 방어에 종사하거나 일부 병력은 교대로 수도에 상경하여 도성 수비의 임무를 담당하였다.

영진군은 주로 해안 및 북방 변경 지대에서 근무했기 때문에 내륙 지방에는 거의 군대가 주둔하지 않았기 때문에 이러한 병력 부재의 문제점을 해결하기 위해 향리, 관노, 무직 백성, 공노비 등으로 구성된 예비군인 잡색군(雜色軍)을 편성하여 해당 지역의 수령 지휘 하에 두었다.

지방군의 방어 개념은 각 도에 주진으로서 병영(병마절도사가 지휘)과 수영(수군절도사가 지휘)을 설치하고 그 아래에 각 처의 요충지에 거진(첨절제사가 지휘), 진(동첨절제사가 지휘)등 대소의 진영을 두어 유사시에 주진 진장의 지휘 하에 지역 방어에 임하도록 되어 있었다.

그러나 주진을 중심으로 한 방어체제는 신속한 병력 집결이 이루어지지 않는 취약점이 노출되어 이를 보완하기 위해 세조 1년에 거진을 독립된 방어 편성단위로 하고 그 아래에 군, 현의 병력으로 제진을 관할하게 하는 진관체제가 채택되었다.

그 후 을묘왜변을 전후로 한 시기에 조선의 군사적 환경이 급변하면서부터 근 1백여년 동안 고수해 오던 진관 체제는 변모를 가져와 제승방략의 분군법으로 방위 체제가 전환되었다. 분군법은 지역 수령들에게 사전에 작전 지역을 배정해 주고 유사시에 자신이 담당하고 있는 진관지역에서 작전 지역으로 병력을 이동시켜 작전 임무를 수행하도록 하는 제도였다.

이 제도는 유사시 최전방에 병력을 집중시킬 수 있는 장점을 갖추고 있는 반면에 작전 지역에 집결한 병력은 중앙에서 파견되는 경장이 도착하기를 기다려 그 지휘를 받아야 하는 시간상의 문제점이 있었다. 또한 최전방에 대한 과도한 병력 집중으로 말미암아 후방 지역이 공백화 될 취약점을 안고 있었다.

이와 같은 방위 체제는 일본과 여진족 등 야만족들이 소규모의 노략질을 자행하던 시기에 방어 병력을 집중적으로 운용할 수 있다는 이점을 지니고 있었기 때문에 큰 전란을 겪지 않은 조선 조정으로서는 문제가 될 것이 없다는 생각이었다.

② 국방력의 와해

조선왕조는 건국 후 2백여 년간 이렇다 할 외환을 겪지 않은 가운데 평화가 계속됨과 동시에 문치를 국가 정책의 중심으로 삼음으로써 국가의 기풍을 문약에 빠짐과 동시에 정치적 혼란으로 인해 국방체제도 점차로 이완되기에 이르렀다. 국방의식이 희박해지고 군정이 이완되어 감에 따라 각종 국방 제도도 그 자체가 형식화되어 남해안과 북방의 변경 지역에서 근근이 그 명맥만을 유지하고 있을 뿐이었다.

대부분의 전국 각지에서는 군역을 부과하지 않거나 대역인을 세우고 군포를 납부하도록 하는 방군수포(放軍收布/복무해야 할 지방의 군병들을 돌려보내고 대신 포(布)나 미(米)를 받던 일.) 와 대역납포(당번의 군사들이 포(布)로써 타인을 고용하거나, 많은 포(布)로써 면역(免役)의 대가를 지불하고 귀향하는 '대납포)가 공공연하게 이루어져 병력은 장부상으로만 존재하였으며 군은 실제로 무력한 대역인 으로만 편성되어 병력 부제 현상은 더욱 심화되어 갔다. 결국 임진전쟁을 치러야 할 선조 때에 와서는 경군(중앙군)과 향군(지방군)모두 병부에 편제상의 정원만 기록되어 있을 뿐 실 병력은 거의 없는 상태를 유지하고 있었다.

라. 경과

※ 임잔왜란 연표

- 1592. 4 왜군 조건 침략
- 부산진 동래 함락
- 충주 함락, 곽재우 조헌 군사 일으킴
- 선조 평양으로 몽진 (곧이어 의주로) 서울 함락
- 옥포해전 승리(원균, 이순신), 사천 해전(이순신)
- 평양 함락
- 한산도 대첩(이순신), 사명대사 군사일으킴(묘향산)
- 금산전투(조헌, 영규), 이순신 승전
- 진주대첩(김시민)
- 명군 원병(이여송)
- 1953. 1. 평양 수복
- 행주 대첩(권율)
- 명과 일본 화친 논의 시작

- 진주성 함락(김천일 전사)-논개
- 일군 퇴각(부산에만 잔존)
- 1594. 2. 훈련도감 설치
- 당항포 해전(이순신)
- 1597. 1. 정유재란
- 조선 수군 패전(원균)
- 명량해전(이순신)
- 1598. 8 도요토미 죽음
- 일본군 총 철수 개시
- 노량해전 (이순신 전사) 일군 철수 완료

* 이순신 장군 전투 : 43전 38승 5무

조총과 활의 장단점 비교

구 분	조 총	활
장 점	• 유효사거리가 활보다 길다 (약 100m) * 잘 말린 화약 공급이 필수	• 유효사거리가 비교적 짧다 (약 50~70m) * 편전의 경우 200~300보 가능 • 방습처리시 장마기에도 사용가능 • 활은 숙련시 분당 10~13발
단 점	• 장마기 습기를 먹은 화약은 사격불가 • 분당 사격속도 4~5발(숙달시) * 임란초기 두번째 발사까지 30초정도 소요(숙달시)	• 고온이나 습기에 다소 취약 • 지구전시 화살보급이 필수

라. 제1차 침략

도요토미 히데요시는 쓰시마 도구에게 조선으로 하여금 일본에 복속할 것과 명나라 정복을 위해 일본군의 길잡이를 맡으라는 명령을 내렸다. 쓰시마 도주는 명나라 정복을 위해 길을 빌려달라는 말로 바꾸어 조선에 교섭을 해 왔으나 조선은 들어줄 수 없다며 단호하게 거절하였다. 교섭이 결려되자 도요토미 히데요시는 1592년 4월 15만 명의 군대를 조선으로 파견해 침략하게 하였다.

일본군의 작전은 육군은 종래 일본 사절단이 조선에서 이용하던 세 길을 따라 북상하고 수군은 조선 남해와 황해를 돌아 물자를 조달하면서 육군과 합세하는 것이었다. 일본군이 물밀듯이 북상해 오자 왕실과 조정은 서울을 떠나고 북쪽으로 피신하였다. 일본군은 개전 한 지 20일 만에 서울을 점령하였으며 고니시 유키나가와 가토 기요마사의 군대는 한반도 북부까지 쳐들어갔다.

숱한 싸움을 겪었던 일본군은 전쟁 경험이 부족하였고 잘 훈련되었다. 반면 조선군은 오랜 평화기를 누린 상태에서 군비가 제대로 갖추어져 있지 않았으며 실전 경험도 없었다.

조선이 전쟁 가능성이 있다는 소식을 듣고 마련한 대책은 하나같이 효과적이지 못한 것뿐이었다. 또한 병사들이 일본군이 오고 있다는 소식을 듣고 탈영해버리는 사태도 빈번하였다.

무력한 조정과 관군을 대신하여 1592년 6월 이후 조선 전국 각지에서 의병이 봉기하였다. 의병은 충의의 뜻을 강하게 지닌 선비와 전직관료, 일본군의 침략으로부터 생명과 재산을 지키려는 농민과 상인 등으로 구성되었다. 자신과 나라를 지키기 위해 자진하여 전쟁에 참가한 이들은 사기가 높았고 향토지리에 밝은 이점이 있었다. 조선 조정은 비상대책으로 또 하나의 조정을 만들었는데 왕세자 광해군이 이를 이끌고 각지를 돌아다니면서 의병 봉기를 촉구하고, 의병 부대를 국가의 정식 군대로 인정하였다.

의병들은 곳곳에서 일본군의 무기와 식량보급로, 통신망을 차단하여 일본군을 곤란에 빠뜨려 놓았다. 의병의 봉기로 민심은 차츰 제자리를 찾게 되었으며 조선 관군도 제기할 수 있는 시간을 벌게 되었다. 또한, 이순신이 이끄는 조선 수군은 압도적인 화력과 탁월한 전술을 앞세워 일본 수군을 한산도 등지에서 싸우는 족족 쳐부수고 제해권을 장악하였다. 일본군은 보충병력과 군수품 수송이 어려워져 곤경에 빠지게 되었다. 조선 수소로 정원은 병사 백병과 지휘관인 총기 2명, 소기 10명 등 총 112명이었다.

총기는 각각 소기 5명을 지휘하고, 소기는 각각 병사 10명을 지휘했다. 10개의 백호소로서 1개의 천호소를 구성하고, 5개의 천호소로서 1위를 구성한다. 유사시에는 위의 지휘관으로 참장, 유격장, 파총 등을 임명하고 중앙에서 파견되는 총병관이 이를 총괄 지휘하였으며, 1위의 병력규모는 5,600명이었다.

수 개의 위가 모여서 도지휘사사라는 군단을 형성하는데, 그 지휘관은 도지휘사이다. 여러 도지휘사사는 중앙의 군도독부에 분속하도록 되어 있었다. 위소의 병사들은 평시에는 둔전 및 군사 훈련에 종사하면서 전시에 대비할 태세를 갖추고 논다가 전시에는 중앙에서 내려온 총병관의 지휘 하에 전투임무를 수행하였다.

군단인 도지휘사사는 각 성 혹은 전략상 중요 지역에 소재하고 있었으므로 명대에는 13성의 도지휘사와 요동, 만전, 대령 등의 도지휘사사를 비롯하여 관할구역이 광대한 지역에는 행도지휘사사를 두기도 하였다.

그리하여 16세기 전반기까지 명나라는 전국에 16개 도지휘사사, 5개 행도지휘사사, 2개 유수사를 두고 여기에 소속된 493개의 위, 2,593개의 소가 있었으며, 도사에게 직속된 315개의 수어천호소가 있어 그 병력은 총 329만여 명에 달했다. 이 밖에도 황제의 친위군으로서 궁성의 수호를 담당하는 금의, 금오, 우림 등의 25위가 있어 그 병력 수가 15만여 명에 달했다.

명나라 군제의 근간인 위소제도의 경제적 기반은 군둔(軍屯/군수를 조달하기 위해 변경지대나 군주둔지에 설정했던 토지)이었으며, 그에 대한 초기의 세금 부과는 매우 경미하였으므로 위소제도의 운영에는 큰 문제가 없었다. 그러나 영락제 연간부터 군둔 관리체제의 정비와 함께 둔전병부담이 가중되어 군둔의 기초가 흔들리기 시작하였다. 그 후 1449년의 '토목보의 변'을 계기로 위소제도의 문제점을 해결하기 위한 방안으로서 민병모집을 통한 병력 보충이 이루어졌다.

이 민병은 북방의 몽골족과 동남 해안 지역에 출몰하는 왜구를 격퇴시키는 데에 크게 기여를 하였다 그러나 후대에 이르러 정치 기강의 문란과 더불어 군의 기강이 해이해짐으로써 그 전투력이 약화되어 유명무실한 존재가 되었다.

▣ 전쟁결과

군과 의병의 활약은 조선에 불리하였던 전세를 단숨에 뒤집는 원동력이 되었다. 육지에서는 김시민이 진주 대첩에서 승리를 거뒀고, 권율도 행주 대첩에서 크게 승리하여 일본군은 점점 조선군에 밀리게 되었다. 한편, 의주로 몸을 피신한 선조는 명나라에게 구원을 요청하였다. 명나라에서는 여론이 분분하였으나 자국의 영토에까지 전쟁이 번지는 것을 막기 위해서는 한반도에서 적을 막는 것이 상책이라는 판단 아래 대규모 원병을 파견하였다. 1593년 1월 이여송이 이끄는 명군은 조선군과 합세하여 평양을 수복하고 일본군은 서울로 퇴각하였다. 명군은 처음 3천여 명의 병력을 파견한 것을 시작으로 전쟁이 끝날 무렵에는 10만 명 정도의 군대를 조선에 주둔시켰다.

마. 제 2차 침략

일본군은 전황이 불리해지자 화의에 나섰다. 명군도 벽제관 전투에서의 참패를 겪고 난 후 자국의 이해론 우선시하여 종전을 원했으므로 회의 교섭이 시작되었다. 조선은 삼국 중 가장 많은 피해를 입었으므로 화의에 결사반대하여 교섭에서 제외되었다. 교섭이 진행되는 동안 조선 조정은 군가제도를 능률적으로 개편하고 의병부대를 관군으로 편입시키는 등 군사력을 강화해 나갔다.

일본군은 남해안으로 물러가 왜성을 쌓고 대기하였다. 명나라와 일본 양측은 서로 자국이 유리한 입장에서 화의교섭을 하려 하였다. 일본은 한반도의 남부지방을 내줄 것, 감합무역을 부활할 것 등을 명나라에게 요구하였다. 그러나 일본의 요구는 끝내 받아들여지지 않았고 3년에 걸친 화의교섭은 결렬되었다. 남해안에 주둔해 있던 일본군은 1597년 다시 전쟁을 시작하였다.

일본군은 조선의 남부지방만이라도 차지하기 위해 전라도 지방을 집중 공략하였다 일본 수군은 칠천량 해전에서 조선 수군을 물리쳤고 일본 육군은 전라도 각 지역을 함락시키면서 방화, 약탈, 학살을 자행하였다. 일본군은 전공을 증명하기 위하여 조선인들의 코나 귀를 베어 일본에 보냈고, 남녀노소를 불분하고 마구 잡아 노예상인에게 팔아 넘겼다.

그러나 곧 조선과 명나라의 연합군이 직산 소사평에서 일본군을 대파하면서 북상을 저지하였고 잠시 파직 되었던 이순신이 명량에서 일본 수군을 대파 하면서 일본군은 다시 남해안으로 물러났다. 일본군은 극심한 군량 부족 상태에서 고전을 면치 못하였다. 이 때 도요토미 히데요시가 죽자 일본군은 이를 극비에 부치고 본국으로 철수하기 시작하였다. 이순신은 노량에서 철수하는 일본군을 쫓아 대파하였으나 전투 중에 전사하였고 7년 전쟁도 막을 내리게 되었다.

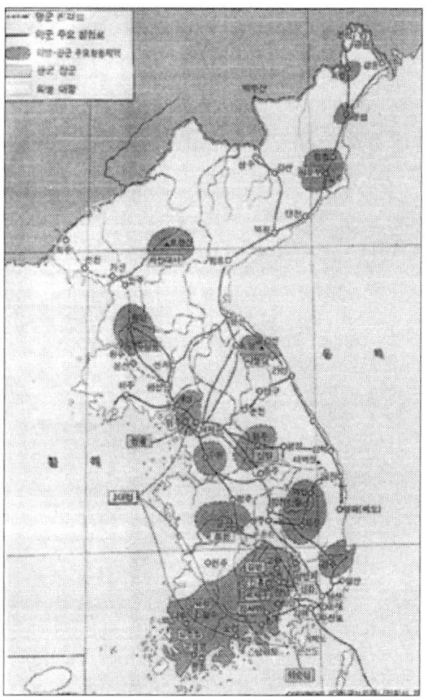

▣ 전쟁결과

● 조선에 끼친 영향

거듭된 전쟁으로 인한 농지의 황폐화, 국가질서의 문란과 더불어 관리와 토호들의 부정행위는 민중과 국가 재정을 모두 궁핍하게 만들었다.

전후 대책으로 실시된 군비확장과 시설복구에 지출이 계속 증가하자, 대대적인 토지 조사를 실시하였으나, 2번에 걸쳐 청나라가 침범해 왔기 때문에 농지를 전쟁 이전 수준으로까지 회복하는 데에는 상당한 기간이 걸렸다. 농민에게는 과대한 부담이 강요되어, 농민의 농지 이탈 현상이 증가하였다.

조정에서는 민생을 안정시키고 관리들의 부정을 방지하고자 조세제도를 전면적으로 개편하였다.

전쟁 중 자신의 신분을 증명하던 문서들이 모두 불태워지고, 공명첩이 발행되면서 사회질서 유지의 근간인 신분제도가 동요하기 시작했다. 또 궁궐과 서원 등 중요한 건축물과 많은 서적, 미술품 등이 소실되거나 약탈되었다.

사상적으로는 전쟁 중 일본군과 맞서 싸우다가 전사한 인물들을 숭배하는 풍조가 고양된 반면, 일본군에 의한 피해로 조선인들 사이에서는 일본인을 더욱 멸시하고 적대시하는 경향이 깊어졌다.

● 전투통계

구분/연도별	1592	1953	1957	1958	계
전투횟수	70	17	10	8	105
조선측 공격	43	15	2	8	68
일본측 공격	27	2	8	–	37
조선측 승리	40	14	5	6	65
일본측 승리	30	3	5	2	40
관군 단독전	19	8	5	6	38
의병 단독전	9	1	–	–	10
관군(主) 의병(助)	6	5	–	–	11
의병(主) 관군(助)	6	–	–	–	6
(朝)–(明) 연합전	(1)	(2)	(2)	(3)	(8)

◎ 朝–明연합전 ( )횟수는 관군 단독전에 포함.

- 임진왜란 기간 중 벌어진 크고 작은 전투는 약 105회로 집계되고 이 중 조선군이 공격전을 벌인 게 68회, 방어전을 벌인 게 37회로 조선군이 훨씬 공격적이었고 조선군의 승리가 65회, 패배가 40회로 조선군의 우세로 나타남.

- 승전 65회의 전투 중 조선 관군의 단독전이 38회로 압도적이었으며 의병의 참전 아래 관군이 주도한 전투가 11회, 그리고 의병 단독전은 10회, 관군의 참전 아래 의병이 주도한 전투는 6회로 이 통계로 보아 관군이 전투를 주도한 것으로 나타남.

- 연도별로는 개전 첫해인 1592년 9개월 동안 70회가 집중적으로 벌어졌는데 이 가운데 조선군의 공격전이 43회, 방어전이 27회, 승리 40회, 패배 30회로 평양까지 몰린 개전 초기를 제외하고는 첫 해부터 승세를 잡기 시작했고 그 다음해부터는 조선이 일방적인 공격을 가했으며 명군 참전은 105회의 전투 중 8회에 그쳤다.

※ 임진왜란의 3대 대첩

- 한산도대첩 : 이순신 장군(1592년)
- 진주 대첩 : 김시민 장군(1592년)
- 행주 대첩 : 권율 장군(1593년)

※ 임진왜란 당시 쓰인 무기들

▣ 조선군

- 천자총통 : 이 총통은 불씨를 손으로 점화 발사하는 유통식이다. 즉 포구에 화약과 토격 대장군전일 경우에는 목격 그리고 철환을 장전하고 목표물들에 대하여 중앙선에 불씨를 점화 발사하는 것인데 이는 주로 육, 해전을 비롯한 공수전용으로 널리 활용된 중화기로 처음 만들었을 때에는 대장군전을 발사하였지만 세종 7년(1425)경부터 철탄자가 개발되면서 병용되었다. (천자총통 사정거리는 약 1.2㎞이다.)
- 현자총통 : 불씨를 손으로 점화 발사하는 유통식으로 천.지.현.황(天.地.玄.黃) 중 그 크기가 세 번째에 해당하는 중화기에 속한다. 발사물로는 차대전을 사용하는데 차대전을 넣고 쏘면 사정거리는 900m이내에 이르고, 그 발사과정은 천차총통과 같다. 이 총통의 재원은 총길이 95㎝, 통장60㎝, 구경 7.5㎝, 외경 16㎝로써 주철제 이다.
- 황자총통 : 불씨를 손으로 점화 발사하는 유통식으로 천.지.현.황(天.地.玄.黃) 중 네 번째에 해당하는 화포로 발사과정은 역시 천차총통과 같고 발사물로는 피 령전과 철환을 사용한다. 이 총통은 청동제로 순조 12년 (1812) 3월에 주조한 것이다. 사정거리는 1.1㎞

- 승자총통 : 이 승자총통이 처음 만들어지기는 선조8년(1575)에서 동왕 11년 사이에 전라좌수사와 경상병사를 역임한 바 있는 감지장군이 고안 제작 한 유통식 화기로써 이는 특히 선조 16년(1583)에 일어난 니탕개의 난 때에 적을 물리치는데 공헌한 총통이다. 화포식 언해 장방법(火砲式諺解裝放法)에 의하면 중약선이 3촌이고 화약이 1냥, 토격이 6푼, 철환은 15개를 장전하여 발사한다 하였고, 또한 피령목전을 발사하면 600보에 이른다 하였다. 이 총통은 선조 16년(1583)에 만들어진 것이다.
- 차대전(지차총통) : 이 병기는 지금의 로켓포의 할아버지뻘 되는 무기이다. 생김새는 미사일처럼 생겼고 현자총통, 지자총통에 끼워서 발사한다. 해전에서는 조선군이 일본군함을 뚫고 나가 커다란 구멍을 내어 침몰시켰고(이순신 장군도 사용함) 육전에서는 적의 노대나 바리케이트 등을 공격하여 격파하는 무기로 사용되었다. 사정거리는 900m이내
- 화차(조선시대의 전차) : 1409년(태종 9) 군기소감 이도와 군기감승 최해산 등이 처음 만들었으며, 2번째 화차는 51년(문종 1) 문종의 창안에 따라 제작된 문종화차이다. 이것을 1592년 변이중이 개량하여 수레 속에 100곳의 총구멍을 내어 신기전을 걸고, 심지를 이어 차례로 발사되게 만들었다. 화차는 신기전을 한번에 무려 100발이나 쏘아댄다. 임진왜란 때 박진이 경주 탈환에서 권율이 행주산성 싸움에서 각각 사용하였다.

■ 일본군

- 조총 : 일본명 화승총으로 임진왜란 당시 위력을 떨쳤던 일본군의 개인화기이다. 이 총의 특징은 총신이 길며 탄환이 장거리에 미칠 수 있고 또한 발사과정에서 화승 물림인 계두를 방아쇠로 당겨 화명에 떨어지게 되어 있어 총신이 움직이지 않아 명중률이 좋은 편이다. 왜적은 선조 25년(1952) 4월 14일에 이 조총을 주무기로 삼아 부산진에 첫 침공하였다. 조선이 육전에서 패한 주된 요인은 신무기인 이 조총 때문이었다. 사정거리는 50m 이내 승자총통보다는 파괴력이 뒤떨어지지만 조준을 발사할 수 있어 게릴라전에 유리하다고 할 수 있다.

바. 한산도 해전

① 출전표

- 제1차 출전(1592. 5. 4 ~ 5. 10)

해전명	조산수군출동병력	일본군	전과
목포해전(5.7)	이순신 : 85척 (판옥선 24, 협선 15, 포착선 46)	26여척	28척
합포해전(5.7)	위와 같음	5척	5척
적진포 해전(5.8)	위와 같음	13척	11척 (2척 도주)

• 제2차 출전(1592. 5. 29 ~ 6. 10)

해전명	조산수군출동병력	일본군	전과
사천해전(5.29)	이순신 : 23척(판옥선) 원균 : 3척	13척	13척
당포해전(6.2)	위와 같음	21척	21척
당항포해전(6.5)	이순신 : 23척(판옥선21, 거북함2) 원균 : 3척 이억기 : 25척	26척	26척
율포해전	위와같음	7척	7척

• 제3차 출전(1592. 7. 5 ~ 7. 13)

해전명	조산수군출동병력	일본군	전과
한산도 해전(7.8)	이순신 : 24척(판옥선21,거북선3) 원균 : 7척 이억기 : 25척	73척	47척 격침 12척 나포
안골포 해전 (7.10)	위와같음	42척	42척 격침

• 제4차 출전(1592. 8. 29 ~ 9. 2)

해전명	조산수군출동병력	일본군	전과
장림포 해전(8.29)	이순신7 이억기 : 166척(협선 92척 포함) 원균 : 7척	30여명 6척	도주 6척 불태움
화준구미해전(9.1)	위와 같음	5척	5척 격침
다대포해전(9.1)	위와 같음	8척	8척 격침
서평포해전(9.1)	위와 같음	9척	9척 격침
절영도 해전(9.1)	위와 같음	1척	2척 격침
부산포 해전(9.1)	위와 같음	470척	128척 격침

• 제5차 출전(1593. 2. 1 ~ 3. 8)

해전명	조산수군출동병력	일본군	전과
웅포해전(2.1)	이순신 : 42척 이억기 : 40척 원균 : 7척	40척	왜군 100명 사살

• 제6차 출전(1594. 3. 4)

해전명	조산수군출동병력	일본군	전과
당항포해전	이순신, 이억기 : 110척 원균 : 14척	50여척	31척 격침

• 제7차 출전(1594. 9. 29 ~ 10. 4)

해전명	조산수군출동병력	일본군	전과
1차 장문포 해전 (9.29)	삼도수군 : 50여척	117척	2척 격침
2차 장문포 해전 (10.4)	위와같음		일방공격

• 제8차 출전(1597. 8. 26 ~ 9. 16)

해전명	조산수군출동병력	일본군	전과
어란진 전투(8.27)	이순신, 김억추 : 12척	8척	도주
벽파진 전투(9.7)	위와 같음	13척	도주
명량해전(9.16)	이순신, 김억추 : 13척	333척	31척 격침

• 제9차 출전(1598. 11. 18 ~ 11. 19)

해전명	조산수군출동병력	일본군	전과
노량해전	삼도수군 : 83척, 17,000여명 명나라 전선 : 63척 명나라수군 : 2,600여명	500여척	200여척 격침 수급 500여개, 50척 도주

② 불멸의 이순신 (43전 38승 5무)

16세기 유럽 해전에서 우리는 갤리 선의 시대가 막을 내리고 새로이 갈레온과 범선의 시대가 개막되었고 1592년 조선의 이순신 장군은 세계최초의 철갑선인 거북선을 제작하여 한반도 남쪽 바다에서 일본해군을 대파했다.

일본 정권을 장악한 도요토미 히데요시는 1592년 조선을 침략했다. 조선을 거쳐 명나라에까지 점령한다는 원대한 팽창정책의 첫 단계로 한반도는 7년 동안 전쟁의 소용돌이 속에 빠지게 되는데, 임진(壬辰)년에 일으킨 이 전쟁을 우리는 임진왜란이라고 부른다. 역대로 일본을 야만시해온 한민족은 일본의 전쟁준비를 사전에 간파할 수 있었음에도 불구하고 당쟁을 일삼고 있다가 기습적 침략을 당해 처음부터 속수무책이었다.

조선의 정규군이라 할 수 있는 관군은 제대로 싸워보지도 못한 채 20일 만에 수도 서울이 함락당하고 2개월 만에 평양까지 잃자 조선 각 지방에서는 향토를 지키고자 의병들이 들고일어나 비정규전으로 일본군에 대항하였고 이후 전쟁은 의병들에 의한 지구전 형태를 띠게 되나 일본군은 무자비하게 전국토를 유린하고 말았다. 육전에서 조선군이 참패하고 만 것은 기본적으로 무기에서 도저히 일본군의 상대가 될 수 없었다. 조선군은 활을 사용한 데 비해 일본군은 명중률 · 발사속도 · 살상효과 등에 있어 월등한 위력을 가진 조총으로 무장하고 있었다. 일본은 포르투갈로부터 화승총 제조기술을 받아들여 조총을 제작하고 그 성능과 전술적 효율성을 높이는 데 꾸준히 노력해왔다. 당시 화승총이 절대적 무기가 될 수 없었다는 점은 서양과 마찬가지 였지만, 그것을 절반 정도가 보유한 군대와 그것을 전혀 구경하지도 못한 군대 간에는 사기면에서 엄청난 차이가 났다.

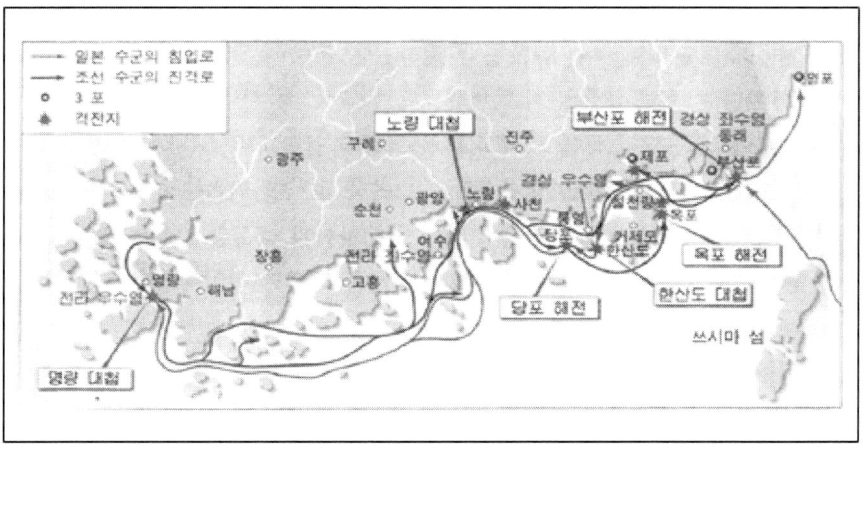

육전에서 일본군이 승승장구하는 것과 달리 해전에서는 이순신 장군이 남해안에서 일본해군에 대해 연전연승한 결과 일본해군은 황해로 진입할 길이 막혔고 육군 또한 전략적 후방이 불안하여 평양에서부터 후퇴할 수밖에 없었다. 그리고 조선정부로부터 지원요청을 받은 명나라는 황해로부터의 위협을 받지 않는 가운데 쉽게 원병을 보낼 수 있었다. 조선 · 명 연합군의 형성으로 일본군은 수세적 입장으로 바뀌었으며, 결국 그 후 전쟁은 장기화하고 쌍방 사이에 공방 및 소강상태를 거듭하다가 1598년 도요토미의 사망으로 일본군이 철군함으로써 임진왜란은 막을 내리게 되었다.

당시 해전술은 주로 래밍(Ramming :항공기끼리 추돌하는 행위) 과 보딩(Boadina:배끼리 부딪치고 갑판 위에 올라 싸우는) 전술에 의존했다. 그러나 조선군 군함은 일본군에 비해 방향전환이 용이한 특징을 지녔을 뿐만 아니라, 전술적으로도 대포를 보유하고 포격을 실시함으로써 해전에서 절대적 우세를 나타냈다. 조선군의 대포는 다양했으며, 최대형의 경우 구경 17㎝, 무게 8㎏의 포탄을 4㎞까지 날릴 수 있었다. 일본군이 고작 조총이나 도검(刀劍)으로 함상 백병전을 벌이는 데만 관심을 두고 대포를 보유하지 않은 것은 치명적인 약점이었다.

해전에서 조선군은 남해상의 합포 · 적진포 · 당포 · 한산도 · 부산포 등에서 일본군을 대파했다. 그 가운데도 가장 결정적 승리를 거둔 곳은 한산도 해전이었다. 이순신은 마치 후퇴하는 듯한 행동을 취해 적선들을 한산도 앞바다로 끌어내어 그의 함대를 학이 날개를 펼친 듯이 학익진을 갖춘 다음 일제히 포격을 실ㅎ시한 후에 적을 포위 · 섬멸했다. 이 해전에서 조선군은 극히 짧은 순간에 적선 66척을 격침시키는 대승을 기록했다. 수십 척의 적선을 파괴하는 데 있어서 가장 큰 역할을 한 무기는 물론 거북선이었다.

이순신 장군이 직접 설계하여 감독 제작한 거북선은 임진왜란 초기에 모두 3척으로 거북선은 조선함대의 주력선인 판옥선의 평탄한 갑판 위에 아치형의 철판 덮개를 씌우고 그 위에 송곳칼들을 설치함으로써 적에 의한 보딩을 막고, 또한 사방에 난 대포구멍을 통해 포격을 실시하고 궁수들도 불붙은 화살을 날려 공격할 수 있게끔 만들어졌다. 길이 약 30m, 폭 9m, 높이 7m의 이 전함은 서양 갤리 선처럼 노를 이용하는 선박으로서 좌우에 각각 10개씩의 노를 갖추었다. 뱃머리는 거북 머리를 하고, 유황을 태워 벌어진 입으로 안개를 토하도록 하여 적을 혼란케 했다.

거북선은 여러 가지 점에서 이순신 장군의 천재성을 나타냈다. 우선 갤리 선(노를 주로 쓰고 돛을 보조적으로 쓰는, 낮은 갑판(甲板)의 군선(軍船)을 통틀어 이르는 말.)을 보기 어려운 당시 동양에서 그는 갤리 선과 같은 원리로 항해했다. 그리고 10문의 대포로 막강한 파괴력을 발휘하고, 나아가 철갑에 의해 과감한 적진 돌파를 가능케 한 것은 그야말로 어느 곳에서도 찾아볼 수 없는 독창적인 작품이었다. 이순신의 철갑선은 서양보다 무려 250년이나 앞선 것으로 그가 죽은 뒤 그의 기발한 아이디어는 일단 과거 속으로 묻히고 말았다. 그러나 산업혁명 이후 각국의 해군들은 철갑선을 제작하게 되고 그것을 주력선으로 하여 해전을 수행해왔다.

Section 03

치욕의 역사 : 병자호란

병자호란(丙子胡亂)은 1636년 12월부터 1637년 1월에 사이에 벌어진 전쟁, 청태종(홍타이지) 침범으로 조선에 대한 제2차 침입으로 발발하였다. 병자호란은 조선 역사상 가장 큰 패전 중 하나라고 할 수 있는데, 몽고에 대한 항쟁이 40여년간 지속되었고, 임진왜란에서는 7년간의 싸움 끝에 왜군을 격퇴한 데 반하여, 병자호란은 불과 두달만에 조선의 굴복으로 끝나고 말았다.

1. 역사적 배경

가. 중국대륙의 변동

- 명의 쇠퇴 : 임진왜란 때 약 20만 명의 군사 출동, 막대한 군사비 지출, 신종의 사치, 내부의 반란
- 여진의 성장 : 만주에 있던 여진족은 임진왜란으로 조선과 명이 전쟁에 시달릴 때 세력을 더욱 넓히고 누루하치 때에 이르러 후금을 세움(1616년)

나. 국내 사정

- 7년 동안 벌어진 임진왜란으로 국토 황폐, 인명 피해, 굶주림, 전염병 등 전쟁 후유증에 시달림 받음.
- 선조 죽음, 광해군 즉위(1608)
- 북인(北人) 정권의 등장
- 활발한 전후 복구 사업 : 개간 장려, 양전 사업 실리하여 경작지 파악, 성곽과 무기 수리, 대동법 실시, 동의보간 저술(허준)

다. 명의 원병 요청과 모문룡 사건

- 명나라 장군 모문룡이 후금과의 싸움에서 패한 후 패전병을 이끌고 평안도 철산 앞바다에 있는 섬에 들어가 후금의 배후를 위협하였다. 이에 후금은 조선에 이들을 섬에서 몰아내라고 압력을 가했고, 모문룡은 명의 위세를 받고 식량을 비롯한 여러 자원을 요청하였다. (1622년 광해군 14년)
- 커져가는 후금의 세력에 위협을 느낀 명나라는 만주로 쳐들어가기로 하고 이에 앞서 조선에 도움을 청하였다.(명;화기병 7천명 요구 / 후금;동병하지 말 것 요구)

라. 광해군의 중립 외교

- 강홍립으로 하여금 "형세를 보아 강한 편을 좇으라" 명하여 사르후 전투에서 강홍립, 군사를 데리고 투항.

마. 인조 반정(1623)

- 이귀, 검류, 김자점, 이괄 등 서인들은 광해군을 폭군으로 몰아 왕에서 몰아내고, 선조의 손자이자, 광해군의 조카인 능양군을 왕으로 세움. 그가 바로 인조.

※ 반정의 명분
- 이복동생인 영창대군을 죽이고, 인목대비를 대비에서 쫓아내 서궁에 유폐시킨 사실
- 대금화평 정책 - 중립외교

2. 경과

가. 1636년(인조 14) 12월~37년 1월에 청(淸)나라의 제2차 침략으로 일어난 조선 · 청나라의 싸움이다. 1627년 후금(後金/만주족 : 당시 청나라)의 조선에 대한 제1차 침입(정묘호란) 때, 조선과 후금은 형제지국의 맹약을 하고 양국관계는 일단락되었다. 그러나 1632년 후금은 만주 전역을 석권하고 명나라 북경을 공격하면서, 양국관계를 형제지국에서 군신지의(君臣之義)로 고칠 것과 황금 · 백금 1만 냥, 은 1,000냥, 각종 직물 1만 2,000필, 전마(戰馬) 3,000필 등 세폐(歲幣)와 정병(精兵) 3만을 요구하였다. 이후 1636년 2월 용골대(龍骨大) · 마부대(馬夫大) 등을 보내어 조선의 신사(臣事)를 강요하였으나, 인조는 후금사신의 접견마저 거절하고 8도에 선전유문(宣戰諭

文)을 내려, 후금과 결전(決戰) 할 의사를 굳혔다 즉, 1636년 2월 용골대(龍骨大) · 마부대(馬夫大) 등이 인조비 한씨(韓氏)의 조문(조문)을 왔을 때 후금 태종의 존호(尊號)을 알리면서 군신의 의(義)를 강요했다. 그러자 조정 신하들은 부담함을 상소하며 후중의 사신을 죽이고 척화할 것을 주장했고, 인조도 후금의 국서를 받지 않고 그들을 감시하게 했다. 후금의 사신들은 사태가 심상치 않음을 깨닫고 도망갔다.

정부에서는 의병을 모집하는 한편, 의주를 비롯한 서도(西道)에 병기를 보내고 절화방비(絶和防備)의 유서(諭書)를 평안감사에게 내렸는데, 도망하던 후금의 사신이 그 유서를 빼앗아 보고 조선의 군은 결의를 알게 되었다.

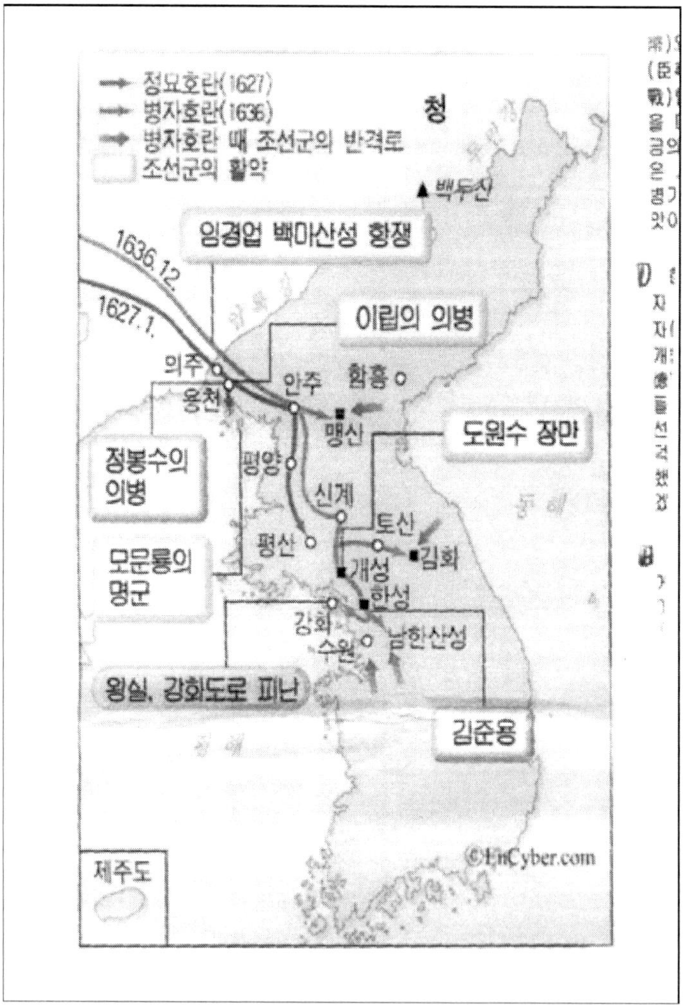

나. 1636년 4월 후금의 태종은 황제를 칭하고 국호를 청(淸)이라고 고쳤으며, 조선이 강경한 자세를 보이자 왕자 · 대신 · 척화론자(斥和論者)를 인질로 보내 사죄하지 않으면 공격하겠다고 위협하였지만 조선은 주화론자(主和論自)보다는 척화론자가 강하여 청나라의 요구를 계속 묵살하였다. 청 태종은 연호를 숭덕(崇德)으로 개원하고 태종은 관온인성황제(寬溫仁聖皇帝)라는 존호를 받았는데, 이때 즉위식에 참가한 조선 사신인 나덕헌(羅德憲)과 이곽(李廓)이 신하의 나라로서 갖추어야 할 배신(陪臣)의 예를 거부했다. 이에 청태종은 귀국하는 조선 사신들을 통해 조선에 국서를 보냈는데, 자신을 '대청황제'(大淸皇帝)'라고 하고 조선을 '이국'(爾國)'이라고 하면서 조선이 왕자를 보내어 사죄하지 않으면 대군(大軍)으로 침략하겠다고 협박했다. 이 국서에 접한 조정은 격분하여 나덕헌 등을 유배시키고, 척화론자(斥和論者)들은 주화론자(主和論者)인 최명길(崔鳴吉) · 이민구(李敏求) 등을 탄생했다. 이러한 정세를 살펴보던 청태종은 그해 11월 조선의 사신에게 왕자와 척화론자들을 압송하지 않으면 침략하겠다고 거듭 위협했다.

다. 청태종은 1636년 12월 명나라가 해로(海路)로 조선을 지원을 못하게 하기 위해 별군(別軍)으로 랴오허[遼河] 방면을 지키게 하고, 12월 2일에 만주족 · 몽골족 한인(漢人)으로 이루어진 2만 명의 대군을 이끌고 9일에는 압록강을 건너 직접 조선 침략을 감행했다. 이때 청은 맹약을 위반한 조선을 문죄(問罪)하는 것이 침략의 명분이었으나 사실은 조선을 군사적으로 복종시켜서 후일 청나라가 중국을 지배하게 될 때 후환을 없애기 위한 대비였다. 청군이 압록강을 건넜을 때 의주부윤 임경업(林慶業)이 백마산성(白馬山城)을 굳게 방비하고 있었으므로, 청나라의 선봉인 마부태(馬夫太)는 이 길을 피하고 서울로 직행하여 선양]을 떠난 지 10여 일 만에 개성을 지나서 서울 근교에 육박했다. 조선 조정은 12월 13일 도원수 김자점(金自點)의 장계에 의하여 청군이 침입해서 이미 안주(安州)에 이르렀다는 사실을 알고 대책을 서둘렀다. 14일 승지 한흥일(韓興一)에게 묘사(廟社)의 신주를 가지고 강화로 향하게 하고, 판윤 김경징(金慶徵)을 안찰사, 부제학 이민구를 부사(副使)로 정하여 세자빈 강씨(姜氏), 원손(元孫), 봉림대군(뒤의 효종), 인평대군을 배호하여 강화로 향하게 했다. 또한 강화유수 장신(張紳)이 주사대장(舟師大將)을 겸하여 강화를 방비하게 하고 심기원(沈器遠)을 유도대장(留都大將)으로 정했다. 그날 밤 인조도 세자와 함께 강화로 가려고 남대문까지 나왔으나 이미 청군이 양철평(良鐵坪:마포대안으로 추정)에 이르렀다는 보고를 듣고 최명길을 보내어 적정을 살피게 하는 한편, 다시 수구문(水口門)으로 나와 밤늦게 남한산성에 이르렀다. 다음날 새벽 인조는 산성을 떠나서 강화로 향했으나 산길이 얼어 미끄러웠으므로 산성으로 돌아갔다. 인조는 훈련대장 신경진(申景禛),어영대장 이서(李曙), 수어사 이시백(李時白), 어영부사 원두표(元斗杓)등에게 성안의 군병 1만 3,000여명으로 성을 지키도록 하고 8도에 교서를 내려 도원수 · 부원수 및 각 도의 감사 · 병사로 하여금 근왕병을 모집하게 하는 한편 명나라에 원병을 청했다. 이때 성 안에는 군량이 도합 2만 3,800여 석이 있었는데, 이 분량은 군병과 백관을 합하여 1만 4,000여 명이 있었으므로 약 50일분에 해당하는 양식이었다. 청군의 선봉은 16일에 남한산성에 이르렀고, 뒤이어 많은 군사들이 남한산성으로 몰려왔다. 성 안에서 비록 큰 전투는 없었으나., 적의 포위 속에서 혹한과 싸워야 했으며 점차 식량마저 떨어져 성 안의 사태가 비참해져감에 따라 각지에서 오고 있는 원병이 산성의 포위망을 배후로부터 끊어주길 기대했다. 그러나 도원수 · 부원수 · 감사(監使) · 병사(兵使)의 군사는 대게 도중에서 적과 접전하다가 흩어졌다. 그중에서 전라병사 김준룡의 군사가 용인에서 적장을 죽이고 기세를 올리기도 했으나, 역습을 당하여 후퇴했다. 민간에서도 의병이 일어났으나, 거의 무력하거나 진군도중이었다. 조선이 기대했던 명나라의 원병은 국애의 어려운 사정으로 적은 수를 보냈는데, 그나마 풍랑 때문에 되돌아갔다. 10여만 명의 청군에 포위당한 채 고립되자, 성 안의 조선 조정에서는 차차 강화론이 일어났으며, 주전파도 난국을 타개할 별다른 방도를 내놓지 못했다. 청태종은 이듬해 정월 1일에 남한산성 아래의 탄천(炭川)에서 12만 명의 청군을 결집하고 있었다. 2일에 인조는 청군에 보내는 문서를 작성하게 하여 청의 진영에 보냈는데, 청은 조선이 청과 개전할 준비를 하는 등 맹약을 깨뜨렸으므로 출정한 것이라는 등의 매우 강압적인 답서를 보냈다. 이틀 후에는 청군에 의해 강화가 함락되었다는 소식이 들려왔다. 강화에는 세자빈과 두 대군을 비롯한 여러 신하들이 피난해 있었고 안찰사 김경징과 유수 장신 등이 방비를 맡고 있었는데, 결국 패전하여 빈궁과 대군 이하 200여 명이 포로가 되어 남한산성으로 호송되었다.

1월 28일 이에 청군은 용골대 · 마부대를 보내 다음과 같은 강화조약 조항을 제시하였다.

- 청나라에게 군신(君臣)의 예(禮)를 지킬 것
- 명나라의 연호를 폐하고 관계를 끊으며 , 명나라에서 받은 고명(誥命) · 책인(柵印)을 내놓을 것
- 조선 왕의 장자 · 제2자 및 여러 대신의 자제를 선양에 인질로 보낼 것
- 성절(聖節:중국황제의 생일) · 정조(正朝) · 동지(冬至) · 천추(千秋:중국 황후 · 황태자의 생일) · 경조(慶弔)등의 사절(使節)은 명나라 예에 따를 것
- 명나라를 칠 때 출병(出兵)을 요구하면 어기지 말 것
- 청나라 군이 돌아갈 때 병선(兵船) 50척을 보낼 것
- 내외 제신(諸臣)과 혼연을 맺어 화호(和好)를 굳게 할 것
- 성(城)을 신축하거나 성벽을 수축하지 말 것
- 기묘년(己卯年:1639)부터 일정한 세폐(歲幣)를 보낼 것 등이다.

1월 30일 인조는 세자 등 호행(扈行) 500명을 거느리고 성문을 나와, 삼전도(三田渡)에 설치된 수항단(受降壇)에서 태종에게 굴욕적인 항례(降禮)를 한 뒤, 한강을 건너 환도하였다, 청나라는 맹약(盟約)에 달라 소현세자 · 빈궁(嬪宮) · 봉림대군 등을 인질로 하고, 척화의 주모자 홍익한(洪翼漢) · 윤집(尹集) · 오달제(嗚達濟) 등 3학사를 잡아, 2월 15일 철군하기 시작하였다.

청군은 돌아가던 중 가도의 동강진(東鎭江)을 공격했고, 조선은 평안병사 유림과 의주부윤 임경업으로 하여금 병선을 거느리고 청군을 돕게하여 동강진의 명나라 군대는 괴멸되었다.

이로써 조선은 완전히 명나라와는 관계를 끊고 청나라에 복속하게 되었다. 이와 같은 관계는 1895년 청 · 일 전쟁에서 청나라가 일본에 패할 때까지 계속되었다. 전추에는 많은 고아들의 수양(收養)문제와, 수만에 이르는(어느 기록에는 50만) 납치당한 이들의 속환(贖還)문제가 대두되었다.

특히 청나라 군은 납치한 망민을 전리품으로 보고, 속가(贖價)를 많이 받을 수 있는 종실 · 양반의 부녀를 되도록 많이 잡아가려 하였으나, 대부분 잡혀간 이들은 속가를 마련할 수 없는 가난한 사람들이었다.

3. 척화론과 주화론

척화론	주화론
청과의 항전주장	청과의 강화주장
명분을 중시	현실 우선론
김상헌, 3학사	최명길

가. 척화론

"화의로 백성과 나라를 망치는가... 오늘날과 같이 심한 적은 없습니다. 명나라는 우리나라에 있어서 곧 부모요, 오랑케(청나라)는 우리나라에 있어서 곧 부모의 원수입니다. 신하된 자로서 부모의 원수와 형제가 되어서 부모를 저버리겠습니까? 하물며 임진왜란의 일은 터럭만한 것도 황제의 힘이어서 우리나라에 있어서는 먹고 숨쉬는 것조차 잊기 어렵습니다... 차라리 나라가 없어질지라도 의리는 져버릴 수가 없습니다...어찌 차마 화의를 주장하는 것입니까..."

나. 주화론

"주화(主和) 두 글자는 신의 일평생에 신변의 누가 될 줄로 압니다. 그러하오나 신의 마음은 아직도 오늘날 화친하려는 일이 그르다고 생각하지는 않습니다... 화친을 맺어 국가를 보존하는 것보다 차라리 의를 지켜 망하는 것이 옳다고 하였으나, 이것은 신하가 절개를 지키는데 쓰이는 말입니다. 종묘와 사직의 존망이 필부의 일과는 판이한 것입니다...현재 논의하는 사람들은 모두 '정묘년에 화친을 이미 맺은 것은 의리에 해로움이 없으나, 오늘날에 와서는 적이 이미 천자라고 외람된 호칭을 하였으니, 다시는 그들과 사신 왕래를 해서는 안된다'고 합니다. 이 말이 그럴 듯 합니다만, 실상은 깊이 생각한 것은 못 됩니다. 그들이 천자라고 외람된 호칭을 하든 안하든 우리가 상관할 바가 아닌가 합니다. 어찌 예로써 오랑캐를 상대할 수 있겠습니까... 자기의 힘을 헤아리지 아니하고 경망하게 큰 소리를 쳐서 오랑캐들의 노여움을 도발, 마침내는 백성이 도탄에 빠지고 종묘와 사직에 제사지내지 못하게 된다면 그 허물이 이보다 클 수 있겠습니까.. 늘 생각해보아도 우리의 국력은 현재 바닥나 있고 오랑캐의 병력은 강성합니다. 정묘년의 맹약을 아직 지켜서 몇 년이라도 화를 늦추시고, 그동안을 이용하여 인정을 베풀어서 민심을 수습하고 성을 쌓으며, 군량을 저축하여 방어를 더욱 든든하게 하되 군사를 집합시켜 일사분란하게 하여 적의 허점을 노리는 것이 우리로서는 초상의 계책일 것입니다..."〈최명길의 상소〉

4. 삼전도의 치욕

1637년 1월 30일 병자호란은 끝이 나고 국토는 황폐화가 되었다. 그리고 결국 우리나라는 강대한 청나라 앞에 무릎을 꿇어야만 했다. 전쟁의 승전국인 청나라는 우리나라에게 무리한 요구를 했다. 그 내용인즉

1. 조선은 앞으로 우리 청나라를 황제국으로 받들어 섬긴다.
2. 명나라와는 당장 국교를 끊는다.
3. 세자와 왕자 및 신하들을 우리 청나라에 인질로 보내고
4. 명나라를 정벌할 때 군사를 보내며
5. 매년 우리가 원하는 만큼의 조공을 바친다.

라는 내용이었다. 비록 분하고 오랑캐에게 무릎을 꿇는다는 것은 비굴하였으나 어쩔 수 없었다. 게다가 청태종은 또 다시 무례한 요구를 했다. 조선 왕이 청 태종이 주둔하는 삼전도에 가서 '삼배구고두(三拜九叩頭)의 예(세번 절하고 아홉 번 머리를 조아리는 의식)'를 올리라는 것이었다. '삼배구고두의 예'는 신하가 임금한테 하는 것으로 이는 조손이 청나라의 속국임을 만천하에 알리는 셈이었다. 그러나 인종은 청에서 또 쳐들어 올까봐 종묘사직이라도 보전하려 몸소 삼전도에 가서 '삼배구고두의 예'를 올렸다. 게다가 청 태종은 삼전도에 자신의 공덕비를 세우라는 명까지 내렸는데 이 공덕비(대청황제 공덕비)가 바로 지금의 '삼전도비'이다.

Chapter
04

6.25 전쟁

대한민국 국군과 건군 정신[25)]

1948년 8월 15일 대한민국 정부의 수립과 동시에 미 군정기에 창설된 조선경비대가 대한민국 국군으로 개편되어, 당시 이범석(광복군참모장 역임)은 초대 국방부 장관에 취임하면서'국방부 훈령'(제1호)을 통해 건군 목표와 정신, 국군의 성격을 국방군(國防軍)으로 규정하는 한편, 장병의 정신자세 및 군기와 실천 정신을 강조했다.

건군정신의 요체

국방부 정치국(중국군과 광복군 근무경력 김홍일 주관, 현 국방정책실)에서 국방에 대해 철학적 성찰을 하면서 국가 생활의 안전을 보장하는 것이 국방이라고 갈파하고 국가 간의 불균형 속에서 충돌에 대비하여 국방의 건설, 개선, 증강이 민족국가의 발전을 위해 필요 불가결한 "국가자존의 길이다" 국민의 생명, 재산과 국가 영토주권과 사회의 안녕질서를 보장하는 이외 국책의 수행과 국가기능을 발휘하는 원동력이야말로 국방력이다. 라며"국군은 물적 기반이 열악했지만 정신적 자산만은 튼튼했었다.

국군의 이념과 국민의 군대

한국군의 건군의 이념과 국군의 사명 그리고 군제에 관련한 모든 내용은 입법화돼 국방제도로 추진되었으며(당시 국방부의 초대 참모총장을 지낸 채병덕 주관), 건군의 기본이념을 "우리는 모든 침략적 전쟁을 부인하며 국토와 민족을 보위하는 정당한 권위를 보유하는 국방군을 창설한다." 국군의 사명은 국토와 민족방위, 즉 국방은 외국의 내침에 대하여 국토를 방위하고 민족을 보위하며 주권을 옹호하는 3대 조항을 의미한다."고 역설하며 대통령제 아래의 통수권을 검토하고, 대한민국 국군은 '헌법에 따라 창설된 진정한 민주주의 국군', 곧 국민의 군대임을 분명히 했다. 1949년 8월 6일 병역법을 시행함으로써 국군은 현대적인 의미의 징병제에 의한 국민개병제를 실현했다.

25) 국방일보(국방부 전사편찬연구소)

국군의 날 제정 유래

1950년 10월 1일 육군백골사단 38선 돌파 기념[26)]

1950년 10월 1일은 육군백골사단이 민족의 한이 맺힌 38선을 돌파하면서 북진의 새벽을 연 역사적인 날이다. 38선 돌파는 그해 9월 당시 유엔군 총사령부에서 모든 작전부대의 진격을 38선에서 멈추라는 명령을 내렸으나 이승만 대통령이 국군 단독 북진명령을 결심해 이뤄졌다. 이에 따라 국군 총사령관 정일권 대장이 사단 23연대 전선을 시찰하면서 명령을 하달, 38선 남쪽 2㎞ 지점인 인구리에 주둔하고 있던 3대대가 10월 1일 00시, 전군 최초로 38선을 돌파함으로써 조국통일의 열망에 가득 찬 국군의 북진이 본격화됐다. 종전 후 정부는 이날을 영원히 기념하고자 대통령령 제1173호(1956년 9월 21일)에 의거, 10월 1일을 국군의 날로 제정하고 사단 예하 23연대에 국군의 날 제정 기념탑을 건립했다. 이와 관련, 육군백골부대는 10월 1일 국군의 날 재정 기원이 된 '38선 최선봉 돌파 기념식'을 거행, 조국수호를 위해 산화한 총 1만4672위의 호국영령의 숭고한 의생정신을 추모하고 전 장병이 조국 수호와 평화통일 최선봉이 될 것을 다짐하였다.

26) 국방일보('07.10.1)

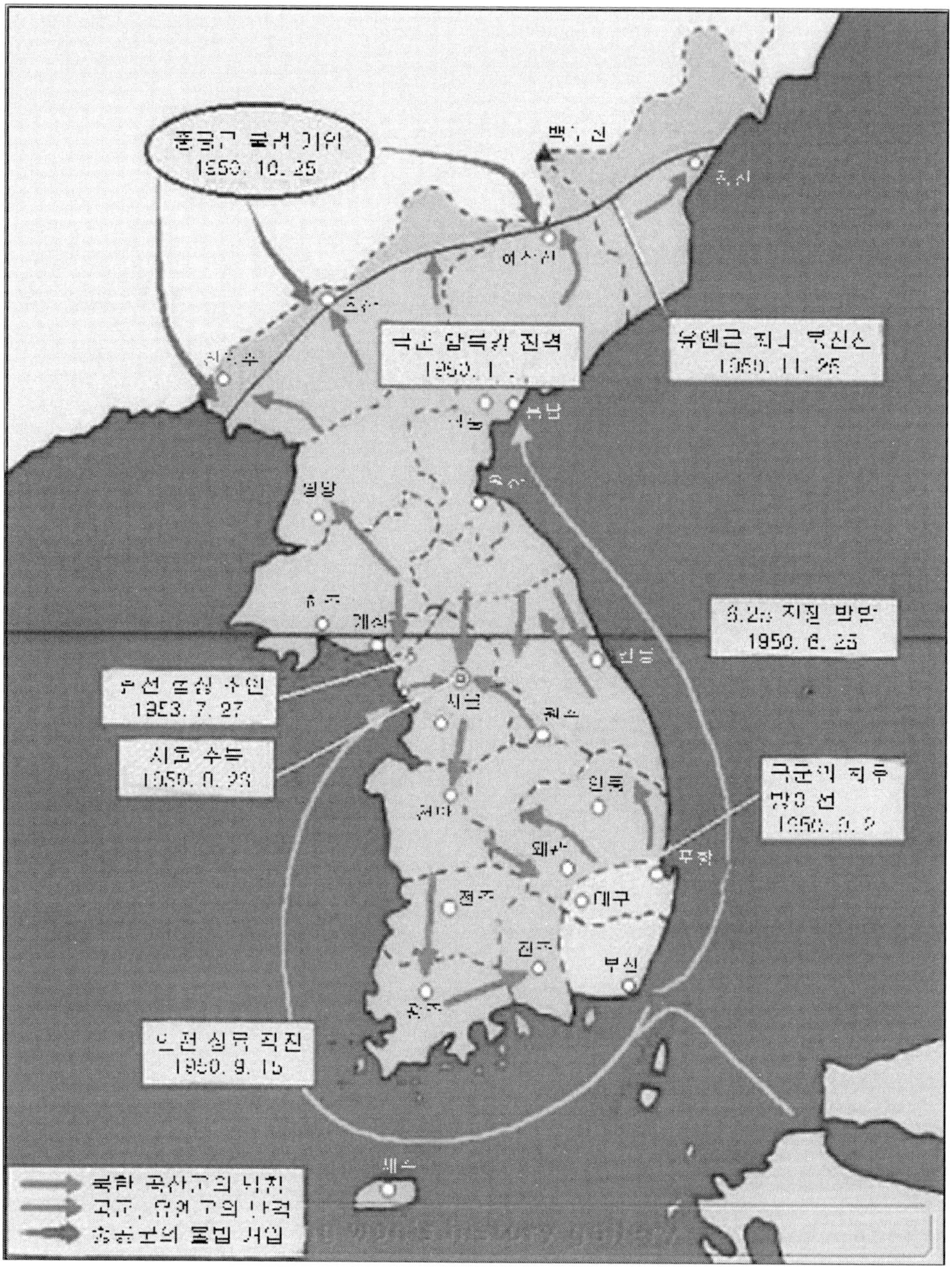
1950. 10. 25
1950. 6. 25
1953. 7. 27
대구

6.25전쟁의 역사적 배경

■1945년	2차 세계대전 종료(일본항복) 국제 연합헌장발효 얄타회담, 포츠담회담선언
■1948년	국제연합 인권선언 대한민국과 조선민주주의 인민공화국 수립선언 제1차 중동전쟁반발 소련군 철수
■1949년	캄보디아 독립 중화인민공화국 성립 북대서양 조약 조인 NOTO 창설 동 · 서독 성립 미군철수
■1950년	중 · 소 우호동맹 체결
■1950년	미국 메카시 선풍 동구 8개국 외상회의 아랍 집단안전보장조약 결성
■1950년	트루먼 애틀리 회담
■1951년	태평양안전보장조약 조인

6.25전쟁(韓國戰爭)은 1950년 6월 25일 새벽 4시에 시작된 대한민국(大韓民國)과 조선민주주의 인민공화국(朝鮮民主主義 人民共和國)사이의 전쟁이다. 대한민국을 비롯한 세계 대부분에서 전쟁이 조선민주주의 인민공화국의 남침으로 시작되었다는 것이 정설이나, 북조선에서는 남한이 먼저 북침했다고 주장한다. 6 · 25 사변, 조국해방전쟁(북조선), 조선전쟁(일본), 항미원조(抗美援朝)이라고도 불린다. (위키백과사전)

Section 01

전쟁발발 원인 및 배경

1. 국내 · 외 정세

1) 현상

해방이후 신탁통치 문제[26] 및 통일정부 수립에 대한 국론분열[27]은 결국, 한반도내 두 개의 정부수립으로 이어지다.

- 1945년 12월, 미국 · 영국 · 소련 3국(3국 외상회의)이 한반도 신탁통치를 결정하자 전국적으로 통일정부수립과 신탁 반대를 주장하였으나 소련의 지시를 받은 이들이 신탁통치를 찬성함으로써 국론이 찬반으로 갈려 서로 대립하게 된다.
- 1947년 11월, 유엔은 한반도에서 인구비례에 따른 총선거를 실시하여 통일정부를 수립하며, 이 선거를 감시하기 위해 유엔한국임시 위원단을 파견하기로 결의하여 1948년 1월, 유엔한국임시위원단이 선거감시를 위해 남한에 들어왔으나, 소련의 거부로 북한에는 들어갈 수 없게 되어 선거가 가능한 지역에서만 총선거를 실시하기로 결정하였고 1948년 5월 10일, 남한은 보통, 평등, 비밀, 직접 선거라는 4대 원칙이 지켜진 민주선거를 통해 대한민국 정부(1948.8.15.)를 수립하였고 북한도 자체 정부인 조선민주주의인민공화국(1948.9.9.)을 수립하였다.

일제 식민지배의 사슬을 벗어버린 지 겨우 5년, 독립주권을 회복하려는 민족적 투쟁과 염원은 해방으로 말미암아 그 실현의 시기를 맞이하는 듯하였으나, 조국광복의 넘치는 감격을 느낄 틈도 없이 미 · 소양군의 진주(進駐)와 그로 인해서 초래된 국토의 분단은 마침내 동족상잔의 뼈저린 참극으로 이어지고 말았다. 미 · 소 점령군의 철수가 끝난 후, 자주방위를 위한 실력을 완전히 갖추지 못한 상태에서 불의의 침략을 당하게 된 국군은 우세한 병력과 장비를 보유하고 치밀하게 준비를 갖춘 북한 공산군에게 서전(緖戰)에 어이없이 패배하는 수난을 겪었다.

27) 신탁통치 : 국제 연합(UN)의 신(위)탁을 받아 연합국이 일정한 지역에 대해 통치를 하는 일
28) 국론분열 : 국민 또는 사회의 의견이 2개 이상으로 갈라짐

1948년 8월 15일 대한민국 정부가 수립되자, 김일성은 공산정권을 세우고 곧바로 남침준비를 하여 6.25전쟁 도발.

- 북한지역에 자체 정부(조선민주주의인민공화국)를 수립한 김일성은 비밀리에 소련과 중국을 방문하여 한반도를 공산화하기 위한 남침을 모의하여 소련의 스탈린 과 중국의 모택동으로 부터 남침지지와 무기지원 등을 약속받은 김일성은 남침 개시일자를 1950년 6월 25일로 정하고, 본격적으로 전쟁준비를 한 반면, 대한민국은 500여명의 군사고무단을 제외한 모든 미군이 철수하였고, 단지 미국과 한 · 미 군사원조협정만을 체결한 상태에서 전쟁이 일어나게 된다.

정부의 신속한 외교활동을 전개한 결과 지금까지 동북아시아 정책에서 한국과 대만을 미국의 방위선 밖에 두고 한반도의 위기를 인식하지 못하였던 미국으로 하여금 상황인식을 새롭게 하여 공산세력의 확산방지와 제3차 세계대전으로 인하여 문명세계가 파탄되지 않게 하려는 목적아래 한국을 원조하게 하였다. 유엔 안전보장이사회는 합당하게 한국의 원조를 결의하게 되었고, 이에 따라 7월 초에는 유엔의 이름으로 미군이 한국전선에 참전하여 공산 측의 한반도 무력통일의 기대는 무위로 돌아갔고, 북한의 불법 남침으로 한반도에서 합법적인 정부가 붕괴되는 것을 막을 수 있었다.

6.25전쟁은 자유진영과 공산진영의 대결이라는 국제전쟁의 성격을 띠게 되었고 전쟁 초기에 국군과 유엔군은 반격에 필요한 전투력을 충분히 확보하는 시기까지 지연전을 실시하여 적의 병참선을 신장시킨 다음 인천상륙작전과 더불어 공세로 전환하여 반격을 취하였다. 이어서 후퇴하는 적을 추격하여 38선을 돌파하고 그 선공부대는 압록강과 두만강까지 다다르게 되었으나 중국군의 개입으로 전세는 재역전되어 '전쟁의 새로운 국면'에 직면하게 되었다.

중국군의 개입 후 한때 수도 서울을 실함하고 오산 삼척을 잇는 선에서 적의 진출을 겨우 저지하였으나 국군과 유엔군이 전선 수복을 위하여 노력한 결과 38선 부근까지 진격하였다. 이후 전선은 교착상태에 빠졌고 서로가 일진일퇴를 거듭하는 진지전이 계속되었으며 미국은 침략자인 북한 공산집단과 중국을 단호히 응징하겠다는 확고부동한 정책을 고수하지 못하고 전쟁의 확대방지에만 급급하다가 소련의 휴전제의를 수락하였다. 휴전회담은 쌍방이 명분과 실리를 두고 우여곡절을 겪으면서 지루한 논쟁을 벌이다 만 2년 만에 결말을 보게 되어 외형상 승리도 패배도 없는 휴전이 성립되었다.

2) 국토의 분단

지정학적으로 한반도는 대륙의 세력이 태평양으로 진출해나가는 통로가 되고 또 태평양에서 대륙으로 진출하고자 하는 해양세력의 교두보가 되는 위치에 있다. 19세기 말 한반도는 청(淸)과 일본, 러시아와 영국 그리고 이 지역으로 세력을 확장해 온 서구 열강들의 이해가 상충하는 각축장의 성격을 띠게 되었다. 청 · 일전쟁이후 러시아 세력의 한반도 진출이 현저해지자 한반도를 노리던 일본은 불안을 느끼고 1896년 러시아에 한반도를 38도선에서 분할 점령하자는 안을 제시했다가 거절당한 후 만주문제로 미국 · 영국이 일본을 지원하자 극동에서 불리한 위치에 서게된 러시아는 1903년 39도선을 긋고 완충지대라는 명목으로 분할점령을 제안하였지만 영국의 후원을 얻을 일본이 이를 거절하였고, 마침내 러 · 일전쟁으로 발전하였다.

제2차 세계대전 막바지에 이르자 연합국의 수뇌들은 전후 처리와 세계질서를 정리하기 위하여 빈번한 회담을 하게 되었고, 1943년 11월 카이로(Cairo)에서 열린 미국 · 중국 · 영국의 수뇌회담에서 "한국인민의 노예상태에 유의하여 적당한 시기(In due course)에 한국을 자유 독립케 할 것"을 결정한 안은 1943년 12월 테헤란 회담 때 소련의(소련의 참전 시기는 독일이 항복한 2~3개월 후 일본 강화를 통하여 최소한의 체면을 유지하면서 종전하고자 함을 간파하고 참전을 서두르다가 정치적 실리를 극대화하기 위해여 8월 8일에 대일본전에 참전/당시 소련은 일본 관동군을 격멸한 후 사할린 · 만주 · 한국 · 북중국 일원을 미군보다 먼저 점령할 수 있는 군사력을 보유하고 있었다) 스탈린(Sralin)의 지지를 얻어 한국의 독립은 국제적으로 인정받아 미국 · 영국 · 소련 · 중국 4개국이 한국을 신탁통치 한다는 양해 사항을 재확인 하였다.

포츠담회담에서 일본의 무조건 항복을 요구하는 선언문이 발표되었으나 일본이 이를 거부하자 미국은 8월 6일 히로시마, 8월 8일 나가사키에 원자탄을 투하하여 일본은 무조건 항복의 길을 택하였다. 소련군은 한반도에 주둔한 일본군의 무장해제를 빌미로 8월 13일 청진에 상륙한 후 평양과 개성을 차례로 점령하였는데 일본이 항복한 8월 15일에는 이미 소련군이 북한 전역에 진주하고 있었다.

미군은 이제 일본의 큐슈에 상륙할 준비를 하고 있는 중이었고 상륙부대는 한반도로부터 약 1,000km밖에 위치하고 있다가 사태가 불리한 것을 깨달은 미국은 소련의 무한정한 남진을 저지하기 위하여 38도선을 경계로 미 · 소 양군이 진주하여 일본군의 무장을 해제한다고 통고하였는데 스탈린은 이를 흔쾌히 받아드렸다. 9월 9일 미군 제 24군단의 주력이 인천에 상륙했을 때까지 소련군은 사태를 관망하면서 38선 이남으로 진출하였다가 미군이 상륙하자 자진 철수하였다. 영국수상 처칠(Churchill)경이 제2차 세계대전을 회고하면서"나 처칠은 영국의 영광을 위하여 싸웠고, 미국의 루즈벨트는 전쟁에서 이기기 위하여 싸웠고, 소련의 스탈린은 전후 이득을 위하여 싸웠다"라고 술회.

소련 점령군 사령관 치스챠코프(Ivan Chistiakov)는 사회질서의 공백화를 방지하고 계획된 기지화 작업을 완료하기 위하여 보수적 민족주의 세력을 앞세워 과도적 접수체제를 확립하며 김일성을 입북시키고 1945년 12월 17일 개최된 공산당 제3차 확대집행위원회에서 당책으로 부각시킨 후 이듬해 2월 북조선 인민위원회 위원장으로 선임하였다. 김일성은 당과 행정기구를 동시에 장악하고 독재적 권력기반을 확고히 하고자 조만식을 중심으로 한 보수적 민족주의 세력을 탄압하는 한편, 보수계와 협조할 가능성이 있는 현준혁 등의 토착 공산세력까지 숙청하였다. 김일성은 1948년 9월까지 계속되는 소련의 군정기간 소련의 각본대로 무상몰수 · 무상분배 형식의 토지개혁과 중앙집권적 경제체제를 시행하여 보수 정치세력을 몰락시키는 한편, 모든 장애요소를 제거하여 공산주의 체제를 확립하였다.

미군은 군정을 위한 확고한 정책지침을 마련하지 못한 상태에서 남한에 진주하여 일본총독정치의 연장을 추진하였다가 한국민의 극심한 저항으로 이를 수정하였으나 미국에 대한 불신과 반발이 강열해지자 미군정 당국은 정치적 중립을 표방하므로 인하여 남로당을 포함한 각종 정당이 난립하여 국내 정국은 혼란해졌고 극심한 경제난 · 행정의 공백과 무질서, 폭력이 난무하는 암담한 사회가 되었다.

미국의 대외정책 변화는 1947년 중반 한국문제에 대한 국제적 공동관리(신탁통치)후 단일정부를 수립한다는 방안을 포기하고 한반도 내에서 세력균형을 유지하는 방안을 모색하기 시작하면서 좌익세력을 불법화하고 1947년 8월 15일을 전후하여 전국적으로 좌익분자를 색출 체포하였다. 이에 공산분자들은 지하로 잠적하였고 미국은 남한만으로 단독정부를 수립시킨 후 한반도에서 손을 뗄 준비를 하며 1948년 5월 10일 국제연합의 감시아래 남한총선거를 실시하고, 5월 31일 국회를 발족시켜 7월 17일에 헌법을 제정하였으며, 8월 15일 합법적인 정부수립을 공포하였다.

북한에 괴뢰정권 수립을 획책하고 있던 소련 군정당국은 남한의 총선거로부터 대한민국 정부수립까지의 사태를 관망하면서 그들의 계획을 진전시키다가 1948년 5월 1일 인민위원회를 통하여 괴뢰헌법을 선포하고, 8월 25일 최고인민위원회 대의원을 선출한 후, 9월 7일에 조선인민공화국 수립을 선포하므로 남북분단이 시작되었다

2. 정세(政勢)의 흐름

1) 국외 정세

가. 국토의 남북분단 경위

① 1943. 11 : 카이로 회담(미 · 영 · 중) → 적당한 시기에 독립 결의

② 1945. 2 : 얄타회담(미 · 영 · 소) → 한국 신탁통치 기본원칙 구두합의

③ 1945. 12 : 모스크바 3상회의(미 · 영 · 소) → 신탁통치안 채택

※ 일본군 무장해제를 위한 점령경계선(38도선)의 철의 장막화

나. 분단의 고착화

① 1945. 8. 8 : 소련이 일본에 선전포고 후 남진

※ 미군은 38선을 미 · 소 양군의 전진한계선으로 설정

② 1945. 8. 13 : 소련군 청진 상륙, 평양진주(8. 22)

③ 1945. 9. 8 : 미군 인천 상륙(미 24군단)

④ 1947. 9. 17 : 한국 문제 UN 총회에 상정

※ 한국 문제 해결책임 국제화

⑤ 1948. 8. 15 : 대한민국 정부수립 공포

⑥ 1948. 9. 9 : 조선민주주의 인민공화국 수립 공포

다. 미국의 대 한반도 정책 (목표 : 아시아에서 공산주의 힘을 봉쇄하고 가능한 곳에서 감퇴시킨다)

① 한반도의 전략적 가치 하향 평가
- 2차 대전 후 유럽 우선주의 정책
- 한국은 극동 방위의 전초 기지
- 1949. 6. 29 주한 미군 철수(군사고문단 500명 잔류)

② 극동 방위선 설정('50. 1. 12 미 국무장관 에치슨 연설)
- 알류산 열도-일본-오키나와-필리핀 연결하는 선을 불퇴방위선이라 부르고 미국이 군사방위에 직접관여 한다.
- 중공 정권 수립과 소련의 팽창에 대비 일본열도를 확보하여 소련 팽창 저지

※불퇴 방위선 바깥지역(한국, 타이완) : 공산주의자의 침략을 묵인하는 것이 아니라 우선현지의 방위노력 후 유엔의 역할을 포함한 중흥적인 대응이 필요하다.

라. 소련의 대 한반도 정책(1948년)

① 유럽에서 아시아 우선 정책으로 전환('48)

② 한반도의 완전 적화 기도

마. 중공의 대 한반도 정책

① 대 한반도인식: 순치보거(脣齒輔車 : 이와 잇몸사이처럼 서로 없어서는 안될 긴밀한 관계)

② 소련의 원조 절실(국내문제) : 소련의 대한반도 공산체제 수립에 동조

바. 2차 대전이후의 미 · 소 대립

① 제1단계('45년 ~ '46년 초) : 소련의 팽창정책
- 동구 소련 위성국화
- 아시아 신생독립국에 세력 확장
- 공산화 기도

② 제2단계('46년 초 ~ '47년 초) : 미국의 봉쇄정책
- 구소련 미국대사 케난의 현지 보고문
- 미국의 단호한 대처 의견 결집
- 트루만 독트린 선언('47. 3. 2)

③ 제3단계('47년 초 ~ '49년 초) : 미 · 소의 냉전
- 마샬 유럽 부흥 계획('47. 6. 5)
- 소련의 코민포름 창설(즈다노프 선언)
- 북대서양 조약기구(NATO)결성('49.4)

④ 미 · 소간의 냉전 격화

2) 국내정세

가. 미군에 의한 군정 실시('45. 9 ~ '48. 8)

① 미군 : 일제 총독정치계속, 정치적 중립 표방

② 소련 : 조선총독부 개입배제, 지역별 통치권 접수, 민족주의 토착 세력과 연합, 공산 정권 수립준비 진행

나. 정치 : 정당난립 및 집권당 세력 미약

다. 경제

① 국민의 기본생활 곤란 및 인플레이션 현상 심화

② 인구 급증 및 경제적 불구 현상 초래

라. 사회 : 남로당 및 무장공비 활동(폭동, 파업, 선동)

마. 군 : 불순분자 내부침투/지휘체계 문란, 전투력 분산

① 48. 10월 : 여순 반란 사건

② 48. 11월 : 대구 폭동 사건

③ 49. 5월 : 6사단 8연대 1 · 2대대 월북사건

3) 남 · 북한 군사정세

가. 북한군의 성장 과정

1950년 6월 25일 남침에 이르기까지 북한은 다음과 같은 3단계를 거쳐 남침을 위한 군사력을 축적하였다.

- 배태기[28](1945. 8. 15 ~ 1946. 8. 15)
- 창설기(1946. 8. 15 ~ 1948. 2. 8)
- 강화기(1948. 2. 3 ~ 1950. 6. 24)

배태기는 해방으로부터 보안간부훈련대대부(保安幹部訓練大隊部)가 창설되기까지이다. 해방직후 북한 보수계 민족주의 세력과 국내공산 세력에 의하여 조직된 다수의 사설 무장단체들이 사회질서와 치안을 유지하고 있었다. 그후 소련군이 진주하면서 김일성을 중심으로 북한 내의 무장세력을 일원화하기 위해 소련 군정당국은 이들 모두 사설단체들을 해체 통합하여 1945년 10월에 보안대(保安隊)를 창설하였다.

이와는 별도로 다음해 1울에는 철도보안대(鐵道保安隊)를 창설하였는데, 실제로 정규군의 편성에 대비한 것으로서 7월에 철도경비사령부(鐵道警備司令部)로 개편되었을 때는 예하에 13개 중대의 병력이 확보되어 있었다. 한편 군사력을 확장하기 위한 준비로서 병력과 간부 양성을 위한 각종 교육기관, 즉 평양학원(平壤學院) · 중앙보안간부학교(中央保安幹部學校) · 안훈련소(保安訓練所) 등이 설치되었다.

북한 당국은 이렇게 날로 확장되어가는 군부대와 군사교육기관을 통합 지휘할 단일기구로서 1946년 8월에 보안간부훈련대대부를 창설하고, 예하에 평양학원과 중앙보안간부학교, 3개의 훈련소와 3개의 대대를 편성하였다. 이로써 보안간부훈련대대부는 소련의 적극 지원 아래 북한군의 모체가 되어 급속히 확충되었다.

북한군의 창설기는 보안간부훈련대대부가 창설된 시기로부터 조선인민군(朝鮮人民軍)의 청건이 이루어 질 때까지이다. 병력과 장비가 증강됨에 따라 북한은 1947년 5월에 보안간부훈련대대부 예하 전 장병에게 정식으로 군관 및 사병의 계급장을 수여함과 동시에 보안간부훈련대대부를 인민집단군총사령부(人民集團軍總司令部)로 개편하고, 종래의 3

29) 배태기 [胚胎期] 사람이 아이를 밸 수 있는 시기(전쟁의 배후싯점)

개 훈련소를 보병 제1사단 · 보병 제2사단 · 제3독립혼성여단으로 편성하는 한편 간부양성기관인 중앙보안간부학교를 제1군관학교로, 평양학원을 제2군관학교로 만들었다. 그리고 장비를 소련제로 완전히 교체함으로써 전투력이 급격히 향상되었는데, 김일성은 정규군 육성을 위한 기반이 확고해지자 1948년 2월 8일에 인민집단군 3개 사단을 기간으로 하는 인민군(人民軍)을 창설하였다.

북한군의 강화기는 인민군의 창설로부터 남침하기까지의 기간이며 김일성이 남침을 위하여 군비를 강화하던 시기이다. 1948년 6월부터 징집을 시작하였고 1948년 말 소련군이 철수하면서 다수의 장비를 이양함과 동시에 사단당 약 150명의 고문관을 채류시켜 군비강화에 박차를 가하였다. 더욱이 소련 국방상 불가닌은 1948년 12월 25일 북한 군사사절단을 초청하여 남침을 위한 18개월 목표를 부여하였다.

1949년 초 소련 · 중국 · 북한 간에 삼각협조체제를 체결하였으며, 3월 17일 김일성이 모스크바를 방문하고 조 · 소 비밀 군사협정을 체결하였으며, 3월 18일에는 조 · 중 상호방위조약을 체결하였다. 이어서 1949년 10월에는 소련 · 중국 간에 "허얼빈 협정", "모스크바 협정"이 맺어졌다. 이에 앞선 1949년 1월 북한 · 중국의 허얼빈 회의에서 결정한 것은 동북인민해방군(중국군)내의 한인부대를 입북시킨다는 것이다.

이 결정에 따라 1947년 7월말 방호산(方虎山)이 지휘하는 166사단 1만 명이 입북하여 인민군 제6사단이 되었고, 8월말 김창덕(金昌德)이 164사단 1만 명이 북한에 들어와 인민군 제5사단으로 편성되었다. 이외에 1949년 8월 전후로 하여 중공군 출신 2~3천명이 추가로 입북하였으며 1949년초 스탈린그라드전투에 참가한 한인 5천명이 북한에 들어와 인민군에 편입되었다.

1950년 5월초에는 전우(全宇)의 지휘아래 중국군 제20사단출신을 주축으로 한인 1만명을 북한에 데려와 인민군 제7사단으로 편성하였다. 이렇게 만들어진 부대들은 항일전쟁 · 국공내전 등을 통하여 많은 전투경험을 쌓았기 때문에 즉시 사용 가능한 우수한 병력들이다. 이와 병행하여 1950년 3월에는 3개 민청훈련소를 승격시켜 제10, 제13, 제15사단으로 개편하였다. 보안대대는 7개 여단으로 확장하여 이들로 하여금 38선 및 국경지대 경비와 내부치안을 담당하게 하고 정규사단은 후방에서 사단급 훈련을 실시하였다. 이후 북한군의 군비는 급속도로 강화되었고 남침을 목표로 하는 훈련도 가속되는 가운데 1950년 5월까지 북한은 10개의 보병사단을 확보하였다.

북한군의 군사력 증강 과정에서 가장 주목되는 것은 전차부대의 창설이다. 1947년 5월에 소련군에 의해 제115전차연대가 창설되어 제105전차여단으로 승격되었는데, 이때 소련으로부터 지원 받은 242대의 전차는 남침 시에 공격의 주도적인 역할을 담당하였다.

이 같은 일련의 확장과 더불어 북한군은 소련의 대규모적인 군원에 힘입어 기동력과 화력이 크게 증강되었으며, 북한군 전투부대는 사단급 훈련을 거쳐 남침을 위한 대부대 합동훈련까지 실시하였다.

북한의 해군은 1946년 12월에 해군경비대(海軍警備隊)로 창설되어 1948년 2월 조선인민군의 창설에 따라 병력을 증원하면서 이듬해에는 인민해군(人民海軍)디란 명칭이 정식 발족하였다. 해군의 근본 약점은 그들의 영해가 동서로 분단되어 있는 것인데 이러한 약점을 보강책으로 보조 소함정의 쾌속화가 중시된 것으로 보인다.

북한의 공군은 신의주 항공대를 평양학원에 흡수함으로써 출발하여 소련으로부터 전투기를 도입함에 따라 1949년 항공사단으로 증편되었고, 남침시기가 임박하면서 대남공격기지를 38선 가까이 전진시켰다. 그러나 북한 공군에 대한 소련의 지원은 지상군에 대한 원조보다 매우 제한된 범위에서 이루어졌던 것 같으며, 이것은 개전 초기 북한 공군의 활동이 미약했던 점으로 보아 쉽게 판단할 수가 있다.

나. 한국군의 성장 과정

해방 이후부터 북한의 불법남침이 있기까지의 5년 동안 한국군이 성장해온 과정은 크게 다음 2단계로 구분해 볼 수 있다.

- 군정하의 '경비대'(1945. 8. 15 ~ 1948. 8. 15)
- 정부수립 이후의 '국군'(1948. 8. 15 ~ 1950. 6. 25)

해방이 되자 건군(建軍)에 뜻을 둔 인사들이 저마다의 군사경력과 연고관계를 중심으로 군사단체를 조직하였는데, 광복군(光復軍) · 독립군(獨立軍) · 중국군 · 일본육사 · 만주군 · 학병단 · 지원병 징병 등 무려 30개가 되었다. 미군정 당국은 1945년 11월 13일에 군정법령(軍政法令)으로써 국방사령부(國防司令部)를 설치하고, 다음해 1월 15일에는 남조선국방경비대(南朝鮮國防警備隊)를 창설함으로써 모든 사설 군사단체를 해산시켰다. 그리하여 지원자들을 군사영어학교(軍事英語學校)에 흡수하고 여기서 배출된 장교를 중심으로 남조선국방경비대를 창설하여 국군의 모체로 발전시키게 되었다.

이후 1946년 3월 29일에는『국방부』로 개칭하고 , 5월 1일에는 간부요원 양성을 목적으로 남조선국방경비사관학교(南朝鮮國防警備士官學校)를 설립하여 미국식 교육을 실시하였으며, 6월 14일에는 국방부를 통위부(統偉部)로 개칭하고 이와 함께 남조선국방경비대는 조선경비대(朝鮮警備隊)로, 남조선국방경비사관학교는 조선경비사관학교(朝鮮警備士官學校)로 개칭하였다. 조선경비대는 모병(募兵)과 편제의 확충에 박차를 가하여 남한 각 도별로 1개 연대씩 9개 연대를 창설하고 1947년 12월에는 이것을 3개 여단으로 개편하였으며, 다음해 7월에는 다시 5개 여단(15개 연대)으로 증편하였다. 그런데 미군정당국이 입대자에 대한 신원조사를 소홀히 함으로써 많은 좌익분자가 입대하여 사상적 혼란과 갈등이 심각하였으며 그로 인하여 군내의 반란사건, 부대단위 월북사건 등이 일어났다.

한편 해군은 1946년 1월 14일자로 국방사령부에 정식 편입된 해방병단(海防兵端)을 효시로 하여 6월 15일에 통위부(統偉部) 산하 조선해양경비대(朝鮮)海洋警備隊)로 발전하였다. 공군은 육군에 예속되어 그 기초를 만들었는데 항공부대를 시작으로 하여 1948년 7월에는 항공기지부대(航空基地部隊)로 명칭을 바꾸었다.

1948년 8월 15일 대한민국 정부가 수립되고 같은 해 11월 30일에 국군조직법이 공포됨에 따라, 조선경비대는 육군으로, 조선해안경비대는 해군으로 각각 새로운 면모를 갖추게 되었다. 즉 대한민국의 국군이 육군과 해군을 기간으로 정규군으로 장족의 발전을 하게 된 것이다. 정부는 같은 해 12월 7일에 국방부 직제를 공포하여 국방부 산하에 육군본부와 해군본부를 설치하고, 1949년 8월 6일에는 국민개병제(國民皆兵制)를 채택한 병역법을 공포하여 적령의 장정에게 병역의 의무를 부과하였다. 정부 수립 당시 육군은 5개 여단으로 편성되어 있었지만 1949년 1월에 제7여단을 창설함으로써 6개 여단(22개 연대)을 보유하게 되었다. 그리고 5월 12일에 여단을 사단으로 승격시킴으로써 외형은 어느 정도 갖추었으나 장비는 구형 혹은 노후화된 것뿐이었고 더욱이 지원체제는 극도로 빈약하였다.

이러한 군비의 부실을 해결하기 위하여 정부는 1948년 8월 트루만 미대통령에게 보다 실질적인 원조를 요청한 바 있고 일찍이 소련의 극동정책과 한반도의 정세를 판단한 웨드마이어(Wedemeyer) 장군의 보고서 및 주한 미군사고문단의 실질적인 군사원조 건의가 있었으나 미국은 한반도의 군사력 불균형을 외면한 채 1949년 9월 15일 미군을 철수시켰다. 미군은 철수 시 대대훈련 시범을 보여준 것으로 한국군에 대한 훈련을 종결지었다.

한편 각 사단에 대하여는 1950년 3월말까지 분대전술에서 대대전술에 이르기까지의 부대훈련을 실시하도록 계획하였으나 개전 시까지 육군의 각 사단은 평균 중대 훈련을 마친 상태였다. 육군의 증편에 수반하여 간부요원을 양성하기 위한 교육기관이 확충되었다. 그리고 정규군의 발족과 더불어 종래의 조선경비사관학교를 육국사관학교(陸軍士官學校)로 개칭하고, 교육기간도 1년으로 하였다가 다시 4년으로 연장하여, 우수한 사관을 양성하는 정규 사관학교로 발전시키는 동시에, 육군보병학교(陸軍步兵學校)와 육군참모학교(陸軍參謀學校)교육도 강화하였다.

이 같이 정부수립 후에 정규군으로 개편된 육군은 장교의 질적 향상을 위하여 각 병과교육과 부대훈련을 계속하는 한편, 지휘관 · 참모 및 장교들에 대한 보수교육(補修敎育)을 실시하였으나, 국방경비대 이후 4년에 걸쳐 간부들의 계급 승진이 비약하였던 사실에 비하면 군사적인 식견이나 실무면의 경험은 대단히 부족한 실정이었다.

국군조직법 공포로 육군과 더불어 국군 창설의 기간이 된 해군은 기구의 정비 및 중요 부대의 법적 조치 등을 추진하면서 정규군으로서의 면목을 일신하였고 이에 따라 해군병학교는 해군사관학교(海軍士官學校)로 개편되었다.

해군은 발족과 더불어 함정을 확보하고자 노력했으나 국가 재정면으로나 기술면에 비추어 함정을 구입 또는 건조할 수 없는 형편이었으므로, 1946년 6월에 함정건조기금거출위원회(艦艇建造基金據出委員會)를 결성하여 장병의 성금을 모아 함정을 도입하게 되었으나 그 빈약함은 육군이나 다를 바 없었다. 조선경비대가 육군으로 개편됨에 따라 항공기지부대도 육군항공기지부대(陸軍航空基地部隊)로 되었다가 1948년 9월 13일에 다시 육군항공사령부로 개칭되면서 기구를 전반적으로 개편하고 사령부 예하 비행부대와 항공기지부대를 각각 여의도(汝矣島)와 김포(金浦) 기지에서 창설하였다.

이러한 기구의 개편과 아울러 미군으로부터 L-4형 연락기 10대, L-5형 비행기 10대를 인수하여 모두 20대의 비행기(연락 및 정찰용)를 보유하게 되었다.

1949년 10월 1일에는 육군항공사령부가 육군에서 분리되어 공군으로 독립하였다. 이에 따라 육군항공사관학교는 공군사관학교(空軍士官學校)로, 비행부대는 비행단으로, 항공기지부대는 항공사령부(航空司令部)로 각각 개편되었다. 공군은 독립 못지않게 항공기의 도입을 염원하였으나 미국의 반응은 냉담하였다. 그리하여 1949년 9월부터 애국기(愛國機) 헌납운동을 거국적으로 전개하고 전국민의 호응을 얻은 결과, 고급 연습기AT-6형 10대를 구입하는데 성공하여 건국기(建國機)라 명명하였다.

국군조직법이 공포되었을 때 해병대는 없었으나 여 · 순(麗順)반란사건(1948. 10. 19)을 진압하면서 상륙전을 담당하는 특수부대의 필요성이 증대되어, 1949년 4월 15일에 1개 대대로 해병대가 창설된 후로 6.25전쟁에서 상륙부대로 활약할 기반을 갖추게 되었다.

다. 남북한 군사력의 비교

남진정책과 한반도 공산화를 위해 소련이 북한을 적극 지원하여 북한군이 급격히 성장한 데 반해, 한국의 전략적인 가치를 과소평가한 미국은 군사력의 열세를 만회하기 위한 한국정부의 노력을 적극 지원하지 않았다. 말하자면 한국과 북한의 군사력의 격차는 곧 미국과 소련의 한반도 군사정책의 기본개념의 차이에서 비롯된 필연적인 결과인 것이다.

북한 공산집단이 해방으로부터 남침 시까지 이른바 "적을 타도할 수 있는 현대화된 강력한 육군"의 건설을 일사불란하게 추진하고 있었던 것과는 대조적으로, 한국군의 실질적 증강을 위험시하여 이를 억제하려던 미국의 정책으로 말미암아 군군은 국방경비대시대의 전력 수준을 크게 벗어나지 못하는 명목상 8개 사단 규모의 전투력을 보유하고 있었다.

미국과 소련이 남북한 지역에서 철수함으로써 한반도에는 외형상 남북한의 대치현상이 전개되었던 것이나, 이것은 실질적으로 군비를 갖추고 남침을 노리던 북한이 포착하려고 있던 상황이었고 6.25전쟁 발발 직전의 남북한 군사력을 비교하면 다음 표와 같다.

구분 / 군별	국 군	인민군	비 고
육 군	8개 사단(22개 연대) 67,416명 지원 및 특수부대 27,558명 계 94,974명	10개 사단(30개 연대) 120,860명 지원 및 특수부대 61,820명 계 182,680명	
해 군	7,715명	4,700명	
공 군	1,897명	2,000명	
해병대	1,166명	9,000명	
총 계	105,725명	198,380명	비율 1:2

남북한 군사력 비교(병력면)

구분 / 장비별	국 군		인 민 군		비 고
	구 경	수 량	구 경	수 량	
박격포	81mm 60mm	384 576	120mm 82mm 61mm	226 1,142 360	
곡사포	105mm	91	122mm 76mm	172 380	
고사포			85mm 37mm	12 24	국군 전무
대전차포	57mm	140	45mm	350	
로켓포	2,36인치	1,900			
전 차			T-34	242	국군 전무
장 갑 차		27		54	
자 주 포			SU-76	176	국군 전무
항 공 기		22		211	
경 비 정		28		30	

남북한 군사력 비교(주요 장비면)

구분	한 국 군	북 한 군
훈련	• 중대 훈련 수준	• '49. 2 : 보, 전, 포 • '50년 : 남한 일대 지형 연구 및 사단급 야외훈련
전투 경험	• 비정규전 : 공비토벌작전 38선 일대 분쟁 • 정규전 : 일본군 출신 • 사단급 이상 지휘경험자 단 1명(김홍일 장군)	• 한인계 중공군 부대 일부 입북(23,000여명) – 1949. 1 하얼빈 협정 • 한인계 소련군 입북 – 5,000명 • 사단급 이상 지휘경험자 다수

훈련 및 전투 경험

구분	남한	북한	비고(기준년도)
총인구(만명)	2,019	975	1949
국민총생산(억불)	7.1	3.9	1949
식량생산량(만톤)	345.5	124.4	1950
수산물생산량(만톤)	21.6	27.3	1949
석탄생산량(만톤)	112.9	400.5	1949
발전시설용량(만kw)	23.1	104.7	1950
철도총연장(km)	4,423	3,815	1950
도로총연장(km)	24,932	13,549	1949
무역총액(억불)	1.4	5.1	1949

라. 남 · 북한 군사 상황

① 한국군 창설

■ 1945. 11. 13 : 국방사령부 설치

• 한국의 토착 군사력 양성

■ 1945. 12. 5 : 군사영어학교 설치

• 군 창설에 따른 언어장벽 해소

• 통역관 및 군사 간부요원 양성

■ 1946 : 남조선 국방 경비대 창설(Bamboo계획)

- 46. 1. 14 각종 군사단체 해산

- 남한 8개도에 각각 1개 연대 규모(25,000명)

■ 대한민국 국군 탄생 및 성장

• 1948. 8. 15 : 국군 창설(5개 여단 15개 연대 50,000명)

• 1948. 9. 5 : 대한민국 국군 발족(육군, 해군)

• 1949. 10. 1 : 공군 창설(육군항공 사령부 → 공군)

※ 6.25전쟁 발발 당시 8개 보병사단, 2개 독립연대 보유

② 북한군 창설

■ 치안대, 자위대, 적위대

- 치안대 : 현준혁 중심의 국내 공산세력
- 자위대 : 조만식 중심의 민족진영 조직
- 적위대 : 김일성 중심의 공산 조직

■ 1945. 10.21 : 보안대 창설

- 사설무장단체 해제
- 김일성 중심의 무장세력 일원화

■ 1945. 10. 21 : 보안대 창설

- 사설무장단체해제
- 김일성 중심의 무장세력 일원화

■ 1946. 2 : 평양학원 설치

- 정치간부 양성
- 유격대원 양성, 남파

■ 1948. 2. 8 / 9. 9 : 인민군 창설 / 북한 정권 수립

※ 6.25전쟁 발발 시 10개 보병사단, 1개 전차여단 보유

4) 6.25전쟁의 발발 배경

6.25전쟁의 발발 배경이 미 · 소간에 전개된 냉전이 한반도에서 열전으로 표출되었다는 이론이 지배적으로 받아 드려졌다. 그러나 최근 많은 학자들에 의하여 이 문제가 다각도로 조명되어 6.25전쟁이 단순히 미 · 소 냉전의 부산물이라는 견해는 퇴조되어 가고 있다. 따라서 6.25전쟁의 발발 원인을 몇 가지로 정리하여 새롭게 인식할 필요가 있다.

우선 남로당(南勞當)의 폭력혁명으로 정권을 장악하려는 기도가 6.25전쟁을 유발하였다는 견해이다. 1925년 말을 기하여 조선공산당은 4차에 걸친 일제의 검거로 와해상태에 빠진다. 그 후 여러 차례 조직의 부활을 시도해 왔으나 매번 실패하여 전향 · 유휴 · 지하잠

적 · 복역 등 다양한 형태로 분산되었다. 1945년 8월 15일 해방을 맞자 공산주의자들은 발빠르게 조직을 재건하고 정치적 주도권을 장악하기 위하여 분주히 움직였다. 그 중 박헌영(朴憲永)은 일제로부터 남한의 치안유지 권한을 인수한 여운형(呂運亨)에 접근하여 이들과 제휴하고 "조선건국준비위원회" 를 발족시킨 뒤, 1945년 9월 4일에는 건국위원장 여운형을 비롯한 정백(鄭栢) · 허헌(許憲) 등과 화합하여 "인민공화국" 의 창립을 합의하였다.

또한 박헌영은 군정 하에서 합법적인 정치활동을 계속하기 위하여 공산주의를 은폐한체 "진보적 민주주의" 를 표면에 내걸고 1946년 11월 23일 "남조선노동당(南朝鮮勞動黨)"으로 당명을 개칭하였다. 그리고 좌익의 여러 분파들을 통합하고 중도파 혹은 우익과도 제휴하여 연합전선을 구성하려고 시도하였다. 그러나 김구(金九) · 이승만(李承晩) · 김성수(金性洙) 등 우익지도자들은 이들에 대항할 정치단체를 결성하고 세력을 확장해 나갔다.

한편 박헌영을 중심으로 한 남노동당은 제1차 미 · 소 공동위원회가 무기휴회에 들어간 1946년 후반기부터 미군정 당국에 대하여 노골적인 적대적 행위를 했고 미군정 당국은 9월 7일 포고령 위반혐의로 남로당 총비서 박헌영과 이강국(李康國) · 이주하(李舟河) 등 최고 간부에 대한 체포령과 남로당 기관지 "조선인민보", "현대일보", "중앙일보"의 정간 처분령을 내렸다. 이에 남로당의 간부들은 대부분 북한으로 탈출하였고 군정과 우익계에 대항하여 합법적으로 정권을 장악하기 어렵다고 판단하여 폭력투쟁으로 선회하였다. 남로당은 운수계의 노동자와 실직 노동자를 선동하여 9월 23일 철도파업을 일으키고 지상 · 해상운수 뿐만 아니라 체신 · 통신 분야에까지 파업을 선동하였다. 가장 심각했던 것은 10월 1일에 있었던 대구의 인민폭동이다. 철도파업에 대구의 노동자들이 가세하여 그 파고가 높아지자 이를 저지하던 경찰이 발포함으로써 사태는 최악에 이르렀고, 시위군중은 폭도로 변하여 경찰서를 비롯한 관공서를 점령하거나 방화하였다. 사태수습의 능력을 잃은 경찰을 대신하여 미군이 이를 진압하였지만 이것은 공산당에게 좋은 선전 자료를 제공해주는 결과가 되었다.

중국대륙에서는 1947년 중반에 국 · 공 내전이 재개되었는데 1948년 여름부터 대세가 기울어져 중국공산당의 승리가 거의 확실해지자 주변국의 공산주의자들은 크게 고무되었고 소련도 이들의 투쟁을 부추겼다. 공산주의자들은 남한에서 선거를 통하여 남한만의 단독정부를 수립한다는 유엔의 결의에 반대하고 북한의 지령에 따라 "2. 7 구국투쟁"을 비롯하여 "5.10 선거 반대투쟁" 등 대중투쟁을 전개하였다. 그러나 미 군정당국과 한국정부의 강경한 대처로 그들의 계획이 무산되었고 이들은 대중투쟁에서 무력투쟁으로 자세를 전환하였다. 그간 여러 가지 폭력사건에 가담하였던 자들이 검거를 피해 입산하거나 월북 혹은 지하 잠적의 길을 택하였으며 입산자들이 중심이 되어 무장유격대를 조직하게 된 것이다. 월북자들은 "강동정치학원(江東政治學院)"에서 유격교육을 마치고 다시 남파되기도 하였다. 남로당의 행동대원들이 북한의 사주로 1948년 4월 3일에 일으킨 제주도 무장폭동은 대부분의 좌익분자들이 사살됨으로써 끝났지만 6만여 명의 인명피해와 엄청난 재산상의 피해를 가져왔고 군내부에 기생하던 공산분자에 의하여 진압부대 연대장이 살해되는 일까지도 발생하였다. 군내부에 침투한 공산분자들이 일으킨 사건 중 가장 충격적이었던 것이 1948년 10월 19일에 일어난 여수 · 순천 반란사건이다. 제주도 폭동을 진압하기 위하여 여수지역에 주둔하고 있던 제14연대의 1개 대대를 출동시켰는데 승선하기 전에 군내부의 공산분자와 민간인 좌익분자가 손을 잡고 연대내의 동조자 약 3천여 명을 이끌고 여수시내에 돌입하여 관공서를 점령하고 많은 우익계 인사들을 살해하였다. 이 사건으로 한국정부는 큰 충격을 받았고 남노당도 투쟁노선을 급격히 변경해야 할 문제가 되었다. 한국정부는 좌익분자를 제거하기 위하여 1948년 말 "국가보안법"[30]을 제정하고 남로당을 불법화하였으며, 군내부에서도 대규모의 숙군(肅軍)을 단행하여 1949년 7월말까지 약 4천 7명의 장병을 검거 제거하였다. 한편 이 반란이 계기가 되어 진행된 숙군은 남로당이 국군내부에 심어놓은 조직의 와해를 가져와 그 전투력에 결정적 타격을 입혔다. 북한군이 남침하면 이에 호응하여 국군내의 반란세력으로서 협공을 기대하였던 것인데 그 계획이 수포가 되었다. 남로당은 이미 노출된 무장력을 수습하여 "무장유격투쟁"으로 노선을 변경하였으며 인민유격대를 조직하고 북한의 남침 시에 활용하기 위한 "전구(戰區)", "해방전구(解放戰區)" 등을 구성하였다. 또한 북한에서는 1948년부터 "강동정치학원"을 설치하여 본격적인 대남공작 교육을 실시하였는데, 박헌영, 이승협의 주도하에 남한에서 선발 월북시킨 청년 남녀들을 한 기에 1,200~2,000명을 교육하였다. 1948년 10월 4일 이 학원에서 180명을 선발하여 양양 · 오대산지구에 투입한 것을 비롯하여 1950년 3월까지 1,300여명을 침투시켰다. 이들은 토착조직과 제휴가 원활하지 못하여 국군의 토벌에 큰 타격을 입고 거의 소멸되었다. 그러나 이러한 북한의 공작성과 남로당의 존재는 김일성의 남침의지를 고무시키기에 충분하였다.

한편 북한에서는 해방직후부터 여러 개의 정파가 있었는데 첫째는 고당 조만식(高當 曺晩植)선생을 중심으로 일어난 우익 민족주의 세력이다. 이들은 일제치하에서도 언론 · 교

30) 국가보안법 : 1948년 12월 1일 제정(법률 제 11042호) 대한민국 정부가 대한민국 정부 내에서 민주적 기본질서를 위태롭게 하는 반국가 단체의 활동을 규제하기 위하여 제정한 법률(위키백과 참조)

육 · 종교활동을 통하여 민족운동을 전개해왔고, 특히 조만식 선생은 일제의 회유와 협박에 굴하지 않았기 때문에 민족운동의 지도자로서 추앙을 받아 북한정치의 구심점이 되었다. 다른 하나는 박헌영을 중심으로 한 국내파 공산주의자들이다. 박헌영은 19세 때인 1919년 3월 1일 항일민족독립운동에 참여한 뒤 중국 상해로 건너가 고려공산당에 가입하고 본격적인 공산주의 운동을 하였다. 그는 여러 차례 일본경찰에 체포 구금된 경력이 있는 공산주의자로서, 일제의 탄압으로 와해된 조선공산당을 해방이후 재건하여 명실상부한 조선공산당의 지도자가 되었다. 국내파 공산주의세력은 우익민족주의 세력만큼의 정치적 역량을 갖지 못했으나 국내의 공산주의 제파벌 중에는 단연 핵심적인 위치에 있었다.

세 번째 정치세력은 소련파다. 이들은 조선조 말기 기근과 관리들의 가렴주구를 피해 러시아의 연해주로 이주한 한인들의 자손과 1910년 대한제국이 일제에 나라를 빼앗기자 이곳으로 이주한 사람들로 구성되어 있다. 이들은 러시아에서 볼셰비키혁명이 일어난 후 소련공산당에 가입하여 소련의 시민권과 소련공산당원의 자격을 가지고 있었으며 소련군의 북한 진주와 함께 입북하여 소련 점령군 사령부의 요직에 배치되어 있었던 허가이(許哥而) · 박창옥(朴昌玉) · 남일(南日) · 태성수(太成洙) · 이상조(李尙朝) 등이 이에 속한다.

네 번째 정치세력은 갑산파(甲山派)다. 1930년대 만주와 함경북도 갑산일대에서 항일유격대를 조직하여 활동하다가 1940년대 일본관동군의 토벌에 쫓기어 소련으로 들어가 소련군의 정보요원으로 활동하던 중 소련군의 북한 점령 시 소련군을 따라 북한에 들어온 최용건(崔庸健) · 김책(金策) · 안길(安吉) · 김일(金一) · 최현(崔賢) · 임춘추(林春秋) 등이다.

다섯째 정치세력은 연안파(延安派)들이다. 이들은 화북일대에서 항일운동을 전개하던 한인 공산주의자들이 중국공산당 본부가 있는 연안으로 들어가 중국공산당 간부로 활약하고 있는 중공군 장군 무정(武亭)과 합작하여 만든 조직으로 무정(武亭) · 김두봉(金枓奉) · 최창익(崔昌益) · 한빈(韓斌) · 박효삼(朴孝三) · 박일우(朴一禹) 등이 여기에 속한다.

해방직후 북한 정치에서 소련 점령군의 존재를 염두에 두지 않고 생각할 때 이 무렵 뚜렷한 위상을 지닌 것은 우익 민족주의 세력과 국내파 공산주의 세력뿐이었지만 결국은 소련군의 적극적인 후원을 받고 있는 소련파, 갑산파가 연안파를 끌어들여 정권을 장악하는데 성공하였다. 그러나 조선공산주의 운동의 정통성은 박헌영을 중심으로 한 국내파에 있었기 때문에 정권 내에서의 갈등은 피할 수 없었고 더욱이 박헌영과 그의 추종자들이 검거를 피해 북한으로 대거 탈주해오는 현상은 소련파 · 갑산파에게는 달갑지 않은 존재였다.

박헌영의 입장은 남로당의 지도부가 북한으로 탈주한 후 날로 약화되어가고 있는 자파의 세력을 회복하기 위하여 전면전이던 국지전이던 전단을 열 것을 주장하였고 특히 남한에 50만 명의 남로원당원들이 지하에 잠복하고 있으며 전쟁이 시작되면 이들이 일제히 호응하여 남한의 적화는 쉽게 이루어질 것이라고 김일성을 자극하였다.

한편 김일성은 결정적인 시기에 전면 남침한다는 복안을 가지고 있었고 다음과 같이 여건에 고무되어 남침을 결행하게 되었다.

먼저 소련의 대규모 군사원조로 보유하고 있는 군사력이 남한에 비하여 월등히 우세하였다. 다음으로 김일성의 남침구상에 대하여 평양 주재 소련대사 스티코프(Terenti Shtykov)의 적극적인 지원이다. 셋째 연이은 풍작으로 군량의 장기적 비축이 가능하였다. 넷째 1949년 5월 집단 월북한 남한 군인들을 통하여 한국군의 실태를 정확히 파악했다고 과신했던 점이다. 다섯째 1949년 말까지 주한 미군이 완전히 철수하였고 특히 1950년 1월 미국무장관 애치슨(Dean Acheson)이 기자회견에서 밝혔던 극동정책은 미국의 태평양 방위선에서 한반도와 대만을 제외한다고 하였던 점이다. 이것은 한반도에서 무력충돌이 있을 때 미국이 직접 개입하지 않을 것으로 오판하게 하는 빌미가 된 것이다. 여섯째 한반도에서 분쟁이 있을 경우 유엔에서는 안보이사회를 소집하여 문제해결을 모색할 것이다. 여기서 소련은 6.25전쟁을 단순한 내란으로 호도하고 안보리에서 거부권 행사를 한다면 유엔 안보리의 무력화가 가능하다고 생각하였다. 만약 유엔 안보리에서 한국지원을 결정한다고 하더라도 그 결정을 내릴 때 까지는 2개월이 걸릴 것임으로 이 기간에 남한을 완전히 점령하면 유엔의 한국지원 의지는 수포가 될 것으로 판단한 것이다. 일곱째 한국군의 병력 · 장비 · 훈련 등 군사적 능력이 북한에 비해서 월등히 열세하고 계속되는 공산분자의 반란과 좌익 게릴라의 활동으로 남한의 군사력이 분산되어 있기 때문에 한국의 단독 방위력이 취약하다고 보았다. 여덟째 1949년 중국대륙을 중국공산당이 석권하였고, 중국과 북한의 관계가 돈독하여져 유사시 중국의 지원을 약속받았으며 미국이 한국에 대한 의구심을 버리지 못하는 현실 등 주변정세가 북한에 유리하게 전개되었다. 아홉째 북한군이 남침하면 남로당원 50만이 봉기하여 쉽게 적화 통일할 수 있다고 장담한 박헌영의 말을 과신한 것. 열째 5 · 30 총선에서 집권당인 자유당이 대패하자 민심이 자유당으로부터 떠난 것으로 보고 남한의 정세에 대하여 유리하게 생각했던 점을 들 수 있다. 더욱이 김일성은 이승만 대통령이 고대하는 태평양 방위동맹이 맺어지기 전에, 한국군이 강화되기 전에 한반도를 석권하면 미국은 중국에서와 같이 한국 사태를 관망하리라고 생각하였다.

이외에 고려해 볼 것은 북한 내의 토착 공산세력과 김일성 일파 사이의 정치적 역학관계이다. 위에서 살폈던 바와 같이 박헌영은 일찍부터 사회주의 운동에 참여했고 해방직후 정치적 주도권을 장악하기 위하여 누구보다도 먼저 투쟁대열에 뛰어들었다. 그는 토착 공산세력의 대부이자 그가 창설한 조선공산당은 한반도의 공산세력을 대표하였다. 그러나 소련군의 북한진주와 함께 소련군의 절대적 후원을 받고 있는 김일성을 중심으로 한 해외파들이 북한 권력의 중심에 위치하게 되었고 남한에서는 국민투표를 통한 민주정부가 수립되어 박헌영의 입지는 크게 좁아졌다. 그 위에 남로당의 폭력혁명 노선이 노출되자 미군정 당국과 한국정부는 이에 대하여 강경한 조치를 취하였고 박헌영을 중심으로 한 남로당 주요 간부들은 북한으로 탈주하였다. 박헌영은 북한의 부수상 겸 외상으로 있었지만 남한에 잔존해 있는 남로당 세력이 날로 약화되어 가는 것에 대하여 불안을 느끼고 있었기 때문에 남한에서의 무력투쟁을 강화함으로써 북한에서의 정치적 효과로 투영시키고자 하였다.

그리고 어떠한 형태로던 전쟁을 일으키는 것이 선택의 여지가 없는 최선의 방법이라고 여겨졌다. 김일성의 입장에서는 남한이 남로당의 정치적 군사적 주도로 공산화되는 것을 바라지 않았다. 만약 그렇게 된다면 공산화된 남한에서의 정치적 주도권은 남로당이 장악하게 될 것이 분명하기 때문이다. 또한 김일성은 민족해방의 투사로서 이미지를 확고히 하는 한편 이 방면에서 박헌영을 압도할 필요를 절실히 느끼고 있었다. 그 이유는 공산주의자로서의 경력이나 민족해방을 위한 투쟁경력이 박헌영에게 훨씬 미치지 못하였고 국내 공산주의자들의 인지도에서도 뒤떨어진다는 느낌을 떨칠 수 없었기 때문이다.

가. 전쟁발발배경(원인)

① 국제적 요인

■ 제2차 세계 대전 후 미 • 소의 대립

- 제1단계('45 ~ '46년 초) : 소련의 팽창정책(膨脹政策)
- 제2단계('46년 초 ~ '47년 초) : 미국의 봉쇄정책(封鎖政策)
- 제3단계('47년 초 ~ '49년 초) : 미 · 소의 냉전

※미 · 소간의 냉전이 격화되어 열전화(熱戰化)

■ 미국의 대 한반도 정책상 오류

• 한반도의 전략적 가치 경시

• 주한 미군 조기 철수('49. 6. 29)

• 미 극동방위선(일명 "에치슨 라인")에서 한반도 제외('50. 1. 12)

• 전략 공군 위주의 "대량 보복전략(大量 報復戰略)" 시행

※ 지상군 대폭 축소 : 800만 명 ⇒ 59만 명

■ 소련 · 중공의 대 한반도 정책 일치

• 소련의 대 한반도 정책

- 유럽에서 아시아 우선 정책으로 전환('48년)

- 한반도의 완전 적화 기도

• 중공의 대한반도 정책

- 대 한반도 인식 : 순치보거(脣齒輔車) 관계

- 소련의 원조 절실(국내문제)

※ 소련의 한반도 적화 야망, 중동의 동조 ⇒ 북방 3각 협력체제 완성

② 국내적 요인

구분	한 국 군	북 한 군
병 력	105,752명	198,380명
전차	0대	242대(T – 34)
야포	91문(105mm)	552문(122,76mm)
항공기	22대(연락, 연습기)	211대(전투기)
훈련	• 대대훈련 완료 : 16개 대대	• 사단 기동훈련 완료 • 보 · 전 · 포 협동훈련 완료
전투 경험	• 비정규전 – 공비토벌 – 38도 선 일대 분쟁	• 한인계 중공군 부대 입국 – 제 5 · 6 · 7 사단 – 제 1 · 4 사단(각 1개 연대)
	• 사단급 지휘경험자 : 김홍일	• 사단급 지휘 경험자 : 다수

■ 남 · 북한 간 군사력 불균형

■ 국내 정세의 혼란

• 정치

- 정당의 난립(282개)

- 집권당 세력 미약

• 경제

- 인플레이션 및 경제적 불균형 초래

- 인구 급증

※ 국민의 기본적인 식생활 해결에 급급

• 사회

- 남노당 및 무장공비 활동(폭동, 반란, 파업, 선동 등)

• 군(軍)

- 지휘체제 문란 : 군내 시위, 하극상 사건

- 폭동 및 반란 : 여수/순천, 대구 반란

- 건제부대 월북사건(제8연대, 1, 2대대)

■ 북한 공산주의자들의 승리 확신

3. 전쟁설(說) : "북한공산정권의 무력 남침이 정설이다"

1) 스탈린 주도설

전쟁이 김일성이 아니라 스탈린의 의지로 발발했다는 설. 그 이유로 북대서양조약기구의 압력을 극동으로 분산, 미일평화조약의 견제, 미국의 위신을 떨어트리고 아시아 지역의 공산화를 촉진하기 위한 무력 위, 중국공산당의 독자 노선에 대한 견제 등의 이유로 6.25 전쟁이 시작되었다고 주장한다.

2) 김일성 주도설

6.25전쟁은 김일성의 의지로 발발했으며, 스탈린과 마오쩌둥의 지원을 약속 받고 일으킨 남침이라는 설로, 현재 정설로 받아들여지고 있다. 소련공산당의 서기장 니키타 흐루쇼프는 그의 회고록에서 6.25전쟁은 김일성의 계획과 스탈린의 승인으로 시작되었다는 점을 밝혔으며, 중국에서도 1996년 7월 역사 교과서에서 6.25전쟁의 기록을 북침에서 남침으로 수정하였다.

3) 한미 공모설

이승만의 제1공화국의 북진 통일론이 대남 도발을 촉진시켰다는 설. 이승만은 여러 차례 무력 북진 통일을 부르짖었으며, 미국의 군사 원조를 공공연히 요청한 바 있다. 실제로 1950년대 초부터 남북은 경쟁적으로 군비를 증강시키기 시작했고, 미국이 국군을 강화시키면 이승만이 무력통일을 추구할 것이라고 판단, 북조선이 예방적 조치를 취했다는 주장이다.

4) 북침 응전설

이승만과 미군의 주도로 6.25전쟁이 시작되었다는 설. 대한민국이 먼저 전쟁을 시작했다고 주장하는 유일한 설이다. 6월 25일 새벽 남한에서 38선 전역에 걸쳐 무력 침공을 감행하였고 최초에 전선 1-2킬로미터 가량 북진에 성공했고 조선민주주의인민공화국 정부는 바로 공격을 중단할 것을 대한민국 정부에 요구했으나 교섭이 결렬되었다. 인민군은 조직적인 반격을 개시해 국군을 38선 밑으로 몰아내고 낙동강까지 진격하였다고 주장하나, 인민군이 3일 만에 서울을 점령했고, 또 준비에 최소한 1달 이상이 걸리는 상륙 작전을 9월 15일 동해안에 감행한 사실은 6.25전쟁이 남침으로 시작되었다는 강력한 증거이다.

5) 내란 확전설

6.25전쟁은 6월 25일에 시작된 것이 아니라, 그 이전의 기간을 포함해야 한다는 설이다. 1950년 이전부터 이미 정치적, 이념적 대립에 따른 국지적 무력 충돌이 계속되었으며 그것이 확대되어 6.25전쟁이 되었다는 시각. 실제로 1950년 6월 25일 이전에 이미 수많은

국지전과 무력 충돌이 있었으며, 1950년 6월 25일에도 사람들은 기존의 국지전의 연장으로 인식하여 피난을 가지 않았다고 한다. 이러한 시각에 따르면 전쟁 기간은 다음과 같이 구분된다.

① 작은 전쟁(~1950년 6월 25일) : 2.7국투쟁, 야산대 투쟁, 4. 3항쟁, 여수 14연대 반란 사건, 38선 부근에서의 국지적 무력 충돌이 계속됨.

② 제한전쟁(1950년 6월 25일~1950년 7월 1일) : 조선민주주의인민공화국이 제한적 무력 동원을 통해 대한민국의 수도 서울을 긴급 점령하여 통일정부를 수립하려함.

③ 전면전쟁(1950년 7월 1일~1950년 10월) : 일본에 주둔하고 있던 미군 스미스부대가 참전, 조선민주주의인민공화국은 7월 1일로 전시국가총동원령을 발함.

④ 확대전쟁 (1950년 10월~1951년 6월) : (인천상륙작전)의 성공 후 국군 독단으로 38도 선을 넘어 북진 시작, 중국 인민해방군/중국군 참전으로 이어짐. 전쟁이 새로운 국면으로 접어듬)

⑤ 고착/제한 전쟁(51. 6월~휴전) : 휴전협상과 함께 38도선 근방에서 점령지 확보를 위한 국지전이 계속됨.)

* 커밍스(70), 6.25전쟁을 말하다 [중앙일보] 2013.08.31
미국 시카고대 석좌교수/1943년생, 1981년 『한국전쟁의 기원』저술 이 책은 소련 비밀문서가 나오기 이전의 저술임을 인정하면서 북한의 남침 사실도 간접적으로 인정했다.
- 한국사회에서 6 · 25전쟁을 둘러싼 이념 갈등이 있고.. 한국사 교과서의 6 · 25 서술을 놓고 좌 · 우파 갈등이 벌어진 역사 전쟁에 커밍스 교수도 책임이 있다고 보는데, 이런 글쓰기의 출발이 커밍스 교수의 『한국전쟁의 기원』이 아닌가.⇨ "내가 『한국전쟁의 기원』을 쓸 때 북한 사람들은 물론 자유롭게 역사의 진실에 대해 쓸 수 없었고 북한은 지금도 그렇다...나는 친북한적으로 쓰려는 의도가 전혀 없었고 나는 단지 참혹한 전쟁에 대한 진실을 전달하려 했을 뿐이다

* 와다 하루끼 교수
한반도에서 유일 정통성을 주장하는 남 · 북 분단정부가 수립됨에 따른 필연적 결과
(공산 측에는 중국 혁명, 즉 항일 전쟁과 국공 내전의 연장으로 6.25전쟁이 개시된 측면이 있다.)

4. 전쟁발발 직전의 피 · 아 상황

1) 북한의 대남교란 공작 인민유격대 남파(10회, 2,400여명)

- 지방 적색분자와 합류, 살인 / 방화자행

2) 38선 불법도발 자행

- 군 경계태세 및 전투력 수준 탐색
- 38선을 북한군 실전 훈련장으로 이용

3) 남침직전 평화공세

- 목적 : 침략기도 은폐 및 전쟁도발 구실 조작

- 평화공세 내용
  - 38선 일대 전단 살포 / 대남방송을 통한 심리전 실시
  - '50. 4월 북한주민대상 평화통일 서명운동 전개
  - '50. 6월 통일 방안제시(남북대표회담, 총선거실시)
  - 조만식선생과 남로당 간첩(김삼룡, 이주하) 교환제의

4) 한국군 전투 준비태세

- 북한군 남침징후 무시
  - 북한군 38선 부근 남하, 귀순병사진술, 북한군관 지형정찰
- 정부 및 미국의 미온적 처리
  - 38선 축성공사비 국회삭감, 육본전력증강건의서 무반응

• 군부의 모순된 여러 조치
- 신성모 국방장관 북진 준비완료 발언 (한국군 전투력 열세 은폐목적)
- 대대적인 인사조치('50. 6. 10)
- 부대예속 변경조치('50. 6. 13 ~ 20)
- 공용화기 후송 및 군사지도 회수

• 경계태세 해제('50. 6. 23. 24:00)
① 1/3병력 남침당일 외출 중
② 6. 24 저녁 육본장교구락부 개관연회

5. 남침의 근거

1) 남침의 증거

가. 피아 군사력 비교 : 한국군의 공격 불가능

① 병력 : 18만 8천 대 10만 5천으로 북한군 절대 우세

② 장비 : 북한이 전차 241대 보유한 반면 한국군 미보유

나. 전선 지역 군사력 배치 : 한국군 공격제대 편성 불가

① 한국군 : 4개 사단(7개 연대), 1개 독립연대

② 북한군 : 9개 사단 1개 전차여단, 1개 특수부대

다. 공격당일 전개상황

① 북측 주장 : 국군 북침 저지 후 인민군대 반격
⇒ 먼저 기습을 받게되면 아무리 전투력이 우세하더라도 불과 몇시간 만에 반격하기란 불가능 (예, 진주만 기습 등)

② 북한군 동해상륙 : 6. 25 04:30(400명),06:00(600명)
⇒ 공격목적으로 사전 북한 지역 출발 증거

2) 전쟁 기간 중 노획된 북한군 문서상에 나타난 증거

※ 북한 4사단 전투명령 제1호 (노획한 북한군 문서 : '50. 7. 20/대전)

1. 아군의 방어 정면에는 적(군국) 제7사단 1연대가 방어한다.
2. 사단은 군단의 공격정면에서 ~적의 방어를 돌파하며, 최초 마지리, 535고지를 점령하고 ~서울방향으로 진격한다.
3. 우익에는 제1보사가 공격하며, 좌익에는 제2보사가 공격~

(중략)

9. 포병 공격준비사격은 30분간이며~
10. 항공대는 적의 군사시설, 도로를 파괴하며~
11. 반항공대책은 ~ 적기내습 시 보병무기의 30%를 동원~
13. 지휘소는 6월 24일부터 전개하며 이동축은 의정부로 통하는 도로방향이다.
16. 기본신호 공격개시 - 폭풍(전화), 244(무전)
 돌격개시 - 녹색신호탄, 2248(무전)

▶ 인민군의 말단부대가 6월17일 명령을 받고 전선 배치되어 23일까지 전투태세를 완료하여 25일 진공개시가 사실이다.(커밍스 북한 내부 자료 인용)

6. 6.25전쟁 개관

단계	진출선	진출기간	소요일수
Ⅰ 북괴군 남침기	38도선 함안–외관–포항	1950. 6.25 ~1950. 9.15	82일간 (2개월 21일간)
Ⅱ 유엔군 반격 및 북진기	낙동강 선 정거동–초산–혜산진–청진	1950.9.15 ~1950.11.25	71일간 (2개월 10일간)
Ⅲ 중공군 침공 및 유엔군 재반격기	압록강 선 평택–재천–삼척 문산–화천–간성	1950.11.25 ~1951.6.23	210일간 (6개월 28일간)
Ⅳ 고착기간	38도선 판문점–철원–남장	1951.6.23 ~1953.7.27	764일간 (25개월 4일간)

6.25전쟁 기간 중 단계별 전선 변동 상황(자료: 국방부 국사편찬위원회, 한국전쟁, P.109)

1) 북한군 남침기(1950. 6~ 9.15)

2) 유엔군의 반격 및 북진기

3) 중공군 침공 및 유엔군 재반격기

4) 교착 작전기

① 51. 5. 16 미국국가안보회의 개최 : 전쟁목적 구분

※ 정치적, 군사적 목적 : 전전(戰前) 상태 회복

② '51. 6. 23 유엔주재 소련대사 휴전회담 제의

③ '51. 7. 10 개성에서 첫 회담 개시

④ '51년도 후반기작전 : 휴전위한 교착전으로 전환

※ 고지쟁탈전, 국지전, 장기지구전 양상

⑤ 휴전회담 장기간 지속

※ 군사분계선, 포로교환 문제 등

⑥ '53. 7. 27 10:00 휴전협정 조인

Section 02

전쟁 경과

1. 전쟁 발발 : 북한군 남침과 초기 전투

1) 북한군의 남침

가. 북한군의 남침 계획

북한군의 6 · 25 남침은 소련의 사주와 지원을 받고 중국의 저극적인 후원을 얻은 김일성이 국내의 정치문제를 해결하기 위하여 모든 여건이 가장 유리하게 전개되고 있다고 생각되는 시점을 맞아 일으킨 민족상잔의 전쟁이다. 소련은 북한을 점령하던 초기부터 김일성을 후원하여 군사력 조직에 박차를 가하였고, 북한으로 하여금 남침을 자행하도록 적극적인 군사원조를 실시하였다.

북한에 괴뢰정부와 침략적인 군사력을 조직한 후 소련군이 철수하기 직전인 1948년 12월, 소련 · 중국 · 북한 수뇌들이 모스크바에 보여 장차 18개월 안에 북한이 남침 능력을 갖출 수 있도록 지원할 것을 약속하였다.

그리하여 다음해 3월 조 · 소(朝 蘇) 경제문화협정 및 비밀군사협정과 조 · 중 (朝 中) 상호방위협정 등으로 북한에 대한 소련과 중국의 경제 및 군사지원이 구체화되었다. 그리고 모스크바 결정에 따라 이른바 동북의용군을 대거 북한군에 편입함으로써 북한군은 남침을 위한 전투 유경험자를 다수 확보하게 되었다.

북한 전역은 1949년 초부터 전시 체제에 들어가기 시작하였다. 소련은 3천여 명의 군사고문관을 배치하여 직접 남침훈련을 지도하였으며, 소련 출신 한인들을 중심으로 제 105 전차여단을 창설하였고, 해 · 공군의 창설을 돕는 한편, 내무성 산하에 보안대 · 경비대 등의 이름으로 막대한 군사예비대를 확보하게 하였다.

김일성은 공비와 간첩을 끊임없이 남파하여 남한의 공비 및 공산지하조직과 합류, 한국군의 훈련과 전력 증강을 방해하고 한국의 정치적 사회적 혼란과 불안을 야기시키면서 북한군 남침 시 정규군과 합세하도록 하였다.

북한은 병력 보충을 위한 인적 자원을 확보하기 위하여 각도에 민청훈련소(民請訓練所)를 설치하여 청장년을 훈련시키는 한편, 고급중학교와 대학교 학생들에게 군사훈련을 실시하였으며, 또한 북한 전역에 조국보위후원회(祖國保衛後援會)를 조직하고, 17세로부터 40세까지의 모든 남녀를 동원하여 강제로 군사훈련을 실시하였다.

북한군은 1949년 2월 말까지 보 · 전 · 포(步 · 戰 · 砲) 협동훈련을 완성하였으며, 각 부대별 전투훈련을 계속하여 사단 급 훈련을 완료한 다음, 1950년에 접어들면서부터는 서울을 중심으로 하는 남한 전역의 지형을 연구하면서 이를 토대로 훈련을 실시하였다. 1950년 5월 17일 모란봉 극장에서 무력통일방책 토의가 있었고, 6월 10일에는 여단장급이상 작전회의를 가졌으며, 6월 11일 공격부대를 2개 군단으로 편성하였다.

소련과 북한은 남침 준비가 완료됨으로써 개전의 시기를 6월 25일로 정하였다. 그들은 해방 5주년이 되는 1950년 8월 15일을 기하여 군사작전을 종결함으로써 적화통일의 정치적 효과를 극대화 하려고 하였다. 38선에서 최종목표인 부산까지의 거리를 고려하여 작전 기간을 50일로 산정하고, 이를 역산한 날짜에서 일요일을 개전일로 선정한 것이다.

이와 같이 북한이 50일 이내의 단기결전을 계획하게 된 것은 미국 또는 유엔이 효과적인 대응조치를 취하려면 정책결정과정에서 적어도 2개월 이상이 소요되리라고 예상한 것이며, 일단 공격이 개시된 후 작전의 주도권을 장악하여 서울을 2~3일안에 점령하게 되면 남한 각지에서 공산유격대와 남로당계 좌익세력이 총 봉기할 것으로 기대하였기 때문이다. 그리고 정규전과 유격전의 배합에 기초를 두고 있는 그들 특유의 전술을 활용할 경우, 한강 이남으로의 신속한 전과 확대가 비교적 쉬우리라고 낙관하였다.

그리하여 북한군 수뇌는 서울 지역으로 주력을 집중하여 제1단계 작전으로 수원까지 점령하고, 제2단계에서는 대전-안동선, 제3단계에서는 대구를 중심으로 한 마산-포항선, 제4단계에서는 최종목표인 부산까지를 점령하는 것으로 계획하여 부산에 이르는 주요 접근로를 동해안로, 경부선로, 호남 우회로로 선정하였다.

이러한 기본계획에 따라 북한군은 제1군단을 주공으로 하여 서울을 점령한 후 경부선을 따라 남진하도록 하고, 제2군단을 조공으로 하여 춘천 정면 및 동해안에 투입시켜 남진 하면서 주공의 전진을 지원하도록 하였다.

북한의 나침 준비가 완료되자 소련 군사고문단은 1950년 6월 개전에 임박하여 북한 지역에서 철수함으로써 남침기도를 은폐하려 하였다. 그리고 대한민국이 우려하고 있던 6월 위기설에 대하여 일련의 평화공세를 전개함으로써 침략준비를 은폐하는 동시에 한국의 경계 상태를 이완시키고, 사후에 그들의 남침을 정당화하려 하였던 것이다.

한편 북한군은 6월 12일부터 기동연습을 가장하여 남침에 투입할 부대들을 38선 일대로 이동 완료시켰으며, 김일성은 6월 18일에 전 부대에 공격준비 명령을, 6월 23일에는 정식 공격명령을 하달하였다.

나. 국군의 방어계획

국군은 현 방어선을 계속 확보하면서 북한군의 남침을 저지 격퇴하여 38선 이남지역을 방호하려고 하였다. 예상되는 북한군의 남침에 대해 육군본부 정보 당국은 1949년 이래 대체로 정확한 정보 판단을 하였다 1949년 12월 27일의 종합 정보보고에 의하면 1950년 봄에 북한이 대남 후방요원의 기반 획득과 남한 내부 붕괴공작을 실시하여 남한 침공의 여건을 조성하는 동시에 38선에서 전면공세를 취하여 일거에 대한민국의 전복을 기도할 것이라고 보았다. 특히 1950년 6월 24일 육군본부 정보국은 북한군이 전 전선에 걸쳐 전투사단과 포병 및 전차를 투입하여 공격해 올 것이며, 공격 시기는 6월 24일 밤이나 6월 25일이 될 것이라고 까지 보고하였다. 육군본부는 이전부터 이러한 정보 판단에 기초를 두고 예상되는 북한군의 남침공격에 대한 방어대책을 구상하였다. 이를 요약하면, 아군은 최초 38도선 일대에 배치된 4개 사단 및 1개 연대로써 적의 침을 일차적으로 저지하다가 상황의 진전에 따라 주전지대(주문진 남방-춘천 북방-가평 북방-마차산-임진강선)로 철수하여 결전을 강요한다. 그리고 후방의 제2, 3, 5사단은 반격부대로써 가장 위급한 지역에 투입시켜 순차적으로 진지를 회복한다는 내용이었다. 그러나 이 방어계획은 육본의 통합된 작전방침에 의해서 성립된 것이 아니라, 각사단의 방어 편성을 군 전체의 계획으로 종합하는데 그쳤고, 그나마 구체적인 세부사항이 결여된 채 구상되어 후방 사단의 투입계회이나 동원계획도 제대로 마련되지 못하였던 관계로 실제 작전 시에는 일대 혼란을 야기할 소지를 내포하고 있었던 것이다. 1950년 6월 25일 04시경 북한군은 옹진반도로부터 동해안에 이르는 38선 전역에서 일제히 남침을 개시하였다. 국군은 종래에도 38선에서 북한군의 도발이 잦았던 만큼 이날 새벽의 포격 및 병력의 이동도 종전과 같은 것이라고 판단하고, 처음에는 각 부대별로 산만한 대응을 하였다. 또한 육군본부에서도 초기에는 상황을 파악코자 하였다. 당시 국군은 5월 1일 노동절, 5월 30일 국회의원 선거, 북한의 6월 평화공세 등 일련의 주요 사태에 대비하여 하달했던 비상경계령을 6월 23일 24시를 기하여 해제하였다. 이에 따라 각 부대는 농촌의 모내기 돕기와 비축 군량의 절대부족 등의 이유로 병력의 3분의 1이상을 외출 외박시켰으며 이러한 시점에 적의 기습공격을 받게 된 것이다.더욱이 6월 10일에 군 수뇌부의 순환식 인사이동이 있었고, 6월 24일 저녁에는 육군 장교회관 준공기념 연회를 열고 가까운 지역의 사단장까지 초청하였으니 국군의 초기 작전에 혼선이 일어난 것은 당연하다. 이제 국군은 부대원의 복귀를 재촉하는 한편, 재경 부대의 즉각적인 투입과 3개 후방사단의 이동을 명령하고 필요한 군수지원을 조치하는 등 초기전투에 임하게 되었다.

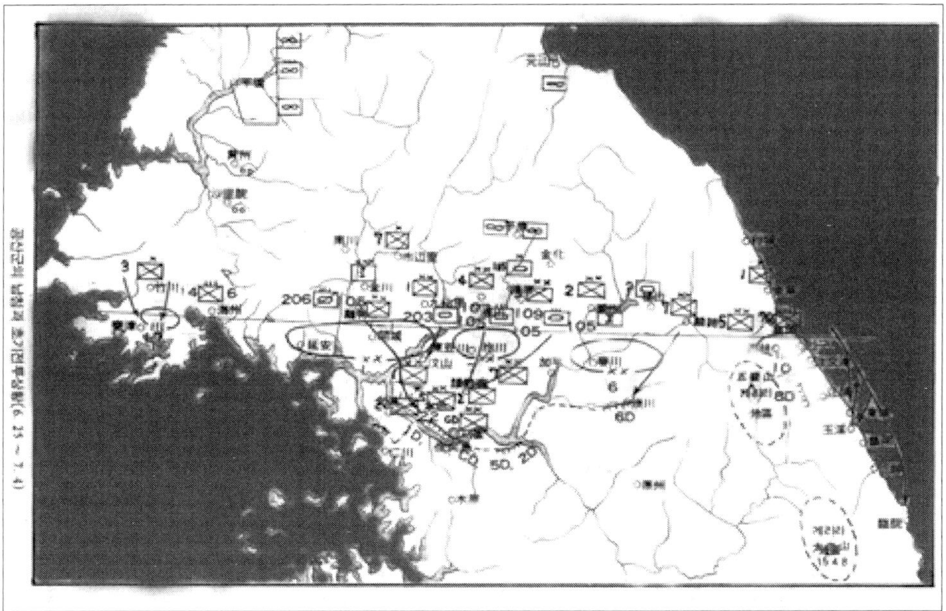

공산군의 남침과 초기전투상황 (6.35~7.4)

2) 초기 전투

가. 옹진 지구 전투(1950. 6. 25~6. 26)

6월 25일 새벽 북한군은 지원 포병으로 공격 준비 사격을 실시한 후 전차를 선두로 하여 옹진지구로 공격해 왔다. 이 지역에 투입된 적은 북한군 제6사단(소장 方 山) 예하 제14연대와 제3경비여단이었다.

옹진지구를 담당한 한국군 부대는 육군본부 직할 독립 제17연대(대령 白仁燁)로서 당시 연대는 64킬로미터의 방어 정면에 2개 대대, 즉 우 일선에 제3대대, 좌 일선에 제 1대대를 배치하고 제2대대는 예비로서 후방의 옹진 부근에 배치하였다.

이 지역은 방어 정면에 넓을 뿐만 아니라 38선을 경계로 국토가 분단됨에 따라 자연히 반도의 형태가 되어 후방이 바다라는 지형적인 불리점을 갖게 되었다. 그리하여 북한군이 국지 공세를 취할 경우에는 적에게 최대한의 손실을 주면서 증원부대가 도착할 때까지 지연전을 실시하지만, 전면공격을 받을 경우에는 이 지역을 포기하고 해상 철수하여 다른 방면에 전용하도록 작전계획이 수립되어 있었다.

이 지역을 공격한 적의 기도는 제17연대의 좌 일선부대인 제1대대 정면에 선제공격을 가하여 조기에 아군 예비대의 투입을 강요하고 주공은 우측 제3대대 정면에 지향하여 강령(康翎)을 점령한 후 좌우익 부대를 각개 격파하여 아군이 해상철수를 하기 전에 내륙 에서 포착 섬멸하려는 것이었다.

북한군의 공격을 받은 당시, 제17연대는 적의 공세가 전면적이냐 국부적이냐 하는 것을 분별하기 어려웠으나 우선 국부적인 공격으로 판단하고 먼저 고전하는 제1대대를 지원하기 위해 예비대를 말고개 일대에 배치하였다. 이때 제1대대는 적의 치열한 공격을 받고 대대장이 전사하였으며 부대는 금곡(金谷)과 백운봉(白雲峰)으로 철수하였는데 제1대대 진지를 돌파한 적은 옹진을 향하여 말고개로 진격해왔다.

한편 제3대대 정면에는 약 1개 연대로 추산되는 적이 수십 대의 전차를 앞세우고 밀려들었다. 뒤늦게 이 상황을 알게 된 연대장은 일부 부대를 전환하여 이를 극력 저지하려 하였으나 이미 흩어진 대열은 건잡을 수 없게 되었으며, 좌 일선 정면에서 제2대대의 진격과는 정반대로 우일선의 제3대대는 분산된 상황에서 출수만 거듭하여 전세는 시시각각으로 악화되어갔다.

연대장은 11시에 연대 본부를 강령으로 이동시키고 분산된 제3대대 병력의 수습과 재편성을 서두르게 하였는데 적 전차가 부암리(富岩里)까지 침투하였다는 급보에 따라 우선 연대본부를 부포(釜浦)로 철수시키고 강령으로 나오지 못한 제1,2대대는 사관(沙串)으로 이동하도록 하였다. 26일 오전에 국군 제17연대는 육본의 명령에 따라 부포항에서는 해군 LST를 이용하고, 사관에서는 기관선과 목선을 이용하여 각각 인천을 향해 철수하였다.

적의 기습적인 침공을 받아 국군 제17연대는 분전하여 적에게 많은 피해를 주었으나 광대한 방어 정면을 2개 대대가 담당하여 병력 · 장비 · 화력 면에서 압도적으로 우세한 적을 저지 격퇴하기란 실제로 어려운 일이었다.

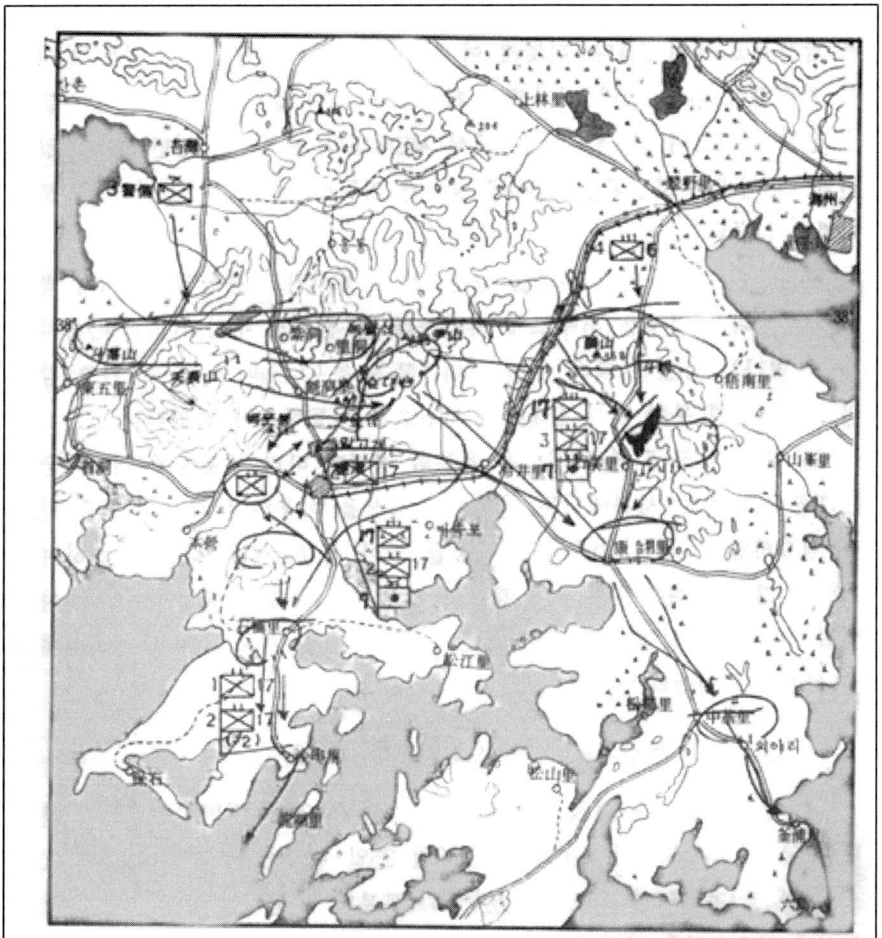

나. 개성 · 문산 지구 전투(1950. 6. 25~6. 28)

청단(菁丹)-고랑포(高浪浦)간의 서부지역에서 38선 경비임무를 수행하던 국군 제1사단 (대령 白善燁)은 6월 25일 미명에 북한군 제1사단(소장 崔 光)과 제6사단(소장 方 山)으로부터 개성과 고랑포 지역에서 동시에 기습공격을 받았다. 당시 국군 제1사단은 약 100킬로미터의 방어정면에 제12연대를 좌 일선으로 하여 개성(송악산 기슭)일대에, 제13연대를 우 일선으로 하여 고랑포 일대에 각각 배치하고, 사단 예비로 제11연대를 수색(水色)에 위치시켰다. 그리고 사단은 책임지역 안의 38선 경비임무를 계속 수행하면서 적침공 때에는 현진지에서 최대한 지연시키고, 적성-문산 간에 편성된 임진강 방어진지를 고수하며 필요에 따라 파주 남쪽에 구축된 제3방어선을 방어한다는 작전계획을 수립하고 있었다. 사단의 예하 각 부대는 외출 · 외박 · 휴가 등으로 부대 잔류 병력이 적었고, 다수의 차량과 중화기 등이 지시에 의하여 수리 중이었기 때문에 전투력이 극히 저조한 상태였다.

국군 제12연대를 공격한 북한군은 제206전차연대의 지원을 받는 북한군 제6사단의 2개 연대였다. 개성 이북 지역에 대한 38선 경비임무를 수행 중이던 제12연대는 1개 대대를 연대 예비로써 강릉(康陵)에 배치하고, 2개 대대로써 전면 경비를 담당케 하였는데 전투력의 열세는 말할 것도 없고 송악산(松岳山) 남쪽 산기슭에 편성되어 있던 아군의 전초진지는 산정을 장악하고 있던 북한군의 진지로부터 감제되고 있어 지형마저 불리하였다. 북한군 제6사단은 일부 병력으로 예성강(禮成江) 서측 연안 일대의 제12연대 제2대대 진지에 공격을 지향하면서 전차 20여 대의 지원을 받는 적 제1사단은 아군 제1사단과 인접 제7사단의 전투지경선을 따라 임진강 상류에서 도하하여 적성 방면으로 공격하는 한편, 일부 병력으로는 임진강 북안의 아군 진지를 공격하였다.

이때 아군에게 특히 위협을 주는 적 전차를 57밀리 대전차포 사격으로 파괴하려 했으나 아무런 성과를 보지 못하자, 아군 병사들은 특공조를 조직 육탄공격을 감행사여 상당수의 적 전차를 파괴하면서 분전하였다. 그러나 적은 우세한 병력과 화력으로 계속 아군의 방어진지를 압박하였다. 국군 제1사단장은 사단 예비로 수색에 있던 제11연대를 출동시켜 임진강 남쪽에 배치하고, 일선부대에게는 적을 최대한 지연시킨 후 임진강을 도하하여 하천선 방어에 임할 것을 명령하였다. 제11연대는 개성에서 후퇴하는 제12연대가 임진강 남안으로 철수하면 임진강 교량을 폭파하고 적을 저지하려고 하였다. 그러나 12시경 이미 적의 선두부대가 장단(長端) 일대에 진출하게 되자 임진강 서측의 제12연대 제3대대만이 지연전을 실시하면서 문산으로 철수하였고, 기타 일부 부대들은 김포 반도나 그곳을 경유하여 문산 서남방에 상륙하는 등 거의 분산되었다.

이와 같이 제12연대가 분산되는 가운데 임진강 인도교를 통하여 철수하는 아군을 추격한 적의 선두부대는 아군 복장을 하고 25일 야간에 인도교를 점령, 도하에 성공하였다. 이날 어두워질 무렵에 육본으로부터 증원된 서울특별연대(혼성편성)가 사단에 도착하자, 사단장은 이들을 각 연대에 분산 배속시켜 방어부대를 증강, 임진강 방어선을 잠시나마 유지하였으나 전차를 앞세운 적의 공격을 받고 어쩔 수 없이 후퇴하게 되었다. 임진강 남안에서 적을 저지하지 못한 국군 제1사단은 6월 27일 미명, 금촌(金村) · 봉일천(奉日天) 지구에 집결하여 전열을 가다듬은 다음, 금촌 지구에서 도내리(都內里)를 잇는 중요 고지군을 연결하여 방어선을 구축하였다. 이방어선은 문산 에서 서울에 이르는 양호한 전차 접근로와 파주에서 고양에 이르는 지선도로가 있어서 기동력이 부족한 아군이 포위당할 염려가 있었으나 진지 앞에 문산천과 논을 끼고 있기 때문에 방어에 유리한 지형이었다. 법원리(法院里) 일대에서 재편성을 완료한 북한군 제1,6사단은 이 방어선을 돌파하기 위하여 수차의 공격을 실시해왔는데, 국군 제1사단은 용전분투하여 진지를 고수하면서 6월 28일 미명에는 반격을 실시하려고 하였다. 그러나 6월 28일 새벽 서울이 적의 수중에 들어가게 되자 퇴로 차단의 위험을 확인한 사단장은 이 지역을 포기하고 각개 행동으로 6월 30일 08시까지 시흥(始興)에 집결할 것을 명령하였다.

다. 의정부 지구 전투(1950. 6. 25~6. 26)

38선에서 수도 서울에 이르는 단거리 접근로는 철원-동두천-의정부를 잇는 경원가도(京元街道)로서 약 50킬로미터의 노정을 이루고 있다. 이 정면은 철원-연천에서 의정부에 이르는 경원가도와 금화에서 의정부에 이르는 종심 도로가 의정부에서 합류되어 서울에 이르는 Y자형의 단일로를 이루고 있으며 별다른 장애물이 없는 곳이다. 사단이 담당한 작전지역은 정면과 종심이 광활하고 포천-동두천 축선의 지형이 거의 종격실을 이루고 있어 방어에 극히 불리한 지형이다. 이와 같은 지리적인 조건은 북한군의 남침 때 결정적인 주공방향이 될 수 있었고, 아군 또한 이 정면을 적의 주 접근로로 판단하고 있었다.

의정부-서울 축선에 주공을 둔 북한군 제1군단(중장 金 雄)은 제105기갑여단(소장 京)의 지원을 받아 주공 제3사단(소장 李英鎬)을 양문리-포천-의정부 축선으로, 조공 제4사단(소장 李權武)은 초성리-동두천-의정부 방면으로 지향하고 의정부를 2개 방향에서 공격하고자 하였다. 의정부 방면의 38선 경비를 담당하고 있던 아군 제7사단(준장 劉載興)은 사령부를 의정부에 두고 제1연대를 초성리-동두천 일대에, 제9연대를 양문리-포천 일대에 배치하여 38선 경계에 임하고 있었다. 그리고 당시 사단 예비로 서빙고(西氷庫)에 주둔하고 있던 제3연대가 수도경비사령부에 편입된 대신, 제2사단 제25연대가 제7사단에 예속되기로 계획되어 있었으나, 6월 25일까지 이동을 완료하지 못하였으므로 제7사단은 예비연대를 가지지 못한 채 강력한 적의 주공부대를 방어하게 되었다. 북한군의 기습공격을 받은 사단은 가용한 병력을 투입하여 박격포와 기관총 등의 화력지원 아래 적에 대항하였으나 병력과 장비면에서도 압도적으로 우세한 적의 공격을 저지할 수 없었다. 양문리-포천방면에서 방어하던 제9연대는 제109전차연대의 지원 아래 진격해오는 북한군 제3사단의 공격으로 전선을 돌파 당하였고 대부분의 병력은 분산되어 의정부 방면으로 후퇴하였다. 그리하여 포천은 25일 11시에 적 전차부대에 의하여 점령당하고 말았다.

제107전차연대의 지원을 받은 북한군 제4사단은 초성리-동두천 방면의 아군 제1연대를 공격하였다. 아군 제1연대는 동두천 가도로 남진해오는 적의 주력을 저지하고 증원부대가 도착할 시간을 최대한 얻고자 하였으나 적의 정면공격에 의하여 진지가 돌파 당하였고 좌우 양익으로 포위공격을 받아 25일 저녁에는 동두천을 포기하고 후퇴하였다. 적 제4사단 제16연대는 아군의 완강한 저항으로 막대한 희생을 낸 끝에 이날 저녁 동두천을 점령하였으며 적은 25일 저녁가지 동두천-포천을 잇는 선까지 진출하게 되었다. 상황이 이렇게 전개되는 동안 육군본부는 대전에 위치하고 있던 제2사단, 대구에 있던 제3사단 제22연대, 광주에 있던 제5사단 제15연대 및 제20연대를 서울지역으로 이동시켜 이들 병력을 의정부 방면에 투입하고 적을 저지한 후 38선을 회복하기 위한 반격을 실시할 것으로 계획하고 있었다.

이에 따라 국군 제7사단은 6월 26일 아침 덕정(德)-동두천 방향, 제2사단은 의정부-포천 방향으로 역습을 개시하였고, 제2사단은 대전으로부터의 병력 집결이 지연되어 예하 제5연대의 2개 대대만으로 역습을 개시하였는데, 축석령(祝石嶺)에서 역습에 참가하기로 되어 있었던 국군 제7사단 예하 제3연대가 사전 연락없이 이미 철수한 후였으므로 오히려 자일리(自逸里)에서 북한군 제3사단의 공격을 받아 의정부를 거쳐 곧 창동(倉洞) 방향으로 후퇴하게 되었다. 이리하여 북한군은 이날 13시경에 의정부로 돌입하게 되었다. 그런데 이 당시 채병덕(蔡秉德) 총참모장은 상황이 급박함을 이유로, 이 지역에 증원된 수도·제2·3사단을 건제(建制)를 무시하고 분할하여 축차적으로 투입함으로써 수도권 사수의 실효를 거두지 못하게 된 것이다.

적은 수도 방어의 거점인 의정부를 점령하자 곧 제4사단의 일부를 의정부-공양도로로 진출시켜 제1사단의 병참선을 위협하고 서울 포위를 기도하는 한편, 제3사단의 일부를 포천-퇴계원 방향으로 남하시켜 서울 동 측방으로 돌입할 태세를 갖추었다. 이에 급박해진 전선을 수습하기 위하여 교육중인 육사 생도들을 소총병으로 전선에 투입하는 이해 못할 일도 저질렀다.

의정부가 적의 수중에 들어갔을 지리적 조건과 아군의 배치상황으로 보아 수도 서울은 일대 위기에 직면하게 되었다. 아군은 통신수단이 미비하고 적 전차에 대한 저지 능력이 전무한 상태에서 군수지원체제가 갖추어져 있지 않아 고전을 면치 못하였다. 더욱이 적에 관한 정보 수집이 미흡하여 완벽한 기습을 받게 되었으며, 또한 병력배치가 부적절하여 상호지원거리 밖에서 행동함으로써 효율적인 방어를 할 수 없었다. 포천-동두천 전선이 쉽게 무너지고 의정부가 적에게 유린되는 등, 이방면에서 아군의 참패는 국가적 위기를 증폭시켰다. 상황이 이에 이르자 아군은 방어할 능력을 잃었고 더욱이 대전차 방어의 능력도 없고 대책도 없어 적 전차가 출현하면 속수무책이었다. 이러한 때 제8포병대대 대대장 김풍익 소령와 제2포대장 장세풍 대위는 의정부 동북방 금오리에서 전진해오는 적전차를 맞아 직접조준 사격으로 격파하여 잠시나마 적의 전진을 멈추게 하고 장렬히 산화하였다. 가장 위급할 때 한 목숨 바쳐 조국을 지키겠다는 투철한 군인정신을 발휘한 것이고 고귀한 희생이었다.

라. 춘천지구 전투(1950. 6. 25~6. 29)

▶▷홍천 '말고개' 의 유래

● '말고개' 전투(1950. 6. 25 ~ 6. 30일)

우리나라에는 '말고개'라는 고개 이름이 상당히 많다. 흔히 '말'이 들어가 있는 '말티 · 말치 · 말고개' 등에는 말과 관련된 전설이 많은데 한자 '馬'자를 많이 쓴다. 그러나 이때 말은 '맏〉말'로 바뀌면서 '말벌'처럼 '크다'의 뜻을 나타낸다.

강원 홍천군 화촌면에 위치한 '말고개'가 그렇다. 말고개는 한중 지맥과 가까운 서석면 내촌천으로 서류하다 두촌면 철정에서 장남천으로 합류해 덩치를 한껏 키운 뒤 북한강으로 흘러드는 총 143Km에 이르는 홍천강 서부지역에 위치하고 있다.

6.25전쟁 영화를 보면 북한군 탱크를 맨몸으로 막아내는 장면이 자주 등장하는데 이 '말고개' 전투가 바로 그런 모습을 고스란히 간직하고 있다.

1950년 6월 25일 새벽, 전면 남침을 개시한 북한군은 제2 · 7사단으로 하여금 춘천 · 홍천을 통과한 후 이천 · 수원선으로 우회, 국군의 주력을 차단해 궤멸시킨다는 이른바 초기 승부를 노린 '3일작전'을 계획하고 있었다.

당시 서부전선에서는 북한군 의도대로 3일만에 서울을 점령했지만 중부전선에서는 국군 4사단의 강력한 방어로 초기 전투에서 차질을 빚었다. 6사단장(김종오 대령)은 6월 24일 장병의 외출 · 외박 · 휴가를 전면 통제하고, 철저히 방어준비를 함으로써 6월 28일까지 방어선을 지켜내는 투혼을 보였다. 6사단은 춘천에 7연대, 홍천 북동쪽에 2연대를 배치하고, 19연대를 예비로 하여 전방을 방어함으로써 북한군의 선제타격계획을 물거품으로 만들었다.

특히 7연대 57mm 대전차포중대 2소대장이었던 심일 소위는 6월 25일 오후 소양강 · 북한강이 합류하는 옥산포(현재 춘천시 사농동) 도로변소나무 숲에서 매복해 있다가 공격하는 적 2사단 SU-76 자주포에 뛰어올라 수류탄과 화염병을 던지면서 육탄 공격을 감행, 적 자주포 3문을 파괴하는 큰 전과를 세우고 춘천전투의 신화를 창조하며 '자주포 킬러'라는 명성을 얻었다. 이 작전의 성공으로 춘천방어는 물론 그 사이 춘천주민들이 무사히 피란할 수 있었다.

한편 북한군은 2사단이 춘천전투에서 더 이상 진출하지 못하자 홍천 방향으로 공격하던 7사단 예하 2개 연대를 춘천 쪽으로 보내게 되고 나머지 주력은 홍천으로 이동하게 됐다. 때를 맞춰 공격 방향을 춘천지역 원창고개일대로 전환한 북한군이 전차를 앞세우고 인제 남면을 거쳐 물밀듯이 쳐들어왔으나 홍천을 지키던 국군 6사단 2연대는 'S'자형으로 굽어진 '말고개'에 진을 친 뒤 적을 막고 후방 성산에 포진한 제3포대가 철정리로 물밀듯이 내려오는 북한군에 포격을 가했다.

이렇게 두 차례에 걸친 북한군의 말고개 진격은 국군 6사단의 저항에 꼼짝없이 무너졌다. 그 후 북한군은 춘천방어선을 뚫고 남진했으나 홍천을 점거하지 못하게 되자 말고개 일대를 융단 포격했다. 이 때 제6사단 2연대 특공대원은 말고개의 'S'자 굽잇길에 매복하고 있다가 전차 1개 연대로 증강된 북한군 7사단에 치명적 타격을 가하고 전차 10여대를 파괴했으며, 제19연대가 가세해 6월 30일 새벽까지 홍천을 사수했다.

전쟁 발발 3일 만에 서울이 북한군 수중에 들어간 반면 춘천 · 홍천전투는 6.25 전쟁 초기 단계에서 한국군이 승리한 유일한 전투로서 그 의미가 대단하다.

지금의 '말고개'에는 6 · 25전쟁 당시의 긴장감을 찾아볼 수 없지만 이렇게 역사적으로 큰 의미를 지니고 있는 '말고개'는 정말 오르기 힘든 '큰 고개'라는 의미보다 우리 선배 전우들의 애국애족의 멸사봉공 정신이 깃든 '역사적으로 살아 숨쉬는 웅대한 고개'로 보는 것이 마땅하다고 본다.

춘천은 지리적으로 경춘선과 경춘가도를 끼고 있는 동서교통의 요충지이며 또한 춘천으로 부터 홍천(洪川) · 원주(原州)로 이어지는 종심도로가 발달되어 있어 군사적으로 매우 중요한 위치를 점하고 있다.

춘천을 중심으로 하는 중동부 지역의 38선 일대는 횡격실이 발달하여 방어에 유리한 면이 있고, 지역 내의 소양강을 비롯한 하천은 적의 기동에 제한을 주고 있다. 이지역의 경비를 담당한 국군 제6사단(대령 金鍾伍)예하 제7연대는 사단의 좌 일선 부대로서 수리산맥의 횡격실을 이용하여 38선 정면에 견고한 방어진지를 구축하고 있었고, 제2연대는 사단의 우일선 부대로서 인제(麟蹄)-홍천간의 접근로를 차단하고 있었으며, 제19연대는 사단 예비로 원주에 주둔하고 있었다.

사단장 김종오 대령은 6월 10일 부임하여 6월 24일 제7연대를 순시하는 과정에서 북한군 포병의 추진배치 · 병력의 집결 상황과 귀순병이 진술한 적 전차부대의 집결 상황을 보고 받고 가까운 시일 내에 대규모의 공격이 있을 것으로 판단하여 이를 육군본부에 보고함과 동시에 외출 · 외박을 중지하고 경계태세를 강화하였다.

이 지역을 공격한 북한군 제2군단(소장 金光俠)예하 제2사단(소장)과 제7사단(소장)이었다. 북한군 제2군단의 침고 기도는 6월 25일 12시까지 춘천을 점령한 다음 주력인 제2사단으로 하여금 가평(加平)을 경유, 수원 부근으로 남 서진시켜 남쪽으로부터 증원되는 국군을 차단, 한강 이북의 아군 주력군을 포위하고, 제7사단으로 하여금 신속한 기동으로 홍천을 석권하여 지대 안의 국군 주력을 구축한 다음 계속 원주로 남진하면서 국군을 동서로 양단하려는 것이었다. 또한 여기에 오대산에서 활동 중이던 유격대로 하여금 제7사단의 진출을 지원하게 하였다.

적 제2사단은 공격이 시작되자 제4연대를 국군의 방어선의 정면에 투입하고, 제6연대를 북한강 계곡으로 은밀히 침투시켰다. 그러나 아군 제7연대는 병력과 장비가 열세함에도 불구하고 하천과 산악지대의 지형을 최대로 이용하여 적에게 타격을 주면서 진지를 고수하였다. 적 자주포가 아군의 57밀리 무반동총의 사격에도 파괴되지 않자 심일 소위는 5명의 특공조를 편성하여 수류탄과 화염병으로 자주포 2문을 파괴 하였다.

이로서 지금까지 전차를 본 일이 없는 국군은 전차와 자주포를 구분하지 못하였지만 적 전차에 대한 공포심에서 벗어나 더욱 분전할 수 있게 되었다. 이 전투에서 제16포병대대(대대장 소령)의 분전은 괄목할 만한 것이었다. 그는 한국군 포병에 최초로 도입된 화집점에 의한 사격법을 적용하여 105밀리 곡사포의 정확한 지원사격으로 적에게 결정적인 타격을 주었다. 또한 춘천시민의 적극적인 협조가 승리에 큰 보탬이 되었다.

적 제2사단은 다시 예비대로 있던 제17연대를 투입하여 불리한 전황을 타개하려 했으나, 사기충천한 제7연대에게 무참히 패퇴 당하였다. 춘천지구 전투에서 아군 제7연대 일선 방어부대와 지원포병은 적 제2사단의 포병 및 지원 화기의 대부분을 격멸하였는데, 적 제2사단은 이 공격작전에서 40% 이상의 전투력을 상실하였다.

한편 전차 30여대의 지원을 받아 인제로부터 홍천 방면으로 공격한 적 제7사단은 국군 제2연대의 용전에도 불구하고 큰말고개까지 진출하여 국군 제6사단 주력의 퇴로를 위협 하게 되었다.

그러나 여기서 적 제7사단은 일부 병력을 큰말고개에 잔류시키고 주력을 북상시켜 제2사단과 함께 춘천 공격에 가담하였다. 적은 춘천 점령을 중시한 나머지 제2사단이 와해되자 홍천으로 남진하는 제7사단의 진출을 중지시키고 이 부대를 전용하여 인제 경유, 춘천 방면을 공격토록 한 것이다. 적은 이미 계획되었던 제2사단의 서울 동남방으로의 진출이 지연될 경우 북한군의 전반적인 공격작전에 차질이 생길 것을 크게 우려했던 것으로 보인다. 아군 제6사단은 계속되는 적의 압력을 받으면서도 3일 동안 춘천을 확보하고 선전하였다.

그러나 전 전선이 이미 무너지고 있었으므로 27일 오후에 하달된 육군본부 명령에 따라 질서정연한 후퇴작전을 실시하여 홍천 남방에 새로운 방어선을 점령하였고 적 제2사단과 제7사단은 이날 저녁에 춘천에 돌입하였다.

한편 큰말고개에서 적 제7사단의 진출을 저지하고 있던 아군 제2연대와 제19연대는 특공대를 편성하여 적의 전차를 파괴 및 노획하는 등 분전하다가 29일 밤에는 이 방어선을 포기하고 홍천으로 철수하였다. 서울이 함락되고 육군본부가 수원으로 이전하자 아군 제6사단은 횡성 · 원주 · 제천을 거쳐 7월 1일 충주로 철수하였다. 국군 제6사단은 5일간에 걸친 이 춘천 · 홍천지구의 서전에서 적 제2군단에게 섬멸적 타격을 줌으로써 북한군의 속전속결의 기도를 분쇄하였다.

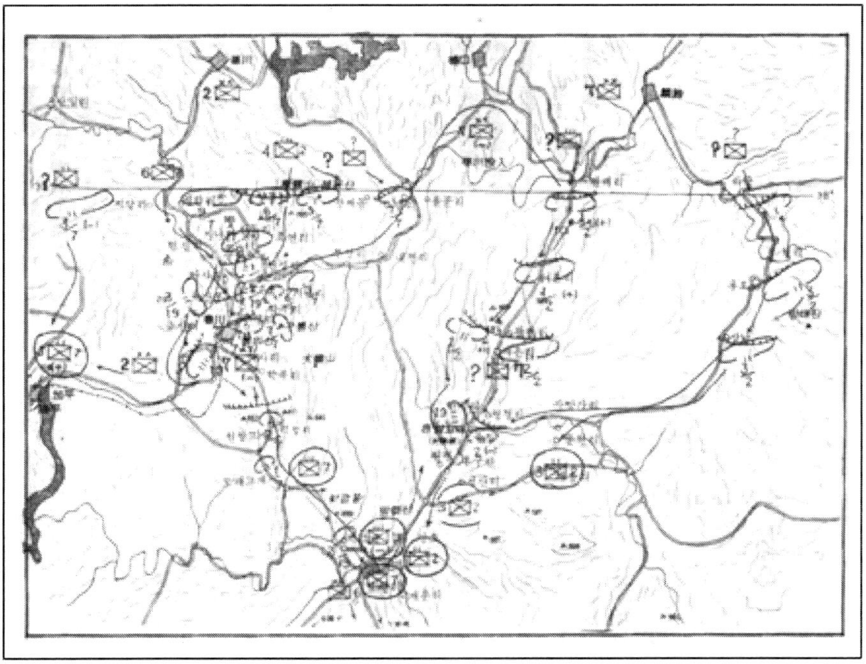

마. 동해안지구 전투(1950. 6. 25~6. 28)

38선의 동부 해안지대를 담당한 제8사단(대령 李正一)은 사령부를 강릉에 두고 예하 제10연대를 전방 38선 일대에, 그리고 제21연대를 후방 삼척에 배치하여 동부 지역의 38선 경비와 오대산으로부터 태백산에 이르는 지역의 북한 유격대 및 잔존공비 소탕에 임하고 있었다. 사단은 2개 연대로써 26킬로미터에 이르는 넓은 전투정면을 담당하여 계속적인 북한군의 도발을 다는 가운데 공비소탕전을 아울러 수행해야 되었기 때문에 적의대규모 남침에 대해서는 무방비 상태나 다름없었다.

이 지역을 공격한 적은 북한 제2군단의 우익인 제5사단으로서 태백산맥이 가로막힌 지형적인 조건 때문에 거의 독자적인 침공을 전개하였다. 적의작전기도는 동해안 접근로에 2개 연대 규모의 주공을 지향하고, 1개 연대 규모의 조공으로써 서림리 정면으로부터 산간도로를 따라 남진시켜 아군 제8사단을 동서로 양단하면서 남침 당일로 강릉을 탈취한다. 그리고 동해안을 따라 계속 남하하여 7월 29일까지는 포항선을 점령, 제2군단의 주력과 연결하고 즉시 최종단계의 공세를 취하여 8월 13일까지 포항-경주-부산 선으로 침공하려는데 있었다. 이들은 지형적인 특성을 고려하였음인지 전차를 사용하지 않은 대신 수륙협동작전을 기도하였다. 제766유격부대를 동해안의 강릉 · 옥계 · 임원진에 상륙시켜 동해가도를 차단, 제8사단을 강릉과 삼척으로 양분한 다음 각개격파하고, 이 지역의 잔류 공비와 연결하여 비정규정을 전개하고자 하였다.

북한군 제5사단은 25일 새벽 포병의 공격준비 사격에 뒤이어 동해안 접근로에 주공을 지향하고 아군 제10연대의 38선 경비 진지를 돌파하면서 공격을 시작하였다. 제10연대는 포격을 수반한 적의 기습적인 공격으로 상호간의 통신연락이 차단되어 분산 고립될 위기에 처하였으나 지세를 이용하여 적을 저지하면서 25일 밤에는 주방어선을 구축하였다. 한편 해상으로 남침한 적 제766부대와 제549부대는 04시 30분에 정동진(正東津)에, 07시에는 임원진(臨院津)에 각각 상륙을 개시하였다. 정돈진에 상륙한 1개 연대 규모의 부대 가운데 약 1개 대대는 강릉을 목표로 북상하고 약 1개 대대는 남하하였으며 나머지 약1개 대대는 부근의 흑연광산을 점령하였다.

사단은 제10연대의 1개 중대를 강릉 남방에 투입하여 북상중인 적을 저지하는 한편, 옥계(玉溪)에 침입한 1개 대대의 적은 13시에 묵호 쪽으로 남하하기 시작하였고, 임원진 쪽으로 상륙한 1개 대대는 춘양(春陽)-청송(靑松)을 목표로 산악 지대에 침투하였다. 그러나 아군은 제21연대가 강릉으로 이동하였기 때문에 이들에 대하여는 하등의 조치를 취하지 못하는 형편이었다. 주방어선에서도 적을 저지하지 못하고 붕괴되자 사단장은 강릉을 고수하고 싶었으나 지형적인 조건으로 미루어 퇴로 차단의 위험이 잇을 것이라 판단하고, 일단 대관령으로 철수한 후 후사를 도모키로 결정하여 6월 27일 14시부터는 본대의 철수를 개시하였다. 그리하여 이날 밤에는 적의 주력이 강릉에 돌입하였는데, 아군 제8사단은 다시 강릉을 탈환하기 위해 반격을 감행하였으나 곧 육군본부 명령이 하달되어 원주로 이동을 준비하게 되었고 29일 진부리(珍富里)를 출발하였다. 철수하는 과정에서 전방과 측방으로부터 여러 차례 기습공격을 받았으나 침착한 상황판단과 부대지휘로 병력 · 장비를 수습하여 질서정연하게 철수하였다. 이렇게 성공적으로 철수한 제8사단은 훗날 구군이 낙동강 방어선을 지탱할 수 있게 한 긴요한 자본이 되었다.

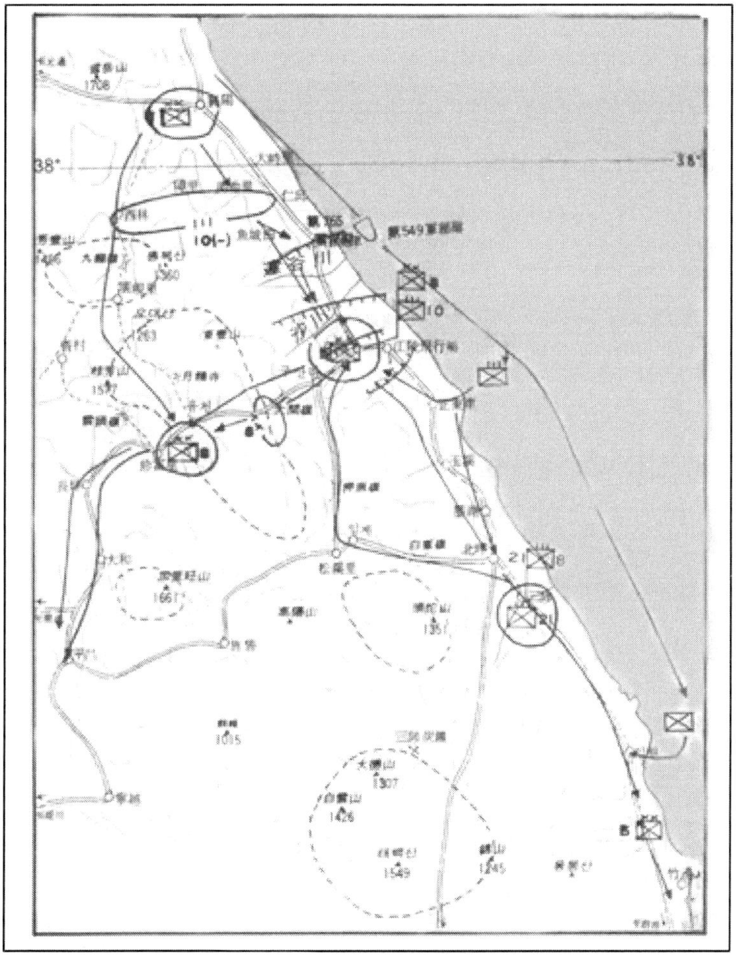

마. 서울 방어전

초기전투에서 국군은 전선을 유지하지 못하고 붕괴되어 전열을 가다듬기 힘들었고 의정부를 탈취 당하면서 더욱 심대한 타격을 받았다. 6월 26일 아침 창동(倉洞)으로 철수한 아군은 이 선에서 적의 진격을 저지하고자 방어진지를 구축하였다. 육군 총참모장 채병덕 소장은 고전을 자인하면서도 적의 진출을 저지하고 반격하려는 작전 지휘 방침을 고수하였다. 그리하여 27일 의정부 남쪽 백석천에 배치된 2사단 25연대를 주축으로 의정부 탈환을 위한 역습을 시도하였으나 실패하고 다시 창동선으로 후퇴하였다.

창동-쌍문동 구릉지대에는 제2 · 3 · 7사단 소속의 병력으로서 제1 · 3 · 5 · 9 · 16 · 22 · 25연대의 잔여 병력들이 혼성 배치되어 있었지만 실제 병력은 1개 연대규모에도 미치지 못한다. 적 제3사단의 일부가 창동선 우측 퇴계원 방면으로 침공함에 따라 이 방면으로 후퇴한 제5 · 9 · 16연대의 일부 병력과 육사 생도들이 극히 열악한 장비를 가지고 육사 교장의 지휘아래 육사부근 고지와 불암산 일대에 배치되었다.

창동선에 집결한 이들 부대의 장비는 빈약한 것이었고, 중요화기로 미독있는 것은 105밀리 곡사포(M-3) 6문 뿐 이었다. 그리고 이들은 계속된 패전으로 전의를 상실하였고, 더구나 굶주림과 피로에 지친 장병들을 급편 배치한 까닭에 방비가 허술하였으며 지휘체계도 확립되지 못하였다. 그러나 저지 명령을 수령한 각급부대장은 접적이 없는 짧은 시간을 이용하여 작전 개념에 따라 할당된 지역에 부대를 전개시키고 저지진지를 급편하여 적의 침공에 대비하였다.

의정부를 점령한 적 제4사단은 27일 오전 10시경부터 창동선 일대를 포격하기 시작하더니 한 시간 뒤에는 전차를 선두로 진전으로 육박해왔다. 그런 아군에게는 갈망하는 탄약과 급식문제가 해결되지 않았으며 지원된다던 미군기도 오지 않고 각 부대 간의 연락마저도 유지되지 않았다. 이런 상황 아래 정오가 조금 지나서 적 전차에 의하여 전선이 유린되고 아군은 소총만으로 응전하다가 미아리 · 태능 · 구파발 방면으로 철수하였다.

창동선의 붕괴에 따라 아군의 잔여 병력은 다시 서울 사수의 최후 저지선을 미아리 일대에 편성하게 되었는데, 이전선 역시 취약하기 이를 데 없는 것이었다. 그러나 이때에도 채총장은 초기전투에서의 작전지도가 그러하듯 결전의 시간과 장소를 택하지 못한 채 고수에만 집착하여 미아리 방어선에 총력을 집중하였다.

미아리는 경원가도를 감싸고 있는 고개로서 이 도로만 폐쇄하면 적 전차의 시내진입을 막을 수 있으리라는 희망을 가지고 장병들은 전력을 다하여 방어진지를 편성하였다.

이날 오후 후방에서 북상한 제5사단의 2개 대대와 제8연대 1개 대대, 제20연대 제1대대가 미아리 선을 점령함으로써 철수 잔병들과 합세하였다. 이곳에 배치된 실 병력은 3천 명을 헤아리는 정도였으나 장병들의 사기나 급양 상태는 극도로 열악하고 또한 혼성부대인 까닭에 전열을 가다듬을 수가 없었다.

미아리 저지선의 우 일선 지휘관이 된 유재홍 준장과 좌 일선 지휘관이 된 이응준(李鷹俊) 소장은 이곳의 자세로 보아 하룻밤의 지탱은 가능할 것으로 보고, 청량리(淸涼里)-월곡동(月谷洞)-종암동(種岩洞)-미아리를 연결하는 선에 미아리 지구 저지선을 형성하였다. 지금까지 선방어로 일관하다가 모처럼 종심 깊게 진지를 편성하였고 정능천 대안에 병력을 투입하여 길음교를 장악함으로써 병력배치의 균형을 어느 정도 잡을 수 있게 되었다. 적은 6월 27일 17시경에 포병화력을 아군진지에 집중사격한 뒤 60여 대의 전차를 앞세우고 미아리 고개의 방어부대 정면으로 공격해왔다.

이에 대해 아군은 105밀리 곡사포 사격을 하고 지뢰 · 급조폭탄 · 수류탄 등을 안고 적전차에 돌진하여 분쇄함으로써 적의 침공을 격퇴하였다. 미아리 공격에서 실패한 적은 정면공격을 포기하고 우회 침투전술을 택하였다. 그들은 6월 27일 자정 악천후와 야음을 이용하여 미리 침투한 유격대의 호응을 받으면서 미아리를 급습하였다. 전차의 굉음을 듣고 병사들은 어둠 속에서 접근하는 적의 전차에 대해 36인치 로켓트 포와 기관총으로 일제히 사격을 가하였으나 적 전차는 동요없이 방어진지를 향해 맹렬한 사격을 가하였다.

이러한 혼전이 전개되는 와중에서 적은 6월 침투하여 서울시내로 진입한 사실은 전선에 배치된 아군을 크게 당황하게 하였고 구릉지대에 배치된 대 부분의 부대들은 날이 밝은 다음 적 보병부대의 공격을 받고 철수를 하기 시작하였다. 이리하여 서울의 최종 보루인 미아리 저지선이 허무하게 무너지고 말았던 것이다.

이에 앞서 6월 27일 03시에 열린 비상 국무회의에서 정부를 수원으로 옮길 것을 결정하였고 비상 국회는 수도 사수를 결의하였다. 군 수뇌부는 국방장관 신성모를 중심으로 각군 참모총장이 회동하여 "정부가 수원으로 이동하여도 서울을 사수한다" 는 방침을 결정하고 이를 서울 시민에게 공표하였다. 그러나 창동 방어선이 무너지자 채 총참모장은 서울사수를 포기하고 공병감(工兵監) 최창식(崔昌植) 대령에게 적이 서울시내로 들어오기 2시간 전에 한강교를 폭파하도록 명령하고 오후에 육군 본부를 시흥으로 옮겼다.

그런데 육군본부가 시흥으로 옮긴지 얼마 되지 않아 맥아더 원수의 미 극동사령부 전방지휘 연락단이 한국전선에 설치될 것이라는 연락을 받고 6월 27일 해질 무렵 육군본부를 용산으로 다시 옮겼다.

그러나 6월 27일 이미 적은 아군의 미아리 방어선을 압박하고 있었으며 적기가 서 공에 날아와 항복을 요구하는 전단을 뿌리고, 적군 총사령관 최용건이 육성 방송으로 항복을 요구함으로써 국민을 심리적으로 크게 위축 되게 하였다.

한편 한강교 폭파준비를 지시받은 공병감은 공병학교 교장 엄창섭 중령에게 명하여 6월 27일 15시경 준비를 완료하였으나 육군본부가 용산으로 복귀하여 폭파가 중지되었다. 잠시 후인 28일 02시경에 적전차가 서울 시내에 돌입하였다는 급보를 받은 채총장은 전방부대의 철수뿐만 아니라 서울시민의 안전을 고려함도 없이 한강교 폭파를 조급히 명령하고 수원으로 철수하였다.

이로서 02시 30분경에 한강 인도교를 포함한 2개의 철교가 절단되었고, 교량 위에 있던 수 십대의 차량과 수백 명의 인명이 폭음 속에 사라졌다. 그런데 3개의 한강 철교 중 인도교와 철교는 폭파되었지만 중앙에 있던 단선철교는 완전히 폭파되지 않아 후일 적이 이를 보수하여 전차를 도하시키는데 사용하였다.

당초 적의 도강을 막기 위해 계획된 폭파 결정이 도리어 아군 철수를 차단하는 결과를 낳게 하였고 마침내 철수 병력은 분산되어 나룻배나 뗏목 등으로 도강하게 되었으니 이로 말미암아 병력 장비의 손실이 막심하였다.

이와 같이 수도 서울은 아군의 전열이 흩어지는 가운데 개전 3일 만에 적 수중에 떨어지게 되었으며, 따라서 피난길이 막힌 서울 시민은 공산치하에 들어가게 되었는데, 괴수 김일성은 이에 편승하여 이른바 무자비한 투쟁이란 구호를 내세워 애국 시민의 학살과 사유재산의 약탈 등 갖은 만행을 자행하였다.

바. 서울 함락 및 한강교 폭파

6. 25일 총참모장 채병덕 소장은 최창식 공병감에게 "임진교의 파괴 실패를 상기시키면서 한강교 폭파준비"를 지시

27일 09시경 공병감은 공병학교장 엄홍섭 중령에게 폭파 준비 명령하달,

공병학교장은 남한강파출소에 지휘소를 설치, 하원희 중위와 이창복 중위에게 폭파임무 부여. 폭파시기를 적이 서울 진입 2시간 전에 실시토록 지시를 받았으며, 그 예상시간이 동일 16:00로 판단하고 동일 15:30에 한강상의 5개 교량에 폭약설치 완료. ※ 한강상 5개교 : 한강 인도교, 경부선(복선), 경인상 · 하행선(2개), 광진교

그러나 "시흥"으로 이동했던 육군본부가 미군 참전 소식을 전해 듣고는 다시 "서울"로 복귀함에 따라 폭약을 제거하였으나 전방상황의 악화로 총참모장과 육군본부는 다시 "시흥"으로 이동하게 되어, 27일 23:30경 재차 폭파준비 명령을 받고 폭우 속에서 재장전을 하였던 것이다.

전방 5 · 7사단장은 한강교 폭파 준비 소식을 듣고, 당시 참모부장 김백일 대령에게 "일선 병력 철수 후 폭파"를 요청하였고, 참모부장은 작전국장 장창국 대령에게 교량폭파 중지를 지시 하였으나 지시 받은 작전국장은 유선 통신두절로 인해서 여의치 않자 명령을 직접 전달하기로 하여 폭파 지휘소로 이동 했으나 피난 인파로 인해 지휘소 도착이 지연되었다. 폭파지휘소에서 총참모장의 폭파 명령을 받은 공병감은 28일 02:20경 공병학교장에게 폭파명령 하달, 점화 신호와 함께 폭파를 단행 하였던 것이다.

※장약 불발로 경부선 복선철교와 경인선 상행 단선철교는 폭파실패

폭파중지를 위해 출발하였던 작전국장 장 대령은 폭파지휘소 부근 언덕에 도착 했을 때 폭음을 청취, 이때가 02:30경이었음, 광진교는 이보다 약 1시간 반 뒤에 폭파함.

※한강교 폭파는 서울시민의 피난조치나 전선부대에 대한 철수명령 조차 없는 상황에서 단행됨으로써 다음과 같은 문제점 발생

- 150만 서울 시민의 대부분이 적 치하에 들어가야 했고
- 국군 주력(7만 5천명)의 퇴로가 차단되었으며
- 수개의 사단을 지원할 수 있는 장비 및 보급품(야포/차량 2,300여대)이 한강 이북 지역에 갇혀 적 수중으로 넘어갔음.

• 맥아더의 한강 방어선 시찰과 한국군 "신동수 병사"

서울이 북한군에 의해 점령된 다음날인 1950년 6월 29일 일본 도쿄의 미 극동군사령관 맥아더 장군이 15명의 수행원을 대동하고 다급히 한강방어선을 방문했다. 그의 방문 목적은 물론 한국의 전황을 직접 살펴보고 미 지상군 투입의 필요성을 검토하기 위한 것이었다.

맥아더 장군 일행은 전용기 편으로 일본 하네다 공항을 떠나 오전 10시 수원비행장에 도착했고, 극동군사령부 전방지휘소에서 처치 준장으로부터 보고를 받은 다음 곧바로 전선을 살펴보기 위해 1번 국도를 따라 북상, 국군사령부를 방문했다.

한강 부근에는 적의 포탄이 산발적으로 낙탄되고 있었기 때문에 위험한 상황이었다. 맥아더 장군을 수행한 미 군사고문단장 라이트 대령이 상황이 좋지 않으니 돌아가는 것이 좋을 것 같다고 권유했으나 그는 "아니, 나는 한강을 봐야겠다."며 강한 의지를 내비쳤다.
맥아더 장군은 적의 포탄을 무릅쓰고 시흥지구전투사령관 김흥일 소장에게 안내돼 수도 사단 제8연대가 개인호를 파고 방어진을 구축한 동양맥주공장(현 영등포 공원) 옆의 조그마한 언덕에 도착했고 거기에서 쌍안경을 들고 한강전선을 관찰했다.

• 맥아더 원수와 국군 병사의 만남

맥아더 장군은 한강 일대를 살펴본 후 개인호에서 진지를 지키고 있는 어느 국군 병사를 발견하고 가까이 다가가서 "병사! 자네는 언제까지 그 호를 지키고 있을 것인가?"라고 물었다. 그러자 그 병사는 "각하께서도 군인이시고 저 또한 군인입니다. 군인이란 모름지기 명령에 따를 뿐입니다. 저의 상관이 철수하라는 명령을 내리지 않으면 제가 죽는 순간까지 이곳을 지킬 것입니다."라고 대답했다.
통역으로부터 그 말을 들은 맥아더 원수는 감동한 듯 병사의 어깨를 두드리며 위문하면서 "이 병사에게 전해주게. 내가 도쿄로 돌아가는 즉시 지원 병력을 보내 줄 터이니 그 때까지 용기를 잃지말고 싸우라!"고 했다.
국군 일개 병사가 역전의 노장인 그를 감격케 한 이 극적인 장면은 당시 국군이 비록 열세에 몰려 고전을 면치 못하고 있었으나 그 적개심과 투지만은 왕성하게 살아 있다는 것을 깨닫게 한 듯했다. 맥아더 장군은 병사의 손을 잡고 격려했으며 결과적으로 그 병사와의 약속을 저버리지 않았다.
물론 맥아더 장군은 전선을 시찰하기 전 이미 미 지상군을 투입해 한국군을 지원해야 한다는 결심을 갖고 있었지만 국군 장병들의 방어의지가 굳건하다는 사실을 확인하는 계기가 됐음은 분명했다. 따라서 맥아더 장군의 한강전선 시찰은 그 자신에게는 국군 재기의 가능성을 확인하는, 그리고 국군장병에게는 미군 지원이 확약됨으로써 사기 고양의 더없는 계기가 됐다.

• "명령없이는 후퇴하지 않습니다. 죽어도 여기서 죽습니다." 라는 답변으로 전선 시찰 나온 맥아더 장군을 감동시켜 연합군 참전을 결심케 했던 신동수 병사는 6 · 25전쟁 초기 급박했던 한강방어전투 상황과 미 극동방위사령관 맥아더 장군과의 대화 과정, 그리고 이후 3년 동안 겪은 생생한 전투 경험담을 들려주며 후배들에게 국가 수호에 혼신의 힘을 다해 줄 것을 당부했다.
특히 신 옹은 적의 기총소사에 맞아 한쪽 다리를 잃고 낙오해 수없이 죽을 고비를 넘기며 적 치하에서 은거했던 기간을 회고하면서 "우리가 준비를 단단히 해야 합니다."라는 말을 몇 번이고 힘있게 강조했다. (07. 6. 25 국방일보)

3) 총 평가 (초기작전 분석)

38선의 전 전선에 걸친 북한군의 기습남침으로 국군은 초기전투에서 방어진지를 돌파당하고 개전 3일 만에 수도 서울을 포기하였다. 이 초기 전투에서 국군의 필사적인 저지 작전이 실패로 돌아간 것은 무엇보다도 북한군에 비해 국군의 전투력이 현저히 열세했기 때문이다.

북한군은 소련의 계획적이고도 적극적인 지원을 받아 병력 · 장비 · 훈련 및 전투 경험면에서 상대적으로 우세한 전투력을 확보할 수 있었으므로 초전에서 이와 같은 성과를 얻게 되었던 것이다.

그러나 문제의 심각성은 전투력의 열세로 말미암아 초전의 후퇴가 불가피했다는 사실에만 있는 것이 아니라, 불리한 상황을 타개하기 위해 적의 진출을 일정 선에서 저지하고 작전의 주도권을 되찾아 궁극적으로 전세를 역전시킬 기본적 구상과 작전 계획이 마련되어 있지 않았다는 사실이다.

또한 국군이 경계에 태만했던 것도 초기의 전세를 불리하게 만든 요인이 되었다. 북한군은 일찍부터 남침 준비를 진행하고 있었고 이러한 징후가 아군에게 전혀 탐지되지 않은 것이 아니었다. 사태가 매우 절박하다는 보고도 있었으나 국군은 전군 비상경계령을 6월 23일에 해제하고 휴일을 맞아 외출 · 외박 · 휴가 등을 실시하여 부대에 잔류하고 있는 병력은 소수에 지나지 않았으며, 고급지휘관과 참모의 대부분이 부대에 남아 있지 않았다. 결국 북한군은 그들이 기도비닉(企圖庇匿)에 의해서가 아니라 오히려 아군의 방심과 경계 태만으로 기습효과를 얻을 수 있었던 것이다. 그리고 국군의 교육훈련이 부족했던 점도 지적될 수 있다. 미국 행정부의 소극적 한국정책으로 인하여 군사적 취약성을 극복하지 못하였던 국군은 이와 같은 상태에서 전국 각지에 병력을 분산 배치하여 경계와 토벌 등 과중한 임무를 수행하지 않으며 안 되었기 때문에 정규군으로서 대부대의 협동작전을 수행할 수 있는 수준의 교육훈련을 전혀 실시하지 못하였던 점을 지적할 수가 있다. 사단 단위의 병력 운용에서도 전방부대와 예비대가 상호지원 거리 밖에 위치하여 효율적인 방어를 할 수 없었다.

또한 초기 전투에서 국군의 가장 치명적인 약점 가운데 하나는 공격과 방어를 막론하고 현대전 수행에서 불가결의 장비인 전차를 보유하지 못하였다는 점과 적의 전차를 파괴할 만한 방어무기를 갖지 못한 것이었다. 아군이 보유하고 있는 대전차화기로써는 북한군 전차를 효과적으로 제압할 수 없었기 때문에 적 전차가 나타났을 때 아군 병사들이 받는 심리적 동요와 충격은 대단히 컸다. 그리하여 국군 병사들은 용감하지만 무모한 방법으로 적 전차에 대항하지 않을 수 없었다. 적이 대규모 전차부대를 보유하고 있음에 반하여 국군이 전차를 보유하지 못한 것과 대전차 방어를 위한 준비 및 교육훈련을 등한시한 것은 중대한 실책이었다. 또한 아군이 초기전투에서 실패한 중대한 원인으로 적의 도하에 대한 거부 대칙이 전무 했다는 것을 말할 수 있다. 38선에서 낙동강까지 거의 모든 하천은 동서로 흐르고 있어 공격하는 적에게는 장애물로, 방어하는 아군에게는 유리한 지형지물로 작용한다. 그러나 아군은 임진강에서 낙동강까지 적의 도하를 한 번도 효율적으로 저지하지 못하고 쉽게 적의 도하를 허용하여 불리한 전투를 자초하였다.

개전 초기 전투력의 압도적인 우세와 작전의 주도권을 확보한 북한군은 정면돌파와 측후방 우회기동을 배합한 이른바 '일점양면전술(一點兩面戰術)'로 상당한 성과를 거둘 수가 있었다. 그러나 그들이 기도한 속전속결의 해결방식을 구현하기에는 북한군의 공격배치가 너무 평범하였고 공격력이 불필요하게 분산되었다. 특히 그들만이 보유한 전차를 집중적으로 운용하지 않고 각 공격축선에 분할 배치하여 운용함으로써 그 효과를 기대했던 것만큼 얻지는 못하였다.

그리고 남침 시에 예상되는 임진강 · 한강 · 금강 · 낙동강 등의 천연 장애물을 극복할 도하준비가 없었던 점과 서울 점령 후 신속한 전과 확대와 추격 기회를 상실 한 것도 그들의 중대한 실책이었다. 결과적으로 북한군은 서울을 3일 만에 점령하여 승기를 잡는 듯 하였지만 국군의 주력을 한강 이북에서 포착 섬멸한다는 절대적 목표는 달성하지 못하였다.

▣ 초기전투

● 작전개관 : 피 · 아 작전제대 편성 및 준비

① 북한군

- 병 력 : 198,380명
- 지상군 : 191,680명 (10개 보병사단, 1개 전차여단, 5개 예비여단 등)
- 해 군 : 4,700명

• 공 군 : 2,000명

• 북괴군 공격 제대 편성

주공 : 1군단 (5개 사단과 1개 전차여단) : 철원-의정부-서울 축선

조공 : 2군단 (4개 사단과 4개 연대) : 화천-춘천-원주 축선

② **한국군**

• 병 력 : 105,752명

• 지상군 : 96,140명 (8개 보병사단, 2개 독립연대)

• 해 군 : 7,751명

• 공 군 : 1,897명

• 방어편성 : 1사단(개성), 6사단(춘천), 7사단(포천), 8사단(강릉), 17연대(옹진)

• 방어준비 : 1개 사단 방어정면 : 평균 60Km 광정 면 담당

• 교육훈련 수준 : 대대훈련 미실시(중대 훈련수준)

대전차 화기 미흡(57미리 대전차포와 2.36인치 로켓포 보유)

● 축선별 전황

구 분		1	2	3
축선명		옹진반도	개성/문산	동두천/포천, 의정부
부대	적군	14연대, 38경비여단	1사단, 6사단(-1)	3 · 4사단, 105기갑여단
	아군	17연대	1사단	7 · 2 · 수도 사단
작전기간		6. 25~26	6. 25~28	6. 25~26
비 고		※ 옹진반도 전투	• 임진강 철교 폭파 실패는 이후 한강교 조기 폭파 결과 초래 ※개성 · 문산 지구 전투	• 예비대 미확보 • 적 공격 징후 무시 • 무모한 역습 ※ 동두천 · 의정부지구 전투

구 분		4	5	6
축선명		춘천/홍천	동해안	서울방어
부대	적군	2 · 15사단, 독립전차연대	5사단, 766유격대, 549 육전대	3 · 4사단, 105기갑여단
	아군	6사단	8사단	2 · 5 · 7 · 수도 사단
작전기간		6. 25~28	6.25~27	6. 27~28
비 고		• 전투준비 철저 • 공세적 방어 ※심일 중위와 육탄용사들 • 지형의 적절한 이용 소양강, 말고개 등 ※ 춘천지구 전투	• 6.27.육본명에의거, 8사단이 제천으로 철수 후 국군 부대 전무 ※동해안 전투	• 6.28, 01:00경 적 T-34 전차 2대가 미아리 방어선을 돌파로 최후 방어선 붕괴 ※창동 · 미아리 지구전투

▣ 한국군

• 전쟁준비 소홀

• 남북한 군사력 격차 심화(병력 비율 약 1:2)

• 전투준비태세 미비

• 비상경계령 해제(6. 23 24:00부)

• 경계 병력 1/3 외박

• 육본 정보판단 무시

• 교육 훈련 부족 : 중대급 훈련 수준

• 구체적인 방어계획 미 수립

• 작전 지도 및 전투 수행 미숙

• 작전지역의 상대적 불리

• 서울 북방 38선에서 서울에 이르는 종적 도로 발달

▣ 북 한 군

- 전 술 : 일점 양면 전술
- 정규전, 비정규전 배합
- 보, 전, 포 협동 작전
- 전투력 분산
- 전차 각 공격 축선 분할 배치, 운용
- 전과확대 및 추격 시기 상실
- 3일간 서울 지체로 국군 주력 한강 이북 섬멸 실패
- 융통성 결여 (춘천 지역 목표 집착)

2. 지연작전과 유엔군의 참전

가. 한강 · 수원 방어전(1950. 6. 28~7. 4)

6월 28일 새벽, 수도 서울의 방어를 위한 마지막 보루인 미아리 저지선이 무너지고 한강교가 폭파되자 한강 이북에서 적을 저지하던 부대들은 일시에 와해되어 한강 이남으로 분산 철수하였다. 당초 적의 공격을 차단하기 위하여 한강교를 폭파한 이상, 당면한 문제는 한강 남쪽에 방어선을 급편 하는 것이었다. 여기서 한강 방어선이라 함은 서울 동부 광나루에서 한가을 따라 서북쪽 김포반도 북단에 이르는 강남쪽 선상의 작전지역을 말하는 것으로서 그 가운데서도 아군의 주력은 대개 영등포(永登浦)와 노량진(鷺梁津)에 중점을 두었다.

그러나 이 한강 방어선은 국군이 여기서 공세를 이전하여 실지를 회복한다는 것이 아니라 유엔의 지상군이 도착할 때까지 현 전선을 최대한 지탱하여 시간은 획득한다는데 목적을 둔 것으로 아군은 모든 노력을 기울여 병력의 수습과 재배치에 힘썼다. 한편 개전 3일 만에 서울을 점령한 북한군은 그들의 제1단계 목표인 "서울 점령"을 자축 하는 축제의 분위기 속에서 28일 낮은 보내고 이날 밤부터 제1군단 주력을 투입하여 한강 도하를 모색하게 되었다.

이때 북한군 제4사단은 여의도의 대안을 점령하여 장차 영등포 방면으로 도하 하려 하였

고, 제3사단은 용산 일대에서 말죽거리로 지향하였다. 그러나 그들은 도하장비가 제대로 준비되지 않아 한강교가 폭파된 당시의 상황에서 단시간에 강을 건널 수는 없었다. 특히 전차의 도하문제가 가장 큰 부담이 되었다.

6월 28일 수원에 새로운 지휘소를 개설한 육군본부는 개성지구에서 김포반도로 철수한 제1사단 병력으로 김포 지구 전투사령부를 급편하여 적의 침습을 저지시키는 한편, 김홍일(金弘壹) 소장을 시흥 지구 전투사령관에, 제5사단장 이응준(소장 李應俊)을 수원지구 전투사령관에 임명하여 한강을 각개 도하하여 철수하는 병력을 수습하고, 부대를 재편 하게 하였다. 철수 병력의 집결이 대강 끝난 것은 28일 밤과 29일 아침 사이였는데 이렇게 집결된 병력은 부대의 건제(建制)와 병과(病科)를 불문하고 혼성부대로 편성되어 우선 말죽거리-노량진-영등포선에 투입, 한강 방어선을 급편하게 되었다.

제7사단 유재흥(준장 劉載興)을 노량진에, 수도사단(대령)을 영등포에 배치하고 6월 28일 행주에서 도하한 제1사단 백선엽(대령 白善燁)을 시흥에 집결시켜 예비대의 임무를 부여 하였다. 그러나 병사들은 거듭된 철수로 말미암아 피로가 극도에 달한 상태였고, 수습된 인원도 각 연대의 실제 병력이 대대 규모에 지나지 않았으며, 그나마 중장비는 대부분 강북에 유기(遺棄)한 까닭에 공용화기로 연대 당 박격포 2~3문과 기관총 5~6정에 불과 하였다. 더욱이 통신망이 확보되지 않아 종적 지휘체계와 횡적 협조체제가 원활하지 못하였고, 혼성부대였기 때문에 지휘관과 부하들 간의 호흡도 맞지 않았다. 이러는 가운데서도 차츰 전열을 가다듬은 아군은 이제 공포의 대상이 되는 적의 전차가 쉽사리 한강을 건너지 못하리라는 안도감 속에서 유엔군의 지원에 한가닥 기대를 걸고 한강이라는 자연장애물이 제공하는 지리적 이점을 최대한 활용하여 적의 전진을 지연할 것을 다짐하게 되었다. 그간 부동(浮動)상태에 있던 전선이 6월 29일에는 일단 교착상태를 이루었는데, 아군은 강을 건너온 병력을 수습하여 대체로 방어편성을 끝냄으로써 한강 북안의 적과 대치상태를 이루게 되었다. 그리고 이날 맥아더 원수가 직접 한강선 전황과 국군의 전력을 시찰하고 돌아갔다. 6월 30일부터 적의 도하 기도가 노골화되었더니 다음날에는 도하 공격이 더 한층 가열되었고, 이런 상태는 7월 2일까지 계속되었다.

그 사이 7월 1일에는 총참모장 채병덕(蔡秉德) 소장이 해임되고 정일권(丁一權)소장이 육 · 해 · 공군 총사령관 겸 육군 총참모장에 취임하여 이 한강선 방어 작전을 지도하게 되었으나 전황은 좀처럼 호전될 기미를 보이지 않았다.

그런데 한강선 방어 6일째인 7월 3일 경부선 단선철교를 보수한 적은 이 통로를 이용하여 전차를 투입하였다. 적의 전차가 아군의 집중사격을 받으면서도 노량진으로 건너와 영등포로 돌입하자 이에 대응할 방책이 없는 아군은 방어선을 더 이상 지탱할 수가 없었다. 노량진-영등포 전선이 무너지자 이제 수원의 포기가 결정적인 상태로 굳어지게 되었다.

이날 김홍일 소장은 수도 · 제7사단을 안양으로 철수하도록 하고, 김포 지구 사령부도 안양으로 철수하도록 조치하였는데, 이날 저녁 김포지구 사령부 주력이 안양 부근에 집결되면서 이 사령부는 곧 해체되었다.

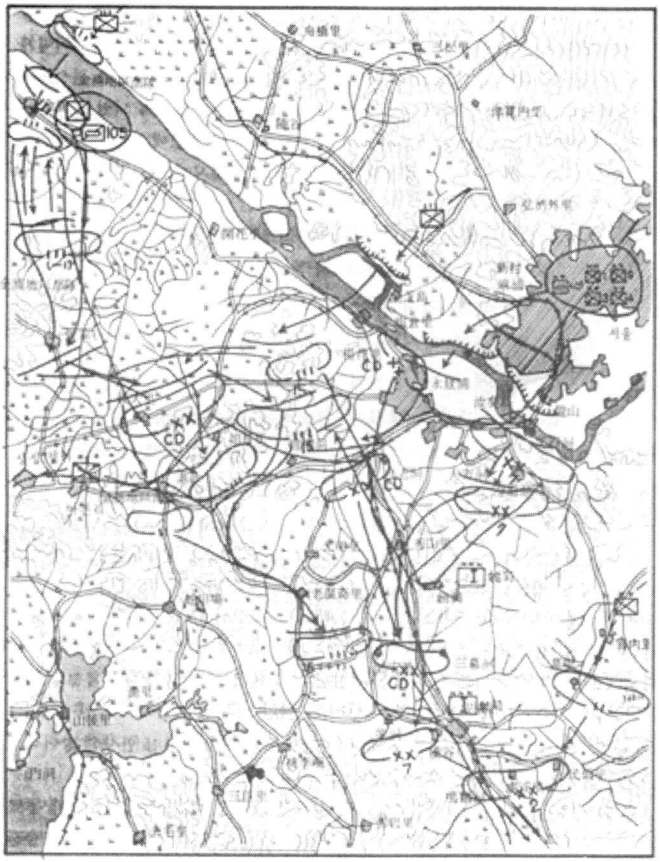

한강 · 수원 방어전

이리하여 한강 · 수원간의 지연전은 막을 내렸고, 7월 4일에 육군본부는 평택을 거쳐 대전으로 이동하였다. 이후 한국군의 작전 방침은 될 수록 북쪽에서 적을 저지하면서 유엔군의 참전 시 전투공간을 확보하고 군의 전력을 정비한다는 방향으로 굳어졌다.

아군의 입장에서 보면 이 전투는 적보다는 차라리 시간과 싸웠다고 할 수 있는데, 이는 당시 아군의 적을 격멸하고 실지를 회복하는데 목적을 둔 것이 아니라, 다만 유엔군의 도착을 위한 시간을 얻기 위하여 싸웠기 때문이다. 따라서 이 한강 선에서의 일주일은 아군에게는 기사회생의 계기가 되었고, 적에게는 전쟁종결의 기회를 무산시키는 실마리가 되었다고 할 수 있다.

또한 적으로서는 이 한강선의 돌파에 의외의 시일을 소비함으로써 당초 그들이 "수원 북방에서 국군 병력을 격멸" 하고자 한 기도나, "유엔군이 참전하기 전에 전쟁을 종결한다"는 기도가 성공하지 못하였으며 이러한 작전계획의 차질은 나중에 그들 스스로가 적화통일을 달성하지 못한 가장 큰 원인의 하나로 분석하였을 정도인 것이다.

※ 한국 작전권 인계

1950년7월14일 대전에서 이승만 대통령은 정일권 참모총장의 제안으로 한국군의 지휘권을 유엔군 사령관 즉 미군 사령관에게 인도한다는 서한을 맥아더에게 보낸다. 이로써 한 · 미군이 유엔군이 된 것이다.

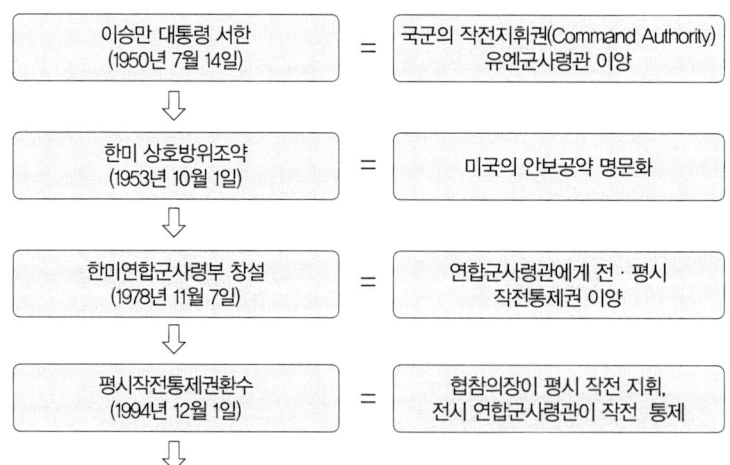

전시 작전통제권 변천 과정

이승만 대통령 서한 (1950년 7월 14일)	=	국군의 작전지휘권(Command Authority) 유엔군사령관 이양
⇩		
한미 상호방위조약 (1953년 10월 1일)	=	미국의 안보공약 명문화
⇩		
한미연합군사령부 창설 (1978년 11월 7일)	=	연합군사령관에게 전 · 평시 작전통제권 이양
⇩		
평시작전통제권환수 (1994년 12월 1일)	=	합참의장이 평시 작전 지휘, 전시 연합군사령관이 작전 통제
⇩		

나. 유엔군의 참전

미국은 한국에서 공산침략 전쟁이 발발했을 때 즉각 동원할 수 있는 병력을 전혀 보유하지 못한 실정이었으며, 또 사전에 한국에서 침략군을 격퇴한다는 계획도 없었으므로 이 전쟁의 발발은 미국에 상당한 충격을 주게 되었다.

미국측은 한반도에서의 절박한 공산 위협에도 불구하고 한국이 그들에게 전략적인 가치가 없다고 판단하여 극동 방어선에서 한국이 제외되어 있음을 선언하기까지 하였던 것이다. 그리고 제2차 세계대전 후에 일방적으로 추구한 평화정책으로 인한 병력의 급격한 감축으로 극동 육군의 경우, 4개 사단만을 보유하고 있었으며 그나마 병력은 평시 편성에도 미치지 못하는 실정이었다.

북한군의 남침이 있자 주한 미국대사 무치오는 이 사실을 미 국무성에 보고하였다. 미국은 곧 이 문제를 유엔 안전보장이사회에 제기하고 긴급조치를 강구하기 시작하였다. 그리하여 6월 25일 14시(한국시간 26일 04)에 개최된 유엔 안보리는 북한을 침략자로 규정하고 그들 군대를 38선 이북으로 철수하도록 할 것을 만장일치로 결의하였다. 이 결의가 있은 뒤 미국은 북한의 침략이 소련의 사주에 의한 것이라 단정하고 소련으로 하여금 북한에 영향력을 행사할 것을 촉구하였으나 반응이 없었다.

이에 트루먼 대통령은 주한 미국인 철수 등 당장의 안전조치를 위하여 맥아더 원수에게 제한된 범위 안에서 필요한 해 · 공군력의 사용을 명령하였다. 그 뒤 전황이 더욱 악화되자 극동 해 · 공군력의 사용을 명령하였다. 그 뒤 전황이 더욱 악화되자 극동 해 · 공군의 작전영역을 확대하여 38선 이남 모든 지역에서 한국군을 지원하여 북한의 군사목표를 공격케 하였다.

한편 더욱 강력한 조치가 필요하다고 인정한 유엔 안보리는 미국이 제출한 재차의 결의안을 6월 27일에 심의하고 한국에 필요한 원조를 제공하도록 유엔 회원국에 권고하는 결의안을 채택하였다.

이에 한국에서의 작전권을 부여받은 맥아더 원수는 6월 29일 공로(空路)로 수원에 도착하여 한강변에서 직접 전황을 살핀 후, 북한의 남침을 저지하고 이들을 격멸하기 위해서는 미국 지상군의 참전이 필수적임을 판단하고 주일(駐日)미국 지상군의 참전을 본국에 요청하여 승인을 받았다. 이로써 미국은 육 · 해 · 공 3군을 동원하여 본격적으로 한국전쟁에 참전케 되었던 것이다.

그리하여 7월 1일 "유엔군 사령부를 설치하고 미국정부의 지도 아래 유엔 회원국이 무력원조를 하자"는 영국 · 불란서의 공동제안이 있었고 7월7일 이 안이 가결되었다. 그리고 트루먼 미국 대통령은 안보리의 요청에 따라 미국 극동군 사령관인 맥아더 원수를 유엔군 총사령관으로 임명하였다.

7월 14일에는 리(Lie) 유엔 사무총장이 52개 회원국에게 한국에 대한 군사원조를 요청하였다. 이런 과정을 거쳐 미국 · 영국 · 불란서를 비롯하여 중남미의 쿠바 · 콜롬비아, 아시아의 터어키 · 필리핀 · 태국, 아프리카의 이디오피아 등 16개국이 군대를 한국전선에 파견하였고 많은 국가들이 각종 원조를 제공함으로써 한국전쟁은 무력침략을 도발한 공산주의자와 이를 응징하려는 유엔과의 전쟁이 되었다.

7월 1일에 주일 미국 제24사단의 선발대가 부산에 상륙하여 곧 전선에 투입됨으로써 미국 지상군의 개입이 시작되었는데 맥아더 원수는 사단장 딘(Dean) 소장을 주한 미군 총사령관으로 임명하였다.

7월 17일에는 이승만 대통령이 맥아더 유엔군 사령관에게 한국군의 작전 지휘권을 이양함으로써 한국군을 포함한 유엔군은 단일 지휘관에 의하여 작전을 수행해나가게 되었다. 그리고 맥아더 원수는 7월 28일 도쿄에 유엔군 총사령부를 설치하였다.

다. 오산지구 전투(1950. 7. 5)

스미스(Smith) 중령이 지휘하는 특수임무부대는 미국 제24사단의 선발대로서 7월 1일 부산에 공수되자 곧 북상하여 4일에는 평택에 도착하였고, 곧 오산 북방의 죽미령(竹美嶺) 지대를 정찰하여 방어진지를 선정하였다. 이 능선은 경부국도와 철도를 감제할 수 있고 수원에서 남하하는 적을 저지하기에는 가장 적합하다고 판단되었다. 스미스 부대는 이 능선의 좌 측방 100고지로부터 92고지에 부대를 배치하였는데, 옹진지구에서 철수한 한국군 제17연대가 스미스 부대를 지원할 임무를 띠고 이곳으로 이동하여 예비대로서 오산읍과 포병진지 주변에 배치되었다.

한편 적 제3사단 · 제4사단 · 제6사단 · 제105기갑사단이 수원에 집결하였고 부대 정비를 마친 북한군 제4사단은 7월 5일 아침 전차부대를 선두로 다시 남하하기 시작하였다. 적 전차가 접근하자 스미스 부대는 집중적인 포병의 포 사격을 실시하고, 근거리에서 무반동총을 명중시켰으나 전차는 계속 죽미령 고개를 넘어 공격해왔다. 대기하고 있던 105밀리 곡사포는 선두 전차 2대를 파괴하였으나 대전차 포탄이 더 이상 없었기 때문에 후속 전차를 공격하지 못하였다. 이후 적 전차는 아무 저항도 받지 않고 사격을 계속하면서 방어진지를 통과해 갔다. 전차부대가 진지를 통과한 뒤 10시경에 3대의 전차에 유도된 차량과 보병의 행군종대가 남하해 왔으며, 방어진지에 돌입하는 북한군과 스미스 부대 사이에 치열한 공방전이 전개 되었다. 적은 100고지를 점령한 후 117고지를 공격하는 한편, 방어부대를 좌우측방으로 포위하려고 하였는데 스미스 부대는 통신이 두절되어 항공기와 포병의 지원도 받지 못한 채 강력한 적의 포위공격으로 많은 피해를 입고 후퇴하지 않으면 안 되었다.

한국전쟁에 투입되어 북한군과 최초의 접촉을 가진 미국 제24사단 선발대는 아군과 적군을 구별하지 못하여 혼선을 빚었으며 적은 민간인으로 위장하여 미군의 작전을 방해하였다. 7월 6일 김량장으로부터 남하한 적이 20시경 안성에 침입함으로 국군 제17연대도 조치원(鳥致院)으로 철수하였다.

미군이 개입했다는 사실만으로 강력한 무력시위를 하려 했던 미군의 최초 계획은 뜻밖에 적에 의하여 실패로 돌아갔다.

▣ 미군참전 및 UN군 창설

● 미군의 참전과정

- 유엔 안전보장이사회 개최(1차 : 6. 26, 2차 : 6. 27)
- 미 극동전방지휘소 연락반(ADCOM) 수원 도착 : 6. 27
- 맥아더장군 한국 전선시찰, 미 지상군 투입 건의 : 6. 29
- 미 지상군 투입 결정 : 6. 30
- 유엔 안보리 UN군사령부 설치권한 및 UN군사령관 임명권한 미국에 부여 : 7. 7
- 맥아더 원수 UN군 사령관 임명 : 7. 8

● 미군 참전이유

- 봉쇄전략위협 (한국공산화→일본, 기타국가)
- 한국공산화 방관 시 기타 자유국가 저항의지 상실
- 소련 팽창주의 정책 저지

※ 3차 세계대전의 도화선 사전제거

- 한국 공산화 방관시 UN의 기조 및 창설이념 유명무실 방지

● 미 지상군 투입 경위

- 6. 30 : 맥아더장군 명령하달 (미 24사단, 25사단 1개 연대, 1기병사단)
- 7. 1 : 스미스 부대(미 24사단 21연대 1대대), 미 24사단 사령부 부산도착
- 7. 2 ~ 4 : 미 제24사단(19연대, 21연대, 34연대) 부산 상륙
- 7. 10 ~ 15 : 미 제25사단 부산상륙
- 7. 18 : 미 제1기병사단 포항상륙

라. 한강선 방어

● 한강방어선 형성('50. 6. 28 ~ 7. 4)

● 한강 방어선 : 서울 동부 광나루에서 한강을 따라 김포 반도 북단에 이르는 한강 남단

● 목표 : 유엔 지상군 도착 시까지 현전선 고수 방어, 시간 획득

(1) 피아 작전계획

① 북한군

- 미 육군 증원 전 한강 도하, 평택-충주-울진선 점령기도
- 주공방향 : 영등포-수원-평택
- 한강 도하 후 평택 방향 진출기도

● 1군단 작전계획

- 제4사단 : 주공으로 신촌일대 ~ 영등포 방면 도하
- 제3사단 : 조공으로 용산/한남동 ~ 말죽거리
- 제6사단 : 문산 합류, 수색부근 집결하여 이미 김포비행장 부근까지 진출한 제14연대를 지원할 준비
- 제1사단 : 서대문 쪽 입성, 제3,4사단 후속 예비대
- 제105전차 여단 : 시가지 경계와 보병부대 도하지원

② 아군

- 김홍일(金弘壹)소장을 시흥지구사령관으로 임명
- 시흥지구전투사령부는 한강선 방어
- 혼성 제2사단 : 신사리 ~ 동작리 고수
- 혼성 제7사단 : 동작리 ~ 대방리 방면 고수
- 혼성 수도 사단 : 신갈리 ~ 양평리 고수
- 김포지구 전투사령부 : 김포에서 적을 저지
- 혼성 제7사단에 우선권을 두고 혼성대대 투입

③ 작전 경과

- 6. 28일 새벽 미아리 저지선 붕괴, 한강교 폭파로 한강이북 부대 한강 이남으로 분산 철수
- 6. 28 ~ 29 : 철수병력 집결(시흥) : 시흥지구 전투사령부 설치, 부대 재편성, 한강을 연하는 선에서 방어
- 6. 29 ~ 7. 2일 한강 방어선 고수

※ 6. 29 : 맥아더 원수 한강선 방어 전황과 국군 전력 시찰

- 7. 3 : 적 전차 노량진 도하, 영등포 진입, 한강 방어선 붕괴/육본 지연전 실시 명령 하달
- 7. 4 : 육본 지휘소 대전 이동

④ 분석

- 북한 : 28일 '서울 점령' 후 3일간 지체로 "수원 북방에서 국군 병력 격멸", "유엔군 참전 전에 전쟁 종결" 기도 차질
- 아군 : 1주간 시간 획득으로 유엔군 참전 가능

마. 지연전

한 · 미 연합전선 형성 / 국군 재편성(7. 4~6)

미군 참전으로 한국군 철수부대 안정, 시흥사 해체 및 제1군단 창설 (수도, 제1,2사단)

7. 5방어선 : 죽미령(Smith TF) - 죽산(6사단 19연대) - 무극리(6사단 7연대) - 충주(6사단(-)) - 제천(8사단) - 울진(23연대)

한국군 재배치 이동(7.6)

수도사단(진천), 제1사단(음성), 제2사단(증평, 군단예비), 군단사령부(청주)

경부 축선/ 차령산맥선 지연전(7.7~14)

한국군 담당지역 축소로 효과적인 지연전 가능(공세적 행동 병행)

7. 7 방어선 : 천안-진천-음성-충주-단양-울진

▣ 주요전투

■ 경부 축선 : 천안, 전의/조치원 전투

■ 차령산맥선 전투 : 진천, 음성/괴산, 충주/수안보, 제천/단양 전투

금강 및 소백산맥선 지연선(7. 14~25)

한국군 지휘권 미군에게 이양 , 한국군 제2군단(제6,8사단)창설(7.14)

7. 14 방어선: 금강선-미원-문경-죽령-평해

미 지상군 증원/재편성(7. 20) : 제1기병사단(영동), 25사단(상주), 제24사단(김천, 군위, 의성 일대) 재편성

한국군 전선 조정(7. 24)

제1군단(안동) : 수도 8사단, 제2군단(함창) : 1, 6사단

제3사단 재창설 영덕 투입, 제2사단 해체→1, 8사단 편입

▣ 주요전투

■ 금강산 전투 : 공주/대평리, 대전지구, 영동/김천 전투

■ 소백산맥 전투 : 미원/상주(화령장 지구), 이화령/함창, 죽령/안동, 영해/영덕 전투

7. 25 방어선 : 영동-상주-함창-예천-안동-영덕

3. 낙동강 방어선 전투

1) 방어선 형성 경위

가. 정면 :240 km(남북 160km, 동선 80km)

나. 낙동강 방어선의 의의

① 의의: 최후 저지선

② 작전 주도권 탈취하고 전세 역전의 도약대 구축

다. 방어 개념 : "기동과 역습"

적의 압력이 약한 지점에서 병력을 절약하여 기동예비대를 편성한 후 잘 발달된 순환도로망을 이용하여 돌파된 지역에 신속히 역습을 실시하여 상실된 전선 회복

라. 낙동강 방어 이점

① 국군과 미군의 협조된 방어체제 구축 : 개전 이래 최초로 국군과 미군이 서로 전선을 연결, 부대 간 긴밀한 협조가 가능하여 적의 일점양면 전술과 같은 우회 침투를 저지할 수 있게 됨

② 천연적인 장애물 이용으로 방어용이

- 낙동강 본류(강폭 : 400~800m, 수면 폭 : 200~400m, 수심 2m내외)와 횡격실 고지군은 천연의 방어지대
- 낙동강의 도섭지점 제한으로 적 접근로 판단용이

마. 내선작전의 이점 이용

- 전략물자 하역위한 최대 항구인 부산으로부터 방사선형 도로 발달로 군수지원 원할
- 필요한 곳에 예비대 신속 투입 가능

2) 피 · 아 대치 상황

가. 아군

① 낙동강 방어선이 형성되면서 국군은 방어선의 북측 면(왜관 ~ 영덕)을, 미군은 방어선의 서측 면 (왜관 ~ 남지읍 ~ 진해만) 담당

② 배치

- 국군(왜관북쪽, 평균 사단별 25~30km)
- 수도 사단 (동) : 안동 ~ 청송
- 8사단 (서) : 의성 ~ 안동
- 제2군단(사령부 : 군위) : 왜관 ~ 의성
- 6사단 (동) : 의성 ~ 낙동리
- 1사단 (서) : 왜관 ~ 낙동리

③ 육본 직할 제3사단 : 영덕지구

나. 미군(왜관 남쪽, 평균 사단별 45Km)

① 제1기병사단(북) : 왜관일대 (왜관~현풍)

② 제24사단 (중) : 낙동강 돌출부 일대(현풍~남지)

③ 제25사단 (남) : 마산, 진동리 일대(남지~진동리)

다. 적군

① 북한군 기도 : 부산점령

② 배치

- 북한군 전선 사령부 : 수안보
- 제1군단(김천 : 미군 정면)

※ 남에서부터 6 · 4 · 1 · 3사단, 예비 2사단

- 제2군단(안동) : 국군 정면

※ 서에서부터 15 · 13 · 1 · 8 · 12 · 5사단

3) 피 · 아 전투력

가. 한국군 및 미군 : 84,200명

※ 한국군 5개 사단, 미군 3개 사단, 군 예비 1개 사단

나. 북한군 : 82,100명

※ 보병 10개 사단, 전차 1개 사단, 예비 1개 유격연대

4) 낙동강 방어 작전 성공요인

① 국군의 극한 상황 극복

② 공중 및 해상 우세권 장악

③ 적시 적절한 병력증원 및 보급지원

④ 천연적인 장애물 효과적 이용

⑤ 내선작전 이점 이용, 기동예비대 적시 투입

⑥ 확고한 지휘통솔 및 임전무퇴 정신

5) 전투경과

가. 낙동강 전투

개전 이래 초기작전에서 북한군은 기습을 달성하여 전술적 승리를 거두었으나 이를 확대하여 전략적 승리로 이끌지 못하였고 아군은 적의 진출을 지연시키면서 전략적 후퇴를 거듭하여 7월말 경 마침내 낙동강을 잇는 방어선을 형성하게 되었다.

이 시점에 아군은 전투정면에 비하여 병력이 부족하였고, 전선의 연결이 시급하였으며, 가용한 예비대가 없었기 때문에 이를 확보하기 위해서 천연장애물을 이용할 수 있는 낙동강 방어선으로 전선을 불가피하게 축소하게 된 것이다.

낙동강 방어선은 북부의 산악지대와 서부의 낙동강으로 둘러 싸여 동서 약 80킬로미터, 남북 약 160킬로미터의 구형(矩形)을 이루고 있다. 그리고 경상남북도를 가로지르는 낙

동강은 본류의 강폭이 400~800미터, 수면의 폭이 200~400미터, 수심이 2미터 내외가 되어 도하 능력이 빈약한 북한군에 대하여 천연장애물로서 전술적 가치가 높고, 도섭지점이 제한되어 있어 접근로 판단이 용이하며, 강 우안에는 횡격실의 산맥이 발달하여 방어에 좋은 지형을 제공하고 있다.

더욱이 내선에 위치한 방어지역 내에는 최대의 항구 부산으로부터 각 전선에 이르는 방사선형의 도로가 발달되어 있어 군수지원이 민활하게 이루어질 수 있고 필요한 곳에 예비대를 신속히 투입할 수 있는 장점을 갖고 있었다.

당시의 상황으로 이 지역은 적의 입장에서는 전쟁을 종식시키기 위하여 기필코 탈취해야 할 대상이고 아군은 이를 토대로 전력을 회복하고 작전의 주도권을 장악하여 반격의 계기를 마련해야 하기 때문에 적의 진출을 허용할 수 없는 절대 확보되어야 할 최후의 저지선이다.

또한 이 방어선의 형성과 확보는 인천상륙작전을 위시한 총 반격작전을 전개하기에 필요한 귀중한 시간을 제공할 것이라는 점도 고려사항에 속하는 것이었다.

미 제8군사령부는 8월 1일 모든 한 · 미 지상군에게 낙동강 선으로 철수하라는 명령을 하달하였고, 국군은 8월 2일 육군본부 작전명령 제94호로 적의 진출을 최종적으로 저지한 다음 반격으로 이전할 태세를 확립한다는 지침을 하달하였다.

낙동강 방어선에서 국군은 왜관(倭館)으로부터 동해안에 이르는 북 측면을, 미국은 왜관 이남으로부터 낙동강을 따라 진해만(鎭海灣)까지의 서 측면을 각각 담당하게 되었다.

국군은 이 지역을 각 군단에 할당 하여 제1군단(수도 · 제8사단)은 동부전선을, 제2군단(제1 · 제6사단)은 중부전선을, 육본 직할인 제3사단은 동해안 지역을 각각 담당하도록 하였다. 국군의 작전 목표선을 제1목표 X선과 제2목표 Y선으로 설정하여 이 선에서 적의 전진을 저지하려 하였다. 8월 4일 낙동강 위의 대부분의 교량이 절단되었고, 국군과 미 지상군 전 부대는 낙동강 방어선으로 철수하여 새로운 방어진지를 점령하였다. 한편 초전의 여세를 몰아 7월말 현재 아군의 낙동강 방어선에 대한 외곽 포위망을 형성한 북한군은 잠시 전열을 가다듬은 후, 8월 초순부터 낙동강 방어선에 강한 압력을 가해오기 시작하였다.

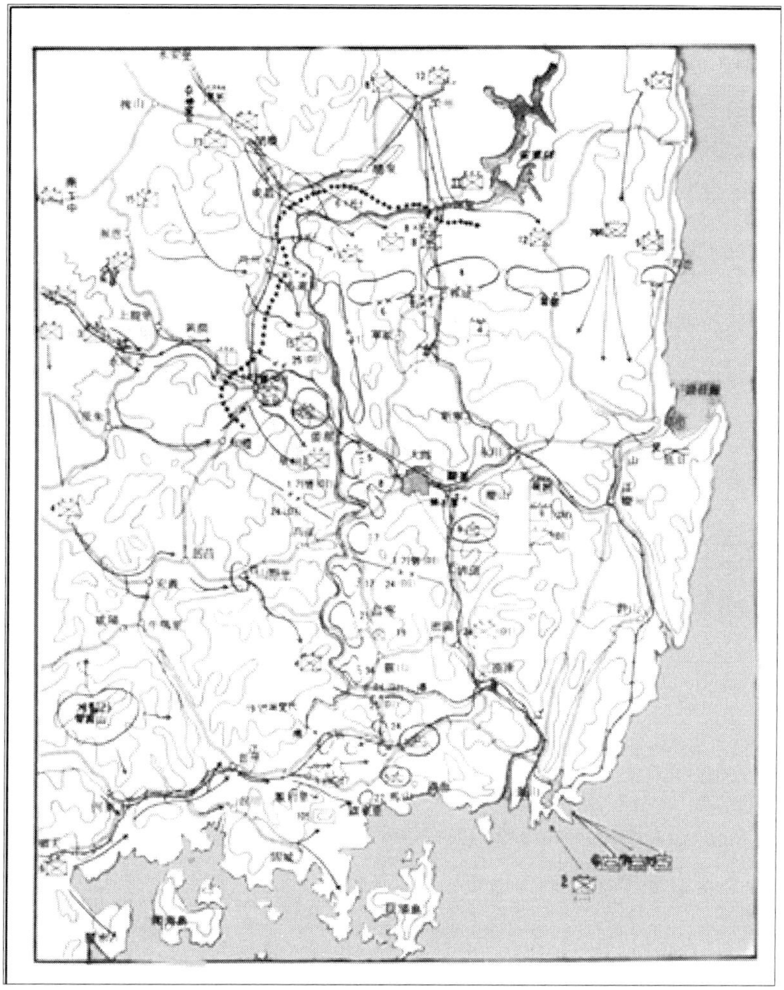

낙동강 방어선의 형성

당시 유엔군은 아직도 적의 우회기동과 포위 및 야간침투를 조직적으로 저지할 수 있을 정도의 충분한 병력을 확보하고 있지는 못하였으며, 더욱이 적이 돌파한 지역을 신속히 역습하여 격퇴시킬 수 있는 기동예비대를 보유하지 못하였다. 그러나 방어선이 형성되고 있는 동안에 유엔군의 전투력은 계속 증강되고 있었다.

한편 북한군은 장기간의 공세에 지쳐 있었고, 신장된 병참선은 유엔 공군기의 주요 공격 목표가 되었다. 그리하여 김일성은 유엔군의 방어 상태가 더 강화되기 전에 결전을 시도할 필요성을 느끼고, 8월 15일까지 부산을 점령하라고 독전하였던 것이다. 이에 따라 북한군은 낙동강 방어선에 대한 공세활동을 더욱 강화시켰는데, 최종 목표인 부산을 점령하기 위하여 선택 가능한 4개의 방안을 다음과 같이 선정하였다.

- 남강과 낙동강의 합류점 동쪽에서 마산을 통과하는 방안.
- 낙동강 돌출부를 통과하여 밀양에서 철로와 도로를 이용하는 방안.
- 경부국도를 따라 대구를 통과하는 방안.
- 경주를 지나 동해안의 도로를 따라 남진하는 방안.

나. 다부동 지구 전투(1950. 8. 13~8. 30)

8월초 낙동강 방어선이 형성되면서 국군 제1사단 정면에는 북한 제13 · 제15 · 제3사단이 공격을 가해왔다. 북한군 제13사단은 낙동리에서 강을 건너 왜관에 이르는 도로를 따라 진출하고자 하였고, 제15사단과 제3사단이 낙동강의 서쪽에서 강을 건너 측면 공격을 시도함으로써 국군 제1사단은 협공을 받는 불리한 상황에 놓이게 되었다.

다부동은 왜관과 군위(軍威) · 대구에 이르는 교차점에 있으며, 바로 이 지역의 북방 고지군을 연결하는 Y선은 대구에 이르는 중요 접근로를 감제하고 있으므로 대구 방어의 승패가 이곳 전세에 달려 있다. Y선이 무너지면 사실상 대구도 적에게 내어놓지 않을 수 없게 되는데, 적은 8월 15일까지 대구만이라도 점령하려고 마지막 공세를 서두르고 있었다. 아군 제1사단의 좌 일선 부대인 제15연대 정면으로는 북한군 제3사단이 공격해왔다. 제15연대는 2개 대대의 병력으로써 적 제3사단과 모두 9차에 걸친 공방전을 전개하여 서로 간에 많은 손실을 보았으나 끝내 진지를 고수하였다.

아군 제12연대 정면으로는 북한군 제15사단이 공격해왔다. 적은 8월 13일에 수암산(水岩山)과 이 지역에서 가장 높은 유학산(遊鶴山)을 확보함으로써 대구에 이르는 발판을 마련하였다. 그리하여 아군 제12연대는 대구 방어의 관문이라 할 Y선상의 유학산과 수암산을 탈취하기 위해 치열한 공격을 감행하였다. 그런데 8월 20일에 상황 변화로 북한군 제15사단이 영천(永川)쪽으로 이동해가고, 인접 제3사단과 제13사단이 이 지역을 각각 나누어 맡자, 아군은 8월 22일 공격에서 처음으로 야간공격을 실시하여 드디어 유학산을 탈취하고 곧 수암산도 확보하게 되었다.

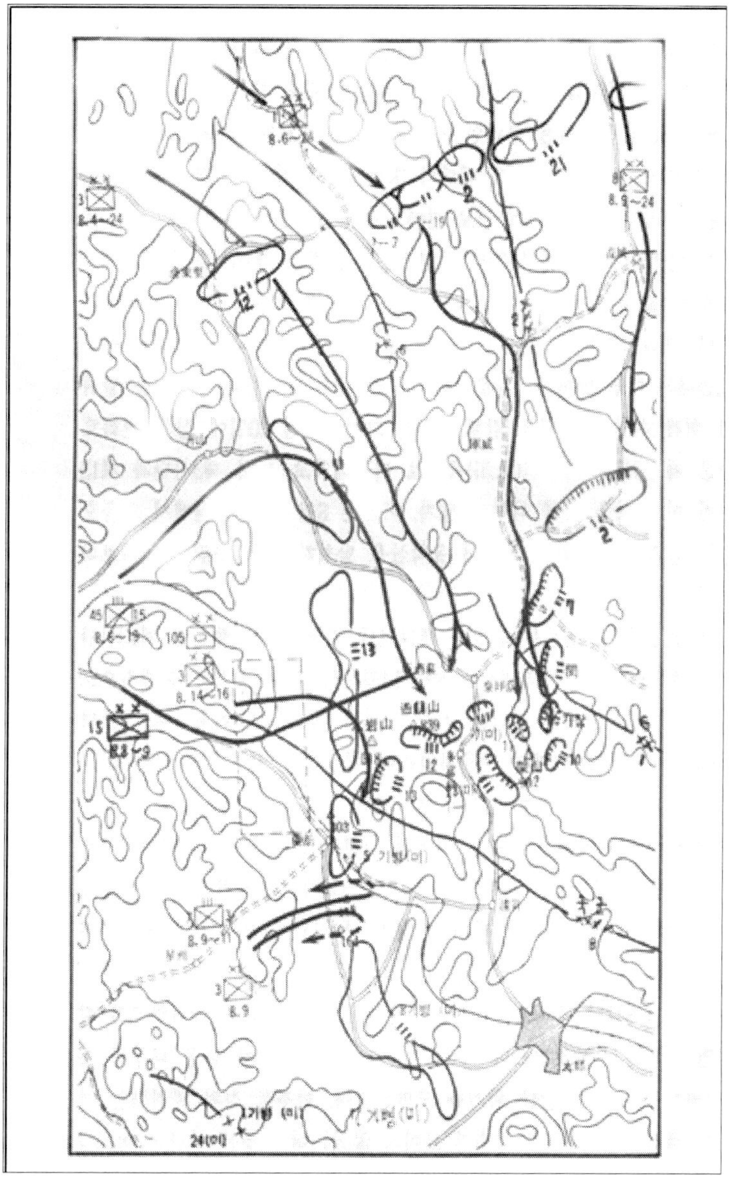

사단 전방의 우 일선을 담당한 제11연대 지역으로는 북한군 제13사단이 공격해 왔다. 이 지역에서는 8월 14일부터 적의 공격이 본격적으로 시작되었고 다음날에는 야간에 적이 전차와 장갑차를 이용하여 신주막(新酒幕)과 수정(水亭)까지 진출하였는데 이후에는 신주막과 가산(架山) 부근에서 피아간에 치열한 접전이 벌어졌다.

미 제8군사령부에서는 다부동 지역의 전세가 불리하다고 판단하여 8월 17일 경산(慶山)에 있던 미 제25사단 제27연대를 이 지역에 증원하였고, 8월 19일에는 국군 제8사단 제10연대가 제1사단에 배속되어 이 지역에 투입되었다.

북한군 제13사단 주력은 신주막에서 아군의 방어선을 돌파하고자 결사적인 공격을 시도하였으나 아군은 신주막까지 진출한 다음 다부동 우측 고지를 확보하여 일단 위기를 모면하였다. 이후로 적의 공격력은 점점 미약해졌고 또 공격의 징후가 보이지 않았는데 그것은 북한군 제15사단이 영천(永川) 방면으로 이동함으로써 제13사단의 공격 정면이 넓어진 데 원인이 있는 것으로 판단되었다.

이 전투 결과 아군 제11연대는 거의 3배에 달하는 적 제13사단을 격멸하고 Y방어선상에 진출하게 됨으로써 대구의 위기를 구하게 되었고, 적은 그간에 입은 손실로 말미암아 보충과 재정비가 없이는 새로운 공격행동을 할 수 없게 되었다. 다부동 지구의 공방전은 피아간에 문자 그대로 혈투의 계속이었다. 적은 대구로 진출하기 위한 최후 발악적인 공격을 되풀이하였고, 아군은 마지막 방어선을 사수하기 위한 일보의 양보도 있을 수 없는 방어전투를 전개하였던 것이다. 미 제8군에서는 대구 방어를 강화하고 국군이 점령하고 있던 정면을 좁히기 위하여 미 제1기병사단으로 하여금 국군 제1사단 방어지역을 안수케 하였다. 그리하여 제1사단은 제6사단의 지역 일부와 제5연대와 기갑연대가 담당하고 있던 방어 지역을 인수하기 위하여 8월 30일에 이동을 실시하였다.

4. 공세전환

1) 인천 상륙작전

가. 계획수립과정

●블루하트(Blue Heart) 계획 : 7. 4

- 미 제24사단(+) : 북한의 남진을 저지
- 미 제1기병사단 : 인천에 상륙(7. 22경)

※ 미1기병사단을 영동일대로 투입 : 7. 10일 계획 취소

- **크로마이트(Chromite)계획 : 7. 23일 수립, 9월중 상륙계획(상륙부대로 10군단 편성)**
  - 제1여단, 미 2사단으로 다음의 3개 지점 중 1개소에 상륙
  - 100 - B : 인천에 상륙 후 서울 점령, 병참선 차단
  - 100 - C : 군산에 상륙 후 대전방향으로 측 후방공격
  - 100 - D : 주문진 상륙 후 원주방향으로 적 후방공격
  - 상륙군부대 편성 계획 변경 : 7. 29일
  - 북한 제6사단이 호남 축선 우회기동, 마산-부산 축선 위협

① 인천상륙작전의 전제조건 : 부산 교두보 확보

② 최초 상륙작전 부대인 미 해병 임시 제1여단과 미 제2사단을 낙동강 방어선으로 전용

③④ 상륙군 부대 변경 : 미 제2사단 → 주일 미 제7사단,
미 해병 임시 제1여단 → 미 해병 제1사단

나. 동경회담(1950. 8. 23)

① 인천상륙작전 반대이유

- 인천의 지형적, 해양적 조건 부적합
- 낙동강 방어선 확보 곤란
- 적에 의한 각개 격파 위협(전투력 분산 운용)
- 상륙작전용 선박부족
- 일본방어 공백 발생 (일본 미 7사단 전용 시)

※ 육군 참모총장 콜린스/(Collins 대장)과 해군 참모총장 셔먼/(Sherrman 제독)은 인천 대신에 군산 상륙을 권고하였음.

② 인천상륙작전 맥아더 주장

- 기습달성 가능, 수도 서울 탈환용이
- 병참선 차단 가능
- 병력 희생 최소 및 유리한 전략적 위치
- 군산 상륙 시 국면전환의 한계성

③ 미 합참 재검토 의사타진(2회) : 낙동강 방어 위기 직면(9. 5일 / 7일)

- 상륙계획 발전(미 합참 최종승인 : 9. 9)
- 상륙일 : 9월 17일
- 상륙부대 창설(50. 8. 26)
- 미 제10군단 창설(군단장 : 미 일본 점령군사령부 참모장 알몬드/Almond 소장)
- 상륙군 부대 : 미 해병1사단, 미 제7사단, 한국군 해병 제1연대 한국군 제17연대

다. 상륙작전

① 크로마이트(Chromite) 계획

㉠ 개요 : 인천상륙 부대는 경인지역 확보 후 경춘가도로 진격하여 적 병참선 및 후퇴로를 차단하고, UN군은 낙동강 선에서 총반격으로 적 주력을 포위 섬멸한다는 계획

㉡ 항공지원계획

- 목표지역 : 미 10군단 소속 전술항공대 D-3일부터 인천, 서울, 수원지역 (해안지역 포항폭격)
- 목표외곽지역 : 극동공군 D-10일부터 제공권 장악 위한 폭격

㉢ 해상지원계획

- 인천 앞바다를 3개 화력 지원구역 구분, 경고 준비 사격

㉣ 지상군 상륙 계획

- 상륙해안을 RED, GREEN, BLUE BEACH로 구분
- 미 해병 : 상륙 및 교두보 확보
- 미 제1해병 사단 : 김포 – 서울 진격(교두보 확보 시)
- 국군 제17연대, 미 제7사단 : 서울 남 측방 진격, 서울 남쪽 적 퇴로 차단
- 국군 해병대 : 인천 시가지소탕전

라. 전투경과

① 작전계획의 수립

북한공산군의 기습공격으로 아군은 초기에 열세한 입장에 몰려 후퇴가 불가피하였다.

그리하여 가능한 한 지연작전을 실시하고 적에게는 끊임없는 전력 소모를 강요하는 한편 전세 만회와 반격의 기회를 포착하려 하였다. 그런데 이제 낙동강 선에서 적의 공격을 저지하고 아군의 전력이 점차 증강되어가자 맥아더 사령관은 적진 깊숙이 후방 병참선을 차단하는 상륙작전 준비를 지시하였다.

이러한 상륙작전 계획은 서울이 함락된 후 맥아더 사령관이 한강 방어선에서 최초로 한국전선을 시찰하던 당시부터 구상했던 것으로서, 그것이 이제 상륙지점을 인천으로 하는 '크로마이트(Chromite) 작전'으로 구체화되기 시작한 것이다.

인천지역은 상륙작전을 실시하기 부적절한 몇 가지의 지리적 조건을 갖추고 있다. 먼저 조수(潮水) 간만(干滿)의 차이가 매우 심하여(9~10.8m) 상륙작전은 만조기 에만 실시 가능하므로 제한된 부두시설로 인하여 군수지원이 불편하여, 항구가 어느 정도 준설(浚渫) 되어 있는지 모른다. 또한 조수가 빠르고 항만의 공간이 제한되어 공격함대가 화력을 지원하기 곤란할 뿐만 아니라 항만 내에서 작전 중인 주정과 모함사이에 거리가 48km나 되어 위험 부담률이 매우 높다. 인천외항에 위치한 월미도는 항내로 접근하는 수로를 감제하고 있으며 제방으로 육지와 연결되어 있어 적이 견고한 방어시설을 구축하였다면 작전 진행에 많은 어려움을 줄 수 있고 아울러 적당한 상륙지점도 부족하다.

이 인천지역에 대한 상륙작전 계획이 워싱턴에 보고되자 미 합동참모본부에서는 이 문제에 관하여 협의하기 위해 육군참모총장 콜린스(Collins) 대장과 해군참모총장 셔먼(Sherman) 제독을 도쿄의 맥아더사령부로 파견했는데 합참에서는 가능하면 이 작전을 포기시키려 하였다.

1950년 8월 23일 맥아더 사령부에서는 상륙작전에 대한 진지한 토의가 이루어졌다. 이 회의에서 해군측은 조수와 지형의 조건을 들어 인천상륙작전이 대단히 위험하다고 주장 하였고, 여기에 참석한 대다수의 사람들이 안건에 동조하였다. 그러나 맥아더는 주로 전략적인 면에서 이 계획을 적극 주장하고 나섰다. 그가 주장한 바로는 인천은 서울에서 25km 거리에 있는 항구로 이 지역에 상륙작전을 감행하여 이를 점령하고 계속 진격하여 서울을 탈환하면, 적 보급로는 차단될 것이며 서울 이남의 적을 포위 섬멸할 수 있고, 또 낙동강 방어선의 현 접촉선에서 공세를 취하여 적을 격퇴시키는 과정에서 발생될 시간적 · 인적 · 물적 피해를 많이 감축시킬 수 있을 뿐만 아니라, 심리적으로 이 작전의 성공은 지금까지의 전세를 역전시켜 작전의 주도권을 장악할 수 있으리라는 것이었다. 그리고 인천은 군사적인 면에서도 적이 강력하게 방어하고 있지 않으며, 또한 상륙이 불가능하리라고 믿고 있는 만큼 기습을 달성할 수 있는 반면, 기타 대두된 상륙 예상지역은 전선에서 너무 멀거나 너무 가까워서 적 부대의 후방 보급로를 차단하는데 적합하지 않다는 것이었다.

합참 요인 일행은 이 회의에서 상륙작전에 대한 무제를 확정짓지 못한 채 워싱턴으로 귀환하였는데 약 1주일 후인 8월 29일에 합참에서 인천상륙작전에 대한 동의 전문(電文)을 맥아더 사령부로 보냈다.

② 상륙작전의 준비

낙동강 방어선에서 8월 초순부터 격렬한 공방전이 계속되었고, 한편으로는 인천상륙작전에 대한 준비가 극비리에 진행되었다. 8월 16일에는 인천상륙작전을 담당할 제10군단(소장 Almond)이 편성되었고, 중요 지상군 부대로 미 해병 제1사단과 미 제7보병사단이 선발되었으며, 영국 해병여단과 한국 해병대, 그리고 육군 제17연대가 참가하기로 되었다. 상륙작전에 앞서 맥아더 사령부는 인천지역에 대한 정보 획득에 주력하는 한편, 상륙지점과 시기에 대한 기만작전도 전개하였다. 아군 해군은 개전 초부터 제해권을 완전 장악하고 있었으며, 항공모함의 증강으로 상륙부대의 요구에 따라 지원할 수 있는 모든 준비가 완료되었다. 그리고 상륙작전을 실시하기 위해 미 제7사단은 요코하마(横浜)에서, 미 해병 제1사단은 고베(阪神)에서, 수송선단 · 화력지원함대 · 지휘함 등은 사세보(佐世保)에서, 국군 제17연대 · 한국 해병대 및 미 해병 제5연대 등은 부산에서 각각 출발하였으며, 지원 수송단은 대부분 9월 10일전에, 상륙부대들은 9월 11~13일 사이에 출항하여 9월 14일에는 집결지인 영종도 근해에 집결하였다.

③ 상륙작전의 실시

상륙작전을 실시하려고 하는 인천지구에는 북한공산군 서울 위수 제18사단 · 인천경비단 · 제31여단의 1개 대대 등 약 2만 명으로 추산되는 적이 있는 것으로 판단되었으며, 아군은 약 7만 5천 명의 병력과 261척의 함정이 작전에 동원되었다. 상륙작전은 2개 단계로 구분 실시되었는데, 제1단계는 월미도 점령이며, 제2단계는 인천 점령이었다. 상륙 개시 시간은 9월 15일 인천항의 만조 1시간 전인 05시였다. 상륙작전과 병행하여 양동작전이 동해안과 서해안에서 실시되었고, 주작전은 제1진이 월미도에 상륙을 개시함으로써 시작되었다. 월미도는 인천항 앞에 위치하고 있기 때문에 인천을 공격하기 위해서는 먼저 이곳을 장악하는 것이 선결 조건이었다. 미 해병 제5연대 제3대대는 07시 35분에 상륙하기 시작하여 08시 07분에는 월미도를 완전히 장악하였다.

제2단계 작전은 오후 만조 때에 이루어졌다. 17시 30분에 미 해병 제5연대는 레드비치(Red Beach),미 해병 제1연대는 블루비치(Blue Beach)에 각각 상륙을 개시하였다. 대체로 전 부대는 높은 해벽을 사다리로 올라갔으며 그 후 주력부대는 적의 방어선을 돌파하여 교두보 확보에 주력하였다. 그리하여 상륙은 당일 인천 동방 6Km 지점에 있는 적의 주진지를 돌파하는데 성공하였다. 9월 16일 한국 해병대는 인천시 일대의 경비와 적 소탕 임무를 띠고 작전을 전개하였으며, 인천시를 완전히 점령하여 경비에 임하다가 18일에는 제2특별여단에게 임무를 인계하고 서울 탈환을 위해 출발하였다. 미 해병 제1사단은 9월 17일 북방과 동방으로 분진하였는데, 북진부대는 치열한 교전 끝에 김포비행장을 점령한 후 한강 서남에 도달하였고, 동진부대는 소사(素砂)에 돌입하였다.

이로써 인천에 상륙한 부대는 동방과 동북방으로 진격로를 개척하게 되었고, 적은 많은 희생을 낸 후 경인가도를 따라 서울로 도주하였다. 미 해병대는 전차부대를 선두로 하여 경인가도를 따라 진출, 적의 저항을 격파하고 서울로 향하였으며, 미 제10군단의 후속부대인 제7사단은 인천에 상륙한 후 동방과 남방으로 진격하였다. 그리하여 북상하는 미 제1기병사단과 26일 밤에 서정리(西井里)에서 연결하여 적의 퇴로를 차단하고 인천 방면으로 북상하는 적의 증원부대를 차단하게 되었으며 이 상륙작전의 성공으로 이제 서울 탈환이 눈앞에 다가오게 되었다.

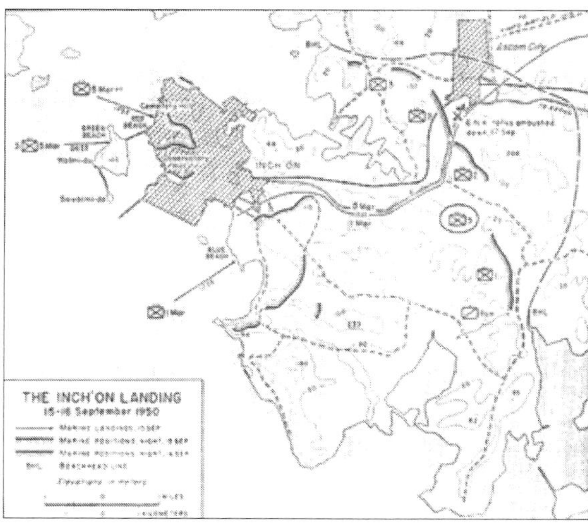

1950년 9.15~16 인천 상륙 작전. 15일에 상륙을 했고 16일에는 좀더 내륙으로 전진 했음

마. 서울 탈환 작전

인천상륙작전으로 일단 인천시를 교두보로 확보한 상륙군은 곧이어 서울 탈환 작전에 돌입하여 미 해병 제1연대가 경인가도의 우측 지역을, 미 해병 제5연대는 좌측 지역을 각각 담당하고 오직 서울을 향하여 진격하게 되었다.

9월 19일 새벽 한국 해병연대는 의외로 강한 적과의 교전 끝에 이를 월관(月串)방면으로 구축하였고, 유엔군의 선봉부대는 서울 서남방 4킬로미터 지점까지 돌입하였다. 한국 해병대는 행주 대안 정곡리(井谷里)에 집결하여 부대를 정비한 후 이튿날 아침 한강을 도하하여 강매리(江梅里)에 포진하였고, 잔여 부대도 한강 도하를 위해 한강 남안의 150고지에 도착하였다. 그리고 일부는 김포지구 소탕의 임무를 띠고 항공기의 지원을 받으면서 이 작전을 수행하였다.

한편 남진하고 있던 미 제7사단은 소규모의 적 저항을 분쇄하면서 안양에 돌입하였다. 그 뒤에 도하한 유엔군은 능곡에 집결하여 미 해병 제1대대를 우익에, 한국 해병 제3대대를 좌익에, 한국 해병 제1대대를 중앙으로 하여 21일 아침 수색(水色)을 향해 진격을 개시하였고, 오후에는 수색을 완전히 탈환하였다.

미 해병 제5연대의 주력은 서울 서방 6킬로미터 지점에 도달하게 되었으며, 미 제7사단의 지상부대는 서울 이남의 주요 간선도로와 적의 퇴각로를 차단하였다. 소사방면으로부터 진격해오던 미 해병 제1연대는 영등포에서 적 약 1개 연대와 교전한 후, 23일에는 영등포를 완전히 점령하였다.

이제 서울의 마지막 외곽선인 연희 고지에 대하여 총공격이 개시되었다. 수도 서울의 탈환의 여부를 결정지을 연희 고지 탈환전에서 23일에는 적의 완강한 저항으로 아무런 성과를 거두지 못했으나. 다음날 한국 해병대와 미 해병대가 항공기의 지원과 전차의 엄호 아래 적진에 육박하여 백병전을 전개한 끝에 이 고지를 완전히 점령하였다.

이 고지 탈환전이 계속되는 동안, 한국 해병대는 수색 일대에 있던 적 패잔병을 색출하여 이를 완전 섬멸하였고, 미 해병 제1사단의 일부 병력은 마포 방면에서 한강을 도하하여 서울 중심부로부터 25킬로미터 지점에 도달하였다.

한편 미 제7사단의 일부 병력은 영등포에서 동진하여 서빙고 방면과 뚝섬 방면으로 진출하였고, 25일 한강을 도하하여 강변 일대의 적을 구축하였다 적은 2개 사단병력으로 '서울방위사령부'를 편성하고, 24일 하룻밤 사이에 서울 시민을 강제로 동원하여 최후의 발악을 하였다.

남산 일대에서는 서빙고와 뚝섬방면에서 진출한 미 제7사단과 마포 방면에서 진출한 미 해병 제1사단이 합류하였다. 적의 주력은 이미 의정부와 동두천 방면으로 퇴각한 듯 하였으나 후위 부대는 서울의 요소에 포진하여 완강한 저항을 기도하였으므로 치열한 시가전이 계속되었다. 망우리에서 적의 퇴로를 차단하던 국군 제17연대는 28일 하왕십리로 부터 시내로 진입하였으며 9월 28일 수도 서울은 완전히 수복되었고 다음날 수도 반환식이 거행되었다.

바. 낙동강 방어선에서의 반격

인천상륙작전의 성공은 지금까지의 후퇴만 거듭해온 한국군과 유엔군 장병에게 용기와 사기를 불어 넣어 주었다.

한편 인천상륙작전이 성공리에 진행되고 있을 때 이에 보조를 맞추어 낙동강 방어선에서도 9월 16일을 기하여 총반격이 개시되었다. 처음 며칠간의 반격은 공산군의 완강한 저항을 받아 성공을 거두지 못하였으나 아군의 계속적인 공격으로 방어진지가 돌파되자 북한군은 걷잡을 수 없는 상태로 붕괴하기 시작했다. 왜냐하면 그들의 진지는 중심배치가 되어 있지 않았을 뿐만 아니라 예비대도 보유하고 있지 않았기 때문이었다.

이 반격작전을 수행하기 위하여 미 제2사단과 제25사단으로 편성된 미 제9군단은 서부전선에서 공격을 개시하였고 미 제1기병사단과 제24사단 및 한국군 제1 및 제2군단을 동부전선에 각각 반격을 실시하였다. 일단 공격이 개시되자 아군은 놀라운 속도로 진격하였다. 특히 38선을 목표로 진격을 거듭하는 한국군의 사기는 높았다.

한국군과 유엔군이 신속한 반격작전으로 미 제1기병사단이 인천에 남하한 미 제7사단 선발대와 서정리에서 연결되자, 퇴로가 차단된 북한군은 김천(金泉) · 영동(永同) · 청주(清州) 부근의 태백산맥을 통하여 38선 이북으로 도주하였고, 도주하지 못한 북한군은 지리산 · 덕유산 · 속리산 · 보현산 · 태백산 · 오대산 · 백운산 등지에서 유격전을 시도하기도 했지만 대부분은 전의를 상실하였다.

그리하여 한국군 제1군단는 9월 30일에 벌써 동부 38선에 도달하여 인구리(仁邱里)에서 북진 명령을 대기하는 상태였고, 제2군단도 원주를 거쳐 10월 2일에는 춘천을 탈환하고 계속 진격하여 38선에 도달하였다.

그리고 한국 해병대는 9월 29일에 여수, 10월 1일에는 목포에 상륙하여 북한군 소탕작전을 실시하였으며, 이로써 대체적으로 10월 초순경에는 38선 이남의 북한군 소탕작전을 완료 하게 되었다.

반격작전이 진행되고 잇는 동안, 해군은 여전히 해안을 봉쇄하면서 동해안에 대한 함포지원을 계속하였다. 그리고 공군은 진격하는 지상군을 근접 지원하는 한편, 북한군의 퇴로를 차단하여 중장비의 이동을 불가능케 하고, 북한군의 증원과 재보급을 막기 위하여 교통로 · 교량 · 조차장 등에 대하여 맹렬한 폭격을 가하였다. 그런데 이 기간 중 38선 이북에서 작전하는 유엔 공군에 대하여 한 · 만 국경에 너무 접근하지 말라는 명령이 하달되었다.

제8군과 제10군단의 협동공격으로 말미암아 적은 38선 이남 지역을 완전히 포기하게 되었고, 유엔군은 불과 15일 만에 남한의 전 지역을 확보하게 되었다. 북한군은 낙동강 전선에 모든 정예부대를 투입했으므로 예비대를 보유하고 있지 않았으며, 더욱이 무력통일에 집착하여 만약의 사태에 대비한 조직적인 후퇴계획이 없었기 때문에 막대한 양의 중장비와 보급품을 그대로 남겨둔 채 도주하게 되었다.

적의 혼란은 통신연락의 불량과 차량화 된 수송수단의 부족으로 말미암아 더욱 더 악화되었다고 볼 수 있다. 또한 낙동강 전선으로부터 철수하면서 남한에서 어떠한 방어선도 유지할 수 없었던 것은 그들의 훈련된 병력과 유용한 장비의 손실로 말미암아 전투 능력이 격감되어 전쟁을 계속하기에는 너무나 미약한 상태가 되었기 때문이다. 낙동강 방어선에서의 반격이 성공하게 되자, 한국군과 유엔군의 사기는 크게 고조되었고, 반면 적의 전투력은 급속히 약화되어 아군의 작전의 주도권을 장악하게 되었다.

사. 38선 돌파

유엔군이 인천상륙작전과 동시에 낙동강 방어선에 총반격을 실시하여 북상하자, 한국 정부와 미국정부, 그리고 유엔에서는 유엔군의 38선 돌파와 북진문제에 대한 논의가 표면화되기 시작했다. 미 행정부 안에서 38선 돌파에 관한 논의가 활기를 띠게 된 것은 1950년 7월 중순부터였으나 이 문제에 대해 견해가 일치되지 않아 당분간 공식적인 결정을 내리지 않고 전세의 추이를 관망하려는 입장을 취하였다. 그리하여 이승만 대통령이 38선 돌파 및 북진의 결의를 일찍부터 표명한 데 대해 미 국무성은 공식적인 결정을 잠시 보류하는 태도를 보였다.

9월 19일 합동참모본부의 콜린 장군과 셔먼 제독은 북한군의 격멸하기 위해서는 38선을 돌파할 수밖에 없다는 맥아더의 주장에 동의했으나, 이로부터 38선 돌파문제에 관한 미 행정부의 정책결정 과정이 비로소 궤도에 오르게 되었다.

9월 1일 미 국가안보회의는 국무 · 국방을 비롯한 행정부 내 관계 부처의 여러 견해를 최초로 통합, 조정하여 38선 돌파에 관한 정책 건의안을 작성하였다. 이 회의에서 미 정책 당국은 유엔 안보리의 6. 27결의를 "작전목적상 유엔군의 38선 돌파를 허용한 근거"로 보는 공식적 입장을 확정하였던 것이다. 따라서 만일 중국이나 소련으로부터 전쟁개입 의사의 사전 표명이나 실제 개입행위가 없는 한 유엔군의 38선 돌파를 인정하되 중 · 소 접경지대에서의 작전은 원칙적으로 한국군이 전담하게 하고, 만주와 소련에 대한 일체의 작전을 금지하도록 한다는 내용의 제한을 부가할 것을 고려하였다.

트루먼의 고위 조언자들은 유엔군이 38선을 돌파할 경우 중국이나 소련으로부터 모종의 반응이 나타날 것으로 예상하고 이에 대한 대책을 검토하였다. 9월 15일에는 합동참모본부로부터 맥아더에게 38선을 이북의 작전에 관한 미 행정부의 정책적 고려 내용을 숙지하고, 이 같은 작전수행에 차질이 없도록 미리 계획하고 준비키 위한 하나의 사전 통보가 하달되었다. 9월 하순에 이르자 지리멸렬 상태에 빠진 북한군은 중동부의 산악지대를 거쳐 38선 이북으로 패주하였고 국군과 유엔군은 9월말 38선에 도달하였다. 전력이 고갈된 북한군은 외부로부터의 새로운 지원이 없는 한 북한의 방위마저 불가능하게 된 반면, 전장의 주도권을 장악한 아군은 북한 지역에 진입하여 전과를 확대할 수 있는 유리한 입장에 서게 되었다.

인천상륙작전의 경이적 성공에 따라 조성된 한반도의 새로운 군사적 상황은 미 정책 당국으로 하여금 이미 고려된 38선의 돌파와 북한 진입을 한층 더 적극적으로 추진시키는 계기를 마련해 주었던 것이다. 전세의 역전으로 고무된 미국 국민의 여론과 유엔 내 다수 국가의 호의적인 반응, 그리고 국내의 초당적 지지와 국제적 협조를 배경으로 미 행정부는 마침내 유엔군의 38선 돌파를 정식으로 인가하게 되었고, 9월 27일 합동참모본부가 이를 맥아더에게 훈령으로 하달하였다. 9월 27일 훈령은 유엔군의 작전목적이 "북한군을 격멸"하는데 있음을 재확인하고, 이 목적을 달성하기 위해 맥아더에게 38선 이북 지역에 대한 군사작전 수행을 인가한 것이다. 그러나 9월 27일 38선을 돌파하라는 훈령이 이미 하달되었음에도 불구하고 유엔군은 38선에서 대기하고 있었으며, 맥아더의 북진 계획은 10월 2일 "작명 제2호"로 유엔군 (한국군을 제외한)은 38선을 넘어 북진하기 시작하였다.

한편 미 행정부나 유엔군의 입장과는 달리 한국 정부와 이승만 대통령의 염원은 38선을 돌파하고 북진하여 국토를 통일하는 것이었으므로, 국제적으로 이 문제에 대해 의견이 구구할 때에도 이승만 대통령은 국군 지휘관들에게 38선을 넘어 진격할 것을 명령하였다. 그러나 작전 지휘권이 맥아더 장군에게 있었기 때문에 현지의 국군 지휘관들은 고뇌에 빠졌고, 우리의 의지를 관철하기 위하여 다각도로 노력하였다. 즉 전술적 문제와 아군의 피해를 막기 위하여 부득이 38선의 돌파를 승인 받고 동해안의 제3사단이 10월 1일 10시에 38선을 돌파하였던 것이다.

아. 북진작전

38선 돌파에 대한 합동참모본부의 인가가 내려지고 북진 명령이 하달되자 국군과 유엔군은 적을 맹렬히 추격하였고, 맥아더 장군은 10월 9일자로 북한군에 대해 항복 요구 성명을 발표했으나 이에 대한 북한의 응답은 없었다. 맥아더는 북한 점령을 위해 작전부대의 지휘권을 분할하여 제8군과 제10군단은 하여금 별개의 독립작전을 수행하게 하는 계획을 세웠다. 즉 제8군이 육로로 진격하여 평양을 점령하는 사이에 제10군단을 원산에 상륙하며, 그 후 양군은 평양과 원산을 연결하는 선에서 북한군의 퇴로를 차단하고, 적의 군사력을 소멸 시킨다는 것이다. 그리고 일단 유엔군이 국경선에서 100~200Km 떨어진 정주-영원-흥남을 잇는 선까지 진출하면 그 이북의 접경지대에 대한 작전은 한국군으로 하여금 전담하게 한다는 것이었다. 이것은 한국전쟁을 국지전으로 생각하고 있는 미 행정부가 한반도에서 중 · 소와 전면전쟁을 회피하는 정책적 고려가 포함된 것이고 사활을 걸고 총력전을 수행하는 우리와는 시각차이가 큰 것이다. 그런데 맥아더가 참모들의 반대 의견을 물리치고 제8군과 제10군단의 지휘권을 분리하고 원산 상륙작전을 감행한 것은 다음과 같은 이유가 있기 때문이다.

첫째 북한의 지형이 태백산맥의 연장선인 낭림산맥으로 인하여 동서 교통이 지극히 열악하고 통신문제 또한 험난하기 때문에 단일 지휘권아래 통합하는 것은 어렵다.

둘째 전선이 북상하면서 병참선이 신장되고 또 이를 유지하기가 어렵기 때문에 동해안의 양항(良港)인 원산을 확보할 필요가 있다.

셋째 적의 주력을 포착 섬멸하여 전쟁을 조기에 종식시키기 위해서는 전군이 병행 전진하는 것보다 적 배후의 요충인 원산에 아군을 상륙시켜 도주하는 적의 퇴로를 차단하는 것이 최선의 방책이다.

그러나 이와 같은 맥아더는 작전계획은 그 자체에 불합리 점을 내포하고 있었다. 원산상륙을 위하여 10월 9일부터 시작된 제10군단의 승선으로 말미암아 인천과 부산항의 보급 기능이 2주 이상이나 마비되었고, 그 결과 보급지원의 제한을 받은 제8군의 진출 속도는 현저히 둔화되었다. 그리고 제10군단의 상륙은 10월 20일에 계획되어 있었으나 기동 자체가 늦었고 더욱이 원산상륙을 위한 소해작업에 시일을 소비하여 10월 26일에 비로소 상륙이 가능하였다. 이 동안 동해안의 국군 수도사단과 제3사단이 패주하는 적을 맹렬히 추격하여 10월 10일 원산에 입성함으로써 원산 상륙작전의 의미는 퇴색되었다.

또한 제8군과 제10군단을 평양-원산 선에서 연결한다는 원래의 작전계획을 변경하여 전선의 횡적 연결 없이 북진을 계속하게 함으로써 제8군과 제10군단의 전투지경선에 대한 책임 한계를 모호하게 하였고 결과적으로 80킬로미터의 거대한 공간이 형성되었으며 이 공간은 미구(未久)에 중공군의 활동무대가 되어 우리에게 뼈아픈 시련을 주게 되었다. 또 아군은 사단 단위의 독립 종대로 분할되어 각기 별개의 목표를 향해 경쟁적으로 진출함으로써 인접 부대 간의 상호지원과 작전 협조가 불가능할 정도로 되었고 광범위한 지역에 분산된 유엔군 작전부대는 어디나 위험성을 안고 있었다.

유엔군 사령부 작명 제2호에 의한 북진계획에 따라 미 제8군은 미 제1군단으로 하여금 서부를, 국군 제2군단으로 하여금 중부를, 국군 제1군단으로 하여금 동부를 각각 담당케 하고 미 제9군단으로 하여금 병참선을 방호하면서 미 제1군단에 후속하여 북진토록 하였다. 미 제1군단은 미 제1기병사단을 주공으로, 미 제24사단과 한국군 제1사단을 조공 혹은 예비대로 하여 임진강 서부의 금촌 일대를 공격기점으로 하고, 개성-사리원-황주-평양으로 진격하였다. 제6 · 제7 · 제8사단으로 편성된 국군 제2군단은 의정부와 춘천 사이의 중부전선에서 북진을 개시하였다. 동부전선의 국군 제1군단은 예하 수도 및 제3사단으로 하여금 동해안을 따라 원산으로 진격하도록 하였다. 서부전선의 적은 제43사단을 예성강 서쪽 황해도 일대에, 제19 · 제27사단을 금천-남천점 일대에, 제17기갑사단의 일부를 개성 동쪽에 배치하여 3중방어진지를 편성, 완강히 저항하였고 훈련소 등에 6개 사단 6만 여병의 병력을 보유하고 있었다. 미군과 함께 서부전선에 투입된 국군 제1사단은 10월 11일 고량포 에서 38선을 돌파한 이래 "적어도 평양은 우리 손으로 수복 한다"는 비장한 각오로 미군에 비하여 장비의 열세, 기동력의 부족 등 여러 가지 악조건을 극복하면서 밤낮을 가리지 않고 저항하는 적을 무찌르며 또 강행군하여 10월 17일에는 평양 동남방 38킬로미터 지점에 있는 율리-상원 일대에 진출, 평양 탈환을 눈앞에 두게 되었다.

한편 국군 제1사단과 평양 탈환을 경쟁하던 미 제1기병사단도 추격의 고삐를 늦추지 않고 평양으로 진격하였다. 율리에 집결하여 부대를 재정비한 제1사단은 평양을 3개 방면으로부터 포위할 태세를 갖추었고 10월 19일에는 제15연대가 대동강 상류를 도화하여 모란봉을 공격, 미 제1기병사단과 함께 시가전을 전개하였으며, 저녁 무렵에는 시내에서 저항하던 적을 완전히 소탕하고 평양시를 점령하였다.

한편 동부전선을 밀고 올라온 국군 제6사단 · 7사단 · 8사단도 원산(元山)-양덕(陽德)-성천(成川)-강동(江東)을 잇는 평원선(平元線)에 이르러 방향을 서쪽으로 전환한 후 평양을 동북방에서 공격할 태세였으나 육군본부에서 전선을 조장함으로써 제6사단과 제8사단을 북으로 진격하고 제7사단 제8연대가 평양으로 진격하여 김일성대학과 방송국을 점령하고 서북으로 밀고 나갔다. 여기서 우리는 국군과 미군이 평양을 경쟁적으로 점령하고자 한 목적을 음미해 볼 필요가 있다. 국군은 단순히 "적도를 우리 손으로 수복 하겠다"는 의지로 불철주야로 진격했고 또 그 성취감에 만족했다. 그러나 미군은 평양을 점령하는 것 보다 더 큰 의미를 갖는 북한의 극비 정치 · 군사 문서를 탈취하기 위하여 "인디언 헤드(Indian Head) 특공대"를 투입하였고, 그들의 목적을 달성하였다. 그런데 미군의 손에 들어간 극비 문서는 국군이 먼저 입수한 것이지만 그 가치를 인식하지 못한 우리는 쉽게 이 문서를 미군에게 넘겨주고 말았다. 평양으로부터 도주한 적은 청천강 선에 강력한 방어선을 구축하고자 강계-청천강 선으로 집결 중이었고, 아군은 평양을 중심으로 외곽부 일대를 경계하는 한편 계속 진격을 위한 부대 정비에 임하게 되었다.

한편 평양 점령 후 전과를 확대하는 동시에 적 수뇌부를 생포하고, 이미 포로가 된 유엔군 장병을 구출하기 위하여 10월 20일 제187공정연대의 2개 대대를 숙천에, 1개 대대를 순천에 투하하였으나 적이 황급히 도주하였기 때문에 아군은 기대했던 성과를 얻지 못하였다. 서부지역에서는 신의주 방면을 미 제1기병사단과 영연방 여단이 담당하고 내륙방면은 한국군 제1 · 제6 · 제8사단이 담당하였는데, 중공군 개입의 징후가 엿보이자 그 이전에 국경선에 도달하기 위하여 전력을 다해 진격을 감행하였다. 국군 제6사단은 성천을 경유하여 패주하는 북한군은 추격하면서 10월 22일에는 개천에 돌입하였고, 제7연대는 26일에 국경도시인 초산에 도달하였다. 그리고 제8사단은 10월 24일에 덕천을 점령하였다. 동부지역에서는 국군 제1군단의 제3사단은 10월 1일에 38선을 돌파한 이래 10월 3일 간성을, 10월 6일 통천을, 10월 7일 송전을 점령하였다. 이들은 신속히 원산을 점령하여 조국 통일을 앞당긴다는 일념으로 북괴 패잔병들의 저항이나 기습 등에 아랑곳하지 않고 1

일 평균 26km의 행군속도로 적을 추격하였다. 적의 패잔병은 주로 제5사단 · 12사단 · 15사단 병력으로 약 2,400명 정도로 추산되었으며 아군의 추격을 벗어나기 위하여 안간힘을 썼다.

한편 수도사단은 제3사단 보다 하루 늦은 10월 4일 간성에 도착한 다음 제18연대를 독립전투단으로 편성하여 태백산맥 좌측 내륙으로 들어가게 하고 제18연대를 제외한 수도사단의 주력부대는 해안을 따라 북상하다가 10월 6일 통천에서 내륙으로 들어가 제18연대와 합류한 후 10월 8일 밤 철령(鐵嶺)을 넘고 10월 9일 아침 신고산(新高山)을 점령하였다. 이로써 경원선을 낀 적의 주요 퇴로를 차단할 수 있고 약 1개 사단을 장비 시킬 수 있는 군수품을 노획 하였다. 동해안으로 진격하던 제3사단과 내륙으로 기동하던 수도 사단이 마침내 원산을 협공할 단계에 이르렀다. 그러나 적은 원산항을 중요시하여 낙동강전선에서 패주해온 제5 · 12 · 15사단 병력으로 견고한 방어진지를 구축하고 그 위에 원산경비여단 · 신편 제42사단 · 제24기계화 포병여단 · 제945해군 육전연대 등을 투입하여 시가지를 끼고 흐르는 남대천 제방을 강력히 방어하였다. 아군 제3사단은 의외의 저항에 부딪쳐 고전했으나 제77기동함대 함재기의 근접지원으로 적의 화력을 제압하고 남대천을 건너 시내로 돌입하였고, 수도 사단은 적이 해안지역에 관심을 모우고 있는 틈을 이용하여 적의 측면을 강타하였다. 10월 10일 드디어 동해안의 중요한 항구 원산을 국군의 손으로 수복하고 그 용맹성을 만방에 과시하였다. 원산항의 점령은 그 의미가 매우 크다.

첫째 원산은 동해안의 중요 항구이며 육 · 해로 교통의 요충지로서 아군이 이를 활용할 때 동북으로 진격하는 아군의 군수지원이 원활해져 신속한 전과 확대가 가능하게 된다.

둘째 적의 동서 연락망을 차단하여 적의 전투력을 양분할 수 있다.

셋째 원산 비행장을 활용할 때 제공권을 장악한 아군 항공기의 활동 범위가 넓어진다.

넷째 적의 주 보급원인 소련의 블라디보스톡 으로 부터의 해상보급이 차단되어 적의 군수 지원에 큰 타격을 준다는 것이다.

아군 제1군단은 원산을 점령한 후 외곽 30~50km 까지 신속히 진출하여 미 제10군단의 상륙을 위한 교두보를 확보하였고, 10월 26일부터 원산에 상륙한 미 제10군단과 합세하여 북진하였는데 제3사단은 원산을 경비하면서 미 제10군단의 진출을 엄호하고 수도 사단은 동해안을 따라 북상하여 10월 17일 함흥과 외항인 흥남을 점령하였다. 이윽고 수도 사단은 이 지역 일대를 제3사단에 인계하고 계속 북상하여 북청-길주-청진 방면으로 진격하였다. 한편 10월 28일까지 상륙을 완료한 미 제1해병사단은 장진호 방면으로, 이원 부근에 상륙한 미 제7사단은 풍산-갑산 방면으로, 미 제3사단은 길주 방면으로 진출하였다. 원산에서 후퇴한 적의 패잔부대는 길주를 중심으로 산악지대에서 저항을 기도하다가 다시 주력부대는 청진 방면으로 후퇴하고, 일부 소수부대는 함수 · 백암 방면을 거쳐 두만강을 도하하여 간도(間島) 지역으로 잠적하였다. 그 후 이들은 정부 요원과 합세하여 재편성한 후 엄동의 결빙을 이용하여 무산 · 회령 · 혜산진 일대에 투입되었다.

원산을 점령한 후 곳곳에서 출몰하는 적의 패잔부대를 격파하던 국군 제2사단은 10월 31일에 미 제10군단에게 일부 전투 정면을 인계하고 함흥을 지나 길주를 거쳐 백암을 확보하고 11월 30일에는 미 제7사단과 협조하여 혜산진에 도달, 이를 완전히 점령하였다. 수도 사단은 10월 17일에 함흥을 거쳐 10월 29일에는 성진을 확보하게 되었고, 11월 5일에는 길주를 점령한 후 11월 24일에는 드디어 청진을 완전히 점령하였다. 대개 이러한 지점이 한국군과 유엔군이 도달한 최북단 진출 선이었는데, 이렇게 북진작전을 계속함에 따라 점차로 병참선이 신장되었고 진격은 지연 또는 저지되어 갔다. 맥아더 장군이 크리스마스 전에 전 한국에 평화의 도래를 희망하여 전쟁의 종결과 유엔군의 포로 및 민간인 억류자의 송환을 요구했을 때 자유를 수호하는 전 세계 국민들의 환호성은 더욱 더 높아졌다. 그러나 적은 이에 대해 아무런 회답을 하지 않았을 뿐만 아니라 중공군 대부대는 압록강 대안에서 전쟁 개입의 기회만을 기다리고 있었다. 그리하여 현시점에서 전쟁이 종결되기를 바라는 여망과는 달리 또 다른 격전이 서서히 움트고 있었던 것이다.

자. 인천상륙작전과 북진작전 평가

▣ 38도 선 돌파 논쟁

① 북진 찬성파 주장

- 38도선 돌파를 정지시킬 법적, 기술적 근거가 없다
- 추격을 정지하면 적은 군사력을 재정비후 재남침 우려
- UN군의 최초 목적도 통일된 한국을 건설하는데 있었으며, 38도선을 영구적으로 인정한 것은 아니었음.
- UN군의 해 · 공군은 최초부터 북한지역에 공격을 실시했는데, 지상군만이 북진할 수 없다는 것은 이유가 되지 않음.

- 북한의 전범자 재판을 위해서라도 38도선을 돌파해야함.
- '50. 6. 27. UN 안보리의 결의는 북진할 수 있는 법적 근거가 됨

② **북진 반대파 주장**

- 소련, 중공의 전쟁 개입 빌미를 제공함으로써 필연적으로 제3차 세계대전을 유발할 위험이 많음

▣ **북진계획 승인 과정 (1950. 10. 7 북진작전 유엔승인)**

① '50. 7. 17. 미 트루먼 대통령, 38선 돌파문제 연구 지시

② 9. 15-17 미 정부 예비훈령/정식훈령 하달(미 합참→맥아더)

"38선 이북에서의 군사작전은 중공 · 소련군이 개입하지 않을 경우에 한함."

③ 10. 7 UN「한국통일 결의안 발표」

"한반도 전체의 안정 상태 보증을 위해 모든 조치를 취한다."

전쟁을 예술이라고 한다며 인천상륙작전은 바로 한국전쟁에서 피어난 한 송이 꽃이었다. 그것은 북한군의 전면적인 남침만큼이나 놀라운 사건이며, 또 한편 승리의 여신을 우리의 편으로 만드는 초대 잔치 같기도 한 것이었다. 이 작전은 맥아더 장군 개인의 빛나는 전승기록인 동시에 북한 공산군에게 뼈아픈 고통을 당했던 한국국민과 유엔군의 자랑스런 힘의 과시이기도 했다. 국군과 유엔군은 인천상륙작전의 성공을 계기로 낙동강 방어선에서 전장의 주도권을 장악하여 적이 80여 일에 걸쳐 진격해 온 지역을 불과 15일 만에 휩쓸어 38선에 도달하였고, 드디어 38선을 돌파하여 남북통일의 벅찬 기대를 안고 북진을 감행하게 되었던 것이다.

한편 적은 인천상륙에 대해 오판하였고, 또한 저지부대를 준비하지도 못했다. 북한군은 게릴라 · 간첩 기타 첩보수단 등 여러 가용수단을 동원하여 유엔군의 상륙기도를 탐지할 수 있었음에도 불구하고 공개 유포된 유엔군의 상륙설에 대해 의외로 둔감하였다. 그 이유는 "유엔군이 공공연하게 상륙설을 유포시키는 것은 낙동강선의 적을 분산시켜 그 기회에 반격을 감행하려는 기만수단이다"라고 판단했기 때문이었다. 그리고 낙동강 선으로 밀려난 유엔군이 도저히 인천까지 해상기동을 하여 상륙작전을 할 능력이 없을 것으로 보았으며, 인천 해안 자체의 지리적 조건도 상륙에 극히 불리하므로 만약에 유엔군이 상륙을

한다고 해도 인천 이남지역의 해안일 것으로 판단했던 것이다.

그런데 9월 13일에 인천 해안에 맹렬한 함포사격이 개시되면서부터 비로소 인천상륙작전의 가능성을 인식하게 되었으나 제공권이 없고 수송능력이 미약했기 때문에 인천으로의 병력 집결이 지연되어 적절한 대비책을 강구하지 못했다. 다음으로 적이 지리멸렬하여 패퇴하게 된 것은 유엔군에 의해 병참선이 차단되었기 때문이다. 유엔군이 인천에 상륙하고 영등포 일대까지 장악하게 되자 적의 주 병참선은 차단되고 말았다. 제공권이 없는 적의 병참선이 낙동강 선까지 신장되었다는 것은 치명적인 약점으로서 적이 쉽게 와해된 중대한 원인이 되었다.

또한 남침 당시부터 낙동강에 이르기까지 적은 쉽게 '일거에 부산으로의 진격'만을 생각했던 까닭에 UN군의 반격에 대한 사전 대비책이란 전혀 없었다. 더욱이 유엔군의 인천상륙 가능성을 부정하고 오직 낙동강 전선에만 운명을 걸고 있었기 때문에 인천-서울 지역 방어와 38선 일대에서의 방어는 계획조차 하지 않았다. 그리하여 낙동강 주전선이 붕괴되자 일사천리로 퇴각하게 되었던 것이다. 또 한 가지로는 적의 후퇴 전술이 미숙했던 점을 들 수 있다. 소련군 전법의 공격을 위주로 하고 방어와 후퇴는 보조적 수단으로 간주하고 있으며, 특히 후퇴는 방어의 한 부분으로 생각하고 있다.

김일성 공산집단은 이와 같은 소련식 전략 · 전술에 의거 전쟁지도에 임했기 때문에 유엔군의 인천상륙과 총반격의 징후가 농후해졌을 때도 후퇴할 경우 이에 대한 준비를 하지 않았고, 그 결과 적은 처참하고도 무질서한 후퇴를 하지 않을 수 없었던 것이다. 또한 적은 유엔군의 인천상륙 이후에도 낙동강 전선을 계속 유지하면서 서울-원주 지역을 방어할 수 있는 제2전선을 형성하려 하였으나, 병력의 부족으로 완전한 전투사단의 편성과 투입이 불가능했으며, 무질서한 후퇴로 인하여 포로 · 실종 · 귀순병 등 비전투 손실마저 극심한 상태였으므로 전투부대의 수습은 불가능하였다. 그리고 적은 당초부터 전략 예비대가 전혀 없었기 때문에 38선에서의 방어, 평양-원산에서의 방어는 모두 실패하였다. 북한군은 한국전쟁 초기 압도적인 군사력으로 기습 남침하여 3일 만에 서울을 점령하고 8월 15일에는 최종 목표인 부산을 점령할 수 있을 것으로 보였다. 그러나 전술적 승리를 전략적 승리로 이끌지 못하고 낙동강 전선에서 그들의 최정예 병력을 소진하고 말았다. 더욱이 인천상륙작전의 성공은 전세를 역전시켰으며 아군은 그 여세를 몰아 38선을 돌파하고 한 · 만 국경을 향하여 진격하였다. 이에 한국전쟁에서 실패를 스스로 인정한 김일성은 1950년 12월 21일 주요간부 회의에서 패인을 다음과 같이 분석하였다.

첫째 예비병력 부족을 말하였다.
둘째 조직성과 부대규율의 미약을 들고 있다.
셋째 적의 유생역량(有生力量=가용한 모든 전투력)을 조기 소멸하는데 실패하였다.
넷째 해 · 공군 및 화력이 우세한 적과 싸우는 법에 미숙하였다.
다섯째 적 후방에서 유격전 수행이 소홀하였다.
여섯째 적절한 병참지원에 실패 하였다.
일곱째 필승의 의지가 결여 되었다는 것이다.

한편 아군도 반격작전에 돌입한 후 적의 패잔병 소탕이나 전선의 정리 같은 것은 돌아볼 겨를도 없이 오직 "북진통일" 만 염두에 둔 채 간선도로를 따라 경쟁적으로 북진하였다. 따라서 아군의 빠른 진격으로 병참선이 차단된 적은 퇴로를 잃고 지리산 · 덕유산 · 소백산 · 태백산을 잇는 산악지대와 보현산 · 태백산 · 오대산 · 금강산으로 이어지는 산악지대로 잠적하였다. 이들은 진격하는 아군의 측면을 공격하기도 하고 아군의 병참선을 위협하기도 하여 매우 부담스러운 존재가 되었고 후일 중국군의 개입으로 아군이 후퇴할 때 제2전선을 형성하여 협공함으로써 아군의 전선이 쉽게 붕괴되게 하였다.

5. 중공군 개입 및 공방전

중공군 참전 마저우뚱 연설

우리는 지원군 명의로 일부군대를 조선영역내로 파견하여 미국과 이승만 군대와 작전하는 조선의 동지를 원조하기로 결정하였다. 이것이 필요하다고 간주한다. 왜냐하면 혹시라도 전 조선이 미국인에 의해 점거된다면 조선의 혁명역량은 근본적으로 실패를 입는다. 그렇다면 미국 침략자는 점점 창궐하여, 전 동방에서 불리해지기 때문이다.....이하 생략

- 중공군 사령관 : 펑 떠화이(德懷彭)
- 부사령관 : 홍쉬에즈(洪學智), 한센추(韓先楚)
- 참모장 : 제팡(解方)

1) 중공군 개입

가. 간접요인

① 중공의 대 한반도 인식

- 한반도를 중국 문화권의 종속국으로 간주
- 순치보거(脣齒輔車)의 관계, 중국 안보의 완충지대

② 중공의 기본정책과 참전으로 획득할 수 있는 이점 일치

- 정권안정
- 경제건설
- 대만수복
- 국제 사회 지위향상
- 아시아 내 역할 증대

나. 직접요인

① 미국에 대한 중공의 적개심

- 이데올로기의 차이
- 미국의 국민당 정부에 대한 지원

② 중공의 대미 경고 무시(5회)

- 총참모장 대리 섭영진 경고('50. 9. 25)
- 외상 주은래가 북경방송을 통해 개입 성명 발표('50. 10. 1)
- 최후 개입 경고('50. 10. 10)

③ 조 · 중 상호방위협정(1949. 3. 18)

다. 정세 판단

① UN군 동계작전 곤란

② 산악전 및 유격전 유리

③ 적 병참선 신장

④ 시간 획득 후 북괴군 재편성

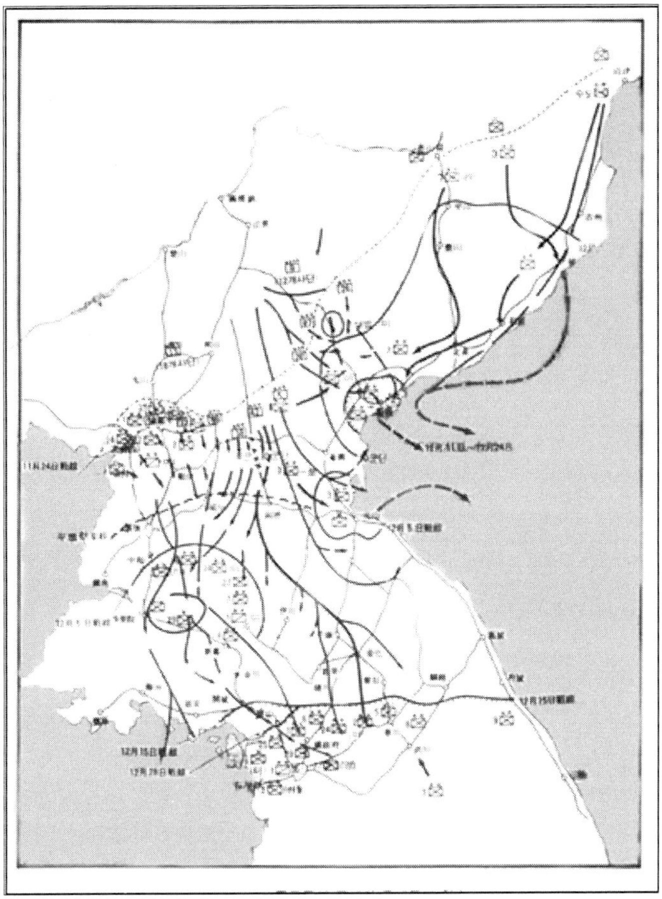

▶▷쉬어가기 - "중국 참전 ", 6 · 25 연구 최고 권위자 선즈화 교수 [중앙일보] 2014.06.23

'6 · 25 남침의 진실' 심포지엄 '6.25전쟁 시 북한에 출병한 중국의 심층적 원인 분석' 기사

1951년 6월 마오쩌둥(毛澤東 오른쪽)이 6 · 25전쟁 상황 논의차 베이징을 방문한 김일성을 만남.

중국 6 · 25전쟁 참전하기까지

1950년 5월 14일 마오쩌둥, 김일성에게 전쟁 계획 도와주겠다고 했으나 거절당함
6월 25일 북한 전면 남침
6월 30일 미 7함대 대만해협 진입 후 저우언라이 북한에 참전의사 밝힘
9월 18일 연합군 인천상륙작전 성공에 중국, 긴급 파병 제안 – 스탈린 묵살
9월 30일 북, 소련에 특별 원조 청구 – 스탈린, 마오쩌둥에게 파병 요청
10월 8일 중국군 편성 선포(군단 4개, 포병사단 3개), 15일 출발 결정
10월 11일 중 · 소, 북한 포기하고 중국 동북지역에 김일성 망명정부 합의
10월 19일 중국군 압록강 건너 참전

– 중국이 참전해야겠다는 생각은 언제부터 갖게 된 것인가.

"전쟁이 발발한 지 얼마 안 된 50년 7월 초에 벌써 파병 의사가 있었다. 중국은 7월 7일 국방회의를 열고 25만5000명 규모의 동북변방군 조직을 결정했다. 앞서 중국은 이미 병력을 보내 북한을 도울 뜻이 있음을 소련에 알렸다. 마오쩌둥도 7월 19일 김일성에게 중국군을 북한에 파견할 수 있다고 밝혔다."

– 중국의 참전은 전쟁 발발 4개월 만인 10월에야 이뤄졌다.

"군사적인 측면에서 볼 때 중국은 이미 두 차례의 좋은 파병 기회를 놓쳤다. 첫 번째 기회는 북한이 남쪽으로 진격할 때였다. 당시 중국은 미군이 북한군 후방으로 역습하는 전술을 쓸 가능성이 있다는 것을 예측하고 병력 지원을 제안했다. 그러나 스탈린이 허락하지 않았다. 만일 이때 한반도 해안으로 중국군 파병이 이뤄졌다면 인천상륙작전이 성공할 가능성은 없었을 것이다. 두 번째 기회는 인천상륙작전 성공 이후 북한이 패퇴하기 시작할 때다. 중국은 다시 파병을 제안했다. 그러나 역시 소련의 동의를 구하지 못했다. 중국군이 신속하게 파견됐다면 미군은 38선에서 더 이상 북진하지 않았을 가능성이 크다."

– 스탈린은 왜 중국의 파병 제안을 승인하지 않았나.

"중국이 파병해 수십만 군대가 북한에 진주한다면 북한은 중국의 영향권 안에 들게 된다. 이는 북한을 태평양 진출의 교두보로 삼으려 한 소련으로선 원치 않는 일이었다."

– 마오쩌둥이 참전을 강행한 이유는 무엇인가.

"네 가지 이유가 얽혀 있다. 첫째는 사회주의 진영의 국제 분업에 따른 책임과 의무다. 중국 공산당은 아시아 혁명을 원조하는 건 일종의 책임이자 자신의 안전을 위해서도 필요하다고 생각했다. 둘째는 대만 문제로 촉발된 미국에 대한 적개심이다. 전쟁이 발발하자 미국이 가장 먼저 보인 반응은 7함대를 대만해협으로 보낸 것이다. 마오는 이를 중국의 통일을 방해하는 행위로 보고 격분했다. 셋째는 중국 변경에 대한 위협을 고려해서다. 마오는 6 · 25전쟁의 불길이 중국 경내로 번지면 스탈린이 중 · 소 동맹을 근거로 수십 만의 소련군을 중국 동북지역으로 보낼 것이고, 이 경우 한 번 들어온 소련군을 다시 소련으로 돌려보내는 게 어렵다고 판단했을 것이다. 넷째는 중 · 소 동맹을 공고히 해 중공 정권의 안전을 보장받으려 했다. 이 때문에 마오는 참전을 결정하면서 '미국을 이기지 못하더라도 싸워야 한다'고 주장했다."

– 선 교수는 중국군이 38선까지 진격한 51년 1월에 유엔이 정전협상을 제의했지만 중국이 거절함으로써 전쟁이 53년 7월까지 지속됐고 이는 당시 중국 공산당의 착오라고 지적한다.

– 중국이 거절한 이유는 무언가.

"두 가지다. 하나는 마오쩌둥의 정세판단 착오다. 마오는 미군의 반격 능력을 과소평가했다. 다른 하나는 스탈린과 김일성이 유엔의 정전협상 제의에 동의하지 않았기 때문이다."

◆선즈화(沈志華)

6 · 25전쟁이 김일성의 남침으로 발발했다고 주장하는 대표적인 중국 역사학자. 냉전사학자로 부인 리단후이(李丹慧)와 90년대부터 소련 붕괴 후 공개된 6 · 25전쟁 관련 비밀문서를 확보해 연구했다. 98년 『마오쩌둥, 스탈린과 한국전쟁』이라는 저서를 출간했고 이를 통해 김일성이 스탈린과 마오쩌둥 의 지원을 받아 6 · 25전쟁을 일으킨 사실을 증명했다. 그의 연구는 6 · 25전쟁을 보는 중국의 시각 변화에 큰 영향을 미친 것으로 평가된다.

미국 정부와 맥아더 사령부에서는 중공이나 소련의 6.25전쟁에 개입할 가능성에 대해 많은 관심을 가져왔다. 그런데 전세가 북한 공산군에게 유리하게 전개될 때는 가만히 있던 중공이 유엔군의 인천상륙작전으로 북한 공산군이 붕괴되고 또 한국군과 유엔군이 반격하여 38선으로 진격해가자 전쟁 개입의 의사를 나타내기 시작하였다. 워싱턴 당국은 이를 외면한 이유는 중공이 8년간 항일전쟁을 하였고 이어서 4년간 내전을 치루다 1950년 10월에 이르러 대만과 금문도를 제외한 전 중국을 석권하였기 때문에 타국에 대한 군사적 간섭은 불가능하리라고 판단한 때문이다.

그런데 국제정세가 미묘하게 돌아가자 미국 정부는 여러 가지 형식으로 중공의 전쟁 개입을 억제하는 경고를 보내는 한편, 한국전선과 중국의 동향에 대한 논의를 위하여 트루먼 대통령과 맥아더 원수가 10월 15일 웨이크(Wake)섬에서 회담하는 자리에 맥아더는 중공의 한국전 개입 가능성에 대한 트루만 대통령의 질문에 대해 중공의 개입을 부정적인 관점에서 보고, 만일 개입을 하더라도 약 6만 명 정도에 지나지 않을 것이며, 그 병력마저도 압록강을 건널 때는 유엔 공군에 의해 격파될 것이라고 언명하였다.(맥아더는 또 하나의 오류를 범하였다) 그는 중공이 밝힌 수차의 참전 의사를 단순한 외교적 위협 정도로만 생각하였고, 기계화된 미군을 원시적인 중공군이 당할 수 없다는 자만심과 유엔공군의 능력을 과신한 나머지 민간인이 제공하는 여러 가지 첩보를 믿으려 하지 않았다. 그리고 중공군이 6.25전쟁에 개입할 것이라는 1950년 9월8일 장개석 국민당 정부의 통보를 믿지 않았다.

실제로 그 시기에 이미 약 15만 명의 중공군 병력이 압록강을 넘어왔거나 넘어오고 있었으며, 11월 초순에 한국전선에 투입된 중공군(공식명칭은 중국인민지원군)은 약 30만 명으로 그중 약 18만 명은 미 제8군 정면에, 나머지는 미 제10군단 지역에 투입되었던 것이다. 이들은 기도비닉을 위하여 야간에만 산간 도로를 따라 1일 30km의 속도로 행군하였으며 주간에는 은폐된 곳에서 숙영하였기 때문에 유엔 공군의 감시에 포착되지 않았다. 중공군의 개입에 대한 증거는 벌써 전선에서 나타나고 있었다. 10월 26일에 한국 제6사단이 온정리 전투에서 생포한 포로가 북한 공산군이 아니라 중공군이며, 그 들의 진술에 의하여 중공군은 10월 중순부터 산악지대에서 대기하고 있었던 것이다. 이에 따라 11월 5일 맥아더 장군은 중공군이 6.25전쟁에 개입하였음을 유엔에 보고하였다.

중공군이 전선에 투입됨에 따라 북한 공산군 제1군단과 중공군 제4야전군은 서부전선을, 북한 공산군 제5군단과 중공군 제3야전군은 동부전선을 각각 담당하였다. 당시 한만 국경을 넘어 한국전선에 배치된 중공군의 병력은 제3야전군 약 12만 명, 제4야전군 약18만 명, 그리고 북한 공산군 병력은 약 6만 명이었으며, 이 병력은 계속 증강되었다. 중공군은 2개 야전군을 전선에 투입한 후 만주 지역과 강계부근에서 재편된 북한 공산군으로 이를 증강하고, 일시에 총반격을 감행한다는 것이다. 이 무렵 한 · 만 국경선까지 진출한 한국군과 유엔군은 동부와 서부의 양전선에 분할 배치되어 있었다. 동부전선에는 국군 제1군단과 미 제10군단이, 서부전선에는 국군 제2군단과 미 제8군이 배치되어 있었는데 전부 13개 사단으로, 총병력은 약 42만 명이었고, 그중에서 국군이 약 20만 명, 미군이 약 17만 7천 명, 나머지는 한국전쟁에 참전한 여러 나라의 병력이었다. 중국군의 개입으로 이제 6.25전쟁은 새로운 국면을 맞이하게 되었던 것이다.

1950년 6월 25일 북한군이 38선을 넘어 남침하기 시작한 시기에 중국 공산군은 아직 중국대륙을 완전히 석권하지 못하고 화남지방과 서북 · 서남지구에서 국부군의 잔존세력을 소탕하기에 여념 없는 국내사정이 평온하지 못한 상태에서 중공이 6.25전쟁에 개입하게 된 동기는 다음 몇 가지로 정리해 볼 수 있다.

첫째, 한반도 북쪽에 북한이라는 정치집단을 존속시켜 한반도가 중공을 반대하는 세력에 의하여 통일되는 것을 저지하고 북한을 완충지대로 하여 국경의 안전을 도모하자 한 것이다.

둘째, 미 · 일간의 강력한 반공군사동맹 형성을 경계하고 일본의 재군비와 미 · 일의 제휴를 견제하기 위하여 한반도내에 중공에 군사적 이익을 제공하는 친 중공 정치집단이 건재해야 한다.

셋째, 미국과 국경이 접하기 전에 한반도에서 미국의 세력을 제거하여 신생 정부로서 명성을 대외적으로 과시하고, 동양의 정치적 주도권을 장악함과 함께 아시아에서의 공산세력 확산에 직 · 간접적으로 영향력을 행사함으로써 세계 중심국가로 도약의 발판을 마련한다.

넷째, 북한에 대한 지원을 통하여 소련으로부터 더 많은 경제적 · 군사적 원조를 기대하고, 또 압록강의 수풍댐을 장악하여 동북 공업지구의 전원을 확보한다.

다섯째, 중국정권 수립 후 내세운 민생 개선과 대만 행방 등의 구호가 실천될 가능성이 희박해지자 인민의 관심을 다른 곳으로 전환하는 한편, 내부의 불안요소로 남아 있는 국부군 출신의 불편분자들을 제거하기 위하여 참전의 기회를 노린 것이다.

2) 유엔군의 철수작전

가. 서부전선

10월 28일 원산상륙작전이 완료되자 유엔군은 추수감사절 이전에 전쟁을 종결짓는다는 목표아래 한 · 만 국경으로 전진의 박차를 가하고 있었다. 서부전선에서는 미 제8군이 미 제1군단과 국군 제2군단을 통합 지휘하여 박천-희천-영덕-영원선에서 공격해 나아갔다. 아군의 북상 걸음이 빨라지는 만큼 북한의 대응도 만만치 않았으나 우리는 이런 문제를 의도적으로 외면하면서 가벼운 마음으로 전진을 거듭하였다. 그러나 북한은 유격전으로 아군의 후방을 교란하는 한편 중공의 적극적인 군사지원을 받아 전투력을 회복하고 정규전과 비정규전을 배합하여 반격한다는 계획을 세우고 있었다. 북한의 패잔병들은 그간 조직력을 잃고 강력한 힘을 발휘하지 못했지만 점차 조직이 강화 되었고 제2전선을 형성하여 아군의 후방을 교란함으로써 이들에 의한 피해는 매우 심각하기에 이르렀다.

국군 제6사단은 10월 26일 14시 15분에 예하 부대인 제7연대가 초산(楚山)을 점령함으로써 국경 도달 최선봉 사단의 영예를 얻었다. 압록강에 제일 먼저 도달한 제6사단은 제2연대를 온정리(溫井里)에, 제19연대와 사단 사령부를 희천(熙川)에 포진시켰으나 신장된 병력 배치는 아군의 후방을 노출케 하고 있었다. 이 무렵 중공군은 철도의 이용이 가능한 희천을 확보하기 위하여 공격하였는데 제39군을 아군 제7연대 정면에 배치하여 견제하고 제40군을 희천과 온정 방면으로 투입하여 제6사단의 전선을 분리하였다. 아군은 적의 포위망을 뚫고 탈출하기에 진력하였고, 10월 29~10월 30일에 적 제38 · 39 · 40군이 박천에서 합류함으로써 제8사단까지 큰 위기에 빠졌으며 미 제1기병사단의 증원으로 전선이 수습되었다. 중공군의 공세는 11월 17일에 멈추었으나 아군은 상당한 피해를 입고 전선을 약 50km 후퇴시키지 않을 수 없었다.

미 제1군단의 우익 부대인 국군 제1사단은 청천강을 건너 영원(寧원)-운산(雲山)을 점령한 뒤 수풍(水豊)으로 진격할 계획이었다. 우측의 제6사단이 10월 26일 초산을 점령했기 때문에 보조를 맞추기 위하여 좌측의 미 제24사단과 함께 더욱 걸음을 재촉하지 않을 수 없었다. 그런데 북진간의 아군이 모두 그러했듯이 전선의 연결이나 협조 보다는 국경선에 빨리 도착하고자 하는 의욕 때문에 경쟁적으로 전진을 거듭하였다. 이러한 현상은 평양-원산을 점령한 후 두드러졌으며 이 결과 아군은 일단 적과 조우하면 쉽게 적의 포위망에 빠지게 되었다.

10월 25일 국군 제1단은 운산에서 적과 조우하였는데 적은 중공군 제39군 예하 부대 였다. 아군은 제12 · 15연대를 전방에 제11연대를 예비대로 하여 전개하였으나 적의 저항으로 전진하지 못하고 전지를 강화하고 수색활동을 활발히 하였다.

10월 28일 18시경 아군이 중공군 포로 2명을 획득하였는데 이들은 10월 25일 최초로 잡은 중공군 포로와 똑같이 "현재 나타난 중공군은 정규군이며 10월 초 이미 북한지역에 들어왔다"고 진술하였다. 그러나 유엔군은 이를 믿지 않고 국군 제1사단의 우측 부대인 국군 제2군단이 중공군에게 포위될 위기에 빠져 있음에도 미 제1기병사단을 투입하여 국군 제1사단을 추월 공격케 하였다. 이로써 미군과 중공군이 최초로 삭주(朔洲) 부근에서 충돌하게 되었다.

11월 1일부터 중공군의 전면적 공격이 시작되고 그 기세는 대단하였다. 미군은 우세한 화력을 앞세워 적의 공격을 일단 저지하였으나 계속되는 중공군의 야간공격에 커다란 피해를 입었다. 더욱이 측면이 돌파되어 포위될 위기에 처하자 유엔군은 전선을 조장하고 전열을 가다듬기 위하여 청천강 남안에서 방어선을 구축하도록 결정하였다. 이에 따라 북진중이던 영국군 제27여단, 미군 제24사단도 청천강 이남으로 철수하였다.

중공군의 개입으로 청천강 남안에 방어선을 구축한 아군의 서부전선은 좌로부터 영국군 제27여단 · 미군 제24사단 · 한국군 제1사단이 전방에 투입되었고 제1기병사단이 미제1군단 예비대로 배치되었다. 국군 제2군단 예하 제6사단이 초산에서 철수하여 온정리에, 제8사단이 희천일대를 방어하고 제7사단은 군단 예비대로 개천(价川)에 위치하였다. 그 후 중공군이 미 제1군단을 압박하면서 온정리를 집중 공격하자 아군은 이를 저지하기 위하여 희천의 제8사단을 온정리에 투입하여 증원하였고 희천-개천의 접근로를 차단하기 위하여 제7사단을 투입하였다. 11월 2일 제7사단은 개천을 고수하기 위하여 비호산(飛虎山 622m)을 중심으로 일대의 구릉지대에 방어진지를 편성하였는데 중공군은 11월 3일 03시경 공격을 개시하였다. 초기 전투에서 아군 제3연대는 적의 압도적인 병력에 고전했으나 유엔군 포병화력의 지원을 받아 이를 격퇴하였다. 11월 5일 중공군은 길을 우회하여 비호산을 방어하는 제5연대를 공격하였다. 그러나 이날 아군은 시계가 50m 이내인 짙은 안개로 포병화력을 지원 받을 수 없어 적에게 비호산을 탈취 당하였다. 11월 6일 반격작전에 나선 제7사단은 미 제6전투단과 합세하여 강력한 화력지원아래 비호산을 좌우에서 협공함으로써 재탈환하였고 이로써 청천강 방어선이 평온을 찾을 수 있었다. 이후 중공군은 자취를 감추고 차기 작전을 위하여 준비를 하면서 자체방어에 치중하였다.

한편 유엔군은 중공군의 대병력이 압록강 이북에 위치하고 그 중 수풍댐을 보호 할 정도의 병력만 국경을 넘어온 것으로 파악하였다. 그러나 아군의 부대가 과도하게 분산 배치되어 부대 간 간격이 벌어져 있고, 병참선이 신장되어 있기 때문에 만약 중공의 대병력이 침공해올 경우 유엔군은 커다란 위험에 부딪치게 된다는 점도 고려하지 않을 수 없었다. 따라서 유엔군 수뇌부는 이 난국을 타결하는 길은 중공군이 조직적인 공세를 취하기 전에 한 · 만 국경으로 진출하여 전쟁을 조기에 종식시키는 것이라고 결론지었다.

당시 유엔군은 포로들의 진술과 각종 정보기관에 의하여 보고된 내용을 분석하여 적정을 다음과 같이 판단하였다.

첫째, 북한에 들어온 중공군의 규모는 약 4만 명이고 현대 전쟁에 경험이 없으며 전쟁의지가 없다.

둘째, 중공군의 병참보급선은 유엔공군의 폭격 위협과 지형 기상의 제한 그리고 수송수단의 부족으로 극히 열악하다.

셋째, 중공군과 북한군이 불화하여 협조체제가 갖추어져 있지 않다.

넷째, 중공군의 공군과 방공역량은 유엔군에 비하여 절대 열세하다 .

다섯째 중공군의 전술은 기습 공격과 침투포위가 위주이지만 기동력과 화력의 열세로 청천강을 건너 공격하지 못하고 산악지대를 끼고 방어에 임하고 있다.

그러나 이 적정 분석은 현실과 너무 먼 것이었고, 유엔군은 그릇된 적정 판단에 기초하여 X-mas 공세 계획을 수립하였다. 공격의 목적은 물론 국경선으로 진출하여 전쟁을 조기에 종식시키는 것이고, 주공의 방향은 적의 주병참선으로 판단되는 강계(江界)-희천(熙川) 축선이었다. 병력배치는 미 제1군단을 좌익에, 미 제9군단을 중앙에, 국군 제2군단을 우익에 배치하여 100km 정면을 담당한다. 미 제1군단은 태천(泰川)-안주(安州) 축선으로, 미 제9군단은 운산(雲山)-온정(溫井)-초산(楚山) 축선으로, 국군 제2군단은 희천(熙川)-강계(江界)-만포진(滿蒲鎭) 축선으로 공격하여 압록강으로 진격한다. 미 제10군단은 현재 계획에 따라 진출하되 미 해병 제1사단은 장진호에서 서쪽으로 전환하여 무평리(武評里)로 진출, 제8군과 연결하고 전선의 공백을 메꾼다는 계획이다. 이 계획에 따라 미 제1군단은 국군 제1사단을 우익으로, 미 제24사단을 좌익으로, 제6사단을 예비로 하여 덕인봉(德仁峰)-신기봉(神奇峰)-백령천(白嶺川)을 연하는 선까지 진출시키고, 이후 미 제9군단과 보조를 맞추어 희천선(熙川線)을 공격하며 이어서 국경선으로 전진하기로 하였다.

아군은 1950년 11월 24일 10시에 공격 개시하여 적의 경미한 저항을 받으며 미 제8군 전체가 8~14km 전진하였고, 좌로부터 정주(定洲)-군우리(軍隅里)-영원(寧遠) 북방까지 진출하였다. 그러나 11월 25일이 되자 적의 저항이 점차 강화되더니 전진할수록 적은 더 강력해졌다. 이윽고 국군 제1사단이 중공군의 공격을 받았고 제8군의 우익인 국군 제8사단의 제8군과 제10군단이 연결되기 전에 양 부대 간격으로 중국군 20만이 침투하여 아군의 후방을 강타한 것이다.

이날 저녁이 되자 중국군의 총공세가 시작되었다. 중국군 제42군이 영원 북방에, 제38군이 묘향산 지역에, 제39군 · 40군이 미 제9단 지역에, 제50군 · 66군 · 북한군 제1군단이 미 제1군단 지역에 투입되어 전 전선을 강하게 밀어 붙였다. 적의 공세는 11월 27일까지 계속 되었고 이 결과 아군의 전 전선이 무너져 약 80km를 후퇴하는 참패를 당하였다.

X-mas 공세의 실패와 이에 이은 중공군의 반격은 그 위협이 심각한 지경에 이르렀고, 더욱이 아군 후방에서 준동하는 북한 유격대와 연계된 공격 앞에 아군의 전선은 허무하게 무너져 갔다.상황이 이렇게 급박하여도 유엔군 사령부에서는 아직도 적을 가볍게 보려는 경향이 역력했고 다음과 같이 상황을 인식하였다.

첫째, 아군이 제해 · 제공권을 장악하고 있다.

둘째, 동부전선에서 해병 제1사단이 중국군을 묶어 두고 있기 때문에 서부전선으로 병력을 전환할 여유가 없다.

셋째, 중국군의 기동력은 1일 10km 정도일 것이다.

넷째, 중국군의 수송은 축력 · 인력 등 원시적인 방법에 의존하기 때문에 군수지원이 원활하지 못하다. 따라서 중국군의 공세는 단 몇 일간만 지속될 것으로 판단하였다. 그러나 그것은 적을 가볍게 본 연유로 빚어진 또 하나의 과오였고 그 결과는 참혹한 패전으로 나타났다.

12월 3일 중공군이 성천(成川)을 점령하자 아군은 군우리(軍隅里)와 순천(順川)을 포기했고, 12월 4일에는 영국군 제29여단을 대동강 도하 엄호부대로 남겨두고 평양(平壤)~원산(元山) 방어선에서 물러나 12월 5일부터 지형을 이용한 황해도 방어에 들어갔다. 이 지역에는 미 제25 · 24, 1기병사단과 국군 제1 · 6 · 7 · 8사단 그리고 영국군 제27 · 29여단이 방어전투에 들어갔다.

황해도 일대의 방어는 극히 한정된 지역을 방어하는 것으로 동부전선과 연결된 상황도 아니고 중부 산악지대를 완전히 장악한 것도 아니기 때문에 적의 공격을 잠시 둔화시키는 정도에 지나지 않는다. 철원을 중심으로 한 중부 산악지대에는 소탕하지 못한 북한 유격대가 왕성한 활동을 하고 있었으며 이들과 연계된 중국군의 침투공격은 매우 민활하여 아군의 측 후방을 크게 위협하게 되었다. 상황이 여기에 이르자 유엔군은 모든 공간을 포기하고 38선 부근에 병력을 재배치하여 반격의 기회를 포착하고자 하였다.

12월 20일 유엔군은 임진강 남안-화천(華川)-양양(襄陽)을 잇는 방어선을 확보하고, 좌로부터 미 제1군단 · 제9군단 · 국군 제3군단 · 제2군단 · 제1군단 순으로 배치하였다.

- 미 제1군단은 미 제25사단 · 터어키 여단 · 국군 제1사단 · 영국 제29여단으로,
- 제 9군단은 국군 제6사단 · 미 제24사단 · 미 제1기병사단 · 영국 제 27여단으로,
- 국군 제3군단은 제2사단 · 제5사단 · 제8사단으로,
- 제2군단은 제3사단 · 제7사단으로,
- 제1군단은 수도 사단 · 제9사단으로 구성되었다.

흥남에서 철수해온 미 제10군단은 제8군으로 편입되면서 미 제2사단 · 미 제7사단 · 미 해병 제1사단 · 제187공정연대는 제8군 예비대가 되었다.

나. 동부전선

미 제10군단장 알몬드(Edward M. Almond)소장은 함경도의 주요 간선도로를 장악하여 국경선으로 진격할 방침이었고 각 부대들도 경쟁적으로 북진하였기 때문에 중요 고지나 산악지대는 방치한 상태나 다름이 없었다.

그런데 이 무렵 유엔군 사령부의 X-mas 공세 명령이 하달되었고 이에 따라 제10군단장 알몬드 소장은 11월 27일 09시를 H시로 하여 다음과 같은 공격명령을 하달하였다.

첫째, 미 해병 제1사단은 장진호 좌안을 따라 유담리를 점령하고 무평리로 진격하여 제8군과 전선을 연결한다.

둘째, 미 제7사단은 장진호~풍산을 담당하고 국군 제1군단과 협조한다.

셋째, 국군 제1군단은 합수와 청진에서 국경으로 진출한다.

넷째, 미 제3사단은 미 제8군과 접촉하여 제10단의 좌측을 보호하고 미 해병 제1사단을 지원함과 동시에 항만과 연포 비행장을 방호하며 잔류 게릴라를 소탕한다.

11월 8일 미 제7사단 예하부대들이 부전호(赴戰湖) 남방에서 중국군과 치열한 접전을 하였지만 아군은 그다지 심각한 문제로 생각하지 않았고, 더욱이 중국군의 진출이 서부전선보다 1개월가량 늦었던 관계로 11월 말까지도 북진작전은 계속되었다. 그러나 이 시점에는 서부전선에서 유엔군이 중국군의 압력으로 30~40마일 후퇴한 상태였기 때문에 유엔군 전선이 양단되어 동부전선의 아군이 고립될 위기에 있었다. 11월 27일 서부전선의 상황이 전해지자 군단장 알몬드 소장은 즉시 철수명령을 내렸다.

그런데 국군 제1군단 예하의 수도 사단은 11월 26일 이미 청진(淸津)을 점령하였고, 제3사단은 고주(古洲)-함수(含水)-무산선(茂山線)으로 진격하고 있었다. 제10군단 예하의 미 제7사단은 풍산(豊山)을 지나 혜산진(惠山鎭)으로, 미 해병 제1사단은 장진호에서 압록강 상류를 향하여 전진하고 있었다.

한편 동북해안선의 북한군은 아군의 진격으로 계속 후퇴중이며 병력구성은 제4군단 예하의 제41사단과 제507여단, 그리고 해안 경비대의 주력으로서 회령과 무산일대에서 재편성 중에 있고, 회령 부근에는 10월말부터 신편중인 제10군단의 제5 · 6 · 7사단이 전열을 가다듬고 해안을 따라 북상하는 국군을 저지하고자 하였다. 이들은 계속되는 패주로 사기가 저하되어 있지만 중공군의 증원을 받아 전열을 가다듬는다면 상당한 전투력을 발휘할 규모가 되는 것이다.

이 지역에 투입된 중공군은 제3야전군 예하의 제20군단(58 · 59 · 60사단), 제26군단(76 · 77 · 78사단), 그리고 제27군단(79 · 80 · 81사단)으로서 낭림산맥을 통하여 남하한 후 11월 25일경 장진호를 중심으로 서쪽에 제20군단, 북쪽에 제27군단, 동쪽에 제26군단을 투입하였다. 중공군의 기도는 미 제10군단의 좌익인 미 해병 제1사단을 포위하여 미 제8군과 제10군단의 연결을 차단하고, 북한군으로 하여금 동북해안선을 따라 국군을 압박하여 지역 내의 아군을 한 덩어리로 뭉친 뒤 포위 섬멸하려는 것이었다. 여기서 아군은 압도적으로 우세한 병력으로 밀어 붙이는 중공군의 인해전술에 대응하여 혈전을 거듭하면서 후퇴하였다. 이런 와중에서 미 해병 제1사단이 전개한 장진호 부근전투와 제10군단의 흥남철수 작전은 전사사에 빛나는 작전으로 음미해 볼 필요가 있다.

다. 장진호 전투(長津湖 戰鬪)

서부전선에서 유엔군의 사정이 악화될 무렵, 제10군단의 미해병 제1사단은 제8군과 연결하고 압록강에 도달하여 전쟁을 빨리 종결짓겠다는 일념으로 제5 · 7연대를 투입, 11월 27일 08시 15분 유담리를 목표로 공격을 개시하였으나 09시를 지나면서 전방에서 적의 저항을 받기 시작하였다. 중공군은 제59 · 89사단의 병력으로 저항하였으며 오후가 되면서 중공군 제79사단이 증강되어 북쪽에서 압박을 가해오고 제59사단은 유담리(柳潭里)에서 하갈우리(下碣隅里)에 이르는 통로를 차단할 목적으로 맹렬히 공격해왔다. 이리하여 미 해병 제1사단은 중국군 3개 사단의 포위공격을 받아 퇴로를 차단당할 위기에 봉착하고 압도적으로 우세한 적과 갑자기 밀어닥친 혹한, 그리고 험악한 지형을 극복하면서 진흥리 까지 외길로 뻗어진 56Km의 병참선을 유지하지 않으면 안 되었다. 미 해병 제1사단은 최초 중공군의 저항이 완강해지자 일찍 북진계획을 포기하고 철수로 확보를 위하여 병력을 전개하였는데, 11월 27일 제7연대 2대대의 F중대를 덕동산(德洞山 1653고지))에 배치하여 본대의 철수를 엄호케 하였으며 11월 30일 06시에 미 해병 제1사단의 2개 연대가 합동작전으로 포위망의 돌파를 시도하여 12월 2일 덕동통로의 개통에 성공하였다. 12월 3일에는 하갈우리까지의 통로를 확보하기 위하여 피아 엄청난 희생을 치루면서 치열한 전투를 하였는데, 전투가 극한 상황에 이르렀을 때 하갈우리에 있던 영군 제41코만도(Commando)부대가 북상하여 엄호함으로써 미 해병 제1사단은 하갈우리로 진입할 수 있었다. 하갈우리에 비상시에 대비한 비행장과 보급시설을 설치하였기 때문에 이를 이용한 원활한 보급지원과 항공지원이 이루어져 아군의 철수가 가능하였고 적시의 병력보충, 적절한 휴식과 재편성은 전투력을 유지하는데 매우 긴요한 조치였다.

한편 장진호의 동쪽 통로를 따라 북상하던 미 제7사단 제31연대는 중공군 제80 · 76 · 77사단의 공격을 받아 크게 손상을 입었고 연대장의 부상으로 연대의 지휘를 맡은 제1대대장(Faith)중령은 연대 단독으로 포위망을 돌파하기로 결심하였다. 12월 1일 불필요한 장비를 파괴하고 공군의 근접지원아래 부상자를 실은 차량 행렬을 이끌고 돌파를 감행하였다. 제31연대는 12월 1일 하루 사이에 75%의 병력 손실을 감수하면서 670명이 하갈우리에 도착하였으며 이어진 수색대의 실종자 수색으로 2,500명중 1,050명이 구출되었다.

하갈우리에 도달한 미 해병 제1사단과 제31연대는 고토리(古土里)로 이어지는 죽음의 계곡을 돌파하지 않으며 안 되었다. 이 작전에서 중공군은 하갈우리-고토리 사이의 계곡 도로를 철수하는 미 해병 제1사단과 제31연대를 섬멸하기 위하여 제58, 60사단을 서쪽 산악지대에 투입하고, 제76 · 77사단을 동쪽 산악지대에 배치하여 협공하였다. 여기서도 미 해병 제1사단은 엄정한 군기아래 강인한 정신력을 발휘하여 악전고투를 하면서 돌파구를 찾았다. 앞에서도 그랬듯이 철수작전을 위하여 중요지형(1081고지)을 조기에 점령하여 적의 압박을 저지하였고, 고토리 남쪽 3.5km지점에 위치한 수문 가교가 파괴되어 기동에 큰 장애가 되었으나 보수용 자재를 공수하여 신속히 보수함으로써 1,400대의 차량과 전차 및 화포를 비롯한 많은 장비와 대병력을 12월 8일까지 무사히 철수 시킬 수 있었다. 이 작전은 유담리에서 함흥까지 100km를 10일 만에 돌파한 작전으로서 , 압도적인 수적 우세를 가진 중국군의 포위 공격을 뿌리치고 성공시킨 철수 작전이었다. 여기에는 제해 · 제공권의 장악, 화력의 우세, 기동력 확보, 군수지원의 원활 등 외적인 원인도 있겠지만 작전

간 인접부대와 긴밀한 협조, 중요지형의 조기 확보, 엄정한 군기유지, 적절한 대민선무활동, 강인한 정신력 등 무형의 요소가 크게 작용했다고 생각된다. 반면 중공군은 수송능력 부족, 보급지원 부실, 화력의 열세, 중요지형의 선제권 상실, 집중력 부족 등의 원인으로 압도적인 병력을 가지고서도 위기에 몰린 미 해병사단과 제31연대를 격멸하지 못하고 그들의 철수를 허용하였으며 중국군의 피해가 극심하여 차기 전투에 상당한 차질을 초래하였다. 그리고 이것은 또 다른 결과를 가져왔다. 중국군 8개 사단이 미 해병 1개 사단에 매달려 있는 동안에 두만강까지 북진했던 부대들이 큰 피해 없이 흥남으로 철수 할 수 있는 시간을 벌었지만 원산을 경비하던 미 제3사단이 11월 20일 장진호 전투 지원 차 북상하였기 때문에 원산만의 경비가 취약하여 중국군에게 원산이 피탈되었다. 이로 인하여 미 제10군단과 국군 제1군단은 원산과 함흥을 잇는 동해안 도로를 상실하고, 해상으로 철수하는 길만 남아 너무나도 유명한 흥남철수작전(興南撤收作戰)이 이루어지게 되었다.

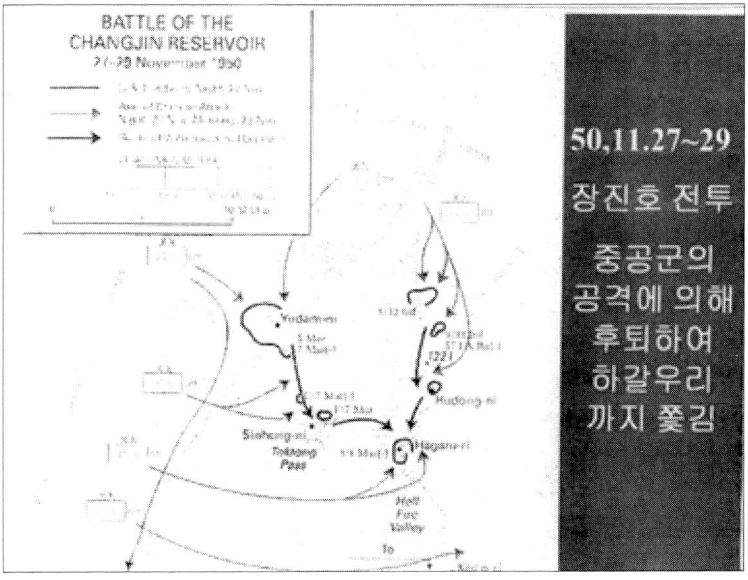

라. 흥남 철수작전

원산을 점령한 중국군은 승기를 잡은 듯 유엔군을 함흥-흥남 해안에 몰아넣고 인해전술로 파상공격을 하면 승산이 있다고 판단하여 계속 압박을 가하였다. 적은 중국군 제9병단의 5개 사단과 북한군 제4 · 5군단이었고, 아군은 미 해병 제1사단이 12월 11일 흥남지구에 합류하면서 국군 수도사단과 미 제3 · 7사단이 함께 본격적인 교두보 작전을 전개하였다. 초기 홍남지구에 배치된 양측의 병력은 유엔군이 5만, 중국군이 6만, 북한군이 3만 정도였으나 시간이 흐르면서 점차 증강되었다.

미 제10군단의 임무는 교두보에 집결된 병력 · 장비 · 물자를 해상철수 시키는 것이다. 따라서 미 제10군단은 함흥-홍남을 잇는 유리한 지세와 해안선을 이용하여 전초선, 제1 · 2 · 3중방어선을 설정하고 이 선상에서 적을 저지함과 함께 최대로 피해를 강요한 후 단계적으로 해상 철수할 계획이다. 미 제7함대와 기동함대가 해상에서 지원하고 연포 비행장(連捕飛行場)에 기지를 둔 미 공군이 항공지원을 담당하였다.

12월 14일 홍남(興南)을 중심으로 한 반경 12km지역에 하갈우리로부터 수도 사단 · 미 제3사단 · 미 제7사단의 일부가 전초진지를 편성하고 중국군 5개 사단의 공격에 대응하였다.

12월 16일 중국군은 이틀간의 손실로 전분에서 물러나고 대신 북한군이 선봉이 되어 공격해 왔으나 아군은 항공 · 함대 · 지상화력을 집중하여 적을 분쇄하였다. 이날 수도 사단은 계획에 의거 해상철수를 하였고, 아군은 방어선을 축소하여 제1주방어선으로 진지를 옮겼다. 당일은 악천후로 공군과 소함정의 활동이 불가능하여 어려움이 있었으나 여전히 8인치 함포의 지원을 받아 교두보는 유지되었다.

12워 18일 연포비행장을 폐쇄하고 미 제7사단이 승선하기 시작하면서 교두보는 다시 축소되었고 적은 아군의 뒤를 따라 맹렬히 공격하였다. 그러나 산악지에 은거해 있던 적이 아군을 추격하여 평지에 내려오면서 상황에는 많은 변화가 있었다. 즉 적이 평지에서 완전 노출됨으로써 아군의 강력한 화력에 의한 살상률이 높아지고 적의 전투력이 현격히 감소되었다.

12월 20일 미 제7사단이 승선 완료함으로써 교두보는 제3주저항선으로 축소되었고 홍남외곽의 방호임무는 미 해군이 맡아 화력으로 적의 전진을 봉쇄하였다. 12월 23일 되자 적은 마지막 남은 미 제3사단을 맹렬히 공격하였다. 이에 따라 항공기의 출격회수가 161회에 달하였고, 12월 24일 11시 미 제3사단을 중심으로 한 마지막 육상부대가 7개 지점에서 승선을 개시하여 14시에 완료함으로써 홍남철수 작전은 성공리에 끝났다.

홍남철수작전은 여러 가지 기록을 남긴 것으로도 유명하다.

105,000명의 병력과 12,000대의 각종차량, 35만 톤의 물자를 완전히 철수시켰고, 아군이 철수할 때 전쟁을 피해서 혹은 공산정권이 싫어서 남행을 결심한 피난민 98,000명까지도

동행하였다. 그리고 마지막 제대가 철수하면서 적이 사용 가능한 모든 시설물과 물자도 함께 폭파하였다.

3) 중공군 공세와 유엔군의 재 반격

가. 중공군 1차 공세(1950. 10. 26 ~ 11. 7)

① 중공군 목표

■ UN군을 압록강 부근에서 청천강 이남까지 축출

② 상황

■ 아군 : 10. 24 총 추격, 중공군 개입사실 미인지

※ 협곡을 통해 도로 따라 북진, 전쟁종결 분위기 등

■ 적군 : 6개 군중 4개 구만 투입

③ 작전경과

■ 10. 25 중공군 공격 개시

- 38군 : 강계 - 희천 축선을 따라 한국군 8사단 압박
- 39군 : 운산 정면에서 한국군 1사단 공격
- 40군 : 온정리 정면 한국군 6사단 공격(7연대 퇴로차단)

■ 한국군 7사단은 2군단에 복귀 : 사단과 함께 적저지

■ 미 1기병사단 8연대로 운산 북쪽 한국군 1사단 정면 보강

■ 11. 1 : 중공군 개입 시인

■ 한국군 2군단 붕괴, 미 1기병사단 신안주로 철수

■ 미 24사단 : 청천강 북안의 교두보 진지 점령

■ 11. 5 한국군 7사단의 비호산 전투 승리로 중공군 저지

■ 11. 5 24:00 중공군 철수

④ 작전결과(아군)

■ 서부 : 청천강에서 UN군 방어선 점령

■ 동부: 반격중지 / 흥남지역으로 철수

⑤ 작전 종료 후 상호 평가

■ 미군 → 중공군 평가

- 공격력 골간 : 보병(화력미약, 야간 전투기술/ 정찰능력 탁월)
- 공격전술 : 퇴로 차단 후 정면 및 배후 동시공격, 산악작전 능력과 박격포 사용 능력 우수

※ 전근대적인 군대 → 취약점 활용가능

■ 중공군 → 미군 평가

- 장점 : 공격 시 보 · 전 · 포 협동 작전 능력, 공중 / 포병 능력우수
- 단점 : 보병취약, 야간전투 / 근접전투 회피, 병참선 차단 시 혼란

나. 아군의 X-mas 공세(50. 11. 24)

① 상황

■ 중공군의 기습(10. 26 ~ 11. 7)

■ UN군 진격중지, 청천강선 이남으로 전선조정

- 공세목표 : 중공군의 조직적인 공세이전 전쟁종결
- 미 제8군 : 미 제1군단(좌익), 미 제9군단(중앙), 국군 제2군단
- 미 제1군단 : 태천 ~ 안주축선으로 공격
- 미 제9군단 : 운산 ~ 온정축선으로 진출하여 초산돌입
- 국군 제2군단 : 회천 ~ 강계 ~ 만포진 축선으로 진출, 압록강 방면공격
- 미 10군단 : 현 위치에서 계속 진격
- 미 10군단 예하 미 제1해병사단은 장진호 서쪽진출, 미 제8군과 협공 후 무평리로 진출, 전선 공백 보완

다. 라운드 업(Round up)작전 (51. 2. 5 ~ 2. 11)

① **목표** : 수원~여주(한강선)에 이르는 제한된 목표에 강력한 전투 정찰 실시

② **작전경과**

■ 서부지역에서 미 제1군단과 제9군단으로 Thunderbolt 작전을 실시

■ 중도부의 미 제10군단과 한국군 제3군단으로 Round up 작전을 실시

■ 홍천부근의 중공군 기도를 파악하기 위해서 2월 5일 미 제10군단은 원주에 홍천 방향으로 공격

■ 한국군 제3군단은 영월 ~ 평창선을 따라 공격

라. 중공군 2월 공세(51. 2. 11 ~ 18)

■ 서부전선(UN군) 견제/동부전선(한국군) 원주~평창 방향공격

마. 아군의 반격작전

① **킬러(Killer) 작전(51. 2. 20 ~ 28)**

- 중공군 2월 공세 저지 후 적에게 휴식과 재편성할 시간 여유를 주지 않고 즉시 공격 개시

② **리퍼(Ripper) 작전(51. 3. 7 ~ 31)**

- UN군 목표 : 중부전선 적 주력 격파, 서울 탈환
- UN군 사령관 맥아더 해임, 리지웨이 장군 임명 미 8군 사령관에 밴플리트 장군 부임 (51. 4. 11)

바. 중공군 춘계 공세

① **중공군 목표**

- 수도권을 쟁취하기 위하여 반격작전 실시, 전선을 38선 부근으로 고정

② **중공군 4월 공세(51. 4. 22 ~ 30)**

- 중공군 기도
- 4. 22 새벽 공격 개시

• 서부 : 주공을 미 제1, 9군단 정면에 두고, 서울에 대한 양익포위

• 동부 : 인제방면 국군 견제공격

※ 인해전술 사용, 광범위한 전선에서 소단위부대에 의한 침투기도

③ 작전결과(아군 : 4. 29일 중공군 공세 전 전선에서 저지)

④ 중공군 5월 공세(5. 16 ~ 20)

■ 중공군 기도 : 동부전선 주공지향 공격(동부지역 돌출된 한국군 섬멸)

■ 작전결과

• 미 10군단 적의 돌파구 저지 및 전 전선 유지

• 아군 반격으로 6. 1일부 임진강-철원-금화-펀치볼 북쪽까지 확보

• 주요전투 : 3군단 와해(현리 철수작전, 용문산전투)

사. 유엔군의 재 반격작전

1950년 12월 23일, 제8군 사령관으로 분전하던 워커 중장이 의정부 지역에서 교통사고로 유명을 달리하였다. 워커 장군의 후임으로 미 제8군 사령관이 된 릿지웨이 (Mathew B. Ridgway) 중장이 취임하였고, 그는 12월 31일 국군과 유엔군으로 하여금 임진강 선으로부터 38도선에 이르는 전선을 방어하라는 명령을 내렸다. (당시의 아군은 총병력 365,000명, 적은 총 500,000에 이르렀다).

한편 중공군은 서부전선과 중부전선에 주력을 두고 총공격을 할 태세였고 이에 선행하여 북한군으로 하여금 중동부 전선의 국군 방어정면을 견제 공격하게 하였다. 12월 27일 북한군 제2 · 9사단이 현리(縣里)일대의 아군전선을 돌파하고 산악지대로 깊숙이 침투하여 국군 제2군단의 철수를 강요하였다. 중부전선의 위기조성에 성공한 중국군은 12월 31 밤 총공격을 개시하면서 주공방향을 의정부 지구에 두고 서울주변에 5개군 15개 사단의 병력을 집중하였다.

아군은 현 전선 유지가 곤란하였고 1월 3일 전선이 붕괴됨에 따라 1월 4일에는 수도 서울이 다시 적에게 탈취 당하게 되었다. 적은 공격 기세를 유지하면서 계속 남하하여 오산-제천-단양-삼척선에 이르렀고 북한군 제2군단 제10사단은 안동-청송-의성을 지나 보현산 일대에까지 진출하여 대구를 위협하였다.

릿지웨이 장군은 제10군단을 중부전선에 투입하고 적의 돌출부를 제거하기 위하여 미 해병 제1사단을 투입하여 이를 격퇴하였다.

적은 신장된 병참선을 유지하기 어려웠고 유엔공군의 폭격과 지상화력 앞에 엄청난 인적 손실을 가져왔기 때문에 더 이상 전진을 하지 못하고 재편성을 기도 하였다. 중부전선이 적의 압박을 받을 때 서부전선은 소강상태에 있었고 아군은 중부전선의 위기를 견제하고 적의 능력과 기도를 파악하기 위하여 서부전선에서 두 차례에 걸친 전투단급 위력수색을 실시하였다.

릿지웨이 장군은 위력수색의 성과를 토대로 미 제1군단의 제25사단 · 제9단의 제1기병사단을 주공으로 삼고 1951년 1월 25일 07시 30분을 기하여 선더볼트(Thunderbolt) 작전을 전개하였는데 이러한 공격 작전은 곧 전면공격으로 확대되었다. 한편 릿지웨이는 지금까지 적용되었던 적의 전술과 아군이 실패한 경험을 바탕으로 예하부대에게 작전간 다음과 같은 방침을 준수하도록 강조하였다.

첫째, 아군의 화력과 기동력을 활용하여 적을 최대로 살상하고 적의 인해전술을 분쇄한다.

둘째, 아군의 손실을 최소화하고 적의 인적 물적 자원에 출혈을 강요한다.

셋째, 인접부대와 횡적 협조를 긴밀히 하고 축차적 통제선을 설정하여 적을 우회함이 없이 포착된 적을 완전섬멸 한다.

넷째, 전선을 연결하여 적의 배후침투와 돌파를 거부한다.

다섯째, 후퇴 시에도 적과 접촉을 유지하고 적을 살상지대로 유인하여 화력으로 섬멸한다.

여섯째, 적의 공격이 둔화되면 지체 없이 공세 이전하여 연속적인 타격으로 적의 전투력을 소모한다.

아군의 작전간 적의 저항은 수원에서부터 비교적 완강하였으나, 미 제1군단은 이를 격멸하고 2월 10일 인천과 김포일대 탈환하였다. 릿지웨이 장군은 전선의 균형을 고려하여 이번에는 중부전선에서 2월 3일부터 미 제10군단과 국군 제3군단을 동원하여 라운드 업(Round Up)작전을 실시하기로 계획하였다.

그러나 중공군은 주력을 서부전선으로부터 중부전선으로 이동시킨 다음 2월 11밤 대규모의 역공세를 개시하였으니 이른바 중공군의 2월 공세다. 적은 중공군 2개 군과 북한군 제1 · 3 · 5군단으로 총 25개 사단 이상의 병력을 투입하여 중동부전선의 양평-지평리-원주-제천-평창-삼척으로 이어지는 전선에 총공세를 가하였지만 적의 주목표는 교통의 요충지로서 피아가 결코 양보할 수 없는 지평리와 원주의 두 축이었다.

적은 이를 점령한 다음에 서남방으로 돌파구를 확대하려 하였다. 2월 13일 야간에 중공군 제30군 예하의 3개 사단은 지평리에 고립된 미 제2사단 제23연대와 프랑스군 1개 대대, 영국군 1개 포대를 포위공격하기 시작하였다.

아군병력은 5,600명이었으나 전투경험이 풍부한 병사들이었고 지형을 이용한 전면방어 진지의 준비, 충분한 식량과 탄약의 비축, 보 · 전 · 포 협동체제의 완비 등 모든 준비가 완벽한 상태였다.

다만 예비대가 부족하고 방어지역의 종심이 얕은 것이 약점이기는 하지만 중공군의 인해전술(人海戰術)에 대해 협조된 화력과 용기와 투지로 응수하면서 2월 13일 밤부터 만 3일간 혈전을 계속하여 중공군에게 대 타격을 가하였다.

이 전투에서 릿지웨이 장군은 탁월한 지도력을 발휘하여 시기적절한 지원과 구출작전을 전개함으로써 아군에게는 자신감과 희망을, 적에게는 패배의 아픔을 안겨주었고 미국 정책 당국에 대해서는 전세의 추이에 대한 의구심을 일소케 하였다.

아군은 지평리와 원주 일대에서의 승리를 반격의 반판으로 삼고, 2월 21일부터 미 제9군단 · 제10군단으로 하여금 횡성에서 중공군 제30 · 40 · 66군을 양익 포위하는 킬러(Killer) 작전에 돌입하였다. 해빙기를 맞아 기동이 불리하고 병참문제에 어려움이 있었지만 2월 말까지 목표선에 도달하여 적의 돌출부를 제거함으로써 전선의 균형을 회복하였다.

릿지웨이 장군은 킬러(Killer)작전에서 성공을 거둔 뒤 이를 토대로 립퍼(Ripper)작전을 전개하였다. 즉 정치적 · 심리적으로도 중요할 분아니라 병참문제에 있어서도 중요한 위치에 있는 인천-김포지역을 수복하고 이 지역에 배치된 적을 섬멸하기 위한 작전이었다. 미 제9군단과 미 제10군단을 주공으로, 미 제1군단을 조공으로 하되 주공은 중부전선에서 돌파구를 형성하고 조공은 한강 이남에서 서울 방면으로 견제공격하게 하였다. 3월 7일 아군은 공격의 포문을 열었다. 중부전선의 미 제9군단과 미 제10군단의 공격이 적의 완강한 저항에 막혀 진전을 보지 못하였다.

그러나 조공인 미 제1군단 정면의 저항이 의외로 경미하여 아군의 진격속도는 빨랐고 국군 제1사단이 3월 15일 새벽 한강을 도하하여 3월 18일 서울을 재탈환하였다. 아군은 공격 기세를 유지하면서 적 주력을 소멸하기 위하여 제187공정연대를 문산 북방에 투입하는 토마호크(Tomahawk) 작전을 전개하였으나 적 주력이 임진강을 건너 도주한 뒤여서 큰 효과를 보지 못하였다.

그러나 이작전의 여파로 아군이 빠르게 임진강선까지 도달하고 3월 말에는 임진강-춘천-양양 선을 확보하게 되었다. 그리고 동해안의 제1군단은 3월 31일부터 38선을 돌파하기 시작하였고, 중부전선의 유엔군도 38선을 돌파여 북진을 본격화하였다. 그러나 이러한 공세작전의 목적은 '한국의 통일'이나 '완전한 승리'를 획득하고자 하는 것이 아니라 트루만의 새로운 정책에 의거 중국을 협상에 끌어들이는 것으로 변질되어갔던 것이다.

4월 11일 트루먼(Truman) 미 대통령은 전쟁을 확대해서라도 완전한 승리를 추구 하는 맥아더(MacArthur) 장군을 해임하고 유엔군 총사령관에 릿지웨이 장군을, 8군사령관에 벤프리트(James A, Van Fleet)장군을 임명하고 한국전쟁을 다른 방법으로 종결지으려는 의도를 보이기 시작하였다.

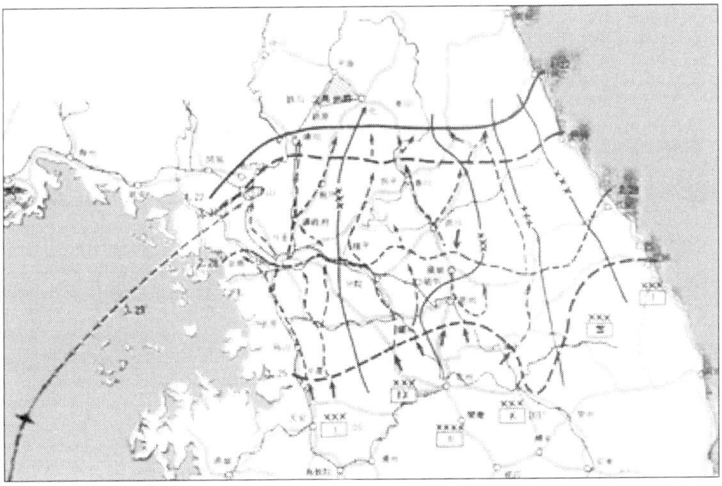

아. 중공군의 춘계 공세

① 제1차 공세(1951. 4. 22 ~ 4. 30)

한국군과 유엔군이 오산선에서 재 반격을 가하자, 공산군은 서울을 포기하고 38선까지 후퇴한 후, 전선의 정면에 북한군을 배치하고 평강 - 철원 - 김화의 철의 3각 지대에 주력을 집결, 춘계 공세를 위한 준비에 착수하였다.

당시 유엔군은 서부에서는 고랑포, 중부에서는 38선 이북의 화천 - 양구 - 인제 지구에서 적과 대치하고 있었고, 동부에서는 강릉 지구를 중심으로 38선 이북 대포 북방에서 적을 추격 중에 있었다. 4월 10일에 화천 저수지가 점령되고 20일에는 철원이 한국군의 포격권 안에 들어가게 되자 적은 마침내 오랫동안 준비해오던 제1차 춘계 공세를 개시하였다. 적은 주공을 미 제1군단 및 제9군단 정면에 지향하여 이를 돌파한 다음 수도서울을 2중으로 포위하려 하였으며 조공은 동부전선의 인제 방면으로 지향하였다. 중공군은 중부전선의 국군 제6사단 정면을 돌파하였고, 따라서 미 제24사단과 미 해병사단도 철수하지 않으며 안되었다.

국군과 유엔군은 전 진선을 견고히 방어하였으나, 중부선이 돌파되었기 때문에 30km 정도 후퇴하지 않을 수 없었고 이에 벤프리트 장군은 전 부대를 캔자스 선으로 철수시켰다. 중공군은 유엔군 전 부대의 철저한 지연작전과 살상 작전에 의하여 대 손실을 입어 가면서도 집요하게 추격을 계속하여 27일에는 의정부를 점령하였고, 30일에는 우이동과 수색 일대까지 이르게 되어 전선은 서울 북방 8킬로미터 지점으로부터 동해안의 양양 북방에 이르는 선까지 남하하게 되었다.

국군과 유엔군은 포병과 항공기의 근접 지원으로 중공군을 강타하였으며, 적은 아군의 강렬한 저항에 의하여 서울을 점령하지 못하고 수색에서 진격을 멈추지 않으면 안 되었다. 중부전선에서도 국군 수색대가 인제와 춘천에 돌입하게 됨으로써 적은 제1차 공세를 개시한지 6일 만에 퇴각하였다. 그리하여 중공군의 제1차 춘계 공세는 약 4만 5천 명의 대 손실을 입고 실패로 끝났다. 국군과 유엔군은 5월 3일 전면적인 공격을 재개하여 5월 5일 전 전선에서 다시 주도권을 장악하게 되었는데, 서부전선의 유엔군은 김포반도의 적을 소탕한 다음 서울 동북방으로 진격하여 의정부와 춘천을 탈환하였다.

② 제2차 공세(1951. 5. 16 ~ 5. 21)

4월에 있었던 적의 제1차 공세를 격퇴하고 전장의 주도권을 장악한 아군은 즉각적인 반격에 들어갔고 이에 따라 동부전선의 국군 6개 사단도 5월 7일에 공격을 시작하여 12일 최종목표인 가리산-인제북방-원통북방-미시령-속초를 연하는 선에 가까이 진출하였다.

그러나 제1차 공세에서 패퇴한 적은 5월초에 전투력을 회복하더니 또 다른 공세를 취할 준비를 하고 있었다. 아군은 적의 대공세에 대비하여 방어에 유리한 지형을 선정, 전선을 일부 조장하고 방어진지를 편성하였으며 좌로부터 미 제1군단, 미 제9군단, 미 제10군단,

그리고 국군 제3, 제1군단 순으로 전선을 구성하였다. 적의 공세는 5월 16일부터 전선에 걸쳐가 해졌고, 기간 중 현리지구 전투, 소양강-구만리 지구 전투, 용문산 전투, 대관령 방어진 등 일련의 전투가 거의 동시에 진행되었다.

특히 현리지구 전투는 적의 주력에 의하여 국군 방어선이 돌파되었고, 이로 인하여 중동부 전선이 크게 붕괴되는 결과를 초래하였으며, 용문산 전투는 압도적인 병력으로 공격해 오는 중공군을 국군이 숫적인 열세에도 이를 격퇴하여 반격의 계기를 마련한 전투이다.

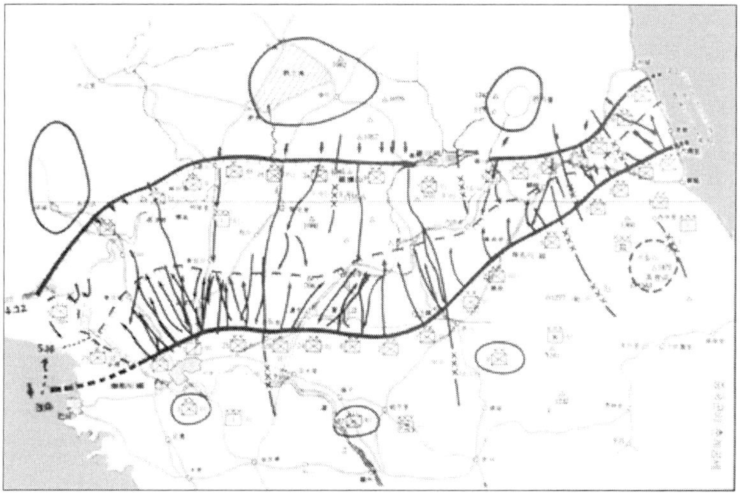

중국군의 춘계공세

자. 사령부 작전 지침('51. 11. 12)

① 공격작전은 현재의 전선을 대폭 변경시키지 않는 범위 내에서 방어에 유리한 지형의 탈취에 국한

② UN군 사령부 승인 없이는 1개 대대규모 이상의 공세작전 불가
※교착전의 양상으로 전투 전개

③ 작전의 특징
- 몇 개의 특정지역에서 고지 쟁탈전 반복
- 공산군은 한국군이 담당하는 정면에만 집중적으로 공격

※휴전을 반대하는 한국군에게 피해 강요, 휴전에 굴복 유도와 미국을 자극하지 않으려 했던 것으로 추측

④ 주요전투

- 수도고지 / 지형능선(금성천 북쪽 고지) 전투 : '52. 7. 7 ~ 10. 14
- 저격능선(김화 북방) 전투 : '52. 10. 14 ~ 11. 24
- 백마고지(철원 북방) 전투 : '52. 10. 6 ~ 14

차. 53년도 군사작전 : 중공군 최후공격('53. 7. 17 ~ 7. 20)

① 배경

- '53. 3. 5 스탈린 사망으로 전선은 소강상태 유지
- 휴전회담이 막바지에 접어들자, 군사적 승리를 과시하기 위한 일전 시도

② 경과

- 7. 13일 중공군 5개 군단을 투입, 미 9군단 및 미 2군단 정면 공격
- 7. 14일 금성천-북한강을 연하는 선 남쪽으로 철수
- 7. 15일 아군 금성천 탈환 명령, 반격 실시
- 7. 19일 금성천 남쪽까지 진출, 북쪽지역은 적 저항으로 단념
- 이후 소규모 탐색전을 전개하다가 7. 27일 휴전 성립으로 22:00를 기해 일체 교전 중지

4) 교착된 전선

가. 제한된 공세

대 · 중 · 소(對 · 中 · 蘇) 전면전쟁을 극력 회피한다는 기본 방침 아래 군사적 승리를 이미 단념하고 있던 미국 정부는 군사작전에 의하여 전쟁전의 현상이 대체로 회복되자 유엔군의 북진을 자제하면서 협상에 의한 정전을 회구하게 되었다. 이때 유엔 주재 소련 대사 말리크(Jacob Malik)의 발언은 미국 행정부의 태도를 정전의 방향으로 더욱 굳히게 하였고, 이제 미국은 가급적 빠른 시일 안에 최소한의 체면과 안전을 보장할 최저의 조건에서 휴전을 하기로 방침을 확정하였다. 1951년 7월 10일 휴전회담이 개시된 후에도 전투는 회담과는 별도로 계속되었다. 합동참모본부(JCS)의 새로운 훈령에 따라 릿지웨이는 휴전이 성립된 후 유엔군이 유리한 감제지형을 따라 주 저항선을 유지할 수 있도록 충분한 전초지역을 확보하는데 가장 큰 관심을 두게 되었다.

7월말에 이르러 캔사스 선은 적의 대규모적인 전면공격을 제외한 어떠한 공격도 막아낼 수 있을 정도로 강화되었다. 동시에 적도 일선 산악지대에 견고한 진지를 구축하고 표면적으로는 정전을 교섭하면서도 막대한 병력과 군수품을 계속적으로 집결시켰고, 특히 대규모의 포병을 투입하여 국군과 유엔군의 방어선을 돌파하려고 하였다. 휴전회담의 개막과 더불어 쌍방은 다같이 마지막 합의에 도달할 때까지 군사작전을 계속할 것이라는 태도를 밝히고 나섰으나, 내심으로는 협상을 파국으로 몰아넣을지도 모를 대규모의 공세작전을 자제하면서 회담의 귀추를 두고 보려고 하였다.

이미 계획된 방어선(Kansas-Wyoning)을 점령한 다음 그곳에서 다시 북으로 나아가 충분한 전초지역을 확보하고 있던 유엔군은, 주도권을 행사하여 작전의 규모를 확대하는 대신에 다만 작전의 주도권을 잃지 않기 위하여 국부적인 탐색공격만을 되풀이하였다. 적을 격멸하기 위한 전면공세는, 적어도 미국측의 입장에서 볼 때 소득에 비하여 매우 엄청난 손실을 가져올 뿐만 아니라 협상의 분위기를 저해할 우려가 있다는 것이었다. 따라서 유엔군은 이른바 '적극방어'의 개념을 바탕으로 하여 끊임없는 소규모의 제한공격으로 압력을 유지하고 적에게 전투력의 소모와 출혈을 강요하며 적의 공격 기도를 분쇄하려 하였다.

한편 적은 이와 같은 소강상태를 이용하여 전력의 균형을 재빨리 회복한 다음 유엔군의 방어선에 또 다시 중압을 가해오기 시작하였다. 이 시기의 작전규모와 빈도는 휴전협상의 추이에 따라 크게 좌우되었다. 주요문제를 두고 협상이 난항에 빠질 경우 이를 타개하고 적을 협상장소로 이끌어내기 위한 실질적 수단은 군사적 압력 이외에 별다른 방도가 없었으며, 장장 2년에 걸친 협상의 진행과 더불어 교착된 전선에서 계속된 쌍방의 군사작전은 거의 대부분 이러한 배경에서 유발된 것이었다. 그러나 동해안으로부터 서해안에 이르기까지 전전선이 피아의 종심 깊은 참호선으로 연결 되면서 쌍방은 출혈이 큰 대규모의 전면 공세를 단념하게 되었다. 그리하여 회담과 작전의 양측에서 그 어느 쪽도 상대방의 일방적 후퇴를 강요할 수 없는 팽팽한 힘의 균형이 유지되는 가운데 길고도 지루한 이중의 교착상태가 계속되었다.

나. 백마고지 전투(1951. 1. 6 ~ 10. 15)

전쟁이 3년째로 접어들던 1952년, 한여름 무더운 날씨가 계속되는 가운데 판문점에서는 포로송환 문제로 휴전회담이 난항을 거듭하고 있었다. 9월 이후의 화담도 포로문제로 인한 공산측의 간계와 허위선전에 대해 이를 반박하는 유엔군 측의 응수로 시종일관하였다.

그러나 이러한 사이에도 전선에서는 전투가 계속되었고 사상자는 늘어가고 있었다. 이해 초가을부터 적의 활동은 강화되었다. 중국군은 10월 6일을 기하여 백마고지를 비롯한 수도고지 · 지형능선 등 한국군의 방어 정면만을 택하여 총공세를 가함으로써 군산분계선 확정에서 우위를 차지하려하였다. 휴전을 앞둔 쌍방 간의 고지 쟁탈전은 극히 치열했던 것이지만 그 중에서도 가장 극적인 것이 10월 초에 철원 서쪽의 국군 제9사단 지역에서 전개된 백마고지 전투였다. 혈전 사투의 초연(硝煙)이 걷힌 다음, 철저하게 변모한 산모양이 "백마의 누운 모습"과 비슷하다고 하여 백마고지라 불리 우는 중서부전선 395고지의 공방전은 투입 병력과 화력 및 전투의 가열상(苛烈相)에서 보기 드문 전례를 남겼다. 백마고지는 그것이 차지하는 작전상의 중요성과 휴전회담에 관련된 정치성으로 말미암아 숙명적으로 피아(被我) 군의 충돌을 잉태하고 있었다.

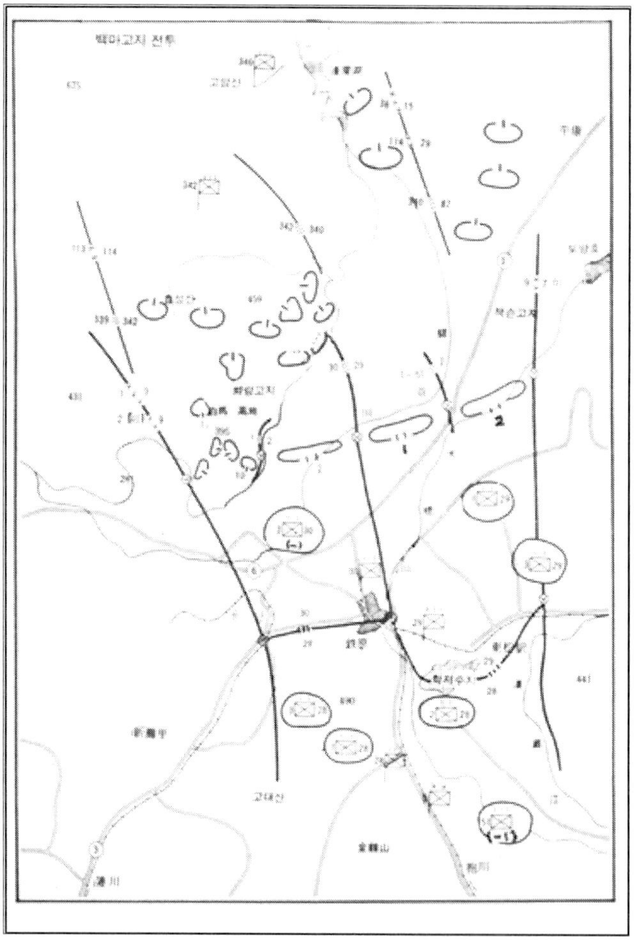

적이 이 고지를 공격 점령하려는 의도는 이 고지가 일망천리의 광활한 철원평야를 끼고 남으로 고대산과 보개산령의 서면을 이어 서울로 통하는 국군의 주요 보급로를 감제할 수 있어 명실 공히 평강-철원-금화로 이어지는 '철의 3각지'의 요부로서 피아간 요충을 이루고 있었기 때문이었다.

역곡천(逆谷川) 계곡을 굽어보는 이 고지는 철원에 이르는 서부 접근로를 감제하고 있었으므로, 만일 이 고지를 잃게 되면 철원 일대에 있는 도로를 아군이 사용하지 못하게 될 뿐만 아니라, 전 철원지역이 적의 공격과 침투에 개방되어 철원 지구에서 아군이 철수하지 않을 수 없는 결과가 초래될 것이다. 이 지역에 투입된 적은 중공군 제38군 예하의 제112사단과 제114사단으로서 병력은 주력 6개 연대 도합 1만 4천여 명이며, 군 예비로 3만 명이 배치되어 있는 것으로 추산되었다.

미 제9군단의 좌 일선 부대로 미조리(Missori) 선을 점령하고 있던 국군 제9사단(소장 金鍾伍)은 제30연대를 좌 일선, 제29연대를 중앙에, 배속 받은 제51연대를 우 일선에 배치하고 제28연대를 사단예비로 하였다. 사단의 좌 일선으로서 395고지를 담당한 제30연대는 이 고지방어 임무를 제1대대에게 부여하고, 우측에 제2대대를, 주진지 후방에 제3대대를 예비대로 배치하였다. 국군 제9사단은 적의 공격이 개시되기 3일 전에 아군에 귀순해 온 중공군 장교 곽중교의 진술에 의해 적의 기도를 탐지하였다. 적은 395고지를 점령하기 위하여 유사한 지형에서 충분한 예행연습을 하였고, 아군 진지를 고립시키기 위하여 필요시에는 역곡천 11km 경사율의 봉래호를 개방할 계획이었으며, 이 고지를 점령한 후 장기간 확보할 태세였다.

따라서 아군은 적의 공격에 대비하여 견고한 진지를 구축하고 경계와 수색을 강화하는 한편 충분한 탄약과 군수품을 비축하고, 포병단과 잘 협조된 화력계획을 수립하였다. 여기에 미 제9군단에서 전차 · 포병 · 로케트포와 대공화기 등을 추가 증원해주었다. 이로써 제9사단은 제30포병대대를 비롯한 7개 포병대대와 전차 2개 중대의 화력을 보유 하게 되었으며 유엔 공군의 지원도 협조하였기 때문에 어느 때 보다도 막강한 화력을 갖추게 되었다. 또한 적이 봉래호를 열어 역곡천을 범람시킬 경우에 대비하여 부교 충성교를 부설하였다.

중공군은 10월 6일 06시부터 집중포화로 공격준비사격을 실시하고 봉래호의 수문을 개방 시킨 후 백마고지를 향하여 공격을 개시하였다. 19시경 중공군 제114사단 제342연대의 1개 대대가 백마고지 북서 단으로 진출하여 10열종대로 공격을 가하였고, 후속병력이 물밀 듯 밀려와 아군의 진지 일부가 무너졌다. 그러나 아군은 이를 역습하여 물리쳤고, 10월 7일 22시 연속되는 적의 공격으로 아군방어선이 크게 돌파되자 제28연대를 투입하여 이를 탈환하였다. 고지탈환의 기쁨도 잠시뿐 10월 8일 05시 적의 공격으로 다시 아군의 전선이 붕괴되었으며 아군은 예비대를 투입하여 돌파구를 봉쇄하고 적을 구축하였다.

적의 공격이 중지되면 아군은 진지를 신속히 보강하고 재편성하여 적의 다음 공세에 대비하였다. 또한 전방부대와 예비대를 적절히 교대시키고 손실된 병력의 보충 · 교육훈련 · 충분한 휴식으로 전투력을 유지하여 한 부대가 많은 피해를 입어 와해되는 것을 방지 하였다. 적은 이 고지에서 섬멸적 타격을 입은 부대를 철수시키면서 새로운 병력을 투입 하였고, 다음날에는 또 다른 부대를 공격에 투입하였다.

이러한 공격과 방어, 돌파와 역습의 작전은 10일간 계속되었으며 12번이나 고지의 주인이 바뀌는 동안에 적의 공격은 28차례 있었고 아군의 공격은 9차례 실시되었으나 아군은 백마고지를 끝까지 사수하여 국군의 위상을 크게 고양시켰을 뿐 아니라, 휴전협상에도 유리한 작용을 하게 하였다.

10월 15일 아군의 승리로 끝난 이 전투에서 적은 15,000명의 보병과 8,000명의 지원병을 투입하여 10,000명 이상의 사상자를 내고 물러났고 아군도 3,500명이나 손실을 입었다. 적의 포탄낙하는 55,000발, 아군의 포병사격은 219,954발, 아군 공군의 폭격회수는 주간 669회 야간 76회나 되었으니 전투의 치열함을 다시 한 번 깨닫게 한다. 아군이 이 전투에서 승리하게 된 요인은

첫째, 적의 기도를 알고 완벽한 전투준비를 했던 것,

둘째, 원활한 보 · 전 · 포 협동과 효과적인 공지작전으로 화력의 우세를 성취하였던 것,

셋째, 전투부대의 적절한 교대로 부대의 와해를 막고 병력의 보충 · 교육 · 휴식을 통하여 전투력을 유지하였던 점,

넷째, 9사단 장병의 감투 정신을 말할 수 있다.

다. 저격능선 전투(1950. 10. 4 ~ 11. 25)

저격능선은 금화 동북방, 국군 제2사단의 주저항선 정면에 있는 530고지와 580고지 일대를 말하며, 전투기간 43일 동안 42회에 걸친 치열한 공방전으로 피아간 일진일퇴의 백병

전을 반복한 전투로서 유명해진 능선이다. 이 능선의 규모는 소대단위 이상의 기동이 곤란할 정도로 작은 것이나, 적에게는 철의 삼각지의 전초진지로서 아군의 주저항선을 위협하는데 중요한 접근로가 되었고, 아군에게는 적의 주거점인 오성산을 위협할 수 있는 주요 지대일 뿐만 아니라 아군 주저항선을 방어 하는데 필요한 전초진지로써 확보해야 할 가치가 있는 능선이었다. 그러나 이러한 전술적인 면 외에서도 포로교환 문제를 중심으로 한 휴전 회담에서의 유리한 입장의 확보, 즉 정치적 문제에 관련된 시위적 공세활동이란 점에 더욱 큰 목적이 있었던 것이다.

이 저격능선 전투에 투입된 적 부대는 중공군 제15군 예하의 제45사단과 제29사단, 제12군 예하의 제31사단과 제34사단으로서, 도합 4개 사단이었다. 아군부대는 제2사단 예하 제32연대와 제17연대가 투입되었는데, 이 전투는 다른 전투와는 달리 아군이 먼저 공격함으로써 개시되었다.

10월 14일 아침, 국군 작전명령에 의거 저격능선 상 목표 A를 탈취하기 위하여 제32연대 제3대대가 공격을 개시하였다. 이날 아군은 목표 A 및 Y를 각각 점령하였으나 적의 계속적인 압력을 받아 철수하게 되었다. 다음날에는 아군 제17연대 제2대대와 제32연대 제2대대가 목표 Z를 점령하여 이후 18일까지 적의 반격을 격퇴하였으나 다음날에도 계속되는 적의 공격으로 결국 철수하고 말았다.

10월이 지나고 11월에 접어들면서 이 능선에서는 치열한 공방전이 반복되었는데, 드디어 11월 12일에는 아군이 이 능선을 확보하게 되었고, 24일과 25일에 실시된 적의 소규모적인 침투와 산발적인 공격을 격퇴한 후로는 적의 공세활동이 거의 사라지게 되었다.

적은 저격능선 전투에서 43일간 치열한 반격전을 전개한 결과 치명적인 피해를 입었으므로 중국군 제45사단과 제31사단 같은 경우에는 후방으로 철수하여 재편성 및 정비를 하지 않을 수 없게 되었던 것이다. 아군은 저격능선 A고지로부터 돌바위 고지를 연하는 능선 일대에 주저항선을 추진 설정 하고, 계속 반격해오는 적의 공격에 대비하여 새로운 진지를 구축하였으며 치밀한 계획을 수립하고 지뢰를 매설하여 진지를 강화하였다.

이 전투에서 아군은 적 포로 72명, 적 사상 1만 5천여 명의 전과를 올렸으며, 61밀리 박격포, 경기관총 등 다수의 무기를 노획하였는데, 아군의 피해는 전사 · 부상 및 실종을 합해서 약 4,800여 명이었다.

라. 휴전 직전의 최종작전

1951년 10월 판문점 휴전회담에서 휴전 당시의 접촉선을 군사분계선으로 하자는데 합의를 본 이래로, 한강 하구로부터 동해안의 고성에 이르는 고정된 전선이 1952년 말까지 계속되었고, 이런 상태는 1953년에 들어서도 큰 변동 없이 지속되고 있었다.

그러나 4월이 지나 판문점에서의 협상이 결정적인 단계에 이르자 적은 활발한 움직임을 나타내어 전선에는 다시 긴장이 감돌기 시작하였다. 현 접촉선을 군사분계선으로 하게 되어 있었으므로 만일 4월말의 상황으로써 휴전을 성립시키게 된다면 군사상 크게 불리함을 공산군 측은 인식하지 않을 수 없었다. 그리하여 공산군은 휴전 성립 후의 방어문제와 장차 작전을 고려하여 국군이 확보하고 있던 금성 지구의 거대한 중앙 돌출부를 제거할 목적으로 일대 공세를 감행하게 되었던 것인데 이 공세의 배경으로는 정치적 · 경제적 이유가 동시에 개재되어 있었다.

① 제1단계 작전(1953. 5. 27 ~ 7. 9)

5월 27일부터 대공세가 개시되어 중공군은 약 3개 사단의 병력으로 최초 국군 제2군단 우익인 제5사단 정면으로 공격을 가해왔고, 6월 10일 밤에는 다시 중공군 약 2개 연대가 제5사단 주저항선으로 강력한 공격을 감행하였는데, 적 포화에 제압된 사단 주진지는 6월 11일에 붕괴되고 말았다.

군단 중앙인 제8사단 정면으로 6월 12일 밤에 약 1개 사단이 공격해왔다. 아군은 결사적인 저항을 시도하는 동시에 일련의 역습을 거듭했으나, 효과적으로 집중 된 적 포화와 인해전술로 말미암아 실패로 돌아가고 결국 아이슬랜드(Island) 선으로 철수하게 되었다. 그리하여 6월 10일 밤부터 계속되는 적의 공격으로 말미암아 제2군단의 중앙과 우익의 주저항선은 15킬로미터의 깊이로 돌파되고 말았다.

제2군단은 역습으로서 미조리 선을 확보하기 위해 탈환작전을 실시하려 했으나 중공군은 점령한 진지를 강화하고 다시 국부적인 공격을 감행해 왔으므로 국군은 공격 해오는 적을 격퇴 하는데 진력했을 뿐이다. 이상과 같은 최초 단계의 공격에서 중공군은 18개월간에 걸친 전선의 소강상태를 깨뜨리고 미 제8군 전선의 주저항선인 미조리 선의 중앙 돌출부를 점령하였다.

이로써 어떠한 적의 공세도 분쇄 격파하겠다고 장담하던 미 제8군의 위신은 떨어졌으며, 또한 대부분 한국군 정예사단으로 구성되어 있던 제2군단의 체면도 손상되었다.

② 제2단계 작전(1953. 7. 10 ~ 7. 27)

휴전 전의 최종 공세로서 중국군의 제2차 공격은 금성-김화를 연결하는 중부전선 전역에 걸쳐 감행되었으며, 이때 투입된 적은 약 8개 사단이었다. 아군 제2군단은 국지적으로 적의 침투를 당하여 포위 상태에 빠졌으나 결사적으로 적을 저지하고 계속 공격하여 초기에 상실한 금성천 북방 미조리 선을 탈환할 태세를 갖추게 되었다.

휴전 협정의 합의 임박하여 최초선을 회복하기 위한 반격은 허용되지 않았다.

한국군이 주저항선을 확보하지 못하고 후퇴한 것은 한국군의 전술적인 여러 가지 결함에도 물론 원인이 있었으나, 그보다도 휴전을 성립시키고자 노력한 유엔군 사령부의 기본적인 방침에 기인한바 컸음도 사실이었다.

당시 유엔군 사령부는 한국군의 작전에 대한 적극적인 협조를 회피하는 것 같은 인상을 주었다. 그리하여 우리 정부의 휴전반대와 한국군에 의한 북진작전을 억제하려는 유엔군 사령부의 압력은 한국군의 전투 수행에 큰 영향을 주었던 것이다.

휴전전의 최종작전은 중공군의 공격으로 시작되어 국군의 반격으로 종결된 작전이었다. 중공군은 미 제8군 전 전선의 중앙부를 폭 37킬로미터, 종심 11킬로미터나 돌파함으로써 일시적인 성공을 거두었으나 악화된 보급 사정과 국군의 과감한 저항으로 이 돌파구는 폭 24킬로미터, 종심 9킬로미터로 축소되었다.

중공군은 막대한 피해를 입고 퇴각하였는데, 이처럼 막대한 대가를 지불한 중공군은 초기 목표였던 화천발전소는 끝내 장악할 수 없었으나, 평강(平康)의 거점을 강화하는 동시에 휴전을 성취 시키려던 계획을 어느 정도 달성할 수 있게 되었다.

중부전선에서 이상과 같은 격전이 전개되고 있는 동안 판문점에서의 휴전협상은 전격적으로 진행되어 7월 19일에는 모든 점에서 최종적인 합의에 이르렀고, 20일에 참모장교들은 휴전협정의 세항과 비무장지대의 경계선을 확정하기 시작하였다. 이 작전에서 국군은 선방어 · 일선 지휘관의 전방관측소 운용 · 예비대 운용 · 야간 및 각개전투 · 화망 구성 등의 문제에서 많은 교훈을 얻었다.

Section 03

휴전 및 전쟁교훈

1. 미국의 전략과 휴전회담

1) 미국의 전쟁목적 변천 과정

① 제1단계 : '50. 6. 30 ~ 9. 14(인천상륙작전 이전)

"북한군을 격퇴시켜 한반도 내에서의 평화와 남한의 영토를 회복"

② 제2단계: '50. 9. 15 ~ 10. 25(중공군 개입)

"한국을 통일"

③ 제3단계 : '50. 10. 25 ~ '51. 2(평택-안성선 일대로 철수)

"최대한 적을 지연하고, 지연이 불가능할 때는 일본으로 철수한다."

④ 제4단계 : '51. 2월 ~'53. 7. 27(휴전 성립)

"현 전선에서 조기에 휴전"

2) 미국의 정세판단

① 중공군이 본격적으로 개입한 이상 압록강까지 가는 데는 수십만명의 피해 예상되며, 이 경우도 희생을 대신할 만한 정치적 효과 미흡

② 미국이 압록강까지 진출하더라도 중공과 무기한의 전쟁에 빠질 위험성 내재

③ 설사 중공본토까지 전쟁을 확대한다 하더라도 제3차 세계대전 유발 가능성 상존

④ 미국이 아시아 지역에서 전쟁이 장기화 될 시 유럽이 소련에게 무방비로 노출되어 유럽이 위기에 처할 가능성 농후

소결론

"미국은 북한군과 중공군을 남한에서 격퇴하는 것으로 UN의 최초 한국전쟁 참전목적을 달성한 것으로 간주하고 38도선의 북쪽에 강력한 방어선을 확보함으로써 명예로운 휴전이 성립되기를 희망"

3) 휴전회담 경과

가. 개요

- 51. 6. 23 : 소련 대표 말리크 휴전제의
- 51. 6. 30 : 릿지웨이 회담 제의
- 51. 7. 8 : 개성에서 예비회의 실시
- 51. 7. 10 : 제1차 본회담 개최
- 51. 7.~53. 7 : 토의/ 의견조정
- 53. 7. 27 : 휴전협정 조인

① 제1차 본회담(51. 7. 10)

- 피 · 아의 대표구성

U N 군 (4명)	공산군 (5명)
• U N 군: 해군중장 죠이 외 3명 • 한국군 : 백선엽 소장	• 중공군 : 상장 등화 외 1명 • 북한군 : 중장 남일 외 2명

- 분석
  - UN측 수석대표 : 미군
  - 공산측 수석대표 : 북한군 – 인민 해방 전쟁 강조
  - U N측 대표 : 순수한 직업군인
  - 공산측 대표 : 정치 심리적 전문가
  - 아측 대표 복장과 차량표지를 이용, 왜곡선전 회담 시설물을 이용한 기선 제압

② 합의사항 채택(53. 7. 26)

■ 내용

- 제1항 : 협의 사항 채택
- 제2항 : 군산 분계선
- 제3항 : 휴전실시와 보장
- 제4항 : 포로
- 제5항 : 쌍방 관계정부에 대한 권고

■ 군사분계선 설정 : 현 접촉선에서 남북 각 2km 비무장 지대 화

- 유엔 측 주장 : 보상 개념(현 접촉선 북방 4km 연하는 선)
- 공산 측 주장 : 원상 복귀 개념(38도선을 군사 분계선화)

③ 포로교환

■ 피 · 아 주장의 차이점

구분	유엔군 측 주장	공산군 측 주장
원칙	• 자유송환, 1:1 교환	• 강제송환, 전체송환
이유	• 자유 송환 : 개인 의사 존중 • 포로 심문결과 : 자유송환 거부 • 북한군 : 북한 송환 거부 • 중공군 : 대만 행 희망	• 사상적 측면 – 전체송환 : 전체의사 우선 • 공산 측 체면손상 • 인적 자원부족, 북한에 타격

■ 포로협상 경위

- 51. 8. 5 : 미 합참 자유 송환 원칙 결정
- 51. 12. 11 : 포로 협상 개시, 공산 측 강제 송환 제안
- 52. 5. 7 : 거제도 포로수용소 사건 발생
- 53. 6. 18 : 이승만 대통령 반공포로 석방
- 53. 7. 27 : 휴전 협정 체결
- 53. 8. 5 ~ 9. 6 : 포로교환

2. 휴전회담의 경과

1951년 초 한국군과 유엔군은 재 반격을 실시하여 38도선을 넘어 북진하기 시작하였고, 이렇게 되자 공산군은 전세를 만회하기 위해 2차의 춘계 공세를 감행하였으나 전부 실패하고 말았다. 이때까지 적은 유엔군의 지상 및 공중 공격으로 100만 명이상의 병력손실을 보았으며, 막대한 양의 군수품을 상실하고, 또한 북한 지역의 산업시설이 완전히 파괴된 반면, 유엔군은 이제 다시 공격태세를 갖추어 적을 격파할 능력을 갖게 되었다. 상황이 이에 이르자 6월 24일 적은 비로소 유엔 주재 소련 대사 말리크를 통하여 양군 간에 즉시 휴전을 위한 회담을 개최할 것과 양군이 한반도에서 철수한 것을 제의하였다.

공산군 측의 제의를 받은 미국정부는 릿지웨이 장군에게 현지에서 휴전회담의 가능성을 토의하기 위하여 적 대표를 초청할 수 있는 권한을 부여하였다. 현지 교섭권을 부여받은 릿지웨이는 6월 30일 방송을 통하여 재한(在韓) 공산군 사령관에게 휴전 협상을 위한 회합을 갖기를 제의하였고, 릿지웨이 성명에 대하여 공산 측에 동의한다는 회신을 보내왔다. 유엔 측과 공산 측의 휴전회담 제의와 수락의 분위기가 고조되어가자 한국 정부는 6월 30일 정전문제에 대한 한국 정부의 태도를 천명하였고, 이러한 정부 태도의 표명과 더불어 부산에서도 국토통일과 정전 반대 군민총궐기대회가 열렸다. 휴전회담을 위한 준비는 한국 정부의 입장이 고려되지 않은 채 진행되고 있었다. 회담 장소는 개성으로 정해지고 7월 8일에 쌍방 연락장교단에 의한 예비회담이 개최되었으며, 이 예비회담에서 제1차 본회담에 대한 준비를 협의한 결과 7월 10일에 제1차 본회담을 개최하기로 합의를 보았고, 쌍방 본회담의 정식 대표자 명단도 제출되었다.

1) 휴전회담의 개막

온 국민의 거국적인 반대에 불구하고 휴전회담은 1951년 7월 10일 오전 11시에 개성에서 개최되었다. 회담이 시작되자 쌍방 대표들은 의사일정을 교환하였는데, 의제에 관련하여 유엔군 측은 정치적인 사항이나 경제적인 문제는 토의하지 않는 다는 것을 천명함으로써 휴전회담은 오직 전쟁을 종결시키기 위한 협상에만 국한되어야 한다는 태도를 밝혔다.

이렇게 하여 개시된 휴전회담은 유엔 측 기자단의 출입거부 문제와 외국군 철수문제를 의사일정에 정식으로 올리자는 공산 측의 고집 등으로 초기부터 아무런 진전을 보지 못하거나 7월 26일 회담에서 비로소,

- 적대행위 중지의 기본조건으로서 비무장지대를 설정하기 위한 쌍방의 군사분계선의 협정
- 정전 및 휴전 실시를 위한 세목의 협정
- 포로교환에 관한 여러 조치
- 한국문제의 정치적 해결에 관하여는 남북 양 정부에 권고할 것

등 4개 항목의 의사일정에 합의를 보았다.

의사일정 제1항인 '비무장지대 및 군사분계선' 문제의 논의에서부터 협상은 정돈(停頓) 상태에 빠지고 말았다. 유엔군 측 대표는 휴전 효력이 발생하는 그 순간의 양군 접촉선을 휴전 분계선으로 확정해야 한다고 주장한 반면, 공산측은 38도선을 분계선으로 해야 한다고 주장하였다. 이후 4개월간에 걸쳐 양보 없는 쌍방의 주장이 지속되는 동안 적은 전선에서 최대의 공격 준비를 갖추고 있었다.

그리고 군사분계선에 대한 유엔군 측의 주장을 최대한 이용하고자 전선 각처에서 유리한 지역점령을 위한 일련의 공세를 감행하였다. 이에 따라 한국군과 유엔군도 적 진출을 저지하기 위하여 국부적으로 치열한 전투를 전개 하였다. 10월 25일 제27차 본회담에서 그 동안 미해결로 끌어오던 비무장지대 문제를 다시 논의하기 시작하여 11월 27일에야 비로서 현 접촉선을 기점으로 하는 휴전선과 남북 각 2킬로미터 폭의 비무장지대 설정에 합의를 보았다. 군사분계선의 합의에 따라 쌍방 대포는 즉시 의제 제2항을 토의하게 되었는데, 이때 조이(Joy) 제독은 휴전의 실시에 관한 7개 항목의 원칙을 제시하였다. 그런데 이중에서 공산국측이 합동감시단의 설치를 거부함으로써 다시금 회담은 정체상태에 빠졌다.

그 후 12월 초에 공산군 측이 새로운 타협안을 제출하였는데 여기에는 후방을 감시하는 중립국 감시단에 공산국가들이 포함되어 있었으므로 토의는 다시 교착되었다. 그 결과 의제 제2항에 대해서는 휴전감시위원단과 휴전 후의 병력증강 문제에 관하여 완전한 합의를 보지 못한 체, 12월 10일 회의에서는 제3의제인 포로교환 문제를 토의하게 되었다.

2) 포로 교환 문제

휴전회담이 개시되었을 때 포로문제가 쟁점이 되리라고는 아무도 예상하고 있지 않았다. 포로문제가 정치 문제화하여 휴전회담을 혼란케 한 주 원인은 유엔군 측에 수용된 포로

가운데 반 수 이상이 본국 송환을 원하지 않는다는 사실에 있었다. 1951년 12월 11일에 개최된 포로교환 합동분과위원회에서 공산군 측은 전 포로의 송환을 주장하였고, 유엔군 측은 공정한 감시 아래 1 대 1로 교환할 것을 주장하였다.

12월 18일 쌍방에서 제출한 포로명부에 의하면 유엔군 측이 제시한 포로숫자는 12만 2,474명, 공산군 측이 제시한 포로 숫자는 1만 1,551명이었다. 포로명부를 교환하고 난 후 유엔군 측 포로수용소 안의 분위기가 점차로 판명되어 송환을 반대하는 포로나 강제송환을 두려워하고 있는 포로가 많이 있는 것을 알게 된 유엔군 측은, 포로들이 송환 희망 여부를 각각의 자유의사에 맡길 것이라는 원칙을 세우고 1952년 초에 이 원칙을 제안했으나 공산군 측은 이를 거부하고 전 포로의 송환을 주장하였다. 휴전회담의 최대 난관은 마침내 포로송환 문제에 귀착되었던 것이다.

회담이 포로문제로 암초에 부딪치기에 앞서 여러 상황이 실질적으로는 거의 합의에 도달했으며, 포로문제만 회담의 성패를 좌우할 결론으로 남아 있었다. 6.25전쟁에서 포로문제를 둘러싼 논쟁은 자체로서 매우 중대한 의의를 지니고 있었다.

유엔군 측이 처음에 고려한 사항은 '인간적인 문제'였으며 자유송환을 주장한 또 하나의 이유는 자체의 이해관계에 있었는데, 이것은 특히 미군 관계자들 사이에서 고려된 심리전의 문제였다.

한편 공산군 측으로서의 그들 나름대로의 이해관계와 고려사항이 있었다. 북한 측은 전쟁으로 인한 인적 소모를 보충해야 할 필요가 있었고, 중공으로서는 국부군 출신 포로의 4분의 3이 송환을 거부함으로써 그들이 중공 정부를 부인했다는 사실이 매우 심각한 체면 문제였던 것이다. 그리하여 중공은 국제적인 체면을 위해서도 유엔군 측의 발표는 허위이며 중공군 포로가 송환을 거부하게 된 것은 강압된 결과라고 주장하는 한편, 이를 입증하기 위하여 거제도 사건을 음모하게 되었다. 여기서 간과할 수 없는 문제는 당시 공산군 측은 진실로 휴전을 희망하고 있지 않았으며, 휴전을 지연시키기 위하여 포로문제를 이용하고자 했다는 것이다.

휴전회담이 완전히 정체되고 있는 사이 공산군 측은 거제도 포로수용소에서 폭동 사건을 조작하여 공산군 측 선전을 뒷받침하려 하였다. 그리하여 1952년 5월 7일 수용소 소장인 돗드(Dodd) 준장이 포로들에게 납치되는 사상 미증유의 괴 사건이 발생했던 것이다. 공산주의자들은 세계의 이목 앞에서 미군의 위신을 추락시키고 휴전 회담에서 유엔군 측의 교섭 입장을 약화시키는 한편, 유엔군의 전투력을 폭동진압과 포로수용에 분산시킬 목적으로 남한 수용소안의 포로들에게 폭동을 야기 시키도록 음모했던 것이다.

유엔군은 이 폭동을 진압하고 돗드 장군을 석방시키는데 성공하였으나 도트 장군의 납치에 따른 파문과 그의 석방을 위해 지불한 대가는 매우 컸다.

이 기간 중 전선에서는 여전히 전투가 계속되었다. 이 전투는 다만 휴전회담을 뒷받침하려는 주요 목적을 제외하고는 대부분 탐색전 정도였으나 국부적으로는 치열한 전투가 때때로 일어나 극심한 손실을 초래하였는데, 이 시기의 사상자 수는 1950년 한 해 손실의 거의 반수에 해당되었다.

판문점 회담은 쌍방의 연락장교가 가끔 회합을 가질 뿐 중단되어 있었고 전선에서 포로획득을 위한 탐색전이 전개되는 동안 1952년도 저물어갔다. 이 기간 중에 미국 대통령에 당선된 아이젠하워 장군이 한국전선을 방문하였고, 다음해에는 스탈린이 사망하였다. 아이젠하워는 선거공약 대로 휴전을 성립시킴으로 6.25전쟁을 종결시키고자 하였고, 공산진영에서도 스탈린사망에 따른 여러 상황은 그들로 하여금 종래의 비타협적인 태도를 수정하게 하였다. 그리하여 1953년 4월 병상포로 교환이 이루어지고, 6개월간이나 중지되었던 휴전회담이 재개되었다. 병상포로의 교환을 계기로 급속도로 타개되어가던 휴전회담은 반공포로의 강제송환을 달성하려는 공산 측의 상투적인 술책과 한국 국민의 휴전 반대 운동으로 말미암아 그 후 몇 개월간이나 더 지연되지 않으면 안 되었다.

3) 휴전협정 조인

직접 전쟁을 하고 있는 한국 국민의 휴전 반대 의사를 무시하고 일방적으로 추진되어 오던 휴전회담은 최종 단계에서 반공포로 문제로 지연되고 있었는데, 휴전회담 장소에서의 공산 측 고집에 못지않게 휴전을 반대하는 우리의 결의가 또한 휴전성립을 제어하였다.

그러나 워싱턴 당국은 휴전을 성립시키기 위한 노력을 중단하지 않았고 공산 측의 제안으로 어떤 합의점을 찾아보기 위해 노력하였다. 그리하여 5월 25일 최종안이 공산 측에 전달되었고, 6월 8일에는 포로교환에 관한 참조 부칙이 조인되었다.

미국은 이른바 '명예와 체면'을 위하여 한국의 의사를 무시하면서까지 반공포로들에게 무기한으로 감금생활을 강요하려는 공산음모를 수락함으로써 최종의 난제로 남아있던 포로문제의 해결을 보게 되었던 것이다. 1953년 6월 18일 미명, 각지에 산재해 있던 한국인 포로수용소의 문이 이대통령의 명에 의하여 개방되었다. 반공포로 처리에 관한 협정이 한국정부의 의사와 상관없이 6월 8일 판문점 회담에서 조인됨으로써 이들이 운명적으로 감금생활과 공산주의 설교를 모면할 수 없게 되자, 한국정부는 6월 18일을 기해 이들을 일제히 석방하게 되었던 것인데, 이날 탈출에 성공한 포로는 약 2만 5천 명이나 되었다. 반공포로의 석방으로 말미암아 눈앞에 이른 휴전 성립은 파기될 가능성이 짙어지게 되었으며, 공산측은 클라크 장군에게 빗발같은 질문을 해왔고, 클라크 장군은 이대통령에게 비난적인 항의를 제기하였다.

휴전회담은 다시 휴회에 들어갔고 미국은 한국정부를 설득시키기에 전력을 다하였다. 아이젠하워 대통령은 로버트슨(Robertson) 국무차관보를 특사로 6월 25일 서울에 보냈는데, 이. 로버트슨 회담에서 한국은 한 · 미군사방위조약의 체결 등의 확약을 받고 휴전 성립에 방해하지 않겠다는 보장을 했다. 그 결과 휴전협상은 급속도로 진전되어 반공포로들을 비무장지대에서 중립국 송환위원단에게 인계하겠다는 합의가 7월 23일에 이루어졌고, 실무 장교들은 공산군의 최종 공세의 결과로 변경된 전선을 따라서 비무장지대를 다시 책정하기 시작하였다. 1951년 7월 10일에 개시된 휴전회담은 25개월이라는 긴 시일이 걸려 마침내 1953년 7월 27일 10시에 예정대로 판문점에서 양측 대표가 조인함으로써 끝을 맺었다. 그리고 판문점에서 서명된 휴전협정은 사전협의에 따라 그 후 양측 최고사령관에 의해서 서명되었다. 5월 25일 이래 휴전회담을 거부함으로써 참석하지 않았던 최덕신(崔德新) 장군은 한국군의 대표로서 동석하고 있었으나 끝내 서명은 하지 않았다.

※ 정전 체제 역사

- 1950년 6월 25일 : 6.25전쟁 발발
- 1953년 7월 27일 : 정전협정 체결
- 1991년 3월 25일 : 북한, 군가정전위원회 불참 선언
- 1993년 1월 12일 : 북한, 중립국감독위원회 체코대표단 철수 공식 요구
- 1995년 3월 28일 : 북한, 북 · 미 장성급회담 제안
- 1995년 5월 3일 : 북한, 중립국감독위원회의 북측 지역 출입
- 1996년 4월 4일 : 북한, 정전협정 준수 임무 포기 선언
- 2000년 10월 12일 : 북 · 미 6.25전쟁 종식과 평화협정 필요성 언급
- 2005년 9월 19일 : 6자회담 공동성명에서 당사자 간 한반도 평화 체제 협상 개최 명시

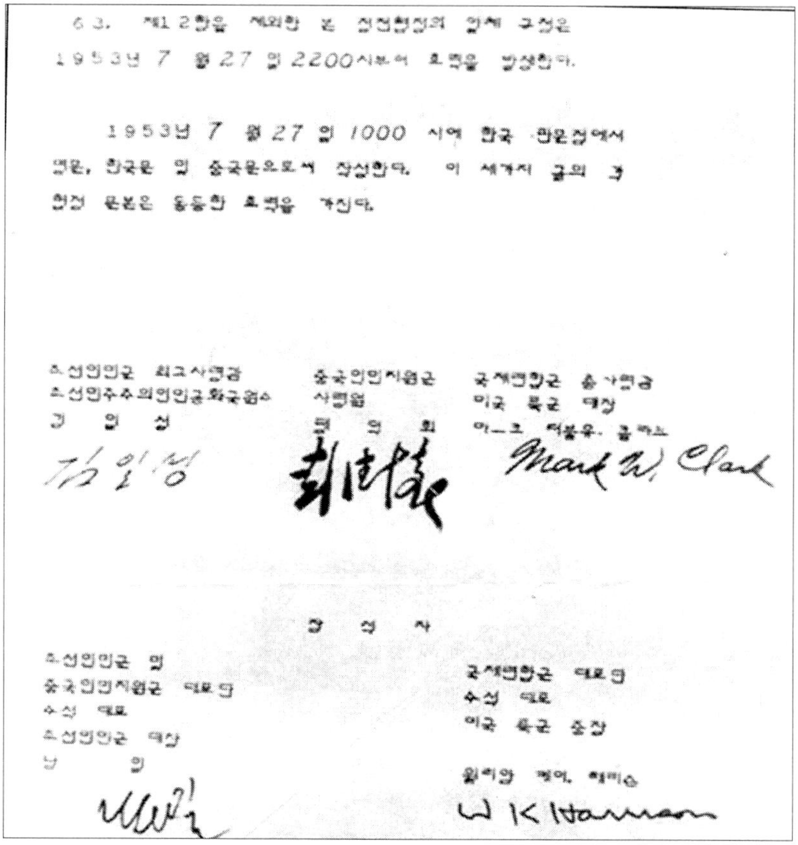

63. 제12항을 제외한 본 정전협정의 일체 규정은 1953년 7월 27일 2200시부터 효력을 발생한다.

1953년 7월 27일 1000시에 한국 판문점에서 영문, 한국문 및 중국문으로써 작성한다. 이 세가지 글의 각 협정 문본은 동등한 효력을 가진다.

조선인민군 최고사령관
조선민주주의인민공화국원수
김일성

중국인민지원군
사령원
팽덕회

국제연합군 총사령관
미국 육군 대장
마크 더블유. 클라크

참석자

조선인민군 및
중국인민지원군 대표단
수석 대표
조선인민군 대장
남일

국제연합군 대표단
수석 대표
미국 육군 중장
윌리암 케이. 해리슨

정전협정 서명

3. 전쟁 교훈

1) 6.25전쟁의 역사적 의의 및 교훈

가. 북한군 패인

① 예비대 부족 ⇒ 조직력 약화

② 부대규율 약화 ⇒ 군사작전 목적 달성 실패

③ 전투미숙 (특수조건) ⇒ 제2전선 형성 실패

④ 후방공급사업 및 정치 공작 사업 미숙

나. 전쟁교훈

① 입체적 조기 경보 체제 확립

② 야간전투 수행능력 및 전투기량 연마

③ 해 · 공군력 발전

④ 전 · 후방 동시 전쟁 수행 체제 확립

⑤ 연합 및 합동작전 능력 구비

⑥ 병참선 확보

⑦ 투철한 정신전력 및 국민 화합

⑧ 국력신장(전쟁방지 선결요소)

다. 역사적 의의

① 세계사적 의의를 지닌 국제전쟁

② 제한 전쟁

③ 공산주의에 대한 재평가

④ 한국의 전략적 가치 재 평가

⑤ 한국적 전략, 전술 개발요구

⑥ 해상 통제력 / 공중 우세 권 확보의 중요성 인식

⑦ 자주국방과 총력안보 의식 인식

제국주의 일본의 패망과 더불어 소련군이 북한에 진주하자 그들은 김일성을 그들의 괴뢰로 삼아 공산집단의 기초를 다져나갔다. 소련의 세계적화 야욕 일환으로 주어지는 적극적인 군사원조를 받은 북한공산집단은 겨레의 의사에 반하여 이루어진 국토분단의 비극적 현상을 고정화시키면서 남침 준비에 광분해오다가 드디어 동족상잔의 피비린내 나는 참극을 빚어내고 말았다.

미국 정부가 한국 전략적 가치가 없을 뿐만 아니라 오히려 부담이 된다고 생각하여 대한 군사 및 경제원조에 소극적인 반응을 보였던 반면, 소련은 마르크스-레닌주의에 의한 세계정복사업의 일환으로 북한 공산집단에게 적극적인 원조를 함으로써 한반도에는 힘의 균형이 명확시 되었는데, 이것은 전쟁을 자초한 것이나 다름없는 처사였다. 그리하여 공산주의자들은 제2차 세계대전 후의 냉전시대에 공공연한 무력침공을 최초로 한국에 대해서 감행하게 되었다. 다행히 미국과 유엔의 개입으로 그들의 기도는 좌절되고 말았지만 그러나 미국의 개입은 한국만을 위한 것이 아니었음을 주목해야 할 것이다. 우리들은 미처 준비되지 못한 군사력을 온 국민의 정신력과 피나는 노력으로 보충하면서 3년간의 전쟁을 치루었다. 이 땅 위에 살던 많은 인명은 전쟁의 희생물이 되었고, 해방 후 미미하게나마 발전되어왔던 산업시설이 대부분 파괴당하였다.

그러나 이러한 상처를 입고도 우리는 우리 땅에 일어난 전쟁의 방향을 스스로 결정할 수 없는 입장에 처하였다. 1950년 10월 7일 유엔이 한국전쟁에 대해서 결의한 의도의 근본 목적이 한국의 통일과 민주정부의 수립에 있었던 반면, 전쟁을 치루는 동안 한국문제의 해결 방안은 한국의 통일 · 원상회복 · 제한전쟁 그리고 휴전협상으로 변질되어갔다. 따라서 스스로의 힘으로 자기의 운명을 타개하지 못하는 민족의 운명은 타인의 의사에 의하여 좌우된다는 것을 몸소 체험하였던 것이다. 5천년 역사의 터전인 이 강토와 그 역사의 주인인 이 겨레를 제물로 바쳐 적화혁명의 야욕을 짧은 시일 안에 이룩하려던 공산집단의 반역적 도전은 우리의 기나긴 민족사를 통하여 일찍이 겪어본 일이 없었던 가장 큰 수난이요 시련이었다.

그러나 끊임없는 외세의 침략을 물리치며 삶의 터전의 슬기롭게 지켜온 우리 겨레의 자주적 의지와 줄기찬 생명력은 이와 같은 수난 속에서 다시금 드높이 불타올랐다. 우리 겨레가 지닌 불굴의 자주정신과 생명력은 공산집단의 반역적 만행에 의해 제고된 투철한 반공의식과 더불어 저들의 무도한 침략을 물리침에서 불퇴전(不退戰)의 저력을 발휘하였으며, 그리하여 초기의 엄청난 열세와 불리를 이겨내고 전세를 재빨리 역전시킴으로써 조국을 위기에서 구출하였다.

역사의 규율로서 그어진 38도선은 새로운 분계선인 휴전선으로 모습만을 바꾸어 우리 겨레로 하여금 더할 수 없는 비분을 머금케 했으나, 전쟁의 결과는 북한 공산집단에 대한 대한민국의 명백한 정신적 승리로 매듭지어졌다.

이 전쟁은 동시에 우리 민족사가 세계사의 진행에 긍정적으로 참여하는 커다란 계기를 마련하였으니, 겨레의 자주성과 조국의 정통성을 지키기 위한 대공투쟁은 한 걸음 더 나아가 자유 우방의 일선에서 공산주의 세력의 팽창을 저지하여 세계평화와 안전을 유지하려는 인류공동의 투쟁으로 연결되었던 것이다.

이 전쟁은 또한 우리 겨레로 하여금 주체적인 안보의식을 일깨워 자주 국방력의 건설을 촉진케 한 역사적 계기가 되었다. 1948년 미 · 소 점령군의 철수가 끝난 후 자주방위를 위한 실질적 역량을 완전히 갖추고 있지 못하고 있던 상태에서 불의의 침략을 맞은 우리는 이 강토에 전체주의적 공산체제를 강요하려는 북한 공산집단의 무력위협이 존재하는 한 모든 문제에 앞서 적들의 도발을 언제라도 분쇄할 수 있는 역량을 갖추는 것만이 우리의 생존을 위해 절대적으로 중요하다는 것을 깊이 인식 하였다.

이 전쟁을 계기로 앙양된 온 겨레의 공산집단에 대한 경각심과 자주국방의 결의가 바탕이 되어 우리 국군은 경이적인 성장과 발전을 거듭하였다. 3년이란 단기간에 국군의 전투력이 세계 굴지의 수준으로 비약적인 향상을 이룩한 것은 무엇보다도 공산집단의 무도한 침략으로부터 겨레의 생존과 조국의 안전을 보장하기 위해서는 그 어떤 희생을 무릅쓰고라도 이 싸움에서 반드시 이겨야 하며 적과 싸워서 반드시 이기려면 적보다도 월등히 우세한 힘을 하루 빨리 갖추어야 하겠다는 투철한 멸공투쟁 정신과 애국적 사명감으로 모든 장병의 정신이 굳게 무장되었기 때문이다.

우리는 이미 일선 위주의 방위 태세를 탈피하여 정규군은 물론 향토예비군과 민방위대를 비롯한 전 국토에 전 국민이, 전후방 군대와 민간인의 구별 없이 국가 총력전 수행에 적극 참여하는 총력안보태세를 갖추었으며, 또 한편으로는 경제개발에 의한 국력배양과 이를 토대로 하는 방위산업의 육성을 통하여 북한 공산집단과의 단독대결에서 능히 저들을 압도할 수 있는 자주국방 태세의 기초를 다져놓았다.

여기서 우리의 자주국방 태세는 북한 공산집단이 긴장완화를 위한 명확한 태도를 표시하고 그 실천이 선행될 때까지 공산집단들의 무모한 전쟁도발을 억제 또는 분쇄할 자주국방의 기틀을 마련하고 평화통일의 길로 선도할 평화정착의 지렛대로서 언제나 철통 같이 유지되어야 할 것이며, 따라서 우리는 이를 뒷받침할 국력 배양과 국민총화에 온힘을 기울여 나아가야 할 것이다.

2) 전쟁 피해

가. 6.25 전쟁과 피해

6.25 전쟁은 3년 1개월간 한민족과 이 강토에 전대미문의 참화를 남겼고 인명과 재산의 엄청난 피해와 정신적 상처는 아직도 아물지 않고 있다.

▲ 피해현황(출처:6.25 전쟁기념 50주년 기념사업회, 국방부 전사편찬연구소)

한국군 및 유엔군

구분	계	사망/전사(명)	부상(명)	실종/포로(명)
계	776,360	178,569	555,022	42,769
한국군	621,479	137,899	450,742	32,838
유엔군	154,881	40,670	104,280	9,931

* 공산군 1,066,000명(북괴 260,000, 중국 780,000, 구소련 26,000)
* 한국전쟁 참전자 중 11% 사망

민간인

구분	사망(명)	부상(명)	실종/포로(명)
인원	373,599	299,625	387,744

* 피난민 : 320만. 고아 : 10만. 미망인 : 30만. 이산가족 : 1000만. 전쟁피해 : 230억불
* 북한 272만 명이상 난민. 사망(인구 28.4%), 이산가족 700만 명이상

• 재산피해: 가옥 293만호(전가옥의 60%), 건물 53,000동, 철도교량 630km

• 또다시 전쟁이 발발한다면 ? (6.25 당시와 비교 시 전쟁 예상피해)

⇒ 1주일이내 240만 명 인명피해, 주요시설 60%, 장비물자 54% 파괴

6 · 25전쟁 인명피해 (단위 : 명)

국명	계	전사/사망	부상	실종	포로
총계	776,360	178,569	555,022	28,611	14,158
한국	621,479	137,899	450,742	24495	8,343
미국	137,250	36,940	92,134	3,737	4,439
영국	4,908	1,078	2,674	179	977
오스트레일리아	1,584	339	1,216	3	26
네덜란드	768	120	645	–	3
캐나다	1,557	312	1,212	1	32
뉴질랜드	103	23	79,	1	–
프랑스	1,289	262	1,008	7	12
필리핀	398	112	229	16	41
터어키	3,216	741	2,068	163	244
타이	1,273	129	1,139	5	–
그리스	738	192	543	–	3
남아프리카공화국	43	34	–	–	9
벨기에	440	99	336	4	1
룩셈부르크	15	2	13	–	–
콜롬비아	639	163	448	–	28
이디오피아	657	121	536	–	–
노르웨이	3	3	–	–	–

* 현황한국군 포로 수치는 교환포로와 추가 송환포로를 포한한 수치임

〈출처 : 2014년도 국방백서 부록〉

나. 6 · 25전쟁 인명피해 현황

■ 전투부대 파견국 : 16개국

국명	참전연인원(명)	참전규모		
		지상군	해군	공군
미국	1,789,000	보병사단 8 해병사단 1 연대 전투단 2 병력 302,483명	극동 해군 미 제7함대	극동 공군
영국	56,000	보병여단 2 해병특공대 1 병력 14,198명	함정 17척 (항모 1척 포함)	–
오스트레일리아	8,407	보병대대 2 병력 2,282명	항공모함 1척 구축함 2척 프리킷함 1척	전투비행대대 1 수송기편대 1
네덜란드	5,322	보병대대 1 병력 819명	구축함 1척	–
캐나다	25,687	보병여단 1 병력 6,146명	구축함 3척	수송기대대 1
뉴질랜드	3,794	포병대대 1 병력 1,389명	프리킷함 1척	–
프랑스	3,421	보병대대 1 병력 1,119명(1,185)	구축함 1척	–
필리핀	7,420	보병대대 1 병력 1,496명	–	–
터어키	14,936	보병여단 1 병력 5,455명	–	–
타이	6,326	보병대대 1 병력 1,263명(2,274)	프리킷함 7척 수송선 1척	수공기편대 1
그리스	4,992	보병대대 1 병력 1,263명	–	수송기편대 1
남아프리카공화국	826	–	–	전투비행대대
벨기에	3,498	보병대대 1 병력 900명	–	–
룩셈부르크	83	보병소대 1 병력 44명(48)	–	–
콜롬비아	5,100	보병대대 1 병력 1,068	프리킷함 1척	–
이디오피아	3,518	보병대대 1 병력 1,271명	–	–

■ 의료지원 및 시설 파견국 : 5개국

국명	참전연인원 (명)	참전규모	
		근무인원(명)	지원부대 및 시설
스웨덴	160	154(162)	적십자 병원
인도	627	70(333)	제60야전병원
덴마크	630	100	병원선
노르웨이	623	105(109)	이동 외과병원
이탈리아	128	72	제68적십자 병원

*참전규모의 병력은 전쟁말기 최대수준을 유지한 병력(1953. 7.)
*()내의 병력은 전쟁말기가 아닌 최대수준을 유지한 병력.
〈출처 : 2014년도 국방백서 부록〉

4. 총평

(인적손실 520만, 전쟁미망인 30만, 전쟁고아 10만, 이산가족 1천만 명 / 국토 황폐화, 가옥60%, 공업시설 45% 파괴)

판문점에서의 휴전협정 조인으로 1950년 6월 25일부터 1953년 7월 27일까지 만 3년 1개월 동안 계속된 6.25전쟁은 막을 내리게 되었다. 1950년 11월 중국군이 개입하여 유엔군을 공격하고 있을 때 유엔에서 제의한 휴전안에는 조금도 귀를 기울이지 않았던 공산측이 전세가 불리해지자 조심스럽게 휴전문제를 들고 나왔다.

유엔군 측에서는 공산군 측이 한국에 진정한 평화를 회복하기를 바랄 이유가 없을 것이며, 그들이 휴전을 제의한 것은 다만 그들의 약화된 군사력을 재정비할 시간적 여유를 얻기 위한 정치적 책략에 지나지 않으리라고 판단하였는데, 불행하게도 이러한 판단이 현실문제로 나타나게 되었던 것이다. 유엔군 측이 공산 측의 외교정책을 알기에는 더 많은 피의 대가가 요구되었다. 유엔군 측이 공산군 측과 휴전회담을 하게 되었다는 것은 정치와 군사를 잘 조화시키는 공산군 측에게 그들의 능력을 가장 잘 발휘할 수 있는 기회를 마련해준 것에 지나지 않았다. 그들은 외교적 책략으로 얻은 휴식기간인 휴전회담의 첫 해 동안에 전선에 견고한 요새를 구축하였을 뿐만 아니라. 많은 중장비를 갖춘 정예의 전투부대를 육성하였던 것이다.

미국은 침략국으로 낙인을 찍은 북한과 중국을 철저히 응징하겠다는 결의를 일관성 있게 추구해 나가지 못하였던 바, 휴전회담을 통한 미국의 정부의 정책 변경은 민주주의의 약점을 노출시켰고, 또 외교는 국가 이익에 의해 좌우된다는 점을 한국 국민들은 다시한번 뼈저리게 느끼게 되었다.

▣ 현충일

가. 현충일 제정 의의

조국광복을 위해 헌신하신 순국선열과 국토방위의 성전에 참석하여 호국의 신으로 산화한 전몰장병의 영령에 대하여 생전의 위훈을 추모하고, 명복을 기원하는 동시에 그 유가족에게 심심한 조의를 표하고 조국통일 성업에 대한 온 국민의 결의를 굳게 다짐하는 날로 국립 서울 현충원을 창설하고 첫 해인 1956년 4월에 재정해서 그 해 6월 6일부터 실시함.

나. 6월 6일을 현충일로 택한 배경

- 예로부터 내려오는 역사적 풍습
  - 24절기 중 손이 없다는 청명일과 한식일에는 사초와 성묘를 하고, 망종(芒種)에는 제사를 지냈음.

*손이란? : 날 수를 따라 동서남북 네 방위를 돌아다니며 사람의 활동을 방해한다는 귀신
*'청명' 과 '한식'이란? : 4월 5일을 전후한 시기로 한식은 청명의 다음날임. 청명일에는 조상의 묘소를 찾아 무덤과 주변의 잔디를 살피고 훼손된 것을 손질하며 한식일에는 묘소를 찾아 성묘를 함.

- 1956년 재정 당시 6.25를 상기하고 역사적인 풍습을 고려하여 그해의 장종일인 6월 6일을 현충일로 택함

* 망종(芒種)이란? : 망종이란 까락 곡식(까끄라기가 있는 곡식 : 보리, 벼 등)의 종자를 뿌려야 할 적당한 시기인 24절기의 하나로 태양 황경(黃經)이 75°에 달한 날, 즉 6월 5일, 6일 또는 7일이 된다. 옛적에는 이 시기가 보리 베기와 모내기에 적당한 시기이다. 따라서 조상들은 이 시기에 보리를 수확케 해준 것에 대한 감사와 모내기를 한 벼들이 풍년이 들게 해주기를 기원하는 감사와 기원의 제사를 지내는 풍습을 가졌다.

▣ 6.25전쟁....

제2연평해전 이야기

● 제2연평해전이란?

한일 월드컵 열기가 절정에 달했던 2002년 6월 29일 서해 연평도 인근 해상에서 북방한계선(NLL)을 넘은 북한 경비정이 참수리 357호를 선제공격해 일어난 해전이다. 당시 357호 정장 윤영하 소령과 한상국 중사 등 6명이 전사하고 18명이 부상했다.

● 북 해군사령관이 황해도 사령부서 직접 지휘

2002년 6월 29일 연평해전이 발생한 이튿날 평양 순안 비행장에 북한 군용 헬기 1대가 착륙했다. 헬기장에 고급 세단 1대와 중형 버스 1대가 미리 와 대기하고 있는 모습도 미국 정찰위성 KH-12에 포착됐다. 2대의 차량은 헬기에서 내린 사람들을 태우고 어디론가 사라졌다.

군 정보 소식통들에 따르면 이 헬기엔 북한 해군사령관 김윤심 대장과 참모들이 타고 있었다. 이들은 연평해전 직전 황해도 사곶 8전대 사령부로 날아와 작전을 직접 지휘, 감독한 뒤 이튿날 평양으로 복귀했던 것으로 드러났다. 제2연평해전이 우발적으로 발생한 것이 아니라 북한군 수뇌부에 의해 주도면밀하게 계획됐음을 보여주는 대목이라고 소식통은 전했다.

● 선제공격 북 684호 함장은 연평해전 때 갑판장

제2연평해전 때 우리 참수리 고속정 357호를 85mm포로 선제 공격해 침몰시킨 북한 경비정 등산곶 684호에도 얽힌 사연이 많다. 등산곶 684호는 1999년 6월 15일 연평해전 때도 우리 고속정을 향해 선제 사격했으나 오히려 우리 고속정과 초계함의 공격으로 반파된 상태에서 북한 함정들의 도움을 받아 퇴각했던 함정이다.

귀순자 증언정보 등에 따르면 연평해전 때 등산곶 684호는 함장이 전하하는 등 큰 인명피해를 냈다. 북한 군당국은 보복을 위해 부상을 입은 뒤 복수심에 불타는 684호 갑판장을 새 함장에 임명, 3년 동안 복수의 기회를 엿보게 했다는 것이다. 684호의 새 함장은 제2연평해전 때 우리측의 응사로 전사했으며 뒤에 영웅 칭호를 받은 것으로 알려졌다. 684호는 지난 2004년 7월에도 서해 북방한계선(NLL)을 침범했다가 우리 해군의 경고사격을 받고 퇴각하기도 했다. (07, 국방일보)

▣ 6 · 25전쟁 때 고지 이름에 얽힌 사연들[31)]

■ 볼링 앨리(Bowling Alley, 볼링 계곡)

볼링 앨리라는 명칭은 다부동 전투에서 북한군이 쏜 포탄들이 계곡의 산등성이에서 작렬하는 소리가 마치 볼링 핀이 쓰러질 때 나는 소리와 같다고 해서 붙여진 유학산 천평동 계곡을 일컫는다.

■ 태형(笞刑, Gauntlet)의 계곡

태형이란 말은 '인디언이 적군 포로나 범법자를 처벌할 때 두 줄로 늘어선 인디언 전사(戰士)의 사이로 이들을 들여보내고, 이들이 행렬을 빠져나갈 때까지 흠씬 두들겨 패는 형벌'에서 비롯되었고 미 제2사단은 1950년 11월 24일 유엔군의 크리스마스 공세에 따라 북진 중, 중공군의 제2차 공세로 인해 청천강 부근의 군우리(軍偶里)에서 좌우측이 산으로 에워싸인 약 15㎞ 골짜기를 통과해 철수 도중 미 제2사단의 주력은 '죽음의 계곡'으로 알려진 태형의 계곡 양편 산중에 매복해 있던 중공군의 집중공격을 받고 3000여 명의 사상자를 냈다.

■ 벙커(Bunker)고지

1951년 5월 중공군 춘계공세 때 미 제2사단 38연대 K중대는 중공군과의 전투를 대비해 홍천 북방 800고지에 23만7000여 개의 모래주머니와 철조망 385롤을 이용, 철옹성과 같은 강력한 벙커진지를 만들었다는 연유로 800고지는 벙커고지로 명명됐다.

■ 피의 능선

983고지(일명 피의 능선)는 강원도 양구군 방산면지역으로 고지를 피의 능선으로 부르게 된 것은 1951년 8월~9월 국군 제5사단(후에 미 제2사단 투입)과 북한군 간의 전투상황을 목격했던 미 종군기자들이 '피로 얼룩진 능선'이란 뜻에서 983고지의 격전 상황을 '피의 능선'으로 보도하면서 붙여지게 됐다.

■ 저격능선(狙擊稜線, Snipers' Ridge)

오성산과 김화 사이의 험한 산비탈과 깊은 골짜기를 사이에 두고 미군과 중공군이 대치 중일 때, 적진이 바로 지척이라 저격당하기 쉽다는 의미에서 미군들은 이 능선을 '스나이퍼 리지(Snipers' Ridge)'라고 불렀다.

31) 국방일보 전쟁사 이야기 발췌

■ **제인러셀(Jane Russell)고지**

저격능선 서쪽에 있는 두 개의 봉우리가 그 당시 미국의 유명한 육체파 여배우 제인러셀의 가슴을 연상케 한다고 해서 미 장병들이 애정을 갖고 붙인 이름이다.

■ **펀치볼(Punchbowl, 亥安盆地)고지**

인제 북쪽 약 15㎞, 서쪽 사태리 계곡과 동쪽 소양강 계곡 사이에 위치한 강원도 양구군 해안면 운전동 중심의 직경 10㎞ 크기, 해발 450m 내외의 분지로서 주변은 1200m 내외의 고지군으로 둘러싸인 특이한 지형이다. 이 분지는 북쪽의 1026고지(모택동 고지), 924고지(김일성 고지), 서쪽의 가칠봉(1242고지), 대우산(1178고지), 남쪽의 도솔산(1304고지), 918고지, 동쪽의 달산령, 795고지, 908고지 등으로 둘러싸여 있으며 그 둘레의 삐쭉삐쭉한 산봉우리와 고개의 모습이 펀치 볼(punchbowl)과 같다 하여 미국 전사에는 펀치볼로 명명하고 있다.

■ **단장(斷腸, Heartbreak)의 능선**

단장의 능선은 피의 능선 북쪽 894-941-851고지로 연결된 능선이다. 이 능선에서 벌어진 전투는 많은 전 · 사상자를 발생시켰다. 심장이 찢어질 듯한 참상을 목격한 외국의 종군기자들이 이 처참한 상황을 보도하는 과정에서 'heartbreak(심장이 찢어질 것 같다)'라는 표현을 사용함으로써 단장의 능선이라는 이름이 비롯됐다.

■ **백마고지**

백마고지전투는 1952년 10월 초 판문점에서 포로회담이 해결되지 않자, 중공군의 공세로 시작된 1952년도의 대표적인 고지 쟁탈전을 벌인 곳으로 피아간의 극심한 폭격과 포격으로 고지의 수목이 모두 없어져 하얗게 된 민둥산의 모습이 마치 백마가 누워 있는 것처럼 보였다 하여 이후부터 395고지 일대를 백마고지라 부르게 되었다.

▣ 1950년 9월 1일 여군 창설

1950년 전쟁이 한창이던 9월 1일 여군이 창설됐다. 국방부는 1949년 7월 제1기 여자배속장교 32명을 양성했다. 이어 6 · 25전쟁이 터지고 전쟁은 여군을 필요로 했다. 배속장교 출신 몇몇이 정부의 재가를 얻어 모병을 시작하자 3000여명이 몰려들었다. 소정의 시험을 거쳐 제1기 여자의용군교육대 500여 명이 1950년 오늘 임시수도 부산에서 발족했다. 역사적인 한국 여군의 탄생이었다. 이들은 따로 창설 행사를 가질 틈도 없이 남자 군복을 입고 전장에 나갔다.

▣ 군번(軍番)

군번(軍番)은 일반인들의 주민등록번호와 같은 것으로, 보통 '인식표'라 불리는 메달 모양의 금속편에 문자와 함께 새겨져 있다. 인식표는 전사자의 신원을 확인하는 데 꼭 필요한 존재로 모든 군인은 이 인식표를 목에 걸도록 돼 있다.

군의 군번 체계는 장교 · 부사관 · 병사 등 신분에 따라 차이가 있으며, 창군 초기부터 현재까지 몇 차례 변화를 겪었다. 군에서 첫 군번을 단 사람은 이형근(李亨根 · 2002년 작고) 예비역 대장이다.

[대한민국 제1호] 이형근 대장 '10001'로 군번 1번

1946년 1월 국군의 전신인 국방경비대에 입대, 대위로 임관한 이 예비역 대장에게 당시 미 군정청은 군번 1번을 부여했다. 그는 선배들도 있다며 1번을 사양하다 미 군정청이 맥아더 사령관이 결정한 일이라고 하자 수락했다는 일화는 유명하다. 이 예비역 대장의 군번은 10001번이었다. 그는 사단장, 군단장, 초대 합동참모회의(합참의 전신) 의장, 육군참모총장을 거쳐 1958년 대장으로 예편했다.

공군 군번은 1949년 50001번으로 시작됐으며 초대 및 3대 공군참모총장을 지낸 김정렬 전 국무총리가 첫 군번을 부여받았다.

해군은 초대 해군참모총장을 지낸 손원일 제독이 군번 1번(80001)이다. 1946년 군번을 부여받았다. 공군 장교 군번은 90년도 임관자 까지 50001번부터 76534번까지 부여됐다.

미군의 군번 1번은 육군 원수를 지낸 퍼싱 장군(1860~1948)이다.

창군 이후 6 · 25전쟁을 전후해서까지 장교 군번은 임관 출신별로 다양한 체계가 유지되고 사병 군번도 140여종에 달해 혼란이 초래하다가 1967년 4월 1일자로 군번 체계를 정립해 장교, 준사관, 부사관, 병사 등 4종류로 구분해 사용하기 시작하여 1991년 1월 1일부터 지금의 군번 체계는 적용되고 있다.

장교의 경우 출신별 구분 없이 통합해 연도별 임관일자 순 일련번호로 군번을 매겼다. '연도-10001~' 형태다. 예컨대 2009년도에 임관한 군번 1번 장교는 '09-10001'이다. 부사관의 경우 '연도-50001~',

준(準)사관의 경우 '연도-30001~'로 군번이 붙는다.

병사의 경우 연도별로 8계단 군번이 붙는다. 육군 병사의 경우 연도 다음 번호에 차이가 있는데 1군(71000001~), 2군(72000001~), 3군(73000001~), 훈련소(76000001~), 육군본부(77000001~) 등이다. 공군 병사는 연도 다음에 '70000001~', 해군 병사는 '71000001~', 해병대 병사는 '72000001~' 번호가 각각 붙는다.

Chapter 05

근세 및 현대전쟁

Section 01

현대전 양상

1. 현대적 특징

최근에 주로 초강대국들과 그 동맹국들이 연간 약 1조 달러 이상 엄청난 금액을 군사비로 지출하고 있다. 이 금액은 강대국들이 자국 영토 내에서 전쟁이 일어나지 않도록 하기 위해 지불하는 보험료라고 말할 수 있으며 이러한 군사비는 주로 아래와 같은 전쟁무기발달에 투자하고 있다.

- 공자와 방자 쌍방 간 종심 기동 및 침투에 의한 종심작전
- 정밀유도 무기에 주 · 야간 구분 없는 장거리 정밀 타격
- C4I 체계 발달로 실시간 정보를 획득하고 전파하는 체제
- 장거리, 대규모 군수지원체제로 작전 지속 능력 확대
- 전장공간을 초월한 사이버 전쟁

2. 무기체제 발전

가. 치명성 증가

1945년 세계 제2차 대전이 끝나고「평화」가 마련된 이후 전 세계에 일어난 내전은 계산방법에 따라 200여회에 달하며 이 과정에서 군인만 730만 명이 살육 당했다는(세계1차 대전 840만에 버금가는)사실을 아는 사람은 별로 많지 않겠지만 이같이 사상자가 많은 이유는 치명적인 무기체제의 발전에 기인하며 대표적 무기는 다음과 같다.

구 분	남북전쟁	1차 대전	2차 대전		현 대
무기종류	라이플	기관총	로케트	20KT 핵탄	메가톤급핵탄
치명도 지수	4.1	14	1,113	16,362	231,795

나. 화력의 정밀성 / 사거리 증가

- 야포(155미리) : 14.6km→ 40km
- 미사일(ICBM) : 400km→ 수천km

다. 정보 능력 향상

- 19세기 : 쌍안경, 은폐 / 엄폐된 목표물 확인 제한
- 20세기 : 전자 / 대 전자 기술, 공학, 센서, 레이더, 신호 및 자료처리, 스텔스 기술 발전
- 21세기 : 우주공간

라. 효과의 집중 능력 증대

- 화력의 치명성, 정밀성 : 전장 광역 소산 강요

구 분	나폴레옹 전쟁	2차 대전	중동전	걸프전	2020년
명/1㎢	4,970	404	25	2.4	1~2

- 첨단 과학화된 미래형 부대, 소규모 형태로 결정적 효과 창출 가능
  - 사거리 증대 : 산재된 진지에서 동일 목표 동시 사격
  - 부대 편성 통합 기술 발전 : 소규모 부대 제병협동, 합동부대 편조 가능
  - 공중기동수단 발달 / 병렬적 전투방식 : 작전 템포 증가

3. 과학기술의 발전

가. 과학기술 : 지수 함수적으로 급속 발전

• 향후 50년 간의 과학기술 〉 인류 발생 이후 2000년까지의 과학기술

• 최근 매 18~24개월 마다 기술 혁명 발생

나. 우주항공 / 정보통신 / 생명공학 / 초미세기술 등 경제활동 공간을 우주, 사이버 등

미지세계로 계속 확장

다. 정보기술 : 디지털 혁명 / 인터넷 혁명 창출

• IT : 지난 25년간 성능 1만 배 증가, 비용은 1만 배 감소

• 25년 후 컴퓨터 능력 : 현재보다 1백만 배 증가, 비용은 반비례 감소

※지구적 차원의 「초 단위 정보권」 형성, 「사이버 가상공간」을 통해 '시간', '공간', '거래', '관계'의 개념이 근본적으로 변화된 전장 환경 →「정보 · 지식 사회」 도래

※ 전술용어

• 종심작전 : 적이 후방지역에서 행동의 자유를 확보하지 못하도록 장거리 타격 무기나 침투요원을 침투시켜 지휘/통신시설 및 병참선 등을 파괴 및 교란하여 적을 마비 또는 무력화시키는 전투행동

• C4I(자동화 지휘체제) : Command(지휘), Communication(통신), Computer(컴퓨터) and Intelligence(정보)

• 치명도 지수 : 하나의 무기체계가 탄착성의 정확도 및 살상률의 효과지수를 말함.(목표 명중확률과 인명피해의 지수)

• ICBM : 대륙간 탄도탄 Intercontincental Ballistic Missile

• 전장 광역 소산 : 적의 공격활동에 대한 취약성을 감소시키기 위해 지역 내의 부대, 장비, 시설물 또는 기타 활동 업무를 지휘 통제 범위를 고려하여 전술적으로 넓게 분산 또는 분리시키는 것

• 제병 협동 : 보병, 기갑, 항공 등 기동부대(전투부대)와 포병, 공병, 화학 등 전투지원부대 및 전투근무진원 부대가 상호지원하에 실시하는 협조된 작전(전투행동)

• 편조(Task Organuzation) : 지휘관이 전투편성을 실시함에 있어서 특정임무 또는 과업을 달성하기 위하여 특수하게 계획된 부대의 구성

• 병렬적 전투방식 : 전략, 작전, 전술 표적이나 목표를 동시에 타격하는 전투방식

• 작전 템포(Tempo) : 전장에서 수행되는 일련의 군사활동의 속도와 리듬, 템포는 단순히 속도만을 의미하는 것이 아니라 전투상황, 적의 탐지 및 대응 능력 평가에 따라 빠를 수도 있고 느릴 수도 있음.

* New network Contric war face ; 네트워크 중심전

: 정보통신 발전을 이용한 전장상황인식의 공유와 전력의 통합화로 작전수행 획기적으로 높일 수 있다는 이론.

4. 미래 전장 환경의 주요 특징

- 광역학 : 센서와 네트워크 체계의 발달로 광범위한 전장을 감시 · 정찰 및 관리
- 장사정화 : 보다 원거리에 위치한 표적을 타격
- 정밀화 : 요망하는 군사표적, 특히 전략적 · 작전 적 중심을 정밀하게 식별, 타격하여 파괴
- 속도화 : 전투행위 사이클을 상대보다 신속하게 회전, 매우 빠른 템포로 작전 수행

  * 전투행위 사이클(OODA : Observe-Orient → Decision → Action)
- 복합화 : 전력 시스템을 상호 연동 · 결합시켜 전력 발휘의 시너지 효과 극대화

5. 첨단기술 활용과 신무기 혁명

가. 무인 전투기

- 미사일로 지상 탱크/방공체계 공격, 공대공 전투 수행
- 스텔스 화, C-5 수송기 1대에 12대 적재
- 지상 통제소 조종사 1명이 6~7대 통제 가능

나. 수류탄 발사 소총 개발

- 소총으로 20미리 굵기의 탄환발사, 목표물 2.5미터 상공 폭발, 은폐/엄폐 적군 살상
- M16 보다 10~30% 가볍게 설계, 야간 조준능력 탁월, 일반 소총으로 사용가능
- 대량 생산, 미 육군 주력 개인화기로 보급예정

다. 첨단 전자파 무기 개발

- 극초단파를 광선 형태로 발사, 공격 대상의 피부를 순간적 가열, 고통을 주어 무력화 (수초 안에 뜨거운 전구를 만진 것과 같은 고통)
- 해병대/육군에서 공통사용, 추후 항공기/선박에도 탑재

라. 로보캅 전사 체계 개발

• 인공지능 / 첨단 화력 무장 로봇 : 2030년경 전장의 군인 대체

※ 대용량 정보 집약 능력 및 인공지능 구비, 자체적 정보수집과 위험 회피 및 최적 판단 가능

• 슈퍼맨 군복 : 로봇 근육 옷, 병사의 힘 · 지구력 · 속도 증대

• 로보캅 : 소형 경 발전기, 초소형 정찰기, 스크린 부착 헬멧, 로켓 발사대(손목)구비

▣ 무기체계와 전술변천

구 분	무 기 체 제	전 술
원시전쟁	손, 발, 머리, 이빨 등 육체적 힘 이용	개인 힘의 싸움
고대전쟁	고역용 : 창, 칼, 화살, 투석 등 방어용	집단전투 종대대형
중세전쟁	화승포 화포	선전투, 횡대대형 3병전술(보,포,기병의 협동작전)
근대전쟁	총검 기관총 야포	2차원전쟁(지상,해상) 후티어 돌파전술 구로우 종심방어
현대전쟁	전차, 항공기, 잠수함, 핵무기, 정밀유도 무기, 컴퓨터, 우주무기	3차원/5차원 전쟁 (지상, 해상, 공중, 우주, 사이버 전쟁)

6. 전쟁 양상 변화

가. 사회변화에 따른 전쟁 양상

구 분	농업사회	산업사회	정보사회
전쟁양상	육체 · 백병전	기계 · 화학전	정보 · 지식전
전장 공간	1차원(지상)	3차원(지 · 해 · 공)	5차원(우주, 전자장)
전력구조	병력집약형	자본 집약형	정보 집약형
지휘구조	장수(인물)중심구조	수직적 · 계층적 구조	수평적 네트워크 구조
전투형태	선 형	선형 · 비선형(대부대, 집중)	비선형(소부대, 분산)
파괴 · 피해	노획 · 포로	대량파괴 · 대량살상	정밀파괴, 소량피해

나. 정보화 시대의 전쟁방식

핵심요소	사회(일하는 방식)	전쟁(전투하는 방식)
정보 · 지식	• 생산성의 핵심 • 부 창출, 국제 경쟁력 좌우	• 파괴성의 핵심 • 전투력 창출, 승패좌우
디지털 네트워크	• 인터넷 : 1초 생활 정보권 형성 • 디지털경제, 디지털국토	• 워넷에 의한1초 전장정보권 형성 • 디지털 전장, 디지털 군대
사이버/우주공간	• 부를 생산하는 신대륙 • 상업전장의 주 무대	• 전투력의 생산기지 • 전투전장의 새로운 주 무대
지능화 로봇	• 생산의 탈 대량화 • 로봇에 의한 자동화 생산 • 고객 중심, 소량 주문 생산	• 파괴의 탈 대량화 • 무인체계에 의한 자동화 전투 • 군사표적만 선별, 정밀파괴

다. 21세기 전쟁 패러다임

• 기술혁명 : 지식 · 정보에 의한 전쟁

• 전력시스템 : 정밀 감시 · 통제 · 타격 복합 체제 보편화

• 작전개념 : 정보 · 지식에 기초한 동시 종심 타격, 전장 공간 확장, 비선형 · 분산 · 비접전 전투 보편화

• 지원체계 : 군수지원 / 방위산업의 혁신

※ 디지털전장, 정보전, 장거리 정밀교전 보편화, 중심 마비전, 병열전쟁

> 미래 전장은 우주 · 사이버 영역으로 확대될 것이며, 전쟁 양상도 군사력 사용이 수반되는 물리적 전쟁과 사이버전 등의 비 물리적 전쟁이 혼재된 모습을 보일 것이다.
>
> -00년국방백서-

(1) 디지털 전장

① C 4 I S R(센서+워넷)비약적 발전 → 전장의 가시화, 정보 공유의 실시간화 → 전장의 안개 · 마찰 · 우연성 감소/제거

② 전장 상황의 완전인식 → 계획 변경 · 자원낭비의 대폭 감소 → 빠른 템포의 작전 수행 → 적의 전투준비 이전에 타격, 시간적 기습가능

• 걸프전 : 이라크는 C4ISR 열세로 다국적군의 1/1000에 불과
• C4ISR체계 혁명적 발전 → 적보다 신속하게 전투행위 사이클 (Observe-Orient → Decision → Action)을 회전 → 적을 혼돈 · 교란 · 무력 · 마비 가능

(2) 정보전 : 새로운 전쟁 방식

① 정보우위 달성 시 적의 전력 / 의도를 신속 · 정확 파악, 전투행위 사이클을 단기간 내 순환가능 → 작전템포 10배 이상 증가

② 아 측의 정보흐름(수집→처리→융합→전파)은 보장하고, 적의 정보흐름은 방해 및 마비 → 새로운 전쟁 형태 탄생 가능

③ 정보 선진국, GDP의 80%이상 정보기반체계 투입 → 정보인프라가 중요한 전략적 공격 대상(전략적 정보전)

※ 전투시스템이 컴퓨터/네트워크 의존도 심화 → 「Softkill」(Virus, EMP폭탄 등) 위력 증대

(3) 장거리 정밀 교전 보편화

① 걸프전 시 다국적 공군 : 1회 출격, 1발 명중 · 파괴

② 코소보 전시 미군 : 미사일 및 항공 공격만으로 굴복 강요

③ 장거리 정밀유도 무기 : 고성능 · 저가 · 다량 확보 가능 「스텔스 CM : 대량 생산 시 1발당 10만 불 이하 → 1만발 확보(10억불), 제파식 공격 → 핵무기 이상의 위력 발휘가능」

※ 적 도달거리 밖에서, 적은 비용으로, 전략적 · 전자적 목표파괴 → 비선형 · 비 접적 전투 가능

(4) 병열전쟁

① 종심 · 정밀감시-통제-타격 복합 체계와 정보마비 능력의 비약적 발전 → 다수목표 동시 공격, 단 기간 내 무력화 가능

※ 순차적 · 계속적 전투 → 동시적 · 병렬전투

② 걸프전 : 개전 24시간 내 이라크의 148개 전략 표적 공격

③ 미래전 : 개전 24시간 내 1500개 표적 공격 가능

- 1개 국가의 전략적 목표 1,000개 수준, 1개 목표당 약 10개의 타격점 보유
  → 약 1만개 타격점을 병렬 공격, 단 기간 내 파괴 무능화시킬 경우 국가기능 수행 불가능
- 전투행위 싸이클 (OODA/observe orient Decison Action) 목표물을 관측하고 추적 결심하여 타격하는 일련의 행위
- 스텔스화 : 적의 레이다로부터 탐지되는 것을 방지화하는 것
- 사이버공간(Cyber Space) 인터넷, 국가통신망, 지휘통신망, 전투력 운용망, 금융전산망 등 운용체제공간

Section 02

베트남(월남) 전쟁

1. 개요

베트남 전쟁(베트남어: Chiến tranh Việt Nam 쳰챙 벧남, 戰爭越南)은 1964년 통킹만 사건을 계기로 미국이 북 베트남에 폭격하면서 시작된 전쟁으로 2차 인도차이나 전쟁이라고도 한다. (경우에 따라서는 미국이 베트남에 개입하기 시작한 1959년을 기점으로 잡기도 한다.)

1975년까지 계속된 이 전쟁은 민족적인 공산주의자들인 베트남민주공화국(북베트남)과 남베트남 민족해방전선(베트콩)이 베트남공화국(남베트남)과 싸운 내전의 성격이 있는 반면, 미국과 한국을 비롯한 미국의 동맹국들이 남베트남을 지원하기 위해 개입하고, 북베트남측은 중국과 북한도 비공식적으로 각각 전투원을 파견하여 지원함으로써 국제전의 양상을 띠게 되었다

가. 배경

한무제가 복파장군 마원을 보내 베트남 지역을 원정한 이래, 기원전 110년부터 기원후 938년까지 천년간 중국의 지배를 받았다. 938년 전쟁끝에 중국에서 독립한 이래 베트남은 재복속을 노리는 몽골, 명나라와 계속 전쟁을 벌여왔다. 1789년에 하노이까지 진격해온 청나라 군대를 섬멸한 것은 베트남 역사상 가장 유명한 조국수호의 일화이다. 그리고 1802년 그 동안 반목하던 남부의 찐 왕조가 북부의 응웬 왕조에 통합되어 베트남의 영역을 이루게 되었다.

- 베트남도 서구 열강의 손길을 피해갈 수는 없어서, 1859년부터 1885년까지 프랑스는 무력을 통해 인도차이나 전체(베트남, 캄보디아, 라오스)를 식민지화 하여 프랑스령 인도차이나를 세웠으나 베트남인의 독립투쟁은 끊이질 않았고

  1919년 제1차 세계 대전이 끝난 후 미국 대통령 우드로 윌슨의 민족자결주의에 기대를 한 베트남 청년 호치민은 식민지를 고수하는 자본주의 열강보다는 제국주의를 반대하며 새롭게 탄생한 소련과 코민테른에 기대를 걸게 되었다.

- 제2차 세계 대전이 벌어지자, 독일 점령하의 프랑스의 비시 정권은 일본과 협력하여 일본군이 베트남에 주둔하게 되었다. 1941년 호치민을 중심으로 한 사회주의적 성향의 베트남 독립동맹(베트민)이 창립되었고, 베트남 민중들의 지지를 획득하기 시작했다. 일본의 패망이 가시화되자 호치민은 보응웬지압을 군사적 지도자로 임명하여 일본군을 게릴라전으로 상대하고 촌락을 중심으로 베트민의 세력을 확장하는 전략을 폈다.

- 전쟁 말기가 되자 일본은 대동아공영권의 기치를 내세우고, 아예 비시정부로부터 베트남을 독립시켜 자신의 괴뢰정부로 만들려고 하여 1945년 3월 일본의 지원을 받는 바오 다이가 베트남왕국과 함께 독립을 선포하였다. 그러나 전쟁은 일본의 패배로 끝났고, 일본은 베트민에게 행정권을 넘겼다. 꼭두각시 황제인 바오 다이는 즉각 퇴위하였다. 1945년 9월 2일, 호치민은 독립을 선언하였으나, 포츠담 회담의 결과에 따라 베트남은 중국과 영국에 의해 다시 분할점령의 운명에 놓이게 되었다.

- 이후 영국과 중국은 이전의 지배자였던 프랑스의 설득에 따라 군대를 철수시켰지만, 프랑스는 식민지에서 물러서지 않았으며 프랑스는 바오 다이를 내세워 사이공에 괴뢰정권인 베트남왕국을 수립하였다. 이에 맞서 베트민은 북부의 하노이에 베트남민주공화국을 수립하였다. 곧 베트민과 프랑스군은 치열한 전투를 개시하였다.

- 1950년 이후 베트민 군은 1954년 디엔비엔푸 전투에서 프랑스군을 거의 궤멸시켰고, 그해 제네바에서 휴전 협정을 맺으면서 1차 인도차이나 전쟁은 끝났다.

  프랑스는 제네바에서 맺은 휴전 협정을 제대로 이행하지 않고 프랑스군만 철수시킴으로써 베트남 전국에서 실시하기로 했던 총선거가 결국 이뤄지지 못하게 되었다.

  이때를 틈타 미국이 반공을 명분으로 남부 베트남에 개입하기 시작하지만 남베트남 고딘디엠 정부의 부패가 계속되고 불교를 탄압하는 등 인권탄압이 심각해지면서 사회

주의 혁명세력은 남베트남 민족해방전선을 결성하고 분노한 시민들과 함께 전면적인 무장투쟁에 나섰다. 남베트남 민족해방전선이 남베트남의 대부분을 점령하게 됨에 따라 남베트남의 미군 주둔 병력도 계속 증가되었다. 호찌민을 지지하는 남베트남 민족해방전선이 베트남 전역을 사회주의 국가로 만들 것을 염려한 미국은 미군 주둔 병력을 증가시키면서 동시에 비밀 군사작전을 통해 북베트남 지역을 공격하기 시작했다.

■ **통킹 만 사건**

미국은 북베트남 지역을 침공할 구실을 만들기 위해 1964년 8월 4일 '통킹만 사건' 발생(북베트남 밖 공해를 순찰하던 미국의 구축함이 북베트남 어뢰정의 공격을 받았다는 사건/2005년 10월 뉴욕 타임즈에는 통킹만 사건이 조작된 사건임을 시사하는 기사보도)

2. 베트남 전쟁

베트남 지역에 미군이 상륙하기 시작하고 이에 맞춰 북베트남군이 남하하면서 2차 베트남 전쟁이 시작되었다. (미군을 주축으로 대한민국, 중화민국, 필리핀, 오스트레일리아, 타이, 뉴질랜드 등의 소수국가만이 전쟁에 참가)

■ **연표**

AD	1954	베트남인민군, 디엔비엔푸 총공격 개시. 제네바회의 시작. 디엔비엔푸 함락.
		고 딘 디엠, 남베트남총리에 취임.
		인도차이나정전(停戰)의 제네바협정 성립(베트남 남북으로 나뉨).
		동남아시아조약기구(SEATO) 성립.
		미국정부, 디엠정권에 원조 약속.
		인민군 하노이 입성
	1955	북베트남, 남북통일을 위한 협의회 제안(남베트남 거부).
		남베트남, 공화제로 옮겨갔으며 고 딘 디엠 초대 대통령에 취임.
		베트남군사원조고문단 공식으로 설립
	1956	북베트남, 통일선거를 위한 협의를 제안(남베트남 거부)
	1957	북베트남, 통일선거 실시 제기(남베트남 거부). 남베트남 징병제도 시작
	1960	남베트남해방민족전선 성립
	1961	케네디대통령, 미국정규군 파견

1962 남베트남 인민혁명당 결성. 미국원조군사령부 사이공에 설치
1963 남베트남에 계엄령. 돈반민 등의 쿠데타, 고 딘 디엠형제 살해
1964 통킹만사건. 한국군 파병
1965 북베트남에 전면 폭격개시, 미해병대 다낭상륙(국지전쟁 시작).
미국내에 반전운동
1966 반정부운동, 남베트남 전역에 퍼짐.
미군기, 하노이 근교 폭격.
호치민대통령, 대미철저항전 호소.
하노이 부근 폭격
1967 미군기 하이퐁 맹폭.
전 미국 각지에서 반전시위 격화
1968 공산군, 남베트남 전역에서 총반공 시작.
W. 웨스트모얼랜드사령관, 20만 8000의 미군 증파요청.
존슨대통령, 북폭의 부분 정지와 교섭 시작, 대통령선거 선언.
북베트남 교섭 수락.
파리 2자회담 시작됨.
공산군, 제 2 차공세.
존슨, 북폭 전면 정지, 파리 4자회담 성립 발표
1969 제 1 차 확대파리회담.
닉슨, 대통령 취임.
미파견군 54만 9500에 이름(전쟁 시작 이후 최대규모).
남베트남 공화임시혁명정부성립.
닉슨 괌독트린 발표,
미군의 단계적 철수 표명.
호치민 죽음.
전미국에서 대규모적 반전통일행동.
솜미학살사건 폭로
1970 캄보디아에서 우파 쿠데타, N. 시아누크원수 해임.
인도차이나 인민수뇌회의 개최, 대미 공동투쟁 강화 선언.
미 · 사이공정부군, 캄보디아침공작전 개시
1971 미 · 사이공정부군, 남라오스침공 작전에 실패.
미국방부 비밀보고서 폭로됨, H. 키신저 특별보좌관 중국 방문.
M.R. 레어드 국방장관, 미 지상군의 남베트남에서의 임무종료 발표

1972 닉슨, 중국 방문.
공산군, 남베트남 전역에서 대공세 개시.
미국, 북베트남의 모든 항만 · 하구(河口)를 기뢰봉쇄, 북폭격화.
파리비밀회담 진전.
닉슨 소련 방문.
북베트남, 미국과의 9개 항목 합의 내용을 공표.
파리비밀회담 중단.
미군기, 하노이 · 하이퐁 등 맹폭, 국제적 비난 높아짐
1973 닉슨, 북베트남에 대한 모든 적대행위 중지를 언명.
베트남 평화협정본 조인.
베트남평화협정의 국제보장회의 결의.
한국군 철수.
닉슨, 전쟁종결선언.
베트남 평화협정을 지키기 위한 4자 공동성명 발표
1974 남베트남의 메콩삼각주에서 교전 격화.
비엔호아공군기지 공격받음.
닉슨, 워터게이트사건으로 사임
1975 호치민작전 시작. 주 베트남한국대사관 폐쇄.
사이공 함락

■ 베트남 전쟁의 규모

미국은 베트남 전쟁을 위해 연인원 260만 명의 병력을 파견하였고, 난베트남 주둔의 미군은 최고시에는 54만 9500명에 이르렀다. 미국 이외의 참전국 군대의 병력은 최고시에는 6만 명을 초과했고, 사이공 정부군도 최고시에는 118만 명을 웃돌았다. 이에 비하여 북베트남과 남베트남 해방민족전선 병력은 최고시에는 31만 명에 이르렀다(남베트남 지역에서 그들의 정치세력은 157만). 전쟁 희생자는 미국측은 전사자 22만 5000(추정. 미군 전사자는 5만 7939), 부상자 75만 2000(추정), 북베트남 · 해방전선측은 전사자 97만 6700(추정), 부상자 130만(추정)이었다.

베트남 전쟁은 전쟁의 전반적인 규모에서는 제1차 세계대전이나 제2차 세계대전에 비해 뒤지지만 동원병력, 사상자수, 항공기 손실, 사용 탄약량, 전쟁비용면에서는 제1차 세계대전의 그것을 웃돌았고, 사용 탄약량, 투하 폭탄량에서는 제2차 세계대전의 규모를 훨씬 초과했다. 역사상 가장 큰 파괴전쟁이었다.

3. 베트남 전쟁 경과

가. 제1기 전쟁

전쟁을 크게 3기로 구분할 수 있다. 제1기는 1967년 말까지인데, 이 시기 동안 미국이 병력을 증파함으로써 갖가지 작전을 벌여 나갔고, 또한 북폭(北爆)을 강화하고 사이공정권을 키우는 등 대체적으로 전쟁의 주도권을 장악하던 단계이다.(D. D. 아이젠하워정권(1953년 1월~1961년 1월)의 경찰전쟁, 케네디정권(1961년 1월~1963년 11월)의 특수전쟁, L. R. 존슨정권(1963년 11월~1969년 1월) 전기(前期)의 국지전쟁이 감행되던 시기에 해당)

- 경찰전쟁이란 미국의 역할을 군사원조 · 경제원조의 범위 내로 억제하고, 오로지 사이공정권의 경찰행동에 의해서만 공산세력의 활동을 눌러 버리고자 한 것이다.

- 특수전쟁이란 특수부대에 의한 전쟁형태를 말한다. 특수부대란 게릴라전 · 비밀전(정보수집 · 선전 · 파괴활동) 전문 부대를 일컫는다. 케네디대통령이 미국 영토 안에서 그러한 부대를 양성시킨 후 남베트남으로 파견한 것이 시작이다. 미국의 특수부대는 사이공정부군의 특수부대를 육성하였고, 또한 〈 베트콩 〉을 상대로 게릴라전쟁 · 비밀전쟁을 감행하였다. 동시에 농민과 농촌 재편에 손을 댔다. 그것이 전략촌계획을 시발로 하는 일련의 농촌평정(農村平定)계획이었다. (전략촌계획은 촌락을 공산세력 영향 범위로부터 단절시키고자 하는 것으로, 촌락을 전략지점에 재배치함으로써 수로(水路) · 외호(外濠) · 철조망 · 대울타리로 둘러쌌다. 그럼으로써 공산세력이 촌락을 보급이나 정보 · 휴양기지로 이용하려는 것을 미리 방지하고 공산세력을 고립화시키고자 했다.)

- 국지전쟁이란 미국의 지상부대가 남베트남 안에서 일잔적인 병기에 의하여 공산세력과 전쟁하는 것으로 무기와 전쟁터를 제한하고, 제한범위 내에서 감행되는 전쟁이다. (이때 북폭은 전쟁터를 북베트남까지 확대시킨 것으로, 지상부대의 전쟁터는 남베트남 영토 내로 한정되어 있었으나 미국공군이 전쟁의 단계적 확대를 촉진시키게 된 그것이 1964년 8월의 통킹만 사건이다.)

나. 제2기 전쟁

전쟁 제2기는 1968년 1월의 테토[舊正(구정)] 공세에 의하여 북베트남 및 해방전선세력이 전쟁의 주도권을 도로 빼앗아 격렬한 전투를 벌이고 있는 동안에 미국군의 철수가 시작되어 평화가 모색되었던 단계이다. 존슨정권후기의 국지전쟁시기와 닉슨정권(1969년 1월~1974년 8월)의 베트남화 전쟁이 실행되는 기간으로 본다.

- 테토공세란 구정(舊正)을 기하여 베트남의 해방전선측이 총반격으로 나와(공격개시는 1월 30일 새벽), 한때 사이공의 미국대사관과 케산기지를 점거한 군사작전이다. 그 후 미군과 사이공정부군이 모두 후퇴했다가 잃었던 땅을 거의 되찾았다.

- 베트남화전쟁이란, 미국의 지상군은 철수시키되 그 뒤의 지상전투의 책임은 사이공정부군이 떠맡을 수 있도록 미국이 사이공정권에 무기 · 장비 · 자재를 제공하여 군대를 훈련시키고, 달러 원조를 제공함으로써 경제력을 강화하는 것을 말한다.

다. 제3기 전쟁

제3기는 1973년 1월 평화협정이 조인되고 미국군이 철수한 뒤 북베트남 및 해방전선과 사이공정권과의 사이에 격렬한 전투가 벌어지고, 호치민작전에 의하여 사이공정권이 마침내 무너지는 시기이다.

라. 평화협정

1973년 1월27일 프랑스 파리에서는 5년여 협상끝에 베트남전을 종식하는 역사적인 휴전회담이 열렸다.

이 휴전의 담보를 위해 미국의 키신저는 북베트남에 40억 달러 (20억 달러는 미국 직접원조, 20억 달러는 IBRD 차관)의 원조를 제공, 피폐한 북베트남의 경제 재건을 돕기로 하고 교전 당사국인 미국 · 남베트남 · 북베트남 · 해방전 사건(베트콩 또는 베트남 임시혁명정부) 등이 서명했다.

키신저는 보다 확실한 휴전을 담보하기 위해 휴전감시위원단인 캐나다 · 이란 · 헝가리 · 폴란드 4개국을 서명에 참여시켰다. 4개국 250명으로 구성된 휴전감시위원단은 하노이와 사이공, 그리고 휴전선을 감시했다. 그리고 남베트남과 방위조약을 체결, 남베트남 지상군을 지원키로 약속했다.

4. 한국군참전

한국군은 월남 정부의 요청에 의거, 1964년 9월 13일부터 이동외과병원을 비롯하여 2개 전투사단과 1개 해병여단, 군수 지원 및 건설 지원단을 파견하였다. 이는 한국이 안보적 측면에서 대단히 불리함에도 불구하고 정부의 단호한 의지가 반영된 결과였던 것이다. 즉 한국군은 국제간의 안전 보장과 반공국가로서의 주도적인 역할을 고려한 점이다. 한국은 숙명적인 위치에서 국제적으로 고립되어서는 안 된다는 것과, 또 자유 동남아에서의 공동 운명체로서 집단안전보장에 공동으로 참여한다는 정책과 반공국가로서의 주도적 위치를 향상하고 6 · 25전쟁 지원국에 대한 우호 친선의 유대관계를 더욱 강화한다는 점에서 파월을 결정했던 것이다. 한국의 베트남 전 참전은 1964년 130명으로 구성된 이동외과병동과 10명의 태권도 교관이 베트남에 참전함으로써 시작되었으며, 처음에는 한국 정부가 한국군의 기본봉급과 수당 및 베트남까지의 군 운송비를 부담하였다.

1964년 말 미국과 한국 정부는 1965년에 증원부대를 파견하는 문제에 관해 논의를 시작하였으며, 1965년 6월에는 한국 정부는 베트남 정부로부터 전투사단 파견에 대한 정식 요청을 받고, 8월 13일 국회의 파병 동의를 거쳐 그해 10월, 전투부대를 베트남에 파견하였다. 베트남 정부의 추가요청에 따라 1966년 2월 28일 한국 정부는 전투사단을 추가로 파견할 것이라고 발표하였고, 3월 30일 국회의 파병 동의 아래 그해 4월부터 한국 전투부대가 추가로 베트남에 배치되었다. 미국은 그해 3월 4일 브라운각서를 통해서 한국군을 강화하고 현대화하는데 한국 정부를 지원하겠다는 사실을 밝혔다.

1967년 6월 한국 정부는 베트남의 교체병력 보충을 위해 추가로 3천 명을 파견할 것을 제의하였으며, 그 병력은 그해 7월 베트남으로 떠났다. 이와 같은 개입과정을 거쳐 한국 정부는 1964년부터 네 차례의 증파로 1969년까지 총 4만 7,872명의 병력을 베트남전에 참전시켰다 그 결과 1973년까지 베트남에 파견된 한국군은 연 인원 32만 명에 이르렀다.

주월 한국군의 임무는 베트콩 및 월남 안의 월맹군을 격멸하고, 월남 정부 통제지역을 확장하며, 따라서 대민 지원 및 민사심리전을 수행하여 월남 국민의 생명과 재산을 보호하고 한 · 월간의 우호 증진과 친선 유대를 강화하며 나아가서는 월남 정부의 혁명 사업을 지원하는 것이었다. 이러한 임무 아래서 한국군의 작전 개념은 작전에 임하기 전에 먼저 충분한 준비와 세밀한 계획을 수립하는 것이었다. 그리고 작전 수행에서는 지상기동으로 적을 포위하고 섬멸하는 작전으로써, 최소의 피해로 최대의 성과를 얻는다는 것이었다.

그리고 작전 수행 동안 언제나 상세한 정보를 입수하고 일단 포착한 적에 대해서는 계속 접촉을 유지하여 격멸한다는 전술을 사용하였다. 왜냐하면 월남에서의 '베트콩'의 활동은 '게릴라'전으로서 원주민의 지지와 지원이 없는 한 불가능하기 때문에 원주민의 지지를 얻어야만 하였다. 이러한 작전 개념에서 주월 한국군사령관은 "월남인의 생명 · 재산의 우선보호, 즉 100명의 적을 놓치는 한이 있더라도 1명의 양민을 보호할 것"을 강조하였던 것이다. 이리하여 한국군은 대민지원 및 대민심리전 수행을 더욱 강화하고, 한 · 월 친선 및 유대를 강화함으로써 주민과 베트콩과의 관계를 차단하는 데 진력하였다.

병력 운용에서는 작전 개념에서 언급한 바와 같이 압도적인 병력과 화력을 집중하여 신속한 기동에 따른 포위 작전을 특징으로 하였다. 그 밖의 특징으로는 월남전이 게릴라전이란 점에서 소부대 전술에 주안을 두었으며 점차적으로 대부대 규모의 작전을 수행하는 것이었다.

한국군의 지상 작전은 1967년도에 들어서 본격화하였고, 파월 이래 소부대작전 (대대 급 이하)을 57만 6,362회에 걸쳐 실시했으며, 대부대 작전(대대급 부대를 포함 사단급 부대)은 1,171회, 그리고 군 작전은 4회에 걸쳐 수행하였다.

5. 전쟁결과(평가 및 교훈)

▣ 미군과 월맹군 비교

구 분	미 군	월맹군
병력	114만	81만
항공기	771대	236대
전차	500대	600대
함정	155척	59척

1957년 4월 30일 10시 20분, 월남의 민(Minh) 대통령은 라디오 방송으로 "전 월남군은 적대행위를 중지하고 현 위치에서 정지하라"는 항복문을 발표하였다. 이로써 월남이라는 자유주의 국가는 월맹의 무력 적화통일로 공산화되어 이 지구상에서 사라지게 되었다.

제2차 세계대전 이후 30년 간 지속된 월남 전쟁은 인명 피해와 투입된 전비(戰費)면에서도 최악의 전쟁으로 기록되었다. 쌍방의 피해는 정확히 밝혀진 것은 없으나 대략 110만(

월남 20만 명, 월맹 90만 명)여명의 군인들이 생명을 잃었으며, 200만(월남 50만 명, 월맹 150만 명)여명이 부상을 당하였다. 민간인의 피해는 이보다 더욱 많아 사망 150여 명, 부상 300여만 명이나 되었다. 또한 프랑스는 7만5천여 명의 전사자와 6만5천여 명의 부상자를 낸 채 물러났고, 미국도 전사 5만6천여 명, 부상 20여만 명의 인명피해와 1,500억 달러의 전비를 소모한 채 월남에서 철수하고 말았다. 한국군도 1964년 파월 이래 1973년 철수시까지 5천여 명의 젊은이들을 잃었다. 월남 전쟁에서는 역사사의 모든 전쟁에 투하했던 폭탄이나 포탄의 전체량보다 더 많은 양이 살상과 파괴를 위해 사용되었다. 미국은 월남전 개전 이래 700만 톤 이상의 폭탄을 투하하였다. 이것은 제2차 세계대전 당시 미군이 사용한 양의 약 3배였고, 일본의 히로시마에 떨어뜨린 원자탄의 300배 이상의 성능에 해당하는 것으로, 이로 인해 이 지역에는 2천만 개의 웅덩이가 생겨났다. 뿐만 아니라 7,550만 리터의 고엽제가 살포됨으로써 산과 들이 초토화되었으며, 아직도 많은 사람들이 그 후유증으로 고통을 겪고 있다.

Section 03

중동 전쟁

1. 개요

이스라엘과 아랍 간의 싸움인 중동전쟁은 하루 이틀에 시작된 것이 아니고 수천 년의 역사를 통해서 쌍방 간의 대립이 격화되어온 데 기인한다. 따라서 중동전쟁을 이해하기 위해서는 이스라엘 건국의 역사와 그동안 유대 민족과 아랍민족이 어떠한 상태에서 분쟁을 계속해왔는가를 고찰해보아야 한다.

이스라엘의 역사를 보면 고대 이스라엘의 독자적으로 발전을 해오던 2천 년간의 성서시대(聖書時代;BC 1800~AD 70)이고, 그 이후 2천 년간은 외세에 의해 국토를 점령당하고 세계 각처를 떠돌아다니던 유랑시대(流浪時代;70~1948)이었다.

구약성서에는 유대 민족은 아브라함(Abraham)의 적자(嫡子) 이삭(Isaac)의 후손이고, 아랍 민족은 서자(庶子) 이스마엘(Ishmael)의 후손으로 기록된 것으로 보아 중동 전쟁은 한 핏줄을 받은 집안싸움이라고 할 수 있다. 그런데 기원전 18세기경 유대민족이 팔레스티나(Palestine) 지역에 정착하였을 당시에는 북쪽의 시리아 동남쪽의 아라비아 서남쪽의 이집트 일대에 아랍과 기타 민족들이 혼재하고 있었다.

이와 같이 여러 민족이 정착한 가운데 유대 민족은 팔레스티나를 중심으로 부족적인 성장을 해오다가 기원전 11세기경에는 다윗(David) 왕의 영도 아래 이스라엘 통일국가를 형성함으로써 최초로 이스라엘이라는 국가가 생겨났으며, 다음 왕인 솔로몬(Solomom) 때에는 '솔로몬의 영화'라고 찬탄을 받을 만큼 번영을 가져왔다. 또한 이때부터 유일신의 숭상을 강요하던 고대국가의 성격으로 보아 유대 민족은 예루살렘에다 유대교의 성전을 쌓고 엄격한 계율을 지켜왔다. 그러나 솔로몬 왕대 이후 이스라엘 왕국은 내란으로 국토가 남북으로 분열되어 국력이 쇠퇴하는 한편, 주변 국가인 앗시리아 · 이집트 · 바빌로니아 등의 침략을 받게 된다. 이러한 내우외환의 혼란은 유대 민족으로 하여금 오직 유대교만이 그들에 대한 '구원의 손길'이 될 것이라고 하는 신념을 갖게 함으로써 더욱 더 종교에 집착하도록 하였다.

이러한 상황에서 다시 페르시아 · 마케도니아 · 시리아 등으로부터 침략이 계속되었고, 특히 시리아가 침략할 때에는 예루살렘의 유대교 성전을 불태우고, 대신 아랍 민족의 우상을 비치함으로써 아랍 민족과의 종교적 충돌이 처음 시작되었다. 당시 유대 민족들은 일치단결하여 시리아를 격퇴하고 독립왕국을 재건했으나 기원전 63년부터는 다시 로마제국의 침략을 받게 된다. 로마 침략 초기에는 팔레스티나 지역을 직접 통치하지 않고 유대인인 헤롯(Herod) 왕을 두어 위임통치 함으로써 유대 민족은 단일국가로서 종교적 자유를 누리는 가운데 예루살렘에 웅대한 신전을 재건하였으나, 그러나 로마의 지배를 벗어나 자주독립하려는 민족주의자들의 반란이 계속 일어나자, 서기 70년에는 로마군이 직접 예루살렘을 점령하고 유대 민족주의자들을 말살해버림으로써, 2천 년간 외침 속에 명맥을 이어오던 유대 민족국가는 사라지고, 로마 식민지로 완전히 전락했다.

로마제국의 통치 아래에서 추방당한 유대 민족은 온갖 시련을 겪으면서 로마나 중동지역 일대에 분산되어 살게 되었고, 이들은 주로 도시에서 상업이나 금융업에 종사하면서 비록 시민권은 획득하지 못했지만 유대인만의 거주 지역을 정하여 오직 유대교만을 신봉하면서 안주했다. 그러나 이와 같은 유대인의 생활도 온전할 수는 없었으며, 유대인에 대한 박해와 학살이 자행되었는데, 그 시초는 십자군 원정이 시작되면서부터라고 하겠다. 십자군 원정은 종교전쟁으로서 대외적으로 이교도인 이슬람교도를 말살하는 것이었으나, 대내적으로는 유대인과 정교(正教)인 카톨릭교를 부인하는 기독교도를 말살하는 운동으로서, 특히 유대인을 제1목표로 삼아 다수의 유대인을 학살하고 거주지를 파괴, 약탈하는 등 유대인 추방운동을 강화했다.

19세기에 접어들면서 유대인은 유대 민족에게 약속된 땅인 팔레스티나에 유대민족의 독립 국가를 건설한다는 시온(Zion)주의 운동을 전개하여, 1881년에는 레온 핀스카(Leon Pinsker)에 의하여 국가건설 구상이 발표되었다. 1887년 8월 29일 스위스의 바젤(Basel)에서 197명의 전 세계 유대인 대표들이 모여 제1회 시온주의자회의를 개최하고 유대 국가(國歌)와 국기(國旗)를 채택함으로써 전 세계에서 분산된 유대민족의 꿈을 실현하기 위한 조직적인 출범을 하였다. 시온주의 운동이 시작될 당시 팔레스티나 지역에서는 대부분 아랍인들이 정착하고 있었으며, 유대인들은 불과 2만 5천 명이었다. 그러나 "유대인의 거주지를 넓혀서 조상의 땅을 부흥시킨다." 는 신념 아래 처음에는 남자 혼자서만 들어와서 농사를 짓다가 그 후엔 처를 불러오고, 다음엔 자식들을 불러와서 안착을 하는 방법으로 하나둘씩 고향을 찾아 이주해왔다. 그동안 이들은 황폐한 토지와 천재(天災)에 시달리고 아랍인들의 습격을 받아가면서 갖은 시련을 겪었지만, 제1차 세계대전 초기인 1914년까지 약 10만 에이커의 땅을 구입하였고, 이곳에 이주한 유대인의 수는 8만 5천여 명으로 증가하였다. 그 후 제1차 세계 대전 중 1917년 11월 2일 영국 외상인 발포어(Balfour)가 "팔레스티나에 유대 민족의 독립국가 건설을 지원 하겠다" 는 '발포어 선언'을 함으로써 시온주의 운동에 활기를 불어넣었다. 그러나 발포어 선언은 아랍 민족과의 반목을 더욱 노골화시킨 결과를 초래하였는데, 그 이유는 중동지역에 대한 이권을 장악하려는 영국의 이중정책 때문이었다. 제1차 세계대전 당시 팔레스티나 지역은 터키가 지배하고 있었는데, 이때 영국은 독일 측에 가담한 터키의 세력을 약화시키기 위하여 아랍 및 유대 민족에게 터키에 대항하도록 선동하고, 그 대가로 팔레스티나 지역에서 독립국가 건설을 각각 약속하였다. 즉 1915년 10월 24일 이집트 주재 영국 고등무관인 맥마흔(Henry McMahon)은 아랍 민족에게 유리한 '맥마흔 서한'을 제시하고, 2년 후 1917년 11월에는 유대 민족에게 유리한 발포어 선언을 함으로써 종전 후 팔레스티나에 그들의 독립 국가를 건설하겠다는 양대 민족의 투쟁을 격화시켰던 것이다. 1918년 제1차 세계대전이 끝난 후 국제연맹 이사회는 1922년 7월 발포어 선언을 확인함으로써 세계 각국으로부터 팔레스티나로 유대인의 유입이 시작되었다.

그러나 독일과 이탈리아의 세력이 점차 확대되는데 대한 불안과 아랍의 석유가 차지하는 전략적 이점 사이에서 방황하던 영국은 1939년에 유대인 이민을 저지함으로써 아랍인의 권익을 옹호하는 입장에 서게 되었다. 1945년 제2차 세계대전이 끝난 후 시온주의자들은 팔레스티나 지역에 거주하고 있는 유대인과 아랍인간의 문제는 오직 군사력만이 해결할 수 있다고 예견하고 비밀리에 무기를 구입하여 민병 형태의 자위조직인 하가나(Haganah)의 확장을 꾀하면서 이스라엘 건국에 대비하였다.

그러던 가운데 1947년 5월 영국은 팔레스티나 문제를 유엔총회에 회부하여, 11월 29일 드디어 팔레스티나 분할 안이 가결되었다. 그러나 영국은 유엔이 결의한 분할 안에 대해서 유대와 아랍 쌍방이 모두 수락하지 않는 한 실현시킬 수 없다고 발표하는 한편, 암암리에 아랍연맹의 창설을 지원함으로써 영국의 위임통치가 종료될 때까지 아랍연맹과 시온주의의 투쟁이 본격화되었다.

아랍인들은 분할 안이 가결된 다음날(11월 30일)부터 유대인 거주지를 습격해왔으나, 유대인들은 하가나 조직을 최대한 활용하여 압도적인 아랍인들을 이스라엘 지역에 몰아내는데 성공하였으며, 영국의 위임통치가 정식으로 종료되는 1948년 5월 15일 하루 전인 5월 14일 오후 16시 30분 그들의 숙원이었던 이스라엘의 독립을 선포하기에 이르렀다. 이스라엘이 독립을 선포하자, 이를 부정하는 아랍연맹은 이스라엘의 말살하기 위해 선제공격을 가함으로서 이스라엘의 독립전쟁이 불가피하였고, 그 후 1956년 19월 수에즈 전쟁, 1967년 6월 6일 전쟁, 그리고 1973년 10월 전쟁이 각각 일어났다.

2. 제1차 중동전쟁(팔레스타인 전쟁)

1948년 5월 14일 오후 4시 30분 이스라엘이 독립을 선포하자 불과 8시간 후인 5월 15일 이른 아침 주변의 5개 아랍제국(이집트 · 시리아 · 트란스요르단 · 레바논 · 이라크)이 일제히 선제공격을 함으로써 이스라엘의 독립전쟁이 실시되었는데, 이 전쟁을 이른바 제1차 중동전쟁 또는 팔레스타인 전쟁이라 칭한다. 전술한 바와 같이 이 전쟁의 직접적인 원인은 지금까지 유랑민족으로 떠돌아다니던 유대 민족이 옛 고향인 팔레스티나 지역에 이스라엘을 건국함으로써 수천 년간 양대 민족 간에 잠재하고 있던 적대의식이 노골화한 데서 비롯되었다.

1947년 11월 29일 유엔 총회에서 팔레스티나 분할 안이 가결되자 아랍 지배세력과 결탁한 영국이 암암리에 아랍연맹을 지원하는 가운데 11월 30일부터 아랍인들의 폭동이 일어남으로써 이때부터 사실상의 전투행위가 개시되었다고 볼 수 있다. 이러한 아랍인들의 방해활동에도 불구하고 이스라엘이 1948년 5월 14일 전격적으로 독립을 선포하고, 미국이 즉각 승인하자 아랍연맹은 이스라엘의 기반이 확고해지기 전에 이를 말살하기 위해서는 부득이 군사력에 의존하지 않을 수 없었던 것이다. 이 전쟁은 공식적으로 아랍 측의 선제공격으로부터 이집트가 휴전을 제의할 때까지 약 8개월간 지속되었다. 그러나 실제 전투는 전체 전쟁기간의 약 4분의 1동안에만 일어났으며, 전 기간에 걸쳐 3회의 전투가 있었다.

1차 전투는 이집트 · 트란스요르단 · 시리아 · 레바논 이라크 등 아랍 5개국이 동 남북의 3개 방면에서 선제공격을 가함으로써 개시되었다. 아랍군의 병력은 3만여 명으로 이스라엘군에 비해 열세하였지만 탱크 · 항공기 · 중포병 등 화력 면에서 압도적으로 우세하였고, 양호한 편성 · 장비 · 보급, 그리고 전략적 우선권을 쥐고 있었으므로 무방비 상태의 이스라엘 진지를 선점할 수 있었다. 이에 비해서 이스라엘군은 남여 5만여 명을 동원했지만 무기는 1만정의 소총과 3,600정의 기관단총, 그리고 멕시코에서 밀수입한 구식 대포 4문을 보유하고 있었으며, 탱크와 항공기는 한 대도 없었다. 이러한 악조건 아래 하가나를 주축으로 한 지방 자위조직을 활용, 분전했으나 지휘권이 통일되지 않아 초기에는 고전을 면치 못했다. 그러나 이스라엘은 5월 26일 국방군을 창설하고 분산된 자위조직을 통합하여 군기를 강화하는 한편, 외국에서 무기를 대량 도입하고, 국외 의용병을 모집함으로써 전세를 만회할 수 있었다. 6월 3일에는 새로 도입한 전투기가 최초로 이집트 공군과의 대결에서 승리함으로써 제공권을 확보하게 되었으며, 이것이 전투의 전환점이 되어 1차 전투에서 이스라엘은 예루살렘의 이스라엘 지역에 이르는 통로를 개척하였다. 이렇게 되자 아랍측이 유엔 안보리에 개전 초에 제의한 휴전안을 받아들여 6월 11일 제1차 휴전이 성립되었다. 그러나 이것은 7월 9일까지 1개월 간의 시한부 휴전이었고, 기간 중에 이스라엘군은 전투재개에 대비해서 군사력 강화에 주력했다.

2차 전투는 유엔 안보리가 휴전 연장을 토의하고 있던 7월 8일 오후, 아랍측이 휴전 연장을 반대하고 선제공격을 가함으로써 개시되었다. 당시 아랍측은 사우디아라비아까지 합세하여 6개국으로 증강되었다. 그러나 아랍 측의 공격이 이스라엘군의 완강한 저항으로 많은 손실을 입고 개전 2일째부터 열세에 몰리자 아랍측은 다시 유엔 안보리의 휴전안을 수락하여 7월 18일 제2차 휴전이 성립되었다. 10일간의 2차 전투에서 총공세를 취한 이스라엘군은 남부 갈릴리(Galee) 지역을 점령하여 1천 평방킬로미터의 영토를 더 확장할 수 있었다.

3차 전투는 요르단이 예루살렘의 이스라엘 지역으로 통하는 급수관 시설을 파괴한 것이 원인이 되어 이스라엘의 속전속결 개념에 의한 선제공격으로 개시되었다 이스라엘군은 4, 5일간의 단기적인 계획 아래 네게브(Negev) 지역 작전을 먼저 실시하기로 하고, 10월 15일 주간에 네게브 지역에 위치한 이집트군 전초기지에 고의적으로 수송부대를 접근시켜 이집트 군이 먼저 발포하도록 유도하였다. 이를 계기로 수송부대를 철수해버리고 공군이 네게브 지역에 있는 이집트 공군기지부터 공격해서 제공권을 장악한 다음, 지상군은 정면에서 일제히 야간공격을 실시하는 한편, 네게브 지역에 진출해 있던 1개 여단이 배후에서 이집트 군을 공격하여 격파하였다. 이로써 이스라엘군은 7일 만에 네게브 지역을 완전히 장악하였다. 그리고 10월 18일부터는 공군의 지원 아래 북부 갈리리 지역에 대한 작전을 개시하여 역시 3일 만에 아랍 군을 격파해버렸다. 이후에도 전투는 1949년 1월 7일에 전쟁이 종식될 때까지 산발적으로 계속되었다. 그러나 점차 이스라엘군의 우세가 확고해지자 아랍측이 휴전을 제의하여 1949년 2월 24일 이집트와 이스라엘은 휴전협정에 서명하였다. 기타 아랍국들도 휴전에 동의하여 레바논은 3월에, 요르단은 4월에, 그리고 시리아는 7월에 서명하였다.

제1차 중동전쟁은 이스라엘로 하여금 팔레스티나 분할 당시의 1만 4,900평방킬로미터보다 약 5,900평방킬로미터가 더 확장된 2만 662평방킬로미터의 영토를 확보케 하였고, 유대인 이민도 10만 2천 명이 유입되었다. 그러나 이스라엘이 점령한 지역안의 아랍인 약 100만 명이 집을 잃고 피난민이 되어 시리아 · 요르단 · 이집트가 통치하는 가자 지역으로 도피함으로써 또 다른 유랑민족이 발생하게 되었고, 이들 가운데 그들의 모국을 빼앗아간 책임이 이스라엘에 있다고 주장하는 과격 단체인 페다얀(Fedayen) 및 팔레스타인 지하 저항조직이 생겨났다. 이와 같이 이스라엘의 독립으로 시작된 팔레스타인전쟁은 두 민족, 아랍과 유대인사이의 숙명적 전쟁의 장을 열어놓은 것이다. 양쪽 다 같이 성지인 땅을 확보하기 위하여 수단 , 방법을 가리지 않고 필사적인 노력을 지속할 것이기 때문이다.

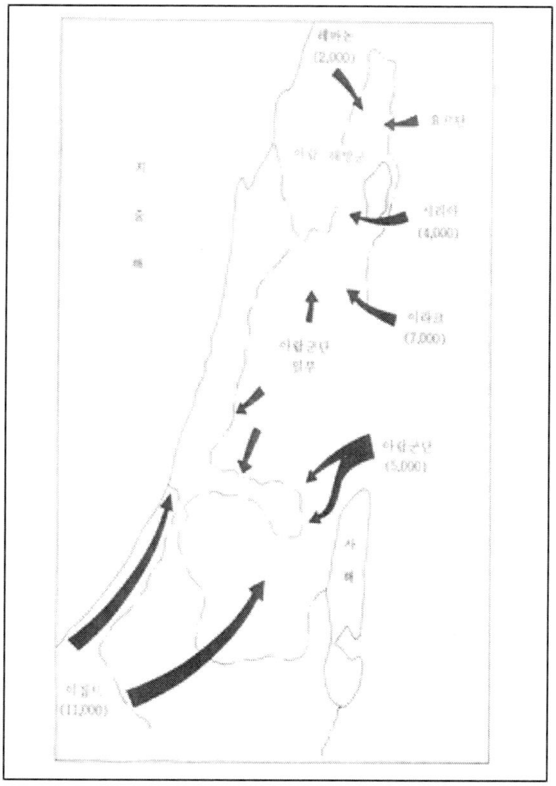

1차 중동 전쟁

3. 제2차 중동전쟁(수에즈 전쟁)

1950년대 초 아랍인 피난민 가운데 과격단체인 페다얀은 격렬하고 빈번히 이스라엘 영토를 습격하기 시작했다. 이스라엘은 이를 응징하기 위해 대대적이고 강력한 보복을 하였다. 이리하여 휴전에도 불구하고 아랍과 이스라엘간의 교전상태는 계속되었던 것이다.

이러한 상황에서 1952년 군사 쿠데타로 정권을 장악한 이집트의 낫세르(Nasser)는 대량의 무기를 공산진영으로부터 도입하는 한편, 1956년 7월 26일에는 수에즈 운하를 국유화하여 영 · 프 세력을 축출한 후, 9월 중순에는 이스라엘이 수에즈 운하와 아카바(Akaba)만을 사용하지 못하도록 봉쇄하였다.

그리고 10월초에는 이집트 · 시리아 · 요르단 3국의 통합사령부를 설치하여 지휘권을 단일화하고, 게릴라부대를 침투시켜 파괴활동을 활발히 전개하였다. 이와 같이 낫세르가 통일 아랍제국을 자창하면서 경제성장과 군사력 증강에 주력하는 한편, 이스라엘에 대해 직접적으로 해상봉쇄 및 군사적 위협을 가해옴에 따라 이스라엘은 이집트가 더 강대해지기 전에 해상봉쇄를 타개하고 게릴라 근거를 파괴함으로써 이스라엘의 생존권을 보장받을 수 있는 예방전쟁 차원의 극단적 대안을 선택하게 되었다.

쌍방의 군사력을 비교할 때 이집트는 이스라엘보다 확실히 우세하였다. 그러나 이스라엘군은 독립전쟁 당시와는 비교할 수 없을 정도로 국방태세가 정립되고 군사적 능력이 월등히 증강되었으며, 선제공격을 위한 만반의 준비를 갖추고 있는 상태였다.

개전 당시 이스라엘군은 5만5천여 명의 상비군과 즉각 동원 가능한 예비역 10만여 명, 그리고 기타 10만여 명의 민방위 요원 및 전투 가능한 국경지역 정착민들을 보유하고 있었고, 중형전차 300대와 경전차 100대, 자주포 60문, 반궤도 차량 400~500대를 장비하였으며, 110여대의 제트기와 20대의 수송기를 포함, 구형 항공기 90여대를 갖고 있었다.

이에 비해 이집트군은 10만여 명의 정규군과 430대의 전차, 100문의 자주포 및 120대의 신예 MIG-15기를 포함한 400여대의 항공기를 보유하고 있었다.

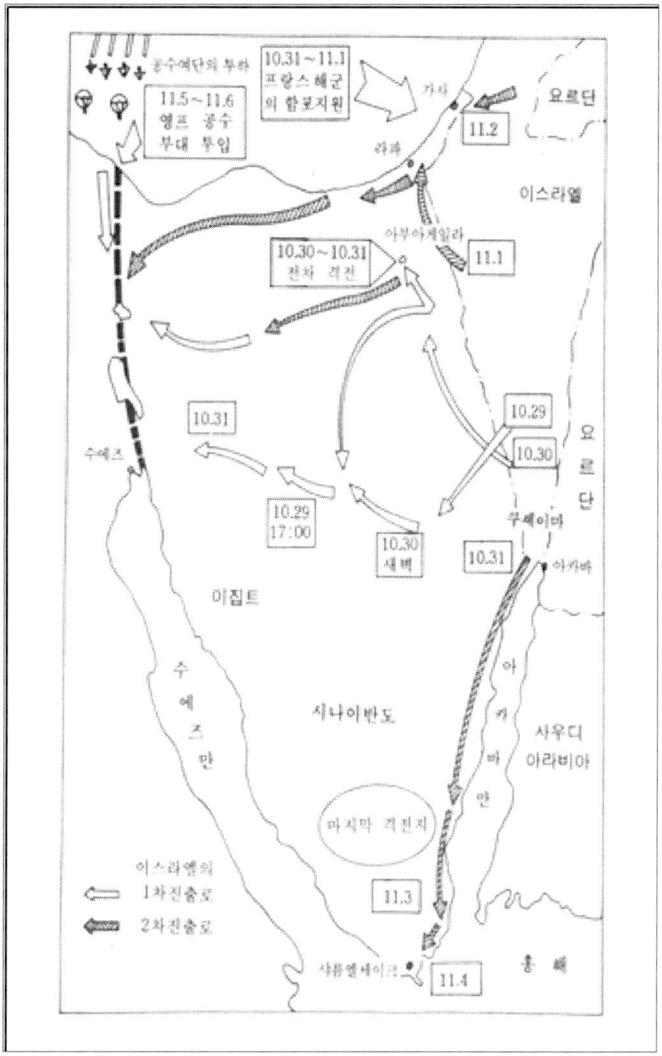

제2차 중동 전쟁

이러한 가운데 1956년 10월 29일, 이스라엘은 3만여 명의 주력군을 시나이(Simai) 반도에 투입하고 가자(Gaza), 아부 아게일라(Abu Ageila), 콴트라(Quantra)의 3개 방면으로 선제 공격을 개시하여 시나이 국경에 배치된 이집트군 수비대를 격파하였다. 이스라엘 공수부대는 시나이 반도에 투입된 지 5일 만에 수에즈 운하 동쪽 50마일까지 진출함으로써 시나이 지역 대부분을 점령하였다. 10월 31일에는 영 · 프 군이 수에즈 운하 일대에 직접 개입하였으나, 11월 2일 유엔 총회가 휴전결의안을 채택하고, 미 · 소가 적극 휴전을 지지하자 영 · 프도 이에 동의하여 11워 7일 전투가 중지되었다. 이 전쟁은 이스라엘이 휴전 후 아카바 만의 자유항행을 보장받고, 유엔비상군(UNEF), 이른바 유엔 평화유지군이 요르단과 가자 지역에서의 게릴라 습격을 막아준다는 조건으로 점령지인 시나이 반도로부터 1957년 3월 병력을 철수함으로써 종결되었다.

이스라엘이 피의 대가로 정복했던 모든 영토를 그들 스스로 포기함으로써 이 전쟁 결과 최고의 승리자는 이집트의 낫세르가 되었다. 낫세르는 무력으로 비록 패전하였으나 외교적으로 승리하여 수에즈 운하의 주인이 되었고, 이를 계기로 아랍 연맹의 강력한 지도자로 부상하였다. 반면 영 · 프는 무력을 통해 시도했던 수에즈 운하의 국제화가 오랜 우방이었던 미국과 캐나다 그리고 소련 및 유엔의 압력으로 무산됨으로써 외교적 패배를 맛보게 되었다. 따라서 수에즈 전쟁은 중동에서 영국과 프랑스의 권한을 종식시키는 계기가 되었다.

4. 제3차 중동전쟁(6일 전쟁)

수에즈 전쟁 이후 성립된 휴전은 양대 민족 간의 역사적 대립을 종식시킨 것이 아니며, 더욱 격화시킨 상태에서 일시 휴전한 것에 불과했다. 수에즈 전쟁 때 참패한 아랍측은 공산 진영의 적극적인 지원 아래 군비를 강화하는 한편, 이집트의 낫세르가 주축이 되어 1964년 1월 19일 카이로에서 1차 아랍 정상회담을 개최하고 이스라엘을 말살하기 위한 대책을 논의하였다. 이 회담에서 아랍측은 요르단 강의 수원(水源)을 이스라엘이 사용하지 못하도록 거부하여 이스라엘을 경제적으로 궁지에 몰아넣자는 데 합의하고, 1965년부터 시리아 지역에서 요르단 강 수로변경공사를 착수하였다. 이스라엘은 이를 저지하기 위해 1966년 7월 시리아의 수로변경 작업장을 폭격하였고, 1967년 5월 15일 이스라엘 독립 19주년 기념 군사퍼레이드를 실시함으로써 아랍 측을 자극하게 되었다. 특히 요르단 왕은 군사퍼레이드를 아랍에 대한 도발 행위로 간주함으로써 중동에서의 위기감이 고조되었다.

이러한 가운데 이집트의 낫세르 대통령은 이집트와 상호방위조약을 체결한 시리아의 위기를 구출한다는 명분 아래 5월 16일 대규모 병력을 시나이 반도로 진주시키는 한편, 5월 19일에는 수에즈 전쟁 이후 휴전 감시를 위해 주둔해 있던 유엔 비상 군의 철수를 요구하여 이를 관철시켰다. 뿐만 아니라 낫세르는 군사력의 우세를 믿고 5월 22일 사실상의 선전포고나 다름없는 해협 봉쇄 령을 선포하고, 이스라엘의 유일한 관문인 아카바만을 5월

23일 봉쇄함으로써 이스라엘의 생명선을 끊어버렸다. 그리고 5월 30일에는 이집트와 요르단 간에 방위동맹이 체결되고 6월 4일에는 이라크까지 가세하게 됨으로써 이스라엘에 대한 경제적 군사적 압력이 가중되었다. 이스라엘 입장에서 이러한 조치는 앉아서 적의 공격을 기다리는 격이 되어 자멸을 뜻하기 때문에 이미 낫세르가 예견했던 대로 선제공격을 개시함으로서 제3차 중동전쟁이 발발한 것이다.

이스라엘군은 기습을 달성하고 제공권을 장악하기 위하여 3단계 공군작전을 계획하였다. 1단계는 가장 위협적인 10개의 이집트 공군기지를 선제 기습공격으로 무력화시키고, 2단계에는 잔여 이집트 공군기지와 요르단 · 시리아 · 이라크 · 레바논 등의 공군기지를 공격하여 제공권을 장악하며, 3단계는 지상 및 해상작전을 집중 지원하도록 하는 것이었다. 이러한 계획에 따라 이스라엘 공군은 보유한 전투기 가운데 12대만 시리아 · 요르단 및 기타 방면에 대비하도록 하고, 전체 공군력을 이집트 방면에 집중 투입해서 1967년 6월 5일 아침 7시 45분(이스라엘 시간)에 선제 기습공격을 감행하였다. 10개편대로 편성된 제1파 이스라엘의 공격대가 이집트 공군기지 10여개소를 동시에 공격하여 약 80분간 이집트 항공기를 지상에서 격파하고, 이들 제1파가 복귀할 때는 제2파 공격대가 출진하여 연속공격으로 불과 2시간 50분 만에 500여대의 항공기를 격파함으로써 이집트 공군기지를 조기에 무력화시켰다. 정오부터는 제2단계 작전에 들어가 나머지 아랍 동맹군의 공군기지 15개소를 공격하여 개전 하루 만에 제공권을 장악하였다. 공군작전을 통하여 이스라엘 공군은 항공기 26대를 상실한 데 비해, 아랍 측 416대가 격파되었고, 그것도 23대만 공중전에서 격추되었을 뿐 전부 지상에서 격파되었던 것이다.

이스라엘 육군은 아랍동맹군 가운데 가장 강력한 이집트 군부터 격파하기 위해 공군의 선제 기습공격과 병행해서 시나이 반도 작전을 계획하고 있었다. 세부 작전계획을 보면 1단계로 2개 지점에서 강력한 이집트군의 전방 방어선을 돌파하고, 2단계는 형성된 돌파구로 1개 기갑사단이 신속히 초월 공격하여 수에즈 동쪽에서 적을 추격 및 포위하며, 3단계는 포위된 이집트 군을 소탕 격멸한다는 3단계 작전이었다. 당시 이집트군은 7개 사단을 투입해서 방어 및 공격작전에 대응할 수 있도록 3선으로 배치하였는데, 제1방어선은 전차 및 대전차포로 증강된 4개 보병사단으로 강력한 종심진지를 구축하고 있었다.

3단계 작전계획에 의거 이스라엘 육군은 전쟁개시 1시간 후인 6월 5일 08시 45분에 1단계 돌파작전을 개시하였다. 1개 여단이 가자 지역 정면에서 적을 방어하고, 1개 여단은 칸트라 방면에서 양동작전을 실시하여 적을 유인 견제하는 한편, 주공은 샤론(Sharon)과 요페(Yoffe) 2개 사단으로 실시하여 적을 유인 견제하는 한편, 조공은 탈(Tal) 사단으로 하여 엘 아리쉬(El Arish)로 공격하게 하였다. 이 돌파작전은 공군의 지원도 없이 실시하였으나, 탈 사단과 샤론 사단의 분전으로 하루 만에 이집트군의 전방 방어선을 돌파하고 40Km를 진격하여 엘 아리쉬와 아부 아게일라를 점령하였다. 하루 만에 1단계 작전을 완료한 이스라엘 군은 이틀째인 6월 6일부터 2단계 작전을 전환해서 북쪽에는 탈 사단이 계속 공격하고 중앙에서는 요패 사단이 샤론 사단을 초월하여 공격하였다. 2단계 작전 때는 공군의 집중적인 지원 아래 주로 전차에 의한 기동전으로 신속히 진격하여 6월 7일 미틀라(Mitla) 통로를 점령함으로써 이집트군의 퇴로를 차단하는 한편, 아카바 만을 개통시키기 위해 티란(Tiran) 해협의 요충지인 샤름 엘 쉐이크(Sharm El Sheik)를 공중 및 해상 강습작전으로 무혈점령하는데 성공하였다.

6월 8일부터는 3단계 작전에 들어가 여러 개의 기갑부대로 수에즈 운하의 교량 및 도선장을 장악하여 이집트 군의 증원과 철수를 차단한 다음, 사나이 반도에 포위된 이집트 군을 압축하였다. 드디어 6월 8일 저녁에 이집트가 유엔의 휴전제의를 수락함으로써 시나이 반도 작전은 개전 4일 만에 이스라엘군의 대승리로 종결되었다.

한편 요르단 지역에서는 6월 5일 10시 요르단 군이 예루살렘 지역에 대해 선제공격을 실시함으로써 전투가 개시되었다. 요르단군은 시나이 반도에서의 이집트군 전황을 제대로 파악할 수 없었기 때문에 결정적 공세작전은 실시하지 않고 소규모 공격만 시도하였다. 당시 이스라엘 군은 최소의 병력과 민 방위군에 의해 방어하다가 시나이 반도 작전의 추세에 따라 일부 부대를 전용해서 공세로 전환할 계획으로 4개 여단과 지역 내 민방위 군에 의해 방어 하고 있었다. 그러나 개전 첫날 시나이 반도 작전이 유리하게 전개되자, 이 작전에 투입하려던 1개 여단과 시리아 지역에서 2개 여단을 전용하여 총 7개 여단의 병력으로 6월 5일 예루살렘 지역에 야간공격을 실시하여 요르단군의 선제공격 기도를 무산시켰다. 6월 7일에는 예루살렘을 완전포위하고 치열한 시가전을 전개하여 성도(聖都)를 점령하고 6월 8일 요르단 강까지 진격하였다. 6월 8일 14시 개전 3일 만에 요르단 역시 휴전에 동의함으로써 요르단 지역 작전도 이스라엘의 승리로 종결되었다.

다른 한편 골란 고원에서는 시리아군 7개 여단의 병력 가운데 6개 여단을 이 지역에 투입하여 강력한 축성진지를 구축하고 있었고, 이스라엘군 또한 시나이 반도 및 요르단 지역

작전 때문에 3개 여단의 소수 병력과 민 방위군으로 방어에 주력하고 있었다. 따라서 시나이 반도 및 요르단 지역 작전의 승리가 확정되자 이스라엘군은 6월 8일 야간에 주력군 가운데 4개 여단을 시리아 지역으로 전용해서 공격준비를 완료하였다. 이스라엘군은 6월 9일 9시 40분에 강력한 공중지원 아래 정면공격을 실시하여 시리아군의 강력한 방어선을 돌파하고 6월 10일 골란 고원 후방의 요충지인 쿠네이트라를 점령하고 다마스커스(Damascus)로 진격코자 하였다. 이렇게 되자 시리아도 휴전에 동의하지 않을 수 없었다. 따라서 3차 중동 전쟁은 개전 6일 만인 6월 10일 18시 이스라엘의 일방적인 승리로 일단 막을 내렸다.

이 전쟁에서 이스라엘은 689명이 전사하고 2, 563명이 부상하였으며 16명이 포로가 되는 등 3, 268명의 인명손실과 항공기 26대와 전차 86대가 파괴된 반면에, 아랍 측의 전차 800여대와 1,000여대의 차량을 포함하여 20억 달러 상당의 장비 및 보급품을 노획함으로서 오히려 군사력 증강의 계기가 되었다. 또한 이스라엘은 시나이 반도, 요르단 서부지역, 골란 고원 등 전쟁 전의 영토보다 3.5배나 되는 영토를 획득함으로써 아랍 측의 공세에 대비할 수 있는 전략적 요충지를 확보하였고, 티란 해협을 장악함으로써 아카바만의 자유통행이 보장되었으며, 특히 예루살렘을 완전 장악함으로써 정치적으로는 물론 국민의 정신적 단결과 사기를 증진할 수 있게 되었다.

결국 6일 전쟁은 이스라엘로 하여금 6일 만에 중동에서 자기의 취약점을 전례 없는 군사적 우위의 위치로 바꾸어놓는 전환점이 되었다. 이제 팔레스티나에서 갓 태어난 유대 국가는 20년 만에 무서운 강대국으로 등장하였다. 그러나 팔레스타인 전쟁 이후 생겨난 아랍 피난민 수의 증가와 아랍 민족의 실지회복에 대한 집념과 복수심이 증대됨으로써 두 민족의 분쟁이 더욱 가속화될 개연성을 내포하고 있었다.

5. 제4차 중동전쟁

6일 전쟁에서 이스라엘의 신속하고 결정적인 승리는 아랍 측에 국가적 치욕과 쓰라린 유산을 남겨놓았다. 더욱이 6일 전쟁 후 유엔에서 쌍방의 동의로 채택된 휴전안 즉, 아랍측이 이스라엘의 국가적 생존권을 인정하고 이스라엘의 수에즈 운하 및 티란 해협 자유 항해권을 보장하는 대신 이스라엘은 점령지역에서 철수하고 팔레스타인 난민 문제를 공정하게 해결한다는 결의안이 6년이 지난 그 당시까지 실현되지 않았다.

휴전안에 대하여 이스라엘측은 승자의 유리한 입장에서 이스라엘의 생존권 문제와 점령지 철수를 일괄적으로 묶어서, 패자인 아랍과 직접 협상을 통해 해결하고자한 데 반해, 아랍측은 아예 이스라엘의 생존권을 인정하려고도 하지 않고 점령 지역에서의 철수만을 주장함으로써 쌍방 간에는 진전이 전혀 없었다. 오히려 아랍측은 이스라엘이 점령지역에 유대인 정착민들을 이주시킬 계획에 대하여 분노와 초조함을 금할 수 없었다.

그리고 당시의 국제정세 또한 화해 무드로 변함에 따라 이스라엘의 점령지역이 강대국의 개입에 의해 해결되지 못하고 기정사실화될 가능성에 대한 아랍 측의 불안감이 증대하게 되었다. 결국 유엔 휴전안에 대한 쌍방 간의 이해상충과 국제간의 화해 무드에 따른 이스라엘의 점령지 합병의 기정사실화 가능성 및 아랍의 실지회복 집념 등으로 중동에서의 전운이 감돌고 있었다. 이러한 가운데 알제리 비동맹국회의 이후 아랍제국은 단결력이 증대되고 석유 무기화 가능성과 소련의 적극적인 지원에 힘입어 다시 막강한 군사력을 갖추게 되었다. 또한 시기적으로도 유엔 총회가 개최되고 있어 아랍 측에 대한 동정적인 국제 여론을 이용해서 유엔 총회의 결의를 유리하게 유도할 수 있는 계기가 될 수 있다고 판단하는 등 1973년의 아랍은 빼앗긴 영토의 일부 또는 전부를 무력으로 회복할 수 있으리라고 믿을 만큼 고무되어 있었다. 이리하여 중동에서의 또 한 차례 격렬한 무력충돌이 불가피해졌던 것이다. 1973년 10월 6일 14시 이집트군은 수에즈 운하 일대의 시나이 반도로, 시리아군은 골란 고원 지역으로 선제 기습공격을 감행하였다. 마침 이날은 유대교의 성일(聖日) 가운데서도 가장 거룩한 속죄성일(贖罪聖日)인 욤 키푸르(Yom Kippur)로서 유대인들이 죄를 속죄하기 위해 일체의 노동을 않고 식음과 여행 및 오락을 금지하는 날이기 때문에 이스라엘군은 예비군의 동원이 예상했던 72시간의 2배 이상이나 지연되고, 전방 국경지역도 경계가 허술하여 최초 방어선이 최기에 유린당하는 등 개전 초기에 고전을 면하지 못하였다.

우선 이집트군은 10월 6일 수에즈 운하 도하에 고속정을 사용하여 이스라엘 진지를 돌파하는 데 성공하였다. 당시 이스라엘군은 6일 전쟁 직후부터 수에즈 운하 동안에 강력한 방어 진지인 바레브(Bar Lev) 방어선을 구축했는데, 이것은 수로 바로 동쪽을 따라서 15M 높이의 제방을 쌓고, 거기서 약 40여 개의 철제 벙커를 구축하여 9미터가 넘는 화강암과 흙 · 모래 등을 덮은 다음 주변에 지뢰와 네이팜을 발사할 수 있는 파이프 망을 매설한 것으로 제2차 세계대전 때의 마지노선과 같은 난공불락의 요새 진지였다. 그러나 이 바레브선은 하나의 전초진지로서 불과 1개 여단규모의 병력(약8,000명)이 주둔해서 경계임무를 수행하고 있었으며, 주진지는 10~15킬로미터 후방에 있었다.

한편 이집트군은 바레브 진지를 분쇄하기 위해서 별도로 특공대를 조직하여 사전 충분한 훈련을 실시해 두었으며, 개전 9일 전부터 대규모 기동훈련을 가장하여 공격부대를 수에즈서안에 집결시켰다. 공격준비를 완료한 이집트군은 10월 6일 14시, 맹렬한 포격과 공군의 집중지원 아래 선제공격을 개시하여 최초 소규모 특공대가 5개 지역으로 일제히 고속정을 타고 수에즈 운하를 도하한 후 나무사다리를 놓고 15미터 높이의 바레브 진지를 기어 올라갔다. 이스라엘군 수비병들이 욤 키푸르의 관습에 따라 단식하면서 쉬고 있는 순간에 공격함으로써 선제 기습공격이 쉽게 달성되었으며, 또한 특공대의 기습 공격을 위해 전날 야간에 이집트군의 수중파괴조가 침투하여 바레브 제방에 폭파장치를 해둠으로써 공격개시와 동시에 통로개척을 용이하게 하였다.

이와 같이 선제 기습공격을 감행한 이집트군은 바레브 진지 일부를 장악한 특공대의 엄호 아래 수에즈 운하 일대에 11개의 단교(丹橋)를 15분 안에 가설하고, 전차 5000대, 병력 5만 명의 주력부대를 도하시켜 개전 3시간 만에 바레브 진지의 대부분을 장악한 후, 10월 7일부터는 시나이 반도 안으로 진격하였다. 기습을 당한 이스라엘군은 소수의 바레브선 수비대를 10~15킬로미터 후방에 있는 제2방어선으로 철수시키고 700여 대의 전차 예비대와 예비군을 즉각 투입하여 열세한 상태에서 주로 지연전을 실시하였으며, 개전 직후 수에즈 운하에 가설된 단교를 파괴하기 위한 공군의 후방 차단작전을 감행하였다. 그러나 6일 전쟁 당시 지상 30미터 높이의 초저공비행으로 공격하던 전폭기가 이집트군의 샘(Sam)-6 미사일에 의해 대량 격추되는가 하면, 고공폭격도 이집트군의 대공 미사일망을 뚫지 못하고 하루 만에 50여 대에 달하는 막대한 손실을 입게 되었다.

그럼에도 불구하고 이집트군은 바레브 선은 돌파했으나 불과 100야드 정도밖에 되지 않은 좁은 4개의 애로(隘路)를 통과해야만 하였다. 또한 대공 미사일의 유효사정 내에서 작전을 한다는 소극적인 공세활동으로 비록 이집트 군이 우세는 확보하였지만 전선이 교착되고 보급 면에서 이집트 군에게 불리한 상황이 전개되었다. 이러한 가운데 이스라엘군은 적 후방지역에 특공대를 투입시키는 유격전법을 병행하면서 골란 전선이 호전될 때까지 10여 일간 주 방어선인 제2방어선 일대에서 이집트 군을 무난히 저지할 수가 있었다.

한편 골란 전선에서는 수에즈 일대에 대한 이집트군의 공격개시와 동시에 2천여 명의 모로코군 및 팔레스타인 게릴라 부대와 합세한 시리아군의 보병 3만 명, 전차900여대를 투입하여 이스라엘군의 경계초소를 격파하고, 3개 방면으로 기습공격을 가하여 10여Km 진격하였다. 이렇게 되자 전차 200여대, 보병 1천 명의 소규모 정규군으로 수비하고 있던 이스라엘군은 초기에 고전을 면치 못하였으나, 개전 때마다 양면 전을 강요당하고 있던 터라 시나이 전선이 어느 정도 안정된 틈을 이용하여 우선 이번 전쟁의 1차적 목표를 시라아군의 격멸에 두기로 하고 즉각 동원된 예비군의 주력을 이 지역에 투입하였다. 10월 8일 이스라엘군은 총반격을 개시하여 고착된 시리아군의 선봉을 격파하고 전차 1천여 대를 파괴 또는 포획하였고, 10일에는 초전에서 상실했던 대부분의 지역을 탈환하는데 성공하였다.

골란 전선의 반격작전에서 주도권을 장악한 이스라엘군은 11일 휴전선을 돌파하고 계속 다마스커스를 향한 진격을 개시하여, 14일에는 다마스커스 전방 26킬로미터까지 진출함으로써 시리아의 심장부를 위협할 수 있는 위치에까지 접근하였다. 그러나 이스라엘군은 보급상의 난점과 더 이상 다마스커스에 접근하지 말라는 소련의 경고를 받았으며, 중립적인 자세를 견지하고 있던 요르단을 자극하지 않기 위해 암만(Aman) · 다마스커스 가도를 차단치 않았다. 이후 전쟁이 끝날 때까지 골란 전선은 대체로 현 상태를 계속 유지하고 있었다.

약 8일간의 전투로 골란 전선을 안정시킨 이스라엘군은 3개 기갑사단을 시나이전선으로 이동시켜 15일부터 반격작전을 전개하였다. 15일 야음을 이용하여 이스라엘군은 전차 7대, 병력 200명으로 구성된 소규모 특공대를 이집트군 제2군 및 제3군 간격으로 침투시켜 경비가 소홀한 그레이트 비터(Great Bitter) 호수 북단을 도하한 후 수에즈 운하 서안 이집트령에 교두보를 구축하고, 이집트군 후방 지역의 대공 미사일망을 유린하였다. 이집트군 후방의 대공 미사일망을 유린하고 대공세를 개시한 이스라엘군 주력부대는 17일 유례없는 대규모 전차전을 감행하면서 이집트 군의 전선을 중앙돌파한 후 특공대가 확보한 교두보와 연결하는데 성공하였다. 수에즈 운하 서안의 교두보가 강화되자 이집트군은 18일에 비로소 이 교두보를 분쇄하기 위해 남북 양면에서 역습을 시도하였으나, 오히려 이스라엘군의 교묘한 매복 작전에 대 손실을 입고 돈좌됨으로써 전세가 역전되었다. 10월 18일 다시 시나이 반도 공격을 재개한 이스라엘군은 19일부터 이집트 제2군 및 제3군을 분리하기 위한 돌파구 확대작전을 전개하여 22일에는 수에즈 시까지 진출하여 이집트 제3군을 완전히 고립시킬 때까지 진격하였다. 위기에 직면한 이집트 제3군을 구출하기 위하여 이집트가 잠정 휴전안을 받아들여 23일 잠시 휴전에 들어갔으나 다시 전투가 재개되었다.

그러나 이스라엘군이 수에즈 남쪽의 엘 아다비아(El Adabiah) 항으로 진출하여 이집트군 제3군을 기습적으로 포위해 버리자, 이집트군은 더욱 궁지에 몰린 상태에서 24일 14시 휴전이 성립되었다.

17일간의 격렬한 전투 끝에 이스라엘은 또 한번의 승리를 획득하였으나 값비싼 대가를 지불하였다. 10월 전쟁을 통해서 이스라엘군은 아랍 항공기 425대(공중전 375대)를 격추시켰고, 대신 110여대의 항공기를 상실하였다. 또한 지상전에서 이스라엘군은 1,900여대의 아랍전차를 파괴시켰으나 대신 840여대의 손실을 감당해야만 했다. 6일 전쟁 때 이스라엘의 손실이 극히 경미했던 것에 비하면 장비의 손실이 극심하였음을 알 수 있다. 특히 대공무기인 SAM-6에 의하여 100여대의 이스라엘 항공기가 격추되었고, 소련제 무기인 RPG-7과 PUR-64(Sagga)와 같은 대전차 무기에 의하여 많은 전차를 잃었다.

한편 아랍인들은 최종적으로 패배 했음에도 불구하고, 사다트(Sadat) 대통령이 "이집트군은 어떤 군사적 기준으로도 기적을 실천했다. 그리하여 국가의 명예를 회복하였다"고 선언한 것처럼 아랍인들은 단기간의 승리를 마음속에 품고 외교적 교착상태의 좌절과 무모함에서 벗어날 수 있었다. 그러나 최종적으로 유엔이 휴전을 선포했을 때 양측은 완전히 기진맥진하여 대체적으로 힘의 균형상태가 되었다.

6. 전쟁결과

1948년 5월 14일 이스라엘의 독립이 선포되면서부터 시작된 아랍과 이스라엘간의 전쟁은 네 차례 모두 이스라엘의 승리로 끝났다. 1948년 독립전쟁에서 이스라엘은 아랍 5개국의 침략을 격퇴시킴으로써 그들에게 할당된 1만 4,900평방킬로미터 영토를 수호함은 물론 5,900평방킬로미터의 영토를 더 확장하였다.

1956년 수에즈 전쟁은 비록 점령했던 영토 획득은 포기했지만 이스라엘 군대가 얼마나 강한가를 아랍인들에게 분명하게 보여주었다. 그러나 비록 군사적으로 패배는 하였으나 수에즈 전쟁으로 낫세르는 찬란한 외교적 승리를 쟁취하였고, 중동에서 영 · 프의 세력이 퇴각하게 되었다. 즉 수에즈 전쟁은 또 하나의 디엔비엔푸가 된 셈이다.

한편 1967년 6일 전쟁의 결과는 낫세르에게는 굴욕이었고 이스라엘에게는 찬란한 승리를 가져다주었다. 6일 전쟁으로 이스라엘군은 아랍인들뿐 아니라 전 세계적으로도 강한 군대임을 다시한번 입증하였다. 그리고 1973년 10월 이스라엘은 초기의 패배를 또 한 차례 귀중한 승리로 바꾸어놓는 신화를 창조하였다.

네 차례의 중동전쟁이 있은 후 1977년 11월 이집트의 사다트 대통령이 전격적으로 유대국가를 방문하여 이스라엘 의회에서 연설을 하고, 1979년 3월에는 이스라엘 베긴 수상과 단독평화협정에 서명함으로써 이스라엘의 시나이 반도 철수에 합의하는 등 중도평화의 새로운 기운이 조성되는 듯하였다. 그러나 이스라엘은 1981년 프랑스와 이탈리아의 원조로 건설한 이라크의 핵발전소를 파괴하였으며, 1982년에는 레바논 안에 있는 팔레스타인 해방 기구(PLO ; Palestine Liberation Organization) 본부와 근거지를 제거하기 위하여 레바논 침공을 단행하였다. 이스라엘과 아랍 간에 수많은 문제점들이 여전히 미해결 상태로 남아있다. 시리아가 반환을 요구하고 있는 골란 고원 문제를 포함한 점령지 반환, 점령지역 안의 자치 문제 및 아랍의 이스라엘에 대한 승인 등 해결되기 어려운 근원적인 문제들이 바로 그것이다.

1948년 이스라엘 건국과 동시에 벌어진 제1차 중동전쟁으로 현재의 이스라엘 지역에 살던 팔레스타인들이 중동 각지로 흩어져 살고 있으며, 그 수는 약 500만 명에 이르고 있다. 이들 팔레스타인 유랑인 들이 고향을 되찾으려는 의지를 버리지 않는 한 중동에서의 평화는 불완전한 것이다. 이것은 유대인들이 2천년 동안 세계 도처에 흩어져 유랑생활을 하다가 그들이 주장하는 고향을 되찾기 위한 의지를 버리지 않았던 것과 같은 이치이기 때문이다.

Section 04

기타 전쟁

1. 포클랜드 전쟁

가. 개 요

1982년 4월 2일, 군부독재 정권이 통치하고 있던 아르헨티나가 자국과 가까운 영국령 포클랜드 섬을 무력으로 점령하여 발발한 전쟁이다. 이 전쟁은 2개월만에 아르헨티나군의 항복으로 종료되었다.

■ **포클랜드 제도(영어: Falkland Islands/남대서양 군도)**

영국의 자치 식민지이지만 아르헨티나도 영유권을 주장하며 아르헨티나에서는 포클랜드를 말비나스 제도(에스파냐어: Islas Malvinas 이슬라스 말비나스)라 부른다. 영토 분쟁은 1982년 포클랜드 전쟁의 불씨가 되어 아르헨티나 군이 침공해 몇달 동안 섬을 점유하기도 했다.(말비나스라고 하는 것은 이곳에 처음으로 도착한 이들이 프랑스의 생말로 주민이었기에, 프랑스어로 '생말로'의 혹은 '생말로 주민'을 뜻하는 말루인 섬 (프랑스어 : Ile이라고 부른 것을 에스파냐어로 번역)

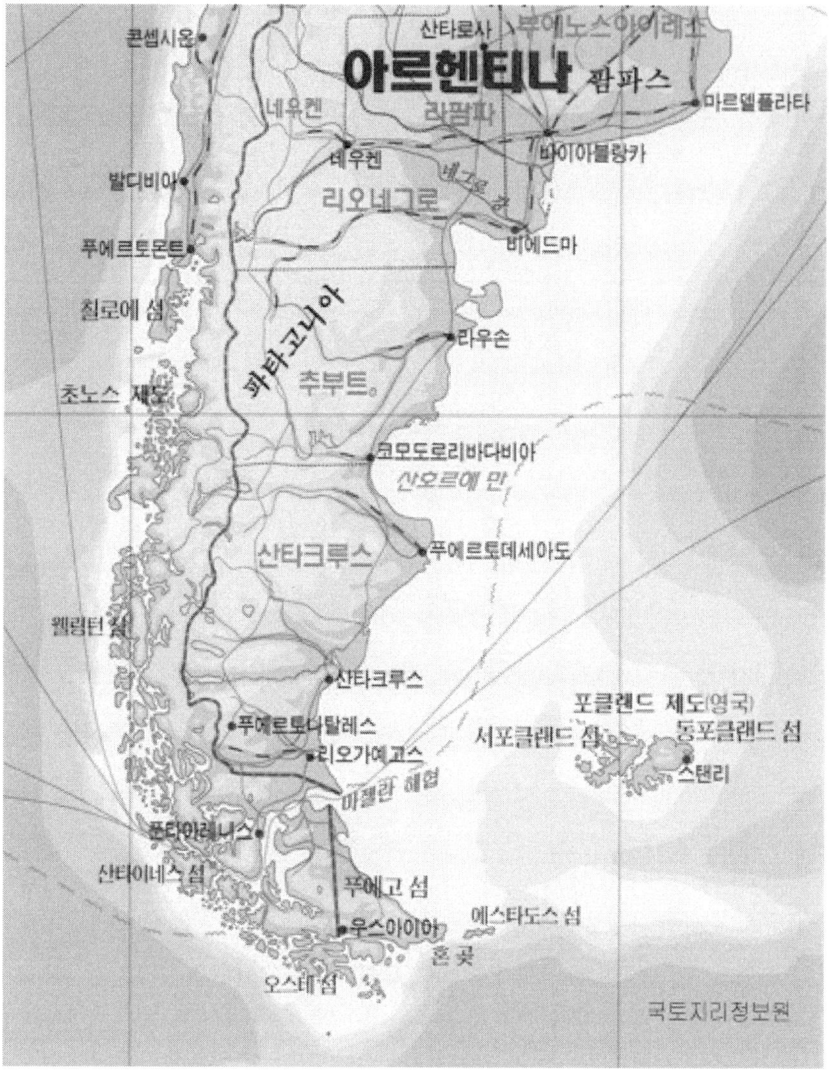

(Malouines 일 말륀)

■ 전개

아르헨티나는 19세기초부터 아르헨티나의 동해안으로부터 480km 지점에 위치한 포클랜드가 자국의 영토임을 주장했지만, 1833년 이후 이 제도를 점령 · 통치한 영국은 아르헨티나의 영유권 주장을 계속해서 묵살했다. 1982년초 아르헨티나는 장기간에 걸친 영국과의 협상을 포기하고 군사적 침공을 개시했다. 같은 해 4월 2일 아르헨티나 군대는 포클랜드 제도를 공격하여 그곳에 주둔하고 있던 소규모의 영국 해양수비대를 굴복시킨 후 포클랜드 제도의 동쪽 1,600㎞ 지점에 있는 부속도서 사우스조지아 · 사우스샌드위치를 장악했다. 4월말 아르헨티나는 포클랜드 제도에 1만 명 이상의 병력을 주둔시켰다.

영국은 포클랜드 주변 320㎞의 해역을 전쟁지역으로 선포하고 이 제도를 탈환하기 위해 해군 기동부대를 구성했다. 4월 25일 영국의 해군 기동부대가 영국령 어센션 섬을 경유하여 전쟁지역을 향해 1만 3,000㎞를 순항하는 동안 이보다 규모가 작은 영국군이 조지아 섬을 탈환했다. 5월 2일 전쟁지역으로 접근하던 아르헨티나의 순양함 제너럴 벨그라노호가 영국 잠수함의 공격을 받아 침몰했으며, 이후 아르헨티나의 공군과 영국 해군 사이에 전투가 계속되었다. 이때 국제연합(UN)과 미국은 중재를 시도했으나 성공하지 못했다. 아르헨티나는 공중폭격으로 영국의 구축함 2척과 프리깃함 2척을 침몰시켰지만, 영국군은 합동상륙작전에 성공하여 5월 21일 이스트포클랜드 북부해안에 있는 포트산카를로스 근처에 상륙했다. 영국 보병대는 이 교두보에서 남쪽으로 진격하여 다윈과 구스그린을 탈환한 뒤 동쪽으로 진군, 5월 31일에는 포클랜드 제도의 수도인 스탠리를 포위했다. 6월 14일 이곳에 주둔하고 있던 아르헨티나 수비대가 항복하자 사실상 포클랜드 전쟁은 종결되었으며, 6월 20일 영국군은 사우스샌드위치 섬을 점령했다.

영국군에게 생포된 약 1만 명의 포로들은 종전 후 모두 석방되었다. 전쟁중 사망자수는 아르헨티나군이 약 700명, 영국군이 약 250명이었다. 전쟁에서의 완패로 신임을 잃은 아르헨티나의 군사정권은 1983년 민간정부로 대체되었다.

나. 전쟁배경

- 이 섬은 1690년 영국의 존 스트롱이 처음으로 상륙하고 1764년 프랑스의 루이 앙트완 드 부갠빌이 처음으로 정착민을 데려와 살게 했다. 1766년에는 이 프랑스 정착촌의 존재를 모르는 채로 영국 정착촌이 세워졌고 프랑스 정착촌을 넘겨 받은 에스파냐와 영국이 1771년 전쟁을 벌일 뻔 하기도 했으나, 영국은 1774년, 에스파냐는 1811년에 각각 경제적인 이유로 철수했다. 1816년 에스파냐로부터 독립을 선언한 아르헨티나는 주변의 에스파냐 땅은 모두 아르헨티나 땅이라고 주장하면서 1820년 포클랜드의 영유권을 주장했으나 1831년 미국 포경선을 나포한 보복으로 유일한 정착촌이 미국해군함 렉싱턴에 의해 완전히 파괴당했다. 그 후 1833년 영국이 이 섬을 접수했다.

1982년에 아르헨티나군이 무력으로 이 섬을 점령한 것은 영유권 때문이라기보다, 아르헨티나의 군부 독재 정권에 의한 내부 문제를 외부의 위기로 해결하려는 고전적인 정치 수단의 일환이었다. 즉, 인플레이션과 실업, 정치 혼란(=반독재 투쟁), 강제수용소에 반독재투쟁인사들을 감금, 살해한 군사독재정권의 인권침해를 비판하는 목소리 등을 잠재우려는 목적을 가지고 있었다고 할 수 있다.

■ 영국 정부가 남대서양의 끝에 있는 별볼일없는 섬에 무력으로 개입할 것 같지는 않다는 판단도 무력 점령을 시도한 원인이 되었다. 실제로 이 당시 포클랜드 주둔 영국군은 해병대 코만도 소속 수십명에 불과하였으며, 이들 모두는 포로가 되었다. 이런(영국인의 시각에서는 매우 수치스러운) 무력 사용에 영국 여론은 자국 영토가 침탈당했다는 자존심의 상처와 더불어 강경 여론을 불러일으켰다.

다. 경 과

4월 02일 : 아르헨티나, 포클랜드 등 3개 제도에 대한 무력점령; 영국의 항의, UN의 중재노력; 영국, 기동부대 파견 결정
4월 26일 : 영국의 대규모 기동부대와 아르헨티나군간 전투; 영국, 남부조지아(South Georgia)섬 탈환
5월 02일 : 영국, 아르헨티나 전투함 General Belgrano를 격침
5월 21일 : 영국, 카를로스(San Carlos)섬 상륙
6월 14일 : 영국, 스텐리항(Port Stanley)을 탈환/포클랜드 주둔 아르헨티나군 항복

이 전쟁에서 패배한 아르헨티나 군부독재 정권은 내부의 위기를 외부에서 해결하려 하다가 거꾸로 패착이 되어 민간인에게 정권을 이양하지 않을 수 없었고, 그 후 아르헨티나는 순탄하지만은 않지만 민주화를 추진할 수 있게 되었다. 그렇지만 아직도 포클랜드(말비나스)섬에 대한 영유권 주장은 계속 하고 있다.

라. 전쟁결과

■ 전쟁기간 : 1982년 4월 2일~1982년 6월 14일
■ 이 유 : 아르헨티나의 국내 문제 해결을 위한 포클랜드 제도침공
■ 장 소 : 포클랜드 제도, 사우스조지아 사우스샌드위치 제도와 그 인근 해상과 영공
■ 결 과 : 영국의 군사적 승리와 아르헨티나 군사정권의 붕괴

교전국	
아르헨티나	영국
지휘관	
레오폴로 갈티아리 주앙 롬파르도 에른스토 크렙스 마리오 멘데즈	마거릿 대처 존 필드하우스 경 존 우드워드 제레미 무어
병력	
육군 10001명 해군 3119명 공군 1069명 군함 38척 항공기 216기	육군 10700명 해군 1만 3000명 공군 6천명 군함 111척 (항공모함 2척 포함) 항공기 117기
피해 상황	
649명 전사 1068명 부상 11313명 포로 항공기 75대 파괴 헬리콥터 25대 파괴 경순양함 1척 침몰 잠수함 1척 침몰 수송선 4척 침몰 경비정 2척 침몰	258명 전사 777명 부상 115명 포로 씨 해리어 6기 파괴 해리어 GR.3 4기 파괴 헬리콥터 24대 파괴 구축함 2척 침몰 프리깃함 2척 침몰 LSL 1척 침몰 LCU 1척 침몰 콘테이너선 1척 침몰

2. 걸프전쟁

가. 배경

- 이라크와 쿠웨이트 사이의 국경분쟁은 1961년 6월 쿠웨이트가 영국의 보호령으로부터 독립하면서 표면화 되었다.. 쿠웨이트는 최초 1756년 아라비아반도의 걸프지역에 국가체제가 형성되어있지 않은 상황에서 왕국으로 탄생하였다.

당시 유목민의 실력파였던 '앗사바하족'이 주변의 부족을 통합하여 군주제를 채택하고 ' 쿠웨이트 왕국'을 건립하였다. 그러나 쿠웨이트는 그 후 당시 중동지역에 세력을 확장하면서 걸프지역의 지배권을 추구하고 있던 오스만 터키 바스라주의 한 지방으로 편입되었다. 그러면서도 쿠웨이트는 내정의 독자성을 유지하였다.

그 후 19세기 말 쿠웨이트는 영국을 보호자로 선택하였다. 당시 쿠웨이트는 왕국을 수립한 '사바하가'와 '이븐라시도가'가 이 지역에서의 패권을 놓고 대립하였는데 이 기회를 틈타 영국이 '사바하가'에 접근하자, 자신의 안전을 보장받기 위하여 영국의 보호를 받아들였다.

그렇게 되자 이 지역은 19세기 후반부터 서방 열강의 쟁탈전 무대로 변해가기 시작하였다. 20세기에 접어들어 아라비아반도에 대규모 유전이 있다는 사실이 확인되면서 쿠웨이트의 전략적 가치가 급부상되었다.

이에 영국은 쿠웨이트에 대한 종주국이라는 지위를 내세우면서 유전의 독점을 주장하였고, 미국 역시 이 지역으로의 진출을 시도하였다. 그렇게 하여 영국과 미국은 쿠웨이트 유전을 놓고 상호 대립하였고, 두 나라는 마침내 1934년 '앵글로 페르시안 석유회사'와 '걸프 석유회사'가 공동으로 출자하여 '쿠웨이트 석유회사(KOC)' 를 설립하였다. 이로써 쿠웨이트는 영국과 미국의 철저한 보호를 받게 되었다.

■ 쿠웨이트는 1950년대부터 중동지역에 급속히 확산된 민족주의 조류를 타고 1961년 6월 19일 독립을 성취하였다. 그러나 독립과 더불어 이라크가 쿠웨이트에 대한 영유권을 주장하면서 양국 간의 국경분쟁이 표면화되었다. 이라크의 혁명정권은 쿠웨이트가 오스만 터키시대에 자신의 영토인 '바스라주'에 편입되었다는 이유로 쿠웨이트네 대한 영유권을 주장하면서 국경부근에 군대를 집결시켰다.

이라크보다 열세한 쿠웨이트는 과거의 보호국인 영국에 구원을 요청하였고, 영국도 막대한 국가이익이 걸린 석유자원 확보차원에서 1961년 7월 1일 항공모함 1척과 해병대 병력을 쿠웨이트에 파견하였다. 이라크의 '카셈 정권' 은 이와 같은 영국의 군사개입에 강력하게 반발하면서 쿠웨이트에 대한 영유권 주장을 굽히지 않았다.

그러나 1963년 10월 쿠테타 발생으로 '카셈정권'은 붕괴되었으며, 그 후 새로 출범한 정권은 쿠웨이트와의 관계 개선을 추구하면서 쿠웨이트에 대한 영유권을 포기하였다. 이로써 쿠웨이트의 독립과 더불어 발생한 이라크의 국경분쟁은 무력 충돌 없이 종결되었다.

걸프전은 1990년 8월 2일 이라크의 10만 정규군이 쿠웨이트를 강제 점령함으로써 비롯되었지만 '아랍민족주의'와 반시오니즘(유태인이 옛 영토 팔레스티나 재건운동에 반대하는 주의/운동) 및 반서군주라는 깊은 이념적 뿌리를 갖고 있었다. 중동지역은 제2차 세계대전 이후 가장 많은 분쟁을 일으키고 있는 지역으로 세계의 화약고로 불리우기도 했다. 1948년 이스라엘 건국 이후 아랍과 이스라엘간의 전쟁이 4차례나 계속되었고, 아랍국가들 사이의 분쟁, 그리고 8년간 지속되었던 이란-이라크전쟁, 크고 작은 혁명과 내전의 연속 등이 계속되었다.

또한 페르시아만 지역은 전 세계 석유 매장량의 10%이상과 일본 EC의 석유 수입량 중 절반 이상르 공급하고 있다. 중동을 지배하고 있는 아랍민족과 카셈족의 한 민족으로서의 유태민족과 아라마이크족 등이 함께 이 지역에 거주하고 있다. 특히 이 지역의 유태민족 국가인 이스라엘과 21개에 달하는 아랍민족 국가는 전통적으로 대립관계를 이루어 왔다. 유태민족은 1897년 첫 시온주의자 대회가 개최된 이래 "시온동산에 유태민족 의 국가를 만들자"는 운동이 조직적으로 전개되었다. 과거 2년간 영토 없는 민족으로만 존재하던 유태인이 국민국가로 탄생한 것은 제2차 세계대전 이후부터였다. 이에 따라 당시까지 팔레스타인 지역에 거주하고 있던 팔레스타인들은 자유를 빼앗긴 채 오늘에 이르고 있다. 이라크의 후세인이 쿠웨이트를 점령하면서 팔레스타인의 독립을 요구한 것은 바로 이 같은 역사적 배경에 근거한 것이다.

아랍인들은 중동지역의 국경선을 식민지 시대 서구열강에 의한 분할과 지배 전략의 결과에 불과하다고 보고, 오랫동안 통일 아랍국가의 건설을 추진해왔다. 따라서 쿠웨이트가 자국민의 이익을 위해 '서구와 결탁'한 것은 낫세르에 의한 아랍 민족주의 운동 이후 미국과 이스라엘에 대한 적개심을 표출하면서 '아랍민족주의의 대변자'로 자처하던 후세인에게 있어서 배신의 행위로 간주되었다. 당시 쿠웨이트는 사우디아라비아와 함께 서방적 석유부국으로서 OPEC(OPEC:Organization of Petroleum Exporting Countries:석유수출기구) 의 제한조치를 무시하고 원유를 생산, 국제유가의 하락을 야기시켰다. 이에 대핸 이란과의 '8년 전쟁';으로 피폐해진 국내경제를 원유 값 인상을 통해 재건하려던 이라크는 "일부석유부국들이 미국과 결탁, 석유쿼터를 위반함으로써 공급과잉과 유가하락을 부채질하고 있다"고 비난했다. 이러한 요인들이 걸프전의 역사적인 배경으로 볼 수 있다.

나. 전쟁 전개

- 이라크와 쿠웨이트간의 국경분쟁은 1980년대에 전개된 일련의 걸프지역 및 이라크내 정세 변화와 연계되어 다시 불거지기 시작하였다. 이라크의 사담 후세인이 국제정치가 점차 악화되자 걸프지역에서 세력판도가 변동되는 상황을 틈타 쿠웨이트와의 국경문제를 제기함으로써 자신의 정치적 입지를 공고히 하고자 하였다. 당시 이라크는 이란과의 오랜 전쟁과 경제정책의 실패 및 유가의 계속된 하락, 그리고 서방국가들과 걸프 산유국들의 차고나 공여 거부로 경제난이 가중되었다.

- 사담 후세인은 이란과 장기간 전쟁을 치르면서 150여만 명에 달하는 인명 피해를 가져왔고, 국가재정은 물론 국가경제를 파탄 직전까지 몰고 갔으며, 전후에도 경제재건 및 활성화보다 군수산업에 치중하였다. 이러한 상황에서 국민의 불만아 누적되었고, 그에 따라 후세인의 정치적 기반도 도전을 받게 되었다. 더욱이 남부지역의 '시아파' 이슬람세력과 북부지역 '쿠르드' 게릴라 세력이 후세인 정권에 위협을 가중시켰다. 후세인은 결국 자신의 장기 집권ㅊ[제를 공고히 하고 국민의 누적된 불만을 해소하기 위하야 대외적 군사 모험이 필요하였다.

- 후세인의 정치적 야망은 걸프지역의 패권추구였으며, 후세인은 이란과의 전쟁 이후 걸프지역의 세력판도가 자신에게 유리한 것으로 판단하고, 안보적으로 취약한 쿠웨이트, 사우디아라비아. 카타르, 바레인, 오만 증을 정복하여 명실상부한 패권국을 건설하려는 야망을 가지고 있었다. 특히, 쿠웨이트를 합병하여 석유수출기구(OPEC) 산유량의 40%를 점유함으로써 경게 강국의 위치를 확보하고자 하였다. 뿐만 아니라, 그는 낫세르 이집트 대통령의 사망이후 쇠퇴한 '범 아랍주의'를 부각시켜 자신의 '바스당' 통치이념을 바탕으로 아랍권의 통합을 추구하였다. 이라크는 이란과의 전쟁수행으로 경제가 피폐하였으나 군수산업이 발전되고 군비증강이 획기적으로 이루어짐으로써 군사강국이 되었고, 바로 이러한 군사역량이 걸프지역의 패권을 꿈꾸는 후세인의 정치적 야망을 자극하였다.

- 이라크는 1990년 7월 23일부터 쿠웨이트의 국경부근의 유전지대에 전차와 장갑차로 무장한 최고 정예 부대인 '공화국수비대' 2개 사단 약 3만명을 전개하기 시작했다. 쿠웨이트도 전군에 비상사태를 발령하고 국경지역으로 군대를 이동시켰다. 이라크는 쿠웨이트에 대한 군사적 압력을 가증시키면서 ① 루마일라 유전을 이라크 영토로 인정할 것. ② 이

라크의 유전을 도굴한 배상금으로 24억불을 지불할 것, ③ 이라크가 쿠웨이트에게 진 부채 100억불을 탕감할 것. ④ 부비안과 와르바 두 개 도시를 이라크에 할양할 것 등을 요구하였다. 쿠에이트로사는 이러한 아라크의 일방적 요구를 받아들일 수 없었다.

- 결국 후세인은 1990년 8월 2일 새벽 2시를 기해 쿠웨이트를 전격적으로 침공하였다. 공화국수비대 3개 사단을 선봉으로 병력 10만명, 구 소련제 전차 300대 이상, 헬기 300대 등이 사막의 경계선을 넘어 쿠웨이트를 순식간에 점령하였다. 이러한 이라크의 침공은 세계적 냉전이 종식되고 새로운 세계질서가 형성되는 상황에서 발생하였기 때문에 국제 사회에 막대한 충격을 주었다. 그로부터 나흘 뒤인 1990년 8월 6일, 유엔 안전보장 이사회는 이라크에 대해 무역제제 조치를 취하는 결의안을 통과시키고, 이라크로 하여금 쿠웨이트로부터 철수할 것을 요구하였으나 이라크는 이를 거부하였다.

- 이에 따라 미국, 영국, 캐니다, 독일, 프랑스, 대한민국을 포한한 다국적군은 이라크를 쿠웨이트를 영토로부터 축출하고 쿠웨이트의 주권을 회복한다는 명분하에 이라크와 전면전쟁을 나서게 되었다. 페르시안 (Persian Guif)에서 발발한 이 전재을 걸프전이라고 부르며, 이라크가 쿠웨이트에서 완전히 철수할 때까지 1991년 1월 16일부터 2월 28일까지 43일간 계속되었던 이 전쟁을 1차 걸프전, 그리고 1998년 12월 16일의 이라크의 대공습을 2차 걸프전이라고 부르기도 한다.

- 미국이 주도하는 다국적군은 1991년 1월 17일 새벽 2시 38분 이른바'사막의 폭풍' 작전을 개시한 이래 동년 2월 23일 지상전을 포함한 전면전을 전개하였고, 마침내 이라크가 2월 28일 유엔안보리가 채택한 결의안을 무조건 받아들이기로 함으로써 걸프전은 작전개시 100시간 만에 종결되었다. 이로써 이라크의 쿠웨이트 국경지역에 대한 영유권 요구는 무위로 돌아가게 되었다. ("사막의 방패(Desert Shield)" 작전과 "사막의 태풍(Desert Storm)" 작전이라고 불렀으며 군인들은 전력이 막강한 이라크 군대와의 전투 및 생물학전 · 화학전에 대비하여 여러 달에 걸쳐 강도 높은 훈련 후 투입)

- 이 전쟁을 통해서 이라크군은 탱크 4,000대, 대포 2,140대, 장갑차 1,856대, 헬기 7대, 전투기 240대가 파괴되었으며, 군인 10만명 사망, 부상 30여만명, 실종 15만명, 6만여명이 포로로 잡히는 등 , 큰 피해를 입었다. 이에 비해 다국적군은 탱크4대, 대포 1대 장갑차 9대, 헬기 17대, 전투기 44대 등 극히 적은 피해를 입었으며, 인명피해도 작전 중 사망 140명, 부상 458명, 사고에 의한 사망 121명 등, 극소수에 지나지 않았다.

다. 걸프전과 이라크전쟁

■ '걸프전' 대 '다국전군' 이라크가 1990년 8월 2일 쿠웨이트를 침략한 것을 문제 삼았다. 유엔은 1990면 11월 이라크가 쿠웨이트에서 철수하지 않을 경우 무력 사용을 승인한다는 결의안을 통과시켰다. 그래도 이라크군이 철수하지 않자 다국적군은 1991년 1월 17일 이라크 공습을 개시하였다.

■ 이라크 전쟁은 2003년 3월 이라크의 살상무기 폐기와 후세인 정권퇴진 등이 명분으로 제시되었다. 국제적인 지원에서도 미국은 1991년 당시 유엔 결의를 통해 영국 · 프랑스 등으로 다국적군을 구성하여 이라크를 공격하였다. 중동 국가에서도 사우디아라비아, 시리아 등의 측면지원을 받았다. 하지만 이라크 전쟁에서는 유엔안보리 상임이사국 프랑스, 러시아 등이 이라크 전을 반대하였으며 전 세계적인 반전운동으로 미국이 곤경을 겪기도 하였다. 양국의 군사력 면에서 걸프전 때에는 다국적군은 미군 43만 명을 비롯 퐁 68여만 명이었지만 이번에 미 · 영 동맹군의 규모는 미군 25만명을 비롯 30만명 수준이었다. 작전도 바뀌어, 미국은 걸프전 때 "사막의 폭풍작전'을 개시하여 38일간 공습에 이어 사막에서 100여 시간의 지상전을 벌여 승리했으나, 이라크 전쟁에서는 바그다드 점령을 위한 시가전도 준비했던 것이다. 걸프전은 총 43일 걸렸지만 이라크 전쟁은 작전개시 21일만에 수도 바그다드를 점령했으며 2003년 5월 1일 부시대통령의 일발적인 종전선언으로 43일만에 전쟁을 사실상 끝난 것이나 다름없었다.

걸프전 · 이라크 전쟁 결과

구분	걸프전	이라크전
폭격	38일간 토마호크 290발 폭탄 25만발	18일간 토마호크 750발 폭탄 2만발(스마트탄 70%)
지상병력(미 · 영)	68만/100만	30만
특수전부대	3,000	9,000
전쟁기간	43일	21일(바그다드 함락)
사망자	연합군 125/15만	연합군 149 이라크 3,000~1만
항공기	2,500대/750대	
전차	2,000대/5,500대	

*자료출처 : 육군군사연구원 걸프전교훈

부록

부록 1. 전쟁사 연표(Ⅰ)

BC	
4000경	야금술 개발:청동기시대 시작
3000경	문자발명
2500경	활과 화살 사용
2000경	전투용 마차 발명
1600	그리스 미케네시대(~전 1200)
910	아시리아 제국(~전 606)
700	중국, 춘추전국시대(~전 221)
650경	그리스 3단 노 선박 개발
600	페르시아 제국(~전 330)
600경	주조 화폐 발명
490	1차 페르시아 전쟁:마라톤 전투
480	2차 페르시아 전쟁:살라미스 전투
431	펠로폰네소스 전쟁(~404)
415	아테네, 시칠리아 원정(~전 413)
404	스파르타, 그리스 제패(~전 371)
401	크세노폰의 페르시아원정(~전399)
400경	투석기와 투창기 최초사용
371	류크트라 전투에서테베 군 승리
359	마케도니아 방진 개발(~전 338)
338	마케도니아 필립 2세, 체로니아 전투에서 그리스 군 격파
336	알렉산더 대왕 즉위
334	알렉산더 대왕, 아시아 원정
333	알렉산더, 페르시아 제국 점령
327	알렉산더 인도 침공(~전 325)
323	알렉산더 사망
320경	유클리드, 〈기하학 원론〉
300경	로마 군단 개발(~전200)
264	1차 포에니 전쟁(~전241)
250경	아르키메데스, 물리학과 공성술 향상
218	2차 포에니 전쟁(~전201)
216	칸나에 전투에서 한니발의 승리
190	로마, 시리아 정복
149	3차 포에니 전쟁(~전146)
107	마리우스, 로마 군 개혁(~전 105)
58	카이사르, 골 정복(~전 51)
46	카이사르, 로마 지배(~전 44)
31	옥타비아누스 악티움 전투에서 승리
AD	
43	로마, 영국 정복 개시
110경	앨리안 〈전술학〉
122	영국에 하드리안 장성 축성 : 로마 제국 최대팽창(~136)
220	중국, 삼국(오 – 위) 시대(~265)
270경	중국에서 나침반 사용
293	디오클레티아누스, 로마 제국 4구역으로 분할
316	중국, 남북대립시대(~589)
324	콘스탄티누스, 로마 제국 재통일
390	베제티우스,〈군사론〉(440경 개정판)
395	로마제국, 동과 서로 최종분할
407	게르만 족, 라인 강 넘어 서로마 제국 침략
410	서고트 족, 로마 약탈
451	훈족 아틸라, 서유럽 침략
455	반달족, 로마 약탈
476	서로마 제국 멸망
527	유스티니아누스, 비잔티움 지배(~565)
533	벨리사리우스 북아프리카 정복(~534)
535	밸리사리우스, 이타리아 정복
570	모하메드 탄생
612	고구려 · 수나라 전쟁(~614)
634	모슬램의 정복 시작
645	고구려 · 당나라 전쟁
647	당의 2차 고구려 침공
661	당의 3차 고구려 침공(~662)

673	모슬렘
	콘스탄티노플 공략(~677)
675경	'그리스 화염방사기' 발명
700경	등자, 서유럽에 도입
711	모슬렘, 서고트 족의 스페인 침략
766	샤를마뉴의 통치(~814)
793	샤를마뉴,
	라인 강 · 다뉴브 강 운하 건설 시도
800경	바이킹족 침략
800	샤를마뉴, 서유럽 황제 등극
850경	프랑스, 석궁 이용
	중국, 화약 발명
955	오토 1세,
	레크팰트 전투에서 마자르 족 격퇴
962	오토 1세, 서유럽 황제 등극
993	고려, 거란족 1차 침공 격퇴(993)
1010	고려,
	거란족 2차 침공 격퇴(~1011)
1018	고려, 거란족 3차 침공 격퇴
1060	노르만 족, 시칠리아 정복(~1091)
1066	헤이스팅스 전투:노르만족 영국 정복
1096	1차 십자군 원정(~1099)
1161	중국에서 최초 폭약 사용
1200경	나침반 서유럽에 도입
1204	라틴 족,
	콘스탄티노플 점령(~1261)
1206	칭지즈 칸, 몽골 통일
	몽골의 중국 정복(~1238)
1231	몽골의 고려 침공(~1259)
1237	몽골의 러시아 정복(~1240)
1250경	철갑옷 서유럽에 도입
1302	콜트레 전투에서 플랑드르 보병,
	프랑스 군에게 승리
1314	스코틀랜드 독립
1320경	유럽에서 최초 화포 사용
1337	백년전쟁(~1453)
1346	크레시 전투에서 영국군 승리
1350경	함포 개발
1350경	최초의 휴대용 화약무기(소화기)기발
1385	알주바로타 전투:포르투갈 독립
1415	아젱쿠르 전투
1430경	'완전 돛 장치 선박' 개발
1430경	최초의 '소립자 형태 화약' 개발
1450경	화승 활강 소총 개발
1453	콘스탄티노플 함락,
	비잔틴 제국 멸망
1455	장미전쟁(~1485)
1490경	강선 총신 개발
1494	샤를 8세, 이탈리아 침략
1511	스코틀랜드에서
	최초의 범선 전함 진수
1515	시비타비치아에
	최초의 포 요새구축
1519	스페인 코르테스,
	멕시코 아스텍 제국 정복(~1521)
1519	마젤란의 세계일주
1519	찰스 5세, 스페인 · 네덜란드 ·
	함스부르크 · 신성로마 제국 통일
1531	스페인 피사로,
	잉카제국 정복(~1537)
1537	니콜로 타르타글리아,
	탄도학 개발
1556	스페인 필립 2세 통치(~1598)
1571	레판토 해전
1572	스페인에 대한
	네덜란드의 반기(~1648)
1588	스페인 무적함대 패배
1590경	네덜란드 군 일제 사격법 개발
1592	임진왜란(~1598)
	이순신 거북선 이용
1600	영국 동인도 회사 설립
1602	네덜란드 동인도 회사 설립
1607	자크스 드 게인,
	최초의 훈련교범 출간
1616	전 어브 낫소 백작, 서부 독일시에
	최초 육군사관학교 창립

1618	30년 전쟁(~1648)	1833	유선 전신 개발
1620경	수발식 활강총 발명	1840	아편전쟁(~1862)
1635	프랑스 · 스페인 전쟁(~1659)	1846	멕시코 전쟁(~1848)
1642	영국제도 내란(~1651)	1853	크림 전쟁(~1856) 페리호 사건
1648	먼스터 평화조약 네덜란드 반란종식 웨스트파리이 평화조약 30년 전쟁종식	1859	최초의 철갑 전함 건조
		1861	미 남북전쟁(~1865)
		1862	리차드 개들랑, 최초의 수동식 기관총 개발
1649	영국 공화정 출범(~1660)	1836	게티스버그 전투 링컨, 노예해방 선언
1659	피레네 평화조약 프랑스 · 스페인 전쟁 종식	1866	프러시아 · 오스트리아 전쟁
		1867	일본 명치유신
1672	프랑스 · 네덜란드 전쟁(~1678)	1870	프러시아 · 프랑스 전쟁(~1871)
1678	오토만 전쟁(~1699)	1876	전화 발명
1688	아욱스부르그 동맹 전쟁(~1697)	1879	줄루 전쟁
1689	피터 대제 러시아 통치(~1725)	1881	보어 인들, 영국으로부터 독립
1690경	총꽂이 대검의 보편적 이용	1882	영국, 이집트 정복
1694	최초의 국립은행 설립(영국은행)	1884	하람 맥심, 자동식 기관총 발명
1700	대북부 전쟁(~1721)	1885	최초의 잠수함 건조
1701	스페인 왕위계승전쟁(~1714)	1887	최초의 자동차 개발 성공
1704	블렌하임 전투	1894	청일전쟁(~1985)
1740	오스트리아 왕위계승전쟁(~1748) 프레데릭 대왕 프러시아 통치(~1786)	1895	무선전신 발명
		1899	보어 전쟁
		1903	최초로 항공기 비행 성공
1756	7년전쟁(~1763)	1904	러일 전쟁(~1905)
1775	미 독립전쟁(~1763)	1906	영국 전함 '드레드노트' 진수
1789	프랑스 혁명	1914	1차 대전(~1918)
1792	프랑스 혁명전쟁(~1802)	1916	솜 전투에서 최초로 탱크 사용
1799	나폴레옹 프랑스 지배	1917	독일 무제한 잠수함전, 러시아 혁명 미국 1차 대전 참전
1803	나폴레옹 전쟁(~1815)		
1807	반도 전쟁(~1814)	1919	베르사요 조약
1810	라틴아메리카 독립전쟁(~1824)	1926	최초로 액체 연료 로켓 발사
1812	나폴레옹 러시아 침공	1929	뉴욕 증권 시장 파산
1815	워털루 전투	1933	히틀러, 독일 수상에 취임
1825	최초로 철도 운행	1935	레이더 개발, 무솔리니. 디오피아 침략합병(~1936)
1827	총미 장전식 소총 개발		
1830	프랑스, 알제리 점령(~1831)	1936	독일 라인란트 재무장 스페인 내전(~1939)

1939	최초로 헬리콥터 비행
	터보 제트 항공기 시험비행
	독일 · 소련 불가침 조약
	독일, 폴란드 침공 : 2차 대전 발발
1940	독일, 프랑스 침공
	독일 · 일본 · 이탈리아 동맹조약 체결
1941	일본 · 소련 불가침 조약
	독일, 소련 침공
	일본, 진주만 기습
1942	미드웨이 전투, 알 알라메인 전투
	최초로 V2 미사일 사용
1943	쿠르스크 전투
	연합군, 이탈리아 상륙
1944	최초로 전투용 제트 항공기 등장
	노르망디 상륙
	히틀러 암살 기도 실패,
	벌지 전투
1945	독일 무조건 항복
	히로시마와 나가사키에 원자탄 투하
	일본 무조건 항복
1946	최초로 컴퓨터 개발
	월맹 · 프랑스 인도지나 전쟁
1947	인도독립
1948	1차 아랍 · 이스라엘 전쟁
1949	소련 원자탄 개발
	북대서양 조약 기구 발족
	모택동의 공산당 중국 통일
1950	한국전쟁(~1953)
1953	스탈린 사망
1954	최초로 원자력 추진 잠수함 개발
	디엔비엔푸전투
1956	2차 아랍 · 이스라엘 전쟁
1957	소련 인공위성 발사
1960	대륙간 탄도 미사일 개발
1965	월남 전쟁(~1975)
1967	3차 아랍 · 이스라엘 전쟁
1968	월맹 구정 공세
1972	최초로 레이저 유도탄 사용(스마트탄)
1973	4차 아랍 · 이스라엘 전쟁
1980	크루스 미사일 개발
	이란 · 이라크 전쟁
1982	포클랜드 전쟁
1990	걸프전쟁(~1991)
1999	제 2 연평해전
2002	제 2차 걸프전쟁
2004	이라크 전쟁
2007	레바논 분쟁

부록 2. 제1차 세계대전

1. 독일의 작전계획 (슐리펜 계획 -'우익을 강화하라')

1차 대전이 발발하자 각국 군대는 수년에 걸쳐 준비한 계획대로 움직이기 시작했다. 그러나 각국 군참모본부가 계획하고 준비하고 예상한 대로 그 성과를 거둘지는 두고 볼 일이었다.

각국의 전쟁계획은 모두 공격에 의한 승리를 기대했다. 영국을 제외한 모든 나라는 자국 군대의 결정적인 승리를 목표로 하는 계획들을 수립했다. 영국은 원정군 규모로 볼 때 그들의 역할이 프랑스군이 라인란트에서 독일군에 대해 승리를 거두도록 지원하는 정도로 생각했을 뿐이다.

가장 대담하고 공격적인 계획은 독일의 '슐리펜 계획'으로서, 그것은 전쟁초기 전반적인 흐름과 그 후의 주무대까지를 결정지었다. 1891~1906년 육군 참모총장이었던 슐리펜 장군이 작성한 전쟁계획을 슐리펜 계획이라고 부르는데, 후임 참모총장이었던 소 몰트케(초대 참모총장은 대 몰트케라고 부름)에 의해 다소 수정되었다. 따라서 엄격히 구별하면 원래의 슐리펜 계획과 1차 대전에 실제 채택된 것은 서로 다르지만, 그래도 그 골간은 그대로 유지되었기 때문에 사람들 독일군의 전쟁계획을 슐리펜 계획이라고 부르고 있다.

비스마르크가 물러난 다음 우려하던 프랑스 · 러시아 동맹이 1894년에 맺어지자, 독일 군부는 양면전쟁 수행을 기정사실로 받아들이고 그 해결책을 찾기 위해 본격적으로 연구하기 시작했다. 독일 입장에서 최선책은 동시에 둘을 공격하기보다는 어느 하나를 선택, 결정적인 타격을 가해 동맹체제를 와해시키는 것이었다. 이 경우에 선택할 그 하나에 대해 과거 대 몰트케는 러시아를 선호했으나, 슐리펜은 달리 생각했다. 러시아가 상대적으로 약하긴 하지만 단시간에 러시아에서 획득할 수 있는 전과가 결정적인 것이 되기 어려우므로 독일이 오히려 불리한 상황으로 빠질 위험성이 있다고 판단한 슐리펜은 먼저 프랑스를 공격하기로 결심했다. 슐리펜은 신속하게 프랑스를 공격하면 러시아가 개입하기 전6주 이내에 프랑스를 무너뜨릴 수 있다고 확신하면서, 그러한 단기결전을 성공시키고 위한 기동전 위주의 슐리펜 계획을 작성했던 것이다. 그는 기원전 216년 한니발 장군이 로마군을 격파한 칸느 전투를 이상적인 모델로 생각해왔으며, 정면 아닌 측방 또는 후방을 집중 공격한 것이 모든 전투에서 승리의 비결이라고 믿었다. 동서고금을 막론하고 전투장에서의 승리는 주로 방어가 취약한 측후방에서 이루어진 사실로부터 그런 확신을 갖게 된 것이다.

프랑스를 침공하는데 있어서 슐리펜은 아르덴느 고원, 로렌 협곡, 벨포르 협곡 등 정면으로 공격하는 대신 우측방에 위치한 중립국 네덜란드와 벨기에를 친 다음에 프랑스 군 측방과 후방을 포위해 그들을 스위스 국경으로 몰아붙인다는 계획을 세웠다. 이 계획을 성공시키기 위해 그는 우익 대 좌익의 병력을 7:1로 집중 배치했다. 우익을 '망치머리'로 활용해 프랑스군을 격파하겠다는 대담한 발상이었다.

이러한 슐리펜 계획은 독일에게 전략적 기습을 달성하고 양면 전쟁을 효과적으로 수행할 수 있는 묘책인 것처럼 보였다. 그러나 사실상 그것은 한달 만에 한계에 부딪히고 독일 수뇌부가 전혀 예상치 않은 방향으로 전쟁 진행을 유도함으로써 대 실패작이 되고 말았다.

슐리펜 계획이 실패한 이유에 대해 소 몰트케에게 책임이 있다고 말하는 자들이 있다. 즉, 그가 우익의 집중도를 7:1에서 3:1로 약화시키고 또한 네덜란드의 중립을 존중해 줌으로써 슐리펜의 원래 의도에서 크게 벗어났다는 것이다. 그러나 소 몰트케의 수정된 계획에 초점을 맞추어 패인을 찾는 것은 근시안적이다. 오늘날 많은 학자들은 슐리펜 계획은 그 자체가 갖고 있는 약점 때문에 실패했다는 주장에 동의하고 있다. 그 치명적인 약점을 들자며 다음과 같은 것들이 있다.

첫째, 그 계획은 정치적 여파를 고려하지 않고 순전히 군사적 전략에 입각해 작성되었다. 벨기에를 침입했을 때 영국군과 미국군에 어떤 영향을 미칠 것인가, 영국의 원정군 파견과 영국 해군의 봉쇄전략에 대해 어떻게 대응할 것인가, 그리고 러시아가 신속히 동원할 때는 어떻게 할 것인가 등에 대해 슐리펜이나 소몰트케는 진지하게 검토하지 않았다. 해군 측에게도 오히려 영국 해군을 너무 자극하지 말라고 조언할 정도였다. 그러나 이런 문제가 발생한 데는 군인들보다 오히려 전쟁계획 수립을 그들에게 일임하고 아무런 개입도 하지 않은 황제와 그의 각료들에게 원천적인 원인이 있다고 말해야 할 것이다.

둘째, 군사적으로도 그 계획은 나폴레옹 시대에나 적합할 뿐, 철도가 등장하고 기관총이 위력을 발휘하는 시대에는 통하기 어려운 것이었다. 슐리펜과 그의 휘하 장군들은 나폴레옹 시대의 전투를 분석하는 데는 전문가였지만 미국의 남북전쟁이나 보어 전쟁 또는 러일 전쟁으로부터 유용한 교훈을 배우지 못했다. 그들은 블로흐의 〈미래의 전쟁〉을 읽지 않았으며, 그들이 존경하던 대 몰트케가 일찍이 "다음 유럽 전쟁은 30년을 끌지도 모른다."고 말한 경고에 대해도 귀를 기울이지 않았다. 사실상 1차 대전과 2차 대전을 한데 묶어 하나의 큰 전쟁으로 말한다면 대 몰트케의 예언은 매우 정확했었다고 말할 수 있을 것이다.

셋째, 독일군은 병력이 부족하고 보급 및 통신체계가 결여되어 있었다. 서부전선에서 그들은 프랑스 · 영국 · 벨기에로 멀리 우회한 우익병력은 몇 주간 행군을 하면서 전투력이 떨어진데다가 벨기에군에 의한 도로차단 등 완강한 저항을 받으면서 고전을 면치 못했다. 게다가 몰트케를 비롯한 군 수뇌부는 전신 및 전화선 고장으로 전방상황이 어떻게 진행되는가를 제대로 파악하지 못했다.

넷째, 슐리펜 계획은 프랑스 군 배치에 대해 비교적 정확하게 추측했지만, 적의 능력과 의지를 너무 과소평가하는 잘못을 저질렀다. 프랑스 군 총사령관 조프르는 초기 배치의 오류들을 시정하고 신속하게 병력을 알자스 · 로렌지역에서부터 발달된 철도를 이용하여 파리 전방에 투입시켰다. 그리하여 독일군의 진격을 막아냈을 뿐만 아니라 역습의 발판까지 마련함으로써 슐리펜 계획을 완전히 좌절시켰던 것이다.

2. 탱크의 출현(솜므 전투에서 최초 사용)

마른느 전투 이후 서부전선에서 양쪽 지휘관들은 교착된 상황을 어떻게 타개 할 것인가, 그 방법을 찾기 위해 골몰하고 각종 시행착오를 반복했다.

모든 전선이 연결되어 있기 때문에 우회는 불가능하고, 그렇다고 어느 한 곳에 병력을 집중하는 재래식 방법으로는 너무나 많이 발생하는 인명 손실을 견뎌내기 어려웠다. 따라서 무모한 공격보다는 우선 방어가 최선이라고 여기고 방어진지들을 강화했다. 참호 내에는 깊은 대피호를 마련함으로써 상대방 포격으로부터 안전하게 머물러 있을 수 있었다. 방어력의 핵심은 기관총이었다. 병사들은 참호 속에서부터 라이플과 기관총으로 사격을 가했다.

기관총은 소나기처럼 실탄을 연속 발사함으로써 적의 접근을 막았다. 처음에는 대대당 두세 정이 할당되었으나 나중에는 수십 정이 배정 되었다. 그러나 승리는 결코 방어로만 이루어낼 수는 없는 것이다. 또한 공격 없이 방어로만 일관되는 전쟁은 정부 · 국민 · 군인 모두가 싫어하게 되어 있다. 전선을 돌파하기 위한 여러 가지 공격방법이 등장했다. 가장 많은 시도를 한 것은 포격방법이었다. 요는 어떻게 조직적으로 적의 철조망과 기관총을 무력화시키는 포격을 실시할 것이며, 그 뒤 보병공격을 원활하게 할 것인가에 초점을 맞추었다.

처음에는 대포는 질이나 수량에서 독일이 앞섰으나 나중에는 서로 비슷해졌다. 전쟁 동안 보다 위력 있는 대포가 많이 개발되었다. 영국은 6인치, 8인치, 9.2인치 곡사포를 주로 사용했고, 독일이 사용한 대포에는 초대형인 17인치(71.4㎝) 포가 있었다. 오래 전에 폐기된 박격포가 다시 등장하여 참호전에서 맹위를 떨쳤다. 포탄도 여러 가지 용도와 보다 고성능의 제품에 쏟아졌다. 광범위하게 분산 배치된 대포는 점점 집중화되어 공조체계를 이루고 적시적소에 집중포격을 가했다. 유 · 무선 전화와 관측 비행선 등으로 함께 체계를 이루고 상당한 수준의 포술발전을 이룩했다. 처음에는 며칠동안 집중적인 준비포격을 가했으나, 그 방법으로는 기습효과를 발휘하지 못하자 나중에는 짧은 시간에 준비포격을 채택했다. 보병이 공격할 때는 그들의 전방에 포격을 해서 탄막을 치게 했다. 그러나 탄막의 위치를 정확히 어디서 설정하고 보병과 어떻게 긴밀하게 협조할 것인가 등의 과제는 쉽게 풀리지 않았으며, 그런 동안 수없이 시행착오가 반복됐다.

1915년 이프르 전투에서 독일군은 사상 최초로 독가스를 사용해 전선 돌파를 시도했다. 주로 염소가스였으며, 질식 · 최루 · 수포 등에 의한 살상효과를 나타냈다. 이 공격에서 독일군은 영국군 2개 사단을 격파했으나, 그들은 독가스로 오염된 공기가 정화될 때까지 오랫동안 기다리지 않으면 안되었다. 양측의 전선돌파를 위한 전술 및 무기개발 노력 가운데서 가장 혁신적인 것으로는 연합군측이 최초로 전차(탱크)를 개발해 사용하게 된 점을 들 수 있다. 1914년 가을 참호전 양상을 목격하게 된 영국의 공병장교 스윈턴 중령은 적 포탄 세례와 기관총 및 철조망을 극복하고 전진할 수 있는 전차를 개발할 것을 육군성에 건의했다. 전쟁 전에 이미 개발된 장갑차량과 무한궤도 트랙터를 함께 결합하고 공격용 기관총과 대포를 장착하자는 그야말로 기발한 아이디어였다.

스윈턴의 제의를 환영한 것은 육군이 아닌 해군이었다. 해군상 처칠은 '상륙함 건조 위원회'를 편성하고 비밀리에 전차 제작사업을 추진시켰다. 제품의 명칭은 보안을 유지하고 적으로 하여금 식수저장 시설로 오인하도록 하기 위해 '탱크'라고 붙였다.

최초의 전차는 다른 발명품이 초기에는 다 그러하듯 완전하지 못했다. 시간당 4마일로 속도가 느리고 행동 반경도 좁았다 기관총을 사용한 전차도 있고 해군 함포를 탑재해 사용한 전차도 섞여 있었다. 탱크는 1916년 솜므 전투에서 최초로 사용되었으나 진흙땅에서 여러 결함을 보이며 기대만큼 큰 효과를 거두지는 못했다.

그러나 영국군은 1917년 캉브레에서 전차를 사용해 전선돌파에 성공했다. 총 324대의 전차를 준비 포격 없이 집중 운용해 독일군 전선을 강습했다. 전차 3대당 보병 1개 소대가 후속해 공격했다. 동시에 포병은 적 포대에 대해 집중 포격을 퍼부었다. 첫날 공격에서 상당수 전차가 고장이 난데가 예비대가 부족한 탓으로 이튿날의 공격으로 이어지지는 못했지만, 당시 상황에서 하루 만에 4마일 가량 돌파한 것은 꽤 성공적인 것이었다.

그 후 영국군과 프랑스군은 전차전술을 정교하게 다듬어갔다. 한편 독일군 참모본부는 연합군측이 이 전차를 개발해 사용하는 것으로부터 충격을 받았지만, 그렇다고 그것을 개발하는데다 최 우선권을 부여하지는 못했다. 그 이유는 첫째, 물자가 부족했기 때문이고, 둘째 그것에 큰 관심을 보이는 경우 독일군 사기에 악영향을 미치리라고 생각했기 때문이다. 독일군은 대전이 끝날 때까지 통틀어 45대의 전차를 제작했다. 반면 영국은 3,000여대 이상의 전차를 제작했고, 프랑스는 1918년에 들어서는 매주 50대의 경전차를 생산했다.

1차 대전 때 등장한 전차는 그것만으로 전쟁을 종결지을 만큼 위력을 떨치지는 못했다. 그러나 그것은 미래지상전에서 참호전을 극복할 수 있는 가장 효과적인 무기로서의 가능성을 충분히 보여주었다. 후에 독일이 2차 대전을 준비하면서 가장 중점을 둔 분야는 전차전이었다.

부록 3. 제2차 세계대전

1. 전쟁 경과

전쟁이 끝난 다음에 참전국간에 중요한 일은 평화조약을 체결하고 평화체제를 구축하는 것이다. 물론 그러기에 앞서 승전국은 패전국에 대해 배상책임을 묻는 특권과 특전을 누리게 되어 있다. 1919년 6월 조인된 베르사이유 조약은 화해에 바탕을 둔 평화를 약속하지 못하고 특히 독일에게 가혹하고 굴욕적인 내용으로서, 장차 전쟁을 방지하는 장치가 아니라 오히려 유발시킨 근원을 제공한 셈이 되었다. 이 조약체결을 듣고 프랑스의 포슈 장군은 "그것은 평화가 아니라 20년 정도의 휴전을 보장하는데 그칠 것이다"고 말했다고 한다.

베르사이유 조약에 의해 독일은 알자스와 로렌 지방을 프랑스에 내주고 비스마르크 제국의 약 1/8을 상실했다. 그리고 무장해제를 당한 외에 징병제도와 일반참모제도를 폐지하고, 육군을 10만 명 이상 유지하지 못하도록 엄격한 규제를 받았다. 나아가 유독가스, 전차, 군용기, 잠수함 보유 금지, 무기제조 공장 폐쇄, 전쟁물자 수출입 금지, 북해와 발틱 해 해안 요새 해체 등의 조치를 당했다. 뿐만 아니라 '전쟁을 도발한 범죄행위'에 대해 책임을 지고 연합국 측이 입은 피해에 대해 엄청난 액수의 보상금을 지불하지 않으면 안 되었다.

독일 국민들의 베르사유 조약에 대한 분노는 대단했다. 패배한 자는 어느 정도 굴욕을 당하게 되어 있으나, 그럼에도 독일인들은 너무 가혹하다고 생각했으며, 그래서 그 순간부터 연합국들에 대한 강렬한 적개심을 다시 품게 되었다. 사실상 독일은 연합국 감시는 받고 있지만 직접적인 점령통치를 받은 상태는 아니었으므로 만일 연합국 감시체제에 이상이 생기면 얼마든 재무장하고 결집할 수 있는 잠재력을 지니고 있었다.

라인 강 서쪽의 라인란트 지방을 독일로부터 분할하려 했던 프랑스의 노력은 미국의 윌슨 대통령에 의해 좌절되었으며, 그 대신 연합국은 주위에 군대를 주둔시켜 그곳의 비무장을 감시, 유지토록 했다. 그러나 얼마 후에 미국과 영국이 군대를 철수시켜버림으로써 프랑스군만 남게 되었고, 시간이 지나면서 프랑스도 독일을 감시하기는커녕 자국을 방어하는데 급급해야 하는 처지로 바뀌고 말았다.

프랑스는 1920년대 말부터 1930년대에 걸쳐 금세기 가장 견고하고 정교한 요새선이라 할 수 있는 마지노선을 구축했다. 이는 베르사이유 조약에도 불구하고 장차 독일에 대한 프랑스의 두려움을 나타내는 대표적인 상징물이다.

1920년대에 많은 독일인들은 1918년의 패배 책임에 대해 유태인들과 공산주의자들의 음모로 돌리는가 하면, 베르사이유 조약을 수락한 바이마르 공화국 정부에 대해 비판을 가하기 시작했다. 독일정부는 전쟁배상금을 지불하라는 프랑스의 압력을 무력화시키는 방법으로 통화발행을 남발하는 등 스스로 파탄의 길을 걸었다.

1929년 대공황으로 온 세계 경제가 위기에 빠져 혼란을 겪으면서, 독일 정치는 혁명을 맞게 되었다. 바이마르 공화정 체제가 무너지고 강력한 정치지도자 히틀러가 정권을 장악해 전체주의 독재국가로 체제를 완전히 바꾸었다. 다른 전체주의 국가 지도자였던 이탈리아의 무솔리니, 소련의 스탈린, 일본의 군국주의자들처럼 히틀러도 기존의 세계 질서를 깨트리고자 하는 야심을 품었다. 이들 독재자들의 공통점은 기존의 국제 질서에 강한 불만을 품었으며, 영토를 최대로 팽창시키려는 한 팽창주의자들이었다는 점이다.

1차 대전 후 군인들은 대전의 교훈을 분석하고 무엇보다도 신무기였던 전차와 항공기 운용방법에 대해 중점 연구했다. 그러나 승전국의 군사이론가였던 풀러나 리델 하트와 같은 몇몇 사람을 제외하고는 훨씬 더 큰 관심을 보였던 쪽은 패전국 군 수뇌부 측이었다. 특히 1920~1926년 독일 육군사령관이었던 젝트는 공식적으로 일반 참모제를 둘 수 없는 여건 아래서도 비밀리에 59개 위원회를 편성해 1차 대전을 세밀히 분석했다. 그들이 내린 결론은 전투에서 가장 중요한 것은 창의력 · 융통성 · 리더십이며 장차 전쟁에서는 기갑전을 최대로 활용하는 전격전으로 참호전을 극복하고 신속하게 승리할 수 있다는 것이었다. 히틀러는 정권을 장악한 후 처음에는 군 수뇌들에게 존경을 표하는 방법으로 군부를 대우해 주었다. 그러나 기계화 부대를 창설하고 공군을 창설하는데 있어서는 그 자신이 매우 정열적으로 나서고 적극적으로 개입했다. 군인들은 너무 서두르는 히틀러에 대해 불안을 느낄 정도였다. 그들은 독일군을 재무장시키고 또 다른 세계대전에서 독일의 영광을 되찾겠다는 점에서는 히틀러를 감히 따라가지 못했다.

히틀러는 1934년 총통이 되고, 1935년 징병제를 재도입했으며, 1936년 라인란트를 재무장하고, 그리고 1938년에는 체코슬로바키아의 수데텐 지방과 오스트리아를 합병했다. 그 해 영국 수상 체임벌린과 프랑스 수상 달라디에는 뮌헨에서 히틀러를 만나 독일의 베르사이유 조약 무시와 재무장 그리고 일련의 침략 점령을 모두 인정했다. 유화주의자였던 그들은 그 단계에서 차라리 히틀러를 인정해주는 것이 장차 낫겠다고 생각한 것이다. 그들은 히틀러를 잘못 이해해도 보통 잘못 이해한 것이 아니었다. 뮌헨 회담 이후 히틀러는 그의 세계대전 계획에 더욱 자신을 갖고 박차를 가하게 되었다. 처질이 언급 했듯이 "사악한 자의 악의는 선한 자의 허약함 때문에 강화되었다."

히틀러는 적에 대해 마치 마르크스가 계급으로 구별한 것처럼 인종으로 구별하는 개념을 갖고 있었다. 지독한 인종 차별주의자였던 그는 독일 민족을 세계문명을 창조한 가장 위대한 아리안 족이라고 떠들었으며, 그들은 세계를 이끌고 갈 세계사적 사명을 다하기 위해서 별 볼일 없는 인종들이 살고 있는 땅을 점령해 유용하게 사용해야 한다는 궤변을 늘어놓았다. 그의 자서전 〈나의투쟁〉에서 러시아와 우크라이나 땅에 욕심을 낸 것은 기본적으로 슬라브 족에 대한 경멸에 바탕을 두고 있었다. 그가 독일인들을 잘못 이끌고 간 악질적인 인종 차별 정책에서 최대의 피해를 보게 된 민족은 유태인들이었다. 그는 자본주의와 공산주의를 창조한 인종이 유태인이기 때문에 아리안 족은 그들을 유럽에서 완전히 제거해야 한다고 주장하며 그들에 대한 끔찍한 학살을 이미 2차 대전 전부터 단행하기 시작했다.

히틀러가 2차 대전에서 원한 것은 1차 대전 이전의 영토에 대한 단순한 회복이 아니라 아리안 족에 의한 전 유럽 지배였다.

2. 독일군의 폴란드 침공과 전격전 전술 (히틀러와 스탈린의 폴란드 분할-1939)

1938년 9월 뮌헨에서 영국과 프랑스 수상들이 히틀러와 무솔리니를 만나 그들과 악수했을 때만 해도 독일은 이미 히틀러 소망대로 '한민족, 한 공화국, 한 총통'을 이루었기에 이제 더 이상 무력 점령할 곳은 없으리라고 믿었다. 그러나 6개월 후 히틀러는 체코슬로바키아 내 독일인이 거주하지 않는 땅도 점령함으로써 팽창정책의 본색을 드러냈다.(수데텐 지방)

영국과 프랑스 정부는 비로소 그대로 두었다가는 무법자 히틀러 앞에 유럽전체가 위태롭겠다는 생각을 갖게 되었다. 그리하여 우선 동유럽 약소국들에게 독립보장을 위한 외교적 조치의 일환으로써 1939년 3월 폴란드에 영토보존을 약속했다. 사실상 이 약속은 소련의 지원 없이는 지키기 어려운 것이었다. 그러나 그해 8월에 히틀러와 스탈린이 불가침조약을 체결했기 때문에 소련의 지원을 받는다는 것은 불가능했다.

불가침조약을 체결할 때 히틀러와 스탈린은 둘 다 그 조약이 오래 가리라고 믿지는 않았다. 두 사람은 동상이몽으로 다만 폴란드를 분할하는데 일시적으로 이해가 일치했을 뿐이었다. 히틀러는 소련과의 전쟁을 일단 유보하고 프랑스와 영국과의 전쟁에 대해 몰두하자는 것이며, 스탈린은 동부 폴란드, 발트 3국, 핀란드, 루마니아 등을 일단 확보하고 난 다음에 시간을 벌어 독일과의 전쟁에 대비하자는 속셈이었다.

1939년 9월 1일 독일군은 폴란드를 침략했다. 이틀 후 영국과 프랑스는 폴란드에 대한 약속을 지키기 위해 독일에 선전포고했다. 이로써 제2차 세계대전은 발발했다. 선전포고를 하고서도 영국과 프랑스는 아무런 준비가 되지 않아 폴란드를 위해 실제로 아무것도 해주지 못하고 6개월 후 독일이 프랑스를 공격할 때까지 속수무책인 상태로 있었다. 그래서 이 기간을 가짜 전쟁(pony war)이라고 일컬었다. 사실상 폴란드를 위한 지원은 5년 반이 지난 다음 소련군이 진군할 때에야 가능하게 되었다. 폴란드를 공격하면서 독일은 전격전(Blitzkrieg)이라는 획기적인 전술을 선보임으로써 온 세계를 경악케 했다. 번개처럼 신속한 기동력과 타격력을 보여준 장면을 보고 당시 언론들은 최초로 전격전이라는 용어를 만들어냈다.

1차 세계대전이 끝난 후 독일은 승전국보다 훨씬 앞선 공격이론을 개발했는데, 그 핵심은 탱크와 항공기를 이용해 적진을 신속히 돌파, 와해시키는 것이었다. 구체적으로 항공기는 적 통신시설과 지휘부를 폭격하고, 지상군이 진격하는 동안 야포를 지원하며, 나아가 병력과 물자공수 기능을 수행했다. 한편 탱크 부대는 보병의 지원을 받으며 장애물을 돌파하고 적진 깊숙이 신속히 진격하는 것이었다. 전술의 원리는 3S, 즉 기습(Surprise), 속도(Speed), 화력의 우세(Superiority) 등 세 가지 요소를 최대한 발휘하는 것이다.

새로운 전술은 새로운 발명품으로 개발한 것이 아니었다. 다만 1차 대전 때 보다 기술적으로 훨씬 개선된 무기들이 사용되었다. 탱크와 항공기의 속도와 화력 그리고 장갑능력이 대폭 발전되었고, 대전차포가 등장하고 야전용 박격포가 채택 되었으며, 휴대용 기관총이 개발되었다. 또한 수송수단이 기계화되고 방독면과 위장술이 개선되었다.

이러한 공격전술은 그 자체가 갖는 위력보다는 폴란드나 프랑스 · 영국 등 연합국 측에서 그러한 전술을 전혀 채택하지 않고 막연히 1차 대전 식으로 싸우려 함으로써 상대적으로 차이가 크게 났기 때문에 더욱 위력을 발휘했고, 소위 전격전에 성공할 수 있는 토대가 되었다. 1차 대전 승전국들은 미래의 전투에 대한 연구를 소홀히 한 채, 여전히 1차 대전 때처럼 역시 방어가 중요하고, 방어를 이길 공격은 없다는 식의 사고방식에 빠져 있었다.

프랑스는 독일과의 국경지대에 요새로써 마지노선을 구축했는데, 그것은 1차 대전 때 라면 난공불락 이었겠으나 새로운 전격전에는 무력했다. 전격전 이론의 선구자들은 사실상 풀러와 리델 하트와 같은 영국인들이었는데, 그들의 저술은 서유럽에서는 읽혀지지 않고 오히려 독일군들에 의해 면밀히 검토되었다. 서유럽 국민들은 전격전이 발발하고 나서야 비싼 값을 치르면서 그 위력적인 공격전술을 배우게 되었다.

선전포고도 없이 기습을 가한 폴란드 침략에서 독일군은 전격전의 위력을 여지없이 보여주었다. 먼저 독일공군 루프트바페(Luftwaffe)의 급습 폭격은 폴란드 공군에게 이륙할 틈을 주지 않고 적 항공기를 단 이틀 만에 모두 파괴했다. 그리고 철도와 주요도로를 공중 폭격함으로써 폴란드 지상군의 기동을 막았다.

폴란드 군은 전선 전체에 걸쳐 약한 곳도 강한 곳도 없이 병력을 균등하게 배치했다. 1차대전식의 병력 배치였다. 독일군은 남쪽과 북쪽에서 대규모로 포위하고 선봉의 기갑부대는 간단히 전선을 돌파함으로써 삼각 포위망을 형성했다. 침략 18일 만에 독일은 인구 3,300만의 폴란드를 점령했다. 폴란드군은 전사 7만 명, 부상 13만 명, 포로 70만 명의 큰 손실을 입은데 비해, 독일군 손실은 전사 11,000명, 부상 3만 명과 실종 3,400명에 불과했다.

폴란드 군이 독일군에 저항하는 동안 소련군은 동쪽부터 파고 들어왔으며, 9월 29일 히틀러와 스탈린은 폴란드를 동서로 분할 점령했다.

3. 일본의 진주만 기습(미 태평양함대-1941)

독일의 전격전 군대가 프랑스를 함락시키고 서유럽 일대를 석권하던 틈을 이용해, 일본은 1941년 7월 인도차이나 반도를 점령했다. 미국을 비롯한 연합국들이 대 일본 경제제재 조치를 취하자 일본은 그에 맞서 전쟁을 일으켰던 것이다. 1941년 후반기 일본은 아시아에서 서양 세력들을 내쫓기 좋은 여건 하에 있었다. 독일에 점령된 네덜란드는 무력하고 영국은 아시아에 주의를 돌릴 여력이 없었다. 영국해군의 활동지역은 너무 넓었고, 더욱이 미 해군도 상당수의 배를 태평양에서 대서양으로 옮긴 상태에 있었다.

기계화전의 원동력인 연료부족을 늘 걱정해온 일본정부는 이 기회를 이용해 1차적으로 무방비 상태에 놓인 동남아시아 자원지대를 확보하고자 했다. 1931~41년 중 일본해군은 함대 수를 두 배로 늘리고 낡은 배를 현대화 했다. 그리하여 전함 10척, 항공모함 10척, 순양함 38척, 구축함 112척, 그리고 잠수함 65척을 보유하게 되었다. 함정들은 서양 열강들과 비교해 손색이 없고 항공모함은 전투기와 폭격기 70여 대를 실을 수 있었다. 육군은 51개 사단을 보유했다. 정규군 총병력 약 75만 명이었다. 독자적인 공군력은 없었으나, 육군과 해군은 각각 1,500대와 3,300대의 항공기를 보유하고 있었다. 일본군은 중국에서 귀중한 전투 경험을 쌓아왔으며 전투장에서 목숨을 초개처럼 버리는 그들의 군국주의적인 희생정신은 가장 큰 장점이었다.

침공을 지연할 경우에 전쟁비축물자가 점차 고갈될 것이라고 주장하면서 조기 개전을 주장한 육군상 도조 히데키(東條英機)가 10월 16일 수상에 부임했다. 드디어 일본정부는 전쟁개시를 결의하고 12월 2일 전군에 공격명령을 하달했다. 일본의 계획은 전략적 목표들을 신속히 강타해 그것들을 확보한 다음에는 평화협상을 추진해 전쟁을 끝낸다는 것이었다.

1941년 12월 7일(일본 시간 12월 8일) 일본은 선전포고 없이 진주만과 필리핀 · 말레이반도를 동시에 공격했다. 진주만을 공격한 목적은 결코 그곳을 점령하기 위한 것은 아니었으며, 다만 미 태평양함대를 무력화시킴으로써 제한된 시한 내에 동남아시아 일대를 쉽게 장악하기 위해서였다.

진주만의 미 태평양함대는 전혀 예상치 못하고 있다가 완벽한 기습공격을 당했다. 총 450대의 항공기를 실은 6척의 일본 항공모함은 감쪽같이 하와이 가까이에 접근해 진주만을 공습, 한나절도 못되어 태평양함대를 박살냈다. 정박해 있던 7척의 미국 전함 가운데 5척이 격침되고 200여 대의 항공기가 지상에서 파괴되었다.

맥아더 장군이 있었던 필리핀에서도 공습을 받고 미 해군기지가 크게 파괴되어 약 절반가량의 항공기 손실을 입었다. 그런가 하면 싱가포르에서 영국군도 공습을 받고 삽시간에 공군력이 초토화되고, 말레이 반도 근해에서 두 전함이 격침되었다. 그 밖에 괌, 웨이크도, 홍콩 등에서 연합군 기지들이 잇따라 파괴되었다.

단숨에 연합군 해군력을 격파한 일본은 그들이 바라는 대로 말레이 · 필리핀 · 네덜란드령 동인도 제도에 상륙작전을 실시하고 그곳들을 점령하기 시작 했다. 이듬해 2월 15일 싱가포르에서 영국군 수비대는 항복하고, 4월 9일 필리핀의 바타안 반도에서 저항했던 미군 수비대도 항복했으며, 5월 8일 인도네시아도 완전히 점령되었다.

3세계 곳곳에 분산되어 있던 미국과 영국 해군력을 전부 격멸한 것은 아니지만, 태평양에서 일본군은 침공 후 약 5개월 동안 최강으로 군림했다. 그들은 적전함 5천, 항공모함 1척, 순양함 2척, 구축함 7척을 격침시켰고, 그들 군함은 연합군으로부터 단 한척의 격침은커녕 손상조차 입지 않음으로써 해전에서 완전한 승리를 거두었다. 육전에서도 약 25만 명의 연합군 포로(영 · 미군보다 그들 지휘를 받은 아시아인들이 훨씬 많은)를 획득했다. 일본은 1억이 넘는 인구를 갖는 점령지를 지배했다. 이와 같이 엄청난 결과를 얻는 데 지불된 대가는 15,000명의 희생에 불과했다.

일본은 태평양전쟁에서 그들이 노린 목표를 차지하는데 대성공을 거두었다. 이제 남은 문제는 점령지역을 계속 확보할 수 있는가 과연 그들이 계산한 대로 협상으로 전쟁을 조기에 끝낼 수 있는가 이었다. 일으키는 것보다 끝내기가 훨씬 어려운 것이 전쟁의 속성이다. 미국이나 영국과 같이 잠재력이 강한 나라가 초기의 패배를 기정사실로 받아들이고 정치적 타협에 쉽게 응해 주리라고 계산한 것은 일본정보의 중대한 오판이었다. 연합국은 어떤 일이 있더라도 패배를 만회해야 한다는 방침을 경의하고 반격을 준비하기 시작했다. 그리하여 태평양 전쟁은 결코 조기에 끝날 수 없는 전쟁으로 확대되어갔다.

4. 2차 세계대전 개전 연설

▣ 아돌프 히틀러 총통(베를린, 제국의회, 1939. 9. 1)

수 개월 간 우리는 베르사이유의 일방적인 결정이 초래한 괴로운 문제로 인하여 고통받아왔습니다. 그 문제는 우리가 용납할 수 없을 만큼 악화되었습니다. 단치히는 독일 도시였으며 지금도 독일 도시입니다. 회랑지역은 독일 영토였으며 지금도 독일 영토입니다. 이양 지역의 문화적 발전은 오로지 독일인의 것입니다. 단치히는 분리되었으며 회랑지대는 폴란드에 합병되었습니다. 동부의 다른 독일령처럼 소수 독일계 주민은 가장 비참한 방식으로 멸시받아 왔습니다. 1919~1920년에 백만 명 이상의 독일계 주민이 고향을 떠났습니다. 항상 그랬듯이 평화적인 수정안을 제시함으로써 이 용납할 수 없는 상황을 개선하려 시도했습니다. 강제로 개선시키려 한다는 외부 세계의 주장은 거짓입니다. 국가사회주의당이 정권을 잡기 15년 전 평화적 정착과 이해로 이러한 개선의 기회가 있었습니다. 나의 주도하에 용납할 수 없는 상활의 개선을 위한 제안을 한 번도 아니고 수차례나 하였습니다. 여러분도 알다시피 이 모든 제안이 거부되었습니다. 군사력 감축안, 필요하다면 군비철폐, 전쟁규제안, 현대식 무기의 신뢰할 수 있는 방법에 의한 제거 말입니다. 내가 독일 영토에 대한 독일주권을 복원할 필연성을 수행하기 위하여 만든 제안을 여러분은 압니다. 여러분은 오스트리아문제, 그리고 후에 수데텐랜드, 보헤미아, 모라비아의 평화적 해결과 이해를 위해 내가 한 무수한 시도를 압니다. 그 모든 것이 헛되이 되었습니다.

불편한 사태가 평화적으로 수정되어야 한다는 바램은 불가능했으며 동시에 끊임없이 평화적인 개선을 거절하였습니다. 이러한 개정의 집행을 떠맡은 자가 스스로 법을 어긴다고 말하는 것 또한 있을 수 없습니다. 베르사이유의 일방적 결점은 우리에게는 법이 아니기 때문입니다. 우리 머리에 총을 들이댄 채, 수백만 국민의 기아로 협박하면서 서명을 강요했습니다. 그리고 우리가 어쩔 수 없어 서명한 이 문서가 엄숙한 법으로 공포되었습니다.

마찬가지로 단치히, 회랑 문제 등도 제안한 평화적 협의로 해결하고자 했었습니다. 문제는 명백히 해결되어야야 했습니다. 문제가 해결의 시간을 갖는다는 것은 서방의 강국에게 거의 관심이 없었습니다. 그러나 그 시간은 우리에게는 관심 사항이었습니다. 더구나 고통을 가장 많이 받는 자에게 무관심이 아니었고 될 수도 없는 문제였습니다.

폴란드 정치인들과의 협상에서 제국의회에서의 나의 마지막 연설을 통해 알 수 있다고 밝혔습니다. 아무도 이것이 지나친 압박 용납할 수 없는 조처라고 말할 수 없습니다. 나는 무리없이 마침내 독일의 제안을 공식화 하였으며, 이보다 더 적합하고 성실한 제안은 없다고 재차 반복합니다. 전 세계에 이를 말하고자 합니다. 그러한 제안을 만들고자 나 홀로 이 자리에 있습니다. 왜냐하면 그렇게 함으로써 수백만 독일인에 대한 반대를 내 스스로 초래하였음을 잘 알기 때문입니다. 이러한 제안이 거절당했습니다. 그들은 먼저 국가동원령으로 응수했을 뿐 아니라 독일민족에 대한 테러와 위협을, 단치히 자유시에 대한 점진적인 억압을 증가시켜 왔습니다. 경제적으로, 정치적으로 그리고 최근 몇 주간은 군사력과 운송으로, 폴란드는 단치히 자유시에 대한 공격을 지시하였습니다. 더구나 폴란드는 양쪽 모두에게 공정한 합리적인 방법에서 회랑 문제를 해결하지 않았습니다. 또한 소수민족에 대한 의무를 지키려 하지 않았습니다.

나는 여기서 뚜렷하게 밝힙니다. 독일은 다음 의무를 지킵니다. 독일에 거주하는 소수민족은 박해받지 않습니다. 자르 지방의 프랑스인 어느 누구도 박해받거나 고문받거나 권리가 침해되었다고 주장하지 않습니다. 그런 말이 일체 없습니다.

나는 4개월 간 전개과정을 조용히 지켜보며 경고를 계속 하였습니다. 지난 며칠간 나는 경고의 수위를 높혔습니다. 폴란드 대사에게 3주전 통보했습니다. 만약 폴란드가 단치히에 최후통첩을 계속 보낸다면, 폴란드 측에서 단치히 무역을 붕괴시키려 하는 관세조정을 종식시키지 않는다면 독일제국은 가만있지 않을 것이라고, 예전의 독일과 지금의 독일을 비교하기를 바라는 사람은 잘못 생각하는 것임을 확실히 밝힙니다.

그들의 도전 행위는 독일에 대한 박해를 정당화하기 위한 시도였습니다. 어떤 도전이 여자와 어린이에게 저질러졌는지 나는 모릅니다. 그들이 박해받고 어떤 경우에는 살해되었다면. 하나는 압니다. 어떤 위대한 권능도 수동적으로 오랫동안 명예롭게 서서 그런 일을 바라볼 수는 없을 것이라고 영국 정부의 협상안에서 나는 마지막 노력을 하였습니다. 영국 정부는 영국이 아닌 독일과 폴란드가 직접 만나 협상하라고 제안했습니다.

나는 이 제안을 수용했다고 밝혀야 했습니다. 이러한 협상을 위한 여러분에게 알려진 기본안을 완성했습니다. 사무실에 앉아 전권대사를 파견하는 것이 폴란드 정부에 편리한가를 보면서 이틀간을 기다렸습니다. 지난 밤 그들은 전권대사 파견 대신 폴란드 대사를 통하여 영국정부안의 수용여부, 허용 범위에 대하여 아직도 생각중이라고 알려 왔습니다. 폴란드 정부는 결정 사항을 영국에 알리겠다고 말했습니다.

의원여러분, 독일 정부와 지도자들이 그러한 대접을 묵과한다면 독일은 정치 무대에서 사라지게 될 것입니다. 그릇된 판단으로 평화에 대한 나의 사랑과 인내심이 나약함과 비겁함으로 오해받을지. 그래서 나는 지난밤 결심했습니다. 그리고 영국 정부에 알렸습니다. 이러한 상황 하에서 더 이상 폴란드 정부와의 진지한 협상이 불가함을.

무엇보다도 갑작스런 폴란드의 총동원령과 뒤이은 폴란드인의 잔학행위로 타협안은 실패로 끝났습니다. 지난 밤 또 다시 일어났습니다. 요즈음 지난 밤 21번만큼이나 심각한 국경충돌이 있었습니다. 따라서 나는 폴란드에게 수개월 전 폴란드가 우리에게 사용했던 그 말 그대로 단호하게 밝힙니다. 제국에 대한 이 태도는 변하지 않을 것입니다.

다른 유럽 국가들은 우리의 태도를 이해합니다. 이 자리에서 우리를 지지한 이탈리아에 대하여 사의를 표합니다. 그러나 여러분은 이해할 것입니다. 이 투쟁의 승리를 위해 외국의 도움을 호소하지 않을 작정입니다. 스스로 이 과업을 수행할 것입니다. 중립국들은 우리가 이미 그들의 중립을 보장했듯이 그들의 중립을 약속했습니다.

서방의 정치인들이 이것이 그들의 관심사라 말했을 때, 그런 발표를 유감으로 생각할 수 만 있습니다. 나의 의무를 수행하는 데 한 순간이라도 주저하게 할 수는 없습니다. 더 중요한 것이 무엇입니까? 엄숙하게 약속합니다. 반복합니다. 서방에 대하여 어떠한 요구도 안 하며 또 없을 것입니다. 나는 독불 국경선이 최종적인 국경이라고 밝혔습니다. 나는 반복해서 우정을 필요하다면 영국과의 협력도 요청했습니다. 그러나 이는 일방적인 요청으로 들 수는 없습니다. 다른 쪽의 반용을 요구합니다. 독일은 서방에 대하여 관심이 없으며 우리의 서부장벽은 오랫동안 제국 서쪽의 국경이었습니다. 앞으로도 서방에 대한 어떠한 목표도 갖고 있지 않습니다. 중립을 지키는 한 이러한 보장은 엄숙히 충실히 지켜질 것이며 우리 또한 그들을 존경할 것입니다

여러분께 하나의 사건을 말할 수 있어 나는 특히 행복합니다. 독일과 소련은 상이한 교리로 통치되고 있다는 것을 여러분은 알고 있습니다. 한 가지 확실히 해야 할 문제가 있었습니다. 독일은 교리를 전파할 의도가 없습니다. 소련이 공산주의를 독일에 전파시킬 의도가 없다면 더 이상 서로를 적으로 볼 이유는 더 이상 없는 것입니다. 양측은 그 점을 분명히 했습니다. 독 · 소 간 분쟁은 다른 쪽에 이익만 될 뿐입니다. 따라서 우리는 단호히 독소불가침조약을 체결했습니다. 조약은 유럽 분제에 공동으로 대처할 의무를 지웁니다. 경제협력이 가능하며 양 강국이 서로 불가침하기로 약속했습니다. 이러한 의지를 바꾸려는 서방의 어떠한 시도도 실패할 것입니다.

동시에 이 자리에서 이 정치적인 결정은 미래를 위한 멋진 출발을 의미한다는 것임을, 그리고 최종적임을 밝혀 두고자 합니다. 독일과 러시아는 (1차)세계 대전에서 서로 싸웠습니다. 다시는 러시아와 싸우지 않을 것이며 일어나지도 않을 것입니다. 또한 이 조약은 여러분이 환영하는 것처럼 모스크바에서 환영을 받았습니다. 러시아 외상 몰로토프의 연설에 대하여 똑같은 말로 시인할 수 있습니다.

나는 (1) 단치히 문제, (2) 회랑 문제를 해결하기로, (3) 평화적 상호공존을 보장할 독일-폴란드 관계에서 야기된 변화를 주시하기로 결심했습니다. 여기에서 나는 현재의 폴란드 정부가 기꺼이 이 변화를 지속적으로 가져오거나 새로운 폴란드 정부가 그렇게 할 준비를 할 때까지 계속 싸우겠습니다. 독일 국경선으로부터 불확실한 요인을, 국지전같은 지루한 상황을 제거하겠습니다. 나는 다른 국경과 마찬가지로 확실한 평화가 동부 국경에도 있음을 볼 것입니다.

이에 전세계에 대하여 이미 제국의회에서 공포한 제안을 그들이 반박하지 않는 것을 보기 위해 나는 중요한 조치를 취할 것입니다. 부인과 어린이를 상대로 싸우지 않을 것입니다. 나는 우리 공군에게 군사적 목표에 한한 제한 폭격을 명령했습니다. 그러나 적이 다른 방법으로 싸우기 위하여 그의 편으로 백지위임장을 그릴 수 있다고 한다면 그에게서 듣고 보는 것을 빼앗길 것이라는 답장을 받을 것입니다.

먼저 오늘 밤 폴란드 정규군이 우리 영토에 발포를 했습니다. 05:45 이후 우리도 응사하여 포탄에 포탄으로 맞서고 있습니다. 누구라도 독가스로 싸운다면 독가스로 맞설 것입니다. 인도적 교전행위를 벗어나는 자는 누구든 우리에게서 같은 대접을 받을 것입니다. 제국이 안전하고 제국의 권리가 보호될 때까지 상대가 누구이든 이 투쟁을 계속할 것입니다.

지금까지 6년간 나는 독일국방강화에 힘써 왔습니다. 그 기간 중 9,000만 마르크 이상이 군비 강화에 쓰여졌습니다. 아군은 가장 잘 무장되어 있으며 특히 1914년의 독일군에 필적합니다. 그들에 대한 나의 신뢰는 확고합니다. 내가 이 군대를 부를 때, 독일 국민의 희생을 요구할 때, 또한 모든 희생이 필요하다면 나에게는 그럴 권리가 있습니다. 왜냐하면 나 역시 우리가 전에 그랬던 것처럼 모든 가능한 희생을 할 확실한 준비가 오늘 되어있기 때문입니다.

나는 어느 국민에게도 4년간 언제라도 일어서려고 내 자신이 준비했던 것 이상으로 요청하지 않습니다. 내 자신이 감수하지 않는 고통은 국민에게 없을 것입니다. 이후 나의 모든 삶은 국민의 것입니다. 나는 이제부터 독일제국의 첫 군인입니다. 가장 신성하고 나의 가장 소중한 군복을 한번 더 입습니다. 승리의 날까지 결코 벗지 않을 것이며 그날까지 살지 않을 것입니다.

전투 중 나에게 어떤 일이 생긴다면 당의 동료인 괴링이 뒤를 이을 것이며, 괴링에게 어떤 일이 생긴다면 헤스가 뒤를 이을 것입니다. 그에 여러분은 나에 대하여 그러했듯이 그들에게도 무조건적인 충성과 복종을 바칠 의무를 지녀야 합니다. 헤스에게 문제가 생긴다면 법에 따라 의회가 소집되어 최선의 최적의 인물을 뽑을 것입니다. 가장 용감한 자, 후계자를 말입니다.

국가사회주의자로써, 독일 군인으로써 나는 영정을 갖고 이 투쟁에 참여합니다. 나의 일생은 오직 나의 국민과 국민의 부흥과 독일을 위한 긴 투쟁이었습니다. 그 투쟁을 위한 유일한 구호가 있습니다. 이 민족의 신념입니다. 내가 결코 배우지 않은 말이 하나 있습니다. 항복입니다.

그러나 곤경에 처해 있다고 생각된다면 나는 그에게 묻겠습니다. 너무나도 작은 영토에서 그 국가가 우리가 지금 바라는 강인한 정신을 지녔기에 훨씬 강력한 동맹세력을 누르고 세 번의 전쟁에서 결국 승리를 쟁취한 프러시아의 왕을 기억하라고, 따라서 1918년 11월이 독일 역사에서 결코 반복되지 않는다고 나는 확신하고자 합니다.

내가 언제든지 나의 삶을 정하는 것을 준비하듯 어느 누구도 국민과 조국을 위하여 취할 수 있습니다. 그래서 나는 여러분 모두에게 똑같이 요청합니다.

누구라도, 어떻게라도 이 국가적 명령에 반할 수 있다 생각한다면 직접적이건 간접적이건 실패할 것입니다. 배신자와 함께 할 일은 없습니다. 우리 모두 우리의 오래된 원칙에 충실합니다. 우리가 살건 죽건 그것은 별로 중요한 것이 아닙니다. 그러나 우리 국민의 생존, 독일의 생존은 중요합니다. 우리에게 요구되는 희생은 지난 세대가 겪었던 희생보다 더 많지는 않습니다. 우리가 맹세코 함께 도약하는 사회를 꾸린다면, 무엇이라도 할 준비가 되어있다면, 결코 포기하지 않는다고 결심한다면 우리의 의지는 곤경과 난관을 헤쳐 나갈 것입니다. 제국의 힘을 위한 투쟁을 시작하는 시간, 다시한번 발표함으로써 마치고자 합니다. 나는 말합니다. "우리 의지가 너무나 강하여 어떠한 곤경이나 고통도 우리의 의지를 억누를 수 없다고. 우리의 의지와 조국은 극복할 것입니다." 라고

5. 일본항복문서

항복문서

우리는 미합중국, 중화민국, 그리고 영국 정부의 수반들이 1945년 7월 26일 포츠담에서 발표한 선언의 조항들을 일본천황, 일본정부 그리고 일본대사관의 명을 대신하여 이로써 공식 수락하는 바이다. 이 3대 강국은 이하 연합국이라고 칭한다.

우리는 이로써 일본대본영과 현재 어디에 있건 모든 일본군과 일본 지배하에 있는 모든 군대가 연합국에게 무조건 항복함을 포고한다.

우리는 이로써 현재 어디에 있건 모든 일본국민이 적대행위를 즉각 중단하고, 모든 선박, 항공기 군용 및 민간 재산을 보존하고 그 훼손을 방지하며, 연합군 최고 사령관이나 그의 지시에 따라 일본정부의 여러 기관들이 부과할 수 있는 모든 요구에 응할 것을 명한다.

우리는 이로써 모든 관청, 육군 및 해군의 직원들에 대해 연합군 최고사령관이 본 항복을 유효화하기 위해 적당하다고 간주하여 그 자신이나 그의 위임에 따라 발한 모든 포고, 명령, 지시를 준수하고 집행할 것을 명하며, 모든 상기 직원들은 연합군 최고 사령관이나 그의 위임에 의해 명확하게 해임되지 않는 한 각자의 위치에 남아 각자의 비전투적 임무를 수행할 것을 지시한다.

우리는 이로써 천황, 일본정부, 그리고 그 계승자들이 연합국최고사령관이나 그 밖의 특정 연합국 대표자가 포츠담선언의 조항들을 성실히 이행하고 이 선언을 실행하기 위해 요구하는 모든 명령을 발하고 모든 조치를 취할 것을 보장한다.

우리는 이로써 일본제국정부과 일본대본영이 현재 일본 지배하에 있는 모든 연합국 포로와 민간인 억류자를 즉시 석방하며, 그들을 보호하고 보살피고 부양하며 지시된 장소로 즉각 이송할 것을 명한다.

천황과 일본정부의 국가통치권은 본 항복조항의 실시를 위해 적당하다고 그가 생각하는 조치를 취할 연합군최고사령관에게 종속된다.

1945년 8월 20일 오전 9시 4분, 일본 도쿄 만에서

일본천황과 일본정부의 명에 따라 전자들을 대신하여 사망

시게미쓰 마모루

일본대본영의 명에 따라 친자를 대신하여

우메즈 요시지로

1945년 9월 2일 오전 9시 8분, 일본 도쿄 만에서 미합중국, 중화민국, 영국, 대한민국임시정부 그리고 일본과 전쟁상태인 다른 연합 국가들의 이익을 위해 수락함.

연합군 최고사령관 더글러스 맥아더

미합중국 대표 C.W. 니미츠

중화민국 대표 쉬융창

영국 대표 브루스 프레이저

대한민국임시정부 대표 김구

소비에트사회주의공화국연방 대표 쿠즈마 데레피얀코

오스트레일리아연방 대표 토머스 블레이미

캐나다대표 L. 무어 코즈그레이브

프랑스공화국 임시정부 대표 자크 르 클레르크

네덜란드 대표 C.E.L. 헬프리히

뉴질랜드 대표 레너드 M. 이시트

DEPARTMENT OF STATE
RECEIVED
DEC 1 1943
DIVISION OF
COMMUNICATIONS AND RECORDS

CONFIDENTIAL CONFIDENTIAL CONFIDENTIAL

HOLD FOR RELEASE HOLD FOR RELEASE HOLD FOR RELEASE

PLEASE SAFEGUARD AGAINST PREMATURE RELEASE OR PUBLICATION.

The following communique is for automatic release at 7:30 P.M., E.W.T., on Wednesday, December 1, 1943.

Extraordinary precautions must be taken to hold this communication absolutely confidential and secret until the hour set for automatic release.

No intimation can be given its contents nor shall its contents be the subject of speculation or discussion on the part of anybody receiving it, prior to the hour of release.

Radio commentators and news broadcasters are particularly cautioned not to make the communication the subject of speculation before the hour of release for publication.

STEPHEN EARLY
Secretary to the President

\- -

President Roosevelt, Generalissimo Chiang Kai-Shek and Prime Minister Churchill, together with their respective military and diplomatic advisers, have completed a conference in North Africa.

The following general statement was issued:

"The several military missions have agreed upon future military operations against Japan. The Three Great Allies expressed their resolve to bring unrelenting pressure against their brutal enemies by sea, land and air. This pressure is already rising.

"The Three Great Allies are fighting this war to restrain and punish the aggression of Japan. They covet no gain for themselves and have no thought of territorial expansion. It is their purpose that Japan shall be stripped of all the islands in the Pacific which she has seized or occupied since the beginning of the First World War in 1914, and that all the territories Japan has stolen from the Chinese, such as Manchuria, Formosa, and The Pescadores, shall be restored to the Republic of China. Japan will also be expelled from all other territories which she has taken by violence and greed. The aforesaid Three Great Powers, mindful of the enslavement of the people of Korea, are determined that in due course Korea shall become free and independent.

"With these objects in view the Three Allies, in harmony with those of the United Nations at war with Japan, will continue to persevere in the serious and prolonged operations necessary to procure the unconditional surrender of Japan."

\- - - - - - -

740.0011 EUROPEAN WAR 1939/32626

PS/LH

부록 4. 6.25 전쟁

1) 전쟁 발발 시 지휘체계

가. 한국군

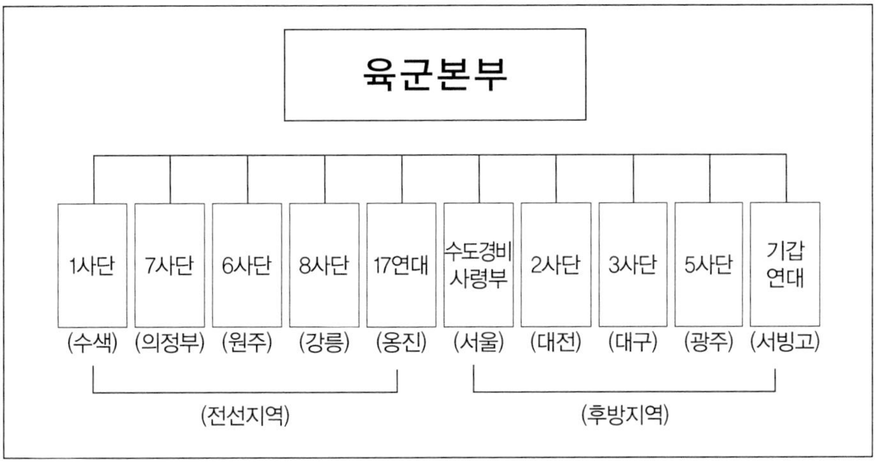

나. 북한군

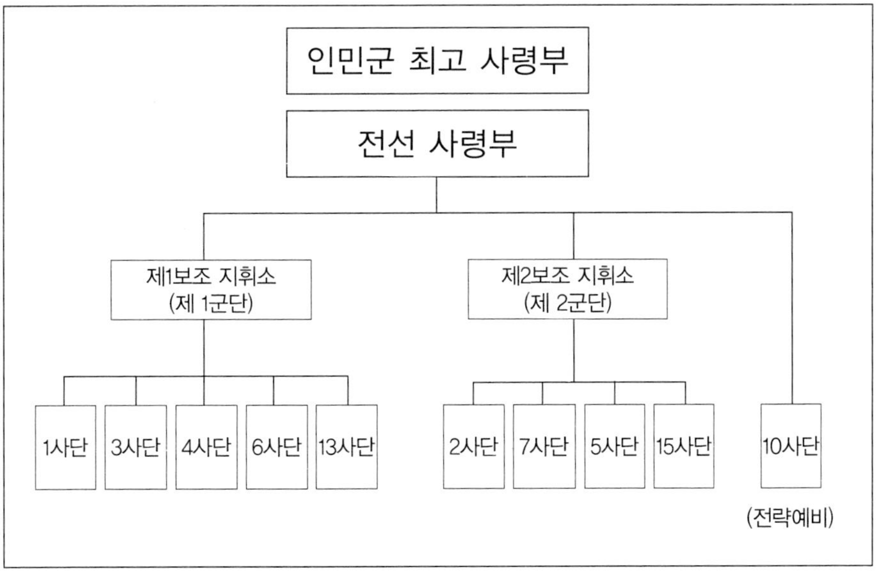

2) 보병사단 편성표 (한국군)

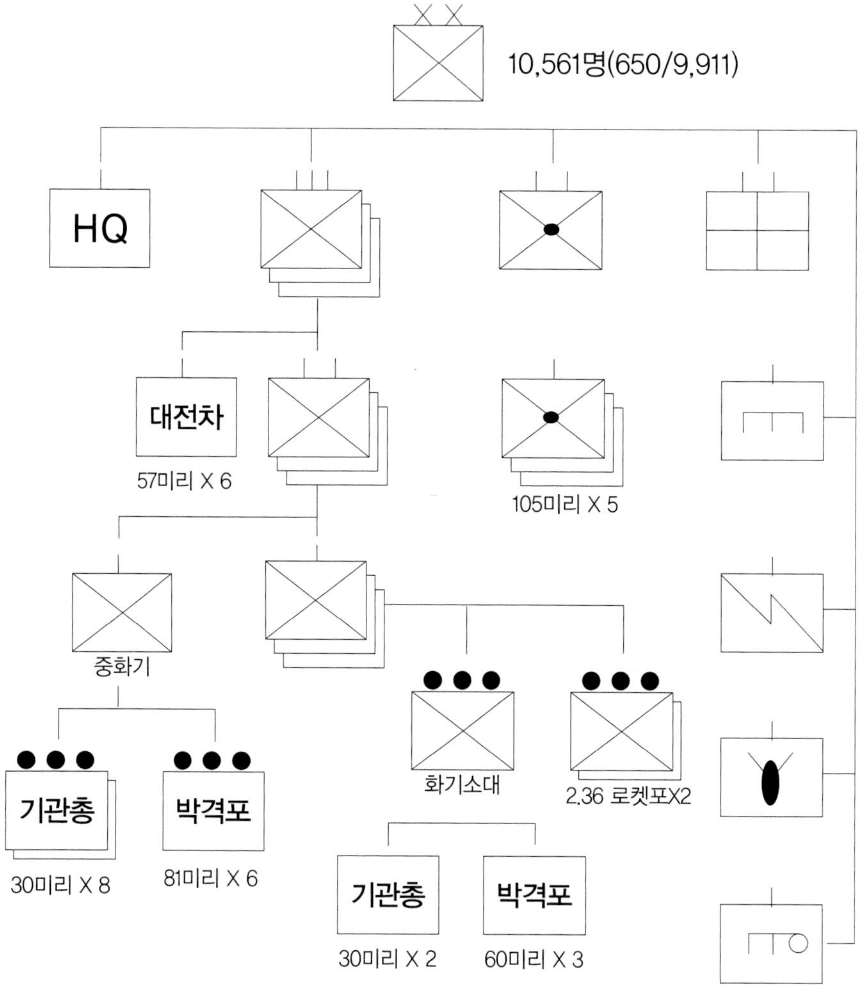

단위 : 명

사 단	연 대	대 대
10,561(650 / 9911)	2,809(153 / 2656)	76 / 710(786)

3) 보병사단 편성표 (북한군)

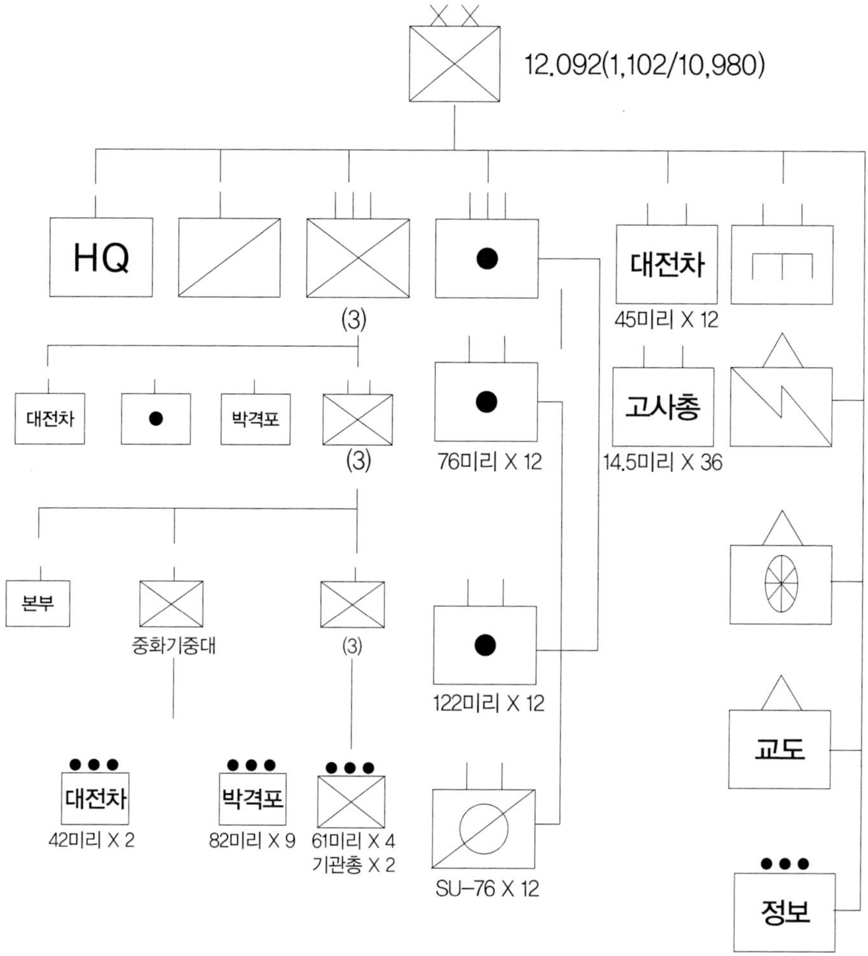

단위 : 명

사 단	연 대
12,092(1102 / 10,990)	2,794(205 / 2,589)

4) 보병사단 편성표 (미군)

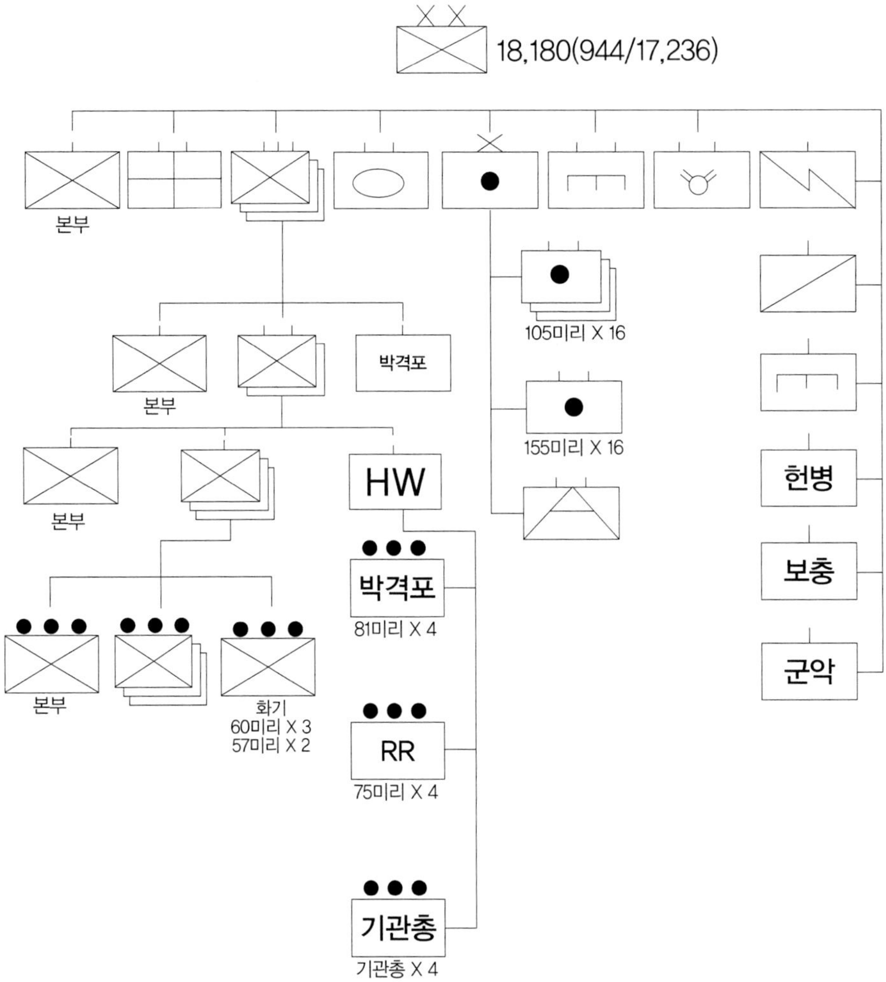

단위 : 명

사 단	연 대	대 대
18,180(1,113 / 17,067)	3,661(181 / 3,480)	887(39 / 848)

5) 보병사단 편성표 (중공군)

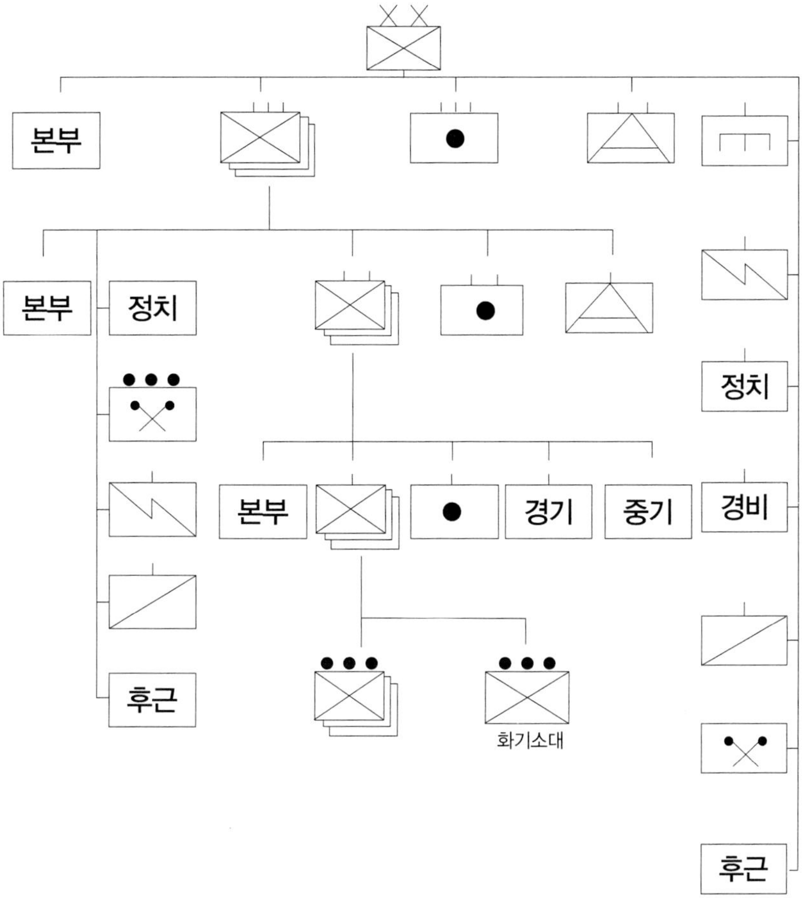

단위 : 명

사 단	연 대	대 대
16,278(1,849 / 14,429)	4,194(434 / 3,759)	920(79 / 841)

6) 보병사단 피 · 아 병력 / 장비

가. 병 력

구 분	사 단	연 대	대 대	기 준
한국군	650/9.911(10,561)	153/2.656(2,809)	76/710(786)	'50. 6 26
미 군	1,113/17,067(18.180)	181/3,480(3,661)	39/848(887)	'53. 11. 8
북한군	1,102/10,990(12,092)	205/2,589(2,794)		'50. 6 30
중공군	1,849/14,429(16,278)	434/3,759(4,194)	79/841(920)	'56. 6. 1

단위 : 명

나. 장 비 (사단 기준)

구 분	한국군	미 군	북한군	중공군
60밀리 박격포	81문	81문		
61밀리 박격포			108문	3문
76밀리 자주포			16문	
76밀리 평사포			36문	
81밀리 박격포	54문	39문		
82밀리 박격포			9문	99문
4.2인치 박격포		36문		
105밀리 곡사포	15문	54문		
75밀리 포				12문
76.2밀리 자주포			12문	
120밀리 박격포			18문	12문
122밀리 곡사포			12문	
155밀리 곡사포		18문		
차 량	608대	2.670대	135대	
전 차		135대		

※ 북괴군 전차사단에 전차 보유(전체 보유수 241대)

7) UN군 참전현황

가. 병력지원

국 가	육 군	해군/해병대	공 군	최초도착일자
그리스	보병대대 1개		공수비행소대	육 : '20.12. 9 공 : '50.11.23
남아프리카 공화국			전폭기중대	공 : '50.11.16
네덜란드	보병대대 1개	구축함 1척		육 : '50.11.23 해 : '50. 7.16
뉴질랜드	포병연대*1개 기타지원부대	군함 2척		육 : '50. 7. 1 해 : '50. 8. 1
룩셈부르그	보병소대 1개			육 : '51. 1.31
미국	3개 군단 기병사단 1개 보병사단 5개	제7함대 :TF 77, 90, 95 제1해병사단	제5공군: 제314비행사단 제315비행사단	육 : '50. 7. 1 해 : '50. 6.27 공 : '50. 6.27
벨기에	보병대대 1개			육 : '51. 1.31
에티오피아	보병대대 1개			육 : '51. 5. 7
영국	보병연대*2개 기타지원부대	항공모함 1척 순양함 2척 구축함 3척 소형함정 다수		육 : '50. 8.29 해 : '50. 6.29
오스트레일리아(호주)	보병대대*2	항공모함 1척 구축함 2척	전투비행 1개중대 공수비행 2개중대	육 : '50. 9.28 해 : '50. 7. 1 공 : '50. 7. 2
캐나다	보병여단 *1개 포병연대 1개 기갑연대 1개 기타지원부대	구축함 3척	공수비행중대	육 : '50.11.23 해 : '50. 7. 1 공 : '50. 7. 2
콜롬비아	보병대대 1개	군함 1척		육 : '51. 7.15 해 : '51. 4.22
태국	보병대대 1개	소형군함 2척 수송선 1척	공수비행소대	육 : '50.11. 7 해 : '50.11. 7 공 : '51. 6.23
터키	보병여단 1개			육 : '50.10.19
프랑스	보병대대 1개	군함 1척		육 : '50.11.29 해 : '50. 7.22
필리핀	보병대대 1개			육 : '50. 9.19

나. 의료지원

지원군	지원내용	도착일자
노르웨이	이동 야전 외과병원 1개	1951. 6. 22
덴마크	병원선 1척 포함 기타 의료반	1951. 3. 7
스웨덴	야전병원 1개	1950. 9. 23
이탈리아	적십자 병원부대 1개	1951. 11. 16
인도	야전 앰블런스 부대 1개	1950. 11. 20

8) 블루 하트(Blue Heart) 계획

가. 맥아더가 한강선 시찰시 "북한군의 남진을 저지하고 적 배후로 기습 상륙을 실시, 적을 일거에 격멸" 하는 계획을 구상

나. 미 24사단(+)으로 적당한 선에서 저지 : 차량, 금강, 소백산맥

다. 미1기병 사단으로 7.22일경 인천으로 상륙

※ 태평양 전쟁에서 직접 경험한 11회의 상륙 작전과 전사연구(퀘벡전투)를 통해 얻은 영감으로 작전 성공을 확신

9) 9. 15일 인천상륙일 결정이유

▶ 9. 15일을 상륙일로 정한 이유 - 부록 3. 현대전쟁

• 만조 시 수심 고려 : 9.15, 10.11, 11.2 중에서 택일

※ 맥아더 장군은 시기결정에 탁월한 식견을 가지고 있었다.

• 시기 지연 시 낙동강 방어선 유지 곤란, 인천방어력 강화

• 10월 이전 적 격멸 하지 못하면 적에게 식량 탈취

▶ 50. 9. 15일 인천상륙을 감행, 참가한 함선은 한국15, 미국226, 영국12, 캐나다3, 호주2, 뉴질랜드2, 프랑스 1척 총 7개국 261척임. 투입된 항공기 1,000대. 함포와 함재기의 엄호를 받는 상륙부대는 20분 만에 월미도를 탈환했다.

10) 인천상륙작전에 대한 미 해군이 제시한 문제점

▶ 해군이 제시한 문제점

- 조수 간만의 차 극심
- 비어수로(Flying Fish:날치)의 난점
- 비어수로 : 만조의 경우에도

  폭 1.8-2km

  길이 90km

  깊이 10~15m

  조류속도 5m나 되는 구불구불한 이 수로를 통과해야 하고, 적이 기뢰 부설로 한척의 배라도 침몰하는 경우는 통행 불가

  ※ "죽음의 계곡" 비유
- 월미도의 장애
- 주간 상륙부대 야간 적 반격 시 취약
- 상륙시기 기도비닉 유지 불가
- 상륙 후 접안지역 제한
- 상륙 후 건물지역 작전실시

▶ 이외에도 미 해군이 관심을 가졌던 것은 다음 2가지였다.

- 북한 해군의 기뢰 부실 가능성
- 중공군의 동향(개입 구실)

50. 9. 15일 오전 밀물 시 제 1 파에 의해 월미도를 상륙제압하고, 그날 17:30분 기다리던 밀물이 몰려들자, '레드비치'를 공격하기 위해 상륙 해안에 접안 후 5m의 암벽을 사다리를 이용하여(맥아드 서울 한강 방문 후 정찰시 착안하여 미리 준비) 제방을 오르고 있는 미 5해병연대

11) Bamboo 계획

1945년 11월, 미군정은 장차 주한 미 점령군의 감축 및 철수에 대비하여 한국의 토착 군사력 육성을 위한 준비를 11월 13일 군정 법령 제28호로, 국방사령부 설치 책임자는 미 제24군단의 헌병참모인 쉬크(Lawrence E. Schick)준장으로 발령, 취임하게 되었다. 국방사령부는 장차의 한국정부수립에 대비한 국방군 창설계획 수립, 계획은 국방군을 육군과 공군으로 구분, 육군의 규모는 3개 보병사단으로 구성된1개 군단으로 하고, 공군은 1개 수송 비행중대 및 2개 전투비행 중대로 편성하며, 육군 및 공군의 총병력을 45,000명으로 유지 해군 및 해안경비대를 5,000명 선으로 제한, 육 · 해 · 공군의 조직을 1949년까지 완료 해군 및 해안경비대의 모집을 그 해에 착수하기로 되어 있었다.

주한 미 점령군 사령관 하지 중장은 11월 20일 이 계획에 동의, 맥아더 장군은 남한에 군대를 창설하는 문제는 자기의 권한에 속하지 않는다 하여 이를 워싱턴 당국에 건의했음. 그러나 미3성 조정위원회(SWNCC)는 남한에서 단독적으로 군사력을 창설할 경우 미소관계가 악화될 것을 우려, 미군정 당국이 한국군 창설의 필요성을 느끼고 있었던 것과는 대조적으로 미국의 고위 정책결정 당국이 이를 꺼리게 된 것은 머지않아 미 · 소간의 교섭에 의해 한반도의 통일이 실현되기 어려우리라고 전망했기 때문이었다. 그리하여 한국군 창설계획을 포기한 하지 중장은 11월 20일, 쉬크 준장의 후임인 챔페니(Arthur S. hampeny) 대령에게 새로운 지침을 하달하고, 25,000명 규모의 필리핀식 경찰 예비대 창설 계획과 유사하게 작성된 것이 "Bamboo 계획" 이었다. 경찰의 국내치안을 지원 경찰예비대를 남한 8개도에 각각 1개 연대씩 창설 1946년 1월부터 도별로 대원모집에 착수하되, 우선 1개 중대씩을 창설한 후 이를 단시일 내에 연대 규모로 확대하기로 되어 있었다. 미 국무성에 의하여 승인된 하지 중장의 “Bamboo 계획” 은 그 후 국방 경비대 창설과 발전을 위한 청사진이 되었다. 한편 앞서 한국군 창설 계획을 추진했던 쉬크 준장은 주한 미 점령군 지휘관의 통역관을 양성하는 동시에 한국군의 간부 요원을 확보하기 위해 1945년 12월 5일 서울시 서대문구 냉천동에 있는 감리교 신학교에 “군사영어학교” 를 설치하였다. 군사영어학교는 그 후 국방경비대가 창설되자 교사(校舍)를 태릉으로 이전했다가 1946년 4월 30일 폐교되었는 바, 이 학교출신은 신생 국방경비대의 장교로서 크게 공헌하였다.

12) 인천상륙작전의 필요성을 주장한 맥아더 연설문

북한군의 주력은 현재 미8군 방어선 주변에 투입되고 있습니다. 따라서 적은 인천에 대한 방어를 충분히 준비하지 못하고 있다고 확신합니다. 여러분께서 실천이 불가능하다고 지적하신 사항들은 나에게는 오히려 기습의 성공을 확신시켜 주는 요소가 됩니다. 왜냐하면, 적 사령관도 이와 같이 무모한 공격을 시도할 사람은 없을 것이라고 믿기 때문입니다. 기습이야말로 전쟁에서 성공을 거둘 수 있는 중요한 요소입니다. 한 가지 예를 들어 말씀드리겠습니다. 1759년 프랑스의 몽고메리(Richard Mont-gomery) 후작은 당시 성벽으로 둘러싸여 있는 퀴백(Quebec)시의 남쪽에 있는 강둑의 절벽을 기어오르는 것은 불가능하다고 판단하였기 때문에, 퀴백(Quebec)의 북쪽에 있는 보다 취약한 강둑을 따라 강력한 방어진지를 구축하였던 것입니다. 그러나 영국의 울프(James Wolfe) 장군은 5천명의 소규모 부대를 이끌고 ST, Lawreance 강을 거슬러 올라가 남쪽의 험한 절벽을 기어올라 갔던 것입니다. 이렇게 하여 장군은 승리를 거두었는데, 그것은 전적으로 기습의 효과에 기인한 것입니다. 그 결과로 영국과 프랑스 두 나라간의 캐나다 전쟁은 사실상의 중지부를 찍게 된 것입니다.(참고:퀘백전투)

현시점에서 북한군은 몽고메리(Montgomery)와 같이 인천상륙은 거의 불가능하다고 판단할 것이니, 나는 울프(Wolfe) 장군처럼 기습작전으로 인천을 탈취할 것입니다. 해군 측에서 반대하는 바와 같이 인천항의 조수나 수로학적인 측량결과나, 지형이나 기타 물질적인 난점이 많다는 것은 시인하며, 이것은 깊이 고려되어야 할 문제라고 봅니다. 그러나 난점은 결코 극복할 수 없는 불가능한 것은 아닙니다. 나는 해군에 전적으로 신뢰를 두고 있습니다. 나는 해군자신이 신뢰하는 것보다 오히려 더 해군을 신뢰하고 있는 것입니다. 왜냐하면, 우리 해군이야말로 태평양 전쟁 당시 나의 지휘 하에서 많은 상륙작전에 참가하였고, 따라서 풍부한 경험을 쌓고 위대한 전승을 거두었기 때문입니다. 그러나 대부분은 인천과 비슷한 난관을 극복하고 이루어진 것으로써, 이와 같은 승리를 거둔 해군의 능력이야말로 아무것도 의심할 여지가 없는 것입니다.

군산에 상륙하자는 제안도 있지만 군산항은 인천이 가지고 있는 여러 가지 난점이 없을지 모르나 여기서 상륙한다고 하여 반드시 결정적인 전과를 기대할 수는 없는 것입니다. 만일 여기에 상륙하여 적을 포위하려고 하여도 실제로 포위도 되지 않을 뿐 아니라 적의 병참선과 보급시설을 파괴할 수 없기 때문에 상륙작전은 의의가 없다는 것입니다. 결국 그것은 불충분한 포위가 될 것이며, 전쟁에 있어서 이처럼 무익한 작전은 없을 것입니다. 유리한 이점이 있다면 그것은 미8군의 좌측부대와 연결할 수 있다는 것뿐입니다. 그러나 그렇게 할 바에 상륙부대를 미8군에 직접 증원하는 것이 복잡하고 비용이 많이 드는 군산 상륙작전을 실시하는 것보다 좋을 것입니다. 다시 말씀드리자면 군산에 상륙한다는 것은 미8군에 병력을 조금 더 증원하여 현상유지를 돕는 결과밖에 안되는 것입니다, 현상 유지만으로는 전쟁을 끝낼 수 없는 것이 아니겠습니까?

우리가 낙동강 방어선에서 직접 정면공격으로 적진을 돌파하여 밀고 올라가는 작전을 시도한다면 많은 희생자만 낼 것이고 결정적인 전과를 얻을 수가 없습니다. 왜냐하면, 적은 뒤로 후퇴하면서 병참선과 통신망을 조금씩 단축시키기만 하면 되기 때문입니다. 그러나 만약 우리가 인천과 서울을 탈취한다며 적의 병참선을 절단할 수 있을 뿐 아니라, 한반도의 전 남쪽 전체를 차단할 수 있는 결과가 될 것입니다. 적의 약점은 병참선에 있습니다. 적은 남쪽으로 전진하면 할수록 병참선이 신장되고 약화되며, 그만큼 보급상태가 곤란해질 것입니다. 북쪽에서 내려오는 적의 주요 병참선은 모두가 일단 서울에 집결된 다음 다시 전방으로 수송되고 있습니다. 따라서 서울을 탈취한다면 우리는 적의 병참선 기능을 완전히 마비시킬 수 있습니다. 그 결과는 현재 미8군과 대치하고 있는 적부대의 전투력을 마비시킬 것입니다. 이렇게 하여 탄약과 식량 보급이 중단되면 적은 절망과 혼란에 빠지게 될 것이며, 우리의 병력의 수는 적지만 군수지원이 충분한 부대로써 적을 간단히 격파할 수 있는 것입니다.

만약 나의 계획이 채택되지 않는다면 우리는 더욱 많은 희생을 치르는 전쟁을 계속해야만 될 것이며, 따라서 낙동강 전선에서의 전투는 희망도 없이 무한정으로 전투를 계속하는 길 밖에 없습니다. 따라서 우리 장병들은 도살장에 끌려가는 소와 마찬가지로 피비린내 나는 낙동강 전선에 그대로 묶어 놓는데 만족할 사람이 누가 있겠습니까? 이와 같은 비극에 대한 책임을 누가 질 것입니까? 분명히 말씀드려서 나는 그와 같은 책임을 도저히 질 수가 없는 것입니다.

지금이야말로 자유세계의 위신을 유지할 수 있느냐, 없느냐 하는 막다른 길목에 놓여 있는 것입니다. 전 세계 사람들의 이목이 한반도를 주시하고 있습니다. 공산당은 세계 적화의 첫발로 아시아를 선택하였다는 것은 명백한 사실입니다. 그 대결의 장소는 베를린도 아니고, 비엔나도 아니고, 런던도 아니고, 파리와 워싱턴도 또한 아닙니다. 바로 한국의 낙동강이 바로 그곳입니다. 우리는 현 전선에서 그들과 서로 맞대어 싸우고 있는 것이 아닙니까? 유럽에서의 대결은 다만 입씨름 정도에 불과하지만 우리는 여기에서 무기를 가지고 싸우고 있는 것입니다.

만약 우리가 아시아에서 공산주의와의 싸움에서 패한다면 다음에는 유럽의 운명도 중대한 위기에 직면할 것입니다. 만약 우리가 이긴다며 유럽에서의 전쟁을 모면할 것이며, 평화와 자유의 길이 보존될 것입니다. 그러나 만분의 일이라도 우리가 여기서 주저하거나 그야말로 치명적인 실수를 범하거나 그릇된 결정을 내린다면 만사는 끝장이 나는 것입니다.

내가 이렇게 말하고 있는 순간에도 운명의 시계바늘은 계속해서 분초를 세고 있을 것이고, 그 소리가 지금 귀에 들리고 있는 것 같습니다. 우리는 이제야말로 과감하게 행동할 때라고 생각합니다. 만약 그렇지 않으며 자유세계는 죽음만이 기다리고 있을 따름입니다. 만약 나의 판단이 잘못되어 인천서 도저히 감당할 수 없는 강력한 적의 저항에 직면하게 된다면, 나는 즉시 우리 부대가 피해를 입기 전에 철수시킬 것입니다. 그러한 경우 우리의 손실은 나의 지휘관으로서의 명예 손실만이 있을 뿐입니다. 그러나 인천상륙 작전은 실패하지 않을 것이며, 반드시 성공 할 것입니다. 그리고 10만의 생명을 구하는 결과가 될 것입니다.

13) 심일 중위와 육탄용사들

춘천지역에서 최초로 전차를 격파한 심일 중위와 육탄용사들의 전례다.

가. 심일 중위와 특공조 운용

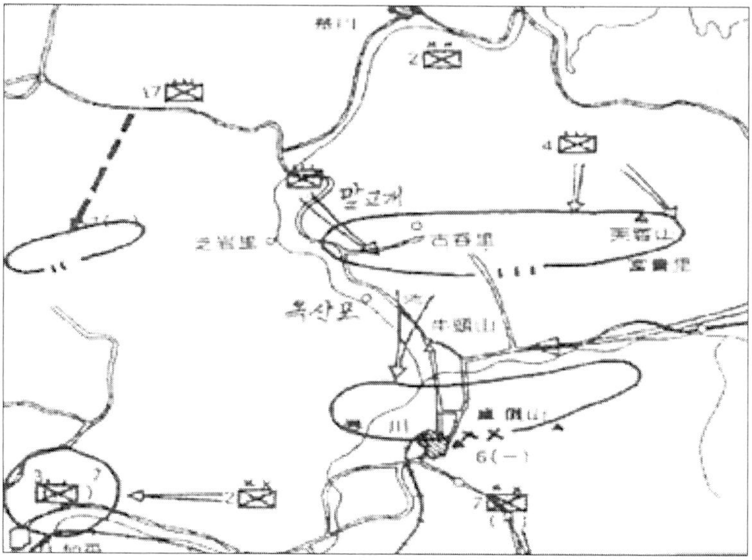

(작전지역 : 강원도 춘천북방)

① 개 요

1950년 6월 25일 09:00시경 6사단 7연대 대전차포 중대 2소대장인 심일 중위는 명에의거 57mm 대전차포 1문을 이끌고 춘천 북쪽 서원(일명 말고개)에 진지를 편성하고 사격준비를 막 갖추었을 때 적의 전차가 나타났다.

심일 중위는 적의 전차를 처음 보는 흥분과 두려움으로 대원들을 격려하며 첫 발을 발사하였다. "꽝"하고 날아가는 포탄이 적의 전차에 "쨍"하고 명중하였으나 잠시 멈칫하는듯 하다가 또 다시 전진해오기 시작하였다. 이어 제2탄, 제3탄이 계속 명중하였으나 전차는 끄떡도 하지 않고 접근해오며 76.2mm포를 쏘아대기 시작하였다.

심일 중위는 이를 갈았지만 어쩔 도리가 없었다. 그는 적 전차의 특성을 곰곰이 분석한 끝에 그것을 파괴할 방법을 찾아냈다.

그리고 그는 곧 소대원들에게 빈병을 가져오게 하여 급조 화염병을 만들고 "육탄 특공대에 지원할 병사는 없느냐?" 고 소리치자 너도 나도 앞장서며 지원하였다.

심일 중위는 부하들의 지극히 왕성한 공격정신과 살신보국의 갸륵한 뜻에 흐뭇함을 금치 못하며, 그 중 5명을 선발하여 전차파괴 요령을 일러준 뒤 옥산포(일명, 무른데미)북쪽 도로변 소나무 밭에 이들을 대기시켰다.

이 때 약 500m 전방에서는 사단 공병대대가 도로 위에 지뢰를 매설하고 있었다. 그로부터 약 10분이 경과한 09시 20분경, 적의 포격이 옥산포 일대에 집중되기 시작하였다. 그 뒤를 따라 적의 전차가 천천히 남하하고 2, 3km 후방에는 또 다른 7대의 전차가 뒤따르고 있는 것이 관측되었다.

② 전투경과

심중위는 57mm 대전차포 원거리 사격으로는 적의 전차가 파괴되지 않는 다는 것을 절감하고 지체없이 특공대를 매복시킨 지점으로 돌아왔다.

그리고 소나무 숲속에 대전차포 2문을 배치하고 적이 식별하지 못하도록 위장하였다. 10분 남짓 포격을 퍼붓던 적은 도로 위의 장애물에 몇 발의 포탄을 명중시켜 설치한 장애물을 날려버렸다.

그리고는 3대중 2대의 전차가 다시 도로를 따라 진출하기 시작하였다. 그들은 2km전방 숲속에서 이를 악물고 대기 중인 국군이 있음을 꿈에도 모른 채 그들의 무덤이 될 장소로 거침없이 다가왔다. 요란한 굉음의 엔진 소리가 귓전을 때리고 50m, 30m...... 눈앞으로 검은 쇳덩이가 나타나는 순간 대전차포 2문이 동시에 불을 뿜었다. "꽝" "꽝" 하며 57mm 대전차포의 철갑탄이 날카로운 쇳소리를 내면서 무한궤도를 파괴하고 필사의 제2탄이 측면을 관통하였다. 그토록 당당해 보이던 전차가 기우뚱거리며 정지하고 말았다.

그리고 포탑 해치가 열리고 승무원이 밖으로 얼굴을 내미는 순간, 매복하여 대기중이던 특공대원 중 한명이 속사를 퍼부으며 적의 전차병을 사살하였다. 때를 같이하여 심 소대장을 선두로 육탄특공대가 적의 전차에 뛰어 올라 눈 깜짝할 사이에 수류탄을 포탑 속으로 밀어 넣고 뛰어내리자 "꽝"하며 1번차가 화염에 휩싸였다. 뒤이어 2번 전차에서도 불길이 치솟으면서 요란한 폭음을 내며 내부에서 포탄이 터지는 작렬음이 울렸다. 다행히도 심중위가 포탑으로 쉽게 수류탄이나 화염병을 집에 넣을 수 있었던 것은 무더운 날씨로 찜통 같은 열기를 참기 어려워서 적은 포탑을 열어 놓았기 때문이었다.

그러나 애석하게도 공격중이던 특공대원 1명이 적탄에 맞아 값진 피를 흘리며 전사하였다. 선두 전차가 화염을 토하며 파괴되자 진로가 가로막힌 적의 후미 전차 10여대는 엄호중인 보병들과 같이 방향을 돌려 후퇴하려고 했다. 그 순간 연대의 예비대인 제1대대가 이 기회를 포착하여 신속한 역습을 감행하여 큰 전과를 거두었다.

심일 중위가 육탄공격으로 적 전차 2대를 파괴한 것을 계기로 7연대 장병들은 "옥산포에서 육탄특공대가 전차를 파괴하였다. 우리도 적의 전차를 쳐부술 수 있다." 라는 자신감을 갖게 되고 그 뒤부터는 전차에 대한 공포감이 사라져 맞붙어 싸우게 되었다. 이때부터 승리를 확신하는 자신감을 갖게 되었으며 나아가 적을 두려워하지 않고 싸워 이기는 계기가 마련되었다. 육탄 용사들을 지휘한 대전차포 중대 제2소대장인 심일 중위는 1923년 함경남도 단천 출신으로 서울대학교 사범대학 2학년에 재학 중에 군문에 투신했다, "남아는 의롭게 살아야 한다.

학문도 중요하지만 38선이 존재하고 공산당이 있는 한 나라가 위태로운 때 먼저 적을 무찔러야만 한다."는 신념으로 1951년 1월 26일 전사할 때까지 언제나 최전선에서 앞장서 싸워 눈부신 전공을 쌓아 1951년 9월 17일 태극무공 훈장이 추서되었다.

③ 교 훈

대전차 공격에 대한 자신감은 전투승리의 관건이다. 지휘관으로서 부하들에게 강인한 승리의 의지를 심어 준다는 것은 너무도 중요한 일이다.

전쟁에서의 공포증은 누구에게나 있게 마련이다. 무섭고 답답한 심정이나 예측할 수 없는 앞일에 대한 불안감에서 초초하게 쫓기는 마음을 갖게 된다. 특히 전쟁 초기에는 우리 국군은 보유하지 못한 적의 전차에 대하여 그 위력에 위축되어 고전을 했다. 이에 말단 지휘관의 기지에 따라 육탄의 용사가 나오기도 하고, 싸워보지도 못한 채 패주하는 부대가 있기도 했다.

현재 우수한 대전차 무기를 보유하고 있어 안심 되지만 이를 운용하는 장병의 의지, 신뢰, 자세에 따라 무기의 기능이 완전히 발휘되느냐, 발휘되지 않느냐가 결정되리라고 본다.

나. 육탄 용사들

① 개요

㉠ 전투기간 : 1950. 6. 27 ~ 28

㉡ 피아 전투력

• 국군 6사단 19연대 특공조(특공대장 일병 조달진외 10명)

• 북한군 12사단 109 전차연대

※ 대전차 화기/장애물 준비 미흡한 상태 하 특공조 편성, 육탄으로 적 전차 저지

② 대전차 특공조 운용관련 준비사항

㉠ 전차 파괴요령 사전 교육 : 접근방법, 취약점, 파괴요령, 각 조별 행동.

• 헤치가 열려 있을 경우 : 수류탄, 화염병 투입

• 헤치가 닫혀 있을 경우 : 81미리 박격포탄 궤도 하단부 투입

• 박격포탄이 불발일 경우 : 연막으로 시계 차장 후 헤치 개방 가요

㉡ 사전 지형정찰을 통한 정확한 운용위치 선정

• 복차 통행 불가, S자형 굴곡지역, 단애 형성

㉢ 대전차 급조무기 활용한 적 전차 파괴 의지 고양

③ 작전 경과

㉠ 6. 26 대전차 특공조 편성

㉡ 6. 27 22:00부 투입

㉢ 6. 27 24:00 적 유선 발견 / 절단 시 적 기습으로 산개 → 말고개 일대에서 재규합

㉣ 6. 28 09:00 적 보전 협동 공격 개시 / 종심돌파 시도

㉤ 6사단 2연대 대전차포 사격 : 적 전차 파괴 불가

㉥ 적 전차 승무원 상황 확인 차 헷치 개방 순간 수류탄 투척으로 적 전차 파괴

④ 전 과

㉠ 적 전차 파괴 4대, 노획 6대, 적 사살 24명

㉡ 대전차 특공조 전원 1계급 특진 / 훈장 수여

14) 다부동 전투

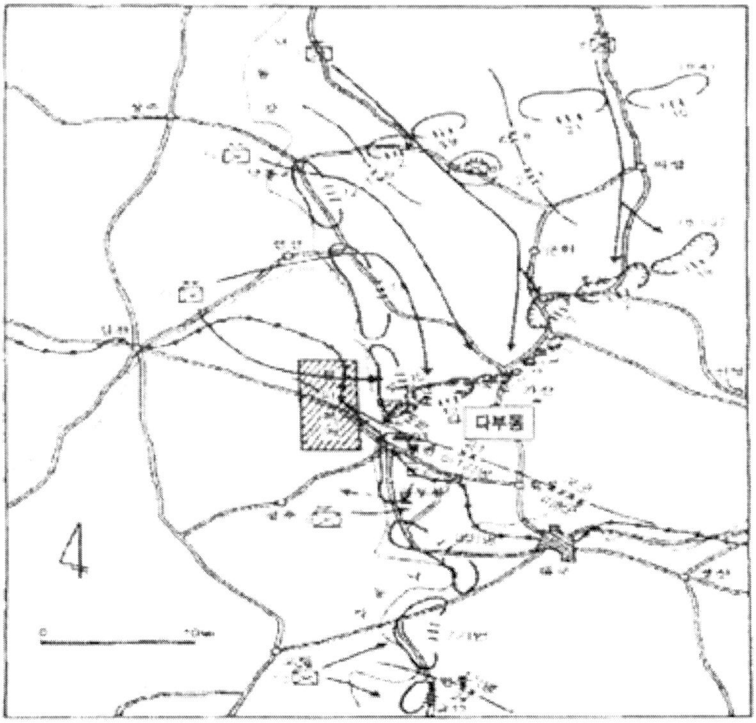

가. 작전경과

① 북한군 다부동 포위작전 기도, 공격 집중

② 워커는 다부동 전선 유지 곤란하다고 판단, 병력 증원

㉠ 미 25사단 27연대 다부동 투입, 미 2사단 23연대는 예비로 투입

㉡ 한국군 8사단 10연대를 1사단에 배속하여 가산 투입, 7사단 5연대와 독립기갑 연대를 6사단에 배속하여 가산지역에 투입 =〉 다부동과 가산 지역에서 북한군의 돌파를 저지 시도

③ 한국군 1사단장과 미 27연대장은 역습을 통하여 다부동 전선 원상 복구시도, 이때 북한군 선공, 기선 제압하며 혼전

㉠ 백선엽 장군의 현장지휘로 피탈 당했던 미 27연대 좌 측방 능선고지 탈환

㉡ 한국전쟁 최초의 전차전(미 27연대 : 북한군) : 5시간에 걸친 격전 끝에 북한군 공격 격퇴

④ **8월 22일 전세 역전**

㉠ 북한군 13사단 포병연대장 귀순으로 획득한 13사단 포진지 위치 맹폭/무력화

㉡ 한국군 1사단 12연대는 야간 기습과 8차례의 역습으로 유학산 탈환

㉢ 미군 23연대는 가산 능선으로 침투한 공산군을 격전 끝에 격퇴

㉣ 22일, 북한군 야간 공격하여 8사단 10연대 방어 지역(741고지) 점령, 가산 침투 등

㉤ 미군 27연대는 Bowling Alley에서 반격을 개시하여 신주막까지 진출, 미군 23연대와 한10연대/기갑연대는 가산 일대 침투한적 격멸, 10연대 피탈 당했던 고지 탈환 =〉 다부동 측방 위협 완전 해소, 한국군 1사단은 Y선 회복하고 고지를 연하는 선에서 저지의 북한군 방어

☞ Bowling Alley : 천평동에서 진목동까지 4km의 직선 계곡 회랑

⑤ **다부동 전선 안정 이후 워커는 방어 배치 조정**

㉠ 8월말 미 2사단 주력과 영국군 27여단이 증원

㉡ 미군 방어 정면 확대, 한국군 방어 정면 축소 → 다부동 지역 미 1기병사단에 인계, 한국군 1사단은 가산-신녕-의성 간 도로까지 12km의 팔공산 기슭 방어

※ 인계 준비 간 배성섭 수색정찰대(11명)의 수색 정찰간 북한군 13사단 사령부 습격 전과

나. 작전결과

① **북한군 손실 약 6,000명(추정), 한 1사단 장교 56명 포함 2,300명 전사 등**
(미 27연대, 23연대, 한국군 10연대 등의 피해 합산 시 북한군과 비슷한 수준)

② **다부동 전선 안정, 북한군 8월 공세 좌절**

※ 청년 학도병의 참전, 포화 속 주민의 탄약 등 진지운반

※ 백선엽 장군 술회 : "살아남은 자의 훈장은 전사자의 희생 앞에서 빛을 잃는다."

15) 백마고지전투(52. 10. 6 ~ 14)

가. 상황개요

① 피 · 아 전투력

㉠ 국군 : 제 9사단 30연대 1대대/10 · 11중대

※ 약 5주간 교육 후 28연대와 임무교대

㉡ 중공군 : 114사단 340 · 342연대

② 백마고지의 군사적 가치(적이 점령 시)

㉠ 미 제9단의 주저항선을 고대산까지 후퇴 강요

㉡ 적이 철원평야를 감제, 철원 및 금화를 제압 가능

㉢ 서울로 통하는 아군의 주 보급을 마비시키며

㉣ 휴전전회담의 홍정에 유리

③ 적 기도

㉠ 백마고지(395고지) 공격과 동시에 서측 281고지 병행공격 (339연대)

㉡ 봉래호 수문 파괴 → 영평천 범람 / 백마고지 고립

④ 국군의 대비

㉠ 중공군 포로에 의한 적 공격기도 사전 파악 : 공격예정일, 봉래호 수문폭파 기도

㉡ 적 포병공격 대비 진지공사 강화

㉢ 수문 폭파 시 고립에 따른 조치 : 1주일 이상의 보급품 확보

나. 전투경과

① 10. 6 07:00 적 1차 공격 : 3 · 10 · 11 중대 지역

② 10. 6 20:00 3중대 전방에서 적 전차 격퇴

③ 10. 6 22:40 적 1개 대대규모 3 · 10중대 정면으로 공격

㉠ 적 포격으로 통신망 두절, 대대장 각 중대진지 순시

㉡ 1 · 2중대 : 진지고수

㉢ 3중대 : 인접 10중대 지역 돌파로 병력배치선 조정

④ 10. 7 02:00 적 3차 공격

㉠ 적 포탄 집중낙하로 진지 붕괴, 탄약매몰, 철조망 파괴, 전사자 증가

㉡ 백병전, 조명지원 하 적 공격 격퇴

㉢ 10중대 지역 회복, 11중대 지역 피탈

⑤ 10. 7 17:00 적 4차 공격

㉠ 28연대, 2중대 지역 피탈 / 백마고지 주봉 포위

㉡ 28연대 1대대 백마고지 일대 고립방어

㉢ 이후 9사단 3개 연대 연 · 대대 단위 공격 실시 및 실패

㉣ 1대대 잔여병력 2중대 진지 집결 후 고립방어

⑥ 10. 10 1대대 철수지시

㉠ 재편성 후 10. 12 08:00 공격개시 : 52포병대대 공격준비 사격, 53전차중대 엄호사격, 항공 화력지원

㉡ 1중대를 주공으로 하되, 주봉 탈취 후 2중대와 교대

㉢ 3중대는 조공으로 주봉 우측방향으로 공격

㉣ 1중대 목표탈취 후 2중대 진지인수 / 방어진지 편성

⑦ 이후 7차에 걸친 적 반격 격퇴 등 9일간 24차례의 고지 쟁탈전과 주 · 야로 주인이 바뀌는 혈전 끝에 중공군 114사단에 섬멸적 타격을 입히고 전투를 승리로 이끔

다. 전훈

① 전투부대의 적절한 교체로 한 부대에 치명적인 손실 집중 방지

② 완벽한 보전협동작전 실시 : 제53전차중대

③ 충분하고 적시적인 항공 및 포병지원 : 충분한 지원/조명 사격

16) 6.25전쟁에 대한 바른 이해(문답식 6.25)

가. 6.25전쟁 발발 배경

질 문	답 변
• 한반도 통일안과 신탁통치에 대해 논의되었던 국제 회담은?	• 카이로/테헤란회담('43.11), 얄타회담('45.2), 포츠담회담('45.7)
• 중공의 한반도정책 관련	• 중국은 "바퀴와 수레"라 할 때, 한반도는 "입술과 덮개"로 볼 수 있다는 것으로서 한반도를 완충공간으로 인식, 한반도에 외세의 진출은 중국의 안보에 밀접한 영향을 미친다는 역사적 교훈에 따라 한반도는 그들의 우호국이거나 완충지대로 있어야 한다는 자세 견지
• 순치보거란 무슨 뜻인가?	• 불가분의 관계(종속국의 의미)
• 미 · 소의 한반도 정책 차이가 한반도에 어떤 영향을 주는가?	• 군사력 불균형
• 미 군정당국이 Bamboo계획을 수립한 배경은?	• 당시 미 · 소간에는 한반도 문제에 대하여 신탁통치를 거론하고 있었기 때문에 미군 단독으로 군을 창설하는데는 많은 어려움이 있었다. 따라서 군 창설을 일단 보류하고 국내치안 유지에 필요한 병력을 증강시킬 계획을 수립하게 되었다.
• 남침 당시 한국군 사단 현황은?	• Bamboo 계획에 의거 창설, 남침 당시 8개 사단, 22개 연대 규모 ※1사단(11, 12, 13연대), 7사단(1, 9, 25연대), 6사단(2, 7, 19연대), 8사단(10, 21연대), 수도 사단(3, 8, 18연대), 2사단(5, 16연대), 3사단(22, 23연대), 5사단(12, 20연대), 17연대, 독립 기갑 연대

나. 초기작전

질 문	답 변
• 북한군 공격계획은 다 정면돌파 후 한 지점으로 전투력을 집중하고 있는데, 이런 형태의 전술을 무엇이라고 하는가?	• 분진합격, 일점양면전술
• 북한군 대남 교란공작 실태는?	• 인민 유격대원의 남파, 38도선 불법도발 자행, 남침 직전의 평화공세
• 남로당이 유격대를 남파한 이유는?	• 북한에서 박헌영 발언권을 강화위해 남한의 지하조직 재건과 이에 따라 북한에 필적하는 지하 세력 구축 위함
• 38선에서의 불법 도발 사례는?	• '49년 5월부터 개성, 옹진, 춘천 등지에서 중대 – 연대 규모로 공격감행 ※옹진의 은파산 전투('49. 5. 21 ~ 11. 1), 개성의 송악산 전투('49. 5. 3 ~ 4), 춘천의 682고지 전투('49. 8. 6 ~ 8. 20)
• 50년 6월 24일 비상경계령을 해제한 이유는?	• 아무런 사태도 없는데 시한 없이 비상경계태세를 취할 수 없고, 육본 장교회관 낙성 연회에 군 수뇌만 참석하는 것이 어색하니까 이 기회에 사병들 외출 외박 허용. 식량부족으로 건빵을 외출 외박 병력에게만 지급해 왔는데, 장기간의 비상경계령으로 건빵이 남아돌아서 이를 소모하고자 했던 사정도 있었다. ※제 17연대와 제 6사단 7연대는 외출 외박을 통제하였음.
• 북한군의 6월 25일을 침공 개시일로 선정한 이유?	• 모스크바 비밀 협정에서('48. 12) 18개월 이내 북한군 현대화 계획에 따라 종료시기가 '50년 6월 하순임. 광복 5주년 기념행사(부산) → 정치적 효과 만점 38선에서 부산까지 480Km(10Km/1일 : 48일) : 이를 역으로 계산하면 6월 25일(2일간 여유) 일요일 → 기습달성 가능 (예 : 진주만 기습, 폴란드 침공 등)

다. 지연전과 유엔군의 참전

질 문	답 변
• 미군의 참전 이유는?	• 소련 팽창 → 초기에 단호히 대처 → 미국 의지 표명
• 미국의 군사적 개입 전에 외교적 방법을 먼저 택한 이유는?	• 국제적 지지 / 명분 확보 → 군사적 개입 시 소련보다 상대적 유리한 입장 확보
• 6. 27 결의 내용은 ?	• UN 회원국에 대해서 남한에 대한 군사원조 제공을 권고
• (금강 방어선 배치된 미 제 34, 19연대) 연대별 2개 대대 규모인 이유는?	• 미 지상군 감축에 의해 충원률 70% 유지 → 연대 2개 대대, 포병대대 2개 포대 등
• UN 참전국은?	• 가. 전투부대 : 16개국(지상군 파견 : 15개국) 나. 의료지원 : 5개국, 물자지원 : 20개국
• 미군이 초기 지연전시 실패한 이유는? (자세히 보기)	• 전술면 미국 : 핵무기에 의한 대량 보복전략의 채택으로 재래식 전투 연구 소홀, 도로위주의 전술(공군력과 포병화력 의존) 북한군 : 산악작전, 일점 양면전술로 병참선 및 퇴로 차단 • 훈련면 : 군대교육의 불철저 • 정신면 : 사명감 부족 • 장비면 : 대전차 화기, 통신장비의 미비 • 지휘 통솔면 : 하급지휘관의 통솔력 부족

라. 낙동강 방어 작전

질 문	답 변
• 북한군 8월 공세의 특징은?	• 가. 대구를 조기에 점령할 목적으로 5개 사단이 대구를 향해 분진합격 나. 한국군 정면에 주. 조공 집중
• 미 34연대 해체 이유는?	• 매 작전 실패(평택~안성, 금강, 낙동강 돌출부)
• 워커장군의 방어기조는?	• 기동과 역습
• 미 2사단의 증원 시기와 기타 UN군의 증원 시기는?	• 가. 미 2사단 사령부 및 9연대(50. 7. 17), 23연대 (50. 7. 22), 38연대(50. 8. 19) 나. 기타 UN군 : 한국전쟁 전 기간을 통해 계속 증원
• 북한군 9월 공세 계획 수립 시의 문제점은?	• 충분한 화력, 기동력 부족 → 전차의 위력 상실 : 신무기(3.5 "RKT, 네이팜탄, 5"RKT포탄)등장 → UN군이 공중 우세권 장악 (융단폭격) 식량 현지 조달 → 대부대 집결 불가 최초 돌파 성공하더라도 UN군의 역습으로 실패
• 낙동강 방어선을 구상하게 된 시기는?	• 금강방어선이 돌파되었던 7. 15 ~ 16걸쳐 지형과 적의 병력 그리고 가능한 방책을 고려하여, 미 25사, 미 1기병사단, 오끼나와 29연대, 해병여단, 2사단, 전차대대 증원 절차, 한국군 재편성 속도, 보급품 양륙상황, 해, 공군 지원 능력과 그 효과 등을 검토 7. 17경 결정
• 한국전쟁 초기에 동해안에 주둔한 제8사단의 내륙으로 철수 후 북한군은 신속히 포항까지 진출할 수 있었는데 진출이 지연된 이유?	• 동해안은 당시 유일한 도로망이 있었으나 해상우세권을 장악한 유엔군의 엄호 사격으로 도로를 이용한 진출이 불가능 산악지대로 행군하느라고 많은 고통을 당하였다. 또한 한국군 제 23연대가 영덕에서 미군, 해군 및 공군의 지원 하에 약 한 달간 빛나는 전투를 실시했기 때문이다.

마. 인천상륙작전 / 반격작전

질 문	답 변
• Blue Heart 계획 취소 이유는?	• 맥아더 한강전선 시찰 시(50. 6. 29) 북한군의 남진을 저지하기 위해 구상한 계획인데, 이들의 남진을 성공적으로 저지할 수 없게 되자 인천에 상륙하도록 계획된 미1기병 사단을 영동정면에 투입하면서 이 계획이 취소되었음
• 미 2사단, 임시 1해병 여단이 낙동강 교두보로 투입된 이유는?	• 북한군 6사단 호남 우회기동 → 낙동강 교두보 확보 필요
• 해군 측 전문가가 제시한 문제점은?	• 가. 해양적 조건 : 조수간만의 차, 비어수로 의 난점 나. 지형적 조건 : 월미도, 접안지역, 시가지
• 인천 상륙 작전 시 북한군의 작전적 중심은?	• 북괴군 주력의 전투의지, 서울을 경유하는 병참선
• 인천 상륙 작전 시 미군 해군 장교가 인천에 사전에 상륙하여 첩보활동을 하였다는 이야기는 사실인가?	• 인천에 상륙한 것이 아니고 인천 서남방 영흥도에 상륙하여 민간인을 이용 인천 부근의 적정, 지형 등에 관한 첩보를 수집하였다. (미 해군 대위 클라크)
• 인천 상륙 작전 시 월미도의 중요성은?	• 입출항 선박통제가 간략하고, 간조 시에는 월미도 앞까지 갯벌이 형성
• 인천 상륙 작전 시 월미도 사전 제압 측면에서 기습이 달성되었는가?	• 월미도와 동일한 규모의 항공/함포사격을 진남포, 삼척, 울산, 군산 등지에서 동시에 실시함으로서 적을 기만, 기습달성
• 8군의 임무는?	• 2가지(고착견제, 공세이전)
• 적을 과대평가한 이유는?	• 작전주도권 상실로 인한 심리적 영향
• 공격 개시 시기 결정시 고려사항은?	• 8군 임무와 8군 상황(미 24사단)
• 공격정면과 종심을 제한했던 이유는?	• 군수지원문제

바. 중공군 공세

질 문	답 변
• 중공군이 6.25전쟁에 개입한 목적은?	• 현재까지도 중공군이 한국전쟁에 개입한 목적을 공식적으로 밝힌 바는 없다.(주:중공 학자에 의해 중공 측의 입장을 발표한 바는 있음) 따라서 우리가 추측 할 수밖에 없는데 당시는 중공이 중국 대륙을 점령하여 정권을 수립한지 불과 1년밖에 되지 않았고, 중공이 장개석 군대에 쫓겨 세력이 약화되었을 때 일본이 패망하자 소련군이 만주에 주둔한 일본 관동군의 각종 장비를 중공군에게 원조해줌으로써 중공을 지원하고 있었다. 또한 당시 소련은 공산권의 명실상부한 종주국으로서의 지위를 확보하고 있었기 때문에 소련의 한국전쟁 개입 요청에 의해 개입된 것으로 판단된다. 북한이 만일 한국에 의하여 통일된다면, 한국과 760km에 달하는 국경선을 마주 대고 있는 중공으로서는 그들이 20여 년간 피 흘려 겨우 성공한 공산 혁명이 큰 위협을 받을 수도 있기 때문이다.
• 6.25전쟁 시 중공이 대만을 점령 못한 이유는?	• 전쟁 전부터 침공할 능력이 없었다. 해 · 공군 능력은 대만이 강했다. 중공은 당시 해 · 공군력에 있어 대만 점령을 위해 소련에 지원을 요청하였음.(장개석은 대만으로 철수 시 모든 선박을 폐선 처리하였음) 중공의 대만점령은 당분간 보류했던 것으로 판단된다. 대만점령 및 대만 방호부대인 제40야전군 예하 3개군(38, 39, 40군)을 만주방호 및 북한지원 위해 동북 변방군으로 이동. 한국전쟁 발발 후 미 7함대의 대만해협 운용은 불필요함에 따라 한국을 지원.
• 중공군 춘계 2차 공세 시 주공을 중동부로 지향한 이유는 무엇인가?	• 당시 중동부 지역을 담당하고 있었던 부대는 한국군 제2군단이었으므로 한국군은 미군에 비해 화력 및 기동 면에서 열세하였기 때문에, 한국군 제2군단과 미 제10군단의 간격을 돌파한 다음 미 제8군 우익후방으로 진출하여 UN군의 주력을 청천강 일대에서 포위 섬멸코자 기도, 중부산악지대로 진출함으로써 이 지역에 은거하고 있는 북한군 제2전선부대와 협조할 수 있다는 것이며, 미 제10군단을 고립시키고 미 제9군을 38선 까지 철수토록 강요.

17) 부사관의 상징 : 육탄 10용사

가. 분단의 상징 송악산

1945년 8월 15일 해방과 함께한 남북분단 38선마저 송악산을 남북으로 갈라 놓았다.

송악산은 남북으로 두 봉우리가 있는데 남쪽의 봉우리는 485고지로 정상에 국방군 초소가 있었고 북쪽으로 약간 높은 488고지가 있는데 역시 정상에는 인민군 초소가 있어 평시에도 서로 고함을 질러 대화가 가능했다고 한다. 남북 간 초소의 거리는 200m였으니 주로하는 대화는 '야 밥먹었냐!' 하면 '그래먹었다. 너희들도 먹었냐!' 하는 정도였다고 한다. 6 · 25전 개성시민은 10만 정도였다. 상수도원이 북쪽에 있어 식수공급이 끊어질까 시민들이 불안해했고 혹시나 독약이 투입되지나 않았는지 매일 수질검사를 할 정도였으며 식수고갈의 사태에 대비 폐허가 된 만월대 고려 궁지의 우물을 자동펌프로 계속 퍼 올려도 풍부한 수량이 여전했다.

나. 국방부 전사편찬위원회 기록

1948년 11월 이래 개성정면의 38선선 경비 업무를 맡고 있던 제1사단 제11연대는 최경록(崔慶祿) 대령 지휘하에 청담에서 고랑포에 이르는 광전면에 배치되고 있었다.

그 다음 해인 1949년 4월 25일 남천점에 주둔하고 있던 북한군 제1사단 제3연대의 증강된 병력 약 천여명은 송악산 후방인 냉정리에 이동 집결하고 있었다. 그로부터 일주일후인 5월 3일 미명에 3개 중대의 병력이 송악산의 능선을 타고서 때마침 292고지에서 진지를 구축중인 아군진지에 불법 공격을 가하여 왔다. 이리하여 급습을 당한 아군은 중과부적 적에게 292고지를 위시하여 유엔고지 155고지, 비둘기고지 등을 무참히 빼앗기고 말았다.

그 당시 제1사단 제11연대 제2대대장이던 김종훈(金鍾勳) 소령이 지휘하는 제2대대가 청단, 연안, 백천, 송악산, 고랑포 등지에 병력을 분산 배치하고 진지를 구축하고 있었다. 또한 제1대대는 신병을 모집하여 문산에서 교육훈련 중애 있었으며 김재명(金在命) 소령이 지휘하는 제3대대는 제15연대에 배속되어 파견 중에 있었다.

그리고 연대본부에서는 연대 하사관 교육대 1개 중대 병력이 역시 교육 중에 있었다. 당시 상황의 급보에 접한 연장 최경록(崔慶祿) 대령은 상황을 사단장 김석원(金錫源) 준장에게 보고하고 즉시 반격 태세를 갖추었다.

곧 최경록(崔慶祿) 연대장은 문산에서 훈련 중인 제1대대 중 이승준(李承俊) 대위가 지휘하는 제3중대와 채명신(蔡命新) 대위가 지휘하는 제4중대를 제2대대장 김종훈(金鍾勳) 소령 지휘 하에 예속시켜 UN고지 정면에서 공격하게 하고 연안 방면으로 행군 훈련 나간 하사관 교육대를 즉시 개성으로 복귀시켜 교육대장 김영직(金泳稷) 대위에게 공격을 명령하였다. 김영직(金泳稷) 대위는 즉시 만반의 준비를 갖추어 공격에 임하였다. 제2대대장인 김종훈(金鍾勳) 소령은 제2대대의 제7중대와 제1대대의 제3 · 4중대 지휘하여 UN고지 정면에서 공격을 개시하고 하사관 교육대는 신관지서 후방에서 비둘기고지를 공격토록 하였다.

김종훈(金種勳) 소령의 혼합부대는 7부 능선까지 진출하였으나 노출된 경사지대에서 진퇴양난에 빠지자 무모한 희생자를 내지 않기 위하여 울분의 가슴을 움켜 쥔 채 철수하였고 하사관 교육대도 역시 공격불가능 상황으로 인해 피눈물을 머금고 철수하고 말았다.

최초의 공격에 실패하자 연대장과 공격지휘관 그리고 참모들이 회동하여 작전을 논의한 바 고지를 점령하기가 어려우므로 특공대를 선발하여 결사적인 공격을 감행하자는 의견을 일치했다. 이 소식이 사병들에게 전해지자 하사관 교육대 제1소대장 김종훈(金種勳) 소위와 전 소대원을 비롯하여 수많은 용사들이 특공대에 지원하였으나 지원순으로 9용사가 선발되었다. 서부덕(徐富德) 이등상사, 김종해(金種海), 윤승원(尹承遠), 이희복(李熙福), 박평서(朴平緖), 황금재(黃金載), 양용순(梁用順), 윤옥춘(尹玉春), 오재룡(嗚濟龍) 등의 상등병이 바로 그들이며 특공대장에는 제1분대장 서부덕(徐富德) 이등상사가 지휘하기로 결정되었다.

이러하여 특공용사 9명의 육탄공격조는 81밀리 박격포에 수류탄을 장치하여 비둘기고지의 중북에서 12시에 공격을 개시 포복으로 비둘기고지와 UN고지를 향하였다. 동시에 후방에서는 57밀리 대전차포를 노재현(盧載鉉) 대위가 지휘하여 특공대의 전진을 엄호하였다. 특공대는 적의 집중되는 기관총 사격에도 불구하고 목적지까지 포복을 감행했다. 곧 이들은 맡은 적의 기관총진지에 신속히 돌입하여 육신과 더불어 폭사하니 드디어 적의 토치카는 포연과 함께 분쇄되고 말았다. 때를 놓치지 않고 사기충천한 하사관 교육대는 비둘기고지에 공격부대도 UN고지를 무난히 점령하게 되었다.

그러나 나머지 292고지를 탈환하기까지는 4일간의 치열한 전투가 계속되어 8일에 드디어 원상으로 38선 진지를 모두 회복시킬 수 있었던 것은 5월 4일 12시에 특공대에 지원했던 박창근(朴昌根) 하사가 292고지 동북방 150미터 지점의 적군 토치카를 수류탄으로 단독 공격하여 분쇄했기 때문이었다.

이리하여 전기 9용사에 추가하여 육탄 10용사로 명명하기에 이르렀다. 이 전투에서 김종훈(金種勳) 소령(육사 2기생), 하사관 교육대장 김영직(金泳稷) 대위(육사 5기생), 제1소대장 김종훈(金誠勳) 소위(육사 7기생)와 육탄 10용사 그 외 26명의 사병이 전사상의 신화를 남기고 장열한 전사를 하였다.

다. 육탄 10용사 현충비

① 비문 기록

"해방 이후 38선으로 말미암아 국토가 분단되어 오던 중 단기 4282년에 이르러서는 개성 서북방 송악고지에 공산 괴뢰군이 불법 침입하여 방위가 불리하고 개성이 위태로우매 동년 5월 4일 제1사단 제11연대 소속 서부덕 소위 이하 9명의 용사가 화랑정신을 받아 조국애와 민족정기에 불타는 정열로 몸에 포탄을 지닌 채 적의 지하 참호 속에 뛰어들어 육탄 혈전, 적진을 분쇄하고 옥으로 부서지니 멸공전사상 이룬 공과 그 용맹이 널리 세계에 퍼지다. 광음이 흘러도 잊음 없이 명복을 빌고 그 영광을 추모하고, 이는 조국수호의 정신을 청사에 새기고 만대에 전함이라 10용사의 영혼 불멸하여 겨레와 함께 살며 길이 빛나리로다."

② 육탄10용사

육군소위 서부덕 광주 광산

육군상사 양용순 함북 경원

육군상사 박창근 전남 완도

육군상사 황금재 전북 익산

육군상사 윤옥춘 충남 금산

육군상사 윤승원 경기 수원

육군상사 김종해 경기 수원

육군상사 이희복 경기 수원

3육군상사 박평서 전남 나주

육군상사 오재룡 전북 임실

6.25의 노래
풀잎 동요마을
박두진 작사
김동진 작곡
1. 아 아 잊 으 랴 어 찌 우 리 이 날 을
2. 아 아 잊 으 랴 어 찌 우 리 이 날 을
3. 아 아 잊 으 랴 어 찌 우 리 이 날 을
조 국 을 원 수 들 이 짓 밟 아 오 던 날 을
불 의 의 역 도 들 을 멧 도 적 오 랑 캐 를
정 의 는 이 기 는 것 이 기 고 야 마 는 것
맨 - 주 먹 붉 은 피 로 원 - 수 를 막 아 내 어
하 - 늘 의 힘 을 빌 어 모 - 조 리 쳐 부 수 어
자 - 유 를 위 하 여 서 싸 - 우 고 또 싸 - 워
발 을 굴 러 땅 을 치 며 의 분 에 떤 날 을 이 제
흩 - 려 온 값 진 피 의 원 한 을 풀 으 리
다 - 시 는 이 런 날 이 오 지 않 게 하 리
야 갚 으 리 그 날 의 원 수 를 쫓 기 는 적 의 무 리 쫓 고 또 쫓 아 원 수
의 하 나 까 지 쳐 서 무 - 찔 러 이 제
야 빛 내 리 이 나 라 이 겨 레

부록 5. 현대전쟁

1) 6일 전쟁 (이스라엘의 전격전 승리)

이스라엘은 독립전쟁(1948~49)과 수에즈 전쟁(1956)같은 큰 전쟁에서 승리했으나 그렇다고 결코 평화를 보장 받은 것은 아니었다. 아랍국들은 자기들 땅에 새로 들어선 유태인 국가의 존재를 인정하려 하지 않고 언젠가는 군사적 패배를 만회 하리라고 별렀다.

수에즈 전쟁 후 이스라엘과 아랍국들은 아슬아슬하고 불안한 평화를 유지하고 있었다. 그런 가운데 1967년 이집트 대통령 나세르가 사나이반도에 주둔한 유엔군을 내몰아내고 일방적으로 티란 해협을 봉쇄한 다음에 이스라엘 선박의 통과를 금지시켰다. 이로써 두 나라는 다시 전쟁을 맞게 되었다. 이스라엘은 이번에도 '전쟁이 불가피하다면 상대가 공격하기 전에 먼저 공격 한다' 는 예방전쟁 개념의 작전계획을 세웠다. 이스라엘을 둘러싸고 있는 이집트 · 요르단 · 시리아를 차례로 공격하되 승리의 관건은 가장 중요한 목표인 이집트 군을 격파하는데 있다고 보았다.

이스라엘은 이 전쟁에서 1967년 6월 5일부터 단 6일 만에 세 나라 군대를 차례로 격파하고 대승을 거둠으로써 '6일 전쟁' 이란 이름의 신화를 남겼다. 그런데 6일 가운데서도 첫날 공격 개시 3시간동안의 기습에서 승리는 이미 결정된 거나 다름없었다. 이스라엘 군은 6월 5일 월요일아침 출근시간에 이집트 비행장들에 대한 공습으로 공격을 개시했다. 이집트 군이 조기경보장치 작동을 잠깐 끄고 조종사들이 전혀 긴장하지 않은 상태에 있던 시간이었다.

나일 강 안개가 막 걷히는 시간에 이스라엘 공군기들은 이집트 상공에 나타나서 이집트 공군기지를 무자비하게 폭격했다. 이집트 공군기들은 숫자가 더 많으면서도 공중전을 전개하기 전에 이미 대부분이 지상에서 파괴되고 말았다.

이집트가 23개 레이더 기지를 갖고 있고 지중해에서는 미국과 소련해군들이 있었는데도 이스라엘 공군기들이 전혀 노출되지 않고 카이로 상공에 나타난 사실에 대하여 사람들은 레이더망을 무력화시키는 특수무기를 개발 한 것이 아닌가 하고 생각했다.

그러나 기적은 무기가 아닌 인간의 의지와 노력으로 이룬 것이었다. 공군 사령관 호드 준장은 기습으로 2시간 내에 적 공군력을 분쇄하려는 도박에 대하여 처음부터 끝까지 자신감을 갖고 수행했던 것이다. 그들은 레이더망을 피하기 위해 지중해로 멀리 우회했으며 해상 50m 저공비행을 했다.

이스라엘 군은 잘 선정된 11개 비행기지 활주로를 우선적으로 폭파하고, 그 뒤 항공기와 기타 시설물들을 차례로 폭파했다. 각 목표에 대하여 16대의 항공기를 할당하여 지속적인 폭격을 퍼부었는데, 1차 공격을 마치고 복귀하여 다시 출격하는 데는 1시간밖에 걸리지 않았다. 이집트 군이 대항해본 무기로는 SAM-2 미사일이 있었지만, 그것도 이스라엘군이 미사일 기지들을 찾아내 폭격을 찾아내 폭격을 함으로써 큰 효과를 거두지 못했다.

이스라엘 공군은 3시간 만에 이집트 공군을 완전 궤멸시키고 그 후 마찬가지 방법으로 요르단과 시리아 공군기지를 파괴함으로써 하루 만에 제공권을 완벽히 장악했다. 이제 남은 문제는 지상군이 진격하여 승리를 거두는 일이었는데, 이스라엘 지상군은 공군 못지않게 잘 싸웠다. 그들이 보유한 전차는 이집트가 보유한 소련제 전차보다 성능이 뒤떨어졌으나 훈련으로 그것을 극복했으며 운용 및 정비기술에서는 훨씬 앞서 있었다.

더구나 이집트 군은 장교와 병사들 간에 정치 · 사회 · 교육적 배경이 달라서 서로 융화를 이루지 못했다. 이집트 군대의 상하 간에 깔린 깊은 불신 덕분에 이스라엘은 상대적 이점을 누렸다.

역전의 전차부대 지휘관인 탈(Israel Tal) · 샤론(Ariel Sharon) · 요페(Avraham Yoffe) 등 3총사는 총 600여대의 전차를 이끌고 시나이 반도를 누볐다.

이스라엘 지상군은 14일간이나 무선 교신을 일절 중단했다가 6월 5일 새벽공격명령이 하달되면서야 무선을 개방했다. 그들은 그날 밤 공수부대까지 투입하여 과감한 공격을 편 끝에 3일 만에 시나이 반도를 모두 점령하고, 수에즈 운하에 이르렀다. 그날 저녁 나세르는 굴복했다. 요르단은 그 전날에 이미 항복했고 골란 고원에서 시리아 군도 결국 유엔이 제시한 휴전안에 동의했다. 전쟁 결과 이스라엘은 시나이 반도, 수에즈 운하의 동안, 골란 고원 등을 점령함으로써 본래 땅의 거의 6배에 달하는 새로운 땅을 획득했다. 그 가운데 일부는 나중에 내놓게 되지만, 그러고도 국경지역에 거대한 완충지역을 확보함으로써 안전을 보장받게 되었다. 병력규모의 무기에서 결코 우세하지 않은 군대가 남긴 6일 전쟁의 신화에 대하여 프랑스의 유명한 전력이론가 앙드르 보프르 장군은 "적극적 공세행동과 기습, 결단과 속도, 항공력, 지휘관들의 우수한 작전 능력, 병참지원 체계, 그리고 타의 추종을 불허하는 정신전력에 의한 승리" 라고 평했다.

2) 걸프전쟁과 헤일 메리플레이 (고전적 전법을 적용하여 승리하다-1991)

1990년 8월 2일 이라크가 쿠웨이트를 침공함으로써 발발한 전쟁은 미군을 주축으로 하여 편성된 다국적군과의 전쟁으로 확대되고 페르시아 만 지역에서 발생했다고 하여 걸프 전쟁이라고 불린다.

다국적군 편성을 주도한 미국은 어떤 일이 있어도 제2의 월남 전쟁과 같은 결과를 초래해서는 않되고 신속한 군사작전으로 결정적 승리를 거두어야 한다는 개념으로 출발했다.

다국적군은 동맹군도 아니고 공식적인 연합사령부도 없었지만, 실질적으로는 미 중부군사령관 슈워츠코프 대장의 지휘를 받았다. 슈워츠코프는 이라크군에 대한 작전을 '사막의 폭풍작전'이라고 명명하고 10월부터 세부계획을 수립하기 시작했다. 기본 작전개념은 미국군의 이점을 최대로 살리고 인명송실을 최소화하는 것으로서, 공군력을 대량 투입하여 전략폭격을 실시한 다음에 고립된 이라크 지상군을 격멸한다는 방식이었다. 한편 이라크의 후세인은 모든 유엔결의안을 무시하고 그가 선언한 '19번 주 쿠웨이트'에 40만 명 이상의 병력을 집결시켰다. 이라크 군은 사우디 국경을 따라 벙커와 흙벽 등을 설치하는 한편, 최전방에 50만 개의 지뢰를 매설하고 그 후방에는 기름호를 파놓아 다국적군이 접근할 때는 원격조정으로 불바다를 만들 계획이었다.

유엔이 제시한 철수시한을 그대로 넘기자, 다국적군은 드디어 1991년 1월 17일 사막의 폭풍작전을 개시했다. 이때부터 2월 28일까지 6주 동안 작전은 약 1,000여 시간의 제1단계 공중폭격과 100시간의 제2단계 지상전으로 펼쳐졌다.

다국적군은 압도적인 공군력을 투입하여 이라크의 미사일 기지, 지휘통제소, 통신시설, 발전소, 비행장, 활주로, 격납고 무기 공장, 교량, 그밖에 주요군사거점을 매일 수천 번씩 폭격을 가했다. 세계 전사상 그 유례를 찾아볼 수 없을 만큼 성공적이었던 이 폭격으로 이라크 전투력은 지상전을 전개하기에 앞서 약 50%이상 감소되었다.

지상전은 2월 24일 새벽 시작되었다. 목표는 쿠웨이트에서 이라크 군을 몰아내고 주력부대인 '공화국 수비대'를 격멸하는 것이었다. 이를 위하여 슈워츠코프는 이라크 군이 전혀 예상할 수 없는 방향에서 주공을 실시하는 계획을 세웠다. 계획의 골자는 방어가 집중된 사우디-쿠웨이트 국경지역을 견제하고 20만 명 이상의 병력을 사막지역으로 우회하여 이라크 영토로 깊숙이 진격한 다음 공화국 수비대를 격멸한다는 것이었다. 슈워츠코프는 이 작전을 미식축구에서 쿼터백이 장거리 볼을 던져 큰 점수를 내는 것과 비슷한 개념이라고 하여 '헤일 메리 플레이'라고 불렀다. 이 기동은 고대 알렉산드로스 대왕 이래 명장들이 사용한 전법으로서, 슈워츠코프는 바로 이러한 고전적 전법에 따른 작전 계획을 수립했다.

후세인이 전방방어에 몰두하고 있을 때 슈워츠코프는 지상군 주력부대를 은밀히 서쪽으로 이동시켰다. 이 이동은 공중작전 엄호 하에 철저한 보안을 유치하는 가운데 하루 24시간씩 2주 동안 계속되었다. 300마일의 거리를 제한된 도로를 이용하여 병력과 물자를 수송한 다음에 다국적군은 전투준비를 완료했다.

한편 슈워츠코프는 이라크 군을 기만하기 위하여 쿠웨이트 해상 밖에 많은 해병병력을 주둔시켜 상륙작전을 연습시켰다. 후세인은 미 해병대 위치에 대하여 중시하고 다국적군이 쿠웨이트 남쪽에서부터 상륙작전을 시도하리라고 믿었다.

서쪽 사막지역에서부터 기갑부대와 공수부대에 의한 기습공격은 순식간에 이라크 군 보급선과 퇴로를 끊는데 성공했다. 뒤통수를 얻어맞은 이라크군은 이내 붕괴되기 시작했다. 사기가 떨어질 대로 떨어진 그들은 별로 저항도 못하고 항복했다.

2월 27일 다국적군은 쿠웨이트를 해방시켰다. 후세인은 유엔결의안의 모든 사항을 수락함으로써 걸프 전쟁은 종결되었다.

걸프 전쟁에서 다국적군의 승리는 충분한 준비로 이루어낸 것이었다. 졸속하게 싸움에 빠져들지 않고 확실하게 전투력의 우세를 확보하기까지 기다렸다가 공격한 것이 주효했다. 싸우기 전에 이겨놓고 싸워야 한다는 원리가 잘 적용된 대표적 전쟁이었다. 걸프 전쟁은 다국적군 입장에서 살펴볼 때 전쟁사상 인명피해가 가장 적으면서 대승을 거둔 전쟁이었다. 이라크 군 전사자가 10만 명인데 비하여 다국적군은 225명에 불과했다.

걸프 전쟁이 시사하는 가장 의미 있는 교훈은 첨단병기가 위력을 떨치는 현대전에서도 고전적 전법이 승리를 가져온 다는 중요한 사실이다.

슈워츠코프는 우회기동을 결심한 이유를 다음과 같이 설명했다. "그것은 적진 깊숙이 들어가 적 전열을 흔들어놓고 적 보급선을 차단할 수 있기 때문이다. 전쟁에서 는 이길 수 있는 위치에 있으면 이길 수 있다. 우리가 걸프전에서 적용한 것은 고전적 개념에 충실한 우회기동이었다. 그것은 고대 알렉산더 대왕 이래 대부분의 명장들이 적용한 고전적 전법이었다."

부록 6. 한국군의 UN평화유지 활동

1) UN평화유지활동(PKO : Peace Keeping Operation)

가. 개요

① UN 평화유지활동(PKO : Peace Keeping Operation)의 탄생 배경

1차 세계 대전 후 국제연맹은 분쟁해결 기구로서의 역할이 미미하였으며, 2차 대전 후 국제연합(UN)은 헌장 제6장과 제7장을 근거로 국제평화와 안전의 유지를 도모해 왔으나, 소규모국지분쟁의 해결에 한계를 보여 왔다.

구분	내용	문제점
제 6 장	협상 · 중재 등 분쟁의 평화적 해결	구속력 미흡
제 7 장	비군사 · 군사적 조치를 포함한 분쟁의 강제적 해결	안보리 상임이사국의 거부권 행사로 활동 제약

이에 유엔은 헌장6장과 7장을 엮어가는 방법을 찾아내게 되면서 헌장 6장보다는 강하고 7장보다는 약한 분쟁 해결방법으로서 양자를 절충하여 "필요 시 제한적 범위 내에서 자위적 무력사용"을 허용하는 평화유지활동(PKO:Peace Keeping Operation)을 대안으로 강구하게 되었다.

② 유엔 평화유지활동의 정의

유엔 평화유지활동(PKO)은

㉠ 유엔 안보리나 총회가 행하는 결의에 의거하여

㉡ 국제 평화를 위협하는 지역분쟁과 사태에 대해서

㉢ 분쟁 당사자들이 분쟁해결에 대한 동의가 있는 경우

㉣ 그 분쟁 지역에 이해관계를 갖지 않는 유엔회원국들이

㉤ 유엔사무총장의 요청을 받아 자발적으로 군인 및 민간인들을 파견하여

㉥ 파견요원들의 정치적 군사적 중립성이 유지되는 가운데

㉦ 유엔이 주도하여 평화적으로 수습해 나가는 유엔활동을 말한다.

유엔의 국제평화유지활동은 통상 분쟁당사자의 동의를 얻어 유엔 안전보장이사회의 결의에 의해 수행되며, 군, 민간경찰, 선거감시요원, 유엔 및 국제기구 각종 비정부기구(NGO) 등 다양한 요소가 참가하고 있다. 군 요원은 통상 평화유지군(PKF)과 軍 감시단의 일원으로 참여한다. 군의 평화유지활동 가운데 부대단위로 파견되는 평화유지군(PKE: Peace Keeping Force)은 유엔으로부터 부여받은 권한 내에서 무장해제, 치안유지, 인도적 지원 등의 평화유지활동을 수행하고, 개인자격으로 파견되는 군감시단(MOG:Military Observer Group)은 비무장으로 정전협정의 위반여부를 감시하며 순찰, 조사, 중재 등의 임무를 수행한다. 유엔 주도의 평화유지활동 경비는 기본적으로 유엔이 부담함을 원칙으로 하고, 지역기구가 주도하는 평화유지활동경비는 대부분을 해당 파견국이 부담하게 된다.

③ 평화유지활동(PKO)은 크게 유엔 주도의 평화유지활동과 지역기구 또는 특정국 주도의 평화유지활동으로 구분할 수 있다. PKO는 1948년 5월 19일 안보리 결의 제50조에 의거 설립된 유엔 예루살렘 정전감시단(UNTSO:UN Truce Supervision Organization)을 시작으로 출범한 이래 평화유지활동이 전개되고 있다.

나. 기본원칙 및 평화유지활동(PKO)의 유형시작

① 평화유지활동(PKO) 기본원칙

- 동의성 : 대부분의 평화유지활동(PKO)은 분쟁당사국(자)의 동의하에 설치되며, 이를 근거로 UN은 원활한 임무수행을 위해 주둔국과 주둔군 협정(SOFA)를 체결한다. 예외적으로 UN 헌장 7장을 적용할 경우에는 동의절차가 생략될 수 있다.
- 중립성 : 평화유지(PKO) 활동은 분쟁당사국(자)의 어느 편에도 치우치지 않는 객관성과 공정성 유지가 성공적 임무수행의 관건이므로 통상 분쟁국과 이해관계가 있는 국가의 참여는 배제된다.
- 비강제성 : 전통적 평화유지(PKO) 활동은 자위를 위한 최소한의 무력사용만 허용하며, 분쟁당사자의 의사에 의한 강제적 해결은 가급적 지양한다. 그러나 예외적으로 UN 헌장 7장에 근거하여 설치되는 평화유지(PKO) 활동은 가능한 모든 수단의 사용을 허용하기도 한다.
- 대표성 : 평화유지활동(PKO)은 UN 주도하의 활동이므로 특정 참여국이 이를 간섭하거나 파견 중 해당정부의 정책반영을 강요해서는 안된다.

• 자발성 : 모든 파견요원은 해당 참여국의 자발적 결정에 의해 파견하고 철수할 수 있다.

② PKO의 유형

예방적 전개(Preventive Deployment) 및 평화조성(Peace Making) 현행 또는 잠재적 분규가 무력을 수반한 분쟁으로 확산되지 않도록 사전에 평화유지군 또는 군(軍) 감시단을 해당 지역에 전개하거나 분쟁 당사자 간 평화적 해결을 위한 협상을 수락하도록 유도하는 활동을 의미한다. 1995년 마케도니아 국경지역 안정을 위해 배치된 유엔 사전전개군(UNPREDEP)이 그 대표적인 예이다.

인도적 구원(Humanitarian Assistance) 분쟁상황 하에서 UN 및 민간기구의 인도적 구호활동과 난민 귀환을 지원하고 인권이 침해당하지 않도록 감시하는 활동으로, 사태가 심각하여 대규모 재난이 예상될 경우에는 당사국의 동의가 없이도 활동을 전개하기도 한다. 1992년에 유고지역에 전개된 보스니아 유엔보호군(UNPROFOR)은 인도적 구원을 목적으로 최초로 전개된 평화유지(PKO)활동이다.

평화유지(Peace Keeping) 분쟁을 조기에 수습하고자 당사자가 정전협정이나 평화협정을 준수토록 휴전 및 정전감시, 완충지대 통제, 군대해산, 무장해제 등의 임무를 수행하며 PKO 활동의 대부분이 여기에 해당한다.

평화강제(Peace Enforcement) 휴전합의 후 분쟁당사자가 협정을 일방적으로 파기하거나 군사행동을 감행할 경우 유엔이 헌장 제7장에 근거하여 평화유지군을 투입하여 강제적으로 분쟁을 해결하는 활동이다. 1960년 이후 콩고지역 내전 종식을 위해 활동한 유엔콩고활동단(ONUC)이 최초로 평화강제 임무를 수행한바 있다.

평화건설(Peace Building) 분쟁이 종식된 이후 평화와 안정이 항구적으로 정착될 수 있도록 인도적 구호활동, 군대 해산/창설, 경제재건, 선거지원 등의 활동을 전개한다. 현재 서부사하라에서 활동 중인 선거감시단(MINURSO) 등이 좋은 "예"이다.

1991년 9월 17일 남북 동시 가입

유엔은 1948년 12월 12일 소련 등 6개국이 불참한 가운데 소총회를 열고 한국을 한반도의 유일한 합법 정부로 승인했다. 1950년 6 · 25전쟁 때는 소련이 자유중국의 대표권에 항의해 불참한 가운데 미국 주도로 신속히 안전보장이사회를 열고 유엔군 파병을 결정했다.

한국은 1951년 11월 뉴욕 유엔 본부에 상주대표부를 설치하고 대사를 파견했고, 북한은 1949년부터 유엔 가입을 신청했으나 거부되어, 1973년 옵서버사무소를 설치하고 제28차 총회 이후 한국과 함께 옵서버로 참가했다. 한국과 북한의 국제연합 가입문제는 미소 냉전과 남북한의 대결 및 안전보장이사회의 거부권 행사로 번번이 좌절됐으나, 1991년 9월 17일 ROK(대한민국)과 DPRK(조선민주주의인민공화국)이라는 정식 국호로 동시 가입했다. 이후 2006년 10월 13일 유엔총회는 당시 반기문 외교부 장관을 제8대 유엔사무총장으로 추천한 안보리 결의(1715호)에 따라 반기문 장관을 유엔사무총장으로 임명하였고, 이어 2011년 6월 21일 총회에서는 사무총장 재선결의를 만장일치로 채택함에 따라 연임(두 번째 임기:2012–2016)됐다.

2) 한국군UN 평화유지활동

가. 개요

1991년 유엔 회원국으로 가입한 우리나라는 1993년 7월 30일 소말리아 파병을 시작으로 지난 20년 동안 우리 군은 유엔 PKO와 다국적군에 참가하거나 국제협력 방식의 파병을 통해 세계 평화에 기여하고, 국군의 역사를 새로 써 왔다. 우리 군 최초로 유엔의 깃발 아래 1993년 7월부터 1994년 3월까지 PKO 임무를 수행한 상록수부대는 오랜 내전으로 굶어 죽는 사람이 수두룩한 소말리아에서 상록수부대는 농사용 수로를 건설해 5000ha 규모의 경작지를 옥토로 바꾸었고, 사랑의 학교와 기술학교를 운영하는 등 자립 의지를 심어주는 교육으로 재건의 희망을 지폈다. 이 같은 상록수부대의 활약상은 이후 세계 곳곳에서 '한국군은 가장 우수한 평화유지군'이라는 찬사를 받는 밑거름이 됐다.

대한민국 국군은 부대 또는 개인 자격으로 파병되어'다국적군' 'UN평화유지' '군방협력' 등의 임무를 수행하며 세계 평화와 국익에 기여하고 있다.

지위 및 자격	부대명	지 역	최초파병
UN PKO	상록수부대	소말리아	1993. 7. 30 ~ 1994. 3. 18
	국군의료지원단	서부사하라	1994. 8. 9일 ~ 2006. 5. 15
	알골라 공병대대	앙골라	1995. 10. 5 ~ 1996. 12. 23
	상록수부대	동티모르	1999. 10. 4일 ~ 2003. 10. 23
	동명부대	레바논	2007. 7 ~
	한빛부대	남수단	2013. 3. 31 ~
	단비부대	아이티	2010. 2. 17 ~ 2012. 12. 22
UN 다국적군	주월 한국군	베트남	1964. 9. 11 ~ 1973. 3. 23
	다산동의부대	아프간	2002. 2. 27 ~ 2007. 12. 14
	서희제마부대	이라크	2003. 4. 30 ~ 2004. 4. 30
	자이툰부대	이라크	2004. 4. 23 ~ 2008. 12. 30
	청해부대	소말리아	2009. 3. 13 ~
	오쉬노부대	아프간	2010. 7. 1 ~ 2014. 6. 26
국방협력	아크부대	UAE	2011. 1. 11 ~
	아우리부대	필리핀	2013. 12. 21 ~ 2014. 12. 22

나. PKO 참여의 당위성 및 기대효과

유엔 평화유지활동의 기본 취지는 지역분쟁과 이로 인하여 발생하는 생존권을 비롯한 기본적 인권의 침해를 인류 공영에 대한 도전으로 간주하고 공동의 대처를 통하여 이를 평화적으로 해결하여 항구적인 세계평화를 구현하는데 있다.

즉, 국제평화유지활동이야말로 인류애의 실천을 위한 국제적 공조에 적극적으로 참여할 수 있는 기회임과 동시에 국제사회의 일원으로서 당연히 부담해야 할 공동의 안보책임인 것이다.

특히 우리라는 과거 한국전쟁 당시 국제사회의 지원과 희생을 통하여 자유민주주의를 수호하였으며 이를 바탕으로 현재의 번영을 이룩하였다는 점에서 국제평화유지활동에 주도적으로 참여해야 하는 도덕적 당위성이 있다.

한편 이러한 당위성 측면 외에도 국제평화유지활동의 적극적인 참여를 통하여 유 · 무형적인 국익을 확보할 수 있는 수단이 된다는 점에 있어도 중요한 의미가 있다.

우선 아직도 남북 간 군사적 긴장을 근원적으로 해소하지 못하고 있는 현실에 비추어 국제평화유지활동 참여의 확대를 통하여 한반도 문제에 대한 국제사회의 지원과 지지를 확보하는 기반을 구축함과 동시에 유엔 등 국제정치무대에서 외교적 역량을 강화할 수 있는 토대가 될 수 있다.

또한 경제적 측면에 있어서도 모범적인 지원활동을 통해 한국에 대한 호의적 인식을 심어 줄 수 있는 계기를 제공하고, 보다 구체적으로 분쟁 종료후 임무지역에 대한 재건지원 및 후속 경제개발에 진출할 수 있는 교두보를 확보하는 실익을 고려 해 볼 수도 있다.

마지막으로 군사적인 측면에서 다국적 연합작전 경험 및 평화재건작전 경험을 축적할 수 있다는 점 또한 중요한 요소이다.

다. 해외 국민 보호에도 앞장

다국적군의 일원으로 2009년 3월 창설된 청해부대는 해상안보작전을 수행하며 아덴만의 평화를 지키고 있다, 2011년 1월 21일 전광석화처럼 단행된 인질구조작전을 통해 해적에게 납치된 삼호주얼리호 선원을 구출하는 '아덴만 여명작전'을 성공시켰다. 당시 뉴욕타임스(NYT)는 "이번 같은 구출작전은 극히 드문 사례"라고 보도했으며 영 BBC, 미 CNN 방송도 대대적으로 보도할 만큼 국제적 관심을 모았다.

한국이 지구 반대편 지역에 현대식 군함을 보내 해적으로부터 인질을 구출할 수 있는 국력을 가진 나라임을 세계 각국에 알렸다는 점에서 '아덴만 여명작전'은 경제적 실적과 스포츠 위주의 국가 홍보와는 또 다른 차원의 국가 이미지를 제고하여 도움 받는 나라에서 도움 주는 나라로 변신한 대한민국의 위상을 보여주는 상징인 것이다.

▶▷쉬어가기 - 파병부대 명칭에 담긴 의미

우리 군의 해외파병 부대명칭은 주로 맡은 임무의 성공을 기원하는 의미를 담은 단어나, 임무 성격과 유사한 업적을 남긴 우리 민족의 위인 또는 그 업적을 따서 만들어지거나 현지인과의 친화를 위해 현지어로 이름을 짓는 경우도 많다.

해외 파견임무 성공적 수행 기원하는 뜻 담아 위인 · 현지어 · 좋은 의미의 우리말을 주로 사용한다.

1993년 우리나라의 첫 국제연합 평화유지활동(UN PKO) 부대라는 역사적 기록을 남긴 **상록수부대**라는 명칭은 '황량한 소말리아 땅을 푸른 옥토로 바꾸겠다'는 뜻을 담았다. 부대는 의미 그대로 파견지역의 도로와 관개수로 등 사회기반 시설을 복구하는 공병 임무를 성공적으로 수행했다.

지진으로 폐허가 된 아이티 재건에 참여했던 **'단비부대'** 이름은 부대명칭 공모로 결정됐으며, '가뭄 끝에 내리는 단비'와 같은 역할을 하라는 뜻을 담았다.

레바논의 **동명부대**는 '동방의 밝은 빛'이란 의미로 밝은 미래와 평화를 가지고 동쪽 나라에서 왔다는 의미다.

남수단에 파병된 **한빛부대**는 '세상을 이끄는 환한 큰 빛'이 되라는 의미로, 순우리말을 사용함으로써 국가 이미지 제고에도 한몫을 했다.

위인과 그 업적을 명칭으로 따온 부대들도 적지 않다. 아프가니스탄에 2002년부터 파견됐던 **동의부대**는 조선 중기 명의인 허준의 의학서적 '동의보감'에서 그 명칭을 따왔으며, 실제 연인원 26만여 명의 동맹군과 현지주민을 진료하는 기록을 세웠다.

다산부대는 조선 후기 실학자로 수원 화성 축조에 이바지한 '다산 정약용' 선생의 호를 빌어 이름을 지었다. 역시 이름에 걸맞게 교량 건설 등 아프가니스탄 재건을 위해 활약한다.

2003년 이라크에 파견된 공병 · 의료지원단인 **서희 · 제마부대**는 각각 탁월한 외교술로 거란의 침략을 막아낸 고려시대의 위인과 사상의학의 토대를 닦은 조선 말기 명의의 이름을 사용했다. 아덴만에서 해적소탕 임무를 수행 중인 **청해부대**는 해상무역을 통해 통일신라를 부흥시켰던 장보고 대사가 완도에 설치한 해상무역기지 '청해진'에서 따온 명칭으로, 해군의 해양수호 의지를 상징한다.

현지어를 활용한 부대 이름은 친근한 이미지를 가진 단어가 주류다.

이라크의 **자이툰(Zaytun) 부대**는 아랍어로 '올리브'를 뜻하며, 이라크 주민들이 가장 좋아하는 식품인 올리브처럼 친근하게 다가가겠다는 뜻을 담았다.

다이만(Daiman) 부대는 아랍어로 '항상 그대와 함께'라는 뜻을 갖고 있다. 아프가니스탄의 **오쉬노(Ashena) 부대**는 현지어로 '친구' 또는 '동료'라는 의미다.

아랍에미리트(UAE)의 **아크(akh)부대**는 우리 군과 UAE 군의 친밀한 관계를 기원하는 '형제'라는 뜻의 아랍 단어다.

전쟁사 편집위원 (저자약력)

이 재 평 교수 공학박사 서경대(군사학과), 연성대 교수 역임/극동대(교양학부) 교수
베테랑 콤 군사정책연구소 대표

정 채 하 교수 예)육군소장, 호남대학교수역임, 독일육군사관학교,
독일함브르크 참모대학 졸

주 시 후 교수 정책학박사, 한국·세계전쟁사 집필, 그린캠퍼스(대학)운영위원장,
성결대 교수

박 종 현 교수 대전과학기술대학 군사학교수, 건양대 군사학박사,
한국전략문제연구소 회원

개정판

군사학에 대해 체계적으로 정리한

재미있는 전쟁사

1판 1쇄 인쇄 | 2022년 03월 25일
1판 1쇄 발행 | 2022년 03월 30일

지 은 이 | 이재평 외
발 행 처 | 도서출판 글로벌, 필통
발 행 인 | 신현훈
주 소 | 서울특별시 중구 충무로 54-10 (을지로3가)
전 화 | 02-2269-4913 **팩 스** | 02-2275-1882
출판등록 | 제2-2545호
홈페이지 | http://www.gbbook.com

I S B N | 978-89-5502-850-8
가 격 | 20,000원